橋本裕之著

王の舞の演劇学的研究

臨川書店刊

はじめに

本書は私が長年にわたってとりくんでいる、王の舞の研究に関する最新の成果を集大成したものである。私は一九九七年二月、『王の舞の民俗学的研究』（ひつじ書房）を刊行した。これは早稲田大学大学院文学研究科に提出した博士論文だった。全体は「王の舞の民俗史」と「王の舞の民俗誌」の二部に分かれており、中世前期に成立して今日でも各地に分布している王の舞をとりあげながら、民俗史と民俗誌を重層的に記述した。各種の史料および現地調査の成果を併用して王の舞の歴史的かつ民俗的な実態を解明するのみならず、構造論的視座をも導入して王の舞に託された意味や機能を分析して、民俗芸能研究における未発の可能性を模索した。本書はこうした前著を引き継ぎながらも、前著において十分に深めることができなかった主題をとりあげている。実際は芸能史的な視座と教育学的な視座を統合することによって、王の舞の演劇学的研究とでもいうべき内容を獲得したと考えている。

本書の全体は「王の舞の芸能史」「王の舞の伝播論」「王の舞の構築学」「錦耕三の王の舞」の四部に分かれている。「王の舞の芸能史」は中世に演じられていた王の舞の諸相をとりあげながら、前著で必ずしも十分に解明することができなかった王の舞の精神史的な景観を深く掘りさげた。実際は王の舞が「祓う・浄める・鎮める」機能を都市において獲得していった過程、王の舞と猿田彦が習合していった過程、王の舞が声を伴っていた可能性、王の舞がもどきを伴っていた可能性について論述している。「王の舞の伝播論」は「王の舞の芸能史」に後続する視座を提供しており、各地に伝播する過程でさまざまな特徴を獲得していった様相を描き出している。実際は兵庫県、茨城県、富山県に伝わる事例をとりあげた。

一方、「王の舞の構築学」は長年調査してきた福井県三方郡美浜町麻生に伝わる王の舞を扱っている。この王の舞が奉納される弥美神社の祭礼に関して全体を概観するのみならず、御膳石という特異な伝承にも留意した上で、ジーン・レイヴとエティエンヌ・ウェンガーが提唱した状況的学習論を批判的に摂取しながら、王の舞を習得する／させる過程を民俗誌的に記述している。また、こうした過程に貢献する各種の資源のうちでも信仰に関する言説に注目して、その実践的な意味について検討している。そして、現代社会における王の舞の存在形態が、王の舞の対象化に関するヴァージョンが相互に連結して混線しつつも、次第にネットワークを形成していくような事態として理解するべきであったことをも提示している。最後の「錦耕三の王の舞」は王の舞を研究した先駆者でありながら従来ほぼ知られていなかった錦耕三の業績に関して、私がその大半を発掘して公表したことにかかわる。錦が手掛けた王の舞の研究を分析することによって、錦耕三の方法と思想に迫る。

なお、本書は二十年前に前著を刊行した以降、断続的に執筆してきた王の舞に関する論文などを集成したものであり、こうした性格上、各章に重複する部分が少なからず見受けられる。また、参考文献を注記する方法も、いくつかのスタイルが併存している。本来ならば全面的に改稿するべきだったのかもしれないが、執筆した時点の構成と展開をできるだけ温存したいと考えて、最小限の加筆修正にとどめた。だが、本書を「王の舞の芸能史」「王の舞の伝播論」「王の舞の構築学」「錦耕三の王の舞」の四部によって構成するアイデアは、前著を刊行した時点ではほぼ固まっており、いわば二十年の歳月をかけて結実したとも考えられるだろう。したがって各章はこうした当初のアイデアを忠実に体現しているということができるのである。

王の舞の演劇学的研究　目次

目　次

王の舞の芸能史

祓う・浄める・鎮める
――都市における王の舞の場所

1　汚穢に悩まされる都市

都市が成立する過程は世界史的な地平において、必然的に都市の環境にかかわる諸問題を生み出してきた。公衆衛生もその一つであり、かつ最も深刻な問題であったということができる。日本でも律令制が成立した当時、古代都城に居住する人々は依然として農村に依存していたと考えられる。だが、律令制が解体する過程において、平安京は農業的な生産形態を介して食料を自給することができない人々、つまり村落共同体に拘束されない多種多様な人々が集住する中世都市に移行していった(1)。また、京都が人流や物流の中心として発展していった結果として、その人口密度は飛躍的に上昇したはずである。こうした事態が都市の環境にかかわる諸問題を生み出したことはいうまでもないだろう。

公衆衛生についていえば、人間や動物によって大量に生み出される排泄物や廃棄物などは、放置しておけば疫病を引きおこしかねないものであり、下水道の施設を持たなかった京都の都市行政を悩ませてきた難題であったと考えられる。高橋昌明は「生活史の舞台であり、建設と破壊、摂取と排泄の代謝の場、要するにアナーキーな流動体としての京都を復元する作業(2)」の一環として、中世の京都が人間や動物の死骸をも含めて、さまざまな汚穢《おわい》に悩まされていたことを強調している。それは初期の平安京において早くも見られる事態であったが、中世の京都においても長く、そして広く確認することができる(3)。

従来の京都論は都市が発展していく過程における歴史的な実態を無視して（文字どおり臭い物に蓋をしてきたといえるだろうか）、いわゆる文化主義的な言説を強調することによって、京都を雅やかで伝統的な日本文化の揺籃としてのみ描いてきたと思われる。だが、京都にまつわる言説の偏向を修正して京都を総体として十全に理解するためにも、京都という都市を規定していた物質的な基礎を視野に収めることはきわめて重要である。たとえば、高橋は京都の大路・小路の随所に死骸が転がり糞尿が溜まっていたこと、貴族邸や官人邸が糞尿を溝に垂れ流していたこと、その従者や一般の人々が街頭で排便もしくは排尿していたことなどに触れながら、「スカトロジー京都[4]」の実態をくわしく紹介している。

街頭の死骸・糞便は、たまたま行き倒れした、捨て場に困った、生理的欲求にせまられたなどという次元の問題ではない。明らかに路上が意識的に棄て場、排泄の場として選択された結果である。道路は世界史的にいってもゴミの捨て場である。貴族官人が糞尿まじりの汚水を溝に流しだしたのも、汚穢を邸内にとどめることを嫌ったからに違いない。主人の排泄物すらそうだったとすれば、従者の排泄行為が邸外とされたのも当然である[5]。

したがって、汚穢を清掃処理することは何よりも疫病を予防するという意味において、緊急に解決するべき課題であった。その任務に従事していた存在が検非違使《けびいし》であった消息は、丹生谷哲一が「いわゆる恒例・臨時の公的行事に際して、その場所および洛中路次掃除における掃除行事役を勤仕しているのは、必ずといっていいぐらい検非違使であったこと[6]」を指摘した上でくわしく論述している。検非違使の役割は掃除を担当することによって、各種の行事が路上に散乱する死骸や糞尿によって汚染されることを予防するというものであったが、同時にケガレとキヨメを管理することをも含意していたらしい[7]。すなわち、検非違使は象徴的な次元において、最も清浄な天皇＝王を中心として構成される国家の権力形態じたいに深くかかわっていたのである。

平安期の京都において創始された御霊会《ごりょうえ》、および院政期に創始もしくは再編された各種の祭礼も、前述した文脈に沿ってこそ正しく理解することができるはずである。御霊会は疫病を水によって祓い流す儀礼であり、疫病が流行する原因として考えられた御霊、つまり怨念を残した霊魂を慰撫するべく各種の芸能が奉納されたことによって知られている。(8)だが、高橋も指摘しているとおり、御霊会の性格を規定する物質的な基礎として、そもそも夏季の大雨によって京都中に拡散した排泄物や廃棄物が疫病を誘発したことを強調しておかなければならない。(9)かくして、「平安期の京都、ことに夏には、疫病にそなえ、その蔓延を防止する各種神事・祭礼・法会が重畳する(10)」事態が生じたといえるだろう。

御霊会の嚆矢は貞観五年（八六三）の神仙苑御霊会であるが、(11)中世の京都にも御霊会およびその系統に連なる祭礼が少なからず存在していた。その最も代表的な事例は祇園御霊会であろう。祇園社は祭神じたい水に深くかかわっており、「水の祭、御霊会(12)」にふさわしい素地が用意されていたことをしのばせる。また、祇園社に隷属していた犬神人《いぬじにん》は日常的に社域の汚穢を掃除する任務に従事する一方、正平七年（一三五二）十二月に犬神人五十人が鋤と鍬を持参して梶井宮門跡御所の掃除を担当したことも知られている。(13)犬神人は祇園御霊会でも白頭巾と赤衣を着用して棒を持つという特異な扮装によって神輿《みこし》を先導しながら、神幸の行列に先駆けて路次の汚穢を除去する任務に従事する一方、(14)獅子舞をも担当していたらしい。(15)しかも、祇園社および洛中の汚穢を除去するという犬神人の任務は、長らく検非違使庁が直轄するところであった。(16)

こうした役割は犬神人のみならず、同じく祇園社に隷属していた宮籠《みやごもり》（片羽屋神子《かたはやみこ》とも片羽屋衆ともいう）にも見ることができる。犬神人と宮籠の関係はよくわからないが、宮籠も日常的に社域を掃除する任務などに従事していた。また、応安四年（一三七一）七月と八月に宮籠二人が鋤と鍬を持参して仙洞御所の掃除を担当しており、(17)両者の役割が近似していたことをしめしている。両者は祇園御霊会でも近似した役割をはたしている。すなわち、宮籠は祇園御霊会において神輿を担ぐ任務に従事していたのみならず、王の舞および太鼓持をも担当していたのである。王の舞はくわしく後述するが、その基本的な性格として「邪霊を払い道行く先を鎮めるために行なわれた呪術性の強い芸能[18]」であることを指摘しておきたい。

ケガレとキヨメを管理することは、そもそも京都という都市を規定していた物質的な基礎に根ざしながらも、同時に最も清浄な天皇＝王を中心として構成される国家の権力形態じたいにかかわる、いわば呪術的な観念としても肥大していったと考えられる。その消息は伊藤喜良が要領よく論述しているところであったが[19]、祇園御霊会においても幾重にも織りこまれていたのである。かくして、本章は中世の祇園御霊会において演じられた王の舞という芸能をとりあげながら、王の舞がはたしていた象徴的な役割を解明することによって、都市における芸能の場所を定位することをめざしている。すなわち、本章は王の舞が持つ象徴の効果に導かれながら、都市における芸能と権力の関係を分析する試みであるということができるはずである。

2　王の舞の諸相

王の舞という芸能に関して、あなたは何を思い浮かべるだろうか。素直に考えたら文字どおり王様が披露する高貴な舞踊、謎めいた雰囲気に心ひかれるあなたならば、王権の心臓部に深くかかわる秘儀的な舞踊を夢想するかもしれない。魅惑的な名称がこうした想像をたくましくさせる王の舞は、だが最近まで実態はおろか存在すらもあまりよく知られていなかった。かろうじて錦耕三や水原渭江などが先駆的な成果を発表しており、私も王の舞に関する一連の論文を集成する機会に恵まれたが[20]、にもかかわらず一般的な知名度ときたら、依然として皆無に等しいのである。じ

図1　祇園御霊会の王の舞（『年中行事絵巻』巻九、国立国会図書館蔵）

っさい、王の舞はその実態を知らせる史料が乏しいせいもあって、よくわからないところが少なくない。概略を紹介するといっても、わかっている範囲で書きつけるしかないようである。

王の舞は平安末期から鎌倉期にかけて、おもに京都や奈良などの大社寺における祭礼で田楽・獅子舞などに先立って演じられていた。現在でも十六ヶ所十七件の事例を擁する福井県の若狭地方をはじめ、広い地域に分布している。一般に裲襠《りょうとう》装束を着用して鳥甲《とりかぶと》と赤い鼻高面《はなたかめん》を被り、前段は鉾を持ち後段は素手で四方を鎮めるように舞う。舞楽に見られる剣印《けんいん》の所作を含み、太鼓・笛などで囃す。王の舞という文字が初出する史料は、管見した範囲でいえば『猪隈関白記』正治元年（一一九九）五月九日条であり、新日吉社の小五月会に王の舞・獅子舞・田楽・神楽が出たことを知らせている。

王の舞の具体的な雰囲気をつかむさいは、十二世紀の後半に後白河院の意向によって作成されたという『年中行事絵巻』が有益である。巻九（祇園御霊会［図1］）と巻十二（祇園御霊会［図2］・稲荷祭［図3］）において、裲襠装束を

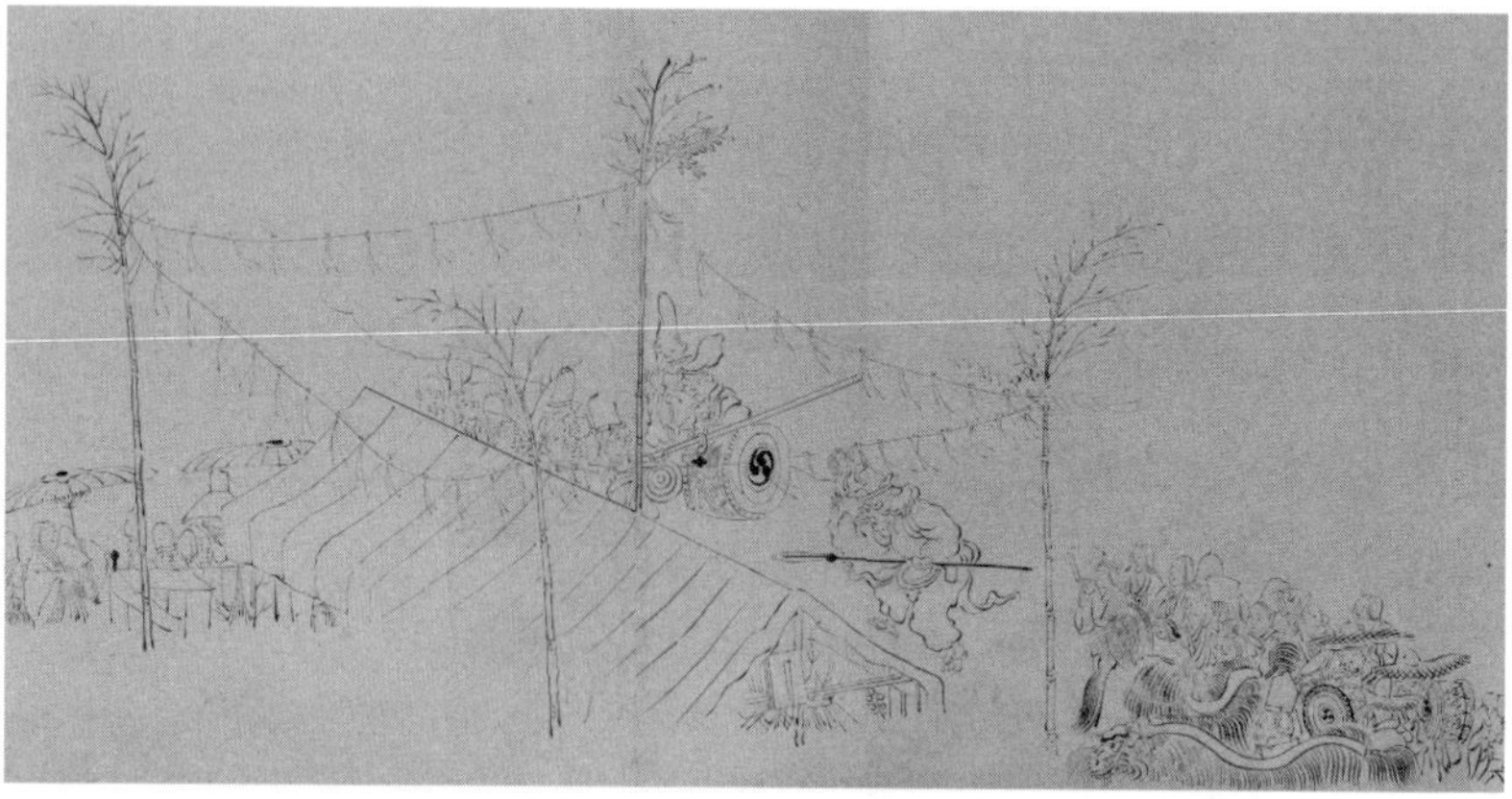

図２　祇園会御旅所の王の舞（『年中行事絵巻』巻十二、同館蔵）

図３　稲荷祭の王の舞（同上、同館蔵）

着用して鼻高面と鳥甲を被ったものが田楽や獅子舞などとともに描かれている。舞楽における散手や貴徳である可能性がないわけでもないが、後述する特徴をほぼ洩れなく確認することができるから、王の舞であると認定してもいいだろう。こうした王の舞は中世前期を代表する祭礼芸能の一つであり、当時こそ獅子舞にも劣らずよく知られていたらしい。『明月記』建仁元年（一二〇一）十一月二十一日条は、豊明節会における殿上淵酔の趣向として殿上人が「辻祭」を模して、獅子舞や王の舞などの物真似に興じたことを知らせている。「辻祭」に登場する王の舞が殿上人によっても真似られていたのであり、王の舞が相当な人気を集めていた消息をしのばせる。

先行する調査研究の大半は王の舞が舞楽・伎楽に由来する外来系の芸能として登場しつつも、さまざまな要素を吸収して今日に至ったものであるという。[21]その名称じたい舞楽の蘭陵王に由来しているという所説も出されている。だが、王の舞が記録に登場する時期は、管見したかぎり王の舞―田楽―獅子舞に代表される芸能構成を持つ祭礼が成立した以降にかぎられる。したがって、王の舞が成立した事情を云々することは、従来の関心が王の舞の起源に集中していたにもかかわらず、きわめてむずかしいといわざるを得ない。関連する史料はむしろ、王の舞が特定の祭礼において独立した芸能として成立した可能性を示唆している。こうした所説は早く植木行宣が提出したところであった。

王の舞については、これまでいろいろと考えられているが、それが本来どのような芸態をもつ芸能であったかはほとんど明らかでない。王の舞という名称でそれが記録に現われてくるのは、田楽中心の祭礼形式が成立する時期以降であり、管見の限りそれ以前に見ることができないのである。このことは、王の舞が田楽中心の祭礼のなかで生み出された芸能であることを意味するかに思われる。その先蹤は、伎楽の治道に出て猿田彦と習合し、神輿渡御の先導を勤めた鼻長面を着けるものにあるであろうが、それとは一応区別される内容をもったために、王の舞と呼ばれ、一つの芸能として新たに登場したものとみておきたい。[22]

はっきりした証拠があるわけでもないが、私はその背景として芸能を愛好した後白河院が御霊会の系統に連なる祭礼を創始もしくは再編して、一連の芸能構成を整備した経緯が隠されていると考えている。[23] とりわけ王の舞は筆頭に登場して祭礼の行列を先導することによって、場を祓い浄める役割を担っていたと考えられないだろうか。したがって、王の舞は都市における疫病を祓うことを意図して催された御霊会の精神史的景観を最もよく体現していたといえるかもしれない。くわしくは本章において、祇園御霊会における王の舞をとりあげた上で検討する。

こうした王の舞がほかの芸能もろとも、やがて各地に伝播していった。その経路はいくつか考えられるだろうが、最もよく知られている経路として荘園鎮守社の祭礼における芸能として伝播した場合をあげることができる。平安中期以降、京都・奈良の大社寺などが領家として支配する荘園が各地に出現する。領家である大社寺は荘園を管理する戦略の一つとして、荘園鎮守社や寺院を設置した。しかも、大社寺における祭礼およびその芸能構成を模したミニチュアを導入していったのである。荘園を十全に支配するべく、精神的紐帯を提供したものと考えられるだろうか。若狭地方に伝承されている王の舞はそのような消息を知らせる好例であり、山路興造がいう「荘園制を背景として伝播した芸能[24]」の典型をしめしていたのである。だが、各国の一宮における祭礼芸能として伝播した王の舞も少なからず存在していたことは強調しておかなければならないだろう。

王の舞は若狭地方に集中的に分布しているため、従来ともすれば若狭地方にのみ存在する特異な芸能であると考えられてきた。じっさい、王の舞は若狭地方に最も多く分布している。代表的な事例として福井県三方郡三方町気山の宇波西《うわせ》神社や美浜町宮代の弥美《みみ》神社の春祭に登場する王の舞がよく知られているが、実は近接する京都府・滋賀県・兵庫県にも少なからず分布している。といっても、こうした地域に分布する事例の大半は、王の舞という呼称を持っていない。天狗飛び・竜王の舞・ジョマイなどという場合が多いようである。

若狭地方およびその周辺は大社寺が集中している京都・奈良に近いせいだろうか、やはり多数の事例を残している。

だが、王の舞はこうした地域にのみ分布しているわけでもなかった。件数こそ少ないが、日本の各地に分布しているのである。王の舞の範疇に含めるべきか迷ってしまう事例も少なくないが、茨城県久慈郡金砂郷町上宮河内の西金砂《にしかなさ》神社に伝承されている四方固《しほうがた》め、東京都三宅村伊豆の御祭神社に伝承されている剣の舞、山形県飽海郡遊佐町吹浦の大物忌《おおものいみ》神社に伝承されている諾冊二尊《だくさつにそん》（神）の舞などは、いずれも王の舞の典型をしめしている。また、三信遠地方や九州地方に数多く分布する火王・水王、各地の祭礼に登場する王の鼻や鼻の王なども王の舞の系統であると考えられるだろう。

ここで私がかつて作成したものを引用することによって、あらためて関連する史料や現行の事例によって得られる王の舞の特徴を列挙しておきたい。①祭礼の中では、行列を先導する機能を担っていると考えられる。②祭礼芸能の一環として、田楽・獅子舞などに先立って演じられる。③しばしば裲襠装束を着用し、鳥甲に赤い鼻高面をつける。④前段は鉾を持ち後段は素手で、四方を鎮めるかのように舞う。反閇《へんばい》の芸能化と理解することもできる。⑤人指し指と中指を揃えて伸ばし、薬指と小指を親指で押さえる剣印が舞の要素をなしている。⑥楽器としては、太鼓・笛が用いられている場合が多い。(25)

3　王の舞と片羽屋座

前節において王の舞の諸相について概説しながら、王の舞が場を祓い浄める役割を担っていた可能性にも触れた。といっても、従来の成果は大半が王の舞の起源論に専心しており、中世における王の舞の存在形態を主題化することに成功していない。王の舞は個々の社寺が催していた祭礼において、いかなる役割をはたしていたのだろうか。その消息を追求する試みは私じしんの成果も含めて、依然として不十分である。そもそも関連する史料の大半は王の舞の存在形態にくわしく言及することがなかった。だが、祇園御霊会における王の舞についていえば、その存在形態を知らせる史料が比較的多く残されている。残念ながら祇園社の王の舞は今日もはや存在していないが、王の舞を担当していた宮籠の座、つまり片羽屋座の性格について知ることができるという意味において、こうした史料が本章に益するところはきわめて大きいといわなければならない。

祇園御霊会における王の舞に関する最も古い史料は、おそらく『年中行事絵巻』巻九と巻十二であろう。巻九は祇園御霊会の行列を描いたと思われる部分を含み、大幣、巫女、王の舞、太鼓、獅子舞、神輿、田楽、細男《せいのお》を確認することができる。また、巻十二は祇園御霊会の御旅所《おたびしょ》を描いたと思われる部分を含み、王の舞が四方を結界した空間において、右手で剣印を作り左手に鉾を持って舞う光景が見られる。右足をあげ左足を地面につけているから、両足で交互に踏みしめているところであろう。また、傍らで楽人が笛と太鼓を奏しており、反対側に獅子舞が待機している。この光景はまさしく王の舞が演じられている瞬間を活写した史料としてきわめて貴重である。

祇園御霊会における王の舞は応永四年（一三九七）以降、室町期の史料に少なからず登場しており、大半が『八坂神社記録』と『八坂神社文書』に収められている。たとえば、『八坂神社記録』下巻に収められた『祇園社記』第十一は応永四年六月三日の祭礼日記を含み、「下行之事」として「しゝまひ」（獅子舞）などをあげているが、「わうのしゆこう」（王の酒肴）にも言及することを忘れていない。同じような記事は応永二十二年（一四一五）までほぼ毎年続いている。また、寛正二年（一四六一）六月三日の「馬上料足下行事」も「師子舞分」などに言及した上で、「王のまい分五百文下行内」という一条をあげており、あわせて「たいこうちの分」の内訳についても付記している。この時期の祇園御霊会でも王の舞が演じられていたことはまちがいないだろう。

『八坂神社文書』上巻に多数収録されている「馬上料足」に関する一連の史料は、こうした王の舞および太鼓が片羽屋座という集団によって奉仕されていた消息を知らせている。たとえば、応永二十八年（一四二一）六月二日の「王舞并片羽屋男神子酒肴分馬上料足請取状」に「馬上用途内たいこかきの王舞三人并片羽屋酒肴」、永享三年（一四三一）六月二日の「馬上料足惣支配帳」にも師子舞・御立神楽・本座田楽・新座神楽などに続いて「王の舞　三人　三百文片羽屋男」と書かれている。また、永享十二年（一四四〇）六月二日の「王舞分馬上料足請取状」は、王（王の舞）分として片羽屋男神子に馬上銭が下行された消息を知らせているのである。

河原正彦は昭和三十年代末に早くも片羽屋座の性格に言及しており、片羽屋座が「祇園社の直接支配をうけ、王舞、太鼓持、神楽供奉などの奉仕をつづけてきた「片羽屋衆」あるいは「片羽屋神人」と呼ばれる雑芸者の集団である」とした上で、「入衆には厳重な制約を加えている[26]」ことを指摘している。そして、前述した「馬上料足請取状」などに見られる「太郎大夫」「四郎大夫」「ミや大夫」などの大夫号や「五郎二郎」「五郎次郎」などの重複名に留意しながら、「このような大夫号は本来、五位官人、在地有力者の称号でもあったが、中世を通じては太郎次郎のような重複名とともに一般的な姓名に近い性格を持ち、殊に下級宗教家（権禰宜以下）、芸能・芸道にたずさわる者に顕著な氏名でもあった[27]」という。

じっさい、同じような名称は片羽屋座のみならず、東大寺八幡宮の転害会《てがいえ》において王の舞を奉仕していた主典にも見ることができる。すなわち、永正二年（一五〇五）の『転害会日記』は「大仏殿之主典今小路之太郎四良カ子孫二良二王舞事則申付也。大仏殿之堂童子二臈」としているのである。かくして、私はかつて大仏殿の主典が「片羽屋座のそれと極めて良く似た呼称を有していた」ことのみならず、「二良が即ち大仏殿の堂童子二臈に当たると読むならば、王の舞が大社寺に隷属して、芸能に携わる下級宗教者ないし神人層によって担われていたと考えて良さそうである[28]」ことをも指摘したことがある。

なお、転害会の行列を描いた文明十四年（一四八二）八月十三日の『東大寺八幡転害会記』は田楽・獅子舞・細男のみならず、裲襠装束を着用して鳥甲と鼻高面を被り鉾を持った三人が三基の神輿を先導している光景をも載せており、

「王舞」という文字がはっきり書きこまれている。しかも、『東大寺雑集録』巻一に収められている八幡手掻会（転害会）の「行列次第」は同じく文明十四年八月十三日の日付を持ち、『東大寺八幡転害会記』の図像をくわしく解説したものとして読むことができるが、そこにも「王舞一人。大仏殿主典役長鼻面トリカフト。鉾持」などと書かれている。そして、やはり東大寺転害会の行列を描いた『八幡宮七僧法会御祭日式』でも、裲襠装束を着用して鳥甲と鼻高面を被り鉾を持った三人の王の舞が各々三基の神輿を先導している光景が見られるばかりか、「大仏殿主典役之」などとも書かれているのである。

ところで、片羽屋座は男神子のみならず、女神子をも含めた集団であった。女神子は湯立神楽の舞を担当しており、男神子が太鼓などの囃子を受け持ったらしい。脇田晴子は祇園社に所属する各種の神子が持つ組織の存在形態を解明した論文において、南北朝期の片羽屋座が「男女を問わず、臈次で座を形成していた[29]」が、室町期以降こうした「男女共同組織の平等な臈次順構成は、男神子の主導権主張の前に崩れだしてきた[30]」ことを指摘している。重要かつ興味深い所説であろう。だが、王の舞と片羽屋座の関係を検討するさいは、中世における宮籠の実態に対する視座を欠かすことができない。というのも、片羽屋座はそもそも祇園社に隷属していた宮籠の異称であり、王の舞が祇園御霊会においてはたしていた役割にも宮籠の性格が反映していたと思われるのである。片羽屋座を宮籠の一つとして広い文脈に位置づけた成果として、黒田龍二と丹生谷の論文をあげることができる。

黒田は日吉七社の本殿に見られる床下祭場を実測調査して、従来まったく知られていなかった現状を紹介する。そして、中世初期の床下＝下殿に最下級の僧侶・不治の病人・乞食などが宮籠として生活しており、床下祭儀が原初的な信仰形態として存在していた可能性を強調している[31]。また、黒田は祇園社にも宮籠が存在しており、神子通夜所もしくは片羽屋という雑舎に居住していたことを指摘した上で、宮籠が「中世祇園感神院の組織の中で最底辺をなす階層で」あり、神楽を奉納することなどによって「祇園の信仰の一部を下層において支えていたであろう[32]」と述べている。その所説は建築学的な関心に立脚しながらも、宮籠が構成する組織の性格にも言及しており、宮籠について論述した最初の本格的な成果として重要である。一方、丹生谷は宮籠の実態についてこう要約する。

宮籠は、日吉社、祇園社などの下殿・大床の下・片羽屋などに祇候し、庭上掃除・神楽・供茶・輿かき・処刑などの所役に奉仕する御子・巫女の一種であった。その中には「片端人」など不治の病者も含まれていたが、床下祭場としての下殿の構造からしても、宮籠という語義からしても、広く罪・穢（中世社会では重病・不具自体も罪穢と考えられていた）をキヨメるため、祈願をこめて人交わりを絶ち忌み籠っているというその存在形態、ケガレのキヨメというその職能、乞食＝施行という社会的給養、などのゆえに、非人の一種とみられていたのであろう(33)。

丹生谷の所説は黒田の画期的な成果を一部参照しながらも、むしろ祇園社に隷属していた宮籠の座である片羽屋座に留意したものであるということができる。一方、黒田も床下参籠と床下祭儀を主題化した論文において、あらためて丹生谷の所説を摂取した上で、祇園社の宮籠が「祇園感神院の組織の最下端で種々の雑務に従いつつ、神子通夜所という建物に詰めて、神楽を奉納して」いた、いわば「常時参籠している下級の宗教者(34)」であったと述べている。そして、「この場合の参籠はおそらく生活と同義で、すなわち、境内にたむろしていた下級宗教者が、神社の発展にともなって神社組織の末端に組み込まれていったのであろう(35)」とも推測するのである。

だが、三枝彰子は丹生谷の所説を前提しながらも、「確かに祇園社の宮籠が、掃除・神楽以下の諸役に従事しており、「片羽屋座」を構成していたことは『社家記録』等に明らかであるが、しかし日吉社の場合と同様に、これを非人集団の一種とみなし得るのかどうかについては疑問の余地がある(36)」という。「宮籠は公人と同様に「坊人」として特定の社僧「坊」に従属しており、かつ公人と血縁関係を有している」ことがその理由であったが、しかも「宮籠が一方で、社座の神子とは別に「片羽屋神子」とも称されることから」、三枝は宮籠が「公人と神子の中間的存在である」[37]可能性を強調している。宮籠の実態は今後も追求していなければならない課題であるということができるだろうか。

丹生谷は当初こそ祇園社の宮籠が担当した任務として、⑴掃除、⑵輿かき、⑶神楽、⑷製茶、⑸処刑という五つをあげるのみであり[38]、残念ながら王の舞に言及していなかった。だが、丹生谷は以降に私が発表した王の舞に関する成果にも言及しながら、あらためて祇園社の宮籠が担当した任務として「掃除・敷砂・透廊や夏堂（後戸）の洗水・湯立神楽・大鼓王舞・輿かき、処刑・諸荘への使・花摘・茶摘など[39]」をあげており、王の舞にも言及しているのである。こうした任務は丹生谷がくわしく論じているとおり、いずれも現実的もしくは象徴的な地平においてケガレとキヨメを管理することを含意していたと考えられる。王の舞についても場を祓い浄める役割が付与されていたとしたら、それは片羽屋座の性格とも響きあうものであり、王の舞が片羽屋座の男神子によって担われていたことも十分うなずけるはずである。

宮籠は日吉社や祇園社のみならず、春日社や東大寺八幡宮にも存在しており、北野社にも宮籠という名称こそ見られないが、宮籠に相当すると思われる主典がいた[40]。北野社と祇園社はどちらも天台（日吉）末であり、北野社でも王の舞が演じられている。長享二年（一四八八）の『神記』は北野社の祭礼に奉納された芸能について、「次ニ神楽、ハレ女八人、神楽男五人、参テ舞、次ニ師子二首王舞二人ツ、ロヲ取テ社壇ヲ三度廻、後ニ御前ニテ舞儀式大略如此」という。くわしいことは今後の課題であろうが、祇園御霊会や転害会の場合を勘案して想像しておけば、主典が王の舞を担当していた可能性も考えられるだろう。

なお、丹生谷は宮籠の組織についても「宮籠は座に編成され、和尚位や惣一職・大夫職があったが、祇園社の場合、それは「社中僧」に対して「諸役人中」として「承仕—宮仕—片羽屋（宮籠）—本願という序列に位置づけられていた」こと、「常駐の神職としては、宮籠が最下位に位置づけられていた」こと、だが宮仕と宮籠の関係は「必ずしも断絶していたわけではなく、実際には宮籠が宮仕の妻となったり、宮仕の娘が宮籠となったりしている[41]」ことなどを指摘している。宮仕と宮籠が相互に交渉していた消息は王の舞を担当する任務にも反映していると考えられるので、別個の事例を紹介しながらあらためて後述したい。

4　都市における王の舞

以上、祇園御霊会における片羽屋座と王の舞の関係について検討してきた。かくして、ようやく王の舞がはたしていた象徴的な役割を解明する試みに着手することができる。はたして王の舞もやはりケガレとキヨメを管理することに通じており、場を祓い浄める役割を担う芸能であったということができるものだろうか。鎌倉期以降に『日本書紀』を注釈した一連のテクスト、いわゆる中世日本紀は都市における王の舞の場所に接近するさい、きわめて有効な手がかりを提供していると思われる。それは天孫降臨を先導する猿田彦を解釈する言説の一部として登場する[42]。

たとえば、鎌倉末期に卜部兼方が撰述した『釈日本紀』は巻八述義四神代下において、「大仰云。七咫者。五尺六寸歟。以外之長鼻也。王舞之而者。象此神面云々。天書曰　猿田彦長鼻七咫。曲者七尋。眼徑八尺。瞳赤如酢。面尻並赤。遍身生毛」といい、猿田彦を解釈するさい王の舞に言及している。また、室町末期に一条兼良が完成させた『日本書紀纂疏』巻第五にも、「天書曰。猿田彦。長鼻七咫。曲背七尋。眼徑八尺。瞳赤如酢。面尻並赤。遍身生毛。赤酸醬。謂醬色赤。又酸醬之醬。当作漿。草名。山鬼一名也。今世諸神祭礼。蒙赤面長鼻之像。名曰王舞。此神代遺風也」という記事があり、やはり猿田彦を解釈するさい王の舞に言及している。とりわけ後者は当時の祭礼に登場する王の舞が赤い面と長い鼻を持っており、「神代遺風」を伝えていること、つまり猿田彦の演劇化であることを明言しているのである。

猿田彦を解釈するさい王の舞を持ち出している事例は、両部神道に関するテクストにも見つけることができる。応永三十一年（一四二四）に比叡山の良遍が著述した『神代巻私見聞』は麗気神道を代表するテクストであるが、「日吉祭王舞事」として「示云。皇孫尊、天下玉フ時、鼻長七咫、背長七尺余神、路間立抽、是、猿田彦太神云也。神也。『神代巻』下巻委細也。可思之故、十禅師権現、皇孫尊御座。故、神幸時又、此王舞、前立歩也」と述べている。すなわち、日吉祭（山王祭）に登場して神幸を先導した王の舞が天孫降臨の神話に淵源するというのである。また、山王神道のテクストであり室町期に成立したと思われる『厳神鈔』は、猿田彦についてくわしく説明している。

大行事権現ハ、猿田彦神ニテ御ス也。又ハ衢霊神トモ号ス。此猿田彦ト申ハ。十禅師権現母方ノ祖父御前。高皇産命皇孫降臨ノ時。三百六十種ノ御宝物ヲ譲リ玉ヒケレトモ。此国ニハ地祇部類邪悪ノ神達チ多ク御ス故ニ。路次ノ間何ニモ御心苦ク思食シテ。鬼王ノ如クナル威徳無双ノ神体ニ化シテ。面ヲ赤ク鼻長ク。左右ノ眼ハ日月ノ如クニ耀。ヲソロシゲナル形ニテ。鉾ツキテ。十禅師権現ノ天降玉フ路次ニ先立テ。如此異相人ト御ス由告ゲ来ケレバ。怖畏シテ有ル処ニ。天鈿目命ヲ出。我レ行テ其子細ヲ尋ントテ。彼ノ在所ニ至テ。元ハ何ナル人ト問玉フニ。答云。我ヲバ猿田彦ト号ス。実ニハ高皇産命也。皇孫降臨路次ヲ為守護。以此鉾邪鬼ノ者ヲ払ヒ退。諸道ノ印ヲ結ビテ道路ヲ鎮スル故ニ。我ガ跡ニ付テ神幸有ヲバ。不可有諸怖畏示玉フ。鈿目命此事ヲ奏玉フニ。諸神大キニ悦ビテ。成無異無事降臨玉フ。大行事権現ハ。猿田彦ノ神ニテ御ス故ニ。此鎮道ノ神ノ御形状伝カ。今ノ王舞有之。此王ノ舞ト師子トノ不通ラ神幸無事也。大行事ハ十禅師ヲ擁護ス。

『厳神鈔』において大行事権現に比定された猿田彦は、十禅師権現を守護して天孫降臨を先導する神であると考えられている。その肖像は赤い面と長い鼻を持ち、鉾によって邪鬼の者を払い退け、諸道の印を結び道路を鎮めるというきわめて具体的なものである。これは『日本書紀』にまったく見られない以上、鉾を持ちながら四方を鎮めるように舞う王の舞の芸態を想定しているとしか考えられない。したがって、『厳神鈔』における記事はむろん猿田彦を解釈したものであるが、同時に王の舞の芸態を描写したものであるということもできるだろう。そして、当時演じられていた王の舞が猿田彦を表象していること、祭礼において王の舞および獅子舞が通らなければ神幸じたい始まらないことに言及する。

猿田彦の肖像を王の舞に帰する言説は、当時かなり喧伝されていたようである。たとえば、金春禅竹の伝書として知られる『六輪一露之記』と『猿楽縁起』にも、王の舞を猿田彦の演劇化として解釈することが見られる。といっても、『猿楽縁起』は前半の一部が『六輪一露之記』の「兼良注」を引用したものであり、その内容もほぼ変わらないので、『六輪一露之記』について見ておきたい。金春禅竹は六輪一露に関する所説を展開させるべく当時の碩学に理論的な助力を仰いでおり、最終的に一条兼良が施した「兼良注」を得ることによって、『六輪一露之記』を完成させたと考えられている。『日本書紀』をめぐる知識の体系は鎌倉期以降に数多く登場した神道の教説とも深くかかわりながら発展していくが、一条兼良を介して金春禅竹の能楽論にも少なからず影響していたのである。

又、同書ノ神代ノ下巻ニ、天孫アマクダリ給シトキ、天照太神、猿田彦ト云神ニ化シ給テ、天孫ノ先駆ヲシタマフトキ、其神、鼻ノ長七咫（五尺六寸ヲ云也）、眼ハ八咫鏡ノ如シトイヘリ。諸ノ神達、猿田彦ノ面ニマケテ、立向フ人ナカリシヲ、カノ鈿女命ノミ、コノ神ト対揚シテ、ツイニ其名ヲ顕給ヘリ。猿女君ト云ヘル事ハ、則、猿田彦ノ名ニヨレリ。今ノ世ノ諸祭ニ、王舞ト名ヅケテ、神輿之前ニ歩ヌルハ、猿田彦ノ形ヲウツセリトゾ申伝タル。

ここでも、王の舞が猿田彦を表象していることが説かれている。王の舞は天孫降臨の神話に淵源しているというわけである。もちろんこうした言説はあくまでも天孫降臨を先導した猿田彦を解釈するべく王の舞を持ち出しているだけであり、王の舞を解釈したものであるということはできない。主要な関心はあくまでも猿田彦であって、王の舞に向けられているわけでもないだろう。にもかかわらず、それは都市において王の舞がはたしていた役割をも暗示していると思われる。

そもそも猿田彦は天孫降臨を先導する役割を担った、いわば鎮道神・嚮道神《きょうどうしん》であった。その目的は葦原中国を平定することをもくろむ天津神、つまり高次の神々を支援することによって国土を鎮護することであったと考えられる。一連の中世日本紀がこうした猿田彦を解釈するさい王の舞に言及して、王の舞が猿田彦の演劇化であることを強調するのは、両者が偶然にも長い鼻を共有していたことが直接的な契機であろうが、そもそも「今ノ世ノ諸祭」の趣向として演じられていた王の舞に猿田彦の性格に通底する役割が付与されていたためであろう。

たとえば、稲荷祭の行列を描いた『年中行事絵巻』巻十二、転害会の行列を描いた『東大寺八幡転害会記』や『八幡宮七僧法会御祭日式』などは、王の舞が神輿を先導したことを記録する。『六輪一露之記』にも「今ノ世ノ諸祭ニ、王舞ト名ヅケテ、神輿之前ニ歩ヌルハ、猿田彦ノ形ヲウツセリトゾ申伝タル」という記事が見られることは前述したとおりであった。王の舞が祭礼の行列においてしばしば神輿を先導するものであったことは、高次の神々である天津神を先導した猿田彦の役割に対応しているといえるだろう。また、王の舞が祭礼芸能の一環として田楽や獅子舞などに先立って演じられており、いわば露払いの性格を付与されていたことも、水先案内人（神）として天孫降臨に貢献した猿田彦を連想させるのである。

こうした性格は早く『葉黄記』宝治元年（一二四七）五月九日条において、王の舞の異名として登場する「道張舞」という表現にも見ることができる。ほかにも『吉続記』文永十年（一二七三）六月六日条、『勘仲記』弘安三年（一二八〇）五月九日条、『勘仲記』弘安七年（一二八四）十二月九日条などにおいて、王の舞は「道張舞《みちはりまい》」とも「道張」とも呼ばれている。神輿もしくは祭礼の行列じたいを先導する王の舞が祭場に通じる道程を鎮めるべく舞い進む光景は、まさしく道張としかいえないようなものであろう。この名称が王の舞に付与された場を祓い浄める役割に根ざしていることはいうまでもないはずである。

かくして、王の舞は「より高次の神を先導し、邪霊を払う機能を体現した芸能」であり、「邪霊を払い道行く先を鎮めるために行なわれた呪術性の強い芸能[43]」であったということができる。そうだとしたら、王の舞が祇園社のケガレとキヨメを管理していた片羽屋座によって担われていたことも十分うなずける。というよりも、場を祓い浄めるべく演じられた王の舞は、片羽屋座の性格を最も効果的に表現する演劇的な媒体であったと考えられるだろうか。『厳神鈔』における「以此鉾邪鬼ノ者ヲ払ヒ退。諸道ノ印ヲ結ビテ道路ヲ鎮スル」という記事は王の舞の芸態のみならず、都市において王の舞がはたしていた役割、つまり象徴的な地平においてケガレとキヨメを管理することをも示唆していたのである。

したがって、王の舞が平安期の京都において創始された御霊会、および院政期に創始もしくは再編された各種の祭礼（その大半が御霊会の性格を付与されていた）において演じられていたことは、けっして偶発的に発生した事態であったとも考えられないはずである。御霊会は前述したとおり、中世の京都に溜まった汚穢が引きおこした疫病を水によって祓い流す儀礼であり、そうした疫病が流行する原因として考えられた御霊を慰撫するべく、各種の芸能を奉納することがいわば趣向の中心であった。王の舞もそうした芸能の一つであり、とりわけ筆頭に登場して四方を鎮めるような特異な演技を披露することによって、祭礼が展開される空間のみならず京都という都市じたいをも祓い浄めることを期待されていたであろうと思われる[44]。

王の舞。それは中世の京都を悩ませてきた汚穢という物質的な基礎に規定されながら都市における場所を獲得していったのであり、したがって都市の存在形態ひいては国家の権力形態を生み出す源泉とでもいうべきケガレとキヨメを再生産する実践として存在していたと考えられる。すなわち、ケガレとキヨメに関する現実的な地平を象徴的な地平に接続する、文字どおり象徴的なパフォーマンスを意味していたのである。その役割は祇園御霊会についていえば、祇園社にまつわるケガレとキヨメを管理しており、普段は境内の掃除を担当していた片羽屋座にこそふさわしいものであった。丹生谷は春日社においても「主典神人」という禰宜が境内の掃除を担当していたことを紹介しているが、[45] 転害会における大仏殿の主典もおそらく同じような任務に従事していたであろう。王の舞は都市ひいては国家を「祓う・浄める・鎮める」、いわば象徴的かつ演劇的な掃除であった。

ここで『年中行事絵巻』巻九に描かれた印象的な光景に言及しておいてもいいだろう。それは大幣・巫女・王の舞・太鼓・神輿・田楽・細男などを奉仕する数多くの人々が、祇園御霊会の行列に参加して練り歩いている最中のこと。行列においても剣印を結び鉾を持ちながら右足を大きくあげて地面を踏みしめるように舞うことをやめない王の舞に対して、二人の子どもが手を叩きながら喝采を送っている。その表情は喜色満面であるようにも感じられる。これはもちろん王の舞が当時の人々を十分楽しませることができる魅力的な芸能であった消息をしめしているのであろうが、同時に平安京／京都という都市で生活する人々の切実な願い、つまり王の舞に場を祓い浄めることを期待する社会的な意識を反映していたのかもしれない。

5　都市から地方へ

王の舞が地方へ伝播していった結果として、[46] 都市において王の舞がはたしていた役割も再生産されていった。王の舞に場を祓い浄める役割が付与されていた消息を明言する手がかりは必ずしも多くないが、たとえば滋賀県野洲市三上の御上神社の相撲神事（ずいき祭）における芝原式が、王の舞が変化したものと思われる興味深い事例を提供している。[47]袴を着用して神事に奉仕していた宮仕が社殿に赴き、黒い鼻高面（両眼と口の周囲だけ赤い）を被り木製の鉾を持って戻ったら、裸足で進み出る。惣公文に対して一礼して、鉾を左脇に持ち右に三度まわる。鉾で惣公文の胸を突く所作、右手で鼻先をつまみ鼻糞を惣公文につける所作（剣印の痕跡か）を見せる。東公文・西公文に対しても同様であった。金子哲はこの宮仕について、次のように述べている。

「下方排除」される存在は芝原式における宮仕である。（中略）芸能をもって御上神社に仕え、雑用に従事し、祭の際には供応に預かる神人とも言える存在である。芝原式においても宮仕の基本的役は莚による座の設置・篝火の管理・「花びら」の運搬等の下働きである。「下方排除」されるのを本質とする存在である。そして「下方排除」されるが故に神により近く奉仕でき、芝原式において、莚でコの字型に囲まれた祭事空間と漆黒の闇の中にある神社の中枢部分との連絡を担当できるのである。また、突如として排除の方向が上方へと転ずる時、トリック・スターで神の使いである猿田彦に変身するのである。[48]

宮仕の役割は片羽屋座の男神子が担っていた役割にきわめて近い。中世において祇園社と御上神社が交渉していたことをしめす史料はおそらく存在しないと思われる。三上山近くにあったと思われる東教光寺は興福寺末であり、三上大明神の本地仏を安置していたともいわれる。だが、近江という地理的な条件を勘案するさい、中世以降はやはり叡山の影響が少なくなかったであろうから、日吉社に通じる要素があったとしてもおかしくないはずである。[49]そもそも王の舞は『神代私見聞』が「日吉祭王舞事」として言及するとおり、日吉社の山王祭においても神幸を先導していたのである。祇園社が天台（日吉）末であることは前述したが、芝原式に王の舞の痕跡が残存しており片羽屋男神子を思わせる宮仕によって担われていることも十分うなずけるだろう。

とりわけ金子が引用している寛永元年（一六二四）九月朔日の「当社若宮大名神相撲神事」において、市と宮仕が一緒に言及されていることは興味深い。[50] というのも、市は湯立神楽を担当する巫女であると考えられるのである。そうだとしたら、宮仕は王の舞を担当して巫女が湯立神楽を担当するという関係は、片羽屋座の基本的な分業システムに酷似している。また、これも金子が引用しているが、永禄十一年（一五六六）の「三上大明神之事」に含まれている「御神事之事」六月朔日条は「御小苗終トテ出楼門ノ前儀式有リ、神館出士、市謡ヒ神歌ヲ、宮仕太鼓打ツ」としており、この稲作農耕神事において市が神歌を謡い宮仕が太鼓を打つという関係が成立していたことを知らせている。[51]

残念ながら御上神社に宮籠が存在した形跡はない。だが、祇園社においても宮仕と宮籠は少なからず交渉していたのであり、そもそも神体山信仰に淵源する地方の古社であった御上神社が宮仕と宮籠の上下関係を創出するよりも、専ら宮仕に雑務を担当させていたと想像してみることは許されるだろう。じっさい、御上神社に対して影響力を持ったと思われる日吉社の場合、宮籠は祇園社の片羽屋座ほど明確な組織を持っていなかったようである。御上神社においても下級の宗教者である宮仕がケガレとキヨメを管理しており、その一環として王の舞を担当していたと考えておきたい。

兵庫県多紀郡篠山町沢田の八幡神社の鱧《はも》切り祭は、鱧切り役が俎上の鱧を切断して神に供える儀礼であり、神人が人身御供を要求する大蛇を退治したという神話を再現しているといわれる。[52] この鱧切り祭において猿田彦という役が二人出て、祭場の末席に着座する。猿田彦は儀礼の最中にホウデンガクとも呼ばれている締太鼓を一同にまわす。そして、榊を持って行列を先導する役割を担っているのである。ほかにもスッテンテン・踊り子などの諸役があり、こうした名称はかつて田楽が演じられていたことを想像させる。そうだとすれば、二人の猿田彦が王の舞の痕跡であった可能性もけっして少なくないだろう。しかも、『兵庫県神社誌』上巻はこう述べている。

此式行列の先導者なり旧来は穢多即ち皮多の者先払いを為す例なりしが明治初年より穢多を使用することを廃し役名を猿田彦と改む内巡回りを以て勤むることゝす旧来穢多の者藤屋に鼓を持参し行列の際は先払をなし不浄の物を取り除くなり宝田楽用の鼓を持参することなるか(53)

猿田彦という名称じたいは明治期以降に編み出された新しいものであり、必ずしも王の舞が演じられていた消息を知らせているわけでもなかった。だが、この猿田彦がそもそも穢多によって担われており、「先払をなし不浄の物を取り除く」役割を担っていたことは、前述した犬神人や片羽屋座の性格をしのばせて興味深い。もしも穢多が王の舞をも担当することがあったとしたら、それは片羽屋の男神子が祇園御霊会において担っていた役割に酷似している。いずれにしても、穢多が軆切り祭において幾重にもケガレとキヨメを管理していたことはまちがいないのである。

兵庫県多可郡八千代町天船の貴船神社の秋祭に登場する竜王の舞にも触れておかなければならない。貴船神社の竜王の舞は「りょんさんの舞」もしくは「りょうおんりょうおんの舞」とも称されている。王の舞という呼称こそ存在していないが、以下に紹介する特徴が王の舞の典型を忠実になぞっている。松明を持った介添人に導かれた竜王の舞は、顎の部分に紅白の紙片を貼りつけた赤い鼻高面とやはり紅白の紙片を貼りつけた長方形の紙笠を被り、薄茶色の上衣と赤茶色の袴を着用して、木製の鉾を持って登場する。最初は神前に進み出て、鉾で地面に三本の線を引き、次いで鉾を振りまわしながら神社の境内を駆けまわり、鉾を四方に大きく突きあげる。一方、参拝者は鋲打太鼓にあわせて「りょうおんりょうおん」という。これが終わったら、神楽の舞という呼称を持つ獅子舞、ゲーゲーという呼称を持つ田楽が演じられる。

ここで貴船神社の竜王の舞に言及した理由は、竜王の舞（王の舞）・神楽の舞（獅子舞）・ゲーゲー（田楽）という芸能構成じたいに本章の関心とも重なりあう興味深い神話が付与されていたことに尽きるだろう。すなわち、竜王の舞は猿田彦を意味しており、かつて松明を持った猿田彦が天船に降臨して、排水路と田畑の区画を測量した故事にちなむものであるといわれているのである。一方、神楽の舞は測量が終わった後に村人が土地を開墾した工事の様子を模しているという。また、猿田彦の道案内に続いてやってきた獅子が荒地を掘り返して田畑をこしらえたことを再現しているとも伝えている。そして、最初の畑で収穫したものが大豆であったため、獅子豆と称して参拝者に配ることが今日でも続けられているというのである。竜王の舞や神楽の舞の芸態が天船の人々に農耕を連想させたのだろうか。なお、ゲーゲーはめでたい出来事にちなみ祝詞として奏されるという。

この場合、竜王の舞と獅子舞は、農耕を営む天船にとっての神話的な出来事を再現していると考えられる。芸能に見出される新しい農耕テクノロジーが、始源的時空の回復を通じて地域のアイデンティティを確認する契機となっているとでも要約できようか。特に、竜王＝猿田彦に地域の開発を司る文化英雄の性格を読み取ることは不可能ではあるまい。[54]

これはかつて私が提出した所説であるが、本章の関心に沿っていえば、むしろ天船の人々が天孫降臨の神話を積極的に歪曲することによって、中世日本紀とも異なった独特な言説を王の舞に付与している消息にこそ注意したい。すなわち、そもそも鎮道神・嚮導神であった猿田彦は、天船に農業的な生産形態をもたらした存在として解釈されている。したがって、猿田彦の演劇化として登場する王の舞は、農業的な生産形態を維持するのみならず発展させることを希求する社会的な意識を体現していたとも考えられるのである。とりわけ猿田彦が排水路と田畑の区画を測量したという部分は、天船の人々における関心の所在を最もよくしめしている。排水路と田畑の区画を測量することは、まさしく農業的な生産形態を実現するべく土地を「祓う・浄める・鎮める」ことであった。王の舞は少なくとも天船の人々にとって、その象徴的かつ演劇的な実践を意味していたはずである。

一方、福井県遠敷郡上中町小原の石桜《いわくら》神社の春祭に登場する王の舞と獅子舞にも、やはり本章の関心に貢献する興味深い神話が付与されている。王の舞を担当する集落が南、獅子舞を担当する集落が小原であり、王の舞は子どもによって演じられる。赤黒い鼻高面と侍烏帽子を被り、一風変わった狩衣と袴を着用する。御幣をつけた鉾を持って、途中は素手で舞う。「翁の舞」ともいわれており、何かをすくいあげるような所作にしめされる穏やかな、そしてなめらかな舞である。全体に剣印が見られる。楽器は鉦打太鼓のみ。なお、最初に両手で鉾を持って手前にうずくまる獅子に接近する所作は「獅子突き」、つまり田畑を荒らす獅子を追い払う所作であるともいわれている。

この王の舞が石桜様の大蛇退治の神話を同伴している。かつて鳥羽谷の一帯は沼地であり、そこに棲息する大蛇が鳥羽谷の人々を悩ましていた。だが、石桜様が長江の赤淵で大蛇を退治した以降、鳥羽谷は平和を取り戻したという。そして、王の舞と獅子舞はこうした神話を再現していると考えられている。すなわち、石桜様を意味する王の舞が大蛇を意味する獅子を鎮めるというわけである。したがって、「王の舞と獅子舞は対立関係にあり、獅子舞が統御できない自然の領域を体現しているとすれば、地域に秩序をもたらす王の舞に文化英雄の姿を読み取る[55]」こともできるだろうが、ここで注意したい部分はむしろキヨメを体現する王の舞がケガレを体現する獅子舞を取り除くという筋書きじたいである。もはやいうまでもないだろうが、やはり王の舞は象徴的な地平において地域を「祓う・浄める・鎮める」べく演じられていたのである。

以上とりあげてきた事例の大半は王の舞にまつわる特徴的な神話を同伴しており、いわば言説の地平において王の舞がケガレとキヨメを管理していたことを示唆している。こうした言説はいずれも在地において新しく王の舞に施されたものであろうが、そもそも都市を規定していた物質的な基礎によって形成された観念が王の舞という芸能を通底器として、地方に運搬されて定着していった過程を反映しているとも考えられる。だが、ケガレとキヨメを管理する実践は言説の地平のみならず、身体の地平においても現象していたといわなければならない。それは王の舞の特異な演技じたいに深く刻みこまれていた。すなわち、王の舞は都市から地方へ伝播していった呪術的な観念に身体的な基礎を提供したのである。

6　王の舞の本義

じっさい、王の舞の本義はその特異な演技を介してケガレとキヨメを管理することであったとも思われる。折口信夫は宇波西神社の王の舞を見て、「ぼくには、どうも王の舞は道中の芸で、本舞台にはいってからの芸がないように思う[56]」と洩らしたという。宇波西神社の春祭は王の舞・獅子舞・田楽を擁しており、多数の集落で見られる種々の神事をも含めて、中世の遺制をよく残している。王の舞は大人が演じるものであり、海山・北庄・金山・大藪という四つの集落が交代して担当している。赤い鼻高面と一般的な鳥甲（左右の垂れがきわめて大きい）を被り、赤い上衣・括袴・裲襠装束を着用して輪袈裟をかける。前段は鉾を持って、後段は素手で舞う。楽器は鉦打太鼓と笛である。王の舞を転倒させたら豊作・豊漁であるといわれており、競って王の舞に挑みかかる観客と王の舞を囲む多数の警護が、一進一退の攻防を展開する。

古い芸態を比較的よく残していると思われる宇波西神社の王の舞は、担当する集落によって内容が異なるが、必ず「道中の舞」が最初に演じられる。最も古いといわれる海山の王の舞は、「道中の舞」「三遍返しの舞」「雀踊り」「にぎりめし」の四部構成を採用している。北庄・大藪の王の舞も若干異なっているが、やはり四部構成である。一方、最も遅くはじまったらしい金山の王の舞は、「道中の舞」「さんさんくど（三三九度）の舞」「本舞（舞い戻しを含む）」「すずめ踊」「おてでのていて（お手手）の舞」の五部構成を採用している。舞う手順も海山・北庄・大藪に比較したら、大きく異なっている。だが、「道中の舞」はいずれも一歩一歩踏みしめながら参道を進むというものであり、田楽の使者に促されて登場することを勘案しても、続いて演じられる田楽や獅子舞を祭場に招き入れるべく道程を鎮める役割を担っていたと考えられるだろう。折口はいう。

王の舞の根本理念は力足を踏む、反閇にある。頭を出さぬように悪いものをねじこんでおくのだ。王の舞が歩きすぎるほど歩いているのはそれだ。反閇をふみに、美しい男女が出ることもあり、天狗が出ることもある。王の舞でも肝腎な点は、反閇の動作の芸能化ということだ。(57)

私が長らく現地調査を継続してきた弥美神社の春祭は、多数の集落が参加する大規模な祭礼であり、王の舞・獅子舞が演じられることによって知られている。かつては田楽もあったらしい。王の舞は麻生が四年、東山が一年担当する。といっても、実際は清義社という若者組が管理しており、青年の通過儀礼という性格を持つ。演者は麻生とその枝村である東山に在住する未婚の青年男子（かつては長男のみ）であり、祭礼人ともオノマイサンとも称されている。通常は年齢順で二十～二十五歳に勤めなければならない。祭礼人は赤い鼻高面と鳳凰を模した個性的な鳥甲を被り、赤い襦袢に赤い前垂れ（ダテサゲ）、白い手甲に白い足袋を着用する。前段は鉾を持って、後段は素手で舞う。前段で「拝む」「種播き」「地回り」「鉾返し」という所作、後段で「肩のしょう」「腰のしょう」という所作が見られる。楽器は鉦打太鼓と笛である。

弥美神社の王の舞は若者組の通過儀礼として文脈化されているため、芸態じたいは大きく変化していると思われる。だが、にもかかわらず「種播き」「地回り」「鉾返し」「肩のしょう」「腰のしょう」などの所作は、宇波西神社の王の舞のみならず各地に伝承されている事例とも共通する特徴を持っている。それは「踏む」ことであろう。かつて私はこうした特徴が最もよくしめされている部分として「地回り」をとりあげながら、「特に「地回り」は、演技そのものも上下運動に基づき強く地面を踏み固める内容を有しているばかりではなく、ほぼ正方形に四方を踏み固める軌跡を描いて移動するから、四方固めの芸として反閇の本義を最も良く反映している」[58]と述べたことがある。

これは「踏む」ことによって祭場を「祓う・浄める・鎮める」演技であるということができるだろう。すなわち、場を祓い浄める役割は演技の特徴にも貫徹していたのである。というよりも、そうした演技であったからこそ、王の舞は何にもまして場を祓い浄める役割を担うことができたのかもしれない。それは西金砂神社の事例が王の舞といわないで四方固めという名称を持つことにもしめされている。そして、場を祓い浄める演技を担当するものは自身をも祓い浄めることが強く求められていた。錦は宇波西神社の王の舞について、「今ではもう廃れてしまつたかもしれないが、昭和二十四年頃、宇波西神社の王ノ舞村の一つ三方町大藪（旧三方郡八村大藪）などでも、祭礼の一年前から舞者が決定し、選ばれた者はたとえ親類でも死者の出た家の棟を見てもいけないと言い、また鳥獣の肉類は食べるのを忌み嫌つたという」[59]と書いている。

弥美神社の王の舞も死穢を嫌う。私が聞いた範囲でも、かつて祭礼の間際に運悪く忌中にかかってしまった祭礼人がやむをえず王の舞を強行したところ、鳳凰を模した鳥甲の羽根が落ちたという話があった。また、本来ならば祭礼人は祭礼に先立つ一週間、当屋に籠もらなければならなかった。現在は勤務などに影響するため短縮されているが、それでも祭礼前日だけは必ず当屋に一泊する。祭礼人は祭礼前日の日中も、ツケビトに伴われて近くの海岸に出かけた上で、海に入って水垢離（シオカキ）を取り、同時に海水一升を持ち帰る。その海水は祭礼人などが使う当屋の風呂に入れるものである。シオカキを済ませた祭礼人は衣装の着付けのみならず一切の面倒をツケビトに見てもらう。本人が手を出すことは禁じられている。しかも、着付けは女性の眼に触れることを嫌い、食事も女性が接待することはない。

こうした習俗は祭礼人のケガレとキヨメを管理することを意図していると考えられるだろう(60)。それは祭礼が進行する過程において、祭礼人が各種の特異な習俗によって扱われることにもしめされる。その一端を紹介しておきたい。最近こそ見られなくなったが、かつては宵宮に集落に住む男児が祭礼人を次々訪問して挨拶した。また、現在でも祭礼人は祭礼当日の未明、ツケビトに伴われてあらかじめ弥美神社に参拝する。同じく祭礼当日の早朝、麻生の八幡神社もしくは東山の塞《さい》神社の境内で見られる王の舞は、松で作られた依代と御膳を置いた臼に向かって演じるものであるといわれる。臼の周囲と王の舞が演じられる範囲は、東山の城山（ジョヤマ）で採取した白砂が敷きつめられる。そして、祭礼当日の村立ちにおいて紋付きの羽織と袴を着用した祭礼人は、弥美神社に到着するまで両手を懐に隠して高下駄を履き、口をきくことすら禁じられるのである。

事態は弥美神社に到着しても同様である。弥美神社の長床における着付けも、祭礼人は手を出すことができない。女性の眼に触れることを嫌うことも変わらない。しかも、用を足す場合ですら、ツケビトが同伴しなければならないのである。祭礼人は弥美神社の中の馬場における王の舞が無事終わったら、できるだけ急いで長床に戻り、紋付きの羽織に着替えてしまう。早くも中の馬場で獅子舞が演じられているが、祭礼人は師匠（前年の祭礼人）に付き添われて、人目につかないよう神社脇の木立を抜けて本殿に参拝する。そして、再び人目につかないよう神社脇の木立を抜け、脇道を通って一目散に麻生か東山に走って帰るのである。かくも特異な習俗は王の舞じたいのケガレとキヨメを管理することが祭礼において、きわめて入念に文脈化されている消息をしめしている(61)。すなわち、王の舞は中世における天皇を彷彿させる、最も清浄な存在として登場するのである。

それは前述した軆切り祭において穢多がはたしていた役割、そして祇園御霊会において片羽屋座がはたしていた役割とも逆説的に響きあっているようにも感じられる。もちろん弥美神社の王の舞が祭礼において最も清浄な存在として位置づけられていることは、片羽屋座が王の舞を担当しながらも同時に汚穢を除去する役割を担っていたことに相反する、もしくは矛盾するといえなくもないだろう。だが、弥美神社の王の舞は汚穢を除去するという現実的な地平を脱落させて、専ら象徴的な地平において「祓う・浄める・鎮める」ことに従事していたと考えることはできないだろうか。また、女性を排除することは片羽屋座がそもそも持っていた「男女共同組織の平等な臈次順構成」という伝統に抵触するが、ここにも脇田が片羽屋座について述べたような過程、つまり男性が主導権を獲得する一方、女性が周辺へ追いやられていった過程が存在していたのかもしれない。

かくして、地方の祭礼に登場する王の舞は、専ら象徴的な地平においてケガレとキヨメを管理する実践として位置づけられていったと思われる。そして、王の舞は都市から地方へ伝播していった呪術的な観念に身体的な基礎を提供したということができるだろう。王の舞に見られる「祓う・浄める・鎮める」役割は、従来こそ超歴史的な民間信仰に還元することによって説明される場合が少なくなかった。民俗学的な言説はその典型であろうが、都市において王の舞がはたしていた役割が地方にも伝播して、その性格を変容させつつも定着していった可能性についても十分考慮しておかなければならないはずである。都市の存在形態ひいては国家の権力形態を生み出す源泉とでもいうべきケガレとキヨメは、王の舞をも含めた多種多様な実践を介して、民間にも広汎に浸透して再生産されていったことだろう。それは現在でも日本における社会的な意識を深く規定しているのである(62)。

付記

本章は平成十一年（一九九九）九月二十五日にパリの国立民俗博物館における日仏共同研究会「日本におけるアイデンティティ、周縁、媒介」において発表した「祓う・浄める・鎮める――都市における王の舞の場所」、および平成十三年（二〇〇一）八月一日に京都のコープ・イン・京都におけるケガレ研究会において発表した「祓う・浄める・鎮める――都市における王の舞の場所」に依拠しながら執筆したものである。二つの会合における各々の代表者である脇田晴子氏・服藤早苗氏、および有益なコメントをくださった諸氏に謝意を表したい。

(1) たとえば、鬼頭清明「初期平安京についての一試論」『国立歴史民俗博物館研究報告』第二集、国立歴史民俗博物館、一九八三年、寺内浩「京進米と都城」『史林』第七二巻第六号、史学研究会、一九八九年、参照。
(2) 高橋昌明「よごれの京都・御霊会・武士——続・酒呑童子説話の成立」『新しい歴史学のために』第一一九号、京都民科歴史部会、一九九〇年、二頁。
(3) 同論文、五—七頁、参照。また、高橋昌明の論文にも部分的に依拠しながら平安京の排泄臭や屍臭を主題化した成果として、安田政彦「平安京の臭い——排泄臭・屍臭をめぐって」橋本政良編『環境歴史学の視座』岩田書院、二〇〇二年、をあげておきたい。
(4) 高橋昌明、前掲論文、五頁。
(5) 同論文、六頁。
(6) 丹生谷哲一「検非違使とキヨメ」『検非違使——中世のけがれと権力』平凡社、一九八六年、二七頁。
(7) ケガレとキヨメに関する普遍史を構想した重要な成果として、山本幸司『穢と大祓』平凡社、一九九二年、をあげておきたい。
(8) 御霊会に関する従来の代表的な成果を集成したものとして、柴田実編『民衆宗教史叢書』第五巻〔御霊信仰〕、雄山閣出版、一九八四年、をあげておきたい。
(9) 高橋昌明、前掲論文、八頁、参照。
(10) 同論文、八頁。
(11) 『三代実録』貞観五年五月二十日条。
(12) 高橋昌明、前掲論文、八頁。
(13) 『社家記録』正平七年十二月十五・十六日条。
(14) 『八坂誌』坤の巻十六は「犬神人の事」として犬神人に関係する史料を集成しており、祇園御霊会における犬神人の実態を知るためにも有益である。
(15) 『師郷記』嘉吉元年九月十三日条。
(16) 丹生谷哲一、前掲論文、五四—五六頁、参照。
(17) 『社家記録』応安四年七月三十日条・応安五年八月十九日条。
(18) 橋本裕之『王の舞の民俗学的研究』ひつじ書房、一九九七年、四七頁。
(19) 伊藤喜良「中世国家と領域観」『日本中世の王権と権威』思文閣出版、一九九三年、同『中世王権の成立』青木書店、一九九五年、一三九—一五五頁、参照。また、関連する諸論文が『日本中世の王権と権威』の第Ⅰ部「天皇制と観念的権威」に収められている。
(20) 錦耕三「王の舞の研究」『芸能』第三巻第四号、芸能発行所、一九六一年、水原渭江『日本における民間音楽の研究』Ⅰ〔若狭湾沿岸における王の舞の綜合的研究」、民俗文化研究所、一九六七年、橋本裕之、前掲書、参照。以下、王の舞に関する行論はいずれも同書に収められた諸論文に立脚している。
(21) とりわけ水原渭江は王の舞が舞楽に由来しており、いわば民俗化した舞楽であることを示唆している。水原渭江、前掲書、参照。
(22) 植木行宣「上鴨川住吉神社の芸能」上鴨川住吉神社神事舞調査団編『上鴨川住吉神社の神事舞』兵庫県加東郡教育委員会、一九八一年、四二頁。
(23) 國賀由美子「後白河院と祭礼」『歴史手帖』第一五巻六号、名著出版、一九八七年、参照。
(24) 山路興造「芸能伝承」赤田光男・天野武・野口武徳・福田晃・福田アジオ・宮田登・山路興造編『日本民俗学』弘文堂、一九八四年、一八七―一八九頁、参照。
(25) 橋本裕之、前掲書、三三頁。
(26) 河原正彦「古代宮廷儀礼の社寺祭礼化――殊に祇園御霊会の駒形稚児をめぐって」『芸能史研究』第七号、芸能史研究会、一九六四年、一三頁。
(27) 同論文、一三頁。
(28) 橋本裕之、前掲書、三六頁。
(29) 脇田晴子「中世祇園社の「神子」について」『京都市歴史資料館紀要』第一〇号、京都市歴史資料館、一九九二年、一九八頁。
(30) 同論文、二〇〇頁。
(31) 黒田龍二「日吉七社本殿の構成――床下祭場をめぐって」『日本建築学会論文報告集』第三一七号、日本建築学会、一九八二年、一五二―一五三頁、参照。
(32) 同「八坂神社の夏堂及び神子通夜所」『日本建築学会計画系論文報告集』第三五三号、日本建築学会、一九八五年、一二六頁。
(33) 丹生谷哲一「散所非人」『検非違使――中世のけがれと権力』、一八三頁。
(34) 黒田龍二「床下参籠・床下祭儀」『月刊百科』第三〇三号、平凡社、一九八八年、一四頁。
(35) 同論文、一四頁。
(36) 三枝暁子「南北朝期における山門・祇園社の本末関係と京都支配」『史学雑誌』第一一〇編第一号、山川出版社、二〇〇一年、八〇頁。
(37) 同論文、八〇頁。
(38) 丹生谷哲一、前掲論文、一七九～一八三頁、参照。
(39) 同「一服一銭茶小考」『日本中世の身分と社会』塙書房、一九九三年、四七五頁。

(40) 同論文、四七四・四七七―四七八頁、参照。
(41) 同論文、四七四―四七五頁。
(42) 王の舞と猿田彦は幾重にも屈折した複雑な関係を構成している。私は両者の関係について言説の作用史という視座を導入しながらくわしく分析しており、本章にもその一部が転用されていることを明言しておきたい。橋本裕之「肖像の起源――王の舞と猿田彦」『演技の精神史――中世芸能の言説と身体』岩波書店、二〇〇三年、参照。（本書所収）
(43) 橋本裕之、前掲書、四七頁。
(44) こうした性格は密教の結界法や陰陽道の反閉とも響きあっている。両者が複雑に習合しながら政治的な技術として発展していった過程は、王の舞の演技にも少なからず影響しているはずである。野本覚成「「反閉」と大乗戒壇結界法」村山修一・下出積與・中村璋八・木場明志・小坂眞二・脊古眞也・山下克明編『陰陽道叢書』4〔特論〕、名著出版、一九九三年、および三崎良周「中国・日本の密教における道教的要素」野口鐵郎・中村璋八編『選集道教と日本』第二巻〔古代文化の展開と道教〕、雄山閣出版、一九九七年、参照。
(45) 丹生谷哲一、前掲論文、四七八頁。
(46) 私はかつて従来の研究史を前提しながら、芸能の伝播と変容という主題じたいを理論的に検討したことがある。橋本裕之「民俗芸能研究における「地域」」『国立歴史民俗博物館研究報告』第五二集、一九九三年、六二―六九頁、参照。
(47) 肥後和男「御上神社の相撲神事」『神話と民俗』岩崎美術社、一九六八年参照。
(48) 金子哲「神と人の間にて――宮座における二つの《ヤヌス》原理」石井進編『中世の村と流通』吉川弘文館、一九九二年、二二四頁。
(49) 黒田龍二「御上神社本殿考」『日本建築学会計画系論文報告集』第三五〇号、一九八五年、一〇六―一〇七頁、参照。
(50) 金子哲、前掲論文、二一七―二一八頁、参照。
(51) 同論文、二五七頁、参照。
(52) 久下隆史「沢田（兵庫県多紀郡篠山町）のハモ切り祭り」『村落祭祀と芸能』名著出版、一九八九年、参照。
(53) 兵庫県神職会編『兵庫県神社誌』兵庫県神職会、一九三七年、一一五九頁。
(54) 橋本裕之、前掲書、一七七頁。
(55) 同書、一七七頁。
(56) 池田弥三郎『まれびとの座　折口信夫と私』中央公論社、一九六一年、一八八頁。
(57) 同書、一八八頁。
(58) 橋本裕之、前掲書、三八二頁。

(59) 錦耕三、前掲論文、四七頁。
(60) 一方、水原渭江は王の舞の演者が一連の習俗を経て、いわば神人として神格化されていくことを強調している。水原渭江、前掲書、九二―九三頁。
(61) 私は弥美神社の王の舞にまつわる習俗が演技を習得する/させる過程に貢献する資源として特定の文脈に結びつき、特定の効果をもたらすことについてもくわしく論じている。橋本裕之「評価される身体、あるいは民俗宗教の臨界」山折哲雄・川村邦光編『民俗宗教を学ぶ人のために』世界思想社、一九九九年、参照。(本書所収)
(62) こうした過程は女性のケガレが形成されて再生産されていった過程としても変奏することができる。西山良平は女性のケガレが九世紀中頃以降、都市京都において肥大していき、やがて農村に拡散していったことを強調している。西山良平「王朝都市と《女性の穢れ》」女性史総合研究会篇『日本女性生活史』1〔原始・古代〕、東京大学出版会、一九九〇年、参照。

肖像の起源
――王の舞と猿田彦

1　猿田彦の肖像

猿田彦は幾重にも折りこまれた特異な性格のせいだろうか、日本の神話に関心を持つ人々の想像力を少なからず刺激してきた。そして近年も、あらためて猿田彦という神格を成立させた神話的もしくは民俗的な背景を照射するさまざまな試みが見られる。(1)だが、その特異性を最も強く支持している猿田彦の肖像じたいは、必ずしも十分考えられていないように思われる。私たちは猿田彦について一定の図像を共有しているが、それは何に由来するものだろうか。とりわけ猿田彦が持つ怪異な相貌が何に淵源しているのかという問いに関して、十分な説得力を感じさせる所説はほとんど存在しないといってもいいだろう。

本章はこうした問いに着手するべく、王の舞という中世前期の芸能をとりあげてみたい。古代の神話に登場する猿田彦における肖像の起源を主題化するにもかかわらず、時代が下る中世の芸能を扱うことは、妥当性を欠いた奇妙な方法であるという印象をもたらしてしまうかもしれない。だが、猿田彦の肖像は本章がくわしく論述するとおり、中世に登場して今日でも存在している王の舞の特徴を摂取しながら歴史的に形成されてきたものであると考えられる。したがって、猿田彦における肖像の起源を探索する試みは、必ずしも猿田彦の祖型を遡及するという秘儀めいた方法を含意していない。むしろ猿田彦にまつわる言説が構成する重層的な関係、いわば言説の作用史を解読するという少なからず屈折した方法を要請しているのである。

ところで、柴田実の所説は本章の関心にとって、きわめて有益な指針を提供している。『日本書紀』巻第二神代下は天孫降臨にさいして天津神を先導する役割をはたした猿田彦について、「其の鼻の長さ七咫《あた》、背の長さ七尺《ひろ》余り。当に七尋《ひろ》と言ふべし。且《また》口尻明り耀《て》れり。眼は八咫《やたの》鏡の如くして、赩然《てりかがやけること》赤酸醬《かがち》に似《の》れり」という。柴田はこうした記事がきわめて具体的であることに注意して、「この神の容貌がかくヴィジュアル（視覚的）に詳しく記載されていることは、神代の物語全体の中ではまことに稀有なことで、それには何らかの所由がなければならないと思われる（2）」と述べている。

『日本書紀』における神代の物語に登場する神々が概してその自画像にまったく言及しないにもかかわらず、猿田彦だけが具体的な肖像を付与されている理由は何だろうか。柴田は猿田彦の肖像を成立させた契機として、「やはり古代にあって、実際に天狗なり猿なりが出て来て何らかの役割を演ずる神事儀礼か芸能のごときものがあったのではないであろうか（3）」という。そして、今日でも各地の神社で行なわれている祭礼にしばしば登場する天狗に留意している。以下、その所説における可能性の中心を引用する。かなりおぼつかない内容であることはまちがいないが、だからといって荒唐無稽な珍説として笑い飛ばさないでほしい。

今日ではそれは一般に猿田彦の神話に因み、それに倣ってはじめられたものと説明されていて、確かにそのあるものは比較的新しい時代に古典の知識に基づいて創始されたかと推測されはするが、一般的にいえばその関係は逆に解せらるべきではないかと思われる。つまり神話にもとづいて儀礼が創始されるのではなく、逆にまず儀礼があって、それに因んで神話が生まれたものと考うべきではないか。もちろん今、見るような神幸行列がそのまま古代にも行われたというのではない。しかし何らかの意味でそれに連なる行事、例えば神の降臨を出迎える儀礼に、天狗とはいわずとも、これまたそれに類する異形のものが参与するということは考えられはしないか（4）。

猿田彦に鬼や山人の痕跡が見られることは、柴田が指摘しているとおりかもしれない。[5] だが、猿田彦の肖像における最も特徴的な要素である高い鼻が、鬼や山人にまつわる観念に淵源することは考えられない。かくして、柴田は高い鼻の起源として「大陸から仏教とともに伝えられた伎楽面、とくにその陵王面[6]」をあげている。といっても、猿田彦と陵王面が連絡していた可能性を知らせる史料は、管見したかぎり存在していない。そもそも陵王面、つまり蘭《らん》陵《りょう》王《おう》の仮面は舞楽で用いられるものであり、伎《ぎ》楽《がく》に登場しない。また、陵王面は高い鼻を持っていないのである。

「今日普通に天狗と称せられる高鼻の面は、別に王ノ面とか王鼻とかよばれるように、その形が陵王面に由来することはほとんどだれにも異論のないところであろう[7]」というのも問題である。王の舞に言及していることは評価するとしても、柴田は王の舞が蘭陵王の舞を意味すると思いこんでしまっている。ところが、王の舞と蘭陵王についても、両者が連絡していた可能性を知らせる史料は存在していないのである。[8] 舞楽に関していえば、むしろ王の舞と散手《さんじゅ》・貴《き》徳《とく》の関係が考えられるべきであった。じっさい、散手（左舞）と貴徳（右舞）という番舞は、どちらも王の舞の源流であったかと思わせるくらいよく似ている。[9] そう考えていけば、猿田彦が持つ高い鼻の起源として、散手面や貴徳面を想定することはできるかもしれない。

もちろん柴田が一条兼良の『日本書紀纂疏《さんそ》』に言及された王の舞に触れながら、「少なくとも一条兼良の時代から、今日見るような赤面長鼻の天狗が祭礼（行列）に加わっていたこと[10]」を指摘している部分は十分うなずける。だが、だからといって「猿田彦の物語を筆にした『記紀』の筆者も必ずや一度はそれを見て、その異様な面に強い印象を受けそのイメージを猿田彦に移し替えて文をなしたということも十分考えられることであろう[11]」ということができるだろうか。結局その所説はきわめて魅力的かつ示唆的であるが、何よりも関連する史料が存在しない以上、柴田の推測を発展させることはむずかしいと思われる。『日本書紀』に登場する猿田彦の肖像が成立した過程は、残念ながらはっきりしないといわざるを得ないようである。

柴田の所説はむしろ鎌倉期以降に『日本書紀』を注釈した一連のテクスト、いわゆる中世日本紀(12)に登場する猿田彦の肖像にこそ適用することができるはずである。一条兼良の『日本書紀纂疏』もその好例であった。じっさい、『日本書紀』が描き出した猿田彦の肖像は中世日本紀に転位することによって、奇妙に変化もしくは成長している。しかも、中世日本紀はこうした過程に王の舞という中世前期の芸能を介在させており、王の舞が猿田彦の肖像を成立させる決定的な要素として存在していた消息を知らせているのである。したがって、本章は中世日本紀における猿田彦を概観して、その肖像が王の舞に影響されていたことを提示する。そして、王の舞がいかなる芸能であったのかについて概略を紹介した上で、猿田彦と王の舞が複雑に交錯しながら接合していく過程を追求するのみならず、かくも錯綜した過程をあらしめる関係の布置連関を解明していきたいと考えている。

2 猿田彦の演劇化としての王の舞

ともかく中世日本紀における猿田彦の肖像を見ていこう。たとえば、鎌倉末期に卜部《うらべ》兼方が撰述した『釈日本紀』は巻八述義四神代下において、猿田彦の「長鼻七咫」に触れて「大仰云。七咫者。五尺六寸歟。以外之長鼻也。王舞之而者。象此神面云々。天書曰　猿田彦長鼻七咫。曲者七尋。眼径八尺。瞳赤如酢。面尻並赤。遍身生毛」という。また、室町末期に当時第一級の学者であった一条兼良が完成させた『日本書紀纂疏』巻第五にも、猿田彦の怪異な相貌を解釈した記事が見られる。すなわち、「天書曰。猿田彦。長鼻七咫。曲背七尋。眼徑八尺。瞳赤如酢。面尻並赤。遍身生毛。赤酸醬。謂醬色赤。又酸醬之醬。当作漿。草名。山鬼一名也。今世諸神祭礼。蒙赤面長鼻之像。名曰王舞。此神代遺風也」というのである。

そもそも『日本書紀』における猿田彦の肖像は眼こそ赤く輝いているが、顔色について何も言及していない。ところが、『釈日本紀』と『日本書紀纂疏』はいずれも「瞳赤如酢。面尻並赤」、つまり眼のみならず顔も赤く染まっているという。この差異は何に由来するものだろうか。また、こうしたテクストは『日本書紀』に見られなかった王の舞に言及している。とりわけ後者は当時の祭礼に登場する王の舞が赤い面と長い鼻を持っており、「神代遺風」を伝えていること、つまり猿田彦の演劇化であることを明言しているのである。

猿田彦を解釈するさい王の舞を持ち出している事例は、両部神道に関するテクストにも見つけることができる。応永三十一年（一四二四）に比叡山の良遍が著述した『神代巻私見聞』は麗気神道を代表するテクストであるが、「日吉祭王舞事」として「示云。皇孫尊、天下玉フ時、鼻長七咫、背長七尺余神、路間立抽、是、猿田彦太神云也。神也。『神代巻』下巻委細也。可思之故、十禅師権現、皇孫尊御座。故、神幸時又、此王舞、前立歩也」と述べている。すなわち、日吉祭に登場して神幸を先導した王の舞が天孫降臨の神話に淵源するというのである。また、山王神道のテクストであり室町期に成立したと思われる『厳神鈔《ごんじんしょう》』は、猿田彦の肖像についてくわしく説明している。

大行事権現ハ。猿田彦神ニテ御ス也。又ハ衢霊神トモ号ス。此猿田彦ト申ハ。十禅師権現母方ノ祖父御前。（中略）鬼王ノ如クナル威徳無双ノ神体ニ化シテ。面ヲ赤ク鼻長ク。左右ノ眼ハ日月ノ如クニ耀。ヲソロシゲナル形ニテ。鉾ツキテ。十禅師権現ノ天降玉フ路次ニ先立テ。如此異相人ト御ス由告ゲ来ケレバ。（中略）我ヲバ猿田彦ト号ス。実ニハ高皇産命也。皇孫降臨路次ヲ為守護。以此鉾邪鬼ノ者ヲ払ヒ退。諸道ノ印ヲ結ビテ道路ヲ鎮スル故ニ。（中略）此鎮道ノ神ノ御形状伝カ。今ノ王舞有之。此王ノ舞ト師子トノ不通ラ神幸無事也。大行事ハ十禅師ヲ擁護ス。

『厳神鈔』において大行事権現に比定された猿田彦は、十禅師権現を守護して天孫降臨を先導する神であると考えられている。その肖像は赤い面と長い鼻を持ち、鉾によって邪鬼の者を払い退け、諸道の印を結び道路を鎮めるというきわめて具体的なものであり、しかも『日本書紀』にまったく見られなかったものである。とりわけ「以此鉾邪鬼ノ者ヲ払ヒ退。諸道ノ印ヲ結ビテ道路ヲ鎮スル」という部分は特定の所作を思わせる。そして、当時あった王の舞がこうした猿田彦を表象していること、祭礼において王の舞および獅子舞が通らなければ神幸じたい始まらないことにも言及する。

猿田彦の肖像を王の舞に帰する言説は、当時かなり喧伝されていたようである。たとえば、金春禅竹の伝書として知られる『六輪一露之記』と『猿楽縁起』にも、王の舞を猿田彦の演劇化として解釈することが見られる。といっても、『猿楽縁起』は前半の一部が『六輪一露之記』の「兼良注」を引用したものであり、その内容もほぼ変わらないので、『六輪一露之記』について見ておきたい。金春禅竹は六輪一露に関する所説を展開させるべく当時の碩学に理論的な助力を仰いでおり、最終的に一条兼良が施した「兼良注」を得ることによって、『六輪一露之記』を完成させたと考えられている。『日本書紀』をめぐる知識の体系は鎌倉期以降に数多く登場した神道の教説とも深くかかわりながら発展していくが、一条兼良を介して金春禅竹の能楽論にも少なからず影響していたのである。

又、同書ノ神代ノ下巻ニ、天孫アマクダリ給シトキ、天照太神、猿田彦ト云神ニ化シ給テ、天孫ノ先駆ヲシタマフトキ、其神、鼻ノ長七咫五尺六寸ヲ云也、眼ハ八咫鏡ノ如シトイヘリ。諸ノ神達、猿田彦ノ面ニマケテ、立向フ人ナカリシヲ、カノ鈿女命ノミ、コノ神ト対揚シテ、ツイニ其名ヲ顕給ヘリ。猿女君ト云ヘル事ハ、則、猿田彦ノ名ニヨレリ。今ノ世ノ諸祭ニ、王舞ト名ヅケテ、神輿之前ニ歩ヌルハ、猿田彦ノ形ヲウツセリトゾ申伝タル。

ここでも、王の舞が猿田彦を表象していることが説かれている。王の舞は天孫降臨の神話に淵源しているというわけである。もちろん以上見てきた言説は、あくまでも天孫降臨を先導した猿田彦を解釈するべく王の舞を持ち出しているだけであり、王の舞を解釈したものであるということはできない。したがって、主要な関心は猿田彦であって、王の舞に向けられているわけでもないだろう。にもかかわらず、柴田がいみじくも指摘しているとおり「論理が逆立ちしている(13)」、つまり中世日本紀において猿田彦に付与された肖像の具体性が王の舞に淵源していた可能性は、もはや否定することができないと思われる。

中世日本紀が猿田彦の肖像を成立させる過程に王の舞を介在させているのはなぜだろうか。その消息は王の舞の諸相を十二分に理解することによってのみ、過不足なく追跡することができるはずである。だが、丹生谷哲一もこの王の舞について指摘しているとおり、「後世の『日本書紀』の注釈書は、天孫降臨神話の猿田彦になぞらえているが、それは決して『書紀』時代に存在したような芸能ではない」ことは、あらかじめ確認しておかなければならない。じっさい、次節において紹介する王の舞の特徴は「この芸能が中世的社会の形成を背景としたものであることを示唆している(14)」と考えられる。すなわち、王の舞は「〝中世日本紀〟の形成と密接に関わって、「今ノ世ノ諸祭」＝中世祭礼に不可欠の芸能として造形された(15)」のであった。

3　王の舞の諸相

王の舞という芸能に関して、あなたは何を思い浮かべるだろうか。素直に考えたら文字どおり王様が披露する高貴な舞踊、謎めいた雰囲気に心ひかれるあなたならば、王権の心臓部に深くかかわる秘儀的な舞踊を夢想するかもしれない。魅惑的な名称がこうした想像をたくましくさせる王の舞は、だが最近まで実態はおろか存在すらもあまりよく知られていなかった。かろうじて錦耕三や水原滑江《いこう》などが先駆的な成果を発表しており、私も王の舞に関する一連の論文を集成する機会に恵まれたが、(16)にもかかわらず一般的な知名度ときたら、依然として皆無に等しいのである。じっさい、王の舞はその実態を知らせる史料が乏しいせいもあって、よくわからないところが少なくない。概略を紹介するといっても、わかっている範囲で書きつけるしかないようである。

王の舞は平安末期から鎌倉期にかけて、おもに中央の大社寺における祭礼で田楽・獅子舞などに先立って演じられていた。現在でも十六件の事例を擁する福井県の若狭地方をはじめ、広い地域に分布している。王の舞の初出史料は現在のところ『猪隈《いのくま》関白記』正治元年（一一九九）五月九日の条であり、新日吉社の小五月会に王の舞・獅子舞・田楽・神楽が出たことを知らせている。その雰囲気をつかむさいは、十二世紀の後半に後白河院の意向によって作成されたという『年中行事絵巻』が有益である。祇園御霊会《ごりょうえ》を描いた巻九と稲荷祭を描いた巻十二において、裲襠《りょうとう》装束を着用して鳥甲《とりかぶと》と鼻高面をつけた王の舞が田楽や獅子舞などとともに描かれている。こうした王の舞は当時における代表的な祭礼芸能の一つであり、そもそも「邪霊を払い道行く先を鎮めるために行なわれた呪術性の強い芸能であった」(17)らしい。

先行する調査研究の大半は、王の舞が舞楽・伎楽に由来する外来系の芸能として登場しつつも、さまざまな要素を吸収して今日に至ったものであるという。(18)第一節でも若干言及したが、その名称じたい舞楽の蘭陵王に由来しているという所説も出されている。だが、王の舞が記録に登場する時期は、管見したかぎり王の舞—田楽—獅子舞に代表される芸能構成を持つ祭礼が成立した以降にかぎられる。したがって、王の舞が成立した事情を云々することは、従来の関心が王の舞の起源に集中していたにもかかわらず、きわめてむずかしいといわざるを得ない。関連する史料はむしろ、王の舞が特定の祭礼において独立した芸能として成立した可能性を示唆している。こうした所説は早く植木行宣が提出したところであった。

王の舞については、これまでいろいろと考えられているが、それが本来どのような芸態をもつ芸能であったかはほとんど明らかでない。王の舞という名称でそれが記録に現われてくるのは、田楽中心の祭礼形式が成立する時期以降であり、管見の限りそれ以前に見ることができないのである。このことは、王の舞が田楽中心の祭礼のなかで生み出された芸能であることを意味するかに思われる。その先蹤は、伎楽の治道に出て猿田彦と習合し、神輿渡御の先導を勤めた鼻長面を着けるものにあるであろうが、それとは一応区別される内容をもったために、王の舞と呼ばれ、一つの芸能として新たに登場したものとみておきたい(19)。

私はその背景として、芸能を愛好した後白河院が御霊会の系統に連なる祭礼を再編もしくは創始して一連の芸能構成を整備した経緯が隠されていると考えている(20)。はっきりした証拠があるわけでもないが、とりわけ王の舞は筆頭に登場して場を祓い清めるという重要な役割を付与されていたと考えられるから、都市空間におけるさまざまな災厄を祓うことを意図して行なわれた御霊会の精神史的景観を最もよく体現していたといえるかもしれない。

こうした王の舞がほかの芸能もろとも、やがて各地に伝播していった。その経路はいくつか考えられるだろうが、最もよく知られている経路として荘園鎮守社の祭礼における芸能として伝播した場合をあげることができる。平安中期以降、京都・奈良の大社寺などが領家として支配する荘園が各地に出現する。領家である大社寺は荘園を管理する戦略の一つとして、荘園鎮守社や寺院を設置した。しかも、大社寺における祭礼およびその芸能構成を模したミニチュアを導入していったのである。荘園を十全に支配するべく、精神的紐帯を提供したものと考えられるだろうか。若狭地方に伝承されている王の舞はそのような消息を知らせる好例であり、山路興造がいう「荘園制を背景として伝播した芸能(21)」の典型をしめしていたのである。

王の舞は若狭地方に集中的に分布しているため、従来ともすれば若狭地方にのみ存在する特異な芸能であると考え

写真１　宇波西神社の王の舞

写真２　弥美神社の王の舞

られてきた。じっさい、王の舞は若狭地方に最も多く分布している。代表的な事例として福井県三方郡三方町気山の宇波西《うわせ》神社や美浜町宮代の弥美《みみ》神社の春祭に登場する王の舞がよく知られているが、実は近接する京都府・滋賀県・兵庫県にも少なからず分布している。といっても、こうした地域に分布する事例の大半は、王の舞という呼称を持っていない。天狗飛び・竜王の舞・ジョマイなどという場合が多いようである。

若狭地方およびその周辺は大社寺が集中している京都・奈良に近いせいだろうか、やはり多数の事例を残している。だが、王の舞はこうした地域にのみ分布しているわけでもなかった。件数こそ少ないが、日本の各地に分布しているのである。王の舞の範疇に含めるべきか迷ってしまう事例も少なくないが、茨城県久慈郡金砂郷町上宮河内の西金砂《にしかなさ》

写真 4　西金砂神社の四方固め

写真 3　御祭神社の剣の舞（前半）

写真 5　大物忌神社の諾冊二尊の舞（後半）（神田より子氏撮影）

神社に伝承されている四方固め、東京都三宅村伊豆の御祭《ごさい》神社に伝承されている剣の舞、山形県飽海郡遊佐町吹浦の大物忌《おおものいみ》神社に伝承されている諾冊二尊（神）の舞などは、いずれも王の舞の典型をしめしている。また、三信遠地方や九州地方に数多く分布する火王・水王、各地の祭礼に登場する王の鼻や鼻の王なども王の舞の系統であると考えられるだろう。

ここで私がかつて作成したものを引用することによって、関連する史料や現行の事例によって得られる王の舞の特徴を列挙しておきたい。①祭礼の中では、行列を先導する機能を担っていると考えられる。②祭礼芸能の一環として、田楽・獅子舞などに先立って演じられる。③しばしば裲襠装束を着用し、鳥甲に赤い鼻高面をつける。④前段は鉾を持ち後段は素手で、四方を鎮めるかのように舞う。反閇《へんばい》の芸能化と理解することもできる。⑤人指し指と中指を揃えて伸ばし、薬指と小指を親指で押さえる剣印が舞の要素をなしている。⑥楽器としては、太鼓・笛が用いられている場合が多い(22)。

4　王の舞から猿田彦へ

以上、王の舞について概略を紹介してきた。かくして、あらためて問わなければならない。中世日本紀が猿田彦の肖像を成立させる過程に王の舞を介在させているのはなぜだろうか。中世日本紀を生み出した中世の学者たちが猿田彦を解釈するさい、王の舞に言及したのはなぜだろうか。その直接的な契機は両者に共通する高い鼻に求められる。すなわち、猿田彦と王の舞は偶然にも高い鼻という特徴を共有していたため、同一視されたものと考えられる。中世日本紀はこうした形式上の一致に依拠しながら、本来はまったく別個に存在していた王の舞の特徴を流用するのみならず、その芸態をも摂取することによって猿田彦の肖像を具体化していったのである。

最初に『釈日本紀』と『日本書紀纂疏』が長い鼻に飽きたらなかったのか、新しく猿田彦の顔色を赤く染めた。これは王の舞の特徴である赤い鼻高面に触発されたものであろう。ところが、『厳神鈔』は長い鼻と赤い面にも飽きたらなかったのだろうか、鉾によって邪鬼の者を払い退け、諸道の印を結び道路を鎮めるというきわめて具体的な肖像を造形している。これは『日本書紀』にまったく見られない以上、鉾を持ちながら剣印を結び、四方を鎮めるように舞う王の舞の芸態を想定しているとしか考えられない。したがって、『厳神鈔』における記事はむろん猿田彦の肖像に言及したものであるが、同時に王の舞の芸態を描写したものであるということもできるだろう。

だが、『厳神鈔』は王の舞の芸態を洩れなく説明しているわけでもない。王の舞の芸態は通常いくつかの異なる部分によって構成されている。古い芸態を比較的よく残していると思われる宇波西神社の王の舞は、海山・北庄・金山・大藪という四つの集落が交代して担当しているが、各々の集落が各々異なる方法によって王の舞を構成している。たとえば、海山の王の舞は「道中の舞」「三遍返しの舞」「雀踊り」「にぎりめし」の四部構成、金山の王の舞は「道中の舞」「さんさんくど（三三九度）の舞」「本舞（舞い戻しを含む）」「すずめ踊」「おてのていて（お手手）の舞」の五部構成である。また、私が長らく調査している弥美神社の王の舞もいくつかの異なる部分に分かれており、鉾を持って「拝む」「種播き」「地回り」「鉾返し」、素手で「肩のしょう」「腰のしょう」という所作が連続して演じられるのである。

王の舞の芸態が鉾を持って「払う」所作にかぎられていないにもかかわらず、『厳神鈔』が王の舞における「以此鉾邪鬼ノ者ヲ払ヒ退。諸道ノ印ヲ結ビテ道路ヲ鎮スル」所作のみに言及しているのはなぜだろうか。それは「払う」所作が猿田彦という絶妙の表現を触発したことに対して、ほかの所作が猿田彦に匹敵するような強い連想を喚起しなかったせいであろう。こうした事態はそもそも中世日本紀が天孫降臨を先導した猿田彦を解釈するためにこそ王の舞に言及しており、王の舞に対する関心もその範囲にかぎられていたことに由来すると思われる。私はかつて王の舞と猿田彦が接合していく過程を支持した背景的な事情について、こう推測したことがある。

もはや言うまでもなかろうが、すでに『厳神鈔』の段階において鉾を持って何らかの形式的行動をすることが、邪霊を払い道行く先を鎮めるという釈義を引きつけていったのは、偶然にも天孫降臨の神話が介在した結果であって、決して必然的な経過とは見なせない。もし王の舞に別の物語がからみついていたならば、芸態に対してもまったく異なった解釈が施されていたかもしれないのである。しかしながら、じっさいにはほぼ一義的な解釈しかなし得なかった背景には、偶然の符合を側面から補強して必然的な結合にまで高めてゆくだけの、それなりの根拠があったようにも思われる。少なくとも、その可能性まで否定してしまうわけにはゆかないだろう。(23)

たとえば、稲荷祭の行列を描いた『年中行事絵巻』巻十二、転害会《てがいえ》の行列を描いた『東大寺八幡転害会記』や『八幡宮七僧法会日式』などは、王の舞が神輿を先導したことを記録する。『六輪一露之記』にも「今ノ世ノ諸祭ニ、王舞ト名ヅケテ、神輿ノ前ニ歩ヌルハ、猿田彦ノ形ヲウツセリトゾ申伝タル」という記事が見られることは前述したとおりであった。王の舞が祭礼の行列においてしばしば神輿を先導するものであったことは、高次の神々である天津神を先導した猿田彦の役割に対応しているといえるだろう。また、王の舞が祭礼芸能の一環として田楽・獅子舞に先立って演じられており、いわば露払いの性格を付与されていたことも、水先案内人(神?)として天孫降臨に貢献した猿田彦を連想させるのである。

こうした性格は早く『葉黄記』宝治元年(一二四七)五月九日の条において、王の舞の異名として登場する「道張《みちはり》舞」という表現にも見ることができる。ほかにも『吉続記』文永十年(一二七三)六月六日の条、『勘仲記』弘安三年(一二八〇)五月九日の条、『勘仲記』弘安七年(一二八四)十二月九日の条などにおいて、王の舞は「道張舞」とも「道張」とも呼ばれている。神輿もしくは祭礼の行列じたいを先導する王の舞が祭場に通じる道程を開きかつ鎮めるべく舞い進む光景は、まさしく道張としかいえないようなものであろう。この名称が王の舞の精神史的景観に根ざしていることはいうまでもないだろうが、同時に猿田彦の精神的景観にも通底しているように感じられるのである。

そもそも猿田彦は天孫降臨を先導する役割をはたした、いわば鎮道神・嚮導《きょうどう》神であった。その目的は葦原中国を平定することをもくろむ天津神、つまり高次の神々を支援することによって国土を鎮護することであったと考えられる。一方、王の舞も祭礼の行列を先導して場を祓い清めるべく演じられた芸能であり、しかも田楽や獅子舞に先立って筆頭に登場する。したがって猿田彦と王の舞が接合していくさいは、高い鼻という形式上の一致のみならず、いわば性格上の一致が間接的な契機として影響している可能性がきわめて大きい。王の舞は当時こそ「今ノ世ノ諸祭」に登場する芸能としてよく知られており、一般的な知名度も高かったと思われるから、猿田彦にまつわる恰好の隠喩として十二分に機能したことはまちがいないだろう。その効果はさまざまであろうが、何よりも猿田彦における肖像の起源じたいがこうした隠喩の所為であったことはあらためて強調しておきたい。

5　猿田彦から王の舞へ

王の舞の特徴が中世日本紀における猿田彦の肖像に流入していった過程、つまり中世日本紀における猿田彦の肖像が王の舞の特徴を摂取しながら歴史的に形成されてきた過程は、もはや十二分に提示することができたと思われる。これは王の舞と猿田彦が接合していく過程の、いわば前半部を説明したものであったということができる。だが後半部、つまり王の舞の特徴を摂取することによって成立した猿田彦の肖像が再び王の舞に流入して、王の舞の存在形態を更新していく過程にも留意するべきであろう。

といっても、猿田彦の肖像が王の舞に還流する過程の実際をしのばせる手がかりは残念ながら僅少である。もちろん猿田彦を模した民俗芸能は神崎宣武が概観しているとおり、全国に分布する神楽において少なからず見ることができる。[24] だが、その大半は近世以降に成立したものであり、その芸態を見ても王の舞に淵源するものであるということはできない。おそらく天孫降臨の神話に触発されて新しく成立した趣向であったと思われる。一方、早い時期に福井県三方郡に分布する王の舞について調査した錦は、王の舞が天孫降臨を先導した猿田彦を表象しているという言説について、「私自身、三方郡の村々を歩いてみて、故老の幾人かにも、このことを聞かされたことがある[25]」といっている。にもかかわらず、今日でも民俗芸能として伝承されている王の舞にかぎっていえば、天孫降臨の神話に立脚した言説はきわめて少ないのである。

これは意外な印象をもたらすかもしれないが、民俗社会が王の舞と猿田彦を必ずしも同一視していなかったことをしめしている。すなわち、民俗社会が王の舞を解釈する過程において、中世日本紀を前提した組織的な言説の体系を成立させるよりも、むしろ民俗社会を循環する泡沫的な言説の断片に依存したことに由来していると思われるのである。どうやら王の舞は天孫降臨の神話を支配的な釈義として受容するよりも、在地の伝承に沿った多種多様な釈義を触発する場合が多かったらしい。[26] したがって、「きわめて図式的に語るならば、一般に民俗社会における知識は、その流通過程が不明瞭なまま配分されていく傾向にあると考えられる」ため、「知識の配分形態が開放系の相を示している民俗社会では、誰もが解釈する主体になりうるのであり、それはたしかなひとつの像を結ぶところまでつながってゆかない[27]」ともいえるだろうか。

もちろん王の舞を猿田彦として説明する断片的な言説ならば、王の舞が伝承されている各地において少なからず聞くことができる。たとえば、水原は若狭地方ほかに分布している王の舞を集成した成果において、弥美神社の王の舞について「この面はサルタヒコのてんぐと考えられている[28]」こと、兵庫県加西市北条の住吉神社に伝承されている竜王の舞（ジョ舞ともいう）について「その面はサルタヒコに擬したものという[29]」ことを記録している。ところが、その大半は比較的近年に各種のメディアを通して得られた知識に立脚しており、必ずしも王の舞にまつわる言説として支配的な地位を獲得していない。実際は王の舞は猿田彦であろうという言説が何となく流布しているだけであり、こうした地平を脱して天孫降臨の神話に立脚した組織的な言説を成立させるような事態はほとんど発生していないのであ

写真 6　北条住吉神社の竜王の舞

写真 7　貴船神社の竜王の舞

る。

だが、例外がないわけでもない。ここで稀有な手がかりとして紹介する事例は、兵庫県多可郡八千代町天船《あまふね》の貴船神社の秋祭に登場する竜王の舞である。貴船神社の竜王の舞はりょんさんの舞もしくはりょうおんりょうおんの舞とも称されている。王の舞という呼称こそ存在していないが、以下に紹介する特徴が王の舞の典型を忠実になぞっている。松明を持った介添人に導かれた竜王の舞は、顎の部分に紅白の紙片を貼りつけた赤い鼻高面とやはり紅白の紙片を貼りつけた長方形の紙笠を被り、薄茶色の上衣と赤茶色の袴を着用して、木製の鉾を持って登場する。最初は神前に進み出て、鉾で地面に三本の線を引き、次いで鉾を振りまわしながら神社の境内を駆けまわり、鉾を四方に大きく突きあげる。一方、参拝者は鋲打太鼓にあわせて「りょうおんりょうおん」という。これが終わったら、神楽の舞という呼称を持つ獅子舞、ゲーゲーという呼称を持つ田楽が演じられる。

ところで、竜王の舞（王の舞）・神楽の舞（獅子舞）・ゲーゲー（田楽）という芸能構成に本章の関心とも重なりあう神話が付与されていることはきわめて興味深い。すなわち、竜王の舞は猿田彦を意味しており、かつて松明を持った猿田彦が天船に降臨して、排水路と田畑の区画を測量した故事にちなむものであるといわれているのである。一方、神楽の舞は測量が終わった後に村人が土地を開墾した工事の様子を模しているという。また、猿田彦の道案内に続いてやってきた獅子が荒地を掘り返して田畑をこしらえたことを再現しているとも伝えている。そして、最初の畑で収穫したものが大豆であったため、獅子豆と称して参拝者に配ることが今日でも続けられているというのである。竜王の舞や神楽の舞の芸態が天船の人々に農耕を連想させたのだろうか。なお、ゲーゲーはめでたい出来事にちなみ祝詞として奏されるという。

この場合、竜王の舞と獅子舞は、農耕を営む天船にとっての神話的な出来事を再現していると考えられる。芸能に見出される新しい農耕テクノロジーが、始源的時空の回復を通じて地域のアイデンティティを確認する契機となっているとでも要約できようか。特に、竜王＝猿田彦に地域の開発を司る文化英雄の性格を読み取ることは不可能ではあるまい[30]。

こうした神話は在地において新しく王の舞や獅子舞に施された言説であると考えられる。もちろん細部こそ異なっているが、天孫降臨の神話に立脚していることはまちがいないから、中世日本紀に淵源するといえなくもない。だが、だからといって中世日本紀が直接的に影響しているわけでもないだろう。むしろ天孫降臨の神話が人口に膾炙した以降、新しく生み出された言説であったと思われる。残念ながら天孫降臨の神話がいつごろ、どのような人物によって天船に持ちこまれたのかについて知る手がかりは残されていないが、近接する地域に分布する王の舞にこうした神話を同伴する事例が見られない以上、純粋に民俗的な知識であるということはむずかしい。近世において神官や国学者のような在地の知識人が介在していた可能性が大きいと思われる[31]。

近世も末期にさしかかった安政元年（一八五四）に加藤寛斎がまとめた『常陸国北郡里程間数之記』巻三は、西金砂神社の四方固め（王の舞）について「四方加持」という名称を紹介した上で、「役王役也五穀成就なし給へと四方八方の天神へ向ひて祈る事と見へたり寛斎按ニ猿田彦の命を表する也天孫降臨し給ふの時露払をられし勇猛の神なる故役王の任ニ設けたるもの歟」という。ここでも王の舞を解釈するさい、天孫降臨の神話が参照されているのである。天明元年（一七八一）に生まれた加藤寛斎は俳句や絵画を嗜み、学者としても数多くの著書を残している。近世における知識人の実態がしのばれるが、その言説は当時「四方加持」という名称によって解釈されていた王の舞をいわば再解釈する実践の所為であるということができるだろう。

同じような痕跡は水原が王の舞の一例として紹介した北条の住吉神社の竜王の舞にも見ることができる。喜多慶治は残念ながらこの事例が王の舞であることに気づいていないが、芸態などについて比較的くわしく報告している。そして、「竜王舞は伊邪那岐、伊邪那美の二神が天浮橋に立って、天沼矛を以て蒼海を「塩こおろこおろ」とかきなした様を模したものとい丶、また猿田彦命が国造りの嚮導となって悪魔を払う様を模したものという[32]」とも書いているのである。こうした言説じたいはおそらく喜多が民俗的な知識として入手したものであろうが、にもかかわらず神話的な背景を付与することによって竜王の舞を神道的な色彩によって染めあげるという動機が介在していた可能性を十二分に感じさせる。その時期はやはり近世、もしかしたら近代以降であったかもしれない。

6 循環する言説

じっさい、猿田彦の肖像を王の舞に接合させる言説は、近世どころか近代以降に生み出された場合が少なくない。昭和十年代に刊行された『兵庫県神社誌』は兵庫県神職会が編集したせいであろうが、「神社調書」を引いて竜王の舞（王の舞）が猿田彦命を表象しているという言説を再三強調している。数例のみあげておけば、水原や喜多も言及している北条の住吉神社の竜王の舞について「神輿出御の時並に神幸式ありて御旅所入御の後竜王舞あり同所一泊翌三日又御旅所出御及び当社還御の後亦竜王舞あり之れ猿田彦命を擬したるものなり[33]」、兵庫県神崎郡福崎町八千種《やちぐさ》の大歳神社に伝承されている竜王の舞（ジョ舞ともいう）について「神輿渡御の行事あり即ち猿田彦尊に扮したる丈夫桙を採りて舞ふ御幸前に一同渡御所にて一同還幸後一回太鼓横笛に合す[34]」という。

同書は兵庫県加東郡社町上鴨川の住吉神社に伝承されている竜王の舞（リョンサンの舞ともいう）についても、「古来神式と称し例祭の当日社頭に於て氏子中より選抜せられたる青年（長男に限定せらる）をして白羽二重の衣服を纏い赤麻の装束令色の袴にて猿田彦の古面を冠し鳥兜を戴き長さ四尺の長太刀を佩き鉾を把り笛太鼓（チヨボノ囃ト称ス）につれ歌舞を行ふ[35]」という「神社調書」の記事に言及しており、やはり猿田彦に引きつけた言説を再生産している。そう考えていけば、喜多が北条の住吉神社の竜王の舞に関して記録した言説は、元来こうした書物が編集された過程において形成されていったものかもしれない。それは喜多が大歳神社の竜王の舞に関して、「福崎町八千種字観音堂の大歳神社では「猿田彦舞」と称し[36]」ていると書いたことについても同様であろう。貴船神社の竜王の舞にまつわる神話ですら、似たような過程が存在したことは十分考えられる。

一方、滋賀県野洲郡野洲町三上《みかみ》の御上神社の相撲《そうもく》神事（ずいき祭）における芝原式でも、王の舞が変化したと考えられる事例を確認することができる。袴を着用して神事に奉仕していた使丁が社殿に赴き、黒い鼻高面（両眼と口の周囲だけ赤い）を被り木製の鉾を持って戻ったら、裸足で進み出る。惣公文《そうくもん》に対して一礼して、鉾を左脇に持ち右に三度まわる。鉾で惣公文の胸を突く所作、右手で鼻先をつまみ鼻糞を惣公文につける所作（剣印の痕跡か）を見せる。東公文・西公文に対しても同様であった。

この事例はあくまでも芝原式の一部として組みこまれており、必ずしも特定の名称を持っていない。ところが、神話と民俗（とりわけ宮座）の調査研究によって知られる肥後和男はその著書において、使丁が勤める役割に猿田彦という名称を付与しているのみならず、御上神社の祭神が「小き白き猴」に変じて出現したことを記録する『日本霊異記』下巻第二十四縁に言及しながら、使丁の役割に秘められた象徴的な意味について論述している。

いまの相撲祭に出てくる猨田彦命は、してみればじつに神そのものであると考えられるべきである。したがって各公文が彼によって貫かれることは要するに神の恩頼を身にうける――なおいい得るならば神のもつマナを授けられる意味とすべきであろう。鉾はすなわち神の威力を象徴したものであり、これによって突かれることは自ら神威を身に帯することとなるのであろう[37]。

写真 9　大歳神社の竜王の舞

写真 8　上鴨川住吉神社の竜王の舞

写真10　御上神社の猿田彦

しかも、肥後は「淡海の御上の祝」が斎く祭神が天之御影神であるという『古事記』中巻の記事に言及しながら、天之御影神が天照大神とも通底する太陽神である可能性を強調した上で、「天照大神と猨田彦、換言すれば太陽と猿とはわが古代信仰において不即不離の関係にあるといえる」という所説を提出する。そして、「あるいは両者まったく同等の資格であった時代があるのではないかと思うが、文献時代以降においては猨田彦はつねに天照大神に従属するものとして考えられている」[38]ともいうのである。かくして、肥後は猿田彦の意味を考えるさい、相撲神事がそもそも若宮の祭として存在していることにこそ注意しなければならないと述べている。

秋祭が若宮の祭りであり、そこに神として猨田彦が出てくるとすれば、猨田彦はすなわち若宮の神であるとせねばならぬ論理である。こうして御上においては天之御影神と猨田彦とは大宮と若宮との関係において結ばれているということができる。これは猨田彦が天照大神の純然たる従属者となる。もうひとつ前の関係を暗示しているものではなかろうか。[39]

私は残念ながら、肥後が展開する変幻自在な所説の当否を判断する能力を持たない。だが、それはこの事例が猿田彦を表象していることを前提した上でこそ成立するものであるといえるだろう。もちろん肥後はこの事例について、王の舞が変化したものである可能性に気づいていない。にもかかわらず、その所説は王の舞に関してしばしば登場する言説における可能態の極北をしめしているとも思われるのである。なお、肥後の所説は近年も山口昌男や金子哲が展開する気宇壮大な所説において批判的に継承されている。山口はともかくとしても、中世史を専攻する金子ですら、この事例が王の舞が変化したものである可能性に気づいていないことは惜しまれるが、循環するのみならず拡張する言説の好例として紹介しておきたい。

山口は「この奇妙な使丁の所作について、肥後氏は猿田彦神が公文に神威を与える行為とする」が、「我々の立場から見ると、ここには神と同一視された惣公文に対して儀礼的には下位の役である使丁が猿田彦に仮託して「さかしまの祭」をしかけること、つまり負の要素によってネゲントロピー（活性力）を導入するというカーニバルの原理が働いていると見ることができる」(40)という。また、金子は山口の所説を一部批判しつつも基本的な発想を踏襲して、相撲神事における「排除構造」についてこう述べている。

「下方排除」される存在は芝原式における宮仕である。（中略）芸能をもって御上神社に仕え、雑用に従事し、祭の際には供応に預かる神人とも言える存在である。芝原式においても宮仕の基本的役は筵による座の設置・篝火の管理・「花びら」の運搬等の下働きである。「下方排除」されるのを本質とする存在である。そして、「下方排除」されるが故に神により近く奉仕でき、芝原式において、莚でコの字型に囲まれた祭事空間と漆黒の闇の中にある神社の中枢部分との連絡を担当できるのである。また、突如として排除の方向が上方へと転ずる時、トリック・スターで神の使である猿田彦に変身するのである。(41)

こうした言説は今日、最も広汎な意味において民俗芸能研究に従事する人々（もちろん私もその一人である）のいわば専売特許として継承されている。すなわち、私たちは王の舞が猿田彦を表象しているという言説を広汎に流通させることのみならず、民俗的な知識として定着させることにも貢献しているといえるだろう。小林康正は三信遠地方に伝承されている花祭に関して、スキャンダルめいた興味深いエピソードをとりあげながら、「いったん研究者から放たれた知識はその地域において流通するばかりでなく、純粋な民間知識という装いをもって再び研究者の元に戻ってきて、その地位を不動のものにする」(42)という少なからず屈折した事態を具体的に提示している。だが、だからといって小林は聞き書きという方法の不可能性を強調しているわけでも何でもない。むしろ反対である。

伝承者の語りとは調査者の問いによって喚起された反省的な答え、つまり、対話の結果生じたものなのである。したがって、本来的に客観性を持ったものでも、純粋さを保てるようなものではない。けれどもこの事実が示しているのは、聞き書きという方法そのものが頓挫したということでも、我々がそれを放棄する必要に迫られることでもない。そこにあるのは、モノローグからダイアローグへというモデルの転換なのである。つまり、聞き書きとは、調査する側が調査される側から情報を収奪するといった搾取的なものではなく、むしろ、その両者の対話を通じて達成されるような本質的に構成的な仕事なのである(43)。

かくして、小林は純粋な民間知識を入手するという馬鹿げた発想に拘泥するよりも、「研究そのものが、不可避的に対象へ影響を与え、また対象からの影響を被るものだとする認識に辿り着いたいま、民俗学はそうした自らの存在をも分析の対象に取り込み、民間知識を行為当事者と研究者との作用史のコンテクストの中で追及していくことが求められている(44)」ことを宣言している。小林の所説はあくまでも行為当事者と研究者の作用史に限定されているが、各種のメディアもこうした言説の作用史を構成するのみならず拡張する決定的な要素として深く介在していることはいうまでもないだろう。王の舞に関して聞かれる猿田彦にまつわる言説にしても埒外であろうはずがない。それは文字どおり循環する無限階梯を駆け昇っているのである。

私はかつて、滋賀県高島郡朽木村能家の山神神社に伝承されていた王の舞について現地調査を実施した。この王の舞はオノマイという呼称を持ち、長らく能家の人々によって親しまれてきたが、諸般の事情が重なって約三十年前に中絶している。ところが、王の舞がもはや存在しないにもかかわらず、ここでも「オノマイは猿田彦さんやろ」という言説を聞くことができた。こうした言説が私じしんによって触発されたものか、私よりも以前に能家を訪れた研究者によって移植されたものか、もしくは各種のメディアを通して導入されたものか、その過程を具体的に追跡することはむずかしい。だが、いずれにしても、王の舞は能家の人々が紡ぎ出す集合的な記憶という地平において、今日でも猿田彦という新しい意味を獲得している。しかも、それは能家にかぎらず、王の舞を伝承している数多くの場所において聞くことができるのである。

7 仮面の意味

ところで、王の舞の特徴を摂取することによって成立した猿田彦の肖像が再び王の舞に流入していく過程の一端は、王の舞に用いられた仮面の呼称が変遷していくことにも求められる。後藤淑は猿田彦を表象する特定の仮面がそもそも存在していなかったこと、そしていわゆる猿田彦面が近世以降ようやく登場したものであることを指摘している(45)。したがって、先行する伎楽の治道面や舞楽の散手・貴徳面のみならず、王の舞に用いられた仮面も猿田彦を表象する受け皿の一つとして選ばれた可能性はきわめて大きい。

後藤は猿田彦という呼称を付与された王の舞の仮面として、かつて転害会で用いられていた三つの王舞面（現在は奈良県奈良市雑司町の手向山八幡神社が所蔵している）などを紹介した上で、「猿田彦という名称の面は発生期にはなく、神話の猿田彦を仮想化する必要が生じた時、猿田彦の役に当たる面を既存の先行面に求められたと考えられる(46)」と述べている。また、『釈日本紀』の記事に言及しながら、「王舞面の祖が猿田彦面にあるというように解釈しているが、猿田彦面が王舞面以前にあったとは現在の研究段階では考えにくい(47)」ともいう。すなわち、王の舞の仮面は猿田彦を表象する最も効果的な媒体であったといえるだろうか。

だが、猿田彦という呼称を付与された王の舞の仮面についてすら、その件数がけっして多くないことは留意しておかなければならない。しかも、その時期は大半が近世以降であり、近代の所為であることも十分に考えられる。王の舞の仮面を所蔵する神社が神道的な色彩を強調するべく猿田彦に改称した場合、さまざまなメディアを介して猿田彦に関する知識が広汎に流布した結果として猿田彦という呼称が新しく慣例化していった場合等々、想定しておかなければならない可能性はいくつも考えられるだろう。これは前節でも強調しておいたが、本来的に可動性を持つ仮面にこそ最もよく見られる事態であると思われる。

といっても、やはり稀有な例外は存在する。薩摩国の一宮であった新田八幡宮（鹿児島県川内市宮内町の新田神社）の「神王面」にまつわる一件は、従来も後藤や丹生谷などによって言及されてきたが(48)、中世の在地社会において王の舞の仮面にまつわる意味が変容していく過程の一端をしめしているという意味でも興味深い。すなわち、仮面の意味という地平において王の舞と猿田彦が複雑に交錯していたことをしのばせる、いわば恰好の手がかりを提供していると考えられるのである。宝治元年（一二四七）十月二十五日の「関東下知状」は新田八幡宮御前検校生西と地頭行願（鮫島家高）の争論に対して出された幕府の裁許状であるが、「神王面事」という一条が王の舞に言及している。以下、丹生谷が注釈した内容を参照しながら、その経緯を紹介してみたい。

生西はまずもって「神王面」が八幡宮の「往古之霊物大菩薩之御体」であることを主張する。にもかかわらず、寛元四年（一二四六）八月に八幡宮領の年貢を収納するべく現地に赴いたさい、地頭方が「一神王面」を奪い取り、「二神王面」を打ち破ってしまったというのである。一方、行願は「神王面」というのは何のことか。名前も知らないが、もしかしたら「王舞面形」のことか。「大菩薩之御体」というが、いかなる根拠があるのか。そのようなものを破損したことも奪ったこともない。八幡宮の神人が鼓を打ち声をあわせて郡内で騒ぎ、手足を措くところも知らないような状況であったから、おそらく打ち落としたのだろうというのである。両者の争論じたいは七条にものぼるが、幕府が行願の罪科は免れがたいことを認めて、最終的に行願の知行分であった阿多郡北方の地頭職を改易することによって決着している。

争論の経緯はともかくとしても、ここで注意しておきたいことは、新田八幡宮に当時「大菩薩之御体」として観念された「神王面」が存在しており、それが「王舞面形」としても表現されているということである。同年十一月に提出された「薩摩新田宮所司等重申文」は、地頭が「一神王面並御鉾」を奪い取り「二神王面」を打ち破ったことについて、「五体神王面」がそもそも天津神が日向国に降臨したさい「前行」した五部神を表象しており、国家を鎮護する「王面」であるという。また、元亨三年（一三二三）八月の「薩摩八幡新田宮本神人等名帳」は「御部神御曽木王」として五人の検校、「猿田彦大神御車引神人」として二十五人の検校を列挙している。

丹生谷はこうした記録に依拠しながら、「「王の舞」という芸能は天孫降臨神話の猿田彦神・五部神に仮託された八幡大菩薩の神変・芸能化として観念されていた」のみならず、「恐らく祭礼にあたっては猿田彦を象った「王舞面」が「八幡大菩薩の御躰」として車に乗せられてそれら神人によって曳かれ、また五部神の王面を着けた神人が前行したのであろう」とも推測している。それが「祭礼時のみならず、中世社会を特徴づけている神輿を捧げての強訴・一揆に際しても、その先導・前払いの機能を担うものとして登場した」というのは、おそらく丹生谷が指摘しているとおりであろう。(49)

じっさい、文永十二年（一二七五）の「新田宮所司神官等解文」は「神王面虫損事」に関連して、「大王者猿田彦大神是也、神王者悪魔降伏変化所作神」という観念が存在していたことを記録している。また、明治三十一年（一八九八）に鹿児島県私立教育会が編集した『薩隅日地理纂考』を見ても、新田神社の摂社である二十四所神社が「天孫降臨ノ時倍従ノ五ツ伴緒ノ神及ヒ八百万ノ神々ノ主領タル諸神」を奉祀していること、同じく新田神社の摂社である大王神社が「猿田彦命」を奉祀していることが知られるのである。現存する仮面に関しても、新田神社は猿田彦面と五伴緒面の計六面を所蔵しており、中世における「神王面」の系譜を引いていることは確実であろう。[50] したがって、丹生谷の所説がほぼ正鵠を射ている可能性はきわめて高いと思われる。

だが、「この「一神王面ならびに御鉾」が、中世芸能としての「王の舞」であることは疑いない[51]」という丹生谷の所説について、私は必ずしも同意することができない。というのも、一連の史料において前述した王の舞の芸態はまったく記録されていないのである。そもそも一連の史料は中世芸能としての王の舞に関するものというよりも、むしろ「王」の名称を持つ仮面、いわゆる「王面」に関するものであると考えられる。「王面」を鉾や竿に掛けることは九州地方の南部における祭礼において数多く見られる。にもかかわらず、「王面」が必ずしも王の舞に用いられるような鼻高面を意味していない以上、こうした事例が王の舞の仮面であり王の舞に由来すると考えることは早計であろう[52]。したがって、「一神王面並御鉾」が特定の芸態を持つ王の舞を意味しているかどうかについても「疑いない」どころか、けっして即断することはできないはずである。

新田八幡宮の「神王面」を王の舞に結びつける唯一の手がかりは、最初に紹介した「関東下知状」における「王舞面形」という部分である。だが、これはあくまでも東国出身の御家人であった行願が自分の背景的な知識を動員して「神王面」を私的に解釈した結果であり、彼がそう考えたからといって「神王面」が即「王舞面形」であるということはできない。「彼も「王の舞」のことは承知していた」のは丹生谷がいうとおりであるが、だからといって「ただ認識を欠いていたのは、それ（王の舞）を「神王面」、「大菩薩の御体」とする観念形態であった[53]」（括弧引用者）といえるだろうか。生西じしんは「神王面」が「大菩薩之御体」であることこそ主張しているが、「神王面」が「王舞面形」であるかどうかについて何も言及していないのである。

要約しておこう。地頭は「神王面」について無知であったが、王の舞に関する一定の知識を持っており、そうした知識に依拠しながら「神王面」を解釈している。一方、新田八幡宮は「神王面」が「大菩薩之御体」であると考えており、「神王面」に天孫降臨の神話をも付与している。だが、「神王面」が「王舞面形」であり、実際に王の舞が存在していたかどうか、その真相はわからない。丹生谷がいう「八幡大菩薩変化の神王面＝王の舞面の造像、換言すれば猿田彦神の中世的変容」は、むしろ地頭と新田八幡宮が各々展開する言説の地平において進行していた過程であった。すなわち、前者は王の舞を持ち出すことによって、後者は天孫降臨の神話および猿田彦を持ち出すことによって、各々「神王面」を解釈していたのである。かくして、実際は丹生谷が想定したよりもいっそう屈折した事態において、いわば言説の作用史が存在していたことを強調しておかなければならない。

8　王の舞と猿田彦

新井恒易は私が継続してきた王の舞に関する一連の成果を簡潔に紹介して、「王の舞の解明はおよそできたように思われる(54)」ことを評価しつつも、私が今後とりくむべき課題の所在を提示している。それは王の舞の起源を探求する試みであり、新井じしんも「王の舞以前」という魅力的な表現を用いながら「伎楽の治道が舞楽の散手・貴徳とどのようにつながるのか(55)」と問い、その計画を提示するところであった。新井は本章が大きく扱った中世日本紀における言説をも正しく位置づけて、こう述べている。

行道と治道ということから、中世になって記紀の神話の中にその故郷をさぐり出し、王の舞即猿田彦説をつくりあげたことはまぎれもない。精密にはわからないかもしれないが、仮面と芸能を十分に検討し、伎楽の治道と舞楽の散手・貴徳の脈絡をさぐり出す必要がある。それは王の舞の研究の大成にとって、橋本君に避けることの出来ない課題であり期待したい(56)。

もちろん私じしんも王の舞の起源を探索する試みの必要性は十二分に認識しているつもりである。だが、こうした試みは関連する史料の不在によって、残念ながらほぼ不可能な課題として屹立している。したがって、本章は王の舞における一つの起源、つまり王の舞にまつわる言説の起源を探索してみたともいえるだろうか。それは王の舞の起源論や発生論に赴くよりも、むしろ王の舞が出現した以降に見られる言説の作用史を主題化する試みを意味していた。じじつ猿田彦にまつわる言説は、まさしくこうした地平においてこそ出現していたのである。阿部泰郎は数多くの謎を秘めた八幡神にまつわる言説じたいを問いなおすべく、こう述べている。その視座は本章における視座とも響きあう。

「八幡とは何か」という問いかけは、たんに古代の始源ばかりを追求するのでは、「八幡の藪知らず」ならぬ深い闇を手探りするばかりであろう。それは、限られた断片的な資料を元にして恣意的にそれぞれの観念や先入主に宛てがって、〝始源〟に還元していく不毛を、思わず導き入れるおそれがある。むしろ、登場してより以降に豊かに残される八幡神をめぐる言説や出来事、この現象を如何にとらえ、それらの記述をどう解読するかという、そのものに則した視線が大切ではなかろうか。(57)

猿田彦の肖像についても、猿田彦の始源を追求することに専心することよりも、猿田彦にまつわる諸現象が構成する関係を解読することが必要であろう。そして、王の舞はこうした試みに対して、いわば恰好の素材を提供していたということができる。かくして、本章は王の舞と猿田彦が複雑に交錯しながら接合していく過程じたいを解読してきたのであった。なお、飯田道夫は「猿田彦を道の神とみるのは、この神が〝天の八衢〟に出現した「衢神」だからだが、神話の語る猿田彦だけを見ていては、この神の本当の姿はみえず、現実の信仰の中でこの神をとらえる必要がある」[58]と述べた上で、異称によって呼ばれている猿田彦についても数多くとりあげながら、猿田彦が道の神であるという一般的な通念を否定している。私は必ずしも飯田が展開する所説の全体に同意することができないが、少なくともその基本的な視座に関して全面的な賛意を表しておきたいと思う。

現象を分析するとは、現象の本質を発見することでなく、この本質の展開の過程、本質がとりむすんでいくさまざまの関係を追求し、これを総括することである。現象の背後の本質だけを追求しようとする通俗的な方法が危険なのは、それはかくすることによって本質から一切の関係を切断し、本質を一方では抽象的な実体としてしまうだけでなく、他方では、抽象的な実体としてのその本質のなかに、この本質が他者とあいだにむすんでいる一切の関係をおしこめ、かくすことによって、この本質を神秘な形而上学的なものとしてしまうからである。[59]

マルクス主義の最も良質な部分を感じさせるこうした言説に導かれて、最後にあらためて本章が主題化してきた猿田彦の肖像を総括しておきたい。そこに現前するものは、王の舞と猿田彦が高い鼻という形式上の一致、そして道程を開きかつ鎮めるという性格上の一致に触発されることによって、間断なく複雑に交錯して接合していく過程であろう。すなわち、本章は猿田彦の肖像を抽象的な実体として神秘化することに抗して、王の舞と猿田彦が交渉していることをしめす数少ない手がかりを最大限利用しながら、こうした関係の一端を追求する試みであったということができるはずである。

付記

本章を執筆した時期、私はミシガン大学日本研究センターにおいてトヨタ客員教授として教鞭を取っていたため、現地で入手することができなかった参考文献等について宇野幸・犬塚康博の両氏を煩わせて、さまざまな便宜を図っていただいた。深く謝意を表したい。

（1）たとえば、鎌田東二編『謎のサルタヒコ』創元社、一九九七年、飯田道夫『サルタヒコ考』臨川書店、一九九八年、参照。
（2）柴田実「猿田彦考」『日本書紀研究』第八冊、塙書房、一九七五年、九二頁。
（3）同論文、九二頁。
（4）同論文、九二―九三頁。
（5）同論文、九三―九四頁、参照。後述する『日本書紀纂疏』も猿田彦の怪異な相貌を解釈した記事において、猿田彦が「山鬼」の異名であるという所説を紹介している。橋本裕之『王の舞の民俗学的研究』ひつじ書房、一九九七年、一七〇頁、参照。
（6）柴田実、前掲論文、九四頁。これはおそらく伎楽における治道の仮面のことか。高い鼻に留意しながら猿田彦における肖像の起源を治道面に求める所説は、近年も松村一男が提出している。だが、ここでも「伎楽で用いる仮面の中には、治道あるいは陵王と呼ばれる赤く塗られた鼻高の面があり」という不正確な文章が見られるのは残念である。「猿田彦もホノニニギの一行の道案内をしており、両者の役割は類似している」ことは松村が指摘するとおりであり、「伎楽の治道面にならって猿田彦の容貌が描かれた可能性」を否定することはできないが、いずれにしても治道と陵王は別物である。松村一男「世界の神話からみた猿田彦」鎌田東二編、前掲書、一六九頁。
（7）柴田実、前掲論文、九五頁。
（8）同論文、九五頁、参照。王の舞に関する従来の成果はどうしたわけか、その大半が王の舞が蘭陵王の舞であり、蘭陵王（羅陵王）の舞→陵王の舞→王の舞に転訛したという所説を反復している。これはそもそも折口信夫が発想して錦耕三が継承したものであるらしい。錦耕三「王の舞の研究」『芸能』第三巻第四号、芸能発行所、一九六一年、四七―四八頁、および池田弥三郎『まれびとの座　折口信夫と私』中央公論社、一九六一年、一八六―一八七頁、参照。だが、両者は形態としても大きく異なっている。その根拠はきわめて薄弱であり、採用することができない。
（9）橋本裕之「赤と青――「もどき」をともなう王の舞――」『国立歴史民俗博物館研究報告』第六二集、国立歴史民俗博物館、一九九五年、二一二頁、参照。（本書所収）
（10）柴田実、前掲論文、九五頁。
（11）同論文、九五頁。

（12） 中世日本紀に関する成果は近年も数多く見られるが、里程標とでもいうべき最も基本的な成果として、伊藤正義「中世日本紀の輪郭」『文学』第四十巻第十号、岩波書店、一九七二年、および阿部泰郎「中世王権と中世日本紀―即位法と三種神器説をめぐりて―」『日本文学』第三四巻第五号、日本文学協会、一九八五年、をあげておきたい。
（13） 柴田実、前掲論文、九五頁。
（14） 丹生谷哲一「中世八幡信仰の定着過程――「王の舞」を通して――」大阪教育大学教養学科社会文化講座編『社会文化の形成と展開』大阪教育大学教養学科社会文化講座、一九九三年、四八頁。
（15） 同「鬼の呪力――「王の舞」にみる」大隅和雄責任編集『朝日百科日本の歴史別冊　歴史を読みなおす』5（大仏と鬼）、朝日新聞社、一九九四年、四四頁。
（16） 錦耕三「王の舞の研究」『芸能』第三巻第四号、芸能発行所、水原渭江『日本における民間音楽の研究』I（若狭湾沿岸における王の舞の綜合的研究）、民俗文化研究所、一九六七年、橋本裕之『王の舞の民俗学的研究』、参照。以下、王の舞に関する行論はいずれも橋本の同書に収められた諸論文に立脚している。
（17） 橋本裕之、前掲書、四七頁。
（18） とりわけ水原渭江は王の舞が舞楽に由来しており、いわば民俗化した舞楽であることを示唆している。水原渭江、前掲書、参照。
（19） 植木行宣「上鴨川住吉神社の芸能」上鴨川住吉神社神事舞調査団編『上鴨川住吉神社の神事舞』兵庫県加東郡教育委員会、一九八一年、四二頁。
（20） 國賀由美子「後白河院と祭礼」『歴史手帖』第一五巻六号、名著出版、一九八七年、参照。
（21） 山路興造「芸能伝承」赤田光男・天野武・野口武徳・福田晃・福田アジオ・宮田登・山路興造編『日本民俗学』弘文堂、一九八四年、一八七―一八九頁、参照。
（22） 橋本裕之、前掲書、三三頁。
（23） 同書、二二八頁。
（24） 神崎宣武「神楽における猿田彦」鎌田東二編、前掲書、参照。
（25） 錦耕三、前掲論文、四八頁。
（26） 私はかつて民俗社会が王の舞に付与した多種多様な釈義について、⑴来訪神と外来王、⑵開発神と文化英雄、⑶豊饒と生命力、という三つの項目に分類したことがある。橋本裕之、前掲書、一七一―一八二頁、参照。
（27） 同書、二五五頁。
（28） 水原渭江、前掲書、九六頁。

(29) 同書、三二四頁。
(30) 橋本裕之、前掲書、一七七頁。
(31) 同書、二五五頁、参照。
(32) 喜多慶治『兵庫県民俗芸能誌』錦正社、一九七七年、六二四頁。
(33) 兵庫県神職会編『兵庫県神社誌』中巻、兵庫県神職会、一九三八年、六九三頁。
(34) 同書、一一七九頁。
(35) 同書、五四四頁。
(36) 喜多慶治、前掲書、六二八頁。
(37) 肥後和男「御上神社の相撲神事」『神話と民俗』岩崎美術社、一九六八年、二九三頁。
(38) 同論文、二九六頁。
(39) 同論文、二九七頁。
(40) 山口昌男「相撲における儀礼と宇宙観」『国立歴史民俗博物館研究報告』第一五集、国立歴史民俗博物館、一九八七年、一一五―一一六頁。
(41) 金子哲「神と人との間にて――宮座における二つの原理《ヤヌス》――」石井進編『中世の村と流通』吉川弘文館、一九九二年、二二四頁。
(42) 小林康正「「民俗」記述の無限階梯」『正しい民俗芸能研究』第〇号、ひつじ書房、一九九一年、一二―一三頁。
(43) 同論文、一四頁。
(44) 同論文、二〇―二一頁。
(45) 後藤淑『民間仮面史の基礎的研究――日本芸能史と関連して――』錦正社、一九九五年、六〇頁、同「猿田彦面の系譜」鎌田東二編、前掲書、二七九頁、参照。また、神崎宣武も神楽における猿田彦に言及しながら、今日において一般化している猿田彦面が江戸中期以降に定型化したものであり、「明らかに猿田彦とみなされる近世以前の鼻高面は残存していない」ことを指摘している。神崎宣武、前掲論文、二七三頁、参照。
(46) 後藤淑、前掲論文、二八九頁。
(47) 同論文、二九〇頁。
(48) たとえば、同『中世仮面の歴史的・民俗学的研究』多賀出版、一九八七年、六二六―六三四・七一七―七二〇頁、丹生谷哲一「中世八幡信仰の定着過程――「王の舞」を通して――」、同「鬼の呪力――「王の舞」にみる」、参照。また、川添昭二も神仏を介した蒙古襲来の文化史的な意義を考察する手がかりとして、新田八幡宮の神王面に言及している。川添昭二「蒙古襲来と中世文芸」『中世

文芸の地方史』平凡社、一九八二年、八〇頁、参照。
(49) 丹生谷哲一「中世八幡信仰の定着過程──「王の舞」を通して──」、四七頁。
(50) 向山勝貞「南九州における仮面の研究　その諸類型について」和歌森太郎先生還暦記念論文集編集委員会編『古代・中世の社会と民俗文化』弘文堂、一九七六年、六九八頁、九州歴史資料館編『九州の寺社シリーズ』2（薩摩川内新田神社）、九州歴史資料館普及会新田神社、一九七八年、二四─二七・三四─三五頁、参照。
(51) 同「鬼の呪力──「王の舞」にみる」、四六頁。
(52) 出村卓三「王面の考察」『黎明館調査研究報告』第五集、鹿児島県歴史資料センター黎明館、一九九一年、五八─五九頁、参照。また、出村が「王面」に関する事例を渉猟した成果として、鹿児島県歴史資料センター黎明館編『南九州の仮面─祈りと願いの世界─展示図録』鹿児島県歴史資料センター黎明館、一九九二年、をあげておきたい。
(53) 丹生谷哲一「鬼の呪力──「王の舞」にみる」、四六頁。
(54) 新井恒易「王の舞ノート」『まつり通信』三七二、まつり同好会、一九九二年、三頁。
(55) 同論文、四頁。
(56) 同論文、四頁。
(57) 阿部泰郎「八幡縁起と中世日本紀─『百合若大臣』の世界から─」『現代思想』第二〇巻第四号、青土社、一九九二年、七九頁。
(58) 飯田道夫、前掲書、六頁。
(59) 藤本進治「毛沢東思想の一断面──分析的方法について」『マルクス主義と現代』せりか書房、一九七〇年、二八六頁。

面模ノ下ニテ鼻ヲシカムル事
――声を伴う王の舞

1　声を伴う王の舞

　王の舞は平安末期から鎌倉期にかけて、おもに中央の大社寺で行なわれた祭礼で田楽・獅子舞などに先立って演じられていた。現在でも十六ヶ所十七件を擁する福井県の若狭地方を含めて、広い地域に分布している。王の舞は一般に赤い鼻高面と鳥甲を被り裲襠装束を着用して、前段は鉾を持ち後段は素手で四方を鎮めるように舞う。舞楽に見られる剣印を含み、太鼓や笛などで囃すというものである。こうした特徴を持つ王の舞は中世前期における代表的な祭礼芸能の一つであり、そもそも場を祓い浄めるべく演じられた芸能であったらしい。「道張」という別称にもうかがわれるとおり、祭礼において神輿もしくは行列じたいを先導することによって「邪霊を払い道行く先を鎮めるために行なわれた呪術性の強い芸能であった[1]」ともいえるだろうか。

　王の舞は長らく実態のみならず存在すらもあまり知られていなかった。かろうじて錦耕三や水原渭江などが先駆的な成果を発表しており[2]、私じしんも王の舞の歴史的かつ民俗的な実態を解明する試みに従事してきた[3]。だが、残念ながら依然として総論の範囲を出ていないといわざるを得ない。したがって、本章は従来あまり手がけていなかった王の舞にまつわる各論の一つとして、王の舞が特異な声を伴っており、王の舞という名称じたいそのような声に由来していた可能性について検討する。そして、声に託された実践的な役割についても論じたい。それは声を伴う王の舞に関する若干の手がかりに導かれながら、声と音の芸能史を構想する試みをも意味している。

声を伴うかと思われる王の舞は、延慶本『平家物語』巻一の卅七「豪雲事」や『源平盛衰記』巻第四の「豪雲僉議」に登場する。延慶本『平家物語』は「山門ノ僉議ト申候ハ、殊ナル事ニテ候、先王ノ舞ヲ舞候ニハ、面模ノ下ニテ鼻ヲシカムル事ノ候ナル定ニ、三塔ノ僉議様ハ、大講堂ノ庭ニ三千人ノ大衆会合シテ、破レタル袈裟ニテ頭ヲ裹テ、入堂杖トテ、二三尺計候杖ヲ面々ニ突テ、道芝ノ露打払テ、小キ石ヲ一ヅヽ持候テ、其石ニ腰ヲ係ケ居並テ候ヘバ、同宿ナレドモ互ニ見知ヌ様ニテ候。「満山大衆立廻ラレ候ヘヤ」トテ、訴訟ノ趣ヲ僉議仕候ニ、可然ヲバ「尤々」ト同ジ候。不可然ヲバ「無謂」ト申候。我山ノ定レル法ニ候。勅定ニテ候ヘバトテ、ヒタ頭ラニテハ争カ僉議仕候ベキ」という。

一方、『源平盛衰記』は「山門ノ僉議ト申事ハ異ナル様ニ侍。歌詠ズル音ニモアラズ、経論ヲ説音ニモ非、又指向言談スル体ヲモハナレタリ。先王ノ舞ヲ舞ナルニハ、面摸ノ下ニテ鼻ヲニガムル事ニ侍也。三塔ノ僉議ト申事ハ、大講堂ノ庭ニ三千人ノ衆徒会合シテ、破タル袈裟ニテ頭ヲ裹ミ、入堂杖トテ三尺許ナル杖ヲ面々ニ突、道芝ノ露打払、少石一ヅヽ持、其石ニ尻懸居並ルニ、弟子ニモ同宿ニモ聞シラレヌ様ニモテナシ、鼻ヲ押ヘ声ヲ替テ、「満山ノ大衆立廻ラレヨヤ」ト申テ、訴訟ノ趣ヲ僉議仕ニ、可然ヲバ「尤々」ト同ズ。不可然ヲバ「此条無謂」ト申。仮令勅定ナレバトテ、ヒタ頭直面ニテハ、争カ僉議仕べキ」という。かつて松尾恒一はこうした記事に言及しながら、僉議における王の舞の意味を探っていた。

2　『平家物語』諸本における王の舞

ここで、特に注意されるのは、僉議にあたりまず「王の舞」が舞われていることである。王の舞は同じころ（『源平盛衰記』のこの僉議の記述が当時の模様を忠実に伝えているとして）、獅子舞・田楽とともに、荘園鎮守社の祭礼を構成する基本的な芸能であったのであるが、それが僉議の場で舞われているのである。ここでの〈王の舞―僉議―軍事行動〉といった構成は、前節で見た室町期の延年次第における〈寄楽―僉議―芸能〉の構成とも重ね合わせてみることもできよう。祭礼においては、王の舞は、行列を先導し、方固めを行ったことはよく知られているが、この僉議の場の王の舞も、寄楽と同じように露払い的な意味があるものと見られるのである。実際の軍事行動における僉議自体が、芸能に移行し得る要素を含んでいたものと考えられ興味深い(4)。

私じしんは「松尾恒一氏より、『源平盛衰記』四の「頼政歌事」なる一節に、王の舞が登場することを教えられ」て、「「先王ノ舞ヲ舞ナルニハ、面摸ノ下ニテ鼻ヲニカムル事ニ侍也」といった記述には、寺院における王の舞の在り方や鼻を押さえる所作を含めて、いくつかの興味深い問題が隠されていると思う」と書いている。そして、「別の機会に考察を加えてみたい(5)」とも述べていた。といっても、鼻を押さえる所作に関していえば若干論じているが(6)、王の舞が声を伴っていた可能性は当初こそ必ずしも意識していなかったことを白状しなければならない。私は松尾の所説を前提しながら、こう述べていた。

また、王の舞の特徴のひとつに、祭礼芸能の一環として田楽・獅子舞などに先立って演じられていることがあげられる。このような、いわば露払いとしての性格は、王の舞が祭礼芸能として舞われるときだけではなく、僉議の場でも変わることがなかった。『源平盛衰記』四の「頼政歌事」には、山門の僉議者である豪雲が後白河法皇の問いに応答する場面が出てくるが、彼の説明によれば、比叡山の大講堂前庭における僉議に先立って王の舞が演じられている。／この一節については、室町期の延年次第が〈寄楽―僉議―芸能〉といった構成を備えていたことを明らかにした松尾恒一に、注目すべき指摘がある。氏は「祭礼の場においては、王の舞は、行列を先導し、方固めを行ったことはよく知られているが、この僉議の場の王の舞も、寄楽と同じように露払い的な意味があるものと見られる」と述べているのである。僉議のさいには、衆徒が講堂の前で円陣になっているから、おそらくその中央で王の舞が演じられたのであろう。王の舞をただちに方固めの芸能として位置づけてしまってよいものか、いささか躊躇するところがないわけではないが、いずれにせよ、王の舞が露払いとして上演されていた事実は、そのまま天孫降臨を先導した猿田彦のありかたを思わせてきわめて興味深い。(7)

また、丹生谷哲一もこうした記事に言及しながら、「その僉議に先だって「王の舞」が舞われていること」に注意しており、僉議における王の舞の意味を探っている。すなわち、丹生谷は「「先ず王舞を舞うなるには、面摸の下にて鼻をにがむる事に侍るなり」という記事は、簡単すぎていまひとつはっきりしないが、最初にみたように、諸社の祭礼にあたって神幸の道やお旅所の鎮め・清め機能を担い、「王ノ舞ト師子トノ通ラズシテ神幸ナシ」などとあったことから推測すれば、大衆僉議に先だって舞われた「王の舞」は、僉議の場を清めて神の影向を擬し、僉議の結果を神慮とするための一種の儀礼であったと思われる(8)」というのである。だが、こうした記事が僉議における王の舞を描いたものであるという所説は、十分な妥当性を持っているものだろうか。前言を翻すようであるが、私は以降こうも書いている。

最近、『源平盛衰記』四の「頼政歌事」を読みなおしてみたところ、必ずしも王の舞が上演されている光景を知らせるテクストではないように思われた。関心を移動させつつも、あらためて論述しなければならない。くわしくは平成八年（一九九六）七月六日に民俗芸能学会第60回研究例会で行なった研究発表「面模ノ下ニテ鼻ヲシカムル事—声を伴う王の舞—」において検討したので、近日中に新稿として結実させたい。(9)

近日中に結実させることはできなかったが、この新稿こそが本章である。いずれにしても、こうした記事は比叡山延暦寺の僧侶であった豪雲が後白河院の質問に応答したさい、衆徒が強訴に備えた大衆僉議において一斉に異様な声を出すことについて、たとえば王の舞を舞う時に仮面をつけたまま鼻をしかめて出す声に近いと述べたものであろうかと思われるのである。とりわけ『源平盛衰記』はその声が歌を詠ずる声でも経論を説く声でもなく、向かいあって対談する声とも異なるものであるという。じじつ松尾も以降その所説を更新しており、変声の作法に重心を移動させながらこう述べていた。

ここで、特に注意されるのは、僉議にあたりまず「王の舞」の開始において行われたような、鼻を押えて声をかえる作法が行われていることである。王の舞は同じころ(『源平盛衰記』のこの僉議の記述が当時の模様を忠実に伝えているとして)、獅子舞・田楽とともに荘園鎮守社の祭礼を構成する基本的な芸能であったが、それと同様の作法が寺院の僉議の場で行われているのである。実際の軍事行動における僉議自体が、王の舞の発声によって開始される祭礼行事的・芸能的な要素を多分に含んでいたものとみなされる興味深い事例である。(10)

大衆僉議における衆徒の異様な声が変身を象徴する作法であったことは、勝俣鎮夫や網野善彦が指摘している。勝俣はこうした満寺集会において集会の参加者である衆徒全員がその袈裟で頭を隠した上で、鼻を押さえることによって声を変えて発言するという異形・変声の作法に注目して、「この作法は、僧侶だけでなく、童はその直垂の袖で頭をつつむとあり、たとえそれが天皇の命令であっても、頭をむきだしにし、顔をあきらかにして評議することはできないとしるされているから、これが集会参加者全員の守るべき重要な作法であったといえる」という。そして、「またその発声は、歌を詠ずる声でもなく、経論を説く声でもなく、指し向いで対談する様子とも異なるもので、たとえれば古来の舞を舞うとき、舞の仮面をつけたまま鼻をしかめて出す声に近いとされ、特異な発声による作法にもとづいて評議がおこなわれたことが知られる」[11]ともいうのである。

しかも、勝俣は「なぜこの満寺集会において、このような異形・変声の作法が定まっていたか、かならずしもこれを明らかにすることはできないが」として若干留保しつつも、この集会が一味同心の場であったことに深く関連すると考えている。すなわち、「一味同心という状態は、それに参加する実在としての人間のありかたを変えるという観念を必然的にともなうのであり、そのいわば変身を象徴する型の統一的変化がその作法として存在したのである」[12]というのである。また、網野もこう述べている。

勝俣鎮夫『一揆』(岩波書店、一九八二年)が『平家物語』や『源平盛衰記』などによってのべている通り、衆徒たちの強訴のさいの大衆僉議において、その発言は鼻をおさえて変えた声で行われ、それは古来の舞を舞うとき、「舞の仮面をつけたまま鼻をしかめて出す声に近い」とされている。これもやはり「異形」と同じく、人ならぬものへの変身に伴う声であろうが、『台記』保延二年(一一三六)十一月七日条で藤原頼長は、「大衆七八人、掩鼻悪声」と記し、この声を「悪声」としている。[13]

「人ならぬものへの変身に伴う声であろう」という所説は、王の舞が持つ実践的な意味を検討するさいも有益である。残念ながら勝俣と網野は王の舞を単純に「古来の舞」として解釈しており、前述した芸態を持つ特定の芸能であることに気づいていない。だが、こうした記事は変身を象徴する特異な作法を説明する効果的な隠喩として、王の舞を引用しているということができるだろう。いずれにしても、王の舞がそもそも声を伴っており、しかも大衆僉議における衆徒の異様な声にも通じる象徴的な意味を強く帯びていた可能性は否定することができない。一方、今日でも民俗芸能として伝承されている王の舞は一般的に声を伴っていないが、声を伴う事例やその痕跡をしのばせる事例がいくつか存在している。以下、こうした事例を概観してみたい。

3 「おう」を伴う王の舞

声を伴う事例やその痕跡をしのばせる事例の典型は、滋賀県高島郡朽木村能家の山神神社のオノマイ（王の舞）である。五月五日のにょんにょ（ん）祭で演じられていたが、約三十年前に中絶した。若狭地方にも近く、かつては福井県小浜市に出かけて水垢離を取っていたという。従来ほぼ知られていなかったが、大津市歴史博物館の学芸員である和田光生氏に教えていただき確認した事例である。幸いにも平成五年（一九九三）と平成八年（一九九六）に現地調査を行なったさい実見することができた。せっかく訪ねてきたのだからといって、能家の方々が再演してくださったのである。その内容は赤茶色の鼻高面を被り、背中の部分に鈴をつけた赤茶色の上衣を着用して、金属製の鉾を持って演じるものであった。楽器は鋲打太鼓のみ。鉾で四方を払うような所作を行なうさい、囃子方は小声で「にょんにょん、にょんにょ」という囃子詞を唱える。良い世を意味するという。

また、兵庫県多可郡八千代町天船の貴船神社の竜王の舞も、声を伴う事例やその痕跡をしのばせる事例の一つであろう。四つの集落が参加する十月十日の貴船神社の祭礼で竜王の舞（王の舞）・神楽の舞（獅子舞）・ゲーゲー（田楽）が演じられる。十月九日の宵宮も同様である。竜王の舞はりょうおんりょうおんの舞ともいう。顎の部分に紅白の紙片を貼りつけた赤い鼻高面、同じく紅白の紙片を貼りつけた長方形の紙笠を被り、薄茶色の上衣と赤茶色の袴を着用して、鉾を持って演じる。

その芸態はこうである。はじめは神前に進み出て鉾で地面に三本の線を引き、続いて鉾を振りながら神社の境内を駆けまわり、鉾を四方に大きく突きあげる。観客は鋲打太鼓にあわせて「りょうおん　りょん　りょうおん　りょん　りょうおん　りょうおん　りょおーん」という。竜王の舞は松明を持った猿田彦がこの地に降臨して、田畑を測量した故事にちなむものであるといわれている。神楽の舞は村人がこの地を開墾する様子を模しているという。昭和六十年（一九八五）と平成十八年（二〇〇六）に実見した。

類例は兵庫県の播磨地方において少なからず確認することができる。兵庫県神崎郡福崎町余田の大歳神社に伝承されている浄舞（王の舞）は、十月十日の祭礼で演じられるものであり、ジョマイとも竜王の舞ともいう。実際は八千種の人々によって担われている。赤い鼻高面と一般的な鳥甲を被り、赤茶色の装束で全身を包み、太い二色襷（白および赤茶色）をかける。綿をつめて大きく膨らませた腹部が異彩を放っている。前段は鉾を持って、後段は素手で演じる。楽器は締太鼓と笛である。囃子方は最初だけ「とうらいろ　とうらいろ　じようまひ　じよ　じように　じようまひ　じよまひじよ　へごうへごうへ　へんへごへ」という囃子詞を唱和して、一曲終わったら楽器を使う。また、各々の合間で「そうらい」という囃子詞が入る。昭和六十二年（一九八七）と平成十八年に実見した。

兵庫県神崎郡福崎町田尻の熊野神社に伝承されている浄舞（王の舞）も十月十日の祭礼で演じられるものであり、やはりジョマイとも竜王の舞ともいう。実際は西田原の人々によって担われている。赤い鼻高面と一般的な鳥甲を被り、赤い装束で全身を包み、太い赤襷をかける。前段は鉾を持って、後段は素手で演じる。楽器は締太鼓と笛である。囃子方は稽古において「じょう　じょうまい　じょう（そうらい）」や「へ　へご　へご　へ（そうらい）」という。だが、本番において唱和することはない。昭和六十二年と平成十八年に実見した。

兵庫県姫路市船津町宮脇の正八幡神社でも、十月十日の祭礼において竜王の舞（王の舞）が演じられている。ジョマイともジョマイジョともいう。天正十九年（一五九一）の祭礼に関する文書を寛政十二年（一八〇〇）に写した「播磨八幡三所宮神事相極次第写」は、壱ツ者・神子・相撲・獅子舞・猿楽舞・流鏑馬のみならず龍音舞をも記録している。赤い鼻高面と紙製の巨大な鳥甲を被り、胸部に紋をあしらった赤い装束で全身を包み、太い緑襷をかける。前段は鉾を持って、後段は素手で演じる。楽器は締太鼓と笛である。「トウー　ライロ　ソウライ　トウーライロ　ソウライ」や「ヘゴヘゴヘ　ソウライ　ヘゴヘゴヘ　ソウライ」という囃子詞が残っている。また、かつては笛を代替する囃子詞として「ジョマイジョ　ジョマイジョ」ともいった。だが、本番で聞けるものは「ソウライ」のみである。昭和六十二年・平成十六年（二〇〇四）・平成十八年に実見した。

兵庫県加西市北条町北条の住吉神社に伝承されている竜王の舞はどうだろうか。四月三日の住吉神社の節句祭に竜王の舞（王の舞）と鶏合わせが出る。かつては獅子舞も演じられた。竜王の舞はジョマイともいう。東郷（栗田）と西郷（小谷）が各々一人ずつ演じる。赤い鼻高面と紙製の鳥甲を被り、茶色の上衣と括袴、紋をあしらった裲襠を着用して、太い赤襷で両袖をしぼる。前段は鉾を持って、後段は素手で演じる。前段・後段とも剣印を多く含む。楽器は鉦打太鼓と笛である。そして、ここでも観客が「トーライド、ソレー、ヘゴヘゴヘ、ジョンジョマ、ジョマジョ」というのである。昭和六十三年（一九八八）に実見した。

近年ようやく確認することができた事例にも言及しておきたい。兵庫県加西市谷口町の八幡神社でも、十月十日の祭礼において竜王の舞（王の舞）が演じられている。ジョマイともジョマイジョともいう。実際は福居町の人々が担っている。赤い鼻高面と紙製の古びた鳥甲を被り、赤茶色の装束を着用する。鼻高面を阿弥陀に被ることが興味深い。前段は鉾を持って、後段は素手で演じる。楽器は締太鼓と笛である。最初はゆっくりしたテンポで舞うが、鉾を手放して素手で舞うさい加速するため、最後は激しい舞に変化する。しかも、観客が囃すことによっていっそう盛りあったところで、獅子が登場して終わる。囃子詞は「とうらいろ　ソレ　とうらいろ　ソレ　へごへごへ　ソレ　へっへごへごへ　ソレ　じょまいじょじょまいじょ　ソレ　じょんじょまいじょまいじょ　ソレ」というものである。平成十六年と平成十八年に実見した。

前述した事例はいずれも「にょん」「りょうおん」「りょう」「じょう」等々の声を伴っており、王の舞がそもそも「おう」に起因すると思われる特異な声を伴っていたことを暗示しているとも考えられる。そうだとしたら、若狭地方をも含めて各地に伝わる王の舞が特異な声を伴っており、王の舞という名称じたいもそのような声に由来していた可能性を否定することができない。たとえば、「大宮天神社相極次第」に登場する龍音舞もその好例であろうか。播磨国神崎東郡川述郷大宮天神社の神事を記録した天正七年（一五七九）の「大宮天神社相極次第」は、壱ツ者・神子・相撲・獅子舞・田楽踊・流鏑馬のみならず龍音舞をも記録しているのである。以下、関連するかと思われる事例を列挙しておきたい。

兵庫県加東郡社町上鴨川の住吉神社のリョンサンの舞。十月四日の宵宮と十月五日の祭礼でリョンサンの舞（王の舞）が演じられる。太刀の舞ともいう。鼻が上方垂直に曲がった赤茶色の鼻高面と紙製の鳥甲を被り、薄茶色の上衣と括袴、チョウガクシと呼ばれる裲襠を着用して、腹前で太刀と小刀を交差させる。御幣をつけた鉾を持って舞庭に登場、前段は鉾を持って、後段は素手で（剣印を含む）約四十分にわたって演じる。楽器は田楽で使用する締太鼓、そして鋲打太鼓と笛である。昭和六十年と昭和六十二年に実見した。

兵庫県加西市和泉町池上の日吉神社の竜王の舞。十月十日の日吉神社の山王祭で行なわれる七社立会神事で、竜王の舞（王の舞）と獅子舞が演じられる。現在は隔年。竜王の舞はジョマイともいう。赤い鼻高面を被り鉾を持って、神輿に向かって演じるものである。平成八年（一九九六）・平成十二年（二〇〇〇）・平成十三年（二〇〇一）に実見している。かつては同町上野石部神社にも同種の竜王の舞があった。そして、兵庫県神崎郡市川町下瀬加の天満神社の竜王の舞。かつては十月二十日の天満神社の青菜祭でも竜王の舞（王の舞）が演じられていた。古くは竜王の舞のみならず、一つ物・流鏑馬・神子・渡弓・鉾指・田楽踊・相撲・獅子舞などもあったらしい。

福井県大飯郡高浜町小和田の伊弉諾神社のりょう舞。十月十七日の伊弉諾神社の祭礼でりょう舞（王の舞）と田楽が演じられる。りょう舞は子供が演じるものである。茶色の鼻高面を被り、白鉢巻・着物（柄物）・袴を着用して、長い白襷をかける。御幣をつけた鉾を持って、途中は素手で舞う。楽器は見られない。若狭地方の最西端に分布する事例であり、鉾の舞（王の舞）を残している京都府舞鶴市河辺中八幡神社にもあまり遠くない。なお、りょう舞という名称は数多くの王の舞が伝承されている若狭地方でもここだけである。近年、入江宣子が確認した事例であり、私は平成十二年（二〇〇〇）に実見した。

こうした事例についても、かつては「りょうおん」「りょう」「じょう」等々の声によって囃すものだったとしたら、やはり王の舞が「おう」に起因すると思われる特異な声を伴っていたことを暗示しているとも考えられるだろうか。そして、龍音舞・リョンサンの舞・竜王の舞・ジョマイ・りょう舞というような名称も、もしかしたら特異な声に由来していたのかもしれない。そうだとしたら、声は王の舞の名称にもかかわるくらい、最も中心的かつ象徴的な特徴であったということができるはずである。

4　王の舞の声に託された役割

王の舞にまつわる謎は少なくないが、王の舞という名称こそが最大の謎であろう。王の舞という名称は何に由来しているのだろうか。先行する成果の大半は王の舞が舞楽・伎楽に由来する外来系の芸能として登場しつつも、さまざまな要素を吸収して今日に至ったものであるという。その名称じたい舞楽の蘭陵王に由来しているという所説も出されている。たとえば、折口信夫は「オノマイは、羅陵王の舞→陵王の舞→王の舞→オノマイとなったに違いない」から、「田楽についてるものに、雅楽の陵王がはいって来た」とも「今も服装でも、羅陵王のかぶりものをかぶって舞っている」[14]ともいっていたらしい。また、折口の弟子であった錦はこう述べている。

王ノ舞という名称はおそらく舞楽の蘭陵王の舞（左舞）か、或いは竜王の舞に由来しているものと考えられる。日本の各地に残存している神楽の曲名にも、また祭礼における一つの行事としても竜王の舞の名は到るところに見られる。王ノ舞はそのいずれかであるが、囃子の上から想像すると、雅楽「竜王の舞」に非常に似ているのである。蘭陵王は常に略して陵王とよぶが、中国系統、竜王の舞はインド系統だという（『日本の音楽』田辺尚雄氏）。私は、今かりに竜王の舞の竜が脱落して王ノ舞となつたとしておきたい。(15)

こうした所説はどうやら蘭陵王の舞→陵王の舞→王の舞という道筋を想定しているようである。だが、両者が関係していた消息を知らせる手がかりは存在しない。蘭陵王の仮面が高い鼻を持っているわけでも何でもないから、俗説の範囲を出ていないといえるだろう。王の舞が記録に登場する時期は管見した範囲でいえば、王の舞―田楽―獅子舞を中心的な芸能構成として配置した祭礼が成立した以降にかぎられている。したがって、王の舞が成立した事情を云々しても、憶測に憶測を重ねることに終始してしまいかねないのである。関連する史料はむしろ、王の舞が特定の祭礼において独立した芸能として自立した可能性を示唆している。こうした所説は早く植木行宣が提出したところであった。

王の舞については、これまでいろいろと考えられているが、それが本来どのような芸態をもつ芸能であったかはほとんど明らかでない。王の舞という名称でそれが記録に現われてくるのは、田楽中心の祭礼形式が成立する時期以降であり、管見の限りそれ以前に見ることができないのである。このことは、王の舞が田楽中心の祭礼のなかで生み出された芸能であることを意味するかに思われる。その先蹤は、伎楽の治道に出て猿田彦と習合し、神輿渡御の先導を勤めた鼻長面を着けるものにあるであろうが、それとは一応区別される内容をもったために、王の舞と呼ばれ、一つの芸能として新たに登場したものとみておきたい。[16]

したがって、私はむしろ王の舞の名称じたいも前述したような特異な声に由来していた可能性を想定している。こうした仮説を支持する中世の史料が存在していること、そして今日でも「にょん」「りょうおん」「りょう」「じょう」等々の声によって囃す事例が存在していることは、王の舞という名称が「おう」に起因すると思われる特異な声に由来していた消息を暗示しているとも考えられるのである。じっさい、仮面をつけたまま鼻をしかめて「おう」という声を出せば、「にょう」にも「りょう」にも「じょう」にも聞こえると思われるのだが。

いずれにしても、かくも特異な声は王の舞という名称にもかかわるくらい、最も中心的かつ象徴的な特徴であった。そう考えておきたい。王の舞が「邪霊を払い道行く先を鎮めるために行なわれた呪術性の強い芸能であった」消息は前述したとおりであったが、そのような性格が「道張」という別称にもうかがわれる特異な所作のみならず、変身を象徴する特異な声によっても付与されていたとしたら、特異な声じたい王の舞にまつわる呪術的な性格を触発する有力な媒体であったといえるだろう。

もう少しばかり関連すると思われる事例を見ておきたい。出村卓三は南九州に分布する王面について考察した論文において、「オーということば」に留意している。そして、鹿児島県始良郡吉松町（現在は湧水町）箱崎の八幡神社に伝承されている大王殿祭りが「ウォーウォーと大声を出して村中を巡回する一行が村中を通る」、「つまり〝ウォードン〟がやって来る「ウォードン祭り」であった」というのである。もちろんこうした事例が王の舞に直接かかわるということはできないだろう。だが、出村は「ウォーということばが「王」という文字で表されること」[17]を指摘しており、本章の関心にとっても有益である。

ウォーというかけ声は、神社の御扉開けに発せられる警蹕である。ウォードン祭りは、村から災厄を退散させ、村に福を招く為のものだと伝承されており、ウォー、ウォーと警蹕をかけながら巡行する一隊は、まさしく村から災厄等を追い出し退散させている姿そのものであった。／このウォーという悪霊祓いのことばがいつしか転訛しさらに形を得て「王面」となったと考えられないだろうか。／王面は、寝殿に掛けて置かれている面であるから、「神面」でもよさそうであるが、かならず「王面」と書き入れられている。それは、オー（王）という語の持つ呪力にこだわっているからである。(18)

すなわち、王面の名称は「おう」という警蹕に由来していると考えられないだろうかというわけである。しかも、出村は「「ことだま」としてのオーということばを意識し、改めて県内の祭りを見なおしてみると、祭事の重要な場面でオーという呪声が度々姿を表している事に気付いて来た(19)」という。かくして、出村は小野重朗の成果(20)に依拠しながら、南九州における柴祭に関して「重要な場面でオーの声が発せられている(21)」事例がいくつか存在することを指摘している。

ところが、そうした事例において使用される王面の数例は、王の舞において使用される鼻高面とも酷似していたのである。(22)また、本章においてくわしく述べることはできないが、薩摩国の一宮であった新田八幡宮の「神王面」が「王舞面形」であろうかとも解釈されていた消息じたい、中世の南九州において王の舞に関する知識が流通していたことをしのばせるものであった。(23)そう考えていけば、南九州における王面が王の舞とも関係していた可能性は必ずしも否定することができない。

といっても、出村は王の舞の鼻高面について「被って舞う為に作られた面のようで、南九州にある奉納王面とはどうも違っている」という。そして、「南九州の王面は、被って舞う例は見られない」のであり、「竿に懸けられたり、人が被ってご神幸の先導をつとめる面ばかりである」ともいうのである。どうやら両者を同一視することができるかどうか疑わしい雲行きであるが、にもかかわらず出村じしんは「先頭に立ち歩むことを舞うと認めるならば、南九州の王面も王舞面と言うことができよう」とも述べている。こうした所説の当否を判断することはむずかしい。だが、以上見てきたような南九州の王面に関する若干の痕跡は、王面のみならず王の舞もその名称が「おう」という警蹕に由来していた可能性を支持しているともいえるだろうか。高林實結樹は警蹕について、こう述べている。[24]

警蹕も行為伝承の一種であるから、平安時代の先払いの際に行なわれた「オシ」「おゝ」という発声音が、現代の神事儀礼にまで伝統されている事は、驚異的である反面、当然とも考えられる。この先払いの音声は、明瞭な意味内容をもつ言葉や説明ではなく、いわば原始的な合図とも言い得る種類の発声であるから、行為伝承の中でもとりわけ永続性が強いとも考えられよう。[25]

警蹕は「邪霊を払い道行く先を鎮めるために行なわれた呪術性の強い」実践という意味において、王の舞とも共通している。植木の所説を拡張しておけば、王の舞は神輿もしくは行列じたいを先導して場を祓い浄める芸能として祭礼に組みこまれたからこそ、神輿もしくは行列じたいを先導するさい発せられていた「おう」という警蹕の声が付加もしくは連想されて、王の舞という名称が生み出されていったとも考えられるかもしれない。そうだとしたら、警蹕の延長線上に王の舞の声を布置して両者の連続性を想定することは、必ずしも荒唐無稽な所説であるともいえないはずである。また、山折哲雄は春日若宮おん祭における警蹕について、きわめて深遠な所説を展開している。

春日若宮祭における「オー」という警蹕の声音もまた、おそらくこうした伝統の中で生み落とされた独自の作法であったのではないだろうか。あるいはむしろ、その「オー」の発声こそが、実は宇宙とともに呼吸する身体技法の始源を暗示しているのかもしれない。それはもともと、人間が自然に向かって発する声音なのではなかった。自然の背後からカミが身をおこし、夜の闇の中から姿をあらわすその身じろぎの音であったといってもいい。カミが大気を切り裂いてその片鱗や痕跡をこの地上に刻みつける。その不可知のサインが鼓の音や笛の響きに引き寄せられ、やがて「オー」という原始音を闇夜に舞い上がらせることになったのである。(26)

私はかくも深遠かつ神秘的な所説の判断する能力を持ちあわせていない。だが、「おう」という声が「先払いの音声」として「明瞭な意味内容をもつ言葉や説明ではなく、いわば原始的な合図とも言い得る種類の発声であ」り、したがって「自然の背後からカミが身をおこし、夜の闇の中から姿をあらわすその身じろぎの音」であるとも考えられたであろうことは十二分にうなずける。そして、王の舞にしても、文字どおり「おう」という特異な声を介してこそ、丹生谷が推測するような「場を清めて神の影向を擬」すという地平に深く根ざしていたのであった。

ところで、網野は「全体として神の声、人ならぬものの声が微音と考えられていたことは、まず間違いないといってよかろう」(27)というが、王の舞の声にもこうした微音の痕跡を発見することはむずかしくない。というのも、それは「先王ノ舞ヲ舞候ニハ、面模ノ下ニテ鼻ヲシカムル事」、つまり王の舞を舞う時に仮面をつけたまま鼻をしかめて出す声であり、どう考えてもくぐもって聞き取りにくい声であったと思われるのである。また、能家の山神神社のオノマイにおいても、囃子方は小声で「にょんにょん、にょんにょ」という囃子詞を唱えていた。そう考えていけば、王の舞の声が神の声を意味していた可能性は大きい。

残念ながら小声で囃子詞を唱える事例は、王の舞に関して追加することができない。王の舞に深く関連すると思われる類例として、静岡県磐田郡水窪町西浦の観音堂の田楽に登場する獅子と薬師、および岩手県西磐井郡平泉町の毛越寺の延年に登場する祝詞をあげておきたい。どちらも口中で秘文を唱えることがあるらしいが、くわしくは秘伝でありわからないというから、神の声とでもいうべき微音の好例を提供している。だが、王の舞の声は神じしんが発する声というよりも、むしろ神を呼び出す声であったようにも思われる。そもそも「王の舞とは、より高次の神を先導し、邪霊を払う機能を体現した芸能であると認識されていたのであ」り、高次の神を呼び出す嚮道神もしくは鎮道神の性格を持っていた。したがって、王の舞の声も場を祓い浄めることによって、高次の神を呼び出して新しい地平を出現させる役割をはたしていると思われるのである。[28]

微音は何か聞こえているがはっきり聞こえない、その内容を聞き取ることができないという事態を出現させる。それは内容を聞かせないという意味において、発話する主体の特権性もしくは権威性を表象している。内容を聞かせる相手は神だけであるが、にもかかわらず自分が神に向けて何か発しているということを周囲に知らしめなければならない。すなわち、発話する主体の特権性もしくは権威性は、神にのみ通じる声を発して神を呼び出すという役割をはたすことによって、いわば対他的に保証されるものであった。

といっても、前述した事例についていえば、看過することができない差異にも留意しておかなければならない。それは誰が声を発するかに関する差異である。『平家物語』諸本における王の舞の声は仮面をつけたまま鼻をしかめて出している、つまり演技者じしんが発している。一方、民俗芸能として残っている事例はいずれも、演技者じしんというよりも囃子詞を担当する演奏者が演技者を舞わせるべく発しており、同時に観客が発する場合も少なくないのである。こうした差異はどう考えたらいいだろうか。

たとえば、山神神社のオノマイにおいて、特徴的な囃子詞は必ずしも観客が王の舞を舞わせるべく発する声を意味していない（というか、観客は事実上ほぼ存在しない）。それはあくまでも神の声が聞こえる特定の人々によって発せられる声であるというべきだろう。こうした事態は熊野神社の浄舞や正八幡神社の竜王の舞にも見ることができる。というのも、特徴的な囃子詞は稽古においてのみ使用されており、本番において聞くことができないのである。したがって、それは囃子詞がそもそも観客によって公共の声として発せられるものであるというよりも、神に奉仕する特定の人々によってのみ発せられる秘密の声であったことを暗示していたのかもしれない。だが、そのような囃子詞もやがて不特定多数の観客によって共有されていった。そう考えてみたいのである。

かくして、本章はようやく最初に言及した延慶本『平家物語』における王の舞に回帰することができる。「先王ノ舞ヲ舞候ニハ、面模ノ下ニテ鼻ヲシカムル事」という問題の箇所は、比叡山延暦寺の僧侶であった豪雲が後白河院の質問に応答したさい、衆徒が強訴に備えた大衆僉議において一斉に異様な声を出すことについて、たとえば王の舞を舞う時に仮面をつけたまま鼻をしかめて出す声に近いと述べたものであった。そして、『源平盛衰記』はその声が歌を詠ずる声でも経論を説く声でもなく、向かいあって対談する声とも異なるものであるという。それはやはり不特定の人々が公共的な場において発した声というよりも、特定の人々が秘密裡に神に向けて発した、いわば神を呼び出す声を意味していたと思われるのである。

5　声と音の芸能史へ

日本の歴史の折々時々には、一体どんな「音」がしていたのであろうかと私は考える。たとえば寺社における諸法会や神事の「音」や「音声」はどんなものであったのか。中世の宮廷の「音」の世界は？　祭礼の雑踏や町中での「音」は？　京都の町中では、『七十一番職人歌合』にあるようなさまざまな売り声が聞こえてきたであろう。また、合戦が「音」もなく行われるとは到底思われない。一体どんな「音」が響いていたのか。考えてみれば、日本史研究においては、こうした歴史の織りなす実にさまざまな「音」についての関心・探索を欠いてきたのでは

ないだろうか。(29)

以上は黒田日出男が音と声の歴史学に対する関心を惹起することを意図して執筆した文章である。だが、黒田の所説は芸能史を叙述するさいも考慮しなければならないものであろう。音声は芸能のみならずいかなる実践にも伴っており、個々のコンテクストにおいて多種多様な存在形態を成立させている。心中で唱える念珠、小さな声で唱える微音、大きな声を発する高声……。多種多様な声や音がすべからくあの世とこの世を媒介する役割をはたしていることを強調する以前に、個々の声や音を特定する試み、そしてその実態や性格を個々のコンテクストに照らして解明する試みこそが求められている。

これは声と音の芸能史を構想する試みとでも換言することができるだろう。本章もその一端を実現するべく、王の舞が特異な声を伴っており、王の舞という名称じたいそのような声に由来していた可能性について検討してきたわけである。そして、声に託された実践的な役割についても、ある程度は論じることができた。だが、残された課題も多い。たとえば、王の舞の声が神を呼び出す役割のみならず、神を降ろす役割をもはたしていた消息は、くわしく論じることができなかった。声を伴う王の舞に関する若干の手がかりに導かれながら声と音の芸能史を構想する試みは、ようやく端緒についたばかりである。

付記

本章は平成八年（一九九六）七月六日に早稲田大学演劇博物館で開催された民俗芸能学会の第六〇回研究例会における研究発表「面模ノ下ニテ鼻ヲシカムル事―声を伴う王の舞―」、および平成十四年（二〇〇二）三月十六日に和光大学で開催された二〇〇一年度第五回の宗教芸能研究会における研究発表「王の舞―声と音の芸能史―」に依拠しながら執筆したものである。

二つの会合において有益なコメントをくださった諸氏に謝意を表したい。

(1) 橋本裕之「王の舞の成立と展開」『王の舞の民俗学的研究』ひつじ書房、一九九七年、四七頁。
(2) 錦耕三「王の舞の研究」『芸能』第三巻第四号、芸能発行所、一九六一年、水原渭江『日本における民間音楽の研究』I(若狭湾沿岸における王の舞の綜合的研究)、民俗文化研究所、一九六七年、参照。
(3) 橋本裕之『王の舞の民俗学的研究』、参照。
(4) 松尾恒一「南都寺院における衆徒の延年結構—僉議の芸能化をめぐって—」『芸能史研究』第一〇三号、芸能史研究会、一九八八年、八頁。
(5) 橋本裕之「王の舞の成立と展開」『芸能史研究』第一〇二号、芸能史研究会、一九八八年、一九頁。
(6) 橋本裕之「祭礼と道化—王の舞を演出する方法」小森陽一・富山太佳夫・沼野充義・兵藤裕己・松浦寿輝編『岩波講座文学』5(演劇とパフォーマンス)、岩波書店、二〇〇四年、四八—五四頁、参照。(本書所収)
(7) 橋本裕之「王の舞の解釈学」『国立歴史民俗博物館研究報告』第三一集、国立歴史民俗博物館、一九九一年、七七頁。
(8) 丹生谷哲一「鬼の呪力—「王の舞」にみる」『朝日百科日本の歴史別冊　歴史を読みなおす』5(大仏と鬼)、朝日新聞社、一九九四年、五二頁。
(9) 橋本裕之「王の舞の解釈学」『王の舞の民俗学的研究』、二六六頁。
(10) 松尾恒一「南都寺院における衆徒の延年結構—僉議の芸能化をめぐって—」『延年の芸能史的研究』岩田書院、一九九七年、八二頁。
(11) 勝俣鎮夫『一揆』岩波書店、一九八二年、四七頁。
(12) 同書、四八頁。
(13) 網野善彦「高声と微音」網野善彦・笠松宏至・勝俣鎮夫・佐藤進一編『ことばの文化史』中世1、平凡社、一九八八年、三五—三六頁。
(14) 池田弥三郎『まれびとの座　折口信夫と私』中央公論社、一九六一年、一八六頁。
(15) 錦耕三、前掲論文、四七頁。
(16) 植木行宣「上鴨川住吉神社の芸能」上鴨川住吉神社神事舞調査団編『上鴨川住吉神社の神事舞』兵庫県加東郡教育委員会、一九八一年、四二頁。
(17) 出村卓三「王面の考察」『黎明館調査研究報告』第5集、鹿児島県歴史資料センター黎明館、一九九一年、五九—六〇頁。

(18)　同論文、六〇頁。
(19)　同論文、六〇頁。
(20)　小野重朗「柴祭と打植祭」『南日本の民俗文化』Ⅸ（増補 農耕儀礼の研究）、第一書房、一一九―一二六・一二九―一三〇頁、参照。
(21)　出村卓三、前掲論文、六〇頁。
(22)　鹿児島県歴史資料センター黎明館編『南九州の仮面―祈りと願いの世界―展示図録』鹿児島県歴史資料センター黎明館、一九九二年、参照。
(23)　橋本裕之「肖像の起源―王の舞と猿田彦」『演技の精神史―中世芸能の言説と身体』岩波書店、二〇〇三年、五五―五八頁、参照。（本書所収）
(24)　出村卓三、前掲論文、五九頁。
(25)　高林實結樹「隼人狗吠考」『日本書紀研究』第十冊、塙書房、一九七七年、四三頁。
(26)　山折哲雄「オー、オーム、アーメン　原始の宇宙音について」『is』三五、ポーラ文化研究所、一九八七年、四〇頁。
(27)　網野善彦、前掲論文、一九頁。
(28)　橋本裕之「王の舞の成立と展開」『王の舞の民俗学的研究』、四七頁。
(29)　黒田日出男「戦争と「音」―絵画史料に「音」を聴く」『朝日百科日本の歴史別冊　歴史の読み方』1（絵画史料の読み方）、朝日新聞社、一九八八年、三九頁。

神を降ろす方法
——続・声を伴う王の舞

1　声を伴う王の舞

私は「面模ノ下ニテ鼻ヲシカムル事——声を伴う王の舞」[1]という論文において、王の舞の声が神を呼び出す役割をはたしている可能性を指摘した。声を伴うかと思われる王の舞は延慶本『平家物語』巻一の卅七「豪雲事」や『源平盛衰記』巻第四の「豪雲僉議」に登場する。こうした記事は比叡山延暦寺の僧侶であった豪雲が後白河院の質問に応答したさい、衆徒が強訴に備えた大衆僉議において一斉に異様な声を出すことについて、たとえば王の舞を舞う時に仮面をつけたまま鼻をしかめて出す声に近いと述べたものであろうかと思われる。とりわけ『源平盛衰記』はその声が歌を詠ずる声でも経論を説く声でもなく、向かいあって対談する声とも異なるものであるという。

したがって、こうした記事は変身を象徴する特異な作法を説明する効果的な隠喩として、王の舞を引用しているということができるだろう。王の舞が特異な発声を伴っており、しかも大衆僉議における衆徒の異様な声にも通じる象徴的な意味を強く帯びていた可能性は否定することができない。一方、今日でも民俗芸能として伝承されている王の舞は一般的に声を伴っていないが、声を伴う事例やその痕跡をしのばせる事例がいくつか存在している。じじつ「にょん」「りょうおん」「りょう」「じょう」等々の声によって囃す事例が存在していることは、王の舞が「おう」に起因すると思われる声を伴っていた消息を暗示しているだろう。そして、王の舞という名称じたいそのような声に由来していたとも考えられるのである。

いずれにしても、かくも特異な発声は王の舞という名称にもかかわるくらい、最も中心的かつ象徴的な特徴であったと考えておきたい。王の舞は「邪霊を払い道行く先を鎮めるために行なわれた呪術性の強い芸能であった」[2]が、そのような性格が「道張」という別称にもうかがわれる特異な所作のみならず、変身を象徴する特異な発声によっても付与されていたとしたら、声じたい王の舞にまつわる呪術的な性格を触発する有力な媒体であったといえるだろう。王の舞は文字どおり「おう」という声を介してこそ、丹生谷哲一が推測するような「場を清めて神の影向を擬」[3]すという地平に深く根ざしていたのであった。

ところで、網野善彦は「全体として神の声、人ならぬものの声が微音と考えられていたことは、まず間違いないといってよかろう」[4]というが、王の舞の声にもこうした微音の痕跡を発見することはむずかしくない。というのも、それは王の舞を舞う時に仮面をつけたまま鼻をしかめて出す声であり、どう考えてもくぐもって聞き取りにくい声であったと思われるのである。また、滋賀県高島郡朽木村能家の山神神社のオノマイ（王の舞）においても、囃子方は小声で「にょんにょん、にょんにょ」という囃子詞を唱えていた。そう考えていけば、王の舞の声が神の声を意味していた可能性は大きい。

だが、王の舞の声は神じしんが発する声というよりも、むしろ神を呼び出す声であったようにも思われる。微音は何か聞こえているがはっきり聞こえない、その内容を聞き取ることができないという事態を出現させる。それは内容を聞かせないという意味において、発話する主体の特権性もしくは権威性を表象している。内容を聞かせる相手は神だけであるが、にもかかわらず自分が神に向けて何か発しているということを周囲に知らしめなければならない。すなわち、発話する主体の特権性もしくは権威性は、神にのみ通じる声を発して神を呼び出すという役割をはたすことによって、いわば対他的に保証されるものであった。したがって、王の舞の声は不特定の人々が公共的な場において発した声というよりも、むしろ特定の人々が秘密裡に神に向けて発した声を意味していたと思われるのである。

そもそも「王の舞とは、より高次の神を先導し、邪霊を払う機能を体現した芸能であると認識されていたのであり、高次の神を呼び出す嚮道神もしくは鎮道神の性格を持っていた。したがって、王の舞の声も場を祓い浄めることによって、高次の神を呼び出して新しい地平を出現させる役割をはたしているはずである。だが、前述した論文において「王の舞の声が神を呼び出す役割のみならず、神を降ろす役割をもはたしていた消息は、くわしく論じることができなかった(6)」といわざるを得ない。したがって、本章は王の舞の声に導かれながらも、王の舞が神を降ろす方法として存在していた消息を探ることによって、そのような方法の実際を描き出してみたい。実際は円陣において発せられる王の舞の声が神を降ろす効果的な方法として機能していた可能性、そしてこうした声が次第に文芸的な地平に接続していった可能性をも指摘する。

2　道化としての王の舞

松尾恒一は『源平盛衰記』における記事に言及して、「僉議の際には衆徒は裹頭と呼ばれる覆面姿で集まったが、特に注目したいのは、山門においては覆面の上から鼻を抑えて声を出したことである」という。そして、「本記述には、その音は王の舞がその開始において面の下で鼻をしかめる作法を思わせるようだ、と述べており、芸能的な発声であったらしい」ことを指摘した上で、「実は鼻を抑えて出す声は、延年においては「神降ろし」のための発声であったものとみられるのである(7)」ともいうのである。松尾は延年において「舞台上の「山」と呼ばれる空間に控える児を舞台に導いて舞を舞わせるために行われる(8)」オコツリという作法に留意して、こう述べている。

折口信夫や本田安次が祭礼の山車様のものを想定した延年舞台における「山」は、実は楽屋と同じ結構の構築物であることは、叡山文庫蔵『延年舞図』によって明らかであるが、いずれにしてもヲコツリによる児の「山」からの出仕が、異界からの降臨を意味するものといえる。児の舞いを児の導くヲコツリは主に「舞催《ブモヨオシ》」と呼ばれる役によって行われたが、児のほかに作り物の鶴・亀や（興福寺延年）、織女・星の化身・天女・大菩薩、等々（多武峰延年小風流）などを舞台に呼び寄せており、神仏・精霊を降臨させるための神降ろしともいえるワザであったのである。(9)

「延年において舞台へ誘引して児に舞を舞わせるといった作法は、かなり早い事例にすでに見える」ものであったが、松尾は「仁治二年（一二四一）十月の東大寺での延年に「抑鼻、重動童舞」と見えるように「鼻を抑える」といった方法で行われたこと（『東大寺続要録』「拝堂篇」）」、舞催という役が成立する以前は「狂僧が児を誘引して舞を舞わせていたこと」(10)を強調している。そして、「児の舞を誘引するために「狂僧」によって行われた「鼻を抑え」て発声する作法」、つまり「寺院の僉議の場でも行われたこの作法は、「狂う」ことによって神を降臨させるための「声」であったと見做される」(11)というのである。その声が王の舞を舞う時に仮面をつけたまま鼻をしかめて出す声に近いものであったとしたら、王の舞の声にも神を降ろす役割を発見することができそうである。

松尾は舞催によって演じられるオコツリの芸が「やっさ、やっさ、やれことんど」という「句と小鼓によるはやしの中で、「鼻を抑える」といった特異な発声と道化た所作によって演じられた〝狂いのワザ〟である」という。しかも、「その様子は『古事記』に描かれる、天の岩戸に籠った天照大神を呼び出すために神懸り、伏せた桶を踏みとどろかしたアメノウズメノミコトの舞のごときものではなかったかとも想像される」(12)ともいうのだが、王の舞にもそのような性格を発見することができるだろうか。つまり王の舞に関しても、特異な発声と滑稽な所作が神を呼び出したり神を降ろしたりするような消息を確認することができるだろうか。

道化の性格じたいは王の舞にも少なからず付与されている(13)。私はそうした性格を持つ王の舞に関して、「加速する王の舞、疾走する王の舞」、「鼻を強調する王の舞」、「猥褻物を陳列する王の舞」という三つの類型を提出してみた。第二の類型は「高い鼻を誇示する方法」と「鼻先に何か載せる方法」に分けられるが、特異な発声と滑稽な所作を伴う場合についていえば、とりわけ前者が興味深い事例を提供している。兵庫県加西市和泉町池上に鎮座する日吉神社の竜王の舞はその好例であろう。十月十日の山王祭で実施される七社立会神事において、竜王の舞と獅子舞が演じられる。現在は隔年。竜王の舞はジョ舞ともいうが、王の舞が持つ典型的な特徴を備えており、王の舞であると考えてまちがいない。赤い鼻高面を被り鉾を持って、神輿に向かって演じるものである。

竜王の舞の演技は四つの部分によって構成されている。第一の部分。鉾を持って右に大きくすくいあげる所作を三回、鉾を持ち替えて左に大きくすくいあげる所作を三回見せる。足は右にすくいあげるさいは右足、左にすくいあげるさいは左足を出す。第二の部分。鉾は傍らに控える鉾持ちに渡して、素手で演じられる。右手をあげて人差し指で鼻を指す所作を三回見せる。足は右足を出す。第三の部分。両手を水平に広げて肘を曲げた上で、肩を指す所作を三回見せる。足は左右に開く。第四の部分。再び鉾を持って右に大きくすくいあげる所作を三回、鉾を持ち替えて左に大きくすくいあげる所作を三回見せる。

楽器は太鼓が断続的に叩かれるのみであるが、周囲で見守る人々が第一の部分において「ジョーハンジョー」という囃子詞を唱和する。第二の部分は「おれの鼻高いぞー」などといって囃す。第三の部分は「カーカモヤレー」という。そして第四の部分において再び「ジョーハンジョー」という囃子詞を唱和する。竜王の舞は約三分で終わり、続いて獅子舞が登場するが、演技らしいものは一切ない。いきなり周囲の人々が押し寄せて獅子舞をこづきまわしてしまうので、文字どおり一瞬で終わる。

各種の囃子詞は竜王の舞が演じられる場に関していえば、観客に最も強い印象をもたらすものであろう。というのも、こうした囃子詞は竜王の舞をいかにも親しみ深い、笑いすらかきたてるものとして造形していると思われるのである。じっさい、鼻を指すような所作に関していえば、観客は竜王の舞の演技じたいのみならず周囲の人々が投げかける「おれの鼻高いぞー」という囃子詞によっても、その表情に笑いを浮かべてしまう場合が少なくなかった。したがって、竜王の舞は道化として登場することによって、祭礼を異化していると考えられるだろう。しかも、竜王の舞が演じられる場にたちこめる賑々しい雰囲気は、続いて登場する獅子舞が周囲の人々にこづきまわされることによって、いわば喧噪と哄笑の坩堝に回収されていくのである。

竜王の舞が七社立会神事においてこうした役割を付与されている理由は何だろうか。それはおそらく各町の神輿が集合することによって顕在化する社会的な葛藤に由来している。七社立会神事における竜王の舞は別の機会にくわしく論述しているとおり、(14)七社立会神事に参加する神々、そして人々をも統合することに貢献しているようにも感じられる。だが、それは王の舞の演技が喧噪と哄笑を呼びおこすものであったからこそ成立していたのかもしれない。すなわち、七社立会神事における竜王の舞は神輿の立会に伴って場の緊張感が最も高まる瞬間に登場しながらも、喧噪と哄笑を呼びおこすことによって社会的な葛藤を解消してしまうような実践であった。したがって、七社立会神事に参加する神々にまつわる新しい次元を呼び出す実践であったともいうことができるだろう。その契機こそが特異な発声と滑稽な所作であった。

平成十三年（二〇〇一）十月七日、兵庫県加西市別所町に鎮座する若王子神社の祭礼において、約四十年の歳月を経て竜王の舞が復活した。竜王の舞を担う団体として結成された龍王会がその主役であった。これもやはり王の舞であると考えられるが、演技の内容は鼻高面を被った若者が紅白の襷をかけて鉾を持ち、太鼓の囃子にあわせて右左に二回、悪霊を払うような所作を見せる。そして、「乳大きい」とも「鼻高い」ともいう囃子詞にあわせて、乳と鼻を指す所作を二回見せるものであった。

高い鼻を誇示するという所作は、演技としても日吉神社の竜王の舞に類似している。だが、同時に大きな乳を誇示しているといわれる所作が含まれていることは、竜王の舞が性的なコノテーションをも付与されている消息を暗示しており、いずれにしても竜王の舞を道化として造形することに貢献しているはずである。しかも、龍王会の若者たちは円陣を組み竜王の舞を囲みながら、前述した囃子詞を張りあげる。竜王の舞が円陣の中央において演じられることも興味深いが、本章の関心に沿っていえば、円陣の内外が若者の熱気と観客の哄笑によって一気に昂揚する消息にこそ留意したい。竜王の舞が神に言寄せた興奮を触発する実践であったとしたら、それは特異な発声と滑稽な所作によって、円陣の内側に神を呼び出したり神を降ろしたりするような消息として理解することができるかもしれない。

3　神を呼び出す王の舞

あくまでも類例であり王の舞に含めていいものか躊躇するが、前述した「猥褻物を陳列する王の舞」が特異な発声と滑稽な所作を伴う場合として、静岡県引佐郡引佐町寺野の観音堂に残る事例にも言及しておかなければならない[15]。一月三日の三日堂（修正会）で演じられるひのう（火の王）が道化を伴っている。ひのう（火の王）じたいは三信遠地方に数多く分布する。王の舞の変種であったようにも感じられる一方、諸々の要素が流入している消息をしのばせる。両者はどうやら単純に連続するものでもないらしい。今後くわしく検討しなければならないが、道化を伴う寺野観音堂の事例は本章の関心とも深くかかわっている。私は残念ながら実見していないので、昭和十七年（一九四二）と昭和三十八年（一九六二）に調査した新井の報告を参照しておきたい。

白の浄衣に袴をはいた一人が正面に向って礼拝ののち、面取り役のさし出す鼻の王面をおし頂いて頭上にのせるようにつける。（中略）面をつけると矛（六尺ほどの先端のいくぶん尖ったところに白紙を巻き、幣帛を垂れたもの）を持って起つと、仕度部屋から獅子招きと同じ道化面をつけた一人が出てきて、鼻の王の後ろに添い立つ。／正面に向い立った鼻の王は、矛の尻に地をつけ、これを左手で肩にかけるように持って、左右の足を交互に出して前方の地面に「大日大権現」と半字あて書く。（中略）鼻の王はこれを正面から順まわりに四方―正面と五方に向って行なうが、そのさい後ろに添った道化が左右の足を交互に前方に出しながら「えへん、えへん」と声を出しておどける。／それから鼻の王は正面に一拝し、左肩に矛をかけるように持ち、右手でその袖口を持っておもむろに片手で矛をかるく一回振り、ついで両手で矛を持って肩先の右横を水平に突くようにする。さらにまた右手で肩にかけるように矛を持ちかえて、同じように左方を突く所作をして一拝する。鼻の王がこの袖をおさえて振るときに、後ろにいる道化は手にした八寸ばかりの男根型（先に幣帛がついている）を白紙でこすって、鼻の王の肩先からその眼前へにゅっと突き出す。また、鼻の王が矛で、左右を突くときには、その男根型を両手で持って横に大きく伸ばし「とッほッほーえ」と頭の先から出すような奇声をあげ、矛先まで横足におどけて跳んで出る。思わず見物人からどっと笑い声が起こる。／これも五方に対して行なわれ、鼻の王は正面に礼拝して矛を地におき、坐して面形を面取り役に渡して終り、道化もそのまますぐに仕度部屋に退る。(16)

少しばかり長く引用してしまったが、新井の報告は観客の哄笑をも含めて場の雰囲気を十二分に記録しており、本章にとっても有益である。新井は「周辺各地の鼻の王にはこのような道化は出ていない」ことを指摘して、「この道化の行動にはまがいものとしてのもどきのほかに、比擬の意味の古いもどきの姿の一面を見ることができて、きわめておもしろい演出である(17)」という。民俗社会における道化の原像とでも表現したらいいだろうか。しかも、それは「比擬の意味の古いもどきの姿の一面」を感じさせるというのである。

祭礼や芸能における道化の役割を理解するさいは、折口信夫が最初に概念化したもどきを視野に収めることが有益である。もどきは前述した新井の報告にも若干言及されていたが、一般に「一種のワキ役、道化役」であり、「あるものに似せ擬い、または批判しとがめるという意から出」て、「前に演じたものをわざと滑稽にまね、あるいはいっそう詳細に復演出（もう一回前のことを演ずる）をする役のもの[18]」を意味するといわれている。だが、折口におけるもどきは道化の別名であるのみならず、道化が「見る／見られる」関係においてはたす実践的な役割をも含意している。

私は、日本の演芸の大きな要素をなすものとしてもどき役の意義を重く見たいと思ひます。（中略）もどくと言ふ動詞は、反対する・逆に出る・批難すると言ふ用語例ばかりを持つもの丶様に考へられます。併し古くは、もつと広いもの丶様です。尠くとも、演芸史の上では、物まねする・説明する・代つて再説する・説き和らげるなど言う義が、加はつて居る事が明らかです[19]。

折口は静岡県磐田郡水窪町西浦の観音堂に伝わる田楽を調査したさいも、地能に対する「もどきの手」について「我々は此を見て、日本の芸能が、同じ一つのことをするのに、いろ〳〵と異つた形であらはし、漸層的に同じことを幾つも重ねて来た事実を、よく感じることが出来たのであつた[20]」とも述べている。私が以前に使用した表現を再利用しておけば、もどきは「観客の演劇的な想像力を触発されるべく導き出された演出の形式[21]」を意味しているというわけである。道化が見せる猥褻かつ滑稽な所作はその一つであり、「滑稽な所作が醸し出す笑いを手がかりとして、演者と観客との間に架橋する働きを担っていた」、つまり「演劇的なコミュニケーションを実現するための媒介項[22]」として機能していたのである。道化として造形された王の舞もこうした系譜に連なっている。石井一躬は折口の所説に依拠しながらも、もどきの思想を探っている。

もどきは、正式なるものに対する略式なるもの、聖なるものに対する俗なるもの或いは難解なるものに対する平易なるものを以て前者に対峙することであり、このことによって前者の精神をより具体的に示そうというものである。この正式・聖・難解なるものに、略式・俗・平易なるものを対置させるという発想の中に、前者を「反謗」するという解釈の心意が継承されていると考えられるのである。(23)

したがって、もどきは本章の関心に沿っていえば、聖なるものを呼び出す方法、つまり神を呼び出す方法であるということもできるかもしれない。こうした方法の実際を知らせる興味深い類例として、前述した西浦の観音堂の田楽に登場する獅子と薬師をあげておきたい。旧暦の一月十八日に観音堂の祭りで田楽が演じられる。その最後が番外の神上げ行事として奉納される獅子舞と薬師である。そして、獅子を先導するべく登場する薬師が鼻高面をつけており、王の舞をしのばせるのである。

獅子（前に別当、後に久八地が右手に鈴、左手に花の木を持って入る）が別当家の家人に付き添われて幕屋を出る。この獅子を先導するべく、薬師（上組能頭が烏帽子に玉襷をかけて鼻高面をつける）が太鼓にあわせて扇を左右に払うように振りながら、後ずさりして舞庭に進み出る。下皆外地が後ろ持ちとして薬師に付き添う。獅子が楽堂に正対して用意された茣蓙に座ったら、薬師は周囲を扇であおぐような所作を見せる。続いて獅子は薬師に導かれて、決められた五つの場所をゆっくり拝してまわり、静かに幕屋に入る。口中で秘文を唱えることがあるらしいが、くわしくは秘伝であり不明であるというから、微音の好例であろう。したがって、微音を伴う王の舞が獅子を呼び出す役割をはたしているとも考えられるわけである。

また、岩手県西磐井郡平泉町の毛越寺の延年に登場する祝詞も、微音を伴う王の舞が後続する一連の芸能を呼び出す役割をはたしている事例であると考えることができるだろう。実際は王の舞であるといっていいものか躊躇しないわけでもないが、深く関連すると思われる事例である。一月二十日、毛越寺常行堂の摩多羅神祭で延年が演じられる。この延年は常行堂会における結願の法楽であり、呼立・田楽躍・路舞・老女舞・祝詞・若女舞・児舞（花折もしくは王母ケ昔）・京殿舞・舞楽（迦陵頻）を次々演じるものである。

祝詞は常行堂別当の大衆院が世襲してきたものであり、最も重い秘曲として扱われてきた。祝詞の内容はこうである。三冬冠という冠、先端が尖った鼻高面を被り、紅色の上衣と袴を着用して、右手に阿弥陀如来に供えられていた御幣、左手に鳩杖と数珠を持つ。背中に桑の弓と蓬の矢をさしている。そして、口中で祝詞を唱えたら、左右左の順序で足を軽く踏み、御幣を振って右足を重く踏む。こうした演技は少なからず王の舞をしのばせるが、松尾も指摘するとおり「微音という発声や印を結ぶという所作、その特徴のある装束によって摩多羅神そのものになって複演しているものともいえ(24)」るのである。そうだとしたら、祝詞も神を呼び出す実践であったと考えられるだろう。

4　円陣における王の舞

ところで、延慶本『平家物語』巻一の卅七「豪雲事」や『源平盛衰記』巻第四の「豪雲僉議」は、前稿において紹介している。したがって、本章は長門本における記事を参照しておきたい。長門本『平家物語』巻第二は「山門の申候はことなる事にて候、先王舞を舞候には面模の下にて、はなをにがむ事にて候なる、定に三塔のせんぎと申候は、大かう堂の庭に三千人の衆徒会合仕て、やぶれたる袈裟にてかしらをつゝみて、入堂杖とて二三尺計候杖をめん〳〵につきて、みちしばの露打払ひ、ちいさき石を一つづゝ持て、其石に尻をかけて居並びて候へば、どうしゆくなども得しらぬ様にて候、満山の大衆たちめぐられ候へやと申て、そせうの趣をせんぎ仕候に、然るべきをばどうずとこたへ候、然るべからざるをばいはれなきとは、我山の定れる法にて候、勅定にて候へば迚、ひた面にてはいかでかせんぎ仕候べき」という。

衆徒が強訴に備えた大衆僉議において一斉に異様な声を出す。それが王の舞を舞う時に仮面をつけたまま鼻をしかめて出す声に近いというのである。こうした声が円陣において発せられていることは重要であろう。松尾は比叡山延暦寺の大衆僉議が「同寺大講堂の前庭で、数名の代表を円になり囲んで行われた」こと、横川首楞厳院の延年舞も「舞をまう児の脇には鼓や鉦を打つものがおり、そのまわりを円陣になって裹頭姿の衆徒が腰を下ろして囲んでいる」ことを指摘した上で、「衆徒集会の形態そのものが、芸能の会の結構に移行し得る性格をもつものであった」という。[25]そうだとしたら、王の舞も円陣において演じられていたのだろうか。円陣における王の舞の実際に関する好例は、福井県三方郡三方町気山に鎮座する宇波西神社の祭礼において見ることができる。

四月八日に行なわれる宇波西神社の祭礼は王の舞・獅子舞・田楽が演じられており、今日でも中世の遺制をよく維持している。王の舞は海山・北庄・大藪・金山という集落が交代して担当する。赤い鼻高面と鳥甲を被り、赤い上衣・括袴・裲襠を着用して輪袈裟をかける。前段は鉾を持ち後段は素手で舞う。ところが、この王の舞は舞っている最中に倒せたら豊作・豊漁であるといわれているため、王の舞に挑みかかる観客と王の舞を包囲する警護が一進一退の攻防を展開するのである。警護が王の舞を包囲する結果として、図らずも円陣が描き出されるわけであるが、その内側に展開される興奮は王の舞が神を降ろす方法であった消息を暗示しているといえるかもしれない。いずれにしても、円陣の内側は人々が豊作・豊漁を占う場、つまり神々が豊作・豊漁を決める場であると考えられている。

円陣において演じられる王の舞が声を伴う事例も存在する。たとえば、兵庫県加西市北条町北条の住吉神社に伝承されている竜王の舞（王の舞）である。四月三日の住吉神社の節句祭に竜王の舞と鶏合わせが出る。かつては獅子舞も演じられた。竜王の舞はジョマイともいう。東郷（栗田）と西郷（小谷）が各々一人ずつ演じる。赤い鼻高面、紙製の鳥甲を被り、茶色の上衣と括袴、紋をあしらった裲襠を着用して、太い赤襷で両袖をしぼる。前段は鉾を持って、後段は素手で演じる。前段・後段とも剣印を多く含む。楽器は鋲打太鼓と笛である。そして、各々の青年団が竜王の舞を囲む円陣を組み、「トーライド、ソレー、ヘゴヘゴヘ、ジョンジョマ、ジョマジョ」という囃子詞を唱和するのである。

やはり円陣において演じられる王の舞が声を伴う事例であるが、近年ようやく確認することができた事例にも言及しておきたい。兵庫県加西市谷口町の八幡神社でも、十月十日の祭礼において竜王の舞（王の舞）が演じられている。ジョマイともジョマイジョともいう。実際は福居町の人々が担っている。赤い鼻高面と紙製の古びた鳥甲を被り、赤茶色の装束を着用する。鼻高面を阿弥陀に被ることが興味深い。前段は鉾を持って、後段は素手で演じる。楽器は締太鼓と笛である。最初はゆっくりしたテンポで舞うが、鉾を手放して素手で舞うさい加速するため、最後は激しい舞に変化する。しかも、福居町の人々が囃すことによっていっそう盛りあがったところで、獅子が登場して終わる。

そして、福居町の人々も竜王の舞を囲む円陣を組み、「とうらいろ　ソレ　とうらいろ　ソレ　へごへごへ　ソレへっへごへごへ　ソレ　じょまいじょじょまいじょ　ソレ　じょんじょまいじょまいじょ　ソレ」という囃子詞を唱和していた。とりわけ警護は杖を交差させながら竜王の舞を見守っており、王の舞が円陣において演じられていることを強く意識させる。そう考えていけば、比叡山延暦寺の大衆僉議において衆徒が円陣を組みながら、王の舞を思わせる声を出していたことを知らせる『平家物語』諸本の記事も、円陣において演じられる王の舞が声を伴うことに淵源していたのかもしれない。王の舞を思わせる声はおそらく「じょう」のみならず「りょう」や「にょう」とも聞こえたであろうが、そもそも「おう」に由来していたはずである。

5　円陣をあらしめる王の舞

折口は芸能の本来的な形態として、「路傍の広い所に沢山の人が集つて輪を画いて」おり「其中で数人の人が芸をしてゐる」、いわば「衆人環視の中の大道芸」をあげている。それは「見せ物の対象になる芸が芸能である」[26]という所説にもよくうかがわれるところであったが、いかにも折口らしく芸能史を遡行する試みを同伴していた。「本道は日本の芸能に、舞台のなかつた時代や、もと舞台を演出場としなかつた座敷芸能のあつたことを考へてみなくてはならない」というわけである。したがって、円陣も自然に発生した場であろうかとも感じられるのだが、芸能が円陣を編制するものだとしたら、そのような方法の実際こそが問われなければならない。

今和次郎は「ぞろぞろいろんな風態の人が通っている道の路傍で、何ごとがあるのか大勢の人だかりがしているのを私たちはよくみかけるが、そんな現象の起こっているのには、何か人寄せする吸引力をもっているもの、――芸当をやっているとか、演説をしているとか、あるいは何か珍らしいものがあるとか――である」という。そして、「人寄せの磁力をもっているものはどんなものか、詳しくいえば、どんなことをしているとどれぐらい人だかりがあるか」等々、「つまり人寄せと人だかりとの相互関係[27]」を解明するべく、「きくにたかるたかり方」と「みるにたかるたかり方」について調べてみる。最初は「きくにたかるたかり方」である。

一人の人があき地に立って何かしら演説のようなことをやっていると、そこへ人だかりができる。そこへ集まってくる人だかりのぐあいがどうなるかというと、演説している本人を中心として、そのぐるりに輪をなしてかたまる。その場合に演説をしている本人とその輪との関係はどうなるかというと、（中略）演者の前方が広く、左右はやや狭く後方はいっそう狭くなっている。物理学的に音響に関して調べた本には、空地のようなところで正面向きに立って話をしているその音響は、前方に8、左右に6、後に3の割に同じ強さにきかれる、とあるのだが、はたして街の人だかりにその原理が物語られているかどうか、を研究してみると、たいていの場合、演者と聴者との関係はこの物理学的な法則に支配されているので、その法則すなわちそんな比例になっていないときは何か他の原因が並存している場合だといえる。／ききたがって集まる人びとは大勢になってくると、すこしでもきいい位置に立とうとして、ぐるぐる回って、人の肩越しに演者をのぞきながら、ついにこの物理的原則に規定された輪を形成する一分子、一員となってしまうのである。(28)

一方、「みるにたかるたかり方」はどうだろうか。これは折口が指摘していた「衆人環視の中の大道芸」の場合であり、「路傍の広い所に沢山の人が集つて輪を画いて」おり「其中で数人の人が芸をしてゐる」ような状況が想定されているが、どうやら「何かみせている場合には、つまりみるものの場合には、人だかりの輪がきく場合とは違っている」ようである。その秘訣は多数の観客に「輪を画いてゐる」状態を維持させることに隠されているらしい。(29)

なんら制約をうけない場合には、みるもののっている台のすぐ近くへいこうとして、群衆がへし合う（中略）。でもこんなに台の近くまで押寄せられたのでは、みるために集まる人だかりの人数が僅少に制限されてしまうから、大勢の人だかりをつくらせようとたくらむ場合には、実例でいうと、ガマの油を売る居合抜屋さん、このごろでは中国の芸人のやっている、あれ式に、かなり広い場所に、芸をみせながらぶらぶら回歩いて、つねに輪の小さくなるのを防ぐ心づかいがいるようだ。そのためにもっとも有効なのは、刃物を振回すことである。そういう手を使っているのは、普通三間以上四間ぐらいに輪の直径ができている。四間ぐらいの輪だと、三重四重に肩と肩とがふれあって人垣ができるが、そういう場合にはゆうに三〇〇人の人だかりもみられるのだ。伝統的な昔からの大道芸人的商人は、なかなかそのへんのコツをのみこんでいて、有効に店張りもやっている。この場合にも、あとからたかる人びとは、人の肩越しに、すこしでもよくみえる個所を捜求めるから、もちろんまんべんのない現象を呈することになる。(30)

「きくにたかるたかり方」と「みるにたかるたかり方」が細部において相違しているにもかかわらず、どちらも人々に輪を形成させる、つまり円陣を組ませるものであったことは興味深い。したがって、今の所説は芸能が円陣を編制する方法の実際を描き出したものであるともいえるだろう。すなわち、今は折口が重視していた円陣をとりあげながらも、折口が踏みこまなかった実地調査に従事することによって、そのような場が編制される過程を民族誌的に記述していたのである。前述してきた王の舞についていえば、声が「きくにたかるたかり方」、舞が「みるにたかるたかり方」を触発しており、両者が複合することによって円陣を編制していると考えられるだろうか。王の舞は舞のみならず声によっても円陣をあらしめていたわけである。

それにしても、円陣はどのような場であろうか。円陣はそもそも舞う側と舞わせる側が相互に応酬しつつも役割を随時交替するような場であった。「舞う／舞わせる」関係が互換的かつ可逆的な関係として成立することによって、その内側に昂揚した雰囲気を成立させる。それは神を呼び出したり神を降ろしたりするような消息として理解することができるかもしれない。じっさい、こうした消息は前述してきたとおり、若王子神社の竜王の舞や宇波西神社の王の舞において確認することができるのである。

6　神を降ろす王の舞

本章における最後の課題として、円陣において発せられる王の舞の声が神を降ろす効果的な方法として機能していた可能性、そしてこうした声が次第に文芸的な地平に接続していった可能性を指摘しておきたい。『日葡辞書』は「Camiuoroxi. カミヲロシ（神降ろし）」について、「例、Camiuoroxiuo suru（神降ろしをする）何かの誓約をしなければならない時とか、そのほか祭事を行なう場合とかに、日本の神（Camis）を呼び招くこと[31]」という。また、峰岸純夫は「起請文で神々の名を連ねて、神霊に対して誓約することから、神々の名を連ねた神文の部分をも「神おろし」という[32]」ことを指摘した上で、こう述べている。

しかし文面に表しただけでは、真の「神おろし」にはならない。それ故、個人が神仏に誓約し、あるいは集団の間で、ある事項について誓約しあう「一揆契諾」や「起請文」、そして一味神水の場合、どうしても神仏の臨場性、現場性は必須である。誓約の証人として神仏が必要なのである。それ故に、「鐘打」という比較的呪術性を持った金属鳴器の音を発することによって、神仏を現場に迎える「神おろし」が実現すると意識化されていたのである[33]。

「鐘打」のみならず王の舞も神を降ろす方法として機能していた可能性が少なくない。当初は円陣において声を発することによって、「神仏を現場に迎える「神おろし」が実現すると意識化されていたのであ」ろう。ところが、特異な発声は次第に一定の詞章に発展していったようである。こうした消息をしのばせる事例として、西浦の観音堂の田楽に登場する獅子と薬師、および毛越寺の延年に登場する祝詞があげられる。前述しておいたとおり、どちらも口中で秘文を唱えるらしい。といっても、詞章を伴う王の舞は残念ながら確認することができない。したがって、あくまでも類例であることを強調しておかなければならないが、福井県小浜市野代の妙楽寺の朝鉾神事を参照しておきたい。私は平成八年（一九九六）と平成十四年（二〇〇二）に実見している。

朝鉾神事は五月三日、妙楽寺の境内に鎮座する六所明神と野代の中心に鎮座する厳島神社において実施される。早朝、集まった村人は当人があらかじめ設置しておいた鉾を囲み、しゃがみながら大きな円陣を組む。直垂に侍烏帽子を着用した素面の当人が一礼して鉾を持ち、小さく三回まわす。かつては鉾をまわした後、突く所作もあったらしい。こうした所作は王の舞を少なからずしのばせる。また、若狭地方は王の舞が数多く分布しているから、この事例も王の舞の変種であると考えられるかもしれない。すなわち、古くは鼻高面を着用した王の舞であった可能性を指摘することができるのである。やがて当人が鉾を捧げながら、抑揚をつけた調子で「朝鉾には、駒立て並べ」という詞章を唱え出したら、村人は「げに何駒を、何駒をや、あし毛の御駒を」という詞章を唱和する。そして、地面に広げた扇子の上に小枝の葉をちぎって落としていくのである[34]。

この詞章は中世における口寄せの詞章に淵源しているらしい[35]。たとえば、謡曲『葵上』において「梓の上手」である「照日の巫」が六条御息所の生霊を降ろすさい唱える「寄り人は、今ぞ寄り来る、長浜の、芦毛の駒に、手綱揺り掛け」を連想させる。謡曲『小林』においても同一の詞章が見られる。『小林』は山内氏清の家臣である小林上野介の亡霊が梓巫女に憑依して、その口を借りて自分の身の上を語るというものである。そして、梓巫女は小林の亡霊を降ろすさい、「より人は、今ぞ寄り来る、ながはまの足毛の駒に手綱ゆりかけ」という詞章を唱えるのである。

室町中期に作成したと考えられる『鴉鷺物語』は都において勃発した鴉と鷺の合戦を描いた御伽草子であるが、巫女が戦死した雀藤太の霊を呼び出すさい「寄人は今ぞ寄りくる長浜の芦毛の馬に手綱ゆりかけ」という詞章を唱えている。また、室町後期に作成されたと考えられる天理図書館蔵の絵巻『鼠の草子』は鼠と娘の異類婚姻譚であるが、いなくなった娘を捜すべく巫女が実施する口寄せにおいて、ほぼ同様の詞章「よりびとは、いまそよりくる、ながはらを、あしげのこまに、たづなゆりかけ」を確認することができる。そして、現代においても東北地方の巫女が実施する口寄せなどにおいて、類例が少なからず存在しているのである。[36]真鍋昌弘は「これらがかく中世を通じて神おろし歌のパターンであったようで、神や精霊はこの天馬としての葦毛駒で降りたもうたのである」[37]という。

そう考えていけば、朝鉾神事における詞章も神を降ろす役割をはたしていたと思われる。村人が円陣を組むことも、その内側に神を降ろすべく実施されていたと理解しておきたい。だが、「朝鉾にゃ、駒立て並べ」の「朝鉾」は何を意味するのだろうか。[38]早朝に鉾をまわす神事である以上、むしろ当然であるといえなくもないが、実は「朝鉾」の由来かとも思われる詞章を含む類例がいくつか存在している。たとえば、石川県鹿島郡・羽咋郡の田植歌として「朝はかに、曳出す駒は何の駒、葦毛か鹿毛か、墨の黒」という事例が報告されている。[39]また、かつては京都府綾部市宮代町の八幡神社で実施されていた御田植式において、「あさはかァに、駒たァて、おふゐ何駒ァに、あしげの、駒にたんづな、かけて」という詞章が歌われていた。[40]

一方、島根県松江市鹿島町佐陀宮内の佐太神社で実施されている御田植祭は、音頭が「あさかにヤレ　駒まゐらする　何駒を　ヤレ何駒を」、歌人が「葦毛ノ駒に　手綱よりかけて　手綱より掛けて」という。[41]なお、佐太神社の神事についていえば、佐陀神能における七座の神事の一つである「清目」も「抑々是より東方の神の御戸は誰や開かん、誰とても御用のたようのやよかき、七夜明けては神の世にも、庭の原にも、芦毛の駒に手綱縒掛けて、轡控へて、榊葉を御舟に造りて沖において、擢々揃へて駒をかへさず」という詞章を伴っており、[42]こうした詞章じたい神を降ろす役割をはたしていた消息を知らせている。

西石見にも類例を確認することができる。島根県鹿足郡六日市町横立において「朝はかの　ノーガミサマは　どちらの方から　おいでるか　竜の駒に　錦のたづなで　東の方から　おいでるの」という田植歌が報告されている。[43]そして、山口県都濃郡の田植歌においても「朝はかのーさんばうさまー、どつちの方ーからおいでるなう。栗毛のこーまで、錦の手綱で、東の方ーからおいでるなう。」や「あーさーはかーの三宝さまどちらの方からお出るなう。其の馬に錦の手綱で、どっちの方からお出でたなう。」という田植歌が報告されているのである。(44)

いずれにしても、能登・丹波・出雲・石見・周防地方などの田植神事において「あさはかに……」という詞章が存在していたわけである。おそらく日本海側の田植神事における歌として流布したものであろう。「あさはか」じたいは浅はか、つまり奥まっていない場所を意味しており、全体としていえば「馬を厩の奥の方から引き出して目に見えるところに繋いで」という意味であろうか。朝鉾神事における「朝鉾にゃ」も当初は「あさはかに」であったが、早朝の神事において鉾が使われていたため、次第に朝の鉾として解釈されて「朝鉾にゃ」に転訛したものと考えられる。したがって、朝鉾神事の詞章は「奥まっていない場所に馬を引き出して並べる」という当人に対して、一同が「なるほど、どんな馬を、どんな馬を、葦毛の馬を」といって応答する、いわば問答の形式を発展させていたわけである。

7　文芸化する王の舞

以上くわしく見てきたが、「あさはかに……」という詞章は各地の田植歌に数多く残されており、葦毛の駒に乗って出現すると考えられていた田の神「さんばい」を降ろす歌であったらしい。類例は尽きないが、真鍋昌弘の所説のみ参照しておきたい。真鍋は「この神おろしのための歌謡は、中世〜近世における常套的な歌であったことがわかり、それが田植草紙系歌謡のさんばいおろし歌として受け入れられ、消化せられて、まずうたわれるべき役歌となったのも、やはり近世をまたずして、中世期の伝承過程であった(45)」という。

葦毛駒に手綱をかけ、虚空に出現するさんばい神の姿は、田に生きる人々の描き得た清らかな美の一つである。

田植祭の場には、呪術的心性の根強い流れと、それを土台とする幻想的な神話・物語的なよろこびの発展があって、それが、日常から浮かび上がった、得意でほこらしい文芸の世界の一要素となっている。田人達は、天空を今駆けているであろう葦毛駒に手をさしのべて、はればれと一日の田植の開始とした。この歌の詠唱を含む田植祭の場で、ごく自然にさんばい神と田人が交流する。一日の田植祭の内でも特に朝のさんばいおろし歌は緊張している。静かな興奮がさざ波のようにおしよせ、ここに、人々は日常の人からハレの人へと浮かび上がってゆく。中世農民というのは歴史的存在であるが、その奥に、黎明の空に浮かぶ葦毛駒と田の神をうたう呪術的なそして詩的な彼らの伝統的内面がみつめられねばならない(46)。

やはり神を降ろす歌を摂取している以上、朝鉾神事に関しても事情は大同小異であろう。だが、朝鉾神事が王の舞に由来していたとしたら、そもそも円陣の内側に神を降ろす方法として実施されていた可能性も少なくないはずである。すなわち、円陣において演じられる王の舞は当初こそ特異な発声を伴っていたが、次第に一定の詞章に発展していった。そして、細密化する過程において能の詞章をも成立させた文芸的な地平に接続していった。そう考えてみたいのである。それは「児の舞を誘引するために「狂僧」によって行われた「鼻を抑え」て発声する作法」が一定の詞章に発展していった過程とも呼応しているかもしれない。

「寺院の僉議の場でも行われたこの作法は、「狂う」ことによって神を降臨させるための「声」であったと見做される」が、当初こそ呼び出す側である狂僧が特異な発声を伴っていた。ところが、舞催という役が成立した以降は、特異な発声に替わって糸綸という舞が登場しており、糸綸歌が神を降ろす役割をはたしたようである。といっても、狂僧の役割を継承した舞催は糸綸枠を持ち運び、舞が終わったら糸綸枠を持ち帰っている。つまり糸綸歌は担当していない。一方、呼び出される側であった児が糸綸枠を持って、糸綸歌を唱えながら舞っているのである。

こうした糸綸歌はいずれも、女が夜に糸を縒りながら男を待つ恋の歌であった[47]。たとえば、元文四年（一七三九）の『興福寺延年舞式』は児の糸綸歌として「糸ヲ綸ルヲモヨルト云、日ノ暮ヲモ、ヨルト云、クル〳〵敷クモナニカセン、クル夜ソ待ツコソ久シケレ」という詞章を掲載している。ここでも特異な発声が文芸的な地平に接続することによって、一定の詞章に発展しているのは興味深い。かくして、最後に問うておきたい。朝鉾神事にしても糸綸歌にしても、当初は特異な発声でしかなかったものが文芸的な地平に接続していった理由は何だろうか。

その手がかりは語句じたいに隠されていると思われる。すなわち、朝鉾神事に関連して紹介した謡曲や田植歌における「寄り」「揺り」「縒り」「来る」、そして糸綸歌における「綸ル」「ヨル」「クル」等々は、神が「寄り」「来る」ことにも通じるため、こうした語句を含む詞章が神を降ろす役割をはたすことができると考えられたのであろう。したがって、円陣において発せられる王の舞の声も神を降ろす効果的な方法として機能しながらも、いわば無意味な声を意味化する欲望によってこそ、文芸的な地平に押し出されていったということができるのである。

文芸化する王の舞に関する事例は必ずしも数多く存在していないが、かつて滋賀県東近江市百済寺の日吉神社で六十年毎に行なわれていたドケ祭に登場する王の鼻に触れておきたい。ドケ祭の次第を記録した「古式渡り記録」は、王の鼻が「装束花烏帽子素袍ニ猿田彦ノ面ヲ覆フ」ものであったことを示唆しており、王の鼻が王の舞であった可能性を感じさせる。しかも、神幸の行列において「王ノ鼻上ル時ノ文ニ唱ル」内容として、「天下泰平五穀成就村中安全ト唱ヘ木太刀ニテ廻シ又舞戻シテ納ム」という。すなわち、王の鼻は「天下泰平五穀成就村中安全」という文言を唱えて木太刀を回したらしいのである[48]。こうした文言も当初は特異な発声でしかなかったものが次第に一定の詞章に発展していった過程を暗示しているのかもしれない。そして、かくも細密化する過程の延長線上においてこそ、王の舞は文芸化する契機を獲得していったのであろうかと思われる。

(1) 橋本裕之「面模ノ下ニテ鼻ヲシカムル事―声を伴う王の舞」『國文學』第五〇巻七号、学燈社、二〇〇五年、参照。(本書所収)
(2) 同「王の舞の成立と展開」『王の舞の民俗学的研究』ひつじ書房、一九九七年、四七頁。
(3) 丹生谷哲一「鬼の呪力―「王の舞」にみる」『朝日百科日本の歴史別冊　歴史を読みなおす』5(大仏と鬼)、朝日新聞社、一九九四年、五二頁。
(4) 網野善彦「高声と微音」網野善彦・笠松宏至・勝俣鎮夫・佐藤進一編『ことばの文化史』中世1、平凡社、一九八八年、一九頁。
(5) 橋本裕之「王の舞の成立と展開」、四七頁。
(6) 同「面模ノ下ニテ鼻ヲシカムル事―声を伴う王の舞」、四八頁。
(7) 松尾恒一「延年芸能の声と話法―中世寺院の芸能―」『口承文芸研究』第二一号、口承文芸学会、一九九八年、七八頁。
(8) 同論文、七九頁。
(9) 同論文、七九頁。
(10) 同論文、七九頁。
(11) 同論文、八〇頁。
(12) 同論文、八〇頁。
(13) 以下、橋本裕之「祭礼と道化―王の舞を演出する方法」小森陽一・富山太佳夫・沼野充義・兵藤裕己・松浦寿輝編『岩波講座　文学』5(演劇とパフォーマンス)、岩波書店、二〇〇四年、参照。(本書所収)
(14) 橋本裕之「神々を繋ぐ者―日吉神社の七社立会神事における竜王の舞の位置―」『国立歴史民俗博物館研究報告』第九八集、国立歴史民俗博物館、二〇〇三年、参照。(本書所収)
(15) 以下、橋本裕之「祭礼と道化―王の舞を演出する方法」、参照。
(16) 新井恒易『中世芸能の研究』新読書社、一九七〇年、六二三―六二四頁。
(17) 同書、六二四頁。
(18) 本田安次「もどき」早稲田大学坪内博士記念演劇博物館編『演劇百科大事典』第五巻、平凡社、一九六一年、三九八頁。
(19) 折口信夫「翁の発生」『折口信夫全集』第二巻、中央公論社、一九五五年、四〇八―四〇九頁。
(20) 同「能楽における「わき」の意義―「翁の発生」の終篇―」『折口信夫全集』第三巻、中央公論社、一九六一年、二四六頁。
(21) 橋本裕之「赤と青―「もどき」をともなう王の舞―」『国立歴史民俗博物館研究報告』第六二集、国立歴史民俗博物館、一九九五年、二一四頁。(本書所収)
(22) 同「「もどき」の視線」相模原市教育委員会編『神楽と芝居―相模原及び周辺の神楽師と芸能―』相模原市教育委員会、一九八九年、七二頁。

(23) 石井一躬「もどき試論」『演劇学』第二五号、早稲田大学演劇学会、一九八四年、五七頁。
(24) 松尾恒一、前掲論文、八一頁。
(25) 同「南都寺院における衆徒の延年結構─僉議の芸能化をめぐって─」『延年の芸能史的研究』岩田書院、一九九七年、八九頁。
(26) 折口信夫「日本芸能史序説」『折口信夫全集』第一七巻、中央公論社、一九五六年、三頁。
(27) 今和次郎「露店大道商人の人寄せ人だかり」『考現学今和次郎集』第一巻、ドメス出版、一九七一年、二四四頁。
(28) 同論文、二四五─二四六頁。
(29) 同論文、二四六頁。
(30) 同論文、二四六頁。
(31) 土井忠生・森田武・長南実編訳『邦訳日葡辞書』岩波書店、一九八〇年、八六頁。
(32) 峰岸純夫「誓約の鐘─中世一揆史研究の前提として─」『人文学報』第一五四号、東京都立大学人文学部、一九八二年、八一頁。
(33) 同論文、八一頁。
(34) 四方吉彦『若狭再見』洛西書院、一九九四年、一九二─一九三頁、山本善一「口あけ講」『若狭の記録２０００─０１』若狭を記録する会、二〇〇一年、一二七─一三五頁、福井県立若狭歴史民俗資料館編『王の舞を見に行こう！─郷土の祭りと芸能文化の理解のために─』福井県立若狭歴史民俗資料館、二〇〇四年、六一頁、参照。
(35) 酒向伸行「口寄せ巫女の詞章─中世における口寄せの世界を中心として─」御影史学研究会編『民俗の歴史的世界』岩田書院、一九九四年、八五─九一頁、参照。
(36) 同「中・近世の口寄せ巫女─梓巫女の問題を中心として─」『生活文化史』第二二号、日本生活文化史学会、一九九二年、三四頁、参照。
(37) 真鍋昌弘『中世近世歌謡の研究』桜楓社、一九八二年、三二頁。また、以下も詞章の背景を説明しており有益である。吾妻寅之進『中世歌謡の研究』風間書房、一九七一年、六一四─六二四頁、参照。
(38) 以下、佐々木聖佳氏の教示を得た。深く謝意を表したい。
(39) 諏訪藤馬「能登鹿島郡の田植習俗」『民族』第一巻第四号、民族発行所、一九二六年、一七四頁、文部省編『俚謡集（復刻版）』三一書房、一九七八年、三一五・三一六頁、参照。
(40) 植木行宣「廃絶した田遊びの伝承」京都府教育委員会編『京都の田遊び調査報告書』京都府教育委員会、一九七九年、一〇九頁、新井恒易『農と田遊びの研究』下、明治書院、一九八一年、六三頁、参照。

(41) 朝山晧「佐太神社の田植祭」『島根民俗』第二巻第四号、島根民俗学会、一九四〇年、七〇頁、新井恒易、前掲書、三八一頁、真鍋昌弘『田植草紙歌謡全考注』桜楓社、一九七四年、七〇頁、参照。
(42) 石塚尊俊『重要無形民俗文化財　佐陀神能』佐陀神能保存会、一九七九年、一五九頁、参照。
(43) 坂田友宏「民謡」和歌森太郎編『西石見の民俗』吉川弘文館、一九六二年、三七〇頁。
(44) 文部省編『俚謡集（復刻版）』、五二一頁。
(45) 真鍋昌弘『田植草紙歌謡全考注』、七一頁。
(46) 同書、七三頁。
(47) 松尾恒一「舞催―延年の道化考―」『延年の芸能史的研究』、三五一―三五三頁、参照。
(48) 滋賀県愛智郡教育会編『近江愛智郡志』滋賀県愛智郡教育会、一九二九年、九九―一〇四頁、参照。

赤と青
――「もどき」を伴う王の舞

1　はじめに

王の舞は平安末期から鎌倉期にかけて、おもに中央の大社寺で行なわれていた祭礼で田楽・獅子舞等にさきだって演じられていた。当時における代表的な祭礼芸能の一つであり、同時に行列を先導する機能をはたしていたものと思われる。現在でも十六ケ所で伝承されている若狭地方をはじめ、広い地域に分布している。王の舞は一般に赤い鼻高面と鳥甲を被り裲襠装束を着用して、前段は鉾を持ち後段は素手で四方を鎮めるように舞う。舞楽に見られる剣印（人指し指と中指を揃えて伸ばして、薬指と小指を親指で押さえる所作）を含み、太鼓や笛などで囃すというものである。

この王の舞という芸能は従来、実態はおろか存在すらもあまり知られていなかった。かろうじて錦耕三や水原渭江らが先駆的な論考を発表しており(1)、私も一連の論文を発表してきたが(2)、にもかかわらず一般的な知名度ときたら、文字どおり皆無に等しかったのである。ところが近年、事態が若干変化した。王の舞に対する関心が以前にくらべて、少しばかり高まってきたように感じられるのである。ときおり書籍や雑誌等のメディア――といっても、大半は多少なりとも学術的なメディアであるが――が王の舞をとりあげている。しかも、こうした風潮は専門的な領域のみならず、一般にも波及するいきおいをしめしているのである(3)。その機会はけっして多くないが、以前であったらまったく考えられなかった事態であり、長らく王の舞を主題化してきた私にも望外の喜びをもたらした。

といっても、王の舞はその実態を知らせる史料が乏しいせいもあって、依然よくわからないところを少なからず残している。したがって、私は王の舞の実態をできるだけくわしく解明するよう心がけてきたが、諸々の関心を網羅するのが精一杯であり、残念ながら総論の範囲を大して出ていない。今後は王の舞にまつわる各論を手がけていかなければならないと考えている。本章はその第一歩を踏み出すべく、「もどき」を伴う王の舞をとりあげてみたい。こうした関心は王の舞に見られる一対の色彩、つまり赤と青を主題化する手がかりたりうるはずである。

2 「もどき」を伴う王の舞

「もどき」は一般に「一種のワキ役・道化役」であり、「あるものに似せ擬い、または批判しとがめるという意から出」て、「前に演じたものをわざと滑稽にまね、あるいはいっそう詳細に復演出（もう一回前のことを演ずる）をする役のものをいう(4)」とされる。「もどき」を最初に概念化した折口信夫は、含意するところを何度か修正しながらもこう述べている。

私は、日本の演芸の大きな要素をなすものとしてもどき役の意義を重く見たいと思ひます。（中略）もどくと言ふ動詞は、反対する・逆に出る・批難すると言ふ用語例ばかりを持つものゝ様に考へられます。併し古くは、もつと広いものゝ様です。尠くとも、演芸史の上では、物まねする・説明する・代つて再説する・説き和げるなど言ふ義が、加はつて居る事が明らかです(5)。

こうした「もどき」を伴う王の舞が、少数ながら存在している。「もどき」を含む二人で演じるのである。そもそも王の舞は一人で演じるものであったから、きわめて特異な存在形態であると考えられる。最初に現行の事例を見ておきたい。

(1) 河辺八幡神社の事例

京都府舞鶴市河辺中に鎮座する八幡神社の事例である。九月十五日の祭礼で鉾の舞（王の舞）・獅子の舞・太鼓の舞（田楽）・ヒザズリが演じられる。鉾の舞は二人で演じられる。前に立つ方をサキ、後に立つ方をアトという。サキは赤茶色の鼻高面を被り赤茶色の裲襠を着用して、御幣をつけた鉾を持つ。一方、アトは黒い土俗面をかぶり青い裲襠を着用して、鉾の代わりである扇子を持つ。アトはサキの所作をおもしろおかしくまねる。囃子は太鼓と笛である。私は昭和六十一年（一九八六）に実見した。伊東久之はこうした鉾の舞の芸態をくわしく報告している。

まず両人は腰に手をあて、笛と太鼓の「ヒイ　ヒイ　ヒイヨ　ドン」で腰をさげる。この動作は三回くり返される。ついでサキに鉾が手渡される。サキは鉾を受け取って「ヒイ　ヒイ　ヒイヨ　ドン」で腰をさげ、これを三度くり返す。これを「ツナギ」という。それから鉾を頭の上で一回まわし「ヒイ　ヒイ　ヒイヨ　ドン」で腰を三回おろす。次に鉾を前で一回まわし、右足をなめ前に出し、鉾で突く動作をする。このあとツナギがあり、右足をうしろへ下げ、左手で鉾の血を三回払い、右足をうしろに下げて右手でやはり三回血を払う。これを「拭い刃」という。ツナギのあと、今度は、今までの逆に、左側に足を出して鉾をつき、拭い刃は右、左と三回する。ツナギがあって、次は鉾を前で二回まわし再びツナギのあと、右足を出して前で鉾をつき、ツナギがあり鉾は返却される。「ヒイ　ヒイ　ヒイヨ　ドン」で腰に手をあてて坐り、同時に右手を上にして腕を組み、再び立って笛太鼓で腰をおろし、左手を上にしてうでを組む。そのまま、左、右、左、正面とおじぎをして鉾の舞は終了する。(6)

その芸態は山田家（神事を司る役と獅子舞における頭の役を担当する）に残る先々代の記録ともほぼ対応しているから、代々伝承されていたものであると考えられる。「是は平治おじいさんの書いたもの」という追記を持つ記録の、「ほこ記」と題した箇所を見る。

立て三足行　二足戻ル
手持て三足　二足戻ル
手持て三足　二足戻ル
一ツませて三足　二足戻ル
一ツませて三足　二足戻ル
一ツませて　すくニつき手　三足行
のごひ刀三ど宛右へ　初めのこひ刀三と
宛　左二ツませて三足行　二足戻ル
一ツませてつき手　三足行　二足戻ル
のこ□刀三ど宛　左三足行　二足戻ル
のこい刃三と宛　右三足行　二足戻ル
二ツませる　三足行　二足戻ル
一ツませてつきて立て
こしに手つけ三つ行　二足戻ル　手組

山田家はほかにも二種類の記録を所蔵している。一つは先々代、もう一つは当代が記録したものであるが、いずれも大同小異であった。(7) 三つの記録ともサキとアトを区別して表記していないから、以前も両者は基本的な所作を共有しており、かつアトがサキをおもしろおかしくまねていたものと思われる。アトはいわば滑稽物真似をもって、サキに対する「もどき」を演じていたわけである。

(2) 御祭神社の事例

東京都三宅村伊豆に鎮座する御祭神社の事例である。八日様とも呼ばれる一月八日の神事は、奥の院の儀・御四楽・庭の舞・鬼火の舞（廃絶）の四種類が全体を構成している。庭の舞は王の舞と剣の舞が各々二番ある。報告がいくつか出ており、(8) 私も平成六年（一九九四）に実見している。ところが、以上をくわしく比較したところ、少なからず異同が見られた。ともかく私が実見したものを紹介したい。

王の舞は前半が女面と烏帽子を被り、赤鉢巻・狩衣・袴を着用して、素手で演じる。後半が癋見面と烏帽子を被り、赤鉢巻・狩衣・袴を着用して、木太刀を持って演じるものである。一方、剣の舞は前半が男面と烏帽子を被り、赤鉢巻・狩衣・袴を着用して、太刀を持って演じる。後半が文明八年（一四七六）の銘を持つ鼻高面と烏帽子を被り、赤鉢巻・白衣・袴を着用するほか、股間に木製の男根をつけて、木太刀を持って演じるものである。いずれも最中に「えい」という掛け声を出す。囃子は太鼓のみ。

細部の異同はさておき、最も大きく変化していると思われる仮面の使途をとりあげる。昭和三十一～三十二年（一九五六～一九五七）に調査した本田安次は、王の舞の前半が女面、後半が男面、剣の舞の前半が鼻高面、後半が癋見面であったという。(9) また、昭和五十五年（一九八〇）に調査した広瀬新吾や中村規は、王の舞の前半が女面、後半が男面、剣の舞の前半が癋見面、後半が鼻高面であったという。(10) しかも、平成六年の場合はどちらとも異なっている。仮面の使途はかくも錯綜していたわけである。おそらく漸次変化していったものと思われる。

本章の関心に沿って、あらためて最も早い本田の報告を参照してみたい。本田は剣の舞の前半が鼻高面、後半が癋見面であったという。鼻高面→癋見面が本来的な手順であったとしたらどうだろうか。鼻高面を被った王の舞が癋見面を被り猥褻な恰好に扮した「もどき」を伴うという、特異な存在形態が彷彿とされるはずである。すなわち、現地で王の舞と呼ばれている箇所よりも、むしろ剣の舞と呼ばれている箇所こそが、王の舞の痕跡を感じさせるのであった。

私は実見していないが、同村神着御笏神社の神事でも相撲舞・鯱舞（田楽）等が演じられている。三宅島の神官を勤めている壬生氏がそもそも伊豆国に鎮座する三島大明神の神官であったらしいこと、鼻高面に文明八年の銘がみられること、等々から判断して、王の舞や田楽はかなり早い時期に三宅島に伝播したと考えられる。したがって、いつのころからか呼称が入れ替わったとしてもおかしくない。しかも、剣の舞の後半は「ちんのよだれ」という俗称を持っている。今日、その演技は猥褻な雰囲気をまったく感じさせない、きわめて厳粛なものであった。だが、古くは猥褻な扮装と所作をもって、前半に対する「もどき」を演じていたかと思われるのである。

(3) 広八幡神社の事例

和歌山県有田郡広川町広に鎮座する八幡神社の事例である。九月三十日の宵宮と十月一日の祭礼で田楽・鬼・鰐（王の舞）・獅子舞が演じられる。鬼・鰐・獅子舞はいずれも田楽の最中に登場する。鬼は赤い鼻高面と鳥甲、鰐は赤い鬼面（鼻は大きいが低い）と鳥甲を被る。鬼・鰐とも赤い陣羽織を着用して、左手に鉾、右手に災払幣を持つ。両者の扮装はほぼ変わらない。鬼・鰐・獅子舞は楼門を出て拝殿前の舞殿に駆けあがる田楽に対して正反対の進路を取り、拝殿を出て石段を降りて舞殿に入る。鬼・鰐は上空をあおぎ天気をみるような所作を数回行なう。私は昭和六十一年に実見した。新井恒易は戦時中および昭和四十二年（一九六七）に調査して、田楽のみならず鬼と鰐の芸態をも報告している。該当する箇所を一部引用する。

拝殿から鉾を左肩にかつぎ、右手にした祓棒で左右に払いながら、のそりのそりと鬼が石段を降りてくる。このときに田楽者は鬼の方を見上げるようにし、鬼はあお向いて天気を見る振りをする。間もなく鬼は石段を降りて前面の入口から舞殿に入り、舞踏している田楽のまわりを順めぐりに、鉾をかついだまま静にまわって歩く。これを鬼の礼と言っている。／鬼が出てひとまいすると、鰐がやはり鉾を左肩にかつぎ祓捧で前を払いながら拝殿から石段を下り、鬼がその前方までむかえに出て舞殿に登場する。これを鰐の礼と言い、鬼の後について舞踊する田楽のまわりを、順めぐりにまわって歩く。途中で両者は舞殿の外に出て空をあおぎ、天気を見るといった振りをしてもどる。(11)

鰐は鬼に後続するのみであるから、鬼に対する「もどき」を演じているわけでも何でもない。だが、仮面の色彩がその痕跡をしのばせる。私が実見した昭和六十一年は鬼・鰐とも赤い仮面であったが、新井は「鬼面が朱色、鰐面が黒褐色(12)」であるとしていた。本来はこうした対比を構成していたものが近年変化したのだろうか。鰐はやはり鬼に対する「もどき」であったのかもしれない。

以上見てきた事例はきわめて特異なものである。したがって、本来的な存在形態が変化した結果をしめしていると考えられる。いわば地方化もしくは民俗化した王の舞である。このほか、あくまでも類例であり王の舞に含めていいものか躊躇するが、静岡県引佐郡引佐町寺野の観音堂に残る事例にも言及しておかなければならない。一月三日の三日堂（修正会）で演じられるひのう（火の王）が「もどき」を伴っている。

ひのう（火の王）じたいは三信遠地方に数多く分布する。王の舞の変種であったようにも感じられる一方、諸々の要素が流入している消息をしのばせる。両者はどうやら単純に連続するものでもないらしい。今後くわしく検討しなければならないが、「もどき」を伴う寺野観音堂の事例は本章の関心とも深くかかわっている。無視するわけにもいかないはずである。私は残念ながら実見していないので、昭和十七年（一九四二）と昭和三十八年（一九六三）に調査した新井の報告を参照しておきたい。

白の浄衣に袴をはいた一人が正面に向って礼拝ののち、面取り役のさし出す鼻の王面をおし頂いて頭上にのせるようにつける。（中略）面をつけると矛（六尺ほどの先端のいくぶん尖ったところに白紙を巻き、幣帛を垂れたもの）を持って起つと、仕度部屋から獅子招きと同じ道化面をつけた一人が出てきて、鼻の王の後ろに添い立つ。／正面に向い立った鼻の王は、矛の尻に地をつけ、これを左手で肩にかけるように持って、左右の足を交互に出して前方の地面に「大日大権現」と半字あて書く。（中略）鼻の王はこれを正面から順まわりに四方一正面と五方に向って行なうが、そのさい後ろに添った道化が左右の足を交互に前方に出しながら「えへん　えへん」と声を出しておどける。／それから鼻の王は正面に一拝し、左肩に矛をかけるように持ち、右手でその袖口を持っておもむろに片手で矛をかるく一回振り、ついで両手で矛を持って肩先の右横を水平に突くようにする。さらにまた右手で肩にかけるように矛を持ちかえて、同じように左方を突く所作をして一拝する。鼻の王がこの袖をおさえて振るときに、後ろにいる道化は手にした八寸ばかりの男根型（先に幣帛がついている）を白紙でこすって、鼻の王の肩先からその眼前へにゅっと突き出す。また、鼻の王が矛で、左右を突くときには、その男根型を両手で持って横に大きく伸ばし「とッほッほーえ」と頭の先から出すような奇声をあげ、矛先まで横足におどけて跳んで出る。思わず見物人からどっと笑い声が起こる。／これも五方に対して行なわれ、鼻の王は正面に礼拝して矛を地にお

き、坐して面形を面取り役に渡して終り、道化もそのまますぐに仕度部屋に退る。(13)

びっくりするぐらいくわしく記録しているので、思わず長く引用してしまった。こうした報告はやはり貴重である。新井は「周辺各地の鼻の王にはこのような道化は出ていない」ことを指摘して、「この道化の行動にはまがいものとしてもどきのほかに、比擬の意味の古いもどきの姿の一面を見ることができて、きわめておもしろい演出である(14)」という。いわゆる民俗社会における「もどき」の原像、とでも表現したらいいだろうか。だが、「もどき」を伴う王の舞は必ずしも民俗社会に残る現行の事例にのみかぎられていない。実は中世の絵画史料にも登場していたのである。

(4) 『大江山絵詞』の事例

逸翁美術館本『大江山絵詞』は南北朝期にさかのぼるものとされる。その下巻第二段は酒天童子の館に滞在していた源頼光の一行が異類異形の行列を目撃する光景を描いたものであり、「打つゝきて又此変化のものともやう〳〵の渡物をそしける面もとり〳〵に姿もさま〳〵也或はおかしきありさまなる物もあり或はうつくしき気色したる物もありおそろしく心もうこきぬへき物もあり」という詞書を持つ。この異類異形たちが王の舞・田楽に取材したものと思われる芸能を演じている。とりわけ行列を先導する赤い妖怪と青い妖怪は「もどき」を伴う王の舞を彷彿とさせる。

前者は顔・首・両手とも赤く、高い鼻を持つ。鳥甲を被り裲襠を着用して、右手で剣印を結び左手に幡鉾を持つ。こうした風体は王の舞の典型をなぞっている。また、後者は顔・首・両手・両足とも青く、頭巾を被り大口をあける。赤い妖怪に背中を向けながら、右手で赤い扇をかざして、後続する妖怪たちをあおりたてる。陽気なふるまいをもって、赤い妖怪に対する「もどき」を演じているのであろうか。両者は一対を構成しているようにも感じられる。(15)もちろん『大江山絵詞』はあくまでも奇怪な想像力をもって描かれた虚構でしかない。この下巻第二段じたい王の舞の実際を再現しているわけでもないだろうが、一方で比較的早い時期ですら王の舞が「もどき」を伴っていた可能性を想定せしめるのである。

余計な話題を提供するだけかもしれないが、山形県飽海郡遊佐町吹浦に鎮座する大物忌神社の事例にも言及しておかなければならない。五月七日の宵宮で演じられる諸冊二神の舞はくわしく後述するとおり、ほぼまちがいなく王の舞が変化したものであると思われる。中村茂子は明治二十五年（一八九二）の「大物忌神社（祭典旧儀）調書」[16]を参照しながら、この諸冊二神の舞と今日もはや失われてしまった陰陽両神の舞の関係を検討して、後者がそもそも前者に対する「もどき」であったかと感じさせる所説を展開している。

「大物忌神社（祭典旧儀）調書」が記録するところ、前者は「鳥兜を冠リ浄衣ヲ着シ鉾ヲ取滴瀝潮ノ凝リテ嶋ト成リシ神代ノ故事ヲ表スルノ舞」、後者は「又次ニ此舞人ニ於テ陰陽両神ノ面ヲ冠リ耕織ヲ表スルノ舞」であった。中村はこの「耕織ヲ表スルノ舞」という箇所に反応したらしく、諸冊二神の舞を演じる二人が「そのまゝ「好色の舞」を演じて見せたのではないだろうか」、そして「これは田楽系統の芸能に演じられる場合が多い感染呪術、またはカマケワザと称されている演技について記されたものであろう[17]」というのである。

後半の所説は田楽と感染呪術もしくはカマケワザをいきなり関係させてしまうものであり、よくある通俗的な所説の範囲を大して出ていない。だが、前半の所説は本章の関心とも響きあっており興味深い、といいたいところであった。陰陽両神の舞が「好色の舞」という猥褻な所作をもって、諸冊二神の舞に対する「もどき」を演じていたと考えられるからである。だが、中村は肝心の箇所を誤読している。本章の関心を遠ざかってしまうが、看過しがたい問題を含むものと思われるので、少しばかり検討しておきたい。

宝暦三年（一七五三）の『出羽国大社考』は吹浦大物忌神社の社家（神職）であった「闘志満々たる神道主義者[18]」、進藤重記が執筆した書物である。その中核とでもいうべき「両所宮年中行義」が「大物忌神社（祭典旧儀）調書」よりもくわしく諸冊二神の舞と陰陽両神の舞を記録しており、該当する箇所の表現をみるかぎり「大物忌神社（祭典旧儀）調書」の典拠であったかと思われる。前者は呼称こそみられないが「次に鳥甲をかむり、浄衣を着し、鉾を取て滴瀝湖の凝りて嶋と成し、神代の事を表す」、後者は「次陰陽の両神古制の面二ツあり、耕し織り給ふを表するの舞あり、誠に古風と見へたり、神聖耕織の道に御心を盡し給ふ事、かかる祭を見てもおろそかにハおもふへからす」というものであった。

中村の誤謬はもはや明々白々である。「大物忌神社（祭典旧儀）調書」に出てきた「耕織ヲ表スルノ舞」は「好色の舞」でも何でもなく、文字どおり「耕し織り給ふを表するの舞」であった。多く猥褻な所作や扮装を伴うカマケワザどころか、「闘志満々たる神道主義者」が「神聖耕織の道に御心を盡し給ふ事、かかる祭を見てもおろそかにハおもふへからす」という感想を持つぐらい厳粛な性格を持っていたらしい。にもかかわらず、中村がコウショクという音の一致のみで判断していたとしたら――じっさい、そうとしか思われないのだが――、承服するべくもない粗雑かつ乱暴な行論でしかない。

中村のいう「好色の舞」でなければ、「耕織ヲ表スルノ舞」はいかなるものであったのか。そもそも「耕織」は広辞苑にもあるとおり、「耕作と機織と」や「農業とはたおりと」を意味する。したがって、陰陽両神の舞じたいが「耕作と機織と」という意味を感じさせかねない所作を含むものであったと考えなければならない。かくして、現行の諸冊二神の舞を見る。くわしく後述しているが、後段のみ種蒔と糸巻を思わせる所作が含まれているのである。こうした所作が「耕織ヲ表スルノ舞」という表現を呼びおこしたのかもしれない。もしもそうだとしたら、今日みられる諸冊二神の舞の後段こそ、実は陰陽両神の舞であったのだろうか――。

だが、両者の関係はきわめて錯綜しており、必ずしもそうとばかり考えられない可能性をも少なからず感じさせる。じっさい、いくつか出ている報告は各々異なる事実を記録しており、したがって異なる推測を提出していた[19]。依然よくわからないことばかり、なのである。もちろん中村の所説は看過しがたい問題を含むものであり、残念ながら「もどき」を伴う王の舞に対する関心に益するものでもなかった。にもかかわらず、諾冊二神の舞と陰陽両神の関係じたいは本章の関心を措いても、ぜひともとりあげてみたい興味深い課題である。たとえば、民俗芸能における演技と言説の関係を再考するさいにも、きわめて重要な手がかりたりうるはずである。

大きく迂回してしまった。以上、つまるところわずか四例ながら、「もどき」を伴う王の舞を見てきたわけである。冒頭で紹介した折口の所説に沿って、この四例を見直しておきたい。滑稽物真似や猥褻な扮装と所作、そして陽気なふるまい。(3)こそはっきりしないが、残る三例の「もどき」はいずれも王の舞の演技をわかりやすく説明する、そして観客の関心を引きつける効果を持っていたはずである。王の舞に随伴する「もどき」は、王の舞が何よりもまず芸能であった消息をしめしているのかもしれない[20]。したがって、「もどき」を伴う王の舞は、必ずしも地方化や民俗化という表現でのみかたづけられてしまうものでもなかった。王の舞に対する観客の演劇的想像力を十分触発するべく導き出された新しい演出[21]であった、とも考えられるのである。

3　赤い王の舞、青い王の舞

ところで、(1)はサキが赤い裲襠を着用しており、アトが青い裲襠を着用していた。一方、(4)は赤い妖怪と青い妖怪が一対を構成していた。この二例とも青を強調する後者が赤を強調する前者に対して、いわば「もどき」を演じていたと考えられる。したがって、「もどき」を伴う王の舞が赤と青の対比を構成していた可能性を感じさせるのである。かくして、本章もしばらく「もどき」を遠ざかり、赤と青の対比に沿って論述していかなければならない。

色彩の民俗を渉猟する小林忠雄は、民俗的な仮面の色彩に見られる赤と青の対比にも若干言及している。すなわち、

「もっとも一般的には青鬼・赤鬼の面があり、追儺の行事に使われている」ことに留意するのみならず、「西日本にとくに顕著な祭礼風流の先頭をいく、天狗などの赤い面と青い面には、これまで述べてきた赤と青のいずれの色も、浄化する力をもっているがために、神輿の露払いの役割を担うのかもしれないが、くわしくは芸能史や演劇学などの研究成果を待たねばならないであろう(22)」というのである。

小林の所説は奇しくも本章の関心を先導する性格を持っており、以降とりくむべき課題の所在をしめしている。本章が「芸能史や演劇学などの研究成果」を提出しうるものかどうか心もとないが、ともかく九州地方に注目してみたい。じっさい、小林みずからも熊本県人吉市青井町青井阿蘇神社の事例を紹介していた。青井阿蘇神社の祭礼は十月三日〜十一日におこなわれる。とりわけ九日〜十一日は「おくんち祭り」とも呼ばれており、興味深い行列が出るらしい。

行列にはチリンバタと呼ぶ赤色の長大な旗が先頭を行き、さらに紫色の神社旗があって、上部には赤色の玉鼻面と青色の鬼面がそれぞれ付けられている。これはおそらく神輿の露払いを意図したものであろうが、ここでは九州地方の祭礼に特徴的な赤と青の二色の組合せによる仮面色彩の象徴性を見せている(23)。

こうした事例は小林もいうとおり、九州地方の祭礼に数多く登場する。その大半は赤と青の対比を構成する一対の鼻高面のみであり、私も福岡県福岡市東区志賀島に鎮座する志賀海神社の御神幸祭や福岡県福岡市東区箱崎に鎮座する筥崎宮の放生会等で、数例を実見している。そして、いずれもが王の舞が変化したものである可能性を多少なりとも感じさせるのである。とりわけ演技を伴う事例——といっても、管見したかぎり一例のみであるが——は王の舞の典型をなぞっている。本章の関心を前進させるためにも、どうしても触れておかなければならない。

(5) 玉垂宮の事例

福岡県久留米市大善寺町に鎮座する玉垂宮の事例である。一月七日の鬼夜（追儺）は六本の大松明が燃えあがる光景が圧巻であり、日本三大火祭の一つにもあげられている。この鬼夜で王の舞をしのばせる特異な神事が行なわれる。赤い鼻高面と鳥甲を被り白い狩衣を着用して帯刀した一人が、各々赤いハッピと青いハッピを着用した鉾持ちに伴われて、大松明前に仮設した舞台にあがる。そして、一風変わった所作を見せるのである。私は平成二年（一九九〇）に実見したが、戦後も大きく変化しているという話であった。したがって、大正十一年（一九二二）に調査した宮武省三の報告を参照してみたい。

此最中に最も見物とすべきは、此の燃ゆる炬明の前で、「ホコトツタ」「メントツタ」「ソラニーダ」と曰はれる古例の神事が行はれることである。（中略）此の宮のホコトツタは例の鬼火が大炬明にうつりて燃え出すとき、本殿の横戸より、赤きハツピに脚絆をつけ、太き襷を綾取り、ジヤバラの黒褌したる一人の男、鉾を手にして出で、其後に鳥兜を冠り、雅風の天狗面（中略）をつけ、身に白の狩衣きたる者つゞき、更に其次に青のハツピに同様太き襷かけたる鉾持を前にして、矢張天狗面かぶりたる者群衆を押し分けて此炬明の前面に繰出で、両天狗は其鉾を以て相手の天狗の鉾を引きかけ取るので在つて、其鉾をとると鉾持が之を本殿に持込むに過ぎない頗るアツケないものである。次に両天狗は寄つては退き、退きては寄りつゝ、右手で妙なしぐさを繰返しつつある間に、傍の者両天狗の面を奪ひ本殿に同様持運ぶのである。是が則ちメントツタである。さうすると今度は素面の儘で不相変前のしぐさを繰返しつゝ頃を見計つて双方一斉に腰なる刀を抜き合すので在つて、是をニーダ又はソラニーダと言ふ。「ソラ抜いた」の訛りで、昔は此のニーダに刀を抜き合すと銘刀になるとて、久留米藩の若侍が押寄せたといふ咄もあるが、要するに何れもDumb Showで何を意味するに確的に判明しない。(24)

メントッタ（面とった）の妙なしぐさというのは、腰につけた刀の柄に左手を添えながら、右手を伸ばして三回まわすことであろうか。二人の扮装や所作等はほぼ共通しており、諸々の特徴が王の舞の典型をなぞっている。だが、王の舞はあくまでも一人舞である。玉垂宮の事例は赤と青の対比を構成する一対の存在であったから二倍、つまり青い鼻高面をもってする一人が増加したものと思われる。その懸隔をこそとりあげなければならない。

建武年間（一三三四～一三三五）に作成されたと考えられている「玉垂宮并大善寺仏神事記」をみる。二月中卯月の春祠使頭事における御行還御次第は「陳道左右　師子　官幣　神馬　使幣　御馬使　菩薩左右　供僧　小祝　大祝　宮師一命婦　二命婦　三命婦」というものであり、左右の陳道が行列を先導している。また、春祠使頭事のみならず五月十五日の五月会や九月十九日の御九日会でも、「陳道二人」を含む諸役が「日饗膳」を受けている。この陳道は陣道ともいい、赤と青の対比を構成する一対の存在であったらしい。九州地方の祭礼を記録した史料に頻出している。本章の関心に直接かかわる二例のみあげておきたい。

弘長元年（一二六一）の「筑後瀬高下荘鎮守大菩薩神宝当注進状」は「陳道二人狩衣袴赤色青色」を記録している。鷹尾神社の祭礼に出たものか。建治二年（一二七六）の「八幡筥崎宮御神宝記」は筥崎宮の放生会に出たものと思われる「陣道装束二具左火神赤色右水神青色」を記録している。こうした陳道もしくは陣道こそが玉垂宮の事例の前身であった。そう考えられないだろうか。今日、陳道という名称は残念ながら存在しない。登場する機会も異なっている。だが、両者は共通するところをも少なからず持っていたから、おそらくどこかで連続しているはずである。

陳道もしくは陣道はどうやら王の舞が変化したものであったらしい。たとえば、山王神道にかかわる室町期の書物とされる『厳神抄』の巻四十九は「皇孫降臨路次ヲ為守護、以此鉾邪鬼ノ者ヲ拂ヒ退、諸道ノ印ヲ結ビテ道路ヲ鎮スル」猿田彦神を注釈するさい、「此鎮道ノ神ノ御形状傳カ、今ノ王舞有之」という表現を持ち出している。猿田彦神は天孫降臨を先導して道路を踏み鎮める、まさしく鎮道の神であった。その猿田彦神を王の舞に比定しているのだから、行列を先導する陣道もしくは陣道が鎮道の転訛であり、王の舞の変種であったとしてもおかしくない。

しかも、王の舞は新日吉社の小五月会を記録した『吉続記』文永十年（一二七三）六月六日の条や『勘仲記』弘安三年（一二八〇）五月九日の条に見られるとおり、「道張」もしくは「道張舞」という別名を持っていた。その語義はやはり道路を踏み鎮めることであろうか。王の舞と陣道もしくは陣道は、性格のみならず名称を介しても深く響きあっていたのである。

九州地方に伝播した王の舞が多く青を強調する存在を派生させて、いつしか赤と青の対比を構成する一対の陣道もしくは陣道に転化していった。玉垂宮の事例にしても、大略そのような道筋をたどってきたのかもしれない――。こうした推測の蓋然性はおそらくかなり高いはずである。じっさい、鼻高面の系譜をくわしく検討した田辺三郎助もこう述べていた。

鎌倉時代の北九州において、鼻高面は「陣道」といわれ、火王（火神）―赤、水王（水神）―青の対であったことがわかる。その後の遺品を見ると、口の開閉つまり阿吽の関係もこれに加わってくるようだが、どちらが赤でどちらが青（黒の場合もある）と結びつくかはっきりしないのが現状である。(25)

そして、田辺は王の舞に使用した鼻高面が「はじめ吽形、瞋目の赭顔（普通朱漆塗りであったと思われる）のみであったのが、いつしか阿吽、赤青（時に黒）の対で制作されるようになり、その数がふえて、三ないし五面となったりする場合が生じたりしたらしい(26)」というのである。こうした所説は本章の行論とも対応しており、十分うなずけるものであった。だが、王の舞と陣道もしくは陣道の関係はきわめて錯綜している。同時に看過しがたい差異も存在しているから、どうやら単純に同一視しうるものでもなさそうである。関連する史料を集成して、あらためてくわしく論じてみたいと思っている。

赤と青の対比を構成する事例は九州地方にのみ分布しているわけでもなかった。三信遠地方にも少なからず分布している。前述したひのう（火の王）のみならず、みずのう（水の王）も出る場合であり、私も数例を実見している。長野県下伊那郡天竜村神原坂部の諏訪神社に出る火王様と水王様もその一例であった。今日でも一月四～五日の冬祭りで演じられている。この事例も王の舞に含めていいものか躊躇するが、鼻高面もよく似ているから、どこかで関係しているのかもしれない。

最初に黒い鼻高面を被り白い上衣を着用した水王様が左手に湯たぶさ、右手に柄杓を持って登場、釜の熱湯を鎮めて周囲にふりかけながら、特異な足運びで釜の周囲をまわり退場する。続いて赤い鼻高面を被り白い上衣を着用した火王様が登場、両手を腰にあてながら、同じ足運びで釜の周囲をまわり退場する。(27) 一対の色彩は黒と赤であり若干異なっているが、田辺もいうとおり「このような形は、おそらく長い中世の間にいろいろと変化してきたであろう」と思われるから、やはり「王舞の時空をへだてての多様な変遷過程を裏付ける貴重な痕跡(28)」の一つでもあろうか。かくも錯綜した道筋はほかにも見られる。ほぼまちがいなく王の舞が変化したものと思われる一例のみ紹介しておきたい。

(6) 吹浦大物忌神社の事例

山形県飽海郡遊佐町吹浦に鎮座する大物忌神社の事例である。若干前述した。五月七日の宵祭で諾冊二神の舞・大小の舞・花笠舞（田楽）が演じられる。花笠舞は神社の庭で演じるが、諾冊二神の舞・大小の舞は境内の中島（オノコロ島という）で演じるものとされている。諾冊二神の舞は一人舞であり、前後二段に分かれている。前段は青い鼻高面と鳥甲を被り、御幣をつけた鉾を二本持って演じる。所要時間はきわめて短い。一度退場してから、後段は黄色の鼻高面と鳥甲を被り、右手に扇を持って演じる。後段のみ種蒔と糸巻を思わせる所作を含む。囃子は笛と太鼓である。ほぼまちがいなく王の舞が変化したものであると思われる。私は昭和六十三年（一九八八）に実見しているが、その当時はかなり簡略化した内容であった。平成二年に本来の内容を復元したというが、基本的な芸態はほぼ変わっていない。

青い鼻高面→黄色い鼻高面という手順はきわめて例外的なものである。だが、黄色は古く赤の範疇に含まれていたというから(29)、青と赤の対比を構成する事例であったと考えられるかもしれない（じじつ日本海沿岸は古代に淵源すると思われる舞楽も点在しており、一般に古い形態を残している可能性が大きい）。黄色い（赤い）鼻高面→青い鼻高面という一般的な手順に沿っていないのは、黄色（赤）と青の対比を構成していたものが前後逆転してしまったせいだろうか。王の舞はいうまでもなく、一人が前後二段とも赤い鼻高面を被って演じるものであった。こうした典型が何度となく変化していき、いつしか前後二段を分割して前段に青い鼻高面、後段に黄色い鼻高面を被るという特異な存在形態に発展していったものと思われるのである。

以上、赤と青の対比を構成する王の舞を見てきた。その大半は各地に伝播した王の舞が青を強調する存在を派生させて、赤と青の対比を構成する一対の存在に転化したものであったと考えられるだろうか。かくして、本章は再び冒頭にあげた折口の所説、つまり「もどき」にまつわる所説に回帰しなければならない。もちろん青を強調する存在は私が管見したかぎり、必ずしも「もどき」をしのばせる扮装や所作を伴っていない。したがって、「もどき」に比定するわけにもいかないだろうが、いずれにしても派生した存在である。広義の「もどき」に含めてしまっていいのかもしれない。じっさい、折口も「もどく」という動詞が「古くは、もつと広いものゝ様です」といっていた。

折口は以降も「もどき」にまつわる所説を文字どおり展開している。西浦の田楽を調査した折口は地能に対する

「もどきの手」にかなり触発されたらしく、「我々は此を見て、日本の芸能が、おなじ一つのことを説明するのに、いろ〳〵と異つた形であらはし、漸層的におなじことを幾つも重ねて来た事実を、よく感じることが出来たのであった[30]」というのである。私たちは赤と青の対比を構成する王の舞を見て、こうした事実をよく感じることができる。赤い王の舞に対する、いわば青い王の舞。この特異な存在形態は王の舞にしても「おなじ一つのことを説明するのに、いろ〳〵と異つた形であらはし、漸層的におなじことを幾つも重ねて来た事実」を証言していたのかもしれない。「もどき」を伴う王の舞はかくも重大な証言を呼びおこす、きわめて有力な端緒を提供していたというわけである。

だが、縷々述べてきたところを前提してこそ、あらためて考えなければならない課題がある。派生した存在、つまり広義の「もどき」が多く青を強調しているのはなぜだろうか。王の舞に見られる赤と青の対比は何に由来しているのだろうか。その対比じたいを問うてみなければならない。こうした関心をいささかなりとも満足させるべく、もう少しばかり論述しておきたい。

芸能における赤と青の対比といったら、だれしも舞楽を連想するはずである。舞楽は赤系統の装束を着用する左舞（唐楽・林邑楽）と緑系統の装束を着用する右舞（高麗楽・百済楽・新羅楽・渤海楽）が一対を構成する、いわゆる番舞の形式をもって演じられる。したがって、正しくは赤と青の対比というよりも赤と緑色の対比であるが、交通信号の青も緑色である。緑色は一般に青の範疇に含まれるから同一視してもかまわないものと思われる[31]。

番舞は左舞と右舞の各々一曲で一番を構成して、まず左舞一曲を演じてから、続いて右舞一曲を演じるというものである。後者を前者に対する答舞という。だが、大陸の諸楽舞が漸次伝来した当初、こうした形態はまったく見られなかった。実は楽舞全般を大きく改革した、いわゆる仁明朝（八三三～八五〇）の楽制改革に淵源している[32]。その中心的な課題こそが諸楽舞を大きく二分する、いわゆる左右両部制であった。前述した諸楽舞は唐楽をはじめ、以前から治部省の雅楽寮が律令国家を荘厳するという目的をもって教習するところであったが、新しく導入された左右両部制に沿って、左舞と右舞に分類されたのである。こうした楽制改革はおりしも律令制が動揺しはじめており、同時に左右を競合させる「競合的文化現象[33]」が顕在化しつつあった当時の状況とも深くかかわっていたと考えられている。

この舞楽は王の舞にも少なからず関係していたらしい。といっても、王の舞の初出史料は私が管見したかぎり、『猪隈関白記』正治元年（一一九九）五月九日の条である。また、事実上の初出史料である『年中行事絵巻』は十二世紀後半に作成したものとされるから、仁明朝以降かなり長い年月が経過している。当然ながらくわしい消息はよくわからないが、従来の研究は多くの場合、王の舞が舞楽・伎楽に由来する外来系の芸能であり、諸々の要素を吸収して今日に至ったものとみなしてきた。

じじつ舞楽は一般に王の舞とも共通する要素を多々含む。とりわけ散手（左舞）と貴徳（右舞）の一番は、どちらも王の舞の源流であったかと思わせるぐらいよく似ている。百聞は一見にしかず、といったところであるが、たとえば河鰭実英の『舞楽図説』が散手・貴徳の特徴をわかりやすく解説している。

すなわち、散手は「宝冠（ほうかん）または竜兜（たつかぶと）をかぶり、仮面（かめん）、裲襠（りょうとう）をつけ、剣（つるぎ）をおび、鉾（ほこ）をとって舞う[34]」もの、貴徳は「甲（かぶと）、面（めん）、牟子（むし）、太刀（たち）、垂緒（たれお）、平緒（ひらお）、袍、裲襠（りょうとう）、差貫、赤大口、当帯（あておび）を着用し鉾（ほこ）を持[35]」って舞うものであり、どちらも二人の番子を伴う。一人が鉾を渡して、一人が鉾を受けるのである。こうした散手・貴徳と王の舞の関係もぜひとも再考しなければならない課題であり、あらためてくわしく論じてみたい。

赤と青の対比であった。散手・貴徳は番舞を構成しており、したがって当然ながら赤と緑色（青）の対比をも構成している。もちろん貴徳はあくまでも散手に対する答舞であり、散手に対する「もどき」を演じていたわけでもない。だが、広義の「もどき」に含めてみたらどうだろうか。この一番は王の舞の本来的な存在形態のみならず、赤と青の対比を構成するという特異な存在形態とも深く響きあっていたのかもしれない。

両者を直接に関連させてしまったら早計であるといわなければならないが、散手・貴徳に見られる赤と緑色（青）の対比が王の舞にも揺曳して、いつしか青を強調する存在を派生させていった。そして、一対の陣道もしくは陣道に転化していったのかもしれない。少なくとも舞楽・鶏合等を規定していた左右を競合させる風潮が後世の王の舞にも波及していた、その可能性はきわめて大きいはずである。赤と青の対比を構成する王の舞にしても、番舞よろしく青が赤に後続するというものであったから、やはり「競合的文化現象」の変種であったとも考えられるのである。

4　おわりに

依然もう一つだけ、重大な課題が残されている。王の舞にみられる赤と青の対比が舞楽における番舞に由来していたとしても、である。舞楽における番舞が赤と緑色（青）の対比を採用しており、しかも緑色（青）が赤に後続するのはなぜだろうか。この、いつまでたっても終わりそうにもない問いかけは、赤と青の対比を構成せしめている文化的な伝統、もしくは普遍的な構造とでもいうべき領域に対する関心を呼びおこす。戸井田道三がいうとおり、「色として抽象的に考えられた以前に感覚的にそういう対としてつかまえられるものがあったのかどうか、そこまでわれわれの原初への旅をさかのぼらねば[36]」ならないのだろうか。といっても、私は残念ながらかくも広汎かつ深遠な領域に踏みこむ能力を持っていない。したがって、関連するものと思われる従来の研究だけでも紹介しておかなければならない、のかもしれない[37]。

だが正直な話、私はこうした試みに対してかなり懐疑的である。その理由をいかにも唐突ながら、クロード・レヴィ＝ストロースに代弁してもらおうと思う。レヴィ＝ストロースは「ローデシアのルヴェレ族とオーストラリア南部北東部のいくらかの部族における色の象徴性を比較して[38]」、「色の象徴性」じたいの差異に言及するのみならず、きわめて興味深い所説を展開している。

共通なのは形式だけであって、内容ではない。もし内容に共通なものがあるとすれば、その理由は、ある種の自然物や人為物の客観的属性か、あるいは伝播や借用に、すなわちいずれにしても精神の外に求められるべきである。／もう一つの困難は具象的論理の本性的な複雑さから生じる。この論理にとっては、関係が存在するという事実の方が、関係の性質よりも本質的なのである。（中略）したがって、連結された二要素を前にしたとき、われわれはその連結の形式の性質を、当然自明のものとして仮定することはけっしてできないのである。要素自体と同様に、要素間をつなぐ関係にも、間接的に、いわば「クッションを置いて」近づかなければならない。(39)

吉本隆明も指摘しているとおり、「事象と観念との連結（具象的な系列）の偶然な起源という考え以外にはどうしても説明できないような事柄について、このように云うことは解決である(40)」と思われる。本章で扱ってきた赤と青の対比にしても、こうした「関係が存在するという事実の方が関係の性質よりも本質的なのであ」り、特定の形式に対して特定の内容を比定する試みは必ずや恣意的な性格を帯びてしまう。「色彩の象徴性」が逆転もしくは混乱する場合も、少なからずみられるのである。吉本がその理由を探っている。すなわち、「わが未開時代の色彩概念をべつの宇宙論的な象徴系と結びつけようとするばあいに起りうるし、現に起りつつある混乱は、論者たちがいずれも色彩概念の時間的な水準を、単一にあるいは固定的な水準でとらえていて、いわば多時間的な了解の水準を踏んでいないところにもとめられる(41)」というのである。

したがって、本章は赤と青の対比を構成する一対の王の舞が存在すること、青い王の舞が赤い王の舞に派生する存在であることを確認しておけばいい。青い王の舞が赤い王の舞に対する広義の「もどき」であったことは、赤と青の対比の内容というよりも、むしろ形式をしめしている。「同じ一つのことを説明するのに、いろ〱と異つた形であらはし、漸層的におなじことを幾つも重ね」るという、観客の演劇的想像力を触発するべく導き出された演出の形式である。しばらくそう考えておかなければならない。そして、私は思いつかないが、本章で見てきた複数の事例における赤と青の対比じたいが「色彩の象徴性」とでもいうべき特定の内容を共有していたとしたら、その理由はやはり舞楽・鶏合等の「競合的文化現象」の間歇的な「伝播や借用に、すなわちいずれにしても精神の外に求められるべきである」と考えられるのである。

付記

本章は平成四年（一九九二）九月二十五日に行なわれた国立歴史民俗博物館共同研究「日本人の色彩感覚に関する史的研究」（研究代表者／小林忠雄）平成四年度第一回研究会で上演した研究発表「赤い王の舞、青い王の舞」にもとづきながらも、新しく執筆したものである。本章を執筆するさい、参考文献の所在に関連して、小林忠雄氏・福原敏男氏のご教示およびご協力を得た。深く謝意を表したい。

（1）錦耕三『若狭路の祭りと芸能』（錦耕三遺稿集Ⅰ）、岩田書院、二〇〇五年、ならびに水原渭江『日本における民間音楽の研究』Ⅰ（若狭湾沿岸における王の舞の綜合的研究）、民俗文化研究所、一九六七年、参照。

（2）橋本裕之『王の舞の民俗学的研究』ひつじ書房、一九九七年。本章の王の舞にかかわる所説の大半も同書に立脚している。

（3）『大系／日本歴史と芸能』第四巻（中世の祭礼）、日本ビクター＋平凡社、一九九一年、『国立劇場第六五回民俗芸能公演／宮座と神事芸能』日本芸術文化振興会、一九九二年、『朝日百科日本の歴史別冊／歴史を読みなおす』5（大仏と鬼）、朝日新聞社、一九九四年、等を参照されたい。

（4）本田安次「もどき」『演劇百科大事典』第五巻、平凡社、一九六一年、三九八頁。あわせて石井一躬「もどき試論」『演劇学』第二五号、早稲田大学演劇学会、一九八四年、同「もどき論序説」『日本民俗研究大系』第六巻（芸能伝承）、國學院大學、一九八六年、等も参照されたい。芸能における「もどき」を主題化しており有益である。

(5) 折口信夫「翁の発生」『折口信夫全集』第二巻、中央公論社、一九五五年、四〇八―四〇九頁。
(6) 伊東久之「河辺の芸能」『京都の田楽調査報告書』京都府教育委員会、一九七八年、一二五―一二六頁。
(7) 同論文、一二九―一三三頁。
(8) 広瀬新吾『三宅島の神事芸能』三宅村教育委員会、一九八〇年、中村規「三宅島御祭神社の神事」『民俗芸能』六三号、民俗芸能友の会、一九八三年、本田安次『東京都民俗芸能誌』下巻、錦正社、一九八五年、等を参照されたい。
(9) 本田安次、前掲書、六八八―六九〇頁、等を参照されたい。
(10) 広瀬新吾、前掲書、一二三―一二八頁、ならびに中村規、前掲論文、五二―五四頁、参照。
(11) 新井恒易『続中世芸能の研究』新読書社、一九七四年、一〇七頁。
(12) 同書、一〇五頁。
(13) 同『中世芸能の研究』新読書社、一九七〇年、六二三―六二四頁。
(14) 同書、六二四頁。
(15) 橋本裕之「鬼が演じる祭礼芸能―『大江山絵詞』雑感―」『月刊百科』第三四二号、平凡社、一九九一年、等を参照されたい。
(16) 私は中村氏にお願いして、コピーを送っていただいた。中村氏のご厚情に感謝したい。ところが、この調書は私が調べてみたところ、山形県編『山形県史蹟名勝天然記念物調査報告』第五輯(名勝鳥海山)、山形県、一九三一年、にのる阿部正巳「鳥海山史」の第六編第二章「祭式」の草稿とでもいうべきものであった。内容のみならず、文体もほぼ一致している。
(17) 中村茂子「民俗芸能に見る延年の諸相その一――東北地方を中心に――」『芸能の科学』二一、東京国立文化財研究所、一九九二年、五〇頁。
(18) 新井恒易『続中世芸能の研究』、六九九頁。
(19) 丹野正『山形県文化財調査報告書』第一二集(山形県の民俗芸能第一篇)、山形県教育委員会、一九六二年、六一頁、本田安次『日本の民俗芸能』Ⅲ(延年)、木耳社、一九六九年、六七八―六七九頁、新井恒易、前掲書、七〇九―七一三頁、五十嵐文蔵「鳥海山麓の延年」について」『日本民俗学』第一九一号、日本民俗学会、一九九二年、一〇四―一〇八頁、等を参照されたい。
(20) 橋本裕之「「もどき」の視線―道化から見た神代神楽―」『神楽と芝居――相模原及び周辺の神楽師と芸能――』相模原市教育委員会、一九八九年、参照。芸能における「もどき」の機能をくわしく分析している。
(21) 同「芸能の条件――「招かれざる客」再考――」『芸能』第三五巻第二号、芸能発行所、一九九三年、一四頁、参照。折口信夫がいう「もどき」や「副(複)演出」の概念に言及している。
(22) 小林忠雄『色彩のフォークロア―都市のなかの基層感覚―』雄山閣出版、一九九三年、九七頁。

(23) 同書、一五二頁。
(24) 宮武省三『九州路の祭儀と民俗』三元社、一九四三年、二七一―二七二頁。あわせて友野晃一郎「祭事」『久留米市史』第五巻、久留米市、一九八六年、五九七―五九八頁、も参照されたい。
(25) 田辺三郎助「鼻高面の系譜」『大系／日本歴史と芸能』第七巻（宮座と村）、平凡社、一九九〇年、六〇頁。あわせて同編『日本の美術』第一八五号（行道面と獅子頭）、至文堂、一九八一年、同「対馬・海神神社の仮面について」『仏教芸術』一六一、毎日新聞社、一九八五年、等も参照されたい。
(26) 同「鼻高面の系譜」、六七―六八頁。
(27) たとえば、島﨑良「坂部の冬祭り」宮家準編『山の祭りと芸能』下、平河出版社、一九八四年、を参照されたい。概況をわかりやすく報告しており有益である。
(28) 田辺三郎助、前掲論文、六四―六五頁。
(29) 佐竹昭広「古代日本語における色名の性格」『萬葉集抜書』岩波書店、一九八〇年、七六―七九頁、参照。
(30) 折口信夫「能楽における「わき」の意義―「翁の発生」の終篇―」『折口信夫全集』第三巻、中央公論社、一九六一年、二四六頁。
(31) 佐竹昭広、前掲論文、六九―七一頁、ならびに長野泰彦「色彩分類」『現代の文化人類学』第一号（認識人類学）、至文堂、一九八二年、一二五頁、参照。
(32) 植木行宣「東洋的楽舞の伝来」『日本芸能史』第一巻（原始・古代）、法政大学出版局、一九八一年、二五七―二六三頁、参照。
(33) 同論文、二六一頁。
(34) 河鰭実英『舞楽図説』明治図書、一九五七年、五五頁。
(35) 同書、一〇三頁。
(36) 戸井田道三「旅の記憶」『色とつやの日本文化』筑摩書房、一九八六年、七一頁。
(37) 赤と青の対比をとりあげた論考は、関連するものを含めて意外にも僅少である。常見純一「青い生と赤い死――日本文化とくに沖縄における古層的カラー・シムボリズム研究へのアプローチ――」大林太良編『神話・社会・世界観』角川書店、一九七二年、戸井田道三「青衣の女人」『色とつやの日本文化』小町谷朝生『色彩のアルケオロジー』勁草書房、一九八七年、の第一章「色彩のコスモロジー」および第二章「色彩の原風景」、等を参照されたい。
(38) クロード・レヴィ＝ストロース『野生の思考』大橋保夫訳、みすず書房、一九七六年、七七頁。
(39) 同書、七八頁。
(40) 吉本隆明「色彩の重層」『is』増刊号（色）、ポーラ文化研究所、一九八二年、一六一頁。

（41）同論文、一六七頁。

祭礼と道化
――王の舞を演出する方法

1　道化としての王の舞

道化は道外、道戯などとも書き、人を笑わせる滑稽なこと、もしくは滑稽なことをする人をいう(1)。また、歌舞伎の道化方の略として用い、滑稽なことをする役者をも意味する。その語源はオドケが転化したとも、童戯を意味するとも、道に外れることを言って笑わせるためとも、斎藤道三の家来であった道家某に由来するともいうが、諸説あってはっきりしない。滋賀県愛知郡湖東町北菩提寺の押立神社で六十年毎に行なわれるドケ祭は渡御《とぎょ》の行列が種々の歌舞音曲を披露するものであるが、その名称にたがわず文字どおりドケという道化が登場する。ドケは鬼面を被り長襦袢と陣羽織を着用して鞨鼓《かっこ》を携帯しながら、「ドッケノ　ドッケノ　シッケノケ」などという掛け声にあわせて踊る(2)。

同様のドケ祭はかつて滋賀県愛知郡愛東町百済寺の日吉神社でも六十年毎に行なわれており、鼻高面を被ったドケが踊りを披露したらしい(3)。これが王の鼻という名称を持っていたことは本章にとっても重要である。また、奈良県山辺郡山添村中峯山の神波多神社の天王祭にも、鼻高面を被りスリザサラを持った道化（ドケ）以下、各人各様の意匠を凝らした道化衆が出て、渡御の行列を先導するのみならず道化狂言を上演する(4)。こうした道化はさまざまな呼称を冠して各地の祭礼や芸能にしばしば登場するが、いずれも異形性と境界性を帯びており、その滑稽な所作によって文化的秩序を攪乱して、日常性と非日常性の境界を侵犯もしくは無化する存在であると考えられるだろう。

かつて山口昌男は「道化の演技につきものの要素の一つが「さかしま」の振舞いである(5)」とも「道化が、日常生活を脅かすのはその「異化」的演技によって、慣習化された世界、固定の論理によって支配された世界から、限定された因果の論理の連鎖から、人を解き放って自由な連想、新しい想像力の回路の形成のために世界を構築しなおすためである」ともいった。(6)こうした所説は今日でも一定の有効性を失っていないはずである。だが、本章は山口が指摘したような一般的な地平を前提しながらも、とりわけ王の舞という芸能に留意することによって、祭礼と道化の関係について検討していきたい。実際は王の舞に関して例外的に確認することができる「異化」的演技をとりあげてみる。

王の舞は平安末期から鎌倉期にかけて、おもに中央の大社寺で行なわれていた祭礼において田楽・獅子舞などに先立って演じられていた。当時における代表的な祭礼芸能の一つであり、同時に行列を先導する機能をはたしていたものと思われる。現在でも十六ヶ所で伝承されている若狭地方をはじめ、広い地域に分布している。王の舞は一般に赤い鼻高面と鳥甲《とりかぶと》を被り裲襠《りょうとう》を着用して、前段は鉾を持ち後段は素手で四方を鎮めるように舞う。舞楽に見られる剣印（人差し指と中指を揃えて伸ばして、薬指と小指を親指で押さえる所作）を含み、太鼓や笛などで囃すというものである。(7)

中世に演じられていた王の舞に関していえば、道化の役割をはたしていた可能性を知らせる痕跡は必ずしも多くない。王の舞は神輿を先導して場を浄めるという役割を期待されており、むしろ厳粛なものであったようである。したがって、祭礼と道化の関係を主題化するさいは、あまりふさわしくない素材であったかもしれない。といっても、王の舞が道化の役割をはたしていたと思われる事例は、中世においても少数ながら存在している。祭礼において道化の役割をはたしていた消息をくわしく知ることはむずかしいが、例外的な手がかりとして祇園御霊会の様子を描いたと考えられる『年中行事絵巻』巻九に登場する王の舞を指摘することができる。その光景は二人の子供が王の舞に対して手を叩いているというものであり、王の舞が子供を喜ばせる滑稽な性格を持っていた可能性を感じさせるのである。

王の舞は祭礼のみならず殿上淵酔《てんじょうえんずい》においても演じられており、王の舞に滑稽な性格が付与されていた消息を知らせている。『明月記』正治二年（一二〇〇）十一月十六日の条は殿上淵酔において、殿上人が東西に分かれてさまざまな芸能を演じていることを記録しており、玉乃舞（王の舞）も登場している。しかも、同書の建仁元年（一二〇一）十一月二十一日の条は豊明節会の殿上淵酔において、辻祭を模して獅子舞のみならず王の舞も演じられたことを記録している。そもそも祭礼において演じられていた王の舞が殿上淵酔に取り入れられて殿上人によって模倣されているのであり、王の舞が相当な人気を持っていた可能性を想像させるのである。

王の舞は民間の地平にとりいれられて、風流の趣向としても演じられた。『看聞日記』応永三十二年（一四二五）正月十八日の条は石井・船津・山村などの村々が松拍を披露するべく伏見御所を訪れていること、そして山村が当年のみの趣向として獅子舞と王の舞を出していることをも記録している。「其體天骨逸興也。見物衆皷操如例」という以上、観客を喜ばせるようなおもしろい内容であったらしい。もしかしたら滑稽な性格を持っていたのかもしれない。石井・船津・山村はいずれも風流を演じることによってよく知られている。

王の舞が道化に相当する要素を派生させている事例も存在する。南北朝期にさかのぼるといわれる逸翁美術館本『大江山絵詞』は、下巻の第二段が酒天童子の館に滞在していた源頼光の一行が異類異形の行列を目撃する光景を描いており、「打つゝきて又此変化のものともやう〳〵の渡物をそしける面もとり〳〵に姿もさま〳〵也或はおかしきありさまなる物もあり或はうつくしき気色したる物もありおそろしく心もうこきぬへき物もあり」という詞書を持つ。この異類異形たちが王の舞や田楽に取材したものと思われる芸能を演じている。とりわけ行列を先導する赤い妖怪と青い妖怪は、王の舞が道化を同伴していた可能性を連想させる。

前者は顔・首・両手とも赤く、高い鼻を持つ。鳥甲を被り裲襠を着用して、右手で剣印を結び左手に幡鉾《はたほこ》を持つ。こうした風体は王の舞の典型をなぞっている。また、後者は顔・首・両手・両足とも青く、頭巾を被り大口を開ける。赤い妖怪に背中を向けながら、右手で赤い扇をかざして、後続する妖怪たちを鼓舞する。陽気なパフォーマンスを披露しながら、赤い妖怪に対して道化を演じているのであろうか。両者は一対を構成しているようにも感じられる。もちろん『大江山絵詞』はあくまでも奇怪な想像力をもって描かれた虚構でしかない。この下巻第二段じたい王の舞の実際を再現しているわけでもないだろうが、道化を同伴する王の舞が存在していた可能性を想定させるのである。

以上、中世に演じられていた王の舞に関して、道化の役割をはたしていた可能性を知らせる痕跡をながめてきた。だが、実は民俗芸能として演じられている王の舞に関しても興味深い事例が存在する。いずれも王の舞が地方に伝播した以降、各地において変容していった結果であると考えられるが、そもそも厳粛なものであった王の舞が滑稽な性格を付与されていった過程の一端をしめしており、道化が祭礼において芸能を効果的に演出する方法であった消息を知らせているのである。

とりわけ赤い王の舞と青い王の舞が一対を構成している事例は、王の舞が派生させた道化の役割を検討するさいも有益であり、以前も大きく扱っている(8)。だが、あくまでも赤と青という一対の色彩が主要な関心事であったため、滑稽な性格を持つ道化の役割じたいを十二分に検討することはできなかった。したがって、本章は今日でも民俗芸能として伝承されている事例をとりあげながら、あらためて祭礼において道化の役割をはたしている王の舞の諸相を主題化してみたい。実際は王の舞が道化の役割を獲得する過程において、王の舞を演出する各種の方法が生み出されていった消息を浮かびあがらせてみたいと考えている。実は冒頭において紹介した日吉神社のドケ祭に登場する鼻高面を被ったドケも王の鼻という名称を持っていたから、やはり王の舞が道化として造形された事例であった可能性も少なからず存在しているのだが、こうした消息こそが本章の主題である。

2　加速する王の舞、疾走する王の舞

最初に兵庫県加東郡社町上鴨川の住吉神社の祭礼に登場するリョンサンの舞をあげておきたい。さまざまな翁や高

足を含む田楽等であまりにもよく知られている一連の神事において、十月四日の宵宮と十月五日の祭礼でリョンサンの舞（王の舞）が演じられる。鼻が上方垂直に曲がった赤茶色の鼻高面と紙製の鳥甲を被り、薄茶色の上衣と括袴、チョウガクシと呼ばれる裲襠を着用して、腹前で太刀と小刀を交差させる。御幣《ごへい》をつけた鉾を持って舞庭に登場、前段は鉾を持って、後段は素手で（剣印を含む）約四十分もの長丁場を演じる。その演技はきわめて不自然な動作と姿勢を強調するものであり、若者の通過儀礼という性格を強く感じさせる。楽器は田楽で使用する締太鼓、そして鋲打太鼓と笛である。だが、本章は宵宮のゴホントウ（一連の芸能を意味する）に続いて奉納される願済《がんさい》に留意したい。

京都府相楽郡南山城村田山に鎮座する諏訪神社の祭礼は、添え翁という興味深い習俗を残している。祭礼は十月十七日。添え翁は翁が神事として演じられた後にも、「翁太夫が直ると同時に、列座の長老衆から「もう一番」と声が掛り、オヒネリがばらばらとなげられる」、つまり「「願の翁」であり、翁太夫は再び起って翁を舞う」というものである。「それは「もう一番」の声に応じて二回、三回と同様にくり返される」ためであろうか、きわめて簡略化されており「文字どおり一さし舞うだけである」が、「それでも以前は延々と続いたものだといわれており、数知れぬ願がそこには込められてきた」らしい。したがって、「手抜きの舞というよりは、それなりに完結した「願の翁」なのであり、村人の数多い願いに応じて展開したというべきものであ(9)」った。住吉神社に伝わっている願済も、こうした心意が結晶したものであったと考えられる。

宵宮は「祭灯があかあかと燃えるなかで、舞台前に舞庭で、リョンサン・獅子舞・田楽躍・扇の舞（イリ舞）が順次舞われるが、これら正式の舞が一通り終了した後に、ムラウケ一番と願済（ガンサイ）数番が舞われる(10)」ことが定められている。「ムラウケも願済もゴホントウと同じ事を繰り返すのであるが、正式の折のテンポとくらべて早いスピードで演じるのが特色である」という。「ムラウケとはゴホントウで演じた芸能をはじめからもう一度全部奉納しなおすもので」あるが、「続いて行う願済も、村人が願はたしや願込めのために、あらかじめ若い衆の横座に申し込んでおき（昭和五十四年度は四千円で五人の申し込みがあったが、昔は一人につき米八升に決まっていた）演じてもらう[11]」ものである。その様子がユニークきわまりない。私はかつてこう書いた。

ここでは十月四日の宵宮にさいして、ゴホントウと呼ばれる正式の舞が終了したのちに、続いて願済（ガンサイ）が行なわれる。これは願かけの意をこめて村人が奉納するもので、同じ演目をひととおり反復するきまりになっている。ところが、願済が多いばあいには何度も反復しなければならない。そこで、時間を短縮するために何倍にも加速して舞ってしまうのである。田楽躍を演じる九人の少年はスピードに遅れまいとして必死に舞うので、ガッソウと呼ばれるかぶりものから垂れさがった御幣も上下左右に激しくゆれて、何やら怪しげな雰囲気になる。しばらく眼を凝らしているうちに、あたかも異類異形が跳梁跋扈する光景にたちあっているかのごとき心地になってしまった[12]。

ところが、リョンサンの舞はやはり加速して舞うものでありながら、まったく異なった印象をもたらす。つまり加速して舞うことによって、どこかしら滑稽な雰囲気が演出されるのである。それは早くまわした映像がもたらす滑稽な雰囲気を思わせる。もちろん願済は王の舞を道化として演出することを意図しているわけでも何でもない。にもかかわらず、実際は道化の役割が付与されてしまっているのである。

こうした事態は福井県三方郡三方町向笠に鎮座する天満神社の祭礼に登場する王の舞にも確認することができる。四月三日の祭礼は現在でも王の舞・田楽・田植踊が演じられており、中世前期における祭礼の形態をしのばせる。その実際は向笠の家々が輿の村・流鏑馬村・大村・田楽村に分かれて、輿の村が王の舞、流鏑馬村が流鏑馬（現在は廃絶した）、大村が田植踊、田楽村が田楽を担当するというものである。王の舞は大人が演じており、赤い鼻高面と鳥甲を被り、赤い狩衣と括袴を着用する。前段は鉾を持って、後段は素手で舞う。本来こそゆったりした演技であるが、計三回演じられる境内においてのみ、二回めの途中以降に演じられる田楽・田植踊に同調しなければならない。つまり同時に終わらなければならないため、王の舞は徐々に加速するのである。水原渭江の報告を参照する。

輿の村の王の舞は、千秋楽が詠いおさめられて後、宿の門先きと御旅所とで舞われる。神社の境内では、国津神社・神明宮・天満宮の前で順次舞われる。国津神社での舞が終わり、神明宮での舞がはじまると、まず、田楽が舞いはじめられ、その第二の反覆から大村の田植踊りが行なわれる。田植歌が二回くりかえされて歌い終わるのと、王の舞いが天満宮の前で舞うのとが一緒に終わるように配慮されている。だから、御旅所とか国津神社の場合のように、緩慢なテンポでは同時に終わらないからして、後になればなるほど早いテンポで舞われる(13)。

しかも、「それにもかかわらず、舞の終りが延びるときは、田楽の連中などが走り寄って、王の舞の舞人を引き倒すしきたりになっている」というのである。水原は「これは王の舞をもっとも重要なものとしながらも、四つの集団の四つの芸能がひとしく終わらなければならないとする考え方に基づくものであ」り、その根底に「王の舞を倒すとその歳は豊年であるという、一種の俗信があるからであろう(14)」とも述べている。十分うなずける発想であるが、王の舞が田楽・田植踊にせかされて加速する様子は、祭礼にどこかしら滑稽な雰囲気を導き入れてしまうのである。

似たような光景は福井県三方郡三方町気山に鎮座する宇波西神社で四月八日に行なわれる祭礼においても見ることができる。宇波西神社の祭礼は王の舞・獅子舞・田楽が演じられており、今日でも中世の遺制をよく維持している。王の舞は海山・北庄・大藪・金山という集落が交代して担当する。赤い鼻高面と鳥甲を被り、赤い上衣・括袴・裲襠を着用して輪袈裟をかける。前段は鉾を持ち後段は素手で舞う。ところが、この王の舞は舞っている最中に倒せたら豊作・豊漁であるといわれているため、王の舞に挑みかかる観客と王の舞を包囲する警護が一進一退の攻防を展開するのである。だからといって王の舞が加速するわけでもないが、緊迫した雰囲気を切り裂いて突撃する観客は、瞬間的であるが加速する存在である。王の舞じしんは加速しないが、王の舞が観客を加速させる事例であるということができるだろう。もちろんその顚末は例外なく観客の哄笑によって彩られる。

加速する王の舞に関連すると思われる事例として、疾走する王の舞にも言及しておきたい。兵庫県多可郡八千代町天船に鎮座する貴船神社の祭礼に登場する竜王の舞は、王の舞が疾走することによって道化の役割をはたしている事例であるといえるだろう。四つの集落が参加する十月十日の祭礼において、竜王の舞（王の舞）・神楽の舞（獅子舞）・ゲーゲー（田楽）が演じられる。十月九日の宵宮も同様である。竜王の舞はリョンサンの舞ともいう。顎の部分に紅白の紙片を貼りつけた赤い鼻高面、同じく紅白の紙片を貼りつけた長方形の紙笠を被り、薄茶色の上衣と赤茶色の袴を着用して、鉾を持って演じる。はじめは神前に進み出て鉾で地面に三本の線を引き、続いて鉾をふりまわしながら神社の境内を駆けまわり、鉾を四方に大きく突きあげる。観客は鉦打太鼓にあわせて「りょうおんりょうおん」という。竜王の舞は松明を持った猿田彦がこの地に降臨して、田畑を測量した故事にちなむといわれている。そして、神楽の舞は村人がこの地を開墾する様子を模しているというのである。だが、祭礼はこうした神話に彩られながらも、竜王の舞を疾走させることによって神話が語り出す意味を剝離させるのみならず、観客の哄笑を誘い出すことにも成功している。

兵庫県多可郡八千代町柳山寺に鎮座する大歳神社の祭礼に登場する天狗飛びも、王の舞が疾走することによって道化の役割をはたしている事例であろう。十月十日の祭礼において田楽踊・天狗飛び（王の舞）・獅子舞が演じられる。天狗飛びは赤い鼻高面を被り茶色の上衣と括袴を着用して、鉾を持って演じるものである。現在は鉦打太鼓にあわせて境内を駆けまわるばかりであり、もはや決まった所作を維持していない。だが、だからこそ天狗は無節操な軌道を描きながら、観客の哄笑を誘い出すこともできたのだろう。じっさい、祭礼は天狗に追いかけられたり反対に天狗を追いかけまわしたりする子供たちの嬌声に彩られていた。天狗は滑稽な性格を持つ道化として扱われていたといってもよさそうである。

3　鼻を強調する王の舞

王の舞は鼻高面を被って演じるものであるが、その鼻を強調することによって王の舞を効果的に演出する興味深い方法が少なからず存在する。第一の方法は高い鼻を誇示するというものであった。兵庫県加西市和泉町池上に鎮座する日吉神社の竜王の舞がその好例であろう。十月十日の山王祭で行なわれる七社立会神事において、竜王の舞と獅子舞が演じられる。現在は隔年。竜王の舞はジョ舞ともいうが、王の舞が持つ典型的な特徴を備えており、王の舞であると考えてまちがいない。赤い鼻高面を被り鉾を持って、神輿に向かって演じるものであり、かつては兵庫県加西市和泉町上野に鎮座する石部神社にも同種の竜王の舞があったらしい。

竜王の舞の演技は四つの部分によって構成されている。第一の部分。鉾を持って右に大きくすくいあげる所作を三回、鉾を持ち替えて左に大きくすくいあげる所作を三回見せる。足は右にすくいあげるさいは右足、左にすくいあげるさいは左足を出す。第二の部分。鉾は傍らに控える鉾持ちに渡して、素手で演じられる。右手をあげて人差し指で鼻を指す所作を三回見せる。足は右足を出す。第三の部分。両手を水平に広げて肘を曲げた上で、肩を指す所作を三回見せる。足は左右に開く。第四の部分。再び鉾を持って右に大きくすくいあげる所作を三回、鉾を持ち替えて左に大きくすくいあげる所作を三回見せる。

楽器は太鼓が断続的に叩かれるのみであるが、周囲で見守る人々が第一の部分において「ジョーハンジョー」という掛け声を出す。第二の部分は「おれの鼻高いぞー」などといって囃す。第三の部分は「カーカモヤレー」という掛け声を出す。そして第四の部分において再び「ジョーハンジョー」という掛け声を出す。竜王の舞は約三分で終わり、続いて獅子舞が登場するが、演技らしいものは一切ない。いきなり周囲の人々が押し寄せて獅子舞をこづきまわしてしまうので、文字どおり一瞬で終わる。

各種の掛け声は竜王の舞が演じられる場に関していえば、観客に最も強い印象をもたらすものであろう。というのも、こうした掛け声は竜王の舞をいかにも親しみ深い、笑いすらかきたてるものとして造形していると思われるのである。じっさい、鼻を指すような所作に関していえば、観客は竜王の舞の演技じたいのみならず周囲の人々が投げかける「おれの鼻高いぞー」という掛け声によっても、その表情に笑いを浮かべてしまうことが少なくなかった。したがって、竜王の舞は道化として登場することによって、祭礼を異化していると考えられるだろう。しかも、竜王の舞が演じられる場にたちこめる賑々しい雰囲気は、続いて登場する獅子舞が周囲の人々にこづきまわされることによって、いわば喧噪と哄笑の坩堝に回収されていくのである。

竜王の舞が七社立会神事においてこうした役割を付与されている理由は何だろうか。それはおそらく各町の神輿が集合することによって顕在化する社会的な葛藤に由来している。七社立会神事における竜王の舞は別の機会にくわしく論述しているとおり[15]、七社立会神事に参加する神々、そして人々をも統合することに貢献しているようにも感じられる。だが、それは王の舞の演技が喧噪と哄笑を呼びおこすものであったからこそ成立するものかもしれない。すなわち、七社立会神事における竜王の舞は神輿の立会に伴って場の緊張感が最も高まる瞬間に登場しながらも、喧噪と哄笑を呼びおこすことによって社会的な葛藤の所在を人々に強く意識させる一方、同時にそのような葛藤を横転させる、もしくは斜線を引いてしまうような実践であった。そう考えなければ、竜王の舞が七社立会神事に参加する神々、そして人々をも統合する演劇的な装置として文脈化されていた理由は十分説明することができない。

平成十三年（二〇〇一）十月七日、兵庫県加西市別所町に鎮座する若王子神社の祭礼において、約四十年の歳月を経て竜王の舞が復活した。竜王の舞を担う団体として結成された龍王会がその主役であった。これもやはり王の舞であると考えられるが、演技の内容は天狗面を被った若者が紅白の襷をかけて鉾を持ち、太鼓の囃子にあわせて右左に二回、悪霊を払うような所作を見せる。そして、天狗が「乳大きい」とも「鼻高い」ともいう掛け声にあわせて、乳と鼻を指す所作を二回見せるものであった。

高い鼻を誇示しているといわれる所作は、演技としても前述した日吉神社の竜王の舞に類似している。だが、同時に大きな乳を誇示しているといわれる所作が含まれていることは、竜王の舞が性的なコノテーションをも付与されている消息をしめしており、いずれにしても竜王の舞を道化として造形することに貢献しているはずである。しかも、龍王会の若者たちは円陣を構成して竜王の舞を包囲しながら、前述した掛け声を張りあげる。竜王の舞が円陣の中央において演じられることも興味深いが、本章は円陣の内外が若者の熱気と観客の哄笑によって一気に昂揚する消息にこそ留意したい。

鼻高面の鼻を強調することによって王の舞を効果的に演出する第二の方法は、鼻先に何か載せるというものである。滋賀県甲賀郡甲南町池田檜尾神社で三月二十一日に行なわれるお田植祭にも鼻高面・鳥甲・裲襠を着用した天狗が登場して、王の舞の痕跡であろうかと思わせる演技を見せる。すなわち、「猿田彦が神職より鉾をいただき、これを奉じて境内を北から南へ三回、南から北へ三回、さらに西から東へ、また東から西へと歩む」のであり、「特に名称はなく田の四方を祓う所作といっている。そして、「次に猿田彦は鼓を手にし、これを打ちながら境内を神前に向かって進みまた退く」のである。[16]だが、天狗はその直前において鼻にまつわる興味深い所作を維持している。これは田植の一部に組みこまれているので、米田実の報告を引用することによって、その全体をながめてみる。

「田植え」には、村内の小学生男子が出仕する。笠をかむり白張を着る。猿田彦が鍬（前出）を持って子供たちを采配する形となる。子供は手に樫の葉枝を束ねたものを持つがこれが苗を表わす。前後に数度進みまた退く、苗取りと田植えを表わす所作という。所作の間は太鼓が打ち鳴らされる。／しばらくこれを行うと、神楽所前で神前から降ろされた白蒸しと豆を猿田彦が子供に与える。この時猿田彦は最初に白蒸しを自分の鼻に置く。田植えの合間の「コビル」であるとされる。これが終わると再び先の如くに苗取りと田植えの所作を繰り返す前後二段の構成になっているのである。(17)

天狗が鼻先に白蒸しを載せる所作は「田植えの合間の「コビル」である」せいも関係しているだろうが、観客の笑いを誘うものであった。すなわち、祭礼の文脈に埋めこまれることによって、専ら王の舞を道化として造形することに貢献しているのである。といっても、天狗の演技は王の舞のみならず、各種の要素が流入していると思われる。このお田植祭は天狗のみならず翁も登場するのだが、背景的な事情について考察した宮本圭造の所説を参照しておきたい。

田植えの行事に続く天狗・翁の所作は、地元では田植えが終わった後のお祓い、祝いの鼓と解釈されている。しかし本来はお田植えの行事とは別個に伝承されてきた芸能と考えられ、むしろ檜尾神社の天狗・翁は祇園御霊会や東大寺転害会など、社寺の祭礼で広く行われていた《王の舞》や《細男》との関連が注意されよう。檜尾神社例祭で天狗が鉾を持って行う所作は、まさに《王の舞》の芸態を彷彿とさせるものであるし、翁が扇を打ちながら後退する所作も《細男》との類似が認められる。ただ、天狗が鼓を打ちながら後退する所作は、あるいは《細男》の芸態との混同も考えられ、また檜尾神社の翁が《細男》に特徴的な白の覆面をせず、翁面を着けるなど、

伝承の過程での変容も大きいようである。(18)

そうだとしたら、天狗が鼻先に白蒸しを載せる所作も「伝承の過程での変容」の一つであるとも考えられるだろう。鼻先に何かを載せる王の舞に関連する事例として、鼻糞をほじる王の舞にも言及しておきたい。これが鼻高面の鼻を強調することによって王の舞を効果的に演出する第三の方法である。滋賀県野洲郡野洲町三上に鎮座する御上神社で十月九―十四日に行なわれるずいき祭は、王の舞が変化したと考えられる猿田彦が登場する。十四日夜に行なわれる芝原の神事において、裃を着用して神事に奉仕していた使丁が社殿におもむき、黒い鼻高面（両眼と口の周囲だけ赤い）を被り木製の鉾を持って戻ったら裸足で進み出る。惣公文に向かって一礼して、鉾を左脇に持ち右に三度まわる。鉾で惣公文の胸を突くような所作や右手で鼻先をつまみ鼻糞を惣公文につけるような所作を見せる。後者は剣印の痕跡であろうか。東公文・西公文に対しても同様であった。

猿田彦はあくまでも厳粛な神事において演じられるため、哄笑を誘い出したり滑稽な雰囲気を生み出したりするわけでもなかった。だが、特定の所作が鼻糞をほじる所作として解釈されていること、しかもそのような釈義が施されたからこそ以前にもまして鼻糞をほじる所作らしく造形されていったと考えられることは、猿田彦がいわば潜在的な道化として仕掛けられている可能性を想定させる。そもそも鼻糞をほじってだれかにつけるというような所作は、厳粛な神事に似つかわしくないどころか不謹慎きわまりない。にもかかわらず、こうした釈義が流通しているとしたら、猿田彦は滑稽な所作を見せることによって、道化として厳粛な神事を異化することを期待されていたのかもしれない。それは必ずしも成功していないが、こうした釈義が存在していることにこそ留意するべきであったと思われるのである。ところで、山路興造は鼻糞をほじる所作について、こう述べている。

鉾で突いたあと、さらに鼻糞を穿るという動作をおこなっているが、この所作も決して意味のないものではなく、古い時代のものである証拠となる。／王の舞という名称で伝承されている芸能に、直接この所作があるわけではないが、古くは摂津四天王寺でおこなわれていた舞楽では、鎌倉時代初頭の「採桑老」の所作に「鼻をかむ手」があるし、民俗芸能としては、愛知県鳳来町鳳来寺田楽に登場する道化の進行役が鼻汁をかむ所作、静岡県天竜市懐山の田楽や、同県引佐町川名田楽の獅子招き役が鼻汁をかむ所作、長野県下伊那郡天龍村坂部の冬祭りでは、「翁」役が鼻汁を見物に投げつける所作など、多くの類似の所作が伝承される。これらはいずれも地方に伝承された中世的要素の濃い芸能で、王の舞と同じ基盤を持つ田楽や猿楽・獅子舞のなかで伝承されたものであり、古くはそれなりの意味を持っていた所作なのである。(19)

山路の所説に依拠しておけば、鼻糞をほじる所作のみならず高い鼻を誇示する所作についても、民俗社会がそもそも王の舞に含まれていた所作を解釈した結果であり、そしてそのような釈義に触発されて当該の所作を拡張した結果であったとも考えられるだろうか。じっさい、滋賀県高島郡安曇川町下小川に鎮座する国狭槌神社で五月四日に行なわれる祭礼に登場する天狗（王の舞）は、演技の最中に鼻高面の鼻先を握る所作を何度も見せていた。また、滋賀県高島郡安曇川町常磐木に鎮座する三重生神社で四月十八日に行なわれる祭礼に登場する王の鼻（王の舞）においても、鼻先を握る所作を確認することができる。

《王の鼻》はクジによって選ばれた中学生の男子が勤める。長袖・袴の出で立ちで、木製の鉾を手に持ち、鼻高面を付けて拝殿の中央に立ち、鉾を左脇に抱えて高く飛び上がる。次に鉾を持ち変え、右脇に抱えて飛び、また鉾を左脇に抱えて飛び上がる。ここで鉾を置き、鼻高面の鼻の先を左手で、鼻の根元を右手で持ち、飛び上がる。

次に手を持ち変えて鼻の先を右手で、根元を左手で持ち飛ぶ。また鼻を持つ手の前後を変えて飛び上がる。ここでまた鉾を持ち、左脇に抱えて飛び、続いて右脇、次に左脇に鉾を抱えて飛び上がる。(20)

もちろんこうした事例は残念ながら、王の舞を道化として造形することに貢献していない。だが、そもそも王の舞が鼻にまつわる特定の所作を持っていた可能性は大きいといわなければならない。私は剣印こそがその所作の正体であろうと考えているが、いずれにしても王の舞はこうした身体的な基礎に立脚する一方、民俗社会において滑稽な雰囲気を演出する方法として高い鼻を誇示するとか鼻糞をほじるとかいわれる所作を派生させていったのであろう。それこそが宮本がいう「伝承の過程での変容」の実際であった。

4　猥褻物を陳列する王の舞

ストリップにおいて天狗面の高い鼻を用いる趣向が存在する。文字どおり天狗という。高い鼻が男根を連想させるのだろうか、天狗面は性的なコノテーションを強く付与されている。だが、こうした趣向は近年に登場したものでも何でもない。祭礼における天狗が男根を模した作り物を持って登場する場合は少なくない。みうらじゅんの『とんまつりＪＡＰＡＮ』は日本中に存在する「とんまな祭り」を主題化することによって、はからずも民俗学のパロディを実現している興味深い成果であるが、その代表格とでもいうべき事例が奈良県高市郡明日香村飛鳥に鎮座する飛鳥坐神社のおんだであり、やはり男根の作り物を股間に装着して猥褻な所作を見せる天狗が登場している。(21)

ところで、天狗は烏天狗と鼻高天狗に分けられる。中世前期において一般的であった天狗は修験者の形象が流入している烏天狗であった。一方、鼻高天狗が登場する時期は中世後期以降にかぎられるようである。鼻高天狗に王の舞の形象が直接的もしくは間接的に流入していることはまちがいないだろう。(22)王の舞は祭礼に鼻高面を登場させる事例として最も古いものであると考えられる。ところが、中世に演じられていた王の舞に関して、男根の作り物を使用する事例を見つけることはできないのである。

王の舞は鼻高面の形状が男根を連想させるため、どうしても性的なシンボルとして解釈されてしまいがちであった。だが、実際は十分な痕跡を確認することができない。したがって、王の舞はむしろ後世において性的なシンボルを含意していったと思われる。とりわけ王の舞が滑稽な性格を持つ道化として造形されたとしたら、猥褻な趣向が大きな効果を発揮することはいうまでもないだろう。前述した若王子神社の竜王の舞において性的なコノテーションを感じさせる「乳大きい」という掛け声が聞かれるのも、もしかしたらそのような消息の一端を知らせていたのかもしれない。

じじつ王の舞においても、男根の作り物を股間に装着して誇示する趣向は少数ながら存在する。いずれも王の舞が民俗化した事例であろうが、民俗社会が王の舞を道化として造形していった消息を知らせている。その典型が東京都三宅島三宅村伊豆に鎮座する御祭神社の事例である。(23)八日様とも呼ばれる一月八日の神事は、奥の院の儀・御四楽・庭の舞・鬼火の舞（廃絶）の四種類が全体を構成している。庭の舞は王の舞と剣の舞が各々二種ある。報告がいくつか出ており、私も平成六年（一九九四）に実見している。ところが、以上をくわしく比較したところ、少なからず異同が見られた。ともかく私が実見したものを紹介したい。

王の舞は前半が女面と烏帽子を被り、赤鉢巻・狩衣・袴を着用して、素手で演じる。後半が癋見面《べしみめん》と烏帽子を被り、赤鉢巻・狩衣・袴を着用して、木太刀を持って演じるものである。一方、剣の舞は前半が男面と烏帽子を被り、赤鉢巻・狩衣・袴を着用して、太刀を持って演じる。後半が文明八年（一四七六）の銘を持つ鼻高面と烏帽子を被り、赤鉢巻・白衣・袴を着用するほか、股間に木製の男根をつけて、木太刀を持って演じるものである。いずれも最中に「えい」という掛け声を出す。囃子は太鼓のみ。

細部の異同はさておき、最も大きく変化していると思われる仮面の使途をとりあげる。昭和三十一―三十二年（一九五六―一九五七）に調査した本田安次は、王の舞の前半が女面、後半が男面、剣の舞の前半が鼻高面、後半が癋見面であったという。また、昭和五十五年（一九八〇）に調査した広瀬新吾や中村規は、王の舞の前半が女面、後半が男面、剣の舞の前半が癋見面、後半が鼻高面であったという。しかも、平成六年の場合はどちらとも異なっている。仮面の使途はかくも錯綜していたわけである。おそらく漸次変化していったものと思われる。

本章の関心に沿って、あらためて最も早い本田の報告を参照してみたい。本田は剣の舞の前半が鼻高面、後半が癋見面であったという。鼻高面→癋見面が本来的な手順であったとしたらどうだろうか。鼻高面を被った王の舞が癋見面を被り猥褻な恰好に扮した道化を伴うという特異な存在形態を想定することができるはずである。すなわち、現地で王の舞と呼ばれている箇所よりも、むしろ剣の舞と呼ばれている箇所こそが、王の舞の痕跡を感じさせるのであった。

東京都三宅島三宅村神着に鎮座する御笏神社の神事でも、相撲舞・簓舞《ささらまい》（田楽）等が伝承されている。三宅島の神官を勤めている壬生氏がそもそも伊豆国に鎮座する三島大明神の神官であったらしいこと、鼻高面に文明八年の銘が見られること、等々から判断して、王の舞や田楽はかなり早い時期に三宅島に伝播したと考えられる。したがって、いつのころからか呼称が入れ替わったとしてもおかしくない。しかも、剣の舞の後半はチンノヨダレという俗称を持っている。今日、その演技は猥褻な雰囲気をまったく感じさせない、きわめて厳粛なものであった。だが、古くは猥褻な扮装と所作によって前半を異化する道化として演じられていたのかもしれない。

あくまでも類例であり王の舞に含めていいものか躊躇するが、静岡県引佐郡引佐町寺野の観音堂に残る事例にも言及しておかなければならない。(24) 一月三日の三日堂（修正会）で演じられるひのう（火の王）が道化を伴っている。ひのう（火の王）じたいは三信遠地方に数多く分布する。王の舞の変種であったようにも感じられる一方、諸々の要素が流入している消息をしのばせる。両者はどうやら単純に連続するものでもないらしい。今後くわしく検討しなければならないが、道化を伴う寺野観音堂の事例は本章の関心とも深くかかわっている。無視するわけにもいかないはずである。私は残念ながら実見していないので、昭和十七年（一九四二）と昭和三十八年（一九六三）に調査した新井恒易の報告を参照しておきたい。

白の浄衣に袴をはいた一人が正面に向って礼拝ののち、面取り役のさし出す鼻の王面をおし頂いて頭上にのせるようにつける。（中略）面をつけると矛（六尺ほどの先端のいくぶん尖ったところに白紙を巻き、幣帛を垂れたもの）を持って起つと、仕度部屋から獅子招きと同じ道化面をつけた一人が出てきて、鼻の王の後ろに添い立つ。／正面に向い立った鼻の王は、矛の尻に地をつけ、これを左手で肩にかけるように持って、左右の足を交互に出して前方の地面に「大日大権現」と半字あて書く。（中略）鼻の王はこれを正面から順まわりに四方—正面と五方に向って行なうが、そのさい後ろに添った道化が左右の足を交互に前方に出しながら「えへん　えへん」と声を出しておどける。／それから鼻の王は正面に一拝し、左肩に矛をかけるように持ち、右手でその袖口を持っておもむろに片手で矛をかるく一回振り、ついで両手で矛を持って肩先の右横を水平に突くようにする。さらにまた右手で肩にかけるように矛を持ちかえて、同じように左方を突く所作をして一拝する。鼻の王がこの袖をおさえて振るときに、後ろにいる道化は手にした八寸ばかりの男根型（先に幣帛がついている）を白紙でこすって、鼻の王の肩先からその眼前へにゅっと突き出す。また、鼻の王が矛で、左右を突くときには、その男根型を両手で持って横に大きく伸ばし「とッほッほーえ」と頭の先から出すような奇声をあげ、矛先まで横足におどけて跳んで出る。思わず見物人からどっと笑い声が起こる。／これも五方に対して行なわれ、鼻の王は正面に礼拝して矛を地におき、坐して面形を面取り役に渡して終り、道化もそのますぐに仕度部屋に退る(25)。

少しばかり長く引用してしまったが、新井の報告は観客の哄笑をも含めて場の雰囲気を十二分に記録しており、本章にとってもきわめて有益である。新井は「周辺各地の鼻の王にはこのような道化は出ていない」ことを指摘して、「この道化の行動にはまがいものとしてのもどきのほかに、比擬の意味の古いもどきの姿の一面を見ることができて、きわめておもしろい演出である(26)」という。民俗社会における道化の原像とでも表現したらいいだろうか。しかも、それは「比擬の意味の古いもどきの姿の一面」を感じさせるというのである。

5　もどきとしての王の舞

鼻高天狗に王の舞の形象が直接的もしくは間接的に流入している可能性が大きいことは前述したが、鼻高天狗が王の舞の形象に依拠しながら形成されていった過程の一端を想像させる興味深い事例が存在している。福井県三方郡美浜町新庄の八朔祭に登場する天狗である。弥美神社の神霊が影向した地を擁する新庄は、八朔の日（現在は九月一日）に日吉神社の祭礼を開催している。この祭礼が八朔祭であり、新庄を東西に分けて行なわれる。

午前中は東組の人々がベンガラを塗った赤い大きな角樽を棒の中央に括りつけたものを担いで、山甚句にあわせて笛・太鼓を囃しながら行列して、神前に酒樽を奉納する。その雰囲気は厳粛なものであった。ところが、午後は一転して八朔襦袢を着用した西組の人々が同じく酒樽を担いで散々に暴れまわり、最後にやはり神前に奉納する。天狗はこうした酒樽の道行に登場するものであり、長大な男根の作り物を誇示しながら、見物している女性や子供を追いまわすのである。小林一男はこうしたオドケについてくわしく説明している。

オドケとは假装のことで、午前の東字のときもそうであるが、暴れ天狗が出て見物客を追っかけまわす。身に僧の古い衣をまとい、顔には木彫りの鼻高天狗面を着け、頭には帽子、足には脛巾に草履履きで、衣の中に怪しいものをちらつかせている。長さ一メートルあまり、直径十センチぐらいの木でこしらえた見事な〝男根〟を持って、女や子供たちを追っかけまわす。女たちは恐れて逃げ惑いながらも、これで突いてもらうと良い子が生れるという伝承に、まんざらでもなさそうに見える。／この外巡査や乞食、腹ぼての女など趣向をこらしたオドケが出て、大変な賑わいになる。昭和のはじめごろ、風俗の取締りがきびしく、オドケをやめたら見物客が減ったことがあった。こうして見物客を沸きたたせ、大暴れしたあと角樽を神前に備えて祭りは終わるのであるが、昔はこの角樽にドブロク（ドブ酒）を一ぱい詰めて来て供え、あとは樽の鏡板を割って、杓で汲み飲ませたため、山峡のひなびた祭りにしては近在に名が知られている。(27)

もちろん小林は「オドケの天狗が出て暴れまわるのは、一に奉納する酒樽の道行きの露沸いだという説もあるが、男根を振りまわして女たちを追っかけ、しかもこれで突いてもらうとよい子が産れるという伝承は、各地で行われている民俗藝能の「田遊び」の中に見られるように尉と姥が出てきて抱きあう所作があり、やがてそれが稲の種孕みに通じる豊作予祝であるように、この新庄の八朔祭でも同じ期待をもって年々歳々続けられて来たのであろう(28)」という。いかにも民俗学者らしい所説であり、前述した水原の所説とも似通っているが、私の関心はむしろ小林がオドケに言及している部分に向けられた。

というのも、天狗が「巡査や乞食、腹ぼての女など趣向をこらしたオドケ」の一種であった以上、それは弥美神社の祭礼に登場する王の舞を異化する趣向であったとも考えられないだろうか。もちろん天狗が「稲の種孕みに通じる豊年予祝」を意図していたことは否定しない。だが、天狗が滑稽かつ猥褻な扮装や所作によって地域社会に埋めこまれている王の舞の厳粛な雰囲気を異化する存在であったとしたら、こうした消息は「巡査や乞食、腹ぼての女など」が日常生活を異化する趣向であったこととも通底しているはずである。じじつ山口は「日常生活の「身振り」コミュニケーションの形態から言えばより外延に位する道化の演技の方が観客の意識の深層にくい込む可能性が強い[29]」とも述べており、道化が日常生活批判の契機を提供していることを指摘していた。

新庄は王の舞が登場する弥美神社の祭礼において一本幣と七本幣を担当しており、いわば最も高い地位を約束されている。したがって、新庄は弥美神社の祭礼にも深く関与しているわけである。また、天狗が使用する仮面は天狗面というよりも、むしろ王の舞に使用される鼻高面の典型をしめしている。もちろん仮面だけをもって、八朔祭に登場する天狗が王の舞であるということはできない。相違する部分はあまりにも多いが、耳川の下流に位置する宮代に鎮座する弥美神社の祭礼に王の舞が奉納されてきた消息を本章の関心に接合させてみれば、八朔祭に登場する天狗が王の舞の形象を摂取しつつもその性格を大きく変化させて、滑稽な性格を持つ道化として造形されていった消息が浮かびあがるはずである。それは厳粛な王の舞を笑い飛ばすことによって硬直した関節を外してしまう過程であったのかもしれない。

ところで、祭礼や芸能における道化の役割を理解するさいは、折口信夫が最初に概念化したもどきを視野に収めることが有益である。もどきは前述した新井の報告にも若干言及されていたが、一般に「一種のワキ役、道化役」であり、「あるものに似せ擬い、または批判しとがめるという意から出」て、「前に演じたものをわざと滑稽にまね、あるいはいっそう詳細に復演出（もう一回前のことを演ずる）をする役のもの」を意味するといわれている。だが、折口におけるもどきは道化の別名であるのみならず、道化が「見る／見られる」関係においてはたす実践的な役割をも含意している。

私は、日本の演芸の大きな要素をなすものとしてもどき役の意義を重く見たいと思ひます。（中略）もどくと言ふ動詞は、反対する・逆に出る・批難すると言ふ用語例ばかりを持つものゝ様に考へられます。併し古くは、もつと広いものゝ様です。尠くとも、演芸史の上では、物まねする・説明する・代つて再説する・説き和らげるなど言う義が、加はつて居る事が明らかです。(30)

折口は静岡県磐田郡水窪町西浦の観音堂に伝わる田楽を調査したさいも、地能に対する「もどきの手」について「我々は此を見て、日本の芸能が、同じ一つのことをするのに、いろ〳〵と異つた形であらはし、漸層的に同じことを幾つも重ねて来た事実を、よく感じることが出来たのであつた(31)」とも述べている。私が以前に使用した表現を再利用しておけば、もどきは「観客の演劇的な想像力を触発されるべく導き出された演出の形式(32)」を意味しているというわけである。道化が見せる猥褻かつ滑稽な扮装や所作はその一つであり、「滑稽な所作が醸し出す笑いを手がかりとして、演者と観客との間に架橋する働きを担っていた」、つまり「演劇的なコミュニケーションを実現するための媒介項(33)」として機能していたのである。道化として造形された王の舞もこうした系譜に連なっている。石井一躬は折口の所説に依拠しながらも、もどきの思想を探っている。

もどきは、正式なるものに対する略式なるもの、聖なるものに対する俗なるもの或いは難解なるものに対する平易なるものを以て前者に対峙することであり、このことによって前者の精神をより具体的に示そうというものである。この正式・聖・難解なるものに、略式・俗・平易なるものを対置させるという発想の中に、前者を「反謗」するという解釈の心意が継承されていると考えられるのである。(34)

だが、本章はもどきの思想という抽象的な地平に上昇するよりも、あらためてもどきの方法という具体的な地平に下降する方向を選択してみたい。最後に出し惜しみ気味でもあったのだが、王の舞が別個の存在として滑稽な性格を持つ道化を派生させている事例を紹介する。これは前述した『大江山絵詞』における問題の光景をしのばせるが、今日でも民俗芸能として伝承されている事例である。京都府舞鶴市川辺中に鎮座する八幡神社で九月十五日に行なわれる祭礼において、鉾の舞（王の舞）・獅子の舞・太鼓の舞（田楽）・ヒザズリが演じられる。鉾の舞は二名によって演じられるものであり、前に立つ方をサキ、後に立つ方をアトという。サキは赤茶色の鼻高面を被り赤茶色の裲襠を着用して、鉾の代替物である扇子を持つ。アトはサキの所作をおもしろおかしくまねる。囃子は笛と太鼓である。伊東久之は鉾の舞の演技をくわしく報告している。

まず両人は腰に手をあて、笛と太鼓の「ヒイ　ヒイ　ヒイヨ　ドン」で腰をさげる。この動作は三回くり返される。ついでにサキに鉾が手渡される。サキは鉾を受け取って「ヒイ　ヒイ　ヒイヨ　ドン」で腰をさげ、これを三度くり返す、これを「ツナギ」という。それから鉾を頭の上で一回まわし「ヒイ　ヒイ　ヒイヨ　ドン」で腰を三回おろす。次に鉾を前で一回まわし、右足をなため前に出し、鉾で突く動作をする。このあとツナギがあり、右足をうしろへ下げ、左手で鉾の血を三回払い、右足をうしろに下げて右手でやはり三回血を払う。これを「払い刃」という。ツナギのあと、今度は、今までの逆に、左側に足を出して鉾をつき、払い刃は右、左と三回する。ツナギがあって、次は鉾を前で二回まわし再びツナギのあと、右足を出して前で鉾をつき、ツナギがあり鉾は返却される。「ヒイ　ヒイ　ヒイヨ　ドン」で腰に手をあてて坐り、同時に右手を上にして腕を組み、再び立って笛太鼓で腰をおろし、左手を上にして腕を組む。そのまま、左、右、正面とおじぎをして鉾の舞を終了する。(35)

八幡神社の鉾の舞は王の舞が滑稽な性格を持つ道化を派生させている現行の事例としておそらく唯一のものであるが、神事を管理する山田家に伝わる三種類の記録を見ても「アトとサキを区別して表記していないから、以前も両者は基本的な所作を共有しており、かつアトがサキをおもしろおかしくまねていた[36]」のであろう。アトがサキに対する滑稽な物真似を演じるという意味において、石井が述べているようなもどきの思想を最も忠実に体現しているということができるはずである。

だが、折口も示唆していたとおり、もどきが「観客の演劇的な想像力を触発されるべく導き出された演出の形式」であったとしたら、鉾の舞に登場するアトは民俗社会が観客の想像力を触発するべく王の舞を演出していった方法の典型をしめしている。それは王の舞を構成する要素として王の舞を異化する道化を派生させる、いわば自己言及的な戦略であった。といっても、もはや強調するまでもなく王の舞を道化として造形する方法はさまざまである。本章はそのような方法が生み出されていった消息の一端をいささかなりとも浮かびあがらせることを意図していたが、はたしてもどきの方法という具体的な地平に関して王の舞の鼻先三寸にでも肉迫していけたであろうか。

（1）以下、道化について概説した部分は私が辞典の項目として執筆した文章を転用しているが、一部相違している。橋本裕之「どうけ」福田アジオ・新谷尚紀・湯川洋司・神田より子・中込睦子・渡邊欣雄編『日本民俗大辞典』下、吉川弘文館、二〇〇〇年、一七九頁、参照。
（2）森容子「押立神社古式祭ドケ祭について」木村至宏編『近江の歴史と文化』思文閣出版、一九九五年、参照。
（3）滋賀県愛智郡教育会編『近江愛智郡志』滋賀県愛智郡教育会、一九二九年、九九—一〇四頁、参照。
（4）山添村年中行事編集委員会・山添村教育委員会編『やまぞえ双書1　年中行事』山添村、一九九三年、三二三—三二七頁、参照。
（5）山口昌男『道化の民俗学』筑摩書房、一九八五年、三一八頁。
（6）同書、三二三頁。
（7）橋本裕之『王の舞の民俗学的研究』ひつじ書房、一九九七年、三三二頁、参照。以下、王の舞に関する所説は少なからず同書に依拠している。

（8）同「赤と青――「もどき」をともなう王の舞――」『国立歴史民俗博物館研究報告』第六二集、国立歴史民俗博物館、一九九五年、参照。（本書所収）

（9）植木行宣「添え翁のこと」『観世』第五一巻第二号、檜書店、一九八四年、二頁。

（10）山路興造「宮座行事と芸能の現状――一年間を通じて――」上鴨川住吉神社神事舞調査団編『上鴨川住吉神社の神事舞』兵庫県加東郡教育委員会、一九八一年、九六頁。

（11）同論文、一〇四頁。

（12）橋本裕之「熱狂の坩堝から――田楽と異類異形――」『演技の精神史――中世芸能の言説と身体』岩波書店、二〇〇三年、二一頁。

（13）水原渭江『日本における民間音楽の研究Ｉ』民俗文化研究所、一九六七年、一六三―一六四頁。

（14）同書、一六四頁。

（15）橋本裕之「神々を繋ぐ者――日吉神社の七社立会神事における竜王の舞の位置――」『国立歴史民俗博物館研究報告』第九八集、国立歴史民俗博物館、二〇〇三年、参照。（本書所収）

（16）米田実「池田のお田植祭」文化財保護課編『滋賀県の祭礼行事』滋賀県教育委員会、一九九五年、一〇九頁。

（17）同論文、一〇八―一〇九頁。

（18）宮本圭造「池田のお田植祭り」文化財保護課編『滋賀県の民俗芸能』滋賀県教育委員会、一九九八年、一七九頁。

（19）山路興造「ずいき祭りの概観」ずいき祭保存会編『三上のずいき祭り』ずいき祭保存会、二〇〇一年、一五頁。

（20）宮本圭造「三重生神社の《王の鼻》《御紃使》」文化財保護課編『滋賀県の民俗芸能』二〇六頁。

（21）みうらじゅん『とんまつりＪＡＰＡＮ』集英社、二〇〇〇年、五一―六九頁、参照。飛鳥坐神社のおんだに関する成果は少なくないが、その一例のみあげておきたい。入江英弥「大和の御田植神事考――飛鳥坐神社おんだを中心に――」『文学研究科紀要』第一五号、國學院大學大学院、一九八八年、参照。

（22）後藤淑「猿田彦面の系譜」鎌田東二編『謎のサルタヒコ』創元社、一九九七年、二九一―二九四頁、参照。

（23）以下、「もどき」を同伴する王の舞を主題化した論文を部分的に再利用した。橋本裕之「赤と青――「もどき」をともなう王の舞――」、二〇二―二〇三頁、参照。

（24）以下、「もどき」を同伴する王の舞を主題化した論文を部分的に再利用した。同論文、二〇四頁、参照。

（25）新井恒易『中世芸能の研究』新読書社、一九七〇年、六二三―六二四頁。

（26）同書、六二四頁。

(27) 小林一男「若狭新庄の八朔祭」『えちぜん・わかさ』第八号、福井民俗の会、一九八七年、一五―一六頁。
(28) 同論文、一六頁。
(29) 山口昌男、前掲書、二八九頁。
(30) 折口信夫「翁の発生」『折口信夫全集』第二巻、中央公論社、一九五五年、四〇八―四〇九頁。
(31) 同「能楽における「わき」の意義――「翁の発生」の終篇――」『折口信夫全集』第三巻、中央公論社、一九六一年、二四六頁。
(32) 橋本裕之「赤と青――「もどき」をともなう王の舞――」、二二四頁。
(33) 同「「もどき」の視線」相模原市教育委員会編『神楽と芝居――相模原及び周辺の神楽師と芸能――』相模原市教育委員会、一九八九年、七二頁。
(34) 石井一躬「もどき試論」『演劇学』第二五号、早稲田大学演劇学会、一九八四年、五七頁。
(35) 伊東久之「河辺の芸能」京都府教育委員会編『京都の田楽調査報告書』京都府教育委員会、一九七八年、一二五―一二六頁。
(36) 橋本裕之「赤と青――「もどき」をともなう王の舞――」、二二四頁。

王の舞の伝播論

播磨の王の舞

1　王の舞の概況

兵庫県教育委員会が実施した平成十八年度ふるさと文化再興事業伝統文化総合支援研究委嘱事業は「播磨の王の舞」を主題化した。「研究委嘱事業の概要」は「趣旨・目的」において、「今年度は、芸能としての起源を中世初頭にまで遡ることができる民俗芸能であり、県下ではリュウオウマイ・ジョマイ・テング等の名称で呼ばれている王の舞を含む祭礼に焦点をあて」たことを明記している。そして、同じく「研究委嘱事業の概要」の「研究の概要」において、「研究課題は以下の点において伝統文化の歴史と意義をその担い手のみならず広く地域住民に浸透させ、自発的な伝承意欲を高めるような保存活用方策を研究する」というのである。

⑴祭礼行事絵馬や絵巻などの有形民俗文化財や祭礼行事に関する古文書・記録の調査研究及び映像等の記録作成。

⑵祭礼行事を支える組織に着目して、地域・世代間等の連携状況の研究。

本章はこうした「研究の概要」に沿いながら、「播磨の王の舞」に関する概論を展開したい。だが、最初に表題について説明しておかなければならないだろう。というのも、「研究委嘱事業の概要」の「表題について」にも述べられているとおり、「一般的には「王の舞」として認識してよい芸能については、県下では「王の舞」と称している地域は全く無く、リュウオウマイ・ジョマイ・テング等独自の名称で呼ばれている」のである。「そこで、調査対象全体を指し、かつ対象地域外の方々にとっても理解していただきやすい言葉として「播磨の王の舞」と定めた」が、各々の調査についていえば「それぞれの地域の呼称を使用している」ことを強調しておきたい。

それにしても、「県下では「王の舞」と称している地域は全く無」かったにもかかわらず、「播磨の王の舞」という表題を掲げたのは、もしかしたら奇異な印象をもたらしてしまうかもしれない。あらかじめ基本的な視座を提示しておけば、兵庫県の播磨地方において「リュウオウマイ・ジョマイ・テング等独自の名称で呼ばれている」事例は、王の舞という芸能であることが確実である。王の舞は芸能史的に見て、播磨地方の祭礼を彩る屋台やダンジリよりも古く、中世前期にさかのぼる歴史的な射程を持っている。王の舞はくわしく後述するが、福井県の若狭地方に分布する民俗芸能として知られている。錦耕三や水原渭江などが若狭地方の王の舞に関して先駆的な成果を発表しており、私じしんも王の舞に関する一連の論文を集成する機会に恵まれている(1)。近年は一般的な知名度も少しばかり高まってきたかもしれない(2)。

といっても、全国各地に数多くの類例が分布していることは、その大半が王の舞という名称を持っていないせいだろうか、必ずしもよく知られていない。播磨地方において少なからず分布している「リュウオウマイ・ジョマイ・テング等独自の名称で呼ばれている」事例もその好例であり、喜多慶治が先駆的な成果を発表しているが(3)、広汎な関心の対象としてとりあげられる場合は僅少である。どうしても豪華な屋台やダンジリの陰に隠れてしまい、残念ながら地味な印象を否めないことも作用しているのだろうか。

だが、播磨地方は王の舞を最も数多く伝承している地域の一つであり、関連する事例も含めたら若狭地方を凌駕する件数を誇っている。しかも、播磨地方の事例は王の舞の典型をなぞりながらも他の地域にあまり見られないユニークな特徴をいくつも備えており、いわば重層的な存在形態を獲得しているのである。したがって、そのような存在形態を理解するさいも、重層的かつ複眼的な視座が要請されている。すなわち、「播磨の王の舞」は中世前期にさかのぼる古い相貌を維持してきた消息をしのばせる一方、個々の祭礼において新しい相貌を派生させていった消息をもしのばせるのである。こうした消息は地域社会における伝統文化の過去・現在・未来を見通すための、きわめて有効な手がかりを提供しているはずである。

じっさい、久下隆史も「播磨の王の舞」が「大きく二系統に分かれて」おり、「中世の祭礼の中で受け入れられたものが、時代の変化を受けながら現在にまで伝えられてきたもの」と「こうした中世的な王の舞が、近世的な展開の中で伝承されてきたもの」が併存することを指摘している。そして、「兵庫県の播磨地方には、中世的な王の舞から、近世に独立した芸能となるジョマイが残されており、王の舞の歴史的な展開を考える上で優れた資料を提供している地域である」(4)といっている。以下、「播磨の王の舞」が個性的に展開していった過程を理解するためにも、あらためて王の舞という芸能について概況を紹介しておきたい。

王の舞の歴史はきわめて古い。平安末期から鎌倉期にかけて京都や奈良などの大社寺で行なわれた祭礼において、田楽や獅子舞などに先立って演じられていた。現在でも十六カ所十七件の事例を擁する若狭地方をも含めた広い地域に分布している。王の舞という文字が初出する史料は、『猪隈関白記』正治元年（一一九九）五月九日の条であり、新日吉社の小五月会に王の舞・獅子舞・田楽・神楽が出たことを知らせている。また、十二世紀の後半に後白河院の意向によって作成されたといわれる『年中行事絵巻』の巻九と巻十二においても、田楽や獅子舞などとともに王の舞が描かれている。一般に裲襠を着用して鳥甲と赤い鼻高面を被り、前段は鉾を持ち後段は素手で四方を鎮めるように舞う。そして、舞楽に見られる剣印の所作を含み、太鼓・笛などで囃すというものである。

こうした特徴を持つ王の舞は中世前期における代表的な祭礼芸能の一つであった。「道張」という別称にもうかがわれるとおり、祭礼において神輿もしくは行列じたいを先導することによって「邪霊を払い道行く先を鎮めるために行なわれた呪術性の強い芸能であった」(5)らしいが、当時こそ田楽や獅子舞にも劣らずよく知られていたようである(6)。関連する成果の大半は王の舞が伎楽・舞楽に由来する外来系の芸能として登場しつつも、さまざまな要素を吸収して今日に至ったという道筋を想定している。(6) その名称じたい舞楽の蘭陵王に由来しているという所説も存在する。

だが、両者が関係していた消息を知らせる史料は存在しない。蘭陵王の仮面が高い鼻を持っているわけでも何でもないから、残念ながら俗説の範囲を出ていないといえるだろう。舞楽に関していえば、むしろ王の舞と散手・貴徳が交渉している可能性を想定するべきであった。じじつ散手（左舞）と貴徳（右舞）という番舞は、どちらも王の舞の源流であったかと思わせるくらいよく似ている。といっても、王の舞が記録に登場する時期は、管見したかぎり王の舞—田楽—獅子舞を中心的な芸能構成として配置した祭礼が成立した以降にかぎられている。したがって、王の舞が成立した事情を云々しても、憶測に憶測を重ねることに終始してしまいかねないのである。関連する史料はむしろ、王の舞が特定の祭礼において独立した芸能として自立した可能性を示唆している。

王の舞をも含む芸能構成はやがて各地に伝播していった。その経路はいくつかの可能性が考えられるが、最も重要な支点として荘園および荘園鎮守社をあげることができる。京都や奈良などの大社寺が領家として支配する荘園が成立していった平安中期以降、荘園を管理する戦略として荘園にも社寺が設置される。そして、領家である大社寺で行なわれていた祭礼やその芸能構成を模したミニチュアが導入されたものと思われる。荘園を十全に支配するべく、精神的紐帯を提供したとも考えられるだろうか。若狭地方に伝わる王の舞はそのような消息を知らせる好例であった。

王の舞は若狭地方に集中的に分布しているため、従来ともすればこの一帯にのみ存在する特異な芸能であると考えられてきた。じっさい、王の舞は若狭地方に最も多く分布しており、一般にオノマイともオノマイサンとも呼ばれている。代表的な事例として福井県三方上中郡若狭町気山の宇波西神社の王の舞、そして福井県三方郡美浜町宮代の弥美神社の王の舞がよく知られているが、実は近接する京都府や滋賀県、そして兵庫県にも少なからず分布している。といっても、こうした地域に伝わる事例の大半は、王の舞という呼称を持っていない。龍王舞・ジョマイ・天狗飛びなどという場合が多いようである。

若狭地方およびその周辺は大社寺が集中している京都や奈良に近いせいだろうか、やはり多数の事例を確認することができる。だが、王の舞はこうした地域にのみ分布しているわけでもなかった。件数が少ないため必ずしもよく知られていないが、日本の各地に存在しているのである。全体の総数は若狭地方の十六カ所十七件を含めても、五十件に満たない程度であろうか。王の舞の範疇に含めるべきか迷ってしまう事例も少なくないが、茨城県久慈郡金砂郷町上宮河内の西金砂神社の四方固め、東京都三宅村伊豆の御祭神社の剣の舞、山形県飽海郡遊佐町吹浦の大物忌神社の諸冊二尊（神）の舞などは、いずれも王の舞の典型をしめしている。また、三信遠地方や九州地方に数多く分布する火王・水王、各地の祭礼に登場する王の鼻や鼻の王なども、おそらく王の舞の系統であると考えられるだろう。

ここで私じしんの論文を参照することによって、関連する史料や現行の事例によって得られる王の舞の特徴をまとめておきたい。①祭礼の中では、行列を先導する機能を担っていると考えられる。②祭礼芸能の一環として、田楽・獅子舞などに先立って演じられる。③しばしば裲襠を着用し、鳥甲に赤い鼻高面をつける。④前段は鉾を持ち後段は素手で、四方を鎮めるかのように舞う。反閇の芸能化と理解することもできる。⑤人指し指と中指を揃えて伸ばし、薬指と小指を親指で押さえる剣印が舞の要素をなしている。⑥楽器としては、太鼓・笛が用いられている場合が多い。(7)

2　播磨の王の舞

かくして、ようやく「播磨の王の舞」に言及することができる。平成十八年度ふるさと文化再興事業伝統文化総合支援研究委嘱事業は「播磨の王の舞」として十例を調査した。すなわち、①兵庫県姫路市船津町宮脇の正八幡神社の龍王舞（ジョマイ、ジョマイジョ）、②兵庫県加東市社町上鴨川の住吉神社のリョンサン舞、③兵庫県多可郡多可町八千代区柳山寺の大歳神社の天狗、④兵庫県多可郡多可町八千代区中村の貴船神社の龍王舞（リョンリョン）、⑤兵庫県加西市谷口町の八幡神社のジョマイジョ、⑥兵庫県加西市池上町の日吉神社の龍王舞（ジョマイ、ジョマイジョ）、⑦兵庫県加西市別所町の若王子神社のジョンマイジョ、⑧兵庫県加西市北条町北条の住吉神社の龍王舞（リュウオウマイ、リョウオウマイ）、⑨兵庫県神崎郡福崎町西田原田尻の熊野神社の浄舞（ジョマイ、ジョマイジョ）、⑩兵庫県神崎郡福崎町八千種余田の大歳神社の浄舞（ジョマイジョ）である。

そのほかにも廃絶した事例として、⑪兵庫県加西市上野町の石部神社の龍王舞、⑫兵庫県加西市下道山町の磯崎神社の龍王舞、⑬兵庫県神崎郡市川町下瀬加の天満神社の龍王舞があげられる。また、関連する事例として、兵庫県神戸市長田区長田町の長田神社の鼻長舞、兵庫県神戸市中央区下山手通の生田神社の猿田彦舞、兵庫県神戸市中央区多聞通の湊川神社の猿田彦舞、兵庫県神戸市灘区国玉通の河内国魂神社の猿田彦舞、兵庫県神戸市兵庫区和田宮通の三石神社の猿田彦舞なども含めていいだろう。いずれも播磨地方に隣接する兵庫県神戸市に分布している。

こうした事例の大半は、王の舞―田楽―獅子舞を中心的な芸能構成として配置した祭礼において演じられている。王の舞―田楽―獅子舞の芸能構成が完備している祭礼に登場する事例は②③④⑫⑬である。とりわけ②が登場する祭礼は、鼻が上方垂直に曲がったユニークな鼻高面を被るリョンサン舞（王の舞）、イリ舞・高足を含む田楽、境内を一周するだけで終わってしまう獅子舞、そしてイド・万歳楽・六ぶん・翁・宝物・冠者・父尉によって構成される翁舞によって、あまりにもよく知られている。今日でも三種類の芸能がそろっている祭礼の典型であるということができるはずである。

③が登場する祭礼は今日でこそ天狗（王の舞）と獅子舞のみが演じられているが、田楽に特徴的な楽器であるビンザサラが残っている。また、嘉永六年（一八五三）の「宮堂永代記録御仕置覚帳」にも「祭礼之日踊之義ハ田楽踊之事」として田楽踊の芸態が記録されている。「田楽踊は明治三十年頃まで踊っていたが、ひと度簡略化されるとその復元は成らなかった」らしい。「田楽踊は長さ二間の竹に紅白の三枚重ね三下りの太平紙を結び付けた「太平紙」を棒

持するものが先頭にたち、十五歳位の男子二人が花笠を被ってササラを両手に持ってジャラ・ジャラと鳴らす」ものであり、「他に花笠を被って太鼓を叩く者が一人、これに合わせてササラを持つ踊り子が踊」ったという。「その後で三人の花笠の子供が二人立の獅子舞をあや」して、「最後に、テングトビといって天狗の面を被り矛を持った天狗が太鼓に合わせて氏神の方に向って跳びながら踊[8]」ったようである。

④が登場する祭礼は今日でも龍王舞（王の舞）・神楽の舞（獅子舞）・ゲイゲイ（田楽）が演じられており、こうした芸能構成じたいに興味深い神話を付与している。すなわち、龍王舞はかつて松明を持った猿田彦が当地に降臨して、排水路と田畑の区画を測量した故事にちなむといわれている。一方、神楽の舞は測量が終わった以降、村人が土地を開墾した工事の様子を模している。また、猿田彦に導かれて登場した獅子が荒地を掘り返して、田畑をこしらえたことを再現しているともいう。そして、ゲイゲイはめでたい出来事にちなみ、祝詞として奏されるというのである。[9]

⑫が登場する祭礼は現在、残念ながら何も伝承されていない。だが、正徳元年（一七一一）の「東道山村磯崎大明神祭礼規定書」は「やぐさめ」（流鏑馬）、「びんざう踊」（田楽）、「ねつていの相撲」（相撲）「壱つ物」（一つ物）、「ミこ」（神子）「しゝまい」（獅子舞）、「りやう舞」（王の舞）などが出ており、王の舞―田楽―獅子舞の芸能構成が完備している。⑬も廃絶しているが、天満神社の祭礼は「もと陰暦九月二十日に奉仕せり青菜祭とて頭に笠を戴きて山野の菜物を神前に持ち来りて奉献せる慣にて今も尚行はる」という。そして、「古来一つ物流鏑馬、神子、渡弓、鉾指、田楽踊、練ての相撲、獅子舞二頭、龍王舞、神幸式ありき」（『神社調書』）というのである。すなわち、兵庫県神崎郡市川町下瀬加の天満神社の青菜祭においても、古くは王の舞―田楽―獅子舞の芸能構成が完備していたのである。

田楽こそ欠いているが、王の舞―獅子舞の芸能構成を維持している祭礼も少なくない。そうした祭礼に登場する事例は①⑤⑥⑦⑧⑩⑪である。いずれもジョマイやジョマイジョという呼称を持つ。こうした事例は久下が述べているとおり、「中世的な王の舞が、近世的な展開の中で伝承されてきたもの」であろうから、「近世に独立した芸能となるジョマイ」とも形容していいだろう。すなわち、「播磨の王の舞」は近世に入った以降、ジョマイやジョマイジョという呼称を付与されて、いわば独立した芸能として自立していったと考えられるのである。

①が登場する祭礼は今日でも龍王舞のみならず、別個の芸能として獅子舞も演じられている。天正十九年（一五九一）の祭礼に関する文書を寛政十二年（一八〇〇）に写した「播磨八幡三所宮神事相極次第写」は、壱ツ者・神子・相撲・獅子舞・猿楽舞・龍音舞・流鏑馬を記録している。久下は「この竜音舞と現在のジョマイの関係は明確ではないが、近世初頭に演じられた竜音舞が独立して一つの芸能として確立されたものが、現在のジョマイと考えられる[10]」という。また、獅子舞にも付言しておきたい。獅子舞は「神事次第に記されている下垣内村が昭和二十五年まで奉納していたが中絶し、昭和四十七年に有志が相寄り復活し、現在は中野地区の獅子保存会が奉納している[11]」のである。現在の獅子舞は梯子獅子を含み、勇壮な演技を披露している。

⑤⑥⑦⑧は加西市に分布しているが、「加西市では必ず獅子と一体になっている[12]」ことが指摘されている。獅子舞はいずれも王の舞の一部として組みこまれており、王の舞の最後に登場して若干の所作を見せる程度である。おそらく⑪も同様だったと思われる。「上鴨川住吉神社の秋祭「リョンサンの舞」では、舞が終了すると獅子舞が出る」が、「獅子舞といっても舞を踊るのではなく境内を一直線に行き戻りするだけである」ことを念頭に置いて考えてみたら、「加西市においても龍王舞が終わると獅子が龍王に近づき噛む仕種をするのは、元々終了後に龍王舞で祓った悪霊・悪病を取る動作の舞をしていたのが、いつの間にか舞が無くなり終了後直ちに獅子が龍王に食いつく仕種をするようになったのではないだろうか[13]」ともいえそうである。

⑩に含まれている獅子舞の所作も、「獅子が龍王に食いつく仕種」が一層展開していったのかとも思われる。「この獅子は囃子に合わせて獅子頭を振る所作を見せる」が、「舞場で踊りながら獅子頭を振るのではなく、赤天狗の左前方に座りとどまったままで所作を行な」う。「獅子は演舞が終了すると立ち上がり、舞場を反時計回りにまわりなが

ら参拝者（とりわけ子ども）の頭を噛[14]み、最後に腕を組みながら立っている⑩の鼻を噛むというものであった。こうした所作は⑤⑥⑦⑧に登場する獅子舞の所作よりも少しばかり複雑であるが、やはり一連のものであったと考えられるだろうか。だが、大渡敏仁は伊勢太神楽の獅子舞が影響していた可能性をも想定している。

〈王の舞〉の伝播は、祭礼の神事芸能の中で、〈田楽・獅子舞・王の舞〉が一セットになって伝播したが、この神社では獅子舞は欠落せず伝承が残ったものと推測される。しかし、伝播の痕跡を伝える〈田楽・獅子舞・王の舞〉ではなく、頭を噛み祝福を与える伊勢大神楽系のイメージを有する獅子に変容している。日本における獅子のすべてが頭を噛むわけではないので、播磨地方に近世以降に多く導入された伊勢太神楽系獅子舞のイメージが〈浄舞〉に取り込まれ、転化したものと推測され[15]る。

以上くわしく見てきたとおり、「播磨の王の舞」は王の舞―田楽―獅子舞を中心的な芸能構成として維持している事例が大半であったが、「中世的な王の舞から、近世に独立したジョマイが残されており」、いわば重層的な存在形態を獲得していた。王の舞がまったく単独で演じられている事例は⑨のみである。関連する事例として前述した神戸市内の六件は単独で登場しているが、いずれも古くから伝承されているわけでもなさそうである。⑨も明治初期に熊野神社が郷社に昇格したさい、⑧が奉納される住吉神社から伝わったといわれているから、当初から王の舞のみが導入されたのかもしれない。

ところで、私は王の舞の特徴として、祭礼において神輿もしくは行列じたいを先導することをあげておいた。たとえば、①は神幸のみ厄年（六十一歳）の男性が担当しており、神輿を先導している。また、還幸のさいは子どもの生育を願って頭を撫でたりしている。⑤は今日でこそ車で移動している。だが、かつては行列に参加して神輿を先導していたという。⑥は今日でも行列において神輿を先導しており、神輿に向かって演じられている。また、⑧についていえば、「御旅所で舞った龍王は隔年で神輿還御の時本社まで先頭を歩く」[16]ことが定められており、興味深い釈義が施されている。

龍王舞が舞われるのは、節句祭本宮の御旅所（南町の大年神社境内）と本社の二度である。宵宮に舞わない理由として、前住吉神社宮司は「猿田彦命は天孫降臨の折り、道案内をした神で、天孫は再び高天原に還ることがなかった故事により、住吉神社の龍王舞も還御の時のみ執り行う、即ち御旅所から本社へお迎えする御祭神の嚮導となっているところに特徴がある」といい、他社のように神幸の始めから終わりまでを嚮導するのではないという。[17]

⑤⑥は各々が登場する祭礼において興味深い性格を獲得している。そもそも神輿を先導することは観念的な地平において、王の舞が神を導く者であることを意味している。こうした王の舞を複数の神輿が合流する祭礼に転位させたら、いかなる事態が出来するだろうか。⑤⑥はそのような問題に対する具体的な解答である。すなわち、王の舞は複数の神輿が合流した直後に演じられており、神々を繋ぐ者としても機能していたのである。そして、①⑧は複数の神輿というよりも、むしろ複数の屋台が合流した直後に演じられているといえるだろう。一方、必ずしも御輿を先導していなかったようでもあるが、祭礼において複数の神輿が合流する直前に演じられている事例が⑦⑪⑫である。いずれにしても、こうした王の舞は複数の神輿や屋台が合流する前後に演じられており、神を先導する役割のみならず、神々を繋ぐ役割をもはたしていると考えられるのである。[18]

⑨も御旅所として位置づけられている岩尾神社に渡御する神輿を先導しているが、神幸じたいは明治初期に成立したものであるらしい。したがって、⑨が神輿を先導するのは、比較的近年の現象であったと考えられるだろうか。⑨

は還幸において、田尻が出す屋台に乗って神社に戻る。一方、⑩は還幸において、余田が出す屋台の前方に乗って御旅所に向かう。また、獅子舞も遷幸において余田が出す屋台の後方に乗るが、いずれも比較的近年の現象である。

3　王の舞の諸相

「播磨の王の舞」とも関連させながら、王の舞の諸相についていくつか補足しておきたい。王の舞はどのような人々が演じていたのだろうか。そして、個々の社寺が催していた祭礼において、どのような役割をはたしていたのだろうか。関連する史料の大半は王の舞の存在形態にくわしく言及することがなかった。だが、祇園御霊会における王の舞についていえば、その存在形態を知らせる史料が比較的多く残されており、幸いにも王の舞を担当していた片羽屋座の性格を知ることができる。祇園御霊会における王の舞は応永四年（一三九七）以降、室町期の史料に少なからず登場しており、大半が『八坂神社文書』と『八坂神社記録』に収められている。

とりわけ『八坂神社文書』上巻に多数収録されている「馬上料足」に関する一連の史料は、王の舞および太鼓が片羽屋座という集団によって奉仕されていた消息を知らせている。河原正彦は片羽屋座が「祇園社の直接支配をうけ、王舞、太鼓持、神楽供奉などの奉仕をつづけてきた「片羽屋衆」あるいは「片羽屋神人」と呼ばれる雑芸者の集団である」こと、そして「入衆には厳重な制約を加えている」ことを指摘している。また、「馬上料足請取状」などに登場する「太郎大夫」「四郎大夫」「ミや大夫」等々の大夫号や「五郎二郎」「五郎次郎」等々の重複名に留意しながら、「このような大夫号は本来、五位官人、在地有力者の称号でもあったが、中世を通じては太郎次郎のような重複名とともに一般的な姓名に近い性格を持ち、殊に下級宗教家（権禰宜以下）、芸能・芸道にたずさわる者に顕著な氏名でもあった」[19]という。

同じような名称は片羽屋座のみならず、東大寺八幡宮の転害会において王の舞を奉仕していた主典にも確認することができる。たとえば、永正二年（一五〇五）の『転害会日記』は「大仏殿之主典今小路之太郎四良カ子孫二良ニ王舞事則申付也。大仏殿之堂童子二臈」という。かくして、私は大仏殿の主典が「片羽屋座のそれと極めて良く似た呼称を有していた」ことのみならず、「二良が即ち大仏殿の堂童子二臈に当たると読むならば、王の舞が大社寺に隷属して、芸能に携わる下級宗教者ないし神人層によって担われていたと考えて良さそうである」[20]ことをも指摘している。

こうした存在形態は「播磨の王の舞」にも確認することができる。⑫はかつて下道山町の宮崎家が一党で担当していた。だが、正徳元年（一七一一）の「東道山村磯崎大明神祭礼規定書」は「りやう舞西道山村かはさかの五郎太夫より出申也」と述べており、そもそも五郎太夫という太夫号を持った人物が「りやう舞」、つまり龍王舞を担当していたことを知らせている。磯崎神社の祭礼において龍王舞を担当していた家筋が祇園御霊会において王の舞を担当していた片羽屋座や転害会において王の舞を担当していた主典とも同じく、「下級宗教家（権禰宜以下）、芸能・芸道にたずさわる者に顕著な氏名でもあった」太夫号を持っていたことは興味深い。

だが、王の舞の諸相における最大の関心事は、何といっても王の舞という名称であろう。王の舞という名称は何に由来しているのだろうか。私は王の舞がそもそも特異な声を伴っており、王の舞という名称じたいそのような声に由来していた可能性を想定している[21]。延慶本『平家物語』巻一の三十七「豪雲事」と『源平盛衰記』巻第四の「豪雲僉議」は、どちらも比叡山延暦寺の僧侶であった豪雲が後白河院の質問に応答した内容を記録している。豪雲は衆徒が大衆僉議において一斉に異様な声を出すことについて、たとえば王の舞を演じるさい仮面をつけたまま鼻をしかめて出す声に近いと述べており、とりわけ後者はその声が歌を詠ずる声でも経論を説く声でもなく、向かいあって対談する声とも異なるものであるという。今日でも伝承されている王の舞は声を出さないが、声を伴う事例やその痕跡をしのばせる事例がいくつか存在している。

滋賀県高島市朽木能家の山神神社の王の舞はその一例であるが、「播磨の王の舞」においても①④⑤⑦⑧⑨⑩が該当する。こうした事例はいずれも「にょん」「りょうおん」「りょう」「じょう」等々の声によって囃すものであり、王の舞が「おう」に起因すると思われる特異な声を伴っていたこと、そして王の舞というような名称じたい特異な声に由来していたことを暗示しているとも考えられる。したがって、龍王舞やジョマイというような名称についても、特異な声に由来していた可能性を否定することができない。じっさい、仮面をつけたまま鼻をしかめて「おう」という声を出せば、「にょう」にも「じょう」にも「りょう」にも聞こえると思われるのだが。いずれにしても、かくも特異な声は王の舞の名称にもかかわるくらい、最も中心的な特徴であったということができるはずである。

王の舞が「邪霊を払い道行く先を鎮めるために行なわれた呪術性の強い芸能であった」消息は前述したとおりであったが、そのような性格が「道張」という別称にもうかがわれる特異な所作のみならず、変身を象徴する特異な声によっても付与されていたとしたら、特異な声じたい王の舞にまつわる呪術的な性格を触発する有力な媒体であったといえるだろう。王の舞は行列を先導して場を清める芸能として祭礼に組みこまれたからこそ、行列を先導するさい発せられていた「おう」という警蹕の声が付加もしくは連想されて、王の舞という名称が生まれたと考えられるかもしれない。

したがって、大半の事例が龍王舞やジョマイ等の名称を冠している「播磨の王の舞」は、声を伴う王の舞の痕跡を数多く残しているということができる。①についていえば、天正十九年の祭礼に関する文書を寛政十二年に写した「播磨八幡三所宮神事相極次第写」は、壱ツ者・神子・相撲・獅子舞・猿楽舞・流鏑馬のみならず龍音舞をも記録している。また、播磨国神崎東郡川述郷大宮天神社の神事を記録した天正七年（一五七九）の「大宮天神社相極次第」は、壱ツ者・神子・相撲・獅子舞・田楽踊・流鏑馬のみならず龍音舞をも記録している。龍音舞、つまり龍という音を強調した舞であるといったら、牽強付会めいて聞こえてしまうだろうか。

「播磨の王の舞」は王の舞が声を出していた可能性を示唆するかと思われる間接的な手がかりをも提供している。王の舞を演じるさい仮面をつけたまま鼻をしかめて出す声といわれたら、どう考えても声がくぐもって聞き取りにくい状況を思い浮かべてしまうだろう。だが、鼻高面を阿弥陀に被ったらどうだろうか。じっさい、⑤と⑧は鼻高面を阿弥陀に被り口を出しているのである。もちろんこうした王の舞は声を出しているわけでも何でもない。また、⑤は⑧から伝わった、つまり「北条町小谷から婿養子として福居町にきた青年によって奉納されたのが最初といわれ、北条住吉神社節句祭での西郷龍王舞の型を受け継いでいる[22]」といわれている。したがって、両者はあくまでも特殊な例外であると主張することもできるかもしれない。

にもかかわらず、私は鼻高面を阿弥陀に被ることに関して、実践的な意味が隠されている可能性を想定している。たとえば、関連する事例としてあげた長田神社の鼻長舞は、神輿を先導するさい「町内の人達が幼児を連れて来て路上に臥かせ、鼻長に跨いで貰うという風習が今でも残っている」ため、「鼻高は足元がよく見えるように、面を阿弥陀に被ってゆっくりと進む[23]」という。また、生田神社などの猿田彦舞も商店街や住宅街などを歩き回って演技を披露するさい、足元の不安を軽減するためだろうか、いずれも鼻高面を阿弥陀に被るのである。かくして、⑤と⑧が鼻高面を阿弥陀に被ることも、くぐもった声をはっきり届かせるべく考え出された工夫であり、王の舞を効果的に演出する方法の一つであったと考えられないだろうか。

衆徒が大衆僉議において一斉に異様な声を出していたことは前述したが、こうした声が円陣において発せられていることも重要であろう。「播磨の王の舞」においても声を伴う王の舞が円陣において演じられている場合を指摘することができる。⑤⑧は警護が毛槍を二本ずつ交差させて龍王舞を囲む円陣を組み、「ジョン、ジョマイ、ジョマイジョ」などの囃子詞を唱和する。⑦は龍王会の若者たちが龍王舞を囲む円陣を組み、「ジョ、ジョ、ジョンマイ、ジョンマイ、ジョンマイジョ」などの囃子詞を張りあげる。⑩は浄舞保存会の人々が大きく円を描き、最初だけ「ジョン、ジョ、ジョマイ、ジョ」という囃子詞を唱和する。

こう見てきたら、衆徒が円陣を組みながら王の舞を思わせる声を出していたという『平家物語』諸本の記事も、声を伴う王の舞が円陣において演じられていたことに依拠していたのかもしれないとも感じられる。王の舞を思わせる声はおそらく「じょう」のみならず「りょう」や「にょう」とも聞こえたであろうが、そもそも「おう」に由来していたはずである。ところで、大渡は「ソーライ」という囃子詞について、「播磨地方の〈王の舞〉特有の掛声で、熊野神社に隣接する天台宗・神積寺に鎌倉期以来伝承されている〈追儺〉＝〈鬼追い式〉で用いられる掛声「ソーライ」が影響しているのではないか」という仮説を提示している。そして、「あるいは逆の現象かも知れないが、この事象からでも当地方において隣接するこれらの芸能は、互いにいくつかの要素を相互に取り入れた可能性というものを否定できない」(24)というのである。

こうした視座は個々の事例に刻みこまれた特徴的な相貌の由来について検討するさいも有益であろう。たとえば、⑩は丸座布団を入れて大きく膨らませた腹部が異彩を放っている。これは「お腹の大きい武士が戦いに勝った喜びの踊り」であるとも「天狗はメスで、お腹をさすって陣痛を和らげる仕草を表している」ともいわれているが、「当地方において隣接するこれらの芸能は、互いにいくつかの要素を相互に取り入れた可能性というものを否定できない」としたら、地理的に近い兵庫県神崎郡福崎町東田原の神積寺の鬼追式に登場する鬼の装束とも関連している可能性を指摘することができるかもしれない。

もちろん神積寺の鬼追式に登場する鬼は、腹部に丸座布団を詰めたりするような極端な相貌を付与されていない。鬼の装束は同じく綿を使っていても、襷も含めた装束の全体に均等に入れているという意味において、一部が極端に変形された⑩の装束よりも、全体として常識的な範囲に収まっている①や⑨の装束にこそ近似している。①や⑨は襷も含めた装束の全体に綿を入れているから、少なくとも装束についていえば、「互いにいくつかの要素を相互に取り入れた可能性」の一つとして神積寺の鬼追式を想定することができるはずである。

だが、⑩がかくも大きな腹部を持っている理由は何だろうか。私じしんも長らく不思議であったが、最近はいわゆる布団太鼓台とも通底する理由が存在するだろうと考えている。布団太鼓台は太鼓台に布団を何枚も搭載したものであり、播磨地方にも屋台という名称で数多く分布しているが、かつて貴重品であった綿入りの布団を惜しげもなく使った太鼓台を祭礼に登場させることによって、経済的かつ社会的な資本が潤沢であることを視覚的に誇示していたと考えてみたいのである。

したがって、⑩が綿で膨張した腹部を誇っていることにも、同じような背景が隠されているのかもしれない。播磨地方は綿などを扱った播州織の産地であり、とりわけ兵庫県西脇市が有名である。綿で膨張した腹部を持つユニークな王の舞が、経済的かつ社会的な資本の象徴であったとしてもおかしくないだろう。それは王の舞が個々の祭礼において新しい相貌を派生させていった消息をしめす好例であり、文字どおり播州産の王の舞であったということができる。

4　王の舞の今後

以上くわしく見てきたが、「播磨の王の舞」が個性的に展開していった過程は地域社会における伝統文化の過去・現在・未来を見通すための、きわめて有効な手がかりを提供しているはずである。しかも、「播磨の王の舞」は今日でも展開している最中であり、地域社会において伝統文化を今後どう伝承していったらいいのかという重大な課題に対峙するべく各種の試みを実施しているのである。そして、平成十八年度ふるさと文化再興事業伝統文化総合支援研究委嘱事業も、こうした課題を前提しているということができるだろう。本章の最初でも紹介した「研究委嘱事業の概要」は「趣旨・目的」において、「今年度は、芸能としての起源を中世初頭にまで遡ることができる民俗芸能であり、県下ではリュウオウマイ・ジョマイ・テング等の名称で呼ばれている王の舞を含む祭礼に焦点をあて」ながらも、「以下の二点を目的として委嘱事業を行った」という。

⑴拠点地域の祭礼行事を媒介とした地域づくりと世代間交流を推進する。

⑵王の舞を伝承している他の地域との比較研究を行い、播磨に伝承されてきた芸能の特徴を見出し、地域住民の郷土に対する誇りと愛着を涵養する。

すなわち、平成十八年度ふるさと文化再興事業伝統文化総合支援研究委嘱事業は中世前期にさかのぼる「播磨の王の舞」を取りあげながらも、地域社会における伝統文化の過去に接近する手がかりのみならず、地域社会における伝統文化の現在や未来を構想する手がかりをも提供することを意図していたのである。したがって、本章は「播磨の王の舞」をも含めた「祭礼行事を媒介とした地域づくりと世代間交流を推進する」という目的に対応する試みを紹介した上で、「王の舞を伝承している他の地域との比較研究を行い、播磨に伝承されてきた芸能の特徴を見出し、地域住民の郷土に対する誇りと愛着を涵養する」という目的についても一定の視座を提示しておきたい。実際は主要な対象として、近年めざましい活動を展開している①をとりあげてみる。

①の活動は多岐にわたっている。その全貌を描き出すことはむずかしいが、平成十八年（二〇〇六）十月七日に発行された『神戸新聞』が「姫路市指定文化財の龍王舞」の現在を取材した上で、「地域の〝宝〟守る輪広がる」という記事を掲載している。実際は①を伝承している宮脇の人々が「伝統芸能を生かしたまちづくりに取り組んでいる」ことを紹介しており、「わがまちの〝宝〟を体験する子ども教室を毎年開催」してきた結果として、「後継者の育成に保護者をも巻き込んで、地域の輪が年々広がっている」ことを強調しているのである。井関徹が執筆した記事は簡潔であり要領を得ているので、本文を引用しておきたい。

子ども教室は三年前、文化庁の委嘱を受けた財団法人から助成を受けたのを機に始めた。龍王舞保存会を中心に舞や太鼓、笛を地区の子どもに教えている。／年々、協力する住民も増え、今年は実行委員会を結成。幼稚園児と小学生約二十人が、九月中旬からほぼ毎晩、練習してきた。宵宮の七日は、同町の市立養護老人ホーム「ふれあいの郷」で披露する。／自宅でもビデオを見ながら舞の練習をしてきた船津小三年の中嶋朋也君（九つ）は「もっとうまくなって、大人になってもやりたい」と笑顔で話す。／同保存会の東郷満弘会長は「子どもたちが頑張ってくれるから、地域のつながりも強くなりつつある。彼らの中から後継者が出てきてくれれば」と期待している。

龍王舞こども教室は平成十六年（二〇〇四）に始まった。文化庁が財団法人伝統文化活性化国民協会に委嘱して実施している伝統文化こども教室事業に応募して、従来は男子のみによって担われてきた龍王舞を女子にも開放したのである。宇那木隆司はこうした動向に触れて、「伝統文化の継承活動を軸に各家庭内では親子の話題が豊富になって楽しくなったといい、地区住人にとっては少なくとも四百年以上継承する伝統文化への誇りとアイデンティティの認識、地区全体では住人の交流と結集による活性化という効果がみられる(25)」という。

龍王舞こども教室は九月中旬以降、集中的に稽古を実施するが、他の地区の龍王舞も見学する。そして、十月の最初に稽古発表会、そして祭礼の宵宮に修了式が開催されるのである。私は正八幡神社龍王舞保存会が平成十八年十月一日に宮脇農業振興センターにおいて実施した龍王舞講評会に出席することを要請された。これは正八幡神社龍王舞保存会が平成十六年五月一日、私が長年調査している弥美神社の王の舞を見学するツアーを実施したことに発端する。私は弥美神社の王の舞を伝承する麻生王の舞保存会に依頼されて王の舞の由緒等を説明するべく、正八幡神社龍王舞保存会の一行に対面したのであった。

以降も正八幡神社龍王舞保存会は他の地域に伝承されている各種の祭礼を見学して、そのような祭礼を運営する保存会の活動についても積極的に取材している。平成十六年十〜十一月に福井県立若狭歴史民俗資料館で特別展「王の舞を見に行こう！―郷土の祭りと芸能文化の理解のために―」が開催されたさいも、バスを仕立てて大人数で遠征した。だが、今回の龍王舞講評会は平成十八年度ふるさと文化再興事業伝統文化総合支援研究委嘱事業に呼応するべく、宮脇の人々が「後世への龍王舞（百年・二百年先へ）どう伝承していくか」という課題を掲げて開催したものであり、従来にもまして真剣な姿勢が感じられた。実際は稽古の仕上げとして、龍王舞の薪舞が宮脇の人々に披露された。また、前述した稽古発表会を兼ねて、龍王舞こども教室の舞が披露されたのである。私じしんも講師として「龍王舞の伝来と宮脇区における保存活動の意義について」という講評を行なった。

かくも多岐にわたる活動は、龍王舞こども教室を開催していることや姫路市立ふれあいの郷養護老人ホームを慰問していることにも見られるとおり、「祭礼行事を媒介とした地域づくりと世代間交流を推進する」という目的を実現する試みであるということができる。だが、同時に「王の舞を伝承している他の地域との比較研究を行い、播磨に伝承されてきた芸能の特徴を見出し、地域住民の郷土に対する誇りと愛着を涵養する」という目的に関していえば、いわゆる文化財行政に依存したり一任したりするよりも、むしろそのような行政が提供する各種の機会を活用しながら、みずから主体的に実践する試みを志向しているといえるだろう。したがって、平成十八年度ふるさと文化再興事業伝統文化総合支援研究委嘱事業じたいも正八幡神社龍王舞保存会にとってみれば、そのような気運を高めるための、いわば最新の資源であったといってしまってもいいかもしれない。

前述した活動の他にも、正八幡神社龍王舞保存会は歴代の舞手を調査して、龍王舞の系図を作成することに着手している。また、正八幡神社龍王舞保存会と宮脇屋台祭礼文化保存会は毎年、龍王舞と屋台を大きく扱ったカレンダーを作成している。こうした活動はいずれも地域社会において伝統文化を今後どう伝承していったらいいのかという重大な課題に対峙する試みを意味している。そして、その総体は「播磨の王の舞」においても最も先進的な試みとして、きわめて高く評価することができるのである。

⑩においても伝統文化こども教室事業を活用した試みが進行している。大凡の経緯について簡単に触れておきたい。福崎町立八千種小学校は平成十八年一月二十八日、兵庫県教育委員会が実施する「いきいき学校」応援事業に係る「ふるさと文化いきいき教室」事業として、⑩を体験する浄舞教室を実施した。その目的に関して、兵庫県教育委員会の方針は「これからの学校教育においては、学校、家庭、地域社会が一体となって教育改革を進めることが求められており、地域住民の支援のもと学習の充実を図るなど、住民の「参画と協働」による教育活動を推進する」ため、「「いきいき学校」において登録した地域の方や団体等の支援を得て、児童生徒を対象とした芸術文化活動（「ふるさと文化いきいき教室」）をモデル的に実施し、豊かな心を育むとともに、伝統文化等地域の特色を生かして体験活動の充実を図る」というものであった。

八千種小学校は「上記の県教委の方針の趣旨に則り、八千種地域で子どもたちに伝える伝統文化として秋祭りに奉納される「浄舞」が適切であると考えた」のだが、「子どもたちは祭りが大好きであることからも、関心や興味を持って取り組んでいけるものと考えた」らしい。「指導内容」は四つである。第一は余田大歳神社浄舞保存会に「歴史」、つまり「いつごろから始まったのか」「どんな意味があるのか」「どんな時に舞うのか」を教えてもらうことである。第二は「この舞に対する思いや願い」、つまり「どんな気持ちで保存しているのか」「どんなことを思って舞っているのか」を教えてもらうことである。第三は「衣装を付けての実演」であり、余田大歳神社浄舞保存会に実演してもらった。第四は「笛・太鼓の実技」であり、浄舞・篠笛・太鼓の三班に分かれて練習した。そして、「教室開催後、参加者により、全校児童集会にて成果の発表会」をも実施したのである。

実際に浄舞に取り組んだのは小学六年生の男子一名と小学一年生の女子二名であった。各々が「むずかしかったよ」「はずかしかったよ」「たのしかったよ」という一言を付した感想文を提出しており、一年生の女子二名は浄舞を体験した感想として、「さいしょはできなかったけどだんだんできるようになりました。おしえてくれた人のおかげです。できてきもちいいです。いえでしようとおもいました。」とも「じょうまいはたのしかったです。またじょうまいがあるといいです。またあったらきたいです。」とも記している。

こうした試みは小学生のみならず、余田大歳神社浄舞保存会をも少なからず触発したはずである。平成十八年度は①に後続する恰好であるが、文化庁が財団法人伝統文化活性化国民協会に委嘱して実施している伝統文化こども教室事業に応募して、余田浄舞こども教室を開始した。小学一年生から中学三年生までの男女が対象であり、六月二十四日以降、余田公民館において開催された。実際は九月と十月に集中的に開催されたが、二十人以上の子どもが参加して、毎回とも大変な盛況であったそうである。その成果は十二月十六日に開催された発表会において披露されている。前述した龍王舞こども教室とも同じく、女子にも門戸を開放していることは重要であろう。余田浄舞こども教室の活動が今後、従来にもまして発展することを期待したい。

以上、①に関する先進的な試み、そして⑨に関する進行中の試みをとりあげてみたが、どちらも「播磨の王の舞」を今後どう伝承していったらいいのかという重大な課題に対して、保存会じたいが具体的な方策を講じている好例として特筆しておきたい。とりわけ前者の多角的かつ精力的な活動は、保存会として従来あまり見られなかったユニークな存在形態を獲得しており、保存会に託された通常の性格を大きく描きなおす可能性を感じさせるのである。

保存会がいわゆる文化財行政に依存したり一任したりするよりも、むしろそのような行政が提供する各種の機会を活用しながら、みずから主体的に実践する試みを志向しているという意味において、正八幡神社龍王舞保存会は保存会と行政が連携せざるを得ない伝統文化の現在に対して、新しい可能性を示唆しているとも考えられるだろう。本書はそのような先進的な試みをも紹介することによって、「播磨の王の舞」の過去に接近する手がかりのみならず、「播磨の王の舞」の現在や未来を構想する手がかりをも提供することを意図している。こうした視座は「伝統文化の歴史と意義をその担い手のみならず広く地域住民に浸透させ、自発的な伝承意欲を高めるような保存活用方策を研究する」ためにも必要不可欠であろうと考えている。

（1）錦耕三『若狭路の祭りと芸能』（錦耕三遺稿集Ⅰ）、岩田書院、二〇〇五年、同『王の舞舞踊譜』岩田書院、二〇〇五年、同『若狭路の暮らしと民俗』（錦耕三遺稿集Ⅱ）、岩田書院、二〇〇六年、水原渭江『日本における民間音楽の研究』Ⅰ（若狭湾沿岸における王の舞の綜合的研究）、民俗文化研究所、一九六七年、橋本裕之『王の舞の民俗学的研究』ひつじ書房、一九九七年、参照。以下、王の舞に関する行論はいずれも橋本が同書において執筆した内容に立脚している。
（2）福井県立若狭歴史民俗資料館編『王の舞を見に行こう！―郷土の祭りと芸能文化の理解のために―』福井県立若狭歴史民俗資料館、二〇〇四年、参照。
（3）喜多慶治『兵庫県民俗芸能誌』錦正社、一九七七年、六二一―六三四頁、参照。
（4）久下隆史「おわりに」兵庫県教育委員会編『播磨の王の舞　平成十八年度文化庁ふるさと文化再興事業伝統文化総合支援研究委嘱事業』兵庫県教育委員会、二〇〇六年、一二六頁。
（5）橋本裕之、前掲書、四七頁。
（6）とりわけ水原渭江は王の舞が舞楽に由来しており、いわば民俗化した舞楽であるという可能性を強調している。水原渭江、前掲書、参照。
（7）橋本裕之、前掲書、三十三頁。
（8）八千代町史編纂室編『八千代町史』本文編、多可町、二〇〇七年、九四七頁。
（9）橋本裕之「祓う・浄める・鎮める―都市における王の舞の場所―」服藤早苗・小嶋菜温子・増尾伸一郎・戸川点編『ケガレの文化史――物語・ジェンダー・儀礼』森話社、二〇〇五年、三一二頁、参照。（本書所収）
（10）久下隆史、前掲論文、一二六頁。
（11）姫路市史編集専門委員会編『姫路市史』第十五巻上（別編民俗編）、姫路市、一九九二年、三四五頁。
（12）加西市史編さん委員会編『加西市史』第六巻（本編六民俗）、加西市、二〇〇七年、一六一頁。
（13）同書、一六一頁。

（14）大渡敏仁「兵庫県播磨地方に伝わる〈王の舞〉の研究―その比較と音楽分析の一考察―」『民俗音楽研究』第三一号、日本民俗音楽学会、七―八頁。
（15）同論文、八頁。
（16）加西市史編さん委員会編、前掲書、一六二頁。
（17）同書、一六一―一六二頁。
（18）橋本裕之「神々を繋ぐ者―日吉神社の七社立会神事における竜王の舞の位置―」『国立歴史民俗博物館研究報告』第九八集、国立歴史民俗博物館、二〇〇三年、一六七―一六八頁、参照。（本書所収）
（19）河原正彦「古代宮廷儀礼の社寺祭礼化―殊に祇園御霊会の駒形稚児をめぐって―」『芸能史研究』第七号、芸能史研究会、一九六四年、一三頁。
（20）橋本裕之、前掲書、三六頁。
（21）同「面模ノ下ニテ鼻ヲシカムル事――声を伴う王の舞」『國文學―解釈と教材の研究―』第五〇巻第七号、學燈社、二〇〇五年七月、および同「神を降ろす方法――続・声を伴う王の舞」『國文學―解釈と教材の研究―』第五一巻第二号、學燈社、二〇〇六年二月、参照。（本書所収）　以下、声を伴う王の舞に関する行論は、いずれもこうした論文に立脚している。
（22）加西市史編さん委員会編、前掲書、一七〇頁。
（23）喜多慶治、前掲書、六三三頁。
（24）大渡敏仁、前掲論文、六頁。
（25）宇那木隆司「正八幡神社の龍王舞」兵庫県教育委員会編『播磨の王の舞　平成十八年度文化庁ふるさと文化再興事業伝統文化総合支援研究委嘱事業』、二〇〇六年、四六頁。

若王子神社のジョンマイジョ

1　祭礼地域と神社の概要

若王子神社が鎮座する別所町は兵庫県加西市の北部ほぼ中央に位置しており、河内町の南側に立地する。別所は在田本荘の周辺に新しく開発された土地を意味すると思われる。以前は「赤松の一族別所氏（三木城主別所の祖）が築城して居した處である」ため、「別所の地名はそれからであらうと云ひ、また、別所の地名は以前からあつて、その地名を取り別所を姓としたとも云ふ」が、「何れが本當か不明である」（『加西郡誌』）といわれていた。じっさい、河内・別所・佐谷の入会山の頂上に所在する河内城は中世の山城であるが、別所城とも呼ばれている。別所氏の居城であったと伝えられてきたためである。だが、現在は在田氏が城主であったと考えられている（依藤保「北播磨の国人在田氏について――播磨加西郡河内城主の研究――」『歴史と神戸』一六一号）。

別所町の奥に王子山という字が存在する。その王子山の高台に若王子神社、そして真言宗の阿弥陀寺が並び建つ。若王子神社の祭神は高皇産霊尊、武甕槌命、少名彦命。由緒は不明であるが、明治二年（一八六九）に村社に列せられている。また、境内に八坂神社、愛宕神社、稲荷神社、結賀神社が祀られる（『兵庫県神社誌』中巻）。若王子神社の祭礼はかつて祭日を「十六十七日とし十七には古来神輿渡御の式あり従前重陽節の前日なりしが明治四十五年以来十月十七日に改め郷社石部神社へ神幸の式あり」（『神社調書』）というものであった。現在、若王子神社の祭礼は十月の体育の日に先立つ日曜日に実施されており、三年に一度、若王子神社の神輿が上野町に鎮座する石部神社に渡御している。すなわち、別所町は石部神社の外氏子として、石部神社の祭礼に参加しているのである。そして、若王子神社のジョンマイジョもこうした機会において演じられている。

2　ジョンマイジョ（王の舞）

(1) 担当

平成十三年（二〇〇一）十月七日、若王子神社のジョンマイジョは地元の新聞において、「四十年ぶり復活　別所町若王子神社「龍王舞」きょう奉納」として紹介された。「江戸時代から伝わっていたとされる龍王舞の復活は、祭り太鼓保存会長の千石亨さんの指導で若者有志が約一ヵ月練習に励んだ」（『Ｎｅｗかさい』第三四三号）という。だが、「四十年ぶり復活」というのは微妙な表現である。若王子神社の神輿が石部神社の祭礼に参加しなくなってジョンマイジョも中断した昭和三十年代を念頭に置けば、まちがいなく約四十年の歳月が経過している。にもかかわらず、実際は昭和五十年代に一時的であるが、若王子神社の神輿が石部神社の祭礼に参加していたことが記憶されている。そして、ジョンマイジョも断続的に実施されていたのである。

かつてジョンマイジョは順番に家々で回していたが、次第にうまく回せなくなってきた。やがて好きな人や得意な人が担当するのが常態化して、特定の人によって演じられていたようである。といっても、当時のジョンマイジョは決められた所作をなぞるというよりも、むしろ簡単な真似事のようなものであり、休憩の合間に余興として演じられた程度であったらしい。近年でも平成十年（一九九八）のジョンマイジョは、若王子神社の神輿が石部神社に渡御する慣例を三年に一度だけであるが再開させたばかりであったせいだろうか、法被を着たまま、いわば余興として適当に演じるものであった。赤い鼻高面すら被らなかったのである。そう考えたら、決められた所作をなぞることによって成立する本来の演技は、やはり「四十年ぶり復活」ということができるかもしれない。

今日、ジョンマイジョは若王子神社龍王会（りょうおうかいと読む）が担当している。龍王会は平成十二年（二〇〇〇）に正式発足した任意の団体であり、ジョンマイジョのみならず太鼓や神輿なども含めた祭礼の全体にかかわる、いわば自主的な同好会の性格を持っていた。青年団や保存会とも異なり、気楽に出入りすることができるという意味において、自由な雰囲気が大きな特徴である。というのも、龍王会はそもそも石部神社の祭り太鼓振興会に参加して太鼓を練習していた数人の若者が集まって結成したものであり、祭礼を盛り上げることを意図していたのである。したがって、龍王会という名称は龍王舞ともいわれるジョンマイジョに触発されながらも、ジョンマイジョを伝承する会を必ずしも意味していない。実際は龍王という語感に惹かれて命名したということであった。

だが、平成十年に若王子神社の神輿が石部神社に渡御する慣例を再開させたことに伴って、龍王会は平成十三年および平成十六年（二〇〇四）に別所町に在住する古老の指導を受けて、ジョンマイジョを担当している。実際は古老が記憶している型を踏襲しながらも、若者が舞いやすいような工夫が多少施されているようである。ジョンマイジョが演じられる機会は別所町の公民館前と石部神社の境内であるが、各回で担当者が異なっている。石部神社の境内におけるジョンマイジョは、豊富な経験を持つ若者が担当する。すなわち、龍王会は別所町がジョンマイジョの保存会として承認していなかったにもかかわらず、事実上ジョンマイジョを伝承する役割を獲得していたわけである。

そして平成十八年（二〇〇六）、別所町は兵庫県教育委員会が実施したふるさと文化再興事業を恰好の機会として利用しながら、有志がかかわる任意の団体であった龍王会を別所町の団体として承認した。龍王会を別所町（若王子神社のジョンマイジョ）という名称に変更することによって、別所町の公的な保存会として盛り上げていこうという趣旨である。すなわち、龍王会はふるさと文化再興事業において映像記録を作成する事業の受け皿として、若王子神社のジョンマイジョを伝承する保存会という性格を託されたわけである。これは自由な雰囲気を醸し出すことによって数多くの若者を引きつけている龍王会を支援することによって、別所町がジョンマイジョを伝承する環境を整備する試みであるともいえるだろう。

(2) 服装・持ち物

平成十三年の段階において、ジョンマイジョの装束は用意されていなかった。だが、龍王会は神輿を担ぐさい着用するべく、「播州若王子神社龍王会」という文字を染め抜いた白い法被、ネルの白い腰巻（お腰）、黒い地下足袋を揃えていたため、ジョンマイジョにもこうした装束を流用した。したがって、平成十三年のジョンマイジョは赤い鼻高面を被り、白い法被に紅白の襷をかける。そして、ネルの白い腰巻をつけて、黒い地下足袋を履くというものであった。もちろんこれはあくまでも臨時の措置である。

平成十六年は旧来の様子に近づけるべく、古老の意見を参照しながらジョンマイジョの装束を新調した。といっても、襷は以前のものを使用している。現在、上半身は若王子神社の菊の紋が入った青い上着に濃紺の手甲をつけて、菊の紋が入った濃紺の前垂れを着用した上で、紅白の襷をかける。下半身は菊の紋が入った青いズボンに濃紺の脚絆をつけている。青いズボンは裁着袴を思わせるものである。そして、白足袋を履いた上で、紅白の鼻緒をつけた草鞋を着用する。だが、平成十六年は「黒い地下足袋に滑り止めの荒縄を二回巻く」（『加西市史』第六巻）というものであったらしい。

赤い鼻高面は頭と顎の部分に穴が開けられていたため、平成十三年に修理したさい、白くて長い毛をたっぷり植え付けた。一方、獅子頭は以前のものが破損していたため、平成十三年に新調した。鉾は白い御幣が付されている。楽器は横棒を取り付けた鋲打ち太鼓のみであり、二人が横棒を担い二人が太鼓の両側を打つ。また、菊の紋が入った胴幌を付した獅子頭を持つ役が一人、鉾を持つ介添の役が一人であるが、いずれも前述した白い法被を着用している。

写真1　ジョンマイジョ

(3) 所作

演技の概略は太鼓にあわせて右左に三回、鉾で悪霊を祓うような所作を行なう。そして、「鼻高い」とも「乳大きい」ともいう囃子詞にあわせて、乳と鼻を指す所作を三回行なうものであった。高い鼻を誇示するという所作は日吉神社の龍王舞に類似している。一方、大きな乳を誇示するという所作は自分の体格を自慢していると考えられているが、同時にジョンマイジョが性的なコノテーションをも付与されている消息を暗示しており、はからずもジョンマイジョを道化として造形することに貢献しているはずである。しかも平成十三年十月七日の場合、龍王会の若者は円陣を組みジョンマイジョを囲みながら、前述した囃子詞を張り上げていた。したがって、円陣の内外は若者の熱気と観客の哄笑に満たされて一気に昂揚したのである。

それでも、以前は囃子詞も多くて、一層にぎやかであったらしい。現在は少しばかりおとなしいため、「もっと囃子詞があったほうがいい」とか「神事やから馬鹿騒ぎするのはよくない」とか「最初はそれくらい静かでいい」とかいうような意見が存在しているが、「今のが正しいのか昔のが正しいのかわからんし」、どちらにしても「まだ試行錯誤の段階やし、いろんな人の意見を聞きながら変えていったらいいかなと思っている」ということであった。

また、ジョンマイジョは「鉾で悪霊を突き祓い、神としての強さと威厳を示し、悪霊を拾い集め、最後に悪霊を獅子が噛みくだき退散させる」とも考えられている。じっさい、「別所町で戦前まで行われていた龍王の舞方は、獅子に食べられる役だと思われており、舞方を務める人がいなかったが、本来龍王の舞方は大神に仕える大切な役で、舞方に選ばれるのは誉れである」（『加西市史』第六巻）という。また、「天狗が自分の雄大さと強さを鼓舞するために「乳大きい・鼻高い」の手振り」を行ない、「舞がおわるころ、獅子神楽が神輿の前に邪悪物が現われたと勘違いして噛みついてくるという筋書きで「めでたし、めでたし」で舞が終る」（『Newかさい』第三四三号）ともいわれる。以下、平成十八年度の「ふるさと文化再興事業」の一環として撮影された映像に依拠しながら、所作をくわしく記述してみる。

①ジョンマイジョは直立して、鉾を右手に持ち鉾尻を地面につける。続いて一礼する。一方、獅子は神輿の前に控えている。

②鉾の中央部を右手で、鉾の下部を左手で持ち、鉾先を右斜め前に向ける。太鼓にあわせながら、右足を右斜め前に踏み出して二歩進む。同時に鉾先を右斜め前に突き出して、掬い上げるような所作を二回繰り返す。三歩めで鉾を右斜め前に掲げて大きく掬い上げたら、鉾尻を地面につけながら左手を腰に当てる。その姿勢を保ったまま、弾みをつけながら当初の位置に後ずさる。次に鉾を左手に持ち替えたら、右手を腰に当てて、右側で行なった所作を左側でも繰り返す。すなわち、太鼓にあわせながら、左足を左斜め前に踏み出して二歩進む。同時に鉾先を左斜め前に突き出して、ゆっくり掬い上げるような所作を二回繰り返す。三歩めで鉾を左斜め前に掲げて大きく掬い上げたら、鉾尻を地面につけながら右手を腰に当てる。そして、その姿勢を保ったまま、弾みをつけながら当初の位置に後ずさるのである。以上、右左一回ずつ行なう一連の所作を合計三回繰り返したら、鉾を脇に控えていた介添役に渡す。こうした所作は当事者によって「外敵、悪魔を打ち払う仕業」であると理解されている。囃子は太鼓のみならず、「ジョ、ジョ、ジョンマイ、ジョンマイジョ、ソーレ」という囃子詞も入る。

③左手を腰に当てて直立する。太鼓にあわせながら、右足を右斜め前に踏み出して三歩進む。同時に右手を右斜め

写真2　ジョンマイジョ

前に差し出して、掌を上に向けて人差し指と中指を伸ばして、掬い上げるような所作を三回繰り返す。四歩めで腰を沈めて、右手を上方に大きく掬い上げる。指先を鼻高面の鼻先に近づけたら、右手を腰に当てる。両手を腰に当てたまま、弾みをつけながら当初の位置に後ずさる。次に右手を腰に当てて、右側で行なった所作を左側でも繰り返す。すなわち、太鼓にあわせながら、左足を左斜め前に踏み出して三歩進む。同時に左手を左斜め前に差し出して、掌を上に向けて人差し指と中指を伸ばして、掬い上げるような所作を三回繰り返す。四歩めで腰を沈めて、左手を上方に大きく掬い上げる。指先を鼻高面の鼻先に近づけたら、左手を腰に当てる。そして、両手を腰に当てたまま、弾みをつけながら当初の位置に後ずさるのである。以上、右左一回ずつ行なう一連の所作を合計三回繰り返す。こうした所作は当事者によって「両手を胸元へ持って行き、乳大けとは自分の体格と大きさを表し又両手を胸元に持って行く仕草は鉾で打ち払った外敵悪魔をかき集めている」と理解されている。囃子は太鼓のみならず、手拍子や「ハナターカイ（鼻高い）」という囃子詞も入る。

④両手を腰に当てて直立する。太鼓にあわせながら、右足を右斜め前に踏み出して三歩進む。同時に右斜め前に向かって、掌を上に向けて両手を広げ、胸元に掬い上げるような所作を行なう。四歩めで腰を沈めて、両手を上方に大きく掬い上げる。両手を鼻高面の両横に近づけたら、両手を腰に当てる。その姿勢を保ったまま、弾みをつけながら当初の位置に後ずさる。次に右側で行なった所作を左側でも繰り返す。すなわち、太鼓にあわせながら、

左足を左斜め前に踏み出して三歩進む。同時に左斜め前に向かって、掌を上に向けて両手を広げ、内側に掬い上げるような所作を行なう。四歩めで腰を沈めて、両手を上方に大きく掬い上げる。両手を鼻高面の両横に近づけたら、両手を腰に当てる。そして、その姿勢を保ったまま、弾みをつけながら当初の位置に後ずさるのである。以上、右左一回ずつ行なう一連の所作を合計三回繰り返す。囃子は太鼓のみならず、手拍子や「チチオーケ」（乳大きい）」という囃子詞も入る。

⑤最後の所作が終わり、太鼓のリズムが加速する。両手を腰に当てながら当初の位置に戻ったら、神輿の前に控えていた獅子が正面に進み出る。獅子はジョンマイジョを噛むような所作を行なう。「カモフリ」という。「噛むふり」を意味しているのだろうか。当事者はこうした所作について、「最後にしし頭が現れるのは鉾で打ち払った外敵悪魔を乳大けでかき集め、そのかき集めた物をしし頭が噛付き舞が終了する」と説明している。

3　現行の祭礼の全容

⑴ 日程

若王子神社の祭礼は前述したとおり、かつて祭日を「十六十七日とし十七には古来神輿渡御の式あり従前重陽節の前日なりしが明治四十五年以来十月十七日に改め郷社石部神社へ神幸の式あり」（『神社調書』）というものであった。現在、若王子神社の祭礼は十月の体育の日に先立つ日曜日に実施されている。毎年の祭礼は神事のみであり、子ども神輿が町内を練り歩くだけである。そして三年に一度、若王子神社の神輿が上野町に鎮座する石部神社に渡御している。石部神社の祭礼も同日に実施される。

(2) 行事

①準備：以前はオトウ（祭礼の当番）と青年団が祭礼の準備を担当していた。青年団がなくなった以降は、オトウと消防団が祭礼の準備を担当している。一方、龍王会は祭礼において、かつて青年団がはたしていた役割を継承しているともいえそうである。毎年、祭礼に先立つ一週間は、小学生が午後八〜九時に子ども太鼓、中高生などが午後九〜十時に太鼓と伊勢音頭を練習する。三年に一度、神輿が出るさいは三週間にわたって練習する。消防団と龍王会が最初の一週間に練習する。次の一週間はジョンマイジョの練習、そして最後の一週間は子ども太鼓の練習である。ジョンマイジョは太鼓にあわせて練習するが、「動作は簡単」であるため、一週間程度で大丈夫であるという。といっても、「盛り上がるようにどう表現するか、いかに大きく見せるか」ということに神経を使わなければいけない。

以下、『加西市史』に掲載された報告を紹介しておきたい。「練習は二週間前からで、舞方を決め、若王子神社境内に午後八時に集まり、子供太鼓の練習、次いで青年団による舞の練習が行われる。特に太鼓の音と舞方の速度を合わせるが、素手の舞に入ると少しずつ太鼓を早く打ち、舞も速くなる。太鼓のリズムと舞の練習が難しい。練習が始まった頃は一晩に二度ほど舞うが、調子が合うと一度になり、次第に日を決めて練習するようになる。」（『加西市史』第六巻）

②宵宮：『加西市史』は「二人が若王子神社の境内で舞い上げをする」ことを報告している（『加西市史』第六巻）。

③本宮：本宮についても、『加西市史』に掲載された報告を参照する。「本宮では正午に石部神社宮司による神事の後、神輿に神移しをして渡御にうつる。先頭は子供神輿が行き、次いで宮役員等が高札・赤幟等を持って続き、神輿、太鼓の順となっている。公民館前に神輿を据えて、龍王舞（約五分）が舞われる。舞方の着替えは公民館前の消防団詰所でする。休息後、神輿等は別所町を出て、石部神社神輿と宮前池東端で合流し、池堤を西に鳥居前

まで進む。鳥居から石部神社神輿の次に宮入りする。宮入り後、神事と各町の太鼓奉納の後龍王舞を奉納する。舞方の着替えは社務所内を借りてし、合図と共に青年団一同と境内に向う。神輿前に直径十メートル程の広場を作り、中央で舞う。終ると再び着替え、境内に戻り神輿の還御となる。」（『加西市史』第六巻）

ジョンマイジョは神輿を据えたさいに進み出て舞うものであり、普段は行列の先頭を歩いていない。また、本宮は若王子神社において演じていない。公民館前でしか演じないのである。耕地整理が行なわれる以前はもう少しだけ南に位置する別の場所であったが、どちらにしても石部神社に向かう道筋の「別所最後の場所」であり、行列を送り出す場所であった。すなわち、ジョンマイジョは「村の中では、神社でやらず、村の辻でしかやらなかった」のである。

4　祭礼組織

龍王会は前述したとおり、平成十八年に別所町（若王子神社のジョンマイジョ）という名称に変更されて、別所町の公的な保存会として再出発している。だが、龍王会が若王子神社の祭礼において従来はたしてきた役割はきわめて重要であるため、あらためて言及しておきたい。龍王会は二組の兄弟を中心として発足した。現在も会員じたいは数名のみである。にもかかわらず、龍王会は祭礼に参加する若者を集める原動力として十二分に機能している。

祭礼に数多くの若者が参加しているのは、会員が次世代に呼びかけて太鼓を指導してきた結果として、祭り好きの若者が増加したせいであろう。すなわち、龍王会の会員でなくても、一緒に活動する若者が少なからず存在しており、龍王会もこうした若者に参加することを強制しないのみならず、会員として勧誘することも考えていない。「入りたいといってきたら入れる」が、「いややっていうのをひっぱったってしょうがない」という方針を維持しているのである。

龍王会は「今は若い子らが太鼓叩けるし歌も歌えるし、ジョンマイジョもそれなりに生かしつつ、祭りを楽しむすべを知ってくれつつあるからね」というコメントにも見られるとおり、自分たちの祭礼を「楽しむすべを知る」ことを重視している。これが数多くの若者を集めている最大の理由であろう。小学生の子ども会における事業として太鼓を指導していることもその一例であろうが、じじつ平成十六年の祭礼でも消防団と若者を合わせて三十人程度集まったらしい。神輿を舁きたくても十分な空間を確保することができないくらいであったが、これは神輿を舁く十分な人数が集まらなくて神輿を出せなかった当時を考えてみれば隔日の感がある。

また、最近は龍王会に触発されて、白い法被の下にネルの白い腰巻を着用する若者が年々増加している。ネルの白い腰巻は伝統的な祭礼の装束であり、呉服屋で購入したり祖父や父が使用していたものを借りたりして祭礼に参加する場合が少なくない。昔に倣って伝統的な知識を掘りおこす試みともいえそうであるが、「お腰」が流行してきた理由として「恰好いい」とか「ほんまの服装」とか「若いものからすれば逆に新鮮」とかいったことがあげられる。したがって、これも自分たちの祭礼を「楽しむすべを知る」試みの一つであるということができるだろう。

地域社会における伝統文化は一般的に「漠然と村の行事として、家の戸主として、付き合いのレベルで祭りをやる」、つまり多少なりとも強制的もしくは義務的な性格を帯びてしまいがちであり、必ずしも楽しいものであるといえないかもしれない。そうだとしたら、龍王会は地域社会における伝統文化を今後どう伝承していくのかという課題に対して、はからずも一定の視座を提供していると思われる。伝統文化を地域社会においてどう甦らせていけるのか、どう繋げていけるのか、どう見直していけるのか、どう役立ていけるのか。地域社会における伝統文化を復活すること、継承すること、再評価すること、そして活用することを実践的な方法として構想するさい、龍王会はその基軸として「楽しむすべを知る」ことを重視していたのである。

こうした視座はふるさと文化再興事業においても高く評価されて然るべきであり、一般的な課題として地域社会における伝統文化の未来を構想する上でもきわめて大きな可能性を持っていると思われる。従来、龍王会は必ずしも由来とか由緒とかいったものに大きな関心を払っていなかったように思われる。また、全体としてジョンマイジョや神輿よりも太鼓に関心を持っていたようにも思われる。だが、「保存会や青年団はないけど、実質的に活動する若者たちがおる」ことが別所町によっても高く評価されて、龍王会が別所町（若王子神社のジョンマイジョ）という名称に変更されたことによって、別所町の公的な保存会として従来にもまして多角的な活動が期待される。

いずれにしても、そもそも「楽しむすべを知る」ことを重視することによって数多くの若者を引きつけていた龍王会が保存会に発展していったことは、保存会として見ればきわめてユニークであり、一般に保存会に託された性格を大きく描きなおす可能性を感じさせる。すなわち、別所町（若王子神社のジョンマイジョ）という名称を冠した保存会は、伝統文化を保存するという従来の性格を維持する一方、自由な雰囲気を醸し出しながら「楽しむすべを知る」ことを追求することによって、従来あまり見られなかったユニークな存在形態を獲得していけるかもしれないと思われるのである。今後も若王子神社のジョンマイジョを伝承する環境を整備する試みに期待したい。

5　祭礼の歴史と変容

若王子神社の祭礼を理解するさいは、石部神社の祭礼を視野に収めておかなければならない。石部神社の祭礼はかつて十月十七日に行なわれていた。現在は十月の体育の日に先立つ日曜日に実施されている。「十六日宵宮祭、十七日昼宮祭、十七日は神幸式あり即ち神輿は御旅所なる在田村越水鎮座の村社磯部神社に渡御、祭儀を終つて還御、此時途中に於て同村別所の村社若王子神社及び西在田村下道山の村社磯崎神社の両神輿と出会ひ当社へ倶ひて還御せらる而して祭典後、若王子、磯崎両者の神輿は各々其本社へ還御せらる、なほ当社の神輿舁は年番とし其順序は上野、佐谷、広原、下芥田、上芥田、鴨谷、殿原、北とす」（『神社調書』）というとおり、祭礼において石部神社の神輿は八つの町が毎年交代して担当している。

石部神社の祭礼は石部神社・若王子神社・磯崎神社の神輿が石部神社に集合するという意味において三社立会神事とでもいうべきものであり、日吉神社の七社立会神事をしのばせる。そして、かつては各々の神輿に龍王舞が付随していたのである。昭和三十年代は石部神社でも礒部神社でも龍王舞を演じており、前者は八つの町が毎年交代して龍王舞を演じていた。一方、後者は下道山町の宮崎家が一党で担当していた。また、正徳元年（一七一一）の「東道山村磯崎大明神祭礼規定書」は「りやう舞西道山村かはさかの五郎太夫より出申也」と述べており、やはり特定の家が龍王舞を担当していたことを知らせている。「りやう舞」は龍王舞であろう。石部神社の龍王舞と磯部神社の龍王舞について、『加西市史』はこう述べている。

石部神社ではそれまで毎年神輿当番の町が奉納していた。そのため舞型は各町によって少しずつ違っていたといわれるが、その基本は北条住吉神社に似通っていたという。石部神社の記録によると、大正七年（一九一八）神社創建一千年祭の時、神輿をはじめ神幸諸道具と共に龍王舞の装束を新調したが、その後も破損が激しく、昭和四年再び新調した。この時の装束、鼻高面・鉾・獅子頭胴幌つきが保存されている。鳴物は締太鼓だけで笛はなかった。舞う場所は、神輿渡御の前に石部神社、馬場御旅所内、宮前池横鳥居前、還御の宮入り後境内での四回舞った。／道山礒崎神社の龍王舞は、神輿が石部神社まで渡御する時に舞っていた。渡御中止後舞っていない。龍王舞は、下道山町の宮崎家が代々舞方を務めたという。舞う場所は礒崎神社神輿渡御の前に境内、宮前池横鳥居前、石部神社宮入り後境内の三回舞った。（『加西市史』第六巻）

こうした消息は磯崎神社に関する「古老聞書」として紹介された、「神輿在田村なる郷社石部神社へ渡御途中石部神社、別所なる若王子神社の各神輿と出遭ひ一定の順番に従ひ石部神社へ宮入を行ひ百膳献供の式ありて終了後還幸」（『兵庫県神社誌』中巻）という次第によっても知ることができるだろう。ところで、石部神社の祭礼は明治三十二年（一八九九）と明治三十四年（一九〇一）の二度にわたって、神輿の立会にまつわる不穏な空気が紛議として事件化している。しかも、その顛末を記録した明治四十三年（一九一〇）の「覚書」が残されているのである。以下、全文を紹介する。

明治参拾弐年ノ祭式当日石部神社ノ越水村磯辺神社御旅所ヨリ還幸ト磯崎神社ノ神輿国府寺ノ御旅行幸ト同行北村ヲ経テ石部神社ノ宮前池ノ東方ニ到ル途ニ於テ二神輿ノ衝突ニヨリ紛議ヲ生ジ遂ニ磯崎神社ノ神輿ハ祭式ヲ了ラズ其儘還幸ナシ玉ヒシ以来神輿渡御ノ御式中止トナリタレバ時ノ石部神社々司高橋寿雄氏及ビ在田村長辻徳治郎氏等両神社間ニ仲裁ナシタルモ時機未ダ到ラズ爾来石部若王子ノ二神社ノミ御式ヲ執行ナシ居リシニ明治参拾四年ニ至リ門練リノ行事執行中腹神輿ノ衝突ニヨリ大ニ紛議ヲ生ジ若王子神社ノ神輿ハ其儘還幸ナシ給ヒ夫レヨリ渡御ノ御式ヲ中止セリ爾後三神社ノ祭式ハ恒例ニ悖リ中止ノ姿ニ至レリ爰ニ於テ有志ノ士式ノ再興ヲ唱ヘ勧誘奔走セルアルモ時機未ダ到ラズ為ニ徒労ニ属シタリシカバ明治四拾年早春時ノ在田村長々田広吾氏西在田村長増田利作氏式典ノ衰頽ヲ大ニ慨歎シ三神社間ニ立入リ調和セラル余等其ノ誠意ニ感ジ各氏子一統協議ヲ遂ゲ同年旧暦九月九日未明ニ至リ両氏ノ仲裁ニ従ヒ再ビ古典ニ基キ旧ノ如ク祭式執行ナスベキコトヲ誓ヘリ而シ従来執行セシ御式行事中時トシテ多少ノ衝突ヲ生ズル事項アルヲ慮リ増補更正ヲ加ヘ更ニ行事ヲ定ムル事左ノ如シ

「覚書」は「行事ヲ定ムル事左ノ如シ」と書いた後、「神輿渡御ノ御祭行事」を収めている。前述した事件に学びながら新規に決定した、いわば公式的な次第である。こうした出来事は何度となく繰り返されたようである。近年、別所町の神輿がしばらく石部神社の祭礼に参加していなかったのも、おそらく似たような経緯があったのだろう。いずれにしても、この「神輿渡御ノ御祭行事」が幸いにも龍王舞にも言及しており、石部神社の祭礼における龍王舞の位置について、いささかなりとも知ることができる。

その内容を抜粋して要約しておけば、石部神社の祭礼に登場する龍王舞は石部神社の神輿のみならず、若王子神社の神輿と磯崎神社の神輿にも各々付随していた。若王子神社の龍王舞は若王子神社の神輿が石部神社に渡御するさい、別所町の茶屋の元において演じられる。これが最初の龍王舞である。そして「石部神社宮前池ノ東方田ノ中ニ至リ両神輿ノ化村ヲ経テ別所村ヨリ上野村ニ通ズル往来道ノ辺リヘ還幸成リ玉フ時刻迄憩ヒ給ヒ其間龍王舞ノ式ヲ行フ」(『兵庫県神社誌』中巻)、つまり若王子神社の神輿は石部神社に近い宮前池の東方に位置する田地に移動して、石部神社の神輿と磯崎神社の神輿に合流するべく待機する。といっても大半は休憩しているのだが、その時間に再び龍王舞が演じられるのである。

一方、磯崎神社の龍王舞は磯崎神社の神輿が石部神社に渡御するさい、磯崎神社の鳥居前で演じられる。これが最初の龍王舞である。磯崎神社の神輿はその直後に広原町に移動して休憩するが、その時間に再び龍王舞が演じられる。「夫レヨリ上野村ヲ経テ石部神社ノ鳥居前ヨリ殿原村国府寺ニ至リ暫時御休憩其ノ間龍王舞ノ御式アリ」(『兵庫県神社誌』中巻)、つまり磯崎神社の神輿は上野町に入り石部神社の鳥居を経由して、殿原町の国府寺に到着したら休憩する。すなわち、石部神社の神輿に合流するべく待機するのである。そして、ここでも龍王舞が演じられる。以降は三社の神輿が合流する過程である。前述した「神輿渡御ノ御祭行事」においても、石部神社の神輿の動向を焦点化して記述した部分が最もわかりやすいだろう。

御還幸ノ途次殿原村字松ノ下ニテ磯崎ノ神輿ト御出会ニナリ同神輿ノ後ヨリ御同幸北村ヲ経テ石部神社ノ宮前池ノ東方別所村ヨリ上野村ニ通ズル往来道ニ至リ磯崎神社ノ先トナリ宮前池ノ東端ニテ若王子神社ノ神輿ト御出会同神輿ノ後ヨリ御同行池ノ堤ニテ若王子磯崎ノ両神輿ト共ニ交丈競ベヲ行ヒ鳥居内ニテ若王子ノ神輿ニ先立テ宮入リナシ玉フ事（『兵庫県神社誌』中巻）

かくして、三社の神輿は石部神社に到着する。そして「三神輿ノ鳥居前ニテ行事中鳥居内ニテ各龍王舞ノ御式ヲ行ヒ」（『兵庫県神社誌』中巻）、つまり三社の神輿が石部神社の鳥居前に集結したさいも各々の龍王舞が演じられる。龍王舞が終わったら石部神社・若王子神社・磯崎神社の順序で宮入りが行なわれる。その後は門練りに備えてしばらく休憩するが、「神輿渡御ノ御祭行事」は「門庭ニテ暫時御休憩其ノ間各龍王舞ノ御式アリ」（『兵庫県神社誌』中巻）という。これが最後の龍王舞である。ここでも休憩している時間に龍王舞が各々演じられていることは興味深い。すなわち、龍王舞は立会のみならず宮入りや門練りに対しても、いわば先行する儀礼として演じられていたわけである。

したがって、石部神社の祭礼における龍王舞は立会に代表されるような緊迫した事態に備えるべく、いわば事前的に演じられていたと考えることができるかもしれない。そもそも龍王舞は必ずといってもいいくらい各社の神輿が合流する前後に演じられており、各町が集合するという意味において社会的な葛藤に深くかかわっていると思われる。そうだとしたら、かつて石部神社の祭礼に登場した三種類の龍王舞は神輿の立会に先行して演じられることによって、社会的な葛藤が現実的に表出する可能性――最も端的な形態として喧嘩があげられる――を人々に強く意識させるのみならず、そのような葛藤に対する態勢を準備させることにも貢献していたといえなくもないのである。

参考文献

橋本裕之「神々を繫ぐ者―日吉神社の七社立会神事における竜王の舞の位置―」『国立歴史民俗博物館研究報告』第九八集、国立歴史民俗博物館、二〇〇三年。（本書所収）
橋本裕之「神を降ろす方法――続・声を伴う王の舞」『國文學―解釈と教材の研究―』第五一巻第二号、學燈社、二〇〇六年。（本書所収）
依藤保「北播磨の国人在田氏について――播磨加西郡河内城主の研究――」『歴史と神戸』一六一号、神戸史学会、一九〇〇年。

神々を繋ぐ者

——日吉神社の七社立会神事における竜王の舞の位置

1　はじめに

王の舞は一般に福井県の若狭地方に分布する民俗芸能として知られている。だが、隣接する地域にも数多くの類例が分布していることは、その大半が王の舞という名称を持っていないせいだろうか、必ずしもよく知られていない。たとえば、兵庫県の播磨地方に少なからず分布している竜王の舞はその好例であり、王の舞の典型をなぞっている一方、いわゆる王の舞に見られないユニークな特徴をいくつも備えている。それは播磨地方における竜王の舞が王の舞の特徴に依拠しながらも、個々の祭礼において新しい相貌を派生させていったことをしめしているといえるだろう。

本章はその一端を扱うべく、兵庫県加西市和泉町池上に鎮座する日吉神社の七社立会神事に登場する竜王の舞をとりあげる。すなわち、日吉神社の七社立会神事における竜王の舞の位置について考察しようというのである。日吉神社の竜王の舞は七社立会神事を構成する要素として文脈化されることによって、王の舞が持つ一般的な特徴を踏襲しつつも特異な存在形態を獲得しており、王の舞が個々の祭礼において個性的に展開していった消息の一端をしのばせる。こうした消息は民俗社会における王の舞の歴史、つまり王の舞の民俗史を記述するための、きわめて有効な手がかりを提供しているはずである。

だが、本当は民俗史とかいう表現を用いなくてもいいのかもしれない。折口信夫は「ともかく芸能史といふ以上、一地方の個々の芸能を時代区分式に見るのでなく、日本全体に渉つて、芸能をみるのでなければならぬでせう」(1)と述べていた。したがって、本章は折口の所説に就いておけば、日吉神社の七社立会神事における竜王の舞という個別的な事例をとりあげながらも、王の舞の芸能史を叙述する試みに接続しているということができるのである。ところで、こうした所説を展開するさいは、数多くの論文においてもはや何度も書きつけているので躊躇してしまうのだが、やはり王の舞が持つ一般的な特徴に言及しなければならないだろう。以下、最も基本的であると思われる六カ条をあげておきたい。

（1）祭礼の中では、行列や神輿を先導する機能を担っていると考えられる。
（2）祭礼芸能の一環として、田楽・獅子舞などに先立って演じられる。
（3）しばしば裲襠装束を着用し、鳥甲に赤い鼻高面をつける。
（4）前段は鉾を持ち後段は素手で、四方を鎮めるかのように舞う。反閇の芸能化と理解することもできる。
（5）人差し指と中指を揃えて伸ばし、薬指と小指を親指で押さえる剣印が舞の要素をなしている。
（6）楽器としては、太鼓・笛が用いられている場合が多い(2)。

2　播磨地方における竜王の舞

播磨地方における王の舞についても概観しておかなければならないだろう。竜王の舞という名称を持っていない事例も含まれているが、広く王の舞であると考えられる事例を集成する(3)。そして、播磨地方における竜王の舞の存在形態を前提することによってこそ、日吉神社の七社立会神事に登場する竜王の舞をも正しく理解することができるはずである。すなわち、「ひとまず芸能の祖型を抽出しておき、その祖型を指標として用いながら民俗社会における変容の諸相を測定、そこに民俗や民衆の心性を解読する」、つまり「変容した部分に地域的位相をみる(4)」という方法は、全国的な規模のみならず地方的な規模においても有効であると思われる。

（1）　兵庫県加東郡社町上鴨川の住吉神社のリョンサンの舞。さまざまな翁や高足を含む田楽等であまりにもよく知られている一連の神事において、十月四日の宵宮と十月五日の祭礼でリョンサンの舞（王の舞）が演じられる。鼻が上方垂直に曲がった赤茶色の鼻高面と紙製の鳥甲を被り、薄茶色の上衣と括袴、チョウガクシと呼ばれる裲襠を着用して、腹前で太刀と小刀を交差させる。御幣をつけた鉾を持って舞庭に登場、前段は鉾を持って、後段は素手で（剣印を含む）約四十分もの長丁場を演じきる。その演技はきわめて不自然な動作と姿勢を強調するものであり、若者の通過儀礼という性格を強く感じさせる。楽器は田楽で使用する締太鼓、そして鉦打太鼓と笛である。昭和六十年（一九八五）と昭和六十二年（一九八七）に実見した。

（2）　兵庫県多可郡八千代町天船の貴船神社の竜王の舞。四つの集落が参加する十月十日の祭礼で竜王の舞（王の舞）・神楽の舞（獅子舞）・ゲーゲー（田楽）が演じられる。十月九日の宵宮も同様である。竜王の舞はリョンサンの舞ともいう。顎の部分に紅白の紙片を貼りつけた赤い鼻高面、同じく紅白の紙片を貼りつけた長方形の紙笠を被り、薄茶色の上衣と赤茶色の袴を着用して、鉾を持って演じる。はじめは神前に進み出て鉾で地面に三本の線を引き、続いて鉾をふりまわしながら神社の境内を駆けまわり、鉾を四方に大きく突きあげる。観客は鉦打太鼓にあわせて「りょうおんりょうおん」という。竜王の舞は松明を持った猿田彦がこの地に降臨して、田畑を測量した故事にちなむといわれている。そして、神楽の舞は村人がこの地を開墾する様子を模しているというのである。昭和六十年と平成十八年（二〇〇六）に実見した。

（3）　兵庫県多可郡八千代町柳山寺の大歳神社の天狗飛び。十月十日の祭礼で天狗飛び（王の舞）・田楽踊・獅子舞が演じられる。天狗飛びは赤い鼻高面を被り茶色の上衣と括袴を着用して、鉾を持って演じるものである。現在は鉦打太鼓にあわせて境内を駆けまわるばかりであり、決まった所作を残していない。昭和六十二年と平成十八年に実見した。

（4）　兵庫県加西市北条町北条の住吉神社の竜王の舞。四月三日の節句祭に竜王の舞（王の舞）と鶏合わせが出る。かつては獅子舞も演じられたらしい。竜王の舞はジョ舞ともいう。東郷（栗田）と西郷（小谷）が各々一人ずつ演じる。赤い鼻高面、紙製の鳥甲を被り、茶色の上衣と括袴、紋をあしらった裲襠を着用して、太い赤襷で両袖をしぼる。前段は鉾を持って、後段は素手で演じる。前段・後段ともに剣印を多く含む。楽器は鉦打太鼓と笛である。昭和六十三年（一九八八）に実見した。同町福居の若宮神社にも同種の竜王の舞が残っているというが、本章を執筆した時点で未見。平成十六年（二〇〇四）にようやく実見した。

（5）　兵庫県姫路市船津の正八幡神社の竜王の舞。十月十日の祭礼で竜王の舞（王の舞）が演じられる。竜王の舞はジョ舞ともいう。赤い鼻高面、紙製の巨大な鳥甲を被り、胸部に紋をあしらった赤い装束で全身をつつみ、太い緑襷をかける。前段は鉾を持って、後段は素手で演じる。楽器は締太鼓と笛である。かつては一つ物・獅子舞・流鏑馬等もあったらしい。昭和六十二年・平成十六・平成十八年に実見した。

（6）　兵庫県神崎郡福崎町西田原の熊野神社の竜王の舞。十月十日の祭礼で竜王の舞（王の舞）が演じられる。ジョ舞ともいう。赤い鼻高面と一般的な鳥甲を被り、赤い装束で全身をつつみ、太い赤襷をかける。前段は鉾を持って、後段は素手で演じる。楽器は締太鼓と笛である。昭和六十二年と平成十八年に実見した。

（7）　兵庫県神崎郡福崎町八千種の大歳神社の竜王の舞。十月十日の祭礼で竜王の舞（王の舞）が演じられる。ジョ舞ともいう。赤い鼻高面と一般的な鳥甲を被り、赤茶色の装束で全身をつつみ、太い二色襷（白および赤茶色）をかける。綿をつめて大きく膨らませた腹部が異彩を放っている。前段は鉾を持って、後段は素手で演じる。楽器は締太鼓と笛である。昭和六十二年と平成十八年に実見した。かつては同郡市川町下瀬加の天満神社の青菜祭でも竜王の舞が演じられたという。

（8）兵庫県加西市和泉町池上の日吉神社の竜王の舞。十月十日の山王祭で行なわれる七社立会神事で、竜王の舞（王の舞）と獅子舞が演じられる。現在は隔年。竜王の舞はジョ舞ともいう。赤い鼻高面を被り鉾を持って、神輿に向かって演じるものであり、本章においてくわしく論述する。平成八年（一九九六）に実見することができた。以降も平成十二年（二〇〇〇）と平成十三年（二〇〇一）に実見している。かつては同市上野町の石部神社にも同種の竜王の舞があった。

以上、播磨地方における王の舞を見てきたが、とりわけ竜王の舞という名称を持つ事例に留意してほしい。播磨地方における王の舞は（3）を除けば、いずれも竜王の舞として定着しており、何よりもその名称にこそ王の舞が民俗社会において変容していった痕跡が刻みこまれているということができる。だが、同時に個々の事例に刻みこまれた痕跡も存在する。たとえば、本章で扱うことはできないが、（7）の事例が腹部を大きく膨らませていることも、その好例としてあらためて考慮しなければならないだろう。そして、こうした痕跡は（8）の事例にも見つけることができる。しかも、それは日吉神社の竜王の舞に見られる特異な存在形態でありながらも、王の舞が持つ一般的な特徴に淵源している可能性、つまり王の舞がそもそも請け負っていた役割に規定されている可能性を感じさせるのである。

3　日吉神社の七社立会神事

日吉神社の竜王の舞は前述したとおり、七社立会神事を構成する要素として文脈化されている。したがって、日吉神社の竜王の舞に見られる存在形態を検討するさいは、まずもって七社立会神事に言及しておかなければならないだろう。といっても、実際は七社立会神事じたい興味深い問題を少なからず内在させている。本来ならば竜王の舞に限定しないで広く論述するべきであろうが、依然として断続的な現地調査の成果を積み重ねている最中であるため、七社立会神事の全体を民俗誌として記述する試みは今後を期するしかなさそうである。本章はとりわけ竜王の舞に関係する部分を焦点化しながら、七社立会神事の概況のみ紹介しておきたいと思う。たとえば、兵庫県の祭礼を集成した書物の一つは、七社立会神事についてこう概説している。

十月十日（以前は九月九日）、七神社の立合い神事がある。早朝、神官により、それぞれの社の神霊が各神輿に遷される。午前十一時、各神輿は太鼓に先導され、お旅所へと向う。一番に到着した神輿が、お旅所の注連縄を切って入場。お旅所に七台の神輿が出揃うと、前でジュ舞（竜王の舞）と獅子舞とが行われる。金幣持ちが金幣にて神輿を祓い、続いて神酒・洗米・干し魚等が供えられ、宮司が続く。次に童女が、鶴の御供（椎の枝で蒸した米を包み鶴を象ったもの）を供える。終了後、太鼓と共に各神輿は、練りつつ日吉神社へと向う。境内に入った後も順に練る。そして拝殿前の所定の位置に並び、しばし休憩ののち本社祭が執行される。祝詞太鼓が叩かれ、神輿は社前を横一列のまま行ったり来たりして練る。終了後、七台の神輿は拝殿に上げられ亀の御供（前記同様の亀形のもの）が供えられる。これが終わると、それぞれの社に還御する。(5)

こうした概況のみによって判断するならば、七社立会神事における竜王の舞がユニークな特徴を備えていることはまったくわからない。だが、七社立会神事が七社の神輿を集合させて合同で行なわれる祭礼であったことは、竜王の舞が新しく請け負った役割を検討するさいも重要である。幸いにも竜王の舞を担当する河内町の動向に留意しながら七社立会神事を紹介した報告が存在するので、以下において参照してほしい。七社立会神事は河内町に関していえば、氏神である六所神社において執行される神事の延長線上にこそ存在している。

氏神・六所神社の祭礼は、古くは九月九日であったが、いまは十月十日に改められた。神事は日吉神社（山王大権現惣社）へ神輿が渡御し、その社頭でおこなわれる。当日の早朝、氏子は六所神社に参集し、まずご神体を神輿に移座申しあげる。その後、高札・太鼓・幟・毛槍・神輿の順に行列を組み、まず普光寺境内の元宮へと練る。（中略）以前は午前九時頃、野上の大歳神社の神輿が旧普光寺村まで出むき、六所神社へ「七度半の使者」をさしむけた（現在は廃止）。六所社の神輿はこの使者をうけておもむろに出発、大歳社の待つ所につき、二つの神輿の前でジョマイジョー（陵王舞・龍王舞）が奉納される。仕手は河内である。二社がそろって甲和泉まで進むと有馬神社（和泉町）をさそった新宮神社（山田町）の神輿が待ちうけており、四社の前でふたたびジョマイジョーが演ぜられる。四神輿は新宮・大歳・有馬・六所の順で南下し、八王子神社と合同する。八王子社は午前九時半頃に出発、馬渡谷の二つ池の峠で小休し、四社の和泉到着時刻を見はからっていっしょになる。五社は、西より新宮・大歳・六所・有馬・八王子と、六所を中心に南面して並列する。ここでまたジョマイジョーが献ぜられ、日吉神社へとつくのである。(6)

平成八年以降に実施した現地調査の成果に依拠しながら補遺しておけば、竜王の舞は河内町において計二回演じられる。すなわち、普光寺の仁王門脇、そして六所神社の神輿と大歳神社の神輿が合流する四辻（かつては才の元）である。竜王の舞はいずれも一時的に据えられた神輿に向かって演じるというものであり、以降もその形式が採用される（毎回、王の舞に続いて獅子舞も登場するが、こちらは極端に簡略化している）。有馬神社の神輿と新宮神社の神輿が和泉町（旧河原村）で合流するさいも、こうした形式に則って竜王の舞が演じられる。だが、八王子神社の神輿は以前こそ和泉町の出口西浦で合流していたが、現在もはや七社立会神事に参加していない。神輿の立会も存在しないため、竜王の舞は演じられないのである。したがって、八王子神社の神輿についてのみ、喜多慶治の報告を引用することによって補遺しておきたい。

油谷田谷の八王子神社の神輿は、午前九時半頃出輦、途中馬渡谷の二ツ池畔で小憩、前述の四神輿が西浦に着く時間を見計って西浦へ着くが、西浦では合流する五神輿は南向き一列に並び、西端から山田新宮社、野上大歳社、河内六処社、和泉有馬社、油谷八王子社の順に東へと並ぶ。こゝで再び竜王の舞を舞う。／次いで五社の神輿発輦、日吉神社本殿裏を廻って、池上の御旅所に入る。この五社神幸の順序は、山田新宮社→野上大歳社→和泉有馬社→油谷八王子社→河内六処社の順である。最近油谷田谷は立会祭に参加しなくなったので、西浦での竜王の舞は省略、直接御旅所入りとなる。(7)

以上、七社立会神事を構成する儀礼の細則は、竜王の舞がいかなる役割を請け負っているかを示唆しているようにも感じられる。すなわち、竜王の舞はあくまでも河内町が担当するものであるが、各社の神輿が合流するたび必ず演じられているのである。だが、七社立会神事における竜王の舞の位置を性急に解釈することは少しばかり禁欲して、やはり七社立会神事の概況を見極めるべきであろう。再び竜王の舞を担当する河内町の動向に留意しながら七社立会神事を紹介した報告を参照する。事態はもはや七社立会神事のクライマックスに突入している。

和泉でそろった五社の神輿は、新宮・大歳・有馬・八王子・六所の順で出発し、日吉神社の裏手を通り池上の御旅所に到着する。これよりさき、中富の磯部・別府の大歳の二神輿は御旅所にいたり、五社を待つのが恒例である。旅所でそろった七社は、南より大歳(別府)・磯部・大歳(野上)・六所・新宮・有馬・八王子と東面して横列にならぶ。時刻はちょうど昼頃となる。ここで七神輿に「献供の式」がある。この儀式は、旧例にのっとり池上の少女七人が椎柴につつんだ御供をたてまつるのである。／献供が終ると、新宮・大歳（野上）・有馬・八王子・磯部・大歳（別府）・六所の順で池上御旅所八十三番の田に入り、「丈くらべ」の式をおこなう。この時またジョマイジョの奉納があり、日吉神社へとむかう。社前でしばらく神輿を練り、やがて宮入りとなる。古くは七神輿を神前にかつぎ入れてすえならべたが、現在では拝殿にすえおき、高札のみを神殿に入れる。ここでふたたび椎柴御供の奉献があり、神事はすべて終了、各神輿の還御とする。／六所神社の神輿は、無事帰還すると神移しの式をおこない、御神体を本殿にいつきまつる。その後恒例の餅まきの儀があり、盛大な秋の祭礼は終りをつげるのである。(8)

再び平成八年以降の現地調査に依拠して補遺しておけば、竜王の舞は六社の神輿が合流する御旅所においても演じられる。すなわち、最後に到着した六所神社の神輿が御旅所の広場に据えられる。そして、竜王の舞が神輿に向かって演じられるのである。この直後に六所神社の神輿は所定の場所、つまり横一列に並べられた神輿の中央に移動する。一方、向かって左端はそもそも八王子神社の神輿が収まるべき場所であった。だが、現在は六所神社の神輿が中央に据えられた後、この場所に子供神輿が収められている。いずれにしても、六社の神輿および子供神輿が所定の位置に収まったところを見計らって、ようやく椎柴の御供を献上する儀礼が行なわれるのである。

また、七社の神輿が「せいくらべば」（御旅所と日吉神社の中間にあった）に移動してくりひろげた「丈くらべ」の式、一般に「せいくらべ」とも呼ばれている儀礼は「何れの神輿も舁夫一同出来る限り手を延ばし神輿を指し上げ其の高さを競ふ(9)」ものであり、「呼吸が合うと、さし上げた左腕の伸ばした指先に舁ぎ棒を乗せるという(10)」こともあったらしい。だが、頻繁に喧嘩がおこり怪我人が出る場合もあったため、現在は行なわれていない。したがって、竜王の舞も演じられていないのである。せいくらべは往時の七社立会神事において最も多くの人々を集めたスペクタクルであったらしい。そう考えれば、竜王の舞もその直後に演じられることによって、最も多くの人々に見られる機会を得たということができるだろうか。

4　七社立会神事における七社

以上、日吉神社の七社立会神事の概況のみを紹介してきた。だが、七社立会神事の全体を民俗誌として記述する試みは措くとしても、依然として残されている問題が存在する。七社立会神事における竜王の舞の位置について考察するためにも、やはり紙数を割いて扱っておかなければならないだろう。それは七社立会神事における七社の実態はいかなるものであったのかという問題である。というのも、七社の中身は歴史的に見た場合、どうやら変動していた、つまり若干の異同があったらしい。あらためて喜多の報告を参照しつつも、昭和十三年（一九三八）に刊行された『兵庫県神社誌』中巻における記事を検討することによって、少しばかりくわしく見ておきたい。

喜多は七社が「日吉神社を中心にして周辺約四㎞の半径内にある」[11]ことを指摘した上で、七社の実態を紹介している。すなわち、（1）加西市鍛冶屋町（旧多賀野村油谷、田谷入会地）の八王子神社、（2）加西市河内町（旧多賀野村河内）の六処神社、（3）加西市野上町（旧多賀野村野上）の大歳神社、（4）加西市山田町（旧多賀野村山田）の新宮神社、（5）加西市和泉町（旧多賀野村和泉）の有馬神社、（6）加西市中富町（旧在田村中富）の磯部神社、（7）加西市別府中町（旧富谷村別府）の大歳神社であり、この七社の神輿が決まった順序で日吉神社に渡御して、合同で祭礼を執行するというのである。喜多が調査した当時、祭礼は毎年の旧暦九月九日に行なわれていたらしい。[12]

こうした次第はほかにも確認することができる。たとえば、『神社調書』は古例祭の祭日が旧暦の九月九日であること、七社が（1）多加野村油谷田谷立会地郷社八王寺神社、（2）同村和泉（旧名富家河原ノ併合）有馬神社、（3）

同村山田村社新宮神社、（4）同村野上村社大年神社、（5）在田村中富村社磯部神社、（6）富谷村別府村社大歳神社、（7）多加野村河田村六所神社であることを記録しており、[13] 喜多が報告した内容ともほぼ重なっている。だが、『兵庫県神社誌』中巻は「古老聞書」として磯部神社の神輿に関する興味深い伝承を紹介している。

中富及び笹倉の氏子が舁き奉る中富の磯部神社の神輿の高札のみは其の村はづれに於て郷社石部神社の方に赴く真似をなして約一丁を迂回して当社に来る然るに高札に随ふ神輿は高札の如く迂回せずして進み其の迂回し来りし高札を先に立てゝ当社に渡御し来る是れ蓋し往時磯部神社の神輿が郷社石部神社に渡御したりしを何時の頃にか当社への渡御を初めし結果其旧風を高札の迂回によりて示したるものならん／かくて磯部神社を除きたる六社は古来より当社へ渡御したる事明かなるも其の六社の神輿の数は当社七座の数と一致せざるもの有り其の不足の一神輿は今日郷社八王子神社に保存せるは八王子神社の別当寺たる奥山寺の鎮守妙見大明神のものなるべし即ち磯部神社神輿の渡御前には奥山寺と妙見大明神の神輿が渡御したるものならん[14]

この伝承は七社立会神事に登場する神輿に関して、八王子神社の別当寺である奥山寺の鎮守として祀られていた妙見神社の神輿がいつしか磯部神社の神輿に入れ替わった消息を知らせている。一方、宝暦十二年（一七六二）ごろに成立したといわれる『播磨鑑』は、九月九日の七社立会神事に神輿を出す七社として六所権現（普光寺）・新宮大明神（田井村）・大歳大明神（野上村）・妙見大明神（別府村）・磯部大明神（中富村）・庄間大明神、今有馬大明神（富家村）・大八王子（宇仁庄奥山寺）をあげており、[15] 磯部大明神（中富村）と大八王子（宇仁庄奥山寺）が同時に参加している。この大八王子は八王子神社と奥山寺の妙見神社のどちらを意味しているのだろうか。両者はそもそも一体であったとも考えられるが、大八王子という表現を使用している以上、おそらく郷社の八王子神社であろう。

いずれにしても、当初こそ八王子神社と奥山寺の妙見神社はどちらも七社立会神事に神輿を出していたが、宝暦十二年よりも早い時期に奥山寺の妙見神社の神輿が磯部神社の神輿に差し替えられたのかもしれない。そうだとしたら、磯部神社の神輿は遅れて参入したという意味で、七社立会神事において微妙な立場に置かれているようにも感じられる。ところが、『大宮縁起』は七社の神輿が整列した様子について、「七社神輿并座拝殿則中者六所権現左三社先神宮大明神次往昔奥山寺妙見宮大明神今有馬大明神次八王子右三社先大歳大明神次磯辺大明神次妙見大明神」という。[16]すなわち、かつては奥山寺の妙見神社の神輿が七社立会神事に参加していたが、ある時期に有馬神社の神輿に入れ替わったというのである。この伝承はどう解釈したらいいのだろうか。

現在、かくも錯綜した伝承が総体として含意するところを解読することは、残念ながらできそうにもない。今後を期さなければならないが、当面は七社の中身が変動していたこと、にもかかわらず七社の数じたいは変動していないことを確認しておけばいいだろう。ところで、七社立会神事における異同は今日でも少なからず見られる。たとえば、かつて毎年の旧暦九月九日であった祭日は、隔年（偶数年）の十月十日に変更されている。また、現在の七社立会神事において、八王子神社の神輿は参加していない。その直接的な理由は詮索しないとしても、八王子社の神輿に付与された集合的な記憶が作用しているとも考えられるだろうか。

『神社調書』は多加野村の国政・青野・小印南・大工・馬渡谷・鍛冶屋・田谷・油谷について、「右は明治以前外氏子なりしに明治以後は産土神社たる八王子神社を郷社として其の氏子となれり然れども秋祭即ち七社立会の祭典には慣行により神輿の渡御を今猶継続し来る」[17]という。そして、八王子神社じたいの祭礼は七社立会神事の翌日に独立して行なわれており、八王子神社の神輿のみならず奥山寺の妙見神社の神輿も出御していたのである。[18]そうだとしたら、八王子神社の神輿も七社立会神事において微妙な立場に置かれていたのかもしれない。だが、あらためて御旅所において八王子神社の神輿があるべき場所に収まった神輿が子供神輿であったことを思い出してほしい。ここにも七社の中身が変動したにもかかわらず、七社という数をあわせることが強く意識されている消息の一端がうかがわれるはずである。

それは日吉神社が比叡山の日吉大社における上七社を勧請したものであるという伝承に立脚している一方、おそらく日吉神社によって繋がれた地域に埋めこまれた集合的な記憶の産物でもあろう。中澤章浩は「各所の神社に奉斎する祭神を一ケ所に勧請し合祀した神社を総社というが、総社あるいはお旅所に各社の神輿が集合して合同祭祀が行われること」をとりあげ、こうした「出合い祭」が「総社に関係なく、互いに以前何らかの関係があった神社の神輿どうしであったりもする」(19)ことを指摘している。そして、兵庫県の祭礼においても具体的な事例をあげていた。

新井神社（氷上郡柏原町大新屋）は五ケ村の総社であり、各社の神輿が出合い、祭礼が執り行われる。石部神社（加西市上野町）でも、若王子神社の神輿と出合い、境内で合同の祭祀を行う。日吉神社（加西市池上町）では七社の各神輿が先ずお旅所へ集合し、続いて本社で立合い神事を行う。以前は三体で宮入りしたという。その他各地で見ることができる。出合い神事では神輿の進行に伴い、かつてはその順序が云々され問題になるケースが多かったようである。(20)

このような、いわば不穏な痕跡が日吉神社の七社立会神事にも少なからず刻みこまれていることは、もはやいうまでもないだろう。したがって、七社立会神事は七社立会神事じたいが抱えこまざるを得なかった理念と実際の葛藤を飼い慣らしながら続けられてきたはずである。その方法はいかなるものであったのか。かくして、七社立会神事における竜王の舞の位置が考察するべき問題として浮かびあがる。すなわち、竜王の舞は七社立会神事を文字どおり構成する方法として登場することによって、七社立会神事の理念と実際を調停することに貢献していたと考えられるのである。だが、もう一度だけ七社立会神事における竜王の舞の位置を解釈する試みを遅延させておきたい。というのも、中澤も言及していた石部神社の祭礼が、わずかながらであるが本章の関心を側面的に支持する手がかりを残しているように思われる。

5　石部神社の竜王の舞

わずかながらと断っておいたのは、以前は石部神社の祭礼でも見ることができた竜王の舞が今日もはや演じられていないのみならず、その痕跡にしてもようやく確認することができる程度の微弱なものでしかないせいであった。石部神社の祭礼こそ平成十三年十月七日に実見しているが、肝心の竜王の舞が消滅してしまった以上（鼻高面や装束などは残っている）、本章の関心を側面的に支持する手がかりはあまりにも乏しいといわざるを得ない。だが、幸いにも前述した『兵庫県神社誌』中巻がくわしい記録を掲載している。したがって、以下はその内容を検討することによって論述していきたいと思う。

兵庫県加西市上野町に鎮座する石部神社の祭礼は、かつて十月十六日に行なわれていた。『神社調書』が「十六日宵宮祭、十七日昼宮祭、十七日は神幸式あり即ち神輿は御旅所なる在田村越水鎮座の村社磯部神社に渡御、祭儀を終つて還御、此時途中に於て同村別所の村社若王子神社及び西在田村下道山の村社磯崎神社の両神輿と出会ひ当社へ倶ひて還御せらる而して祭典後、若王子、磯崎両者の神輿は各々其本社へ還御せらる、なほ当社の神輿舁は年番とし其順序は上野、佐谷、広原、下芥田、上芥田、鴨谷、殿原、北とす(21)」というとおり、祭礼において石部神社の神輿は八つの町が毎年交代して舁いている。

また、「神輿は御旅所なる在田村越水鎮座の村社磯部神社に渡御、祭儀を終つて還御、此時途中に於て同村別所の村社若王子神社及び西在田村下道山の村社磯崎神社の両神輿と出会ひ当社へ倶ひて還御せらる」というのも興味深い。すなわち、この祭礼は石部神社・若王子神社・磯崎神社の神輿が石部神社に集合するという意味で、三社立会神事とでもいうべきものであり（特別な名称こそ冠していないが）、日吉神社の七社立会神事をしのばせるのである。こうした消息は磯崎神社に関する「古老聞書」として紹介された、「神輿在田村なる郷社石部神社へ渡御途中石部神社、別所なる若王子神社の各神輿と出遭ひ一定の順番に従ひ石部神社へ宮入を行ひ百膳献供の式ありて終了後還幸」(22)という次第によっても知ることができるだろう。

じっさい、石部神社の祭礼が日吉神社の七社立会神事とも一定の関係を持っており、少なからず交渉していた可能性はきわめて大きい。七社立会神事に参加する磯部神社の神輿に興味深い伝承が付与されていることは、もはや前述したとおりであるが、あらためて参照してほしい。それは「中富及び笹倉の氏子が舁き奉る中富の磯部神社の神輿の高札のみは其の村はづれに於て郷社石部神社の方に赴く真似をなして約一丁を迂回して当社に来る然るに高札に随ふ神輿は高札の如く迂回せずして進み其の迂回し来りし高札を先に立てゝ当社に渡御し来る是れ蓋し往時磯部神社の神輿が郷社石部神社に渡御したりしを何時の頃にか当社への渡御を初めし結果其旧風を高札の迂回によりて示したるものならん」というものであった(23)。

石部神社の祭礼に関していえば、明治三十二年（一八九九）と明治三十四年（一九〇一）の二度にわたって、神輿の立会にまつわる不穏な空気が紛議として事件化している。しかも、その顚末を記録した明治四十三年（一九一〇）の「覚書」が残されているのである。おそらく日吉神社の七社立会神事においても似たような紛議は存在したであろうが、残念ながら（でもないだろうが）文書として確認することができなかった。したがって、この文書は七社立会神事が抱えこまざるを得なかった理念と実際の葛藤、そしてそのような葛藤を飼い慣らす過程について考えるさいにも、きわめて有益な手がかりを提供しているということができるだろう。以下、全文を紹介する。

明治参拾弐年ノ祭式当日石部神社ノ越水村磯辺神社御旅所ヨリ還幸ト磯崎神社ノ神輿国府寺ノ御旅行幸ト同行北村ヲ経テ石部神社ノ宮前池ノ東方ニ到ル途ニ於テ二神輿ノ衝突ニヨリ紛議ヲ生ジ遂ニ磯崎神社ノ神輿ハ祭式ヲ了ラズ其儘還幸ナシ玉ヒシ以来神輿渡御ノ御式中止トナリタレバ時ノ石部神社々司高橋寿雄氏及ビ在田村長辻徳治郎氏等両神社間ニ仲裁ナシタルモ時機未ダ到ラズ爾来石部若王子ノ二神社ノミ御式ヲ執行ナシ居リシニ明治参拾四年ニ至リ門練リノ行事執行中腹神輿ノ衝突ニヨリ大ニ紛議ヲ生ジ若王子神社ノ神輿ハ其儘還幸ナシ給ヒ夫レヨリ渡御ノ御式ヲ中止セリ爾後三神社ノ祭式ハ恒例ニ悖リ中止ノ姿ニ至レリ爰ニ於テ有志ノ士式ノ再興ヲ唱ヘ勧誘奔走セルアルモ時機未ダ到ラズ為ニ徒労ニ属シタリシカバ明治四拾年早春時ノ在田村長々田広吾氏西在田村長増田利作氏式典ノ衰頽ヲ大ニ慨歎シ三神社間ニ立入リ調和セラル余等其ノ誠意ニ感ジ各氏子一統協議ヲ遂ゲ同年旧暦九月九日未明ニ至リ両氏ノ仲裁ニ従ヒ再ビ古典ニ基キ旧ノ如ク祭式執行ナスベキコトヲ誓ヘリ而シ従来執行セシ御式行事中時トシテ多少ノ衝突ヲ生ズル事項アルヲ慮リ増補更正ヲ加ヘ更ニ行事ヲ定ムル事左ノ如シ(24)

本章においても度々言及しているが、日吉神社の七社立会神事に参加している中富町の磯部神社の神輿に関して、その高札だけはあたかも石部神社に向かうとでも思わせるような迂回路を取る。この伝承が磯部神社の神輿に付与された集合的な記憶を反映しており、参加する祭礼を変更させてしまうくらい重大な出来事がおこったことを暗示しているとしたら、それも案外こうした事件に関係しているのかもしれないと感じられるのだが、はたして真相はいかなるものであったのか。ところで、「覚書」は「行事ヲ定ムル事左ノ如シ」と書いた後、「神輿渡御ノ御祭行事」を収めている。前述した事件に学びながら新規に決定した、いわば公式的な次第である。この「神輿渡御ノ御祭行事」が幸いにも竜王の舞にも言及しており、石部神社の祭礼における竜王の舞の位置について、いささかなりとも知ることができるのである。

その内容を抜粋して要約しておけば、石部神社の祭礼に登場する竜王の舞は若王子神社の神輿と磯崎神社の神輿に各々付随しており、郷社である石部神社の神輿に関係していない。したがって、石部神社の竜王の舞と書いたばかりであるが、実際はむしろ若王子神社の竜王の舞であり磯崎神社の竜王の舞であった。前者は若王子神社の神輿が石部神社に渡御するさい、別所町の茶屋の元において演じられる。これが最初の竜王の舞である。そして「石部神社宮前池ノ東方田ノ中ニ至リ両神輿ノ化村ヲ経テ別所村ヨリ上野村ニ通ズル往来道ノ辺リヘ還幸成リ玉フ時刻迄憩ヒ給ヒ其間龍王舞ノ式ヲ行フ(25)」、つまり若王子神社の神輿は石部神社に近い宮前池の東方に位置する田地に移動して、石部神社の神輿と磯崎神社の神輿に合流するべく待機する。といっても大半は休憩しているのだが、その時間に再び竜王の舞が演じられるのである。

一方、後者は磯崎神社の神輿が石部神社に渡御するさい、磯崎神社の鳥居前で演じられる。これが最初の竜王の舞である。磯崎神社の神輿はその直後に広原町に移動して休憩するが、その時間に再び竜王の舞が演じられる。「夫レヨリ上野村ヲ経テ石部神社ノ鳥居前ヨリ殿原村国府寺ニ至リ暫時御休憩其ノ間龍王舞ノ御式アリ(26)」つまり磯崎神社の神輿は上野町に入り石部神社の鳥居を経由して、殿原町の国府寺に到着したら休憩する。すなわち、石部神社の神輿に合流するべく待機するのである。そして、ここでも竜王の舞が演じられる。以降は三社の神輿が合流する過程である。石部神社の神輿の動向を焦点化して記述した部分が最もわかりやすいだろう。

御還幸ノ途次殿原村字松ノ下ニテ磯崎ノ神輿ト御出会ニナリ同神輿ノ後ヨリ御同幸北村ヲ経テ石部神社ノ宮前池ノ東方別所村ヨリ上野村ニ通ズル往来道ニ至リ磯崎神社ノ先トナリ宮前池ノ東端ニテ若王子神社ノ神輿ト御出会同神輿ノ後ヨリ御同行池ノ堤ニテ若王子磯崎ノ両神輿ト共ニ交丈競ベヲ行ヒ鳥居内ニテ若王子ノ神輿ニ先立テ宮入リナシ玉フ事(27)

かくして、三社の神輿は石部神社に到着する。そして「三神輿ノ鳥居前ニテ行事中鳥居内ニテ各龍王舞ノ御式ヲ行ヒ」[28]、つまり三社の神輿が石部神社の鳥居前に集結したさいも各々の竜王の舞が演じられる。竜王の舞が終わったら石部神社・若王子神社・磯崎神社の順序で宮入りが行なわれる。その後は門練りに備えてしばらく休憩するが、「神輿渡御ノ御祭行事」は「門庭ニテ暫時御休憩其ノ間各龍王舞ノ御式アリ」[29]という。これが最後の竜王の舞である。ここでも休憩している時間に竜王の舞が各々演じられていることは興味深い。すなわち、竜王の舞は立会のみならず宮入りや門練りに対しても、いわば先行する儀礼として演じられていたのである。

6　日吉神社の竜王の舞

前述した「神輿渡御ノ御祭行事」が知らせる竜王の舞の相貌は日吉神社の竜王の舞とも異なっており、石部神社の祭礼における竜王の舞の位置についても考察する必要性を感じさせる。今後を期さなければならないが、当面の関心は七社立会神事における竜王の舞の位置を浮かびあがらせる手がかりを得ることであった。そう考えれば、石部神社の祭礼における竜王の舞が以降に待ち受けている事態（立会もその一つであろう）に備えるべく、いわば事前的に演じられている一方、七社立会神事における竜王の舞は各社の神輿が合流するたび事後的に演じられているということができるかもしれない。この差異を解釈することはむずかしいが、神輿の立会という形式を持つ二つの祭礼が各々で抱えこまざるを得なかった理念と実際の葛藤、そしてそのような葛藤を飼い慣らす方法が異なっていることをしめしているとも考えられるだろう。

そもそも竜王の舞は必ずといってもいいくらい各社の神輿が合流する前後に演じられており、各町が集合するという意味で社会的な葛藤に深くかかわっていると思われる。そうだとしたら、石部神社の祭礼における竜王の舞は神輿の立会に先行して演じられることによって、社会的な葛藤が現実的に表出する可能性（最も端的な形態として喧嘩があげられる）を人々に強く意識させるのみならず、そのような葛藤に対する態勢を準備させることにも貢献していたといえないだろうか。一方、七社立会神事における竜王の舞は神輿の立会に伴って場の緊張感が最も高まる瞬間にこそ演じられており、むしろ社会的な葛藤の所在を人々に強く意識させることによって七社立会神事に参加する神々、そして人々をも統合する演劇的な装置として文脈化されているようにも感じられるのである。

かくして、ようやく日吉神社の七社立会神事における竜王の舞についてくわしく論述することができる。赤い鼻高面を被り鉾を持って、神輿に向かって演じるものであること以外にも、特徴的な相貌を持っているので、くわしく描写しておきたい。赤い鼻高面は頭と顎の部分に白く長い毛が植えられている。そして、背中に鼻高面の模様が白く染め抜かれた赤い上衣、金色と緑色で波状の模様が全体に縫いこまれた括袴を着用する。足元は裸足に黒い高下駄を履いている。

竜王の舞の演技は四つの部分によって構成されている。第一の部分（写真1）。鉾を持って右に大きくすくいあげるような所作を三回、鉾を持ち替えて左に大きくすくいあげるような所作を三回見せる。足は右にすくいあげるさいは右足、左にすくいあげるさいは左足を出す。第二の部分（写真2）。鉾は傍らに控える鉾持ちに渡して、素手で演じられる。右手をあげて人差し指で鼻を指すような所作を三回見せる。足は右足を出す。第三の部分（写真3）。両手を水平に広げて肘を曲げた上で、肩を指すような所作を三回見せる。足は左右に開く。第四の部分（写真4）。再び鉾を持って右に大きくすくいあげるような所作を三回、鉾を持ち替えて左に大きくすくいあげるような所作を三回見せる。

囃子も特徴的である。楽器は太鼓が断続的に叩かれるのみであるが、周囲で見守る人々が第一の部分において「ジョーハンジョー」という掛け声を出す。第二の部分は「おれの鼻高いぞー」などといって囃す。第三の部分は「カーカモヤレー」という掛け声を出す。そして第四の部分において再び「ジョーハンジョー」という掛け声を出す。竜王

写真1

写真2

の舞は約三分で終わり、続いて獅子舞が登場するが、演技らしいものは一切ない。いきなり周囲の人々が押し寄せて獅子舞をこづきまわしてしまうので、文字どおり一瞬で終わる。

各種の掛け声は竜王の舞が演じられる場に関していえば、観客に最も強い印象をもたらすものであろう。というのも、こうした掛け声は竜王の舞をいかにも親しみ深い、笑いすらかきたてるものとして彫琢していると思われるのである。じっさい、観客は竜王の舞の演技じたいよりも、むしろ周囲の人々が投げかける掛け声によって、その表情に笑いを浮かべてしまうことが少なくなかった。しかも、竜王の舞が演じられる場にたちこめる賑々しい雰囲気は、続いて登場する獅子舞が周囲の人々にこづきまわされることによって、いわば喧噪と哄笑の坩堝に回収されていくのである。

竜王の舞が七社立会神事においてこうした相貌を獲得していることは、おそらく社会的な葛藤の所在に対応している。七社立会神事における竜王の舞は前述したとおり、七社立会神事に参加する神々、そして人々をも統合することに貢献しているようにも感じられる。だが、それは王の舞の演技が喧噪と哄笑を呼びおこすものであったからこそ成立するものかもしれない。すなわち、七社立会神事における竜王の舞は神輿の立会に伴って場の緊張感が最も高まる瞬間（せいくらべはそのクライマックスであろう）に登場しながらも、喧噪と哄笑を呼びおこすことによって社会的な葛藤の所在を人々に強く意識させる一方、同時にそのような葛藤を横転させる、もしくは斜線を引いてしまうような実践であった。そう考えなければ、竜王の舞が七社立会神事に参加する神々、そして人々をも統合する演劇的な装置として文脈化されていた理由は十分説明することができない。

七社立会神事は比叡山の日吉大社における上七社を勧請したという伝承を持つ日吉神社にとってみれば、人々を神話的な起源へ遡行させて日吉神社の存在理由を認識させる場であった。だからこそ七社という数は遵守されなければ

写真３

写真４

ならない。だが、他方それは七社の神輿を出す各町が威信をかけて拮抗する場でもあり、結果として七社という数を維持することが脅かされる場合も少なくなかったはずである。七社立会神事はこのような、七社会神事じたいに刻みこまれた理念と実際にまつわる葛藤を抱えこむことによって成立しているのであり、いわば矛盾と撞着に覆われた祭礼であるともいえるだろう。

当然ながら七社立会神事の理念と実際を調停することは、さまざまな方法によって試みられたはずである。石部神社の祭礼を危機的な状況に追いやった紛議、そして祭礼を復旧するべく試みられた悪戦苦闘に類するような出来事は、おそらく七社立会神事にも少なからず存在したであろう。一方、こうした事態を未然に阻止して七社立会神事の結構を維持もしくは強化するべく取られた方法も存在したであろう。そして、竜王の舞もその一つであった、つまり竜王の舞がそのような役割をいささかなりとも請け負っていた可能性は大きいと思われるのである。こう表現することもできるだろうか。竜王の舞は七社立会神事じたいが抱えこまざるを得なかった理念と実際の葛藤を人々に意識させつつも同時に横転させる実践であり、七社立会神事を文字どおり構成する方法、いわば神々を繋ぐ者として登場したのである。

7　おわりに

以上、七社立会神事における竜王の舞の位置についてくわしく考察してきた。最後にこうした相貌が王の舞の芸能史に接続していることを確認しておきたい。七社立会神事における竜王の舞は特異な存在形態を獲得しているにもかかわらず、意外にも王の舞が持つ一般的な特徴を踏襲している。王の舞が獅子舞を同伴していること、神輿を先導することなどをあげておけば、最もわかりやすいだろう。神輿を先導することは観念的な地平において、王の舞が神を導く者であることを意味している。だが、こうした王の舞を複数の神が登場する祭礼に転位させたら、いかなる事態が出来するだろうか。本章が扱ってきた日吉神社の七社立会神事における竜王の舞は、そのような問題に対する具体的な解答である。すなわち、それは依然として神を導く者でありながら、同時に神々を繫ぐ者としても活躍していたのである。

この変貌は芸能史の文脈においても十分うなずけるものであった。すなわち、中世前期に淵源する王の舞が各地に伝播した結果として、中世後期以降に出現する惣村や郷村のような新しい共同体に定着していった過程の典型をなぞっていると思われるのである。山路興造は民俗芸能の伝播を類型化して、その第一として「荘園制を背景にして伝播した芸能[30]」、その第五として「中世後期の惣村結合集団が自ら取込んで発展させた芸能[31]」をあげている。七社立会神事における竜王の舞はこの両者が結合した事例であり、組合祭・組祭・郷祭などといわれる祭礼の形態が成立していった過程を知るためにも有益な手がかりを提供している。ともかく山路が「荘園制を背景にして伝播した芸能」について概説したところを参照してほしい。かなり長くなってしまうが、本章に直接関係する部分のみ引用している。

平安時代から中世前期にかけて、各地には中央の貴族や大社寺を本家・領家とする荘園が成立していったことはよく知られている。古代の郷の単位が荘園の範囲の目安になった所もあるが、その多くは実際の生活圏とは別に、支配単位としての荘域に区切られたわけで、その領家が中央の大社寺などの場合、荘域を単位として鎮守社や寺院を創建した。もちろん古くからの在地の有力神社を荘園鎮守社とした場合もあったが、領家側の支配手段の一つに、荘域民の精神的紐帯として社寺を据える場合が多かったようである。この社寺の祭礼費用は、基本的に領家側の負担で、あらかじめ仏神田が荘園内に設定せられていたのはいうまでもない。／これら荘園鎮守社における祭礼は、領家側の意向が強く反映し、当時領家の社寺が行っていた中央の祭礼形態を荘園内に持ち込む場合が多かったと考えられる。もちろんその演者は中央から派遣される場合は少なく、荘民が所役として務めたり、地方に専業者が育ったりしたわけであるが、経済的基盤は確保されていたから、彼等の生活状態とは関係なく、相当に華やかな祭礼行列や芸能が真似られ、中央のミニチュア版が各地に出現した。／この時代の代表的祭礼芸能は巫女舞・田楽躍・王の舞・獅子舞・細男などで、それらがセットとなって行列をなし演じられるのが特色であった。現在、延暦寺系の社寺や、奈良春日大社が領家であった若狭三方郡一帯には、旧荘域を単位とした祭祀組織が残り、その祭礼には先述した各種の芸能がセットとして演じられる。またその西に続く丹後・丹波・播磨の諸地域や、紀州・山城など、京都を中心とした同心円上の諸地域に、このセットの芸能群が残されるのは注目される。荘園制が崩壊した後においても、在地荘民達が自分達の祭礼としての意識を強め、宮座組織の充実などによって祭礼芸能を維持し、近世幕藩体制化の村落組織を越えて、中世的祭祀組織を残したのであろう。[32]

播磨地方における竜王の舞がこうした芸能の典型であることは、もはやいうまでもないだろう。一方、山路は「中世後期の惣村結合集団が自ら取込んで発展させた芸能」について、「中世後期以降、近畿地方を中心に徐々に出現する地縁の結合体である惣村にあっては、積極的に自分達の精神的紐帯としての神社を定め、その祭礼などに自分達の経済的負担で芸能を演じるようになる」という。そして、「もっとも頭初は有力農民層が宮座を結成して、その所役として芸能を演じたり、その費用を負担する所もあったから、（中略）荘園制崩壊過程の一つの展開とも考えられる場合も多かったが、共同体全体の参加による祭礼の執行や芸能の準備がなされるにつれ、荘園などという支配単位を崩して、惣村・郷村という生活上の単位を軸にした結合が生まれる[33]」ことを指摘している。

本章においてくわしく論述することはできなかったが、日吉神社の七社立会神事における竜王の舞もおそらく同じような過程を経験してきたはずである。『大宮縁起』は「口伝曰大歳神迎六所権現又云六所之神輿来往村毎作獅々龍舞降伏悪魔」[34]という。竜王の舞と獅子舞が悪魔を降伏させるものであるという所説は、王の舞がそもそも「より高次の神を先導し、邪霊を払う機能を体現した芸能」であり、「邪霊を払い道行く先を鎮めるために行なわれた呪術性の強い芸能」[35]であったことに符合している。だが、七社立会神事に関していえば、今日もはや地縁的な結合体に依拠することによってしか成立しない七社立会神事を脅かす社会的な葛藤こそが悪魔の正体であった。そう考えれば、竜王の舞は今日でも七社立会神事の紐帯として、つまり神々を繋ぐ者として地縁的な結合体を脅かすさまざまな悪魔を降伏させているのかもしれない。

付記

本章が依拠している現地調査に関して、日吉神社の宮司である林直氏、日吉神社の禰宜である林垂栄氏、そして河内町に在住する高見芳和氏の多大な協力を得た。深く謝意を表したい。

（1）折口信夫「日本芸能史六講」『折口信夫全集』第一八巻、中央公論社、一九六七年、三四〇頁。
（2）橋本裕之『王の舞の民俗学的研究』ひつじ書房、一九九七年、三三頁、参照。
（3）以下、播磨地方における王の舞に関する概況は、橋本裕之、前掲書、六〇―六二頁、において報告したものを転用した。ほかにも喜多慶治『兵庫県民俗芸能誌』錦正社、一九七七年、六二六―六二八頁、兵庫県神道青年会編『神々と共に――現代に生きる兵庫の祭』兵庫県神道青年会、一九八七年、一二四―一三三頁、などが兵庫県における鼻高の舞を集成しており有益である。
（4）同「民俗芸能研究における「地域」」『国立歴史民俗博物館研究報告』第五二集、国立歴史民俗博物館、一九九三年、六七―六八頁。
（5）兵庫県神道青年会編、前掲書、一九二―一九三頁。
（6）兵庫県加西市河内町『河内の里』編纂委員会編『河内の里』兵庫県加西市河内町、一九七九年、二三一―二三二頁。
（7）喜多慶治、前掲書、六二七頁。
（8）兵庫県加西市河内町『河内の里』編纂委員会編、前掲書、二三三頁。七社立会神事に関する報告は同書以外にも、喜多慶治、前掲書、六二六―六二八頁、兵庫県加西郡教育会編『加西郡誌』兵庫県加西郡教育会、一九二九年、三四九―三五〇頁、などがあげられるが、内容はいずれも大同小異である。

(9) 兵庫県神職会編『兵庫県神社誌』中巻、兵庫県神職会、一九三八年、七五六頁。
(10) 喜多慶治、前掲書、六二七頁。
(11) 同書、六二六頁。
(12) 同書、六二六頁、参照。
(13) 兵庫県神職会編、前掲書、七四九頁、参照。
(14) 同書、七四八—七四九頁。
(15) 同書、七四九頁。
(16) 兵庫県加西郡教育会編、前掲書、三四六頁。
(17) 兵庫県神職会編、前掲書、七四九—七五〇頁。
(18) 八王子神社の祭礼に関する概況を知るさいは、同書、七五六—七五八頁、に収められた『神社調書』が有益である。
(19) 中澤章浩「神々の遊幸」兵庫県神道青年会編、前掲書、三四頁。
(20) 同論文、三四頁。
(21) 兵庫県神職会編、前掲書、七二一頁。
(22) 同書、七八〇—七八一頁。
(23) 同書、七四八頁。
(24) 同書、七三五頁。
(25) 同書、七三七頁。
(26) 同書、七三七頁。
(27) 同書、七三六頁。
(28) 同書、七三七頁。
(29) 同書、七三七頁。
(30) 山路興造「芸能伝承」赤田光男・天野武・野口武徳・福田晃・福田アジオ・宮田登・山路興造編『日本民俗学』弘文堂、一九八四年、一八七頁。
(31) 同論文、一九三頁。
(32) 同論文、一八七—一八八頁。

（33）同論文、一九三―一九四頁。
（34）兵庫県加西郡教育会編、前掲書、三四六頁。
（35）橋本裕之、前掲書、四七頁。

王の舞から四方固めへ
――金砂田楽異考

茨城県久慈郡金砂郷町に鎮座する西金砂神社は七十三年毎に大祭礼、七年毎に小祭礼を執行しており、どちらでも四方固め・獅子舞・種子蒔き・一本高足が演じられる。本来は西金砂権現の修正会において演じられていたらしい。四方固めは赤い鼻高面と孔雀を模した鳥甲を被り、狩衣と袴を着用して、御幣をつけた鉾を持って四方を固めるというもの。全体に剣印という所作を含み、楽器は太鼓・笛である。私は平成三年（一九九一）三月二十四日、小祭礼の和田祭場において実見した。

一方、茨城県久慈郡水府村に鎮座する東金砂神社も七十三年毎に大祭礼を執行している。つまり西金砂神社と東金砂神社が合同して執行する祭礼が大祭礼であるが、東金砂神社は毎年欠かさず嵐除祭を執行しており、どちらでも四方固め・獅子舞・巫女舞・三鬼舞が演じられる。本来は東金砂権現の修正会において演じられていたらしい。四方固めは白い殿面（猿田彦命面）と金の小鳩を載せた冠を被り、狩衣と袴を着用して、太刀・柄太刀・鉾・笏祓を持って四方を固めるというもの。楽器は太鼓・笛である。私は平成九年（一九九七）二月十一日に実見した。

今日、金砂田楽という名称は西金砂神社と東金砂神社で演じられる田楽の総称として使用されているようだが、各々がユニークな四方固めを伝承しているのは興味深い。とりわけ西金砂神社の四方固めは中世前期を代表する芸能であった王の舞であろうと考えられており[1]、金砂田楽が茨城県を代表する民俗芸能であるのみならず、日本芸能史においても重大な関心事であった消息の一端を知らせている。だが、西金砂神社の四方固めは王の舞という名称を付与されているわけでもない。たとえば、安政元年（一八五四）に編纂された加藤寛斎の『常陸国北郡里程間数之記』巻三は、四方加持という仏教的な名称を紹介している。したがって、実際はこうした名称が王の舞を意味していたことを論証しておかなければならないだろう。

王の舞は平安末期から鎌倉期にかけて、京都や奈良の大社寺で行なわれた祭礼において田楽や獅子舞などに先立って演じられていた。現在でも十数カ所で伝承されている福井県の若狭地方のみならず、広い地域に分布している。王の舞の初出史料は『猪隈関白記』正治元年（一一九九）五月九日の条であり、新日吉社小五月会に王の舞・獅子舞・田楽・神楽が出た消息を告げている。具体的な雰囲気を知りたければ、十二世紀後半に後白河院の意向によって作成されたという『年中行事絵巻』が有益である。祇園御霊会および稲荷祭を描いた巻九・巻十二は田楽や獅子舞のみならず、裲襠装束を着用して鳥甲に鼻高面をつけた王の舞をも描いている。こうした王の舞はそもそも場を祓い清めるべく演じられた芸能であったらしい。

関連する研究成果の大半は、王の舞が舞楽・伎楽に由来する外来系の芸能として登場しつつも、さまざまな要素を吸収して今日に至ったという道筋を想定している。その名称じたい舞楽の蘭陵王に由来しているという所説も存在する。だが、王の舞が記録に現われる時期は、王の舞—田楽—獅子舞を中心的な芸能構成として配置した祭礼が成立した以降にかぎられている。したがって、王の舞がそうした祭礼において独立した芸能として自律性を獲得した可能性を指摘することができるのである。

ところで、王の舞をも含む芸能構成はやがて各地に伝播していった。その経路はいくつかの可能性が考えられるが、最も重要な支点として荘園および荘園鎮守社をあげることができる。京都や奈良の大社寺が領家として支配する荘園が成立していった平安中期以降、荘園を支配する戦略として荘園にも社寺が設置される。そして、領家である大社寺で行なわれていた祭礼やその芸能構成を模したミニチュアが導入されたものと思われる。こうした消息をしめす好例が若狭地方に伝承されている王の舞であり、西金砂神社の四方固めもその一つであったと考えられるだろう。

じっさい、西金砂神社の四方固めは王の舞の輪郭を形成する特徴がいくつも備わっている。田楽や獅子舞に先立って演じられること、鳥甲に鼻高面をつけること、鉾を持って四方を固めること等々、いずれも王の舞の典型をなぞっている。しかも、ビンザサラを奏しながら演じる種子蒔きは田楽における中心的な趣向である田楽躍、鬼面を被った高足力士が演じる一本高足は田楽における代表的な曲芸である高足が変容したものである。したがって、ここでも王の舞—田楽—獅子舞を中心的な芸能構成として配置した中世前期の祭礼に関する基本的な存在形態を確認することができるのである。

早稲田大学演劇博物館に収蔵されていた明治二十三年（一八九〇）の「田楽獅子舞図」は長らく内容がわからなかったが、渡辺伸夫が西金砂神社の祭礼に登場する芸能を描いた「西金砂田楽図」であることを指摘した結果として、金砂田楽の実態に関する興味深い消息が浮かびあがってきた。(2) たとえば、「田楽獅子舞図」に描かれた四方固めは、左手で鉾を持ち右手で剣印（人差し指と中指を揃えて伸ばす一方、薬指と小指を親指で押さえる所作）を結び、しかも右手を高く差し出している。剣印も王の舞に見られる特徴の一つであったから、鼻高面をつけた人物が王の舞を演じていることは疑い得ないだろう。そして、西金砂神社の四方固めは今日でも剣印の痕跡を残しているのである。

鼻高面をつけた人物が王の舞であることは渡辺伸夫も解説しているが、「田楽獅子舞図」の右隅下に書かれた識語に留意することによって、当時は四方拝という名称によって呼ばれていた消息を知ることができる。これは『常陸国北郡里程間数之記』巻三における四方加持という名称をしのばせるかもしれない。もちろん四方加持という名称じたい中世にさかのぼるというよりも後世に付与された釈義であろうが、少なくとも加藤寛斎が記録した当時に存在していた釈義である可能性は大きい。そして、四方固め・四方拝・四方加持という名称はいずれも呪師芸における方堅に遡行する隘路の所在を知らせているようにも思われるのである。

王の舞は一般的にいっても、方堅とでも称することができるような芸態を持っている。また、鎮道神の性格を持つ猿田彦の肖像も少なからず投影されているから、金砂田楽の四方固めという名称は王の舞に関する釈義として十分うなずけるものであろう。だが、方堅と王の舞の関係を探るさいはこうした一般的な地平を逸脱して、看過することができない難問に対峙せざるを得ない。というのも、方堅は翁猿楽を生み出した素地とも深くかかわっていると思われる呪師芸における方堅（方固・宝堅とも表記する）を意味しており、したがって両者の関係も日本芸能史の脈絡に位置づけることが肝要であり、個別的な地平において検討することこそが要請されているのである。

方堅と王の舞は酷似している部分が少なくない以上、歴史的に無関係であるということも考えにくい。もっとも両者の関係を知らせる手がかりが十分に残されていないため、実際に交渉していたのか釈義の地平においてのみ共通しているのか、どうもはっきりしないのは残念であった。だが、新井恒易は若狭地方に伝承されている宇波西神社の王の舞に触れて、「王の舞は本来、呪師の演じる先払い—方固めにあったはずで、その先払い方固めをした舞庭で、田楽や猿楽の芸能が行われるしくみになっていた(3)」のであり、「王の舞はきわめて重い役とされているが、要するに舞楽の手法をとり入れながら、祭礼芸能の始めにあたって、先払い——方固めをする呪師の呪法として形成されてきたものといえよう(4)」という。

しかも、新井恒易は「常陸の金砂、紀伊の有田、若狭の田楽（気山・向笠など）、播磨の社町鴨川の田楽・猿楽などにも鼻の王の先払い—庭固めを見ることができるが、その由って来るところは一つであった(5)」とも推測しており、東金砂神社の四方固めが「舞庭の方固めで呪師芸の系列のもの(6)」であると述べていた。一方、西金砂神社の四方固めについても、新井恒易は必ずしも明言していないが呪師芸における方堅に深くかかわっている可能性を想定しているようである。というよりも、新井恒易は王の舞が総じて呪師芸における方堅に由来すると考えているらしい。

新井恒易の所説はきわめて魅力的なものであるが、問題が存在しないわけでもない。そもそも新井恒易が想定する両者の関係は、王の舞の前史（成立史）に属する問題であろうか。それとも後史（受容史）に属する問題であろうか。

「現時点で与えられた情報から判断するならば、これは王の舞の後史に属する問題である」[7]とも感じられる。もちろん植木行宣も王の舞について指摘しているとおり、「その先蹤は、伎楽の治道に出て猿田彦と習合し、神輿渡御の先導を勤めた鼻高面を着けるものにあるであろうが、それとは一応区別される内容をもったために、王の舞と呼ばれ、一つの芸能として新たに登場したもの」[8]であったとしたら、王の舞の先駆的な形態が呪師芸における方堅とも交渉していた可能性を否定することはできない。

にもかかわらず、王の舞を成立させた事情に関していえば、王の舞が方堅に由来することを知らせる手がかりが存在しない以上、やはり「本来舞楽・伎楽に由来する外来系の芸能として現われつつも、さまざまな要素との習合を繰り返して現在に至る」[9]とでも述べるしかなさそうである。そうだとしたら方堅と王の舞の関係についても、むしろ王の舞が「さまざまな要素との習合を繰り返して」いった過程の一端をしめしていると考えられるだろうか。だが、だからこそ方堅と王の舞の関係じたいが王の舞に関する釈義の所在を知らせているということもできるはずである。西金砂神社の四方固めはその好例であった。それはあくまでも王の舞の後史（受容史）に属する問題であり、王の舞が西金砂神社の祭礼において四方固め・四方拝・四方加持として解釈されていった過程を知らせている。

こうした視座は方堅と王の舞の関係に拘泥することよりも、金砂田楽に関する各種の釈義が形成されていった過程に留意することを要請しているはずである。最初に西金砂神社の一本高足をとりあげてみたい。一本高足がそもそも田楽における代表的な曲芸として知られる高足であることは前述した。だが、鬼面を被って演じるというユニークな形式は全国に視野を広げても類例を見ることができない。したがって、高足は西金砂神社の祭礼において鬼が演じるという趣向を付与されたと考えられるのであり、つまり鬼が演じる一本高足として解釈されたということができるだろう。

ところが、加藤寛斎は前述した『常陸国北郡里程間数之記』巻三において、西金砂神社の一本高足について「健甕士命天長地久を悦シ給ふ御容也と云人命を扶る五穀国に充満したるハ此上の悦ひやある児童等戯遊に気に叶たる菓物を与ふれハ悦ひに堪不思も片足もてはね廻る事あり大人の素心小児の情ニ等しきは天然なりて豊饒諸人の歓喜の余り扇子を開き舞ひ謡ふ是自然なりよて羽団扇を持たせたるは健甕士命に比ラへて設たるものなるへし」という。

一本高足は武甕槌命が天長地久を実現して五穀が国土に充満したことに歓喜する様子を表現している一方、人々が豊饒を祝福する様子を表現していると考えられており、いわば農耕にまつわる釈義と神話にまつわる釈義が同時に提出されているわけである。加藤寛斎の所説は鬼が演じるという趣向によって解釈されていた高足をいわば正反対に再解釈したものであり、鬼を神に置換して新しく農耕にまつわる釈義を付与する試みであったということができるかもしれない(10)。

天明の初年に生まれた加藤寛斎は身分こそ低かったが、俳句や絵画を嗜み学者として書物も数多く著していたから、金砂田楽を解釈するさいも各種の知識を動員していたことはいうまでもない。じっさい、加藤寛斎は四方固めをも含めて金砂田楽の全域にこうした釈義を散布している。たとえば、『常陸国北郡里程間数之記』巻三は西金砂神社の四方固めについて「役王役也五穀成就なし給へと四方八方の天神へ向ひて祈る事と見へたり寛斎按ニ猿田彦の命を表する也天孫降臨し給ふの時露払をられし勇猛の神なる故役王の任ニ設たるもの歟」という。四方固めは五穀成就を祈願する様子を表現している一方、猿田彦命が天孫降臨を先導した様子をも表現していると考えられており、やはり農耕・神話にまつわる釈義が提出されていたのである。

したがって、加藤寛斎の所説は四方加持という仏教的な名称によって解釈されていた王の舞をいわば再解釈したものであり、仏教にまつわる釈義を農耕・神話にまつわる釈義に置換する試みであったということもできる。こうした事態は田楽という名称が少なからず影響したと考えられるが、同時に金砂田楽に関する釈義が近世における在地の知識人を介在させることによって形成されていった過程をもしのばせる。渡辺伸夫は「それぞれの舞役に神名が宛てられ神になぞられてある」ことに触れて、「このような命づけは、舞を神々の態として、その働きや恵みを示そうと意図した神道的解釈による後世のものである」[11]というが、加藤寛斎の所説もその好例をしめしていたわけである。

最後に西金砂神社の種子蒔きについても触れておきたい。『常陸国北郡里程間数之記』巻三は田行事という名称を付与しているが、「寛按ニ是種下シの姿ニして種籾苗代に振落す時」の様子を表現していると述べており、いずれにしても農耕にまつわる釈義の所在を最も強く感じさせる。じっさい、今日でも途中で一人が舞台をまわりながら籾種子を蒔いており、観客は争って籾種子を拾うのである。この籾種子を苗代に蒔いたら豊作であるといわれているためであったが、渡辺伸夫は「田楽舞を田行事（種蒔き）とし舞の途中で籾種子を蒔くなど、田楽舞が豊穣予祝と結びついた顕著な事例となっているが、これも地方的変容の姿であろう」[12]という。そう考えていけば、同時にこうした釈義が種子蒔きの実践的な位相に影響している可能性をも指摘することができるのである。

天明期に成立した『金砂大権現水戸東照宮　田楽古事』は白幣三人・ビンザサラ二人・スリザサラ二人の計七人が種子蒔きを演じる様子を描いている。また、前述した「田楽獅子舞図」は白幣三人・ビンザサラ四人・スリザサラ一人の計八人が種子蒔きを演じる様子を描いている。田楽は主要な楽器としてビンザサラを使用することが一般的である。スリザサラが登場する場合はきわめて少ない。現在はスリザサラを使用していないから、一時的かつ例外的な趣向であったかとも考えられる。少なくとも後世に追加されたことはまちがいない。だが、スリザサラは鳥追いの道具でもありそもそも農耕を強く連想させる楽器であったから、種子蒔きがスリザサラを導入したのも当然であった。

こうした事態は西金砂神社の四方固めに関しても、王の舞が四方加持→四方拝→四方固めとして解釈されていった過程において何度となく存在したはずである。以上見てきた事例はいずれも断片的なものであったが、四方固めをも含めて金砂田楽の全域に各種の釈義が散布されていった過程のみならず、そのような釈義が金砂田楽の実践的な位相に摂取されていった過程をも浮かびあがらせることに多少なりとも成功していたら幸いである。

（1）橋本裕之『王の舞の民俗学的研究』ひつじ書房、一九九七年、参照。本章は同書の第一部第八章「王の舞の解釈学」の第三節「方固めと王の舞」に依拠しつつも新しく執筆したものである。
（2）渡辺伸夫「常陸西金砂田楽の資料」『早稲田大学坪内博士記念演劇博物館』六三、一九九〇年、参照。
（3）新井恒易『続中世芸能の研究』新読書社、一九七四年、三七五頁。
（4）同書、三七七頁。
（5）同『中世芸能の研究』、新読書社、一九七〇年、八六頁。
（6）同『続中世芸能の研究』、五二六頁。
（7）橋本裕之、前掲書、四五頁。
（8）植木行宣「上鴨川住吉神社の芸能」上鴨川住吉神社神事舞調査団編『上鴨川住吉神社の神事舞』兵庫県加東郡教育委員会、一九八一年、四二頁。
（9）橋本裕之、前掲書、四五頁。
（10）同「離脱のパフォーマンス―一足・二足・高足―」『月刊百科』第三〇六号、一六頁、参照。
（11）渡辺伸夫、前掲論文、一一頁。
（12）同論文、一一頁。

氷見獅子源流考
――起源としての王の舞

1　源流考という視座

本章の目的は富山県の氷見地方に伝わる氷見獅子舞の起源について考察することである。したがって、本章の表題は「氷見獅子源流考」という。私が知っている範囲でいえば、源流考を謳った芸能史研究の成果が三冊存在している。能勢朝次の『能楽源流考』、尾形亀吉の『散楽源流考』、そして岩田勝の『神楽源流考』である。ほかにもあるかもしれないが、この三冊をあげるだけでも芸能史研究において源流考という視座が重要であることはうなずけるだろう。もちろん私は本章がこうした成果に匹敵する試みであると主張したいわけでも何でもない。むしろ源流考という視座に含まれる限界を意識しながらも、その可能性を援用してみたいと考えている。

たとえば、能勢は『能楽源流考』の「序」において、「江戸時代以前に於ける猿楽の発達変遷の歴史を明かにしたいといふ念願で、奈良時代から慶長初年頃までの猿楽に就て、貧しい考察を加へたものである」という。能勢はそもそも「主として芸術論的な立場で、その幽玄味を探り、芸能論を味はひ、中世芸道の一系列の中に於てこれを理解しようと志した」が、「然るに研究を進めるにつれ、又能楽を教壇で講ずるに当つて、それ等の基礎となるべき能楽の史的発達の事実に対して、誠に貧弱な知識しか持ち合わせゐない自分を発見し、その不足を補ふ必要を痛切に感ぜしめられて、能楽発達史の研究へと方向を転じたのであつた」[1]らしい。こうした状況は能楽研究に限定されるというよりも、源流考という視座を要請する研究史的な背景として一般的なものであろう。

尾形も『散楽源流考』の「序」において、源流考という視座の意義を強調しており、同時にその方法を明示している。尾形は「わが国の猿楽について述べるに当つては、その源流となつた中国の散楽・百戯を考証しなければならないことを、夙に痛感していた」ことを告白している。そして、「折にふれ時に及んで漢籍をひもとき、中国の散楽に関する史料を捜索した」結果として、「昨今ようやく一文を草するだけの史料を蒐め得たので、ここに中国における散楽の源流とその変遷を叙述した次第である」という。しかも、「本書は、散楽源流考と題したが、日華における散楽の源流のみならず、その変遷発達についても述べたから、副題として「中国および日本における散楽の源流とその変遷」と名づけたのである(2)」というのである。

岩田の『神楽源流考』はどうだろうか。岩田は「大著『能楽源流考』のむこうを張るつもりはなく、収載したいずれの論文も本格的な研究というには程遠く、せいぜい考説にとどまるところが多いこととの反省をそのまま表わしたつもりである」といいながらも、「あえて〝中国地方の〟と、地域的限定をしなかったのは、中国地方に残存する史料と伝承をもとに遡源を試みた結果において、究明されるべき主要な問題点はひととおり指摘できるところまでには到達し得たことと、それをふまえて、わが国の他の地域の神楽の解明に及ぼすことができるような視点をいくつか用意することができたものと考えるからである」ともいう。そして、源流考という視座についていえば、「各地域の研究者によってつぎつぎとあらたな『神楽源流考』が生まれ出る、その呼び水になるならば、本書を世におくる意義もあろうかと考えている(3)」ことを強調しているのである。

著者は、現在属目できる神楽によるまつり事を数多く克明に採訪し重出立証するだけでは、神楽というものの意図と本質をとらえるには限界があり、そのような現状把握をふまえ、文書・遺物等によって可能な限り遡源し、さらに現在までの変貌の過程を逐一とらえ、その時々の意味づけの変遷を見きわめる作業を実証的に積み重ねることが、解明の基礎となるものと考えている。そのため、本書では、従来の神楽研究とはかなり異質な、史料と伝承の両者をふまえた実証的な態度で終始している。しかし、その遡源は現在のところ裏付けとなるものが確認できる中世中期頃までにとどまり、古代のことにふれるところは僅かである。だが、すくなくとも現在伝承されているものを遡源的に理解できるところまでは実証を試みたつもりである。(4)

これは源流考に関する岩田の方法を明示したものであるが、同時に源流考という視座の効用と限界を指摘しているという意味において興味深い。岩田は能勢や尾形とも同じく、芸能が発達する過程を想定した上で、起源を探求する試みに従事している。実際は各種の資料を渉猟することが中心であり、いわゆる実証的な試みが展開されている。だが、岩田はそのような試みが一定以上の時間差を乗り越えられないことを自覚していた。しかも、「各地域の研究者によってつぎつぎとあらたな『神楽源流考』が生まれ出る、その呼び水になるならば」というのだから、どうやら複数の源流考が存在することを想定していたらしい。すなわち、岩田は起源を探求する試みの複数性を示唆していたとも考えられるのである。また、私じしんも酒呑童子説話を構成する細則の起源を探求する試みについて、こう述べている。

それは酒呑童子説話を成立させるべく動員された多種多様な要素の存在を公平に認めながら、現実的な起源の一つとして田楽をとりあげる。そして、田楽が酒呑童子説話に産みつけられて定着していった――接種(inoculation)とでもいっておきたい――能動的な過程を追跡するというものであった。田楽と酒呑童子を接合する奇怪な想像力の実際は、おそらく田楽が酒呑童子説話に摂取されていったというような受動的な過程としてのみ説明することを受け入れないはずである。／酒呑童子じたいに関しても事態はまったく変わらない。酒呑童子は多種多様な要素が動員されることによって誕生した。多種多様な起源が構成されていった過程の集大成として現前したともいえるだろうか。本章がとりあげてきた田楽もこうした要素の一つであり、実際は小鼓役に冠された呼称や小鼓役が担当する童舞などが酒呑童子の成分として流用されていたわけである。したがって、酒呑童子は田楽に見られる現実的な諸要素を幻想的に流用したという意味において、文字どおり田楽の幻像であるということができる。(5)

かくして「氷見獅子源流考」、つまり氷見獅子の起源について考察する試みに着手することができる。おそらくそのような試みもやはり一定以上の時間差を乗り越えられないだろう。また、あらかじめ複数の源流考、つまり起源を探求する試みの複数性を想定しておかなければならない。すなわち、特定の地方に伝わる氷見獅子の起源を探求するさいも、「各地域の研究者によってつぎつぎとあらたな」、そして実証的な「氷見獅子源流考」が生み出される「その呼び水」であることが要請されているのである。じっさい、氷見獅子も多種多様な要素が動員されることによって成立しており、いわば複数の起源が構成されていった過程の集大成として現前したともいえるだろうか。

だが、本章は氷見獅子を成立させるべく動員された多種多様な要素の存在を公平に認めながらも、現実的な起源の一つとして福井県の若狭地方に伝わる王の舞に留意したいと考えている。そして、王の舞が氷見獅子に産みつけられて定着していった能動的な過程を追跡してみたいのである。ところで、本章の副題は「起源としての王の舞」という。私は長らく王の舞の歴史的かつ民俗的な実態を解明する試みに従事してきた。(6)かつて新井恒易は「王の舞以前」という魅力的な表現を用いながら、王の舞の起源を探求する試みの必要性を強調して、「それは王の舞研究の大成にとって、橋本君に避けることの出来ない課題であり期待したい(7)」とも述べていた。といっても、こうした試みは関連する史料の不在によって、残念ながらほぼ不可能な課題として屹立している。

したがって、私は「王の舞におけるもう一つの起源、つまり王の舞にまつわる言説の起源を探索」するべく、「王の舞の起源論や発生論に赴くよりも、むしろ王の舞が出現した以降に見られる言説の作用史を主題化する試み[8]」に従事した。いわば「王の舞以後」である。もちろん「王の舞以後」に接近するといっても、言説の作用史を主題化する試みに限定されるわけでもないはずである。たとえば、王の舞が氷見獅子に産みつけられて定着していった能動的な過程を追跡する試みも、当然ながら「王の舞以後」の異なった相貌を浮かびあがらせるだろう。じっさい、氷見獅子は王の舞が持つ一般的な特徴を獲得しており、王の舞が越境することによって異なる芸能を個性的に発展させていった消息の一端をしのばせる。こうした消息は民俗社会における王の舞の歴史、つまり王の舞の民俗史を記述するためにも有効な手がかりを提供しているはずである。

2　氷見獅子における天狗

氷見には、獅子舞の盛んな富山県内でも、特に数多くの獅子舞が伝承されている。／今日、150数ヶ組余の獅子舞が行なわれているが、独特のスタイルから、「氷見獅子」と呼称され、氷見市内はもちろん、能登鹿島郡や羽咋郡、高岡・小矢部市の小矢部川流域のほか、五箇山や呉東地区の一部、遠くは北海道へも伝えられている。／その基本的な型は、典型的な「百足獅子」で、カヤと呼ばれる麻や綿布を染めた胴幕の中に頭持ち以下5・6人が入り、高い鼻の朱塗りの天狗面に烏帽子を冠り、天狗の棒を持った天狗と対峙する。鳴物は、大太鼓・笛・鉦を用い、太鼓は主に屋台に組んだ太鼓台に載せる。／舞のテンポは、一般に海岸部や町部で早くて、勇壮。十二町や山間部では、比較的遅くて、優美である。／天狗は、天狗の棒や采配・刀を持ち、獅子と対峙するが、舞の内容はたいへん劇的で、獅子殺しのある所では、長時間のやりとりの末、獅子は最後に天狗に打ち取られてしまう。しかし、そこに至るまでの獅子と天狗の舞の所作は、時には激しく、時には優美で観る者を魅了せずにはおかない。

／現在広く行なわれている獅子舞の起源をいつ、どこに求めるかということは、非常にむずかしいが、江戸時代の中頃以降徐々に広がり始め、明治中期にはかなりの村々で獅子舞が行なわれていたらしい。氷見市十二町坂津には、「嘉永元[戊]申歳　八月吉日」（一八四八年）銘の獅子頭が伝わるが、おそらくこの頃から明治にかけて、盛んに氷見の村々でも獅子舞が行なわれるようになったと考えられる。(9)

以上は氷見市立博物館における特別展「氷見の獅子頭展」の図録に掲載された文章である。来館者に対して氷見獅子を解説することを意図しているせいだろうか、きわめてわかりやすい内容であるため、最初に紹介してみた。(10)私は前節の最後において「氷見獅子は王の舞が持つ一般的な特徴を獲得して」いると書いている。それは氷見獅子に必ず登場して重要な役割をはたしている天狗である。つまり氷見獅子における天狗こそ、王の舞が越境することによって氷見獅子を個性的に発展させていった消息をしのばせるといえるだろう。こうした過程を追跡するためにも、最初は氷見獅子について概説しておきたい。

従来も氷見獅子は何名かの研究者によって少なからず論じられてきた。たとえば、佐伯安一は「村のあるところ獅子舞ありといった感」をいだかせる富山県の獅子舞について五つの類型を提示した上で、氷見獅子が「いわゆる百足獅子で、氷見地方全域のほか能登地方へ広がり、また高岡・小矢部市の小矢部川添いや、さらに五箇山や南砺の城端・福光町近辺へ伝播し、一部は呉東の魚津市や上市町近辺へも伝わっている」という。「曲のテンポは早く活発である」り、「氷見では多くの村が同市十二町から習ったといっている」(11)ことも指摘している。佐伯は氷見獅子の芸態についてこう述べていた。

いわゆる百足獅子で、胴幕の中へ頭・尾を含めて五、六人が入る。胴幕は手をあげて張る。獅子あやしはテングで、青年が当たる。天狗の面をつけ、エボシ・ヨボシまたはカブトと称する鳥かぶとをかぶるのが特徴である。テングの衣装は、ソウと称する狩衣状の上衣を着て大きなたすきをし、胸当てをしてタッツケをはく。採り物はシシマイボウとかテングノボウという一メートルくらいの竹の棒で、先端より少し内に色紙の幣を房状につけたもの。先端が矛になったものもある。採り物はこれ一種だけである。／リズムに合わせて獅子を討つ所作をするもので、ヒトアシ・フタアシ・バンガヤシ・キョウブリ・ヤツブシ・ギオンブリ・ヨッサキ・イソブリなどの演目があり、最後に宮などで行なわれるシシコロシはリアルな所作で三〇分も一時間もかけて舞い、熱気は最高潮に達する。／楽器は笛・太鼓に鉦が加わる。リズムは四拍子で、テンポは一一〇くらいと早い。太鼓は大太鼓で、これを豪華な太鼓台に乗せる。芯松・幟・御神灯をとりつけ、前には鳥居を立てるので、一見屋台のようである。／氷見獅子は隣接する口能登から中能登に広がっている。また、飛んで五箇山や南砺地方へも分布しているが、ここでは胴幕に竹の輪を三本ほど入れ、しかも一本の輪を二人で持つので外見は加賀の大獅子に似ている。また、テングは鳥かぶとを用いず、白くて長い毛のシャグマ（毛冠）をかぶっている。これは弘化三年（一八四六）、五箇山の上梨念仏道場と鐘楼堂を建てに来ていた氷見の大窪大工が、村の若衆に教えて棟上げのときに演じたのが始まりという。／一方、呉東の上市や魚津辺へも伝わっている。ここでは鳥かぶとをかぶり、胴幕に竹の輪を入れない点は氷見獅子そのままであるが、二人立ちの金蔵獅子や下新川獅子の影響で、胴幕の中の人数は少ない。[12]

一方、橋本芳雄はかつて氷見獅子の特徴を整理したさい、天狗の衣装と採物についてくわしく説明している。そして、「天狗は獅子舞の花形であ」り、「昔は天狗役は長男に限るという村もあったが、今はそんなことはなく、誰でも芸の達者な者につとめさせている」ことにも言及するのである。実際は「運動神経のよい者でないとつとまらぬ」らしく、「運動神経のよしあしは遺伝するもので、天狗のスターは親・子・孫とひきつがれることが多い[13]」という。すなわち、橋本は天狗が氷見獅子において最も重要な役割であった消息をも報告しているのである。だが、近年は氷見獅子について記録した最もくわしい成果として、何といっても小境卓治の報告が有益である。以下、橋本の報告とも部分的に重複するが、小境が天狗の衣装について説明した部分を抜粋する。

天狗の装束は、丸衿で袂の長い地文様のある緋色のソウとよぶ上衣に、きらびやかで豪華な金銀糸や絵緯《えぬき》を用いて文様を織り出した錦地で誂えた、野袴様の下衣を穿く。この下衣はまた、カルサンとも称される。／ソウの上には、黒繻子地や黒ビロード地に梅鉢紋や村の神社に所縁の紋を縫い取った、幅一尺（約三〇センチ）余りの胸当てを付け、縒った布を帯として前に結ぶ。さらに、ソウの上に緋や浅葱・藍・黄・紫色のうちから選んで三色の襷を結び、結び残しを長らく垂らす。／手と腕には、野袴と同じ裂地で作った腕抜きと手甲を付け、足には白足袋に草鞋を穿く。近年は、草鞋に代えて底にゴムを張り付けた白足袋を直接穿く人もみられる。／頭には、ヨボシとかヨボスとよぶ烏兜状の被り物を戴くが、この被り物には獅子や龍・虎・牡丹・菊水などの吉祥文様のほか、梅鉢紋や村の神社の紋が縫い取りされたり、描かれたりする。／また、氷見町やその南部に位置する西条や南条地区など、隣接する守山（現・高岡市守山）や二上（現・高岡市二上）から獅子舞を習ったと伝える地区では、ヨボシに加えてズッカウソ（赤熊）とよぶ、頭頂部から周囲にザンバラ髪の垂れ下がった被り物を被る天狗も出る。鼻高面にヨボシを被る天狗を「大天狗」、素面にズッカウソを被る天狗を「小天狗」と区別し、「大天狗」が格上とする地区もある。／天狗の下衣である野袴は、綴錦などを用いたきらびやかな絹織物で誂えられるものが多いが、この袴を仕立てる高価な錦地は村の旧家や寺院に輿入れした花嫁の袋帯などの花嫁装束を仕立て直したり、新たに嫁いできた花嫁が別に誂えたうえ、村の青年団に寄進したものも多い。(14)

こうした相貌が王の舞によって産みつけられたものかどうか、以下において検討していきたいが、鳥甲と赤い鼻高面を被ることは王の舞とも直接的に対応している。採物はどうだろうか。小境は「天狗が、実際の演目で獅子と対時する際には種々の彩物を手にするが、氷見では天狗の採物として最も一般的なものは「天狗の棒」である」という。「各地区の「天狗の棒」の細部は村ごとに若干の差異はあるが、長さ三尺（約九十一センチ）から三尺五寸（約一〇六センチ）余りの木製の棒や、竹製の棒の一方の先端を鉾形に作り、鉾刃の根元部分に五色の色紙や白色の和紙で拵えた紙房を取り付ける」ものであり、「白木造りのところもあるが、鉾刃に金紙や銀紙を貼ったり、鍔状の削り出しを設けてある地区もある」(15)という。すなわち、「天狗の棒」は鉾として想定されているのである。そして、王の舞も後述するとおり、鉾を持って舞うものであった。

ただ、「天狗の棒」は一様ではなく、論田や熊無では鉾形に作らず、長さ三尺余りの竹の棒に紅白の布切れを巻いたり、触坂や日名田（日名田）のように先端を鉾形に作らないが、柄に紅白の布切れを巻いたうえ一方の先端近くに五色の紙房を付けるなど、様々なタイプが使われている。／村マワシに際して、各家に入る時に露払いの獅子舞として真っ先に演じられる「ギオンブリ」や「ヤツブシ」・「ホラホラ」のほか、「ヒトアシ」・「フタアシ」・「バンガエシ」・「キョウブリ」・「キョウブリクズシ」・「七五三」・「ヨッサキ」・「サンクズシ」など、氷見でごく一般的に見られる獅子舞の多くは「天狗の棒」を執って演じられるが、天狗は演目によって「天狗の棒」以外の採物を手にすることも多い(16)。

じっさい、「氷見一円で入宮で演じられる「獅子殺し」を除いた最高の演目とされ、町部では「獅子殺し」の直前に各町の神社境内で、村部では嫁の祝儀（嫁花）に対する御礼として演じられることが多い「ヨソブリ」では、天狗はフサとかゴヘイとよばれる木製の柄に幅広の紙垂や五色の紙房を結んだものや、払子状のものを持ったり、手に何も採らずに両袂を手に持って獅子とも対峙する」場合も見られる。「手に何も採らずに両袂を手に持」つことに関していえば、王の舞も後半は素手で舞うものであり、芸態として対応しているとも考えられる。といっても、「その年の最後の宿である入宮の宿や、在所の宮で演じられる「獅子殺し」でも、途中天狗は刀を手に「切る」と「突く」という所作を繰り返すが、演目のイントロとフィナーレの部分は、「天狗の棒」を採って獅子と対峙する(17)」以上、やはり鉾を意味する「天狗の捧」が基本的な採物であったと思われる。

ところで、小境は「元来は神輿巡幸の先触れとして、神輿渡御の先導役の役割が期待されていた獅子舞だが、論田や藪田・朝日北部の数地区を除いて、現在獅子舞だけが単独で演じられることが多い」という。「祭礼の際に、神輿と獅子舞の双方を出すには、それに要する雑用や労力の負担がかなり大きいため、近年神輿が出される地区はごく稀である(18)」らしい。だが、氷見獅子はそもそも神輿を先導する役割をはたしていたのである。そのような役割は何よりも天狗によってこそ体現されていたはずである。これはやはり後述していきたいが、祭礼において神輿もしくは行列じたいを先導していた王の舞とも対応するものであった。

氷見獅子が成立した事情はよくわかっていない。佐伯は富山県の獅子舞に関する五つの類型について、「それらがどのようなルートで流入し、どのように変容しながら、今みるような分布圏を形成したのであろうか(19)」という問題を設定している。ところが、氷見獅子だけは伝播した経路がはっきりしないらしい。橋本は若干の資料をあげながら、「推測するに、江戸中期に関西方面（?）から導入され、幕末から明治初年にかけて爆発的に広まったものと思われる(20)」と述べている。「能登から伝わったそうだ、という人がいるが、私の調べた範囲ではそうとは思われぬ」ということであり、「羽咋市、七尾市、志雄町、鹿島町の一部に氷見と同じものがあるが、それはみな氷見から習っていったものである(21)」らしい。

一方、氷見獅子の諸相を丹念に調査してきた小境は、「氷見獅子」の起源と伝播の経路を示唆する明確な資料は、ほとんどないといってよい」ことを断った上で、「僅かに残る史・資料からすると、遅くとも江戸時代後期から幕末期にかけて、近世初期以降氷見地域の「ヒト」と「モノ」との集散地であった氷見町、およびその周辺部に所在する幾つかの村で獅子舞が既に行なわれていた、と指摘しえよう」と述べている。また、小境は「「氷見獅子」に類型化されるか、少なくとも「氷見獅子」の影響を色濃く受けた獅子舞が氷見地域以外の地域にも散見できる」ことや富山県外にも「実際「氷見獅子」の芸態に極めて類似した獅子舞が伝存されている[22]」ことも指摘している。

いずれにしても、小境は「氷見の獅子舞に関する個別で、かつ具体的な研究は緒に就いたばかりである」ため、「氷見市内全域はもちろんのこと、「氷見獅子」の強い影響下にあるとされる地区ごとに詳細な調査を行い、そうした調査の成果を積み上げたうえ、「氷見獅子」の起源と、伝播の経路を明らかにする必要があ[23]」ることを強調している。だが、そうした試みはやがて小境じしんによって大きく推進されるはずである。したがって、本章はむしろ氷見獅子が王の舞の「強い影響下にあ」った可能性をしめすいくつかの手がかりを検討することによって、氷見獅子の起源に接近してみたいと考えている。そういえば、伊藤曙覧も氷見獅子について「福井県若狭の王の舞との類似があり、近畿から北上した伎楽系の影響も考えられると思う[24]」とも書きつけていた。本章はこうした所感をいささかなりとも深めることをめざしている。

3　起源としての王の舞

以下、あらためて王の舞という芸能について概観しておきたい。王の舞は平安末期から鎌倉期にかけて、京都や奈良などの大社寺における祭礼で田楽・獅子舞などに先立って演じられていた。現在でも十六ヶ所十七件の事例を擁する若狭地方のみならず、広い地域に分布している。一般に鳥甲と赤い鼻高面を被り裲襠装束を着用して、前段は鉾を持ち後段は素手で四方を鎮めるように舞う。舞楽に見られる剣印（人差し指と中指を揃えて伸ばして、薬指と小指を親指で押さえる所作）を含み、太鼓や笛などで囃すというものである。こうした特徴を持つ王の舞は中世前期における代表的な祭礼芸能の一つであり、そもそも場を祓い浄めるべく演じられた芸能であったらしい。「道張」という別称にもうかがわれるとおり、祭礼において神輿もしくは行列じたいを先導することによって「邪霊を払い道行く先を鎮めるために行なわれた呪術性の強い芸能であった(25)」ともいえるだろうか。

関連する成果の大半は王の舞が伎楽・舞楽に由来する外来系の芸能として登場しつつも、さまざまな要素を吸収して今日に至ったという道筋を想定している(26)。その名称じたい舞楽の蘭陵王に由来しているという所説も存在する。だが、王の舞が記録に登場する時期は、管見したかぎり王の舞―田楽―獅子舞を中心的な芸能構成として配置した祭礼が成立した以降にかぎられている。したがって、王の舞が成立した事情を云々しても、憶測に憶測を重ねることに終始してしまいかねないのである。関連する史料はむしろ、王の舞が特定の祭礼において独立した芸能として自立した可能性を示唆している。

王の舞をも含む芸能構成はやがて各地に伝播していった。その経路はいくつかの可能性が考えられるが、最も重要な支点として荘園および荘園鎮守社をあげることができる。京都や奈良などの大社寺によって支配された荘園が各地に出現した平安中期以降、荘園を管理する戦略として荘園にも社寺が設置される。そして、領家である大社寺で行なわれていた祭礼やその芸能構成を模したミニチュアが導入されたものと思われる。荘園を十全に支配するべく、精神的な紐帯を提供したとも考えられるだろうか。若狭地方に伝わる王の舞はそのような消息を知らせる好例であり、山路興造がいう「荘園制を背景として伝播した芸能(27)」の典型をしめしていたのである。

王の舞は若狭地方に集中的に分布しているため、従来ともすれば若狭地方にのみ存在する特異な芸能であると考えられてきた。じっさい、王の舞は若狭地方に最も多く分布しており、一般にオノマイともオノマイサンとも呼ばれている。代表的な事例として福井県三方上中郡若狭町気山の宇波西神社の王の舞や福井県三方郡美浜町宮代の弥美神社の王の舞がよく知られているが、実は近接する京都府・滋賀県・兵庫県にも少なからず分布している。こうした地域に伝わる事例の大半は、王の舞という呼称を持っていない。天狗飛び・竜王の舞・ジョマイなどという場合が多いようである。

若狭地方およびその周辺は大社寺が集中している京都や奈良に近いせいだろうか、比較的多数の事例を確認することができる。といっても、王の舞はこうした地域にのみ分布しているわけでもなかった。件数が少ないため必ずしもよく知られていないが、日本の各地に存在しているのである。全体の総数は若狭地方の事例を含めて、五十件前後であろうか。王の舞の範疇に含めるべきか迷ってしまう事例も少なくないが、茨城県常陸太田市金砂郷町上宮河内の西金砂神社の四方固め、東京都三宅村伊豆の御祭神社の剣の舞、山形県飽海郡遊佐町吹浦の大物忌神社の諸冊二尊（神）の舞などは、いずれも王の舞の典型をしめしている。また、三信遠地方や九州地方に数多く分布する火王・水王、各地の祭礼に登場する王の鼻や鼻の王なども、おそらく王の舞の系統であると考えられるだろう。そして後述するとおり、王の舞の痕跡は北陸地方においても確認することができるのである。

以上ごく簡単に見てきただけでも、王の舞が氷見獅子における天狗ともいくつかの特徴を共有していることは、もはやあまりにも明白であろうと思われる。鳥甲と赤い鼻高面を被ること、鉾を持って舞うこと、祭礼において神輿もしくは行列じたいを先導することがあげられるだろう。一方、佐伯は氷見獅子における天狗の特徴をまとめている。①天狗面（鼻高面）をつける。②ヨボシ（烏帽子）とよぶ鳥かぶとをかぶる。③採り物はシシマイボウと称する一メートルばかりの棒で、先端から少し入ったところに色紙の幣を房状につける。棒の先端が矛の場合もある。[28]そして、佐伯は「このスタイルに似たものが隣接する能登にある」といって、石川県七尾市中島町宮前に鎮座する久麻加夫都良加志比古神社のお熊甲祭に留意する。すなわち、お熊甲祭に登場する「この猿田彦が氷見獅子の天狗につながらないかとかねてから思っていた[28]」というのである。

じっさい、両者はよく似ている。また、両者とも鉦を使っていることも興味深い。ところが、佐伯はこう指摘しながらも、「能登の獅子舞、ことに口能登から中能登にかけての獅子舞に出る天狗はこれと同じスタイルである」ことを指摘した上で、「普通ならお熊甲祭りの猿田彦が能登獅子の天狗となり、氷見へ伝播したと考えたいところであるが、ことは逆なのである」という。じじつ「能登の天狗獅子のルーツをたどると、いずれも氷見獅子にたどりつく」のであり、「その分布が口能登に濃く、それから中能登に及んでおり、伝播の方向性もそのようになっていることによってもくつがえすことができない[30]」らしい。

そうだとしたら、氷見獅子の起源としてお熊甲祭における天狗を想定することはむずかしいのだろうか。氷見獅子が能登地方にも伝播している以上[31]、能登地方の獅子舞が氷見獅子の起源であるということはできないだろう。だが、お熊甲祭における猿田彦は能登地方の獅子舞における天狗よりも、むしろ王の舞にこそ関連していると思われる。佐伯は氷見獅子の起源を探求するべく、前掲した箇所に続けて「そこでもう少し視野をひろげてみると、若狭の王の舞が目に入った[32]」というのだが、お熊甲祭における猿田彦じたい王の舞が変化した一例であったとしたらどうだろうか。

猿田彦は「熊甲二十日祭では、狩衣風の装いで鳥甲（トリカブト）をかぶり白足袋に華やかな飾りの草鞋をはき、一米くらいの長さの竹に色々の紙テープをつけた面棒（メンボー）を持つ」ものである。「メンボーは不浄を祓い清めるための道具である[33]」という。「猿田彦は神事行列の先頭に立って歩くことは全国的に例があるけれども踊る（乱舞と言う表現が妥当かも知れない）のは珍らしい」といえるだろう。「鉦・太鼓のリズムに合わせて軽妙に踊るわけだが、型があるわけでなく、太鼓打ちを経験したものが自由に自分で振り付けをして踊るものであ」り、「獅子舞の天狗の動作と関連づけることも可能であるが、当地方や近辺の獅子舞の振りで同様な例は見当らない[34]」以上、必ずしも能登地方の獅子舞に関連させて考えなくてもいいだろう。かつて私はこの猿田彦についてこう書いていた。

石川県鹿島郡中島町宮前の久麻加夫都良加志比古神社の事例。九月二十日のお熊甲祭は十九の集落に鎮座する十九の末社が各々神輿と赤い巨大な枠旗を出して、本社に結集する郷の祭礼である。このとき、十九基の神輿を各々先導する十九人の猿田彦が色紙をつけた面棒を持ち、鉦打太鼓・鉦にあわせて舞う。猿田彦は赤い鼻高面と大きな鳥甲をかぶり、色彩もあざやかな狩衣と括袴を着用する。御旅所である加茂原に渡御するさいは本社の猿田彦も加わり、計二十人の猿田彦が乱舞するから、響きわたる鉦の金属音とも相俟って、文字どおり圧倒的な光景が現前する。とりわけ私が実見した昭和六十一年（一九八六）は、台風がもたらした悪天候にもかかわらず強行したため、壮絶かつ異様な雰囲気であった。王の舞といっていいものか躊躇するが、深く関連すると思われる事例である。(35)

お熊甲祭における猿田彦が王の舞に関連する事例であると考えられる理由に言及しておきたい。鳥甲と赤い鼻高面を被ることはいうまでもないだろうが、楽器として鉦と太鼓が使われていることも重要である。というのも、十二世紀の後半に後白河院が作成させたといわれる『年中行事絵巻』の巻十二巻において、祇園御霊会の御旅所を描いたと思われる部分は、王の舞の「楽器として鉦打太鼓と笛の他に、太鼓に付属したかたちで鉦らしきものが確認されるのである。「現在若狭で鉦を用いるケースはないが、京都府綴喜郡宇治田原町の三社祭に出る王鼻には鉦が用いられるし、石川県鹿島郡中島町宮前の久麻加夫都良加志比古神社のお熊甲祭は、『年中行事絵巻』の光景がそのまま再現されたかのようであ(36)」ったともいえるだろう。お熊甲祭における猿田彦はやはり王の舞であったと理解していいのかもしれない。

そう考えていけば、氷見獅子において響きわたる鉦の金属音も、氷見獅子が王の舞に淵源していた消息を知らせていたのかとも感じられる。氷見獅子の鉦はチャンチクリンとも呼ばれるらしいが、「直径六寸（約十八センチ）から七寸（約二十一センチ）余りの縁高肉厚の作りで、鉦の上方二ケ所に設けた穴に紐を通して、木製の枠に吊して打つ」ものである。「鉦は、凹面を打つ裏打ちで、木枠に吊して敲くというより、凹面を上下に擦るようにして打」ち、「撥には、棒の先端に鹿角の小片や金属製の珠を付けたり、簡単なものでは太い針金の先端を丸めたものなどを使う[37]」らしい。

一方、お熊甲祭における猿田彦に使われる鉦は、「直径二十五糎、厚さ五粍の「タタキガネ」で綿の入ったビロードの太い紐で首肩から前に下げ木槌で叩く[38]」ものであり、凸面を打つ表打ちである。ところが、京都府綴喜郡宇治田原町の三社祭に出る王鼻に使われる鉦は、白い布が取り付けられており、手で吊るして持つものであった。撥は細いものを使う。こちらは鉦の凹面を打つ裏打ちであり、鉦を打つ方法に関して氷見獅子において使われる鉦とも対応しているのは興味深い。『年中行事絵巻』巻十二巻に描かれた王の舞において鉦がどう演奏されていたのか知ることはむずかしいが、王の舞に使われる鉦が氷見獅子の鉦に揺曳していたとしてもおかしくないだろう。

また、お熊甲祭における猿田彦が王の舞に関連する事例であると考えられる理由として、神輿を先導する役割をはたしていることも見落とせない。王の舞が神輿を先導する役割をはたしていたことは前述したとおりであった。神輿を先導することは観念的な地平において、王の舞が神を導く者であることを意味している。こうした性格を持つ王の舞を複数の神々が登場する祭礼に転位させたら、どのような事態が出来するだろうか。兵庫県加西市和泉町池上に鎮座する日吉神社の七社立会神事における竜王の舞は、そのような問題に対する具体的な解答である。それは七社立会神事に参加する神々、そして人々をも統合する演劇的な装置として文脈化されており、王の舞が神を導く者でありながら、同時に神々を繋ぐ者としても活躍していたのである[39]。

こうした二重の役割はお熊甲祭における猿田彦にも見られるものであった。「末社の行列が鳥居を潜り、拝殿前へ参入したとき、その末社の猿田彦が「メン棒」の先を拝殿の階に二回強く打って、その末社が只今到着しましたと告げる動作があるが、寄り合い祭りの一つの表現と思う[40]」とも説明されているが、本社の奉幣式において「各末社の猿田彦（本社の「メン」も加えて総勢二十人）が揃って乱舞し、三十八の鉦・三十八の太鼓が二列になって打ち鳴ら」される様子は、富山県氷見市十二町に鎮座する日宮神社において「五組の獅子と天狗が五台の太鼓台の囃子に乗って一勢に舞う〝ジャンカ・ジャンカ〟[41]」などとも呼応するものであろう。

したがって、佐伯が提起した問いに応答するとしたら、こう推測することができるだろうか。鎌倉時代ごろ北陸地方に伝播した王の舞が能登地方にも定着して、やがてお熊甲祭における猿田彦のような特異な事例を生み出していった。そして江戸時代の中期以降、そうした事例が氷見獅子に産みつけられて天狗として発展したのであろう。しかも江戸時代の末期以降、氷見獅子は能登地方にも伝播していったのである。かくして、佐伯の所説を変奏してみたい。「普通ならお熊甲祭りの猿田彦が能登獅子の天狗となり、氷見へ伝播したと考えたいところであるが、ことは逆なのであ」り、実際はお熊甲祭りにおける猿田彦が氷見獅子における天狗として発展して、やがて能登地方にも伝播したと考えられるのである。

4　氷見獅子の起源

王の舞が氷見獅子の起源であった可能性を補強する手がかりは、氷見地方の周辺にいくつか残されている。氷見地方に隣接する能登地方に注意してみよう。王の舞に使われたと思われる鼻高面が、数件だけだが存在している。仮面はそもそも可動性を持っているので注意しなければならない。だが、鼻高面が伝えられている寺社の歴史的な背景をも含めて検討していけば、王の舞が氷見地方の周辺においても演じられていた可能性を指摘することができるはずである。たとえば、石川県輪島市輪島崎町の輪島前神社に伝わる鼻高面は天文十年（一五四一）の在銘品であり、「鼻長」とも記されている。本来は永和元年（一三七五）に創建された瀧谷寺に寄進されたものであったらしい[42]。

石川県珠洲市宝立町春日野の白山神社に伝わる王舞面は、王の舞に使われる仮面の典型をしめしている。「この面は縦二十七・五センチ、横二十・〇センチ、厚さ二十五・八センチ（鼻頂まで）で材質は不明、表面は胡粉地に茶褐色の彩色をほどこし、裏面は布を貼り漆を塗っている」というものであり、「年代については南北朝時代と室町時代末期の二説ある」らしい。「この面は近年まで祭礼の先導を勤める天狗面として使われており、王舞面かどうかは定かではないが、面を所有する白山神社は、若山庄の領家日野氏の祈祷所として栄えた法住寺の鎮守であり、同神社には中世の獅子頭もあり、様々な法会・儀式・祭礼が行われたことは確実であり、この面もそうした中で王舞面として使われた可能性がある」が、「それが法住寺が衰退する過程でいつしか王の舞もすたれ、天狗面として使われたのではなかろうか[43]」という。その延長線上に氷見獅子における天狗を想定してもおかしくないはずである。

じっさい、佐伯も氷見獅子の起源を探求するさい王の舞に注意していた。たとえば、「能登には珠洲市法住寺の白山神社に中世の王舞面（鼻高面）が残されており、ここでも王の舞が演じられた可能性がある（同社には南北朝時代の応安五年（一三七二）銘の獅子頭があることにも注目したい[44]）」と述べている。能登地方と若狭地方の中間に位置する福井県南条郡南越前町の鵜甘神社に伝わる王舞面にも言及しておきたい。これも王の舞に使われる仮面の典型をしめしている。正安四年（一三〇二）の在銘品である。田辺三郎助はこう述べている。

眉根を寄せ、目尻をつり上げ、口をぐっとへしめた忿怒相はなかなかスケールの大きい力強さを示し、その怒りの意識の方向に鼻がスッと伸びる。それほど大きくも、長くもないが、存在感のある鼻である。肌は朱漆塗り、眉・眼・ひげなどを黒漆塗りとする。薄手に刳り、裏は平滑に削って黒漆塗りとするていねいな出来のもので、この頃の中央での舞楽面の制作とあまり径庭のない立派な作品である。裏に朱漆で前記の年記や願主・作者名とともに「越前国杣山庄内日吉十禅社舞面五内王」と記している」という。(45)

後藤淑は「この仮面は銘に「舞面五内王」とあるので王鼻のつもりかも知れない」とも「鼻が高いので王鼻といってもよかろう(46)」とも述べているが、王の舞であるといってもいいだろう。以上くわしく見てきたとおり、王の舞が氷見地方の周辺においても演じられていた可能性は少なくないはずである。したがって、王の舞が氷見獅子に産みつけられて天狗として発展したとしてもおかしくないと思われる。佐伯は前掲した「三点セットのスタイルが若狭・能登・氷見と北陸地方に分布していること」を強調して、「どこからどこへ伝播したというのではないが、氷見獅子の天狗をこの北陸の分布のなかに位置づけて考えてみたいのである(47)」という。だが、私はもう一歩だけ踏みこむことも許されるだろうと考えている。すなわち、王の舞が氷見獅子における天狗の起源であった可能性を指摘してみたいのである。

ところで、佐伯は「王の舞の芸態は獅子舞と無関係であるが、つづいて獅子舞が出てくることが多いから、王の舞が獅子あやしとしてむすびつく可能性はある(48)」という。どうやら氷見獅子に急接近しそうであるが、じじつ若狭地方にも類例が存在している。福井県三方上中郡若狭町麻生野に鎮座する日枝神社の祭礼は子供が演じる王の舞と青年が演じる獅子舞が登場するものであるが、独立した芸能である両者を関連させて解釈しているという意味において興味深い。最初に獅子が登場して境内を三周した以降、所定の位置にうずくまって静止する。獅子は王の舞が演じられている最中もおとなしくしている。そして、今度は王の舞が舞殿に進み出る。王の舞は侍烏帽子と朱色の鼻高面を被り、白い狩衣と袴を着用する。楽器は鉦打太鼓のみ。

これは福井県三方上中郡若狭町小原に鎮座する石桉神社の祭礼に登場する王の舞を習ったものであるといわれており、じじつよく似ている。芸態について見ておきたい。前段は御幣をつけた鉾を持って、後段は素手で舞う。全体に剣印が見られる。一貫して摺り足で演じるなめらかな舞であった。実際は「両手で鉾を持ち体の前に突き出すように構え三歩全身三歩後退する「獅子突き」、鉾を立てて片手で持ち反対の手は剣印を結び鼻先から前方上向きに払う「前鼻」、鉾を両手で高く掲げその場で三回回ったあと鉾先を三回回す「鉾揭」、鉾を離し鼻先から横上に指先を払う「横鼻」、体を反転させながら両手をすくいあげるように動かす「鮹すくい」など、石桉神社のものと共通する動作が多く、やはり「ポン・カン・カン・カン」の太鼓のリズムに合わせて舞[49]」うのである。

とりわけ「獅子突き」は本章の関心にとっても重要である。それは「最初に両手で鉾をもって手前にうずくまる獅子に接近する所作」であり、「つまり田畑を荒らす獅子を追いはらう所作であるといわれてい[50]」るのである。したがって、王の舞と獅子舞が本来は無関係であったにもかかわらず、「つづいて獅子舞が出てくること」に触発されて、王の舞が獅子に働きかける趣向が「獅子突き」として分節化されていったと考えられるだろうか。こうした消息は「王の舞が獅子あやしとしてむすびつく可能性」を体現している。そして、氷見獅子もこうした消息の延長線上に置いてみることができそうである。すなわち、王の舞は氷見獅子の現実的な起源の一つであった――。そういってもまちがいないと思われるのである。

平成十三年（二〇〇一）四月二十一日、私は佐伯に連れられて、「氷見の獅子舞の本場と目されており、その発祥の地とさえ考えられている」十二町の獅子舞を見ることができた。「氷見市内各地で演じられる獅子舞の舞態は一様にここのものと共通の様相を有し、舞の伝承経路に関する伝説も全て十二町への帰結を示唆している[51]」という。私は清水・矢崎・島沖崎・坂津・津荒（津野荒館）の五件を見た。王の舞に共通する要素を持ちながらも独自に展開したと思われる躍動的な演技を見て、私はすっかり魅せられてしまったのである。[52]とりわけ興味を惹かれたのは鼻にまつわる所作であった。各々の演目が終わるさい、坂津の天狗は右手で鼻を撫でながら、手前から獅子に向かって右手を伸ばす。足も右へ踏み出す。続けて左手左足・右手右足でこうした所作を反復する。一方、津荒の天狗も水平に保った右手と左手を交互に出しながら、手前から獅子に向かって伸ばしていた。

坂津についていえば、富山県教育委員会が編集した『富山県の獅子舞』にも「天狗は勇壮に闘う様を演じ、同じ所作が二回繰り返されて一曲が終る」のだが、「その華麗な舞は定評あるところで、所作の最後に鼻を高々としごく（〃ヤーする〃）のが特徴」であると書かれている。こうした所作は氷見獅子において一般的に見られるものであるが、おそらく王の舞における剣印が変化したものであろう。これは大半の舞で使われる天狗の棒が「小型の槍か鉾の形で木製、刃と柄の間に紙垂をつける」ものであることとも相俟って、王の舞の芸態を思わせるのである。また、無署名のウェブサイト「万葉のふるさと氷見」[53]は「氷見の獅子舞」「獅子舞の演目」「獅子舞の笛」「獅子笛の運指」等の項目を開設しており、窪下に関する個別的な情報が「獅子舞の演目」にくわしく紹介されている。「ヤーする」は窪下においていて、どうやら「やーい」といわれているようである。

「や〜い」は「獅子舞いは「や〜い」のエンディングで終わります。／囃子が「や〜い」に変わると、天狗は獅子を一突きします。見事に退治した後、天狗は片手で合掌するのです。目出度し、目出度し。[54]

石井幸子は新潟大学人文学部民俗学研究室が編集した『柿谷の民俗』において、谷内の「獅子殺し」が「全戸回りの最後に行なわれる舞で、オオテングが獅子を殺す」演目であり、「茣蓙が用意され、かしらが座り、殺されるまであまりそこから動かないで舞は進」み、「天狗にも茣蓙が用意される」が、「天狗はここで鼻を高くする所作をする」ことを報告している。「大天狗の前に出る天狗は、二、三人交替する」という。谷内の「獅子殺し」は「三十分もかかる長い舞であり、基本の動きを組み合わせ、舞方の即興で進行する」が、「天狗と獅子のせめぎあいは、互いに隙を見せまい、見破ろうとする両者の呼吸にかけられ、他の舞よりも一層生き生きとしたものに見える」らしく、「いつも観客の誰かしらが舞方にアドバイスをしており、獅子の弱った様子や天狗が不意を突かれた様子などに笑いが絶えず起こる」[55]のである。

1　最初の天狗は面を付けず、天狗の棒を腰に出てくる。腕組みをし、左右に移動しながらどのように殺そうか思案する。

1―1　天狗は獅子にちょっかいを出す。袂を持って飛びながら傍らに行き、片足を突出しながら顔を覗き込む。

1―2　獅子は天狗のちょっかいに憤り、いきなり天狗を場の外に追いやるほど襲いかかってくる。しかしその後は定位置に戻る。カシラは蓙に座り込み、カヤフリで動くのは尻尾だけである。尻尾は天狗を盛んに攻撃する。

1―3　天狗は両手を上げ空を仰いで後ろ向きに跳びながら下がってくる。

1―4　天狗は蓙に片立て膝をし、天を仰いで頭を振りながら手で鼻をさすりあげるような所作をする。鼻を伸ばそうとしているとか、勝ち誇って鼻を高くしているとかいわれる。[56]

「これら一連の所作を繰り返すうちに獅子の動きはどんどん弱々しくなっていく」[57]わけであり、最終的に獅子は抜刀した天狗によって切り殺される。氷見獅子のいわばクライマックスともいえる「獅子殺し」においても、「鼻を高くする所作」や「天を仰いで頭を振りながら手で鼻をさすりあげるような所作」が含まれており、しかも「鼻を伸ばそうとしているとか、勝ち誇って鼻を高くしているとかいわれる」のはきわめて興味深い。というのも、鼻にまつわる所作は数多くの王の舞に含まれており、同時に特徴的な言説も少なからず付随しているのである。たとえば、兵庫県加西市和泉町池上の日吉神社の竜王の舞や兵庫県加西市別所町の若王子神社の竜王の舞は、右手をあげて人差し指で鼻を指す所作を見せる。これは高い鼻を誇示しているといわれており、じじつ周囲の人々が「おれの鼻高いぞー」とか「鼻高い」とかいう掛け声を出す(58)。

類例はほかにも存在している。滋賀県野洲市三上の御上神社のずいき祭に登場する猿田彦（王の舞）は、右手で鼻高面の鼻先をつまむ所作を見せる。これは鼻糞をほじる所作として解釈されている。滋賀県甲賀市甲南町池田の檜尾神社のお田植祭に登場する天狗（王の舞）は、鼻高面の鼻先に白蒸しを載せる所作を見せる。滋賀県高島市安曇川町下小川の国狭槌神社の天狗（王の舞）や滋賀県高島市安曇川町常磐木の三重生神社の王の鼻（王の舞）は、演技の最中に鼻高面の鼻先を握る所作を見せる。こうした所作はいずれも王の舞に見られる剣印、つまり人差し指と中指を揃えて伸ばして、薬指と小指を親指で押さえる所作が変化したものであると考えられるのである(59)。そうだとしたら、氷見獅子における天狗が高い鼻を誇示するのも、王の舞に見られる剣印に淵源しているといえるかもしれない。

石井は「場取り」についてもくわしく報告している。谷内の「場取り」が「獅子殺し」の前に演じられることを指摘した上で、「穏やかな囃子に合わせ、天狗は天狗の棒を片手で回し、高くあげた腿の下でもう一方の手に持ち替えながら、ゆっくりと地に大きな円を描くように場をまわっていく」が、「獅子は天狗が描いた円の外で、移動せず、頭を廻している」という。谷内の「舞の最後は、天狗が円を何回か廻り獅子の鼻先に近付いたとき、囃子が速くなり、獅子が突然襲いかかって来て、天狗は両手を頭にやって逃げる」が、稲政の場合「天狗は獅子と対峙して、それまでの所作を速くなった囃子に合わせて行なう」らしい。「場取り」は「アイノクサビ」ともいい、「本来正規の舞の間をつなぐ場つなぎの舞の総称であ」り、「全戸回しでは、ハナを数回重ねる家などで時々青年団のテングとカシラ以外の人が入った舞が舞われる(60)」のである。

平成十七年（二〇〇五）九月十七日、私は富山県氷見市泉に鎮座する天満宮において、「場取り」を実見する機会に恵まれた。澤・往易・表泉・表大野の天狗が順番に獅子を伴って神前に進み出て、一人ずつ右に回りながら「場取り」を披露する。これは王の舞の芸態とも酷似していた。王の舞は西金砂神社の事例が四方固めという名称を持っていることにもしめされるとおり、そもそも場を祓い浄めるべく演じられた芸能であった。具体的な芸態についていえば、古い芸態を比較的よく残していると思われる宇波西神社の王の舞は、担当する集落によって内容が異なるが、最も古いといわれる海山の王の舞において右に三回、円を描きながら回る「三遍返しの舞」や「にぎりめし」という部分が含まれている。[61]

また、弥美神社の王の舞は「地回り」という部分が含まれている。かつて私は「地回り」に関して、「演技そのものも上下運動に基づき強く地面を踏み固める内容を有しているばかりではなく、ほぼ正方形に四方を踏み固める軌跡を描いて移動するから、四方固めの芸として反閇の本義を最も良く反映している」[62]と述べた。すなわち、場を祓い浄める役割は演技の特徴にも貫徹していたのである。というよりも、そうした演技であったからこそ、王の舞は場を祓い浄める役割を担うことができたのかもしれない。氷見獅子における猿田彦が王の舞の末裔だったとしたら、折口信夫が王の舞について「根本理念は力足を踏む、反閇にあ」り、「肝腎な点は、反閇の動作の芸能化ということだ」[63]といったような事態は、氷見獅子における猿田彦にも少なからず確認することができるだろう。

4　あらたな「氷見獅子源流考」へ

といっても、氷見獅子における天狗の起源は王の舞のみならず、ほかの要素にも求められるかもしれない。たとえば、伊勢太神楽における天狗は有力な候補であろう。じっさい、富山県の獅子舞に関しても、南部（旧婦負郡・旧上新川郡など）に分布する金蔵獅子や北東部（下新川郡）に集中する下新川獅子は伊勢太神楽の系統である。前者は「伊勢太神楽の影響を受けた北飛騨地方の金蔵獅子が、神通川沿いに伝播したもの」、後者は「江戸系の伊勢太神楽（熱田派）が越後を通じて流入したもの」(64)であると考えられている。

とりわけ後者の獅子あやしは天狗である。天狗面を被り、太い襷をかけて後ろで大きく結びつける。「天狗は大天狗と小天狗の組みになっているが、その数の多いことがこの地方の特徴で、八人から多いところは十六人という村もあ」り、「獅子が二人立ち一頭であるため人数が多くいらず、天狗にウェイトが置かれてきたものか」とも考えられている。「採り物は棒・刀・傘・酒だるなどで、ことに大勢の天狗が、赤と黄の渦巻き模様の蛇の目傘を一斉に振ったり舞わしたりするさまが目を引く」(65)というのである。もしかしたら氷見獅子における天狗に関しても、伊勢太神楽における天狗が氷見獅子に産みつけられて個性的に発展したものであったのかもしれない。だが、佐伯は注意深くこう続けている。

獅子あやしの天狗については伊勢太神楽にもその例をみる。本家本元の桑田太夫村の獅子あやしは猿田彦といい、天狗面をつけ、しかも鳥かぶとをかぶっている。猿田彦は神事舞である四方の舞・跳の舞・扇の舞に出る。楽々の舞では一人立ちの獅子と猿田彦が角力を取る。伊勢太神楽は諸国を巡業したから各地の獅子舞にも天狗の出るものは多い。（中略）ただこれらの猿田彦（天狗）が王の舞と違うところは採り物で、王の舞が矛を持つのに対して、猿田彦はささらを持っている。この違いが同じ獅子舞の天狗でも伊勢太神楽系と北陸系の違いとなっている。北陸系では採り物に矛を持ったために獅子を殺すストーリーになったものと思われる。(66)

佐伯は氷見獅子が鉾を持つことに注意している。佐伯は氷見獅子が「獅子殺し」を演じることに触れて、「その背後に王の舞の矛を見るのである」という。すなわち、「矛が獅子あやしの採り物となったとき、それは必然的に獅子を刺す芸態となったのであろう」[67]と考えるわけである。また、朝比奈威夫も「太神楽の獅子と天狗」について、「王と獅子と明確に異る特徴は、天狗は鉾を採らず代りに簓・扇子・時には男根などを持って獅子とかかわり合」い、「獅子の招き・あやしとして道化た役を演じることであり、おどけ・茶利と呼ぶところが多い」と述べていた。「天狗は獅子と或は他の道化役と相まみえて詞を交し、俄狂言風のテンポの速い滑稽な仕草を連ねていくものが殆んどであ」[68]り、伊勢太神楽において天狗が鉾で獅子を殺すような趣向は見られないのである。

氷見獅子における天狗の起源は伊勢太神楽における猿田彦よりも、やはり王の舞にこそ求めるべきであったのかもしれない。実は若狭地方においても似たような事情を考えさせる事例を確認することができる。福井県小浜市千種一丁目に鎮座する広嶺神社は、江戸時代において竹原の天王社として知られており、その祭礼である祇園祭も若狭地方における最大の規模を誇っていた。文化文政期の「若狭国小浜領風俗問状答」は六月七日の神輿渡御に伴う行列について、「鳥兜をいただき、三つまたの鉾を杖、天狗の面をきるもの」が含まれており、しかも「是を王の舞と名づく」ことを報告しているのである。

垣東敏博はこの王の舞が「口細やお多福面の者と共に神楽（神楽太鼓）の一団を構成するものであり、現行の神楽や棒振大太鼓にみられるような道化としての存在であった可能性が高い」ことを指摘している。また、「名田庄村下の太神楽系の獅子舞でも天狗の登場するものを「王の舞」と呼んでいる」ことも紹介しながら、「天狗面をつける点が似ていることから「王の舞」と呼ばれたものと考えられる」[69]というのである。かつて天王社の祇園祭において演じられていた王の舞が、いわば道化の性格を持っていたことは十分うなずける。[70]もしも獅子がいたら、「王の舞が獅子あやしとしてむすびつく可能性」もあったかもしれない。そして、「矛が獅子あやしの採り物となっ」ていたら、「それは必然的に獅子を刺す芸態となったの」かもしれない。

福井県遠敷郡名田庄村下の苅田比売神社に伝わる獅子舞において王の舞という演目が伝わっている理由も、おそらく垣東が指摘しているとおりであろう。この王の舞について概要を説明しておけば、天狗が居眠りしていた獅子を扇子で叩いたりして悪戯するので、獅子は怒ってしまう。両者が争う様子が滑稽に描かれているわけである。これは垣東も示唆しているが、いわゆる王の舞の一例であるというよりも、むしろ伊勢太神楽における猿田彦が王の舞として解釈されている一例であると考えておきたい。伊勢太神楽における猿田彦は多数の王の舞を擁する若狭地方において、その外見が王の舞とも少なからず共通しているため、次第に王の舞という名称によって呼びならわされていったのだろう。

にもかかわらず、私は天王社の祇園祭において演じられていた王の舞に関していえば、必ずしも伊勢太神楽における猿田彦が介在していると考えなくてもいいだろうと感じている。もちろん「若狭国小浜領風俗問状答」は前掲した箇所に続けて、「天狗の面のものは猿田彦（中略）、天孫降臨の体をなす」とも報告している。伊勢太神楽に関連させて理解する素地は十二分に存在しているといっていいだろう。だが、伊勢太神楽における猿田彦は鉾を持たない。一方、この王の舞は「鳥兜をいただき、三つまたの鉾を杖、天狗の面をきるもの」であり、鳥甲と鼻高面のみならず、鉾も使っていたのである。したがって、「天狗面をつける点が似ていることから「王の舞」と呼ばれたものと考えられる」のは当然だとしても、天狗面を被っているというだけで、まったく異なる芸能に王の舞という名称が付与されていったと考えることはむずかしいといわざるを得ない。

むしろこの王の舞が「三つまたの鉾を杖」として使っていることに注意してみれば、佐伯に倣って「その背後に王の舞の矛を見る」ことができるかもしれない。といっても今日、「三つまたの鉾」は若狭地方における王の舞にまったく使われていないはずである。毘沙門天の武器として知られる三叉戟を意味しているのかどうかも不明である。あらためて検討しなければならないだろうが、少なくとも天王社の祇園祭において演じられていた王の舞が名称のみならず実質においても、いわゆる王の舞が変化した一例であった可能性を否定することはできないのである。そう考えていけば、氷見獅子の起源についても同じような事情が存在していたとしてもおかしくない。すなわち、氷見獅子における天狗の起源は伊勢太神楽における猿田彦よりも、やはり王の舞にこそ求めるべきであったようにも感じられるのである。

もちろん私は氷見獅子が伊勢太神楽に影響されている可能性を否定しているわけでも何でもない。富山県が氷見獅子のみならず伊勢太神楽に淵源する獅子舞をも多数擁している以上、氷見獅子にかぎって伊勢太神楽の影響を度外視した所説を展開することはそもそも非現実的であろう。伊勢太神楽における猿田彦が氷見獅子における天狗にも影響している可能性も、実際は必ずしも否定することができない。たとえば、氷見獅子における天狗を造形するさい、伊勢太神楽における猿田彦を参照していないと主張することはむずかしいはずである。

そうだとしたら、伊勢太神楽における猿田彦も氷見獅子を成立させるべく動員された多種多様な要素の一つであり、氷見獅子の起源として想定することができるかもしれない。私は本章の第一節において、「氷見獅子も多種多様な要素が動員されることによって成立しており、いわば複数の起源が構成されていった過程の集大成として現前したともいえるだろうか」と述べた。かくして、本章は若狭地方に伝わる王の舞に留意することによって、王の舞が氷見獅子に産みつけられて定着していった能動的な過程を追跡してみたわけである。だが、今後も特定の地方に伝わる氷見獅子の起源を探求するさいは、「各地域の研究者によってつぎつぎとあらたな」、そして実証的な「氷見獅子源流考」が生み出されることこそが肝要であろう。本章も「その呼び水」であろうとしたわけだが、こうした役割をはたすことに多少なりとも成功しているだろうか。

付記

本章は佐伯安一氏の所説に触発されて作成したものである。平成八年（一九九六）五月一日、私は王の舞が演じられている弥美神社の境内において、小林一男氏に紹介されて幸いにも佐伯氏の謦咳に接することができた。佐伯氏の知遇を得た以降、王の舞と氷見獅子の関係について考察することは、私に課された宿題のようなものであった。したがって、本章は佐伯氏と私が断続的に実施してきた共同調査の成果を提出したものであるといってもいいだろう。私を氷見獅子の世界へ連れ出してくださった佐伯氏に深く感謝したい。

(1) 能勢朝次『能楽源流考』岩波書店、一九三八年、一頁。
(2) 尾形亀吉『散楽源流考』三和書房、一九五四年、一頁。
(3) 岩田勝『神楽源流考』名著出版、一九八三年、二頁。
(4) 同書、二―三頁。
(5) 橋本裕之「酒呑童子の成分――田楽の幻像をめぐって」『演技の精神史――中世芸能における言説と身体』岩波書店、二〇〇三年、二九二頁。
(6) 同『王の舞の民俗学的研究』ひつじ書房、一九九七年、参照。
(7) 新井恒易「王の舞ノート」『まつり通信』第三七二号、まつり同好会、一九九二年、四頁。
(8) 橋本裕之「肖像の起源――王の舞と猿田彦」『演技の精神史――中世芸能における言説と身体』、六〇頁。(本書所収)
(9) 氷見市立博物館編『特別展　氷見の獅子頭展』氷見市立博物館、一九八六年、一頁。
(10) 氷見市立博物館は氷見獅子の実例として坪池の氷見獅子をとりあげ、写真に解説を付すことによって次第をわかりやすく紹介するという試みも手がけている。氷見市立博物館編『特別展　氷見の祭りと年中行事』氷見市立博物館、一九九六年、三六―三七頁、参照。
(11) 佐伯安一「富山県の獅子舞概観」富山県教育委員会編『富山県の獅子舞』富山県郷土史会、一九七九年、一五頁。また、佐伯はKNBテレビ県民カレッジテレビ放送講座においても、氷見獅子について概説している。同「笛や太鼓が野づらをわたる〜金蔵獅子や百足獅子〜」野上良一・北日本放送編『とやまに祭りありて』富山県民生涯学習カレッジ、一九九四年、一七―一八頁、参照。
(12) 同「越中への獅子舞芸能の流入と分布圏形成」『富山民俗の位相――民家・料理・獅子舞・民具・年中行事・五箇山・その他』桂書房、二〇〇二年、二四四―二四五頁。また、佐伯は富山県の獅子舞を概説した文章を執筆しており、氷見獅子の芸態についても言及している。同「富山県の獅子舞概観」、一五―一六頁。
(13) 橋本芳雄「氷見の獅子舞」「氷見の祭りと獅子舞」編集委員会編『氷見の祭りと獅子舞』富山県氷見市教育委員会、一九八四年、一二九―一三〇頁。
（14）小境卓治「氷見の獅子舞」氷見市史編さん委員会編『氷見市史』6（資料編四　民俗、神社・寺院）、氷見市、二〇〇〇年、四〇六―四〇八頁。また、小境は氷見獅子に関して各種の文章を発表している。同「獅子舞」氷見市教育委員会編『図説氷見の歴史・民俗』氷見市教育委員会、二〇〇三年、参照。
（15）同「氷見の獅子舞」、四〇八頁。
（16）同論文、四〇八頁。
（17）同論文、四〇九頁。
（18）同論文、四〇一頁。
（19）佐伯安一「越中への獅子舞芸能の流入と分布圏形成」、二四二頁。
（20）橋本芳雄、前掲論文、一四三頁。
（21）同論文、一四五頁。
（22）小境卓治「氷見の獅子舞」、四三四―四三五頁。
（23）同論文、四三五頁。
（24）伊藤曙覧「越中の獅子舞」『越中の民俗宗教』岩田書院、二〇〇二年、七七頁。
（25）橋本裕之「王の舞の成立と展開」『王の舞の民俗学的研究』、四七頁。
（26）とりわけ水原渭江は王の舞が舞楽に由来しており、いわば民俗化した舞楽であるという可能性を強調している。水原渭江『日本における民間音楽の研究』I（若狭湾沿岸における王の舞の綜合的研究）、民俗文化研究所、一九六七年、参照。
（27）山路興造「芸能伝承」赤田光男・天野武・野口武徳・福田晃・福田アジオ・宮田登・山路興造編『日本民俗学』弘文堂、一九八四年、一八七―一八九頁。
（28）佐伯安一「越中への獅子舞芸能の流入と分布圏形成」、二五六頁。
（29）同論文、二五六―二五七頁。
（30）同論文、二五七―二五八頁。
（31）能登地方の獅子舞が氷見獅子に淵源していることを知らせる手がかりは、数多く残されている。石川県教育委員会文化課・石川県内獅子舞緊急調査委員会編『石川県の獅子舞　獅子舞緊急調査報告書』石川県教育委員会、一九八六年、参照。また、伊藤曙覧は「こういう形の獅子舞は石川県の能登地方にも伝承されており、能登の人たちは「越中獅子」とか「氷見獅子」と呼んでいる」という。伊藤曙覧「獅子舞の種類と特徴」『とやまの民俗芸能』北日本新聞社、一九七七年、一八九頁。かくして、伊藤は氷見獅子が石川県に伝播した経路をくわしく追跡している。同「越中の獅子舞」、八一—八七頁、参照。
(32) 佐伯安一「越中への獅子舞芸能の流入と分布圏形成」、二五八頁。
(33) 熊甲二十日祭の枠旗行事記録報告書作成委員会・中島町教育委員会編『国指定重要無形民俗文化財熊甲二十日祭の枠旗行事　お熊甲祭』中島町教育委員会、一九八四年、三九頁。
(34) 同書、五二頁。
(35) 橋本裕之「王の舞の分布と特色」『王の舞の民俗学的研究』、六五頁。
(36) 同「王の舞の成立と展開」、三四頁。
(37) 小境卓治「氷見の獅子舞」、四一二頁。
(38) 熊甲二十日祭の枠旗行事記録報告書作成委員会・中島町教育委員会編、前掲書、四三頁。
(39) 橋本裕之「神々を繫ぐ者——日吉神社の七社立会神事における竜王の舞の位置——」『国立歴史民俗博物館研究報告』第九八集、国立歴史民俗博物館、二〇〇三年、一六六—一六八頁、参照。（本書所収）
(40) 熊甲二十日祭の枠旗行事記録報告書作成委員会・中島町教育委員会編、前掲書、五一頁。
(41) 罇谷雅好「十二町（坂津）の獅子舞」富山県教育委員会編『富山県の獅子舞』、四四頁。私は平成十三年（二〇〇一）四月二十一日、日宮神社において「ジャンカ・ジャンカ」を実見した。また平成十七年（二〇〇五）九月十七日、富山県氷見市泉に鎮座する天満宮においても、同じような光景を見ることができた。それは澤・往易・表泉・表大野が天満宮に集結してフタアシを共演／競演するというものであった。
(42) 後藤淑『中世仮面の歴史的・民俗学的研究』多賀出版、一九八七年、一四四頁。
(43) 珠洲市文化財保護審議会編『珠洲市の文化財』珠洲市教育委員会、一九九四年、三六頁。また、和嶋俊一は白山神社に伝わる王舞面の背景について考察した論文を発表している。和嶋俊一「法住寺白山神社の王舞面と馬上免」『すずろものがたり』五五号、一九九三年、珠洲郷土史研究会、参照。
(44) 佐伯安一「越中への獅子舞芸能の流入と分布圏形成」、二五八頁。
(45) 田辺三郎助「鼻高面の系譜」網野善彦・大隈和雄・小沢昭一・服部幸雄・宮田登・山路興造編『音と映像と文字による【大系】日本歴史と芸能』第七巻（宮座と村）、平凡社、五四頁。田辺は鵜甘神社の王舞面について「最も基準的な作品である」と述べている。同編『日本の美術』第一八五号（行道面と獅子頭）、至文堂、一九八一年、五三頁。
(46) 後藤淑、前掲書、二二六頁。
(47) 佐伯安一「越中への獅子舞芸能の流入と分布圏形成」、二五八頁。

(48) 同論文、二五八頁。
(49) 福井県立若狭歴史民俗資料館編『王の舞を見に行こう！——郷土の祭りと芸能文化の理解のために——』福井県立若狭歴史民俗資料館、二〇〇四年、二三頁。(本書所収)
(50) 橋本裕之「王の舞の分布と特色」、七一頁。
(51) 樽谷雅好、前掲論文、四二頁。
(52) かくして、私は以降も佐伯安一に連れられて、氷見獅子を見てまわっている。平成十六年（二〇〇四）九月二十三日は論田・熊無・新保、平成十七年（二〇〇五）九月十七日は表泉・上田・鞍川・澤・往易・表大野の事例を実見した。また、富山県氷見市泉のひみ獅子舞ミュージアムにも出かけて、ひみ獅子舞振興会が主催する第三回獅子舞実演会を観覧する機会を得た。この日は表泉青年団が出演して、多数つめかけた観客の手に汗を握らせたのであった。
(53) 樽町谷雅好、前掲論文、四六頁。
(54) 無署名「獅子舞の演目」http://www.ariso.jp/sisimai/enmoku.html（二〇〇六年二月二十六日）
(55) 石井幸子「獅子舞」新潟大学人文学部民俗学研究室編『柿谷の民俗——富山県氷見市柿谷——』新潟大学人文学部民俗学研究室、一九九七年、一八九頁。
(56) 同論文、一八九頁。
(57) 同論文、一八九頁。
(58) 橋本裕之「祭礼と道化——王の舞を演出する方法」小森陽一・富山太佳夫・沼野充義・兵藤裕己・松浦寿輝編『岩波講座　文学』5（演劇とパフォーマンス）、岩波書店、二〇〇四年、四八—五〇頁、参照。（本書所収）
(59) 同論文、五〇—五四頁、参照。
(60) 石井幸子、前掲論文、一九〇—一九一頁。
(61) 福井県三方町教育委員会編『宇波西神社の神事と芸能』福井県三方町教育委員会、一九七九年、七九—八二頁、参照。
(62) 橋本裕之「演じられる現実——王の舞をめぐる民俗的変容の一考察——」『王の舞の民俗学的研究』、三八二頁。これは「踏む」ことによって祭場を「祓う・浄める・鎮める」演技であると考えられるだろう。同「祓う・浄める・鎮める」服藤早苗・小嶋菜温子・増尾伸一郎・戸川点編『ケガレの文化史——物語・ジェンダー・儀礼』森話社、二〇〇五年、三一七頁、参照。（本書所収）
(63) 池田弥三郎『まれびとの座　折口信夫と私』中央公論社、一九六一年、一八八頁。
(64) 佐伯安一「越中への獅子舞芸能の流入と分布圏形成」、二四七頁。
(65) 同「富山県の獅子舞概観」、二〇頁。

(66) 同「越中への獅子舞芸能の流入と分布圏形成」、二五八―二五九頁。
(67) 同論文、二六五頁。
(68) 朝比奈威夫「鼻高と獅子」本田安次博士古稀記念会編『芸能論纂』錦正社、一九八六年、二九五頁。
(69) 垣東敏博「若狭の王の舞と中世芸能」福井県教育委員会編『福井県の民俗芸能――福井県民俗芸能緊急調査報告書――』福井県教育委員会、二〇〇三年、一四―一五頁。
(70) 橋本裕之「祭礼と道化――王の舞を演出する方法」、参照。

氷見獅子源流考・補遺

――起源としての行道獅子

富山民俗の会の封筒が届いた。開封してみたら「『佐伯安一先生米寿記念文集』（仮称）へのご寄稿のご依頼」だった。その内容は「佐伯先生とのお関わり、佐伯先生より示唆を受けたこと、佐伯先生のご研究に触発され現在取り組みつつあるご自身のご研究、その他研究ノート、民俗探訪録等々お気軽にお書きください。」というもの。これは寄稿させていただたい。そう思ったのは、私が佐伯安一さんの研究に触発されて書いた論文のせいだろう。

私は富山民俗の会が編集した『富山の民俗学は今―富山民俗の会50周年記念論文集―』（富山民俗の会、二〇〇六年）に「氷見獅子源流考―起源としての王の舞―」という論文を寄稿した。そして、その付記として「本稿は佐伯安一氏の所説に触発されて作成したものである。平成八年（一九九六）五月一日、私は王の舞が演じられている弥美神社の境内において、小林一男氏に紹介されて幸いにも佐伯氏の謦咳に接することができた。佐伯氏の知遇を得た以降、王の舞と氷見獅子の関係について考察することは、私に課された宿題のようなものであった。したがって、本章は佐伯氏と私が断続的に実施してきた共同調査の成果を提出したものであるといってもいいだろう。私を氷見獅子の世界へ連れ出してくださった佐伯氏に深く感謝したい。」（七六―七七頁）と書いている。

したがって、佐伯さんが著した『富山民俗の位相―民家・料理・獅子舞・民具・年中行事・五箇山・その他』（桂書房、二〇〇二年）に倣っていえば、富山民俗の私的位相は佐伯さんに出会ったことによって形成されたようなものである。私は福井県三方郡美浜町宮代に鎮座する弥美神社の祭礼に奉納される王の舞を長年にわたって調査してきた。その成果は『王の舞の民俗学的研究』（ひつじ書房、一九九七年）として集大成されている。また、中世前期に祭礼芸能として流行した王の舞が福井県の若狭地方のみならず全国各地にも伝播して定着していった過程を扱った論文を発表してきたが、佐伯さんは初対面だった私に対して、氷見獅子に登場する天狗が王の舞に淵源する可能性を指摘してくださったのである。

じっさい、佐伯さんは前掲書に収録された「越中への獅子舞芸能の流入と分布圏形成」という論文においても「若狭の王の舞と氷見獅子」という見出しを立てており、氷見獅子の起源を探求する過程で「もう少し視野を広げてみると、若狭の王の舞が目に入った。」（二五八頁）ことを振り返っている。そして、私の仕事にも触れてくださっているのである。この論文は平成十年（一九九八）十月に論文集の一章として初出したものであり、平成九年（一九九七）十月に口頭で発表された内容を文字化したものだった。佐伯さんはその一年前、弥美神社の祭礼を見ているから、「若狭の王の舞が目に入った。」時期とも対応しており、うまく辻褄が合うはずである。

平成十三年（二〇〇一）四月二十一日、私は佐伯さんに導かれて、氷見獅子の元祖であるともいわれている富山県氷見市十二町の獅子舞を実見することができた。清水・矢崎・島沖崎・坂津・津荒（津野荒館）という五つの地区が十二町の日吉神社において、各々の獅子舞を一斉に奉納する様子にも接している。私は以降も二回、佐伯さんに案内してもらって、氷見市内の獅子舞を見てまわっている。平成十六年（二〇〇四）九月二十三日は論田・熊無・新保の事例を実見した。そして、平成十七年（二〇〇五）九月十七日は表泉・上田・鞍川・澤・往易・表大野の事例を実見した。また、氷見市泉のひみ獅子舞ミュージアムにも出かけて、ひみ獅子舞振興会が主催する第三回獅子舞実演会を観覧する機会を得た。この日は表泉青年団が出演した。

王の舞に共通する要素を持ちながらも独自に展開したと思われる躍動的な演技を見て、私はすっかり魅せられてしまった。とりわけ興味を惹かれた点は鼻にまつわる所作であった。各々の演目が終わるさい、坂津の天狗は右手で鼻を撫でながら、手前から獅子に向かって右手を伸ばす。足も右へ踏み出す。続けて左手左足・右手右足でこうした所作を反復する。鼻を撫でるようでもあり高々としごくようでもある所作は、坂津において「ヤーする」といわれているようだった。また、谷内の天狗は氷見獅子のクライマックスとでもいうべき「獅子殺し」において、天を仰いで頭を振りながら手で鼻をさすりあげるような所作が含まれている。これは鼻を伸ばそうとしているとか、勝ち誇って鼻を高くしているとかいわれているらしい。

こうした所作は氷見獅子において一般的に見られるものであるが、王の舞に見られる剣印、つまり人差し指と中指を揃えて伸ばして、薬指と小指を親指で押さえる所作が変化したものだろう。じっさい、鼻にまつわる所作は「氷見獅子源流考─起源としての王の舞─」でも言及したとおり、数多くの王の舞に含まれている。しかも、右手をあげて人差し指で鼻を指すような所作に関して、高い鼻を誇示しているというような特徴的な言説が少なからず付随しているのである。そうだとしたら、氷見獅子における天狗が高い鼻を誇示することも、王の舞に見られる剣印に淵源しているといえるかもしれない。

ところで、佐伯さんは「越中への獅子舞芸能の流入と分布圏形成」において、富山県の獅子舞を五つのタイプに分類している。氷見獅子もその一つであるが、「これらは余興芸として活発に舞い踊るもので、その成立は早くて一八世紀後半からと考えられる。」と述べている。すなわち、氷見獅子に王の舞の要素が流入しているとしても、氷見獅子じたいが中世にさかのぼるということは難しいわけである。だが、佐伯さんは「県内には神輿行列などの先導をする行道形式の静かな獅子が数例存在する。」(二五九頁)ことをも指摘しており、こうした行道獅子の好例として富山県魚津市小川寺の白山神社に伝わる獅子舞に出かけてみることを勧めてくださった。この獅子舞は神輿を先導するものであった。佐伯さんは小川寺の獅子舞について、こう書いている。

小川寺集落は一山寺院の真言宗小川山千光寺を中心とした宗教村落である。行道獅子は氏神白山神社の春祭りの三月十二日に出る。祭式のあと神輿が宮を出て、隣りの千光寺観音堂を七回り半回って還御するが、獅子はこの行列を先導する。二人立ちの獅子に天狗一人と異形の面をつけた二人が先に、お多福面のアネマが後につく。舞も採り物もないが、獅子と獅子あやしの歩き方に特徴がある。すなわち、左手（獅子は左前足）を出すときは左足（左後足）を、右手（獅子は右前足）を出すときは右足（右後足）を同時に出す。歌舞伎で「南蛮」と称する所作である（二六一頁）。

私は平成十八年（二〇〇六）三月十二日、小川寺の獅子舞を実見した。佐伯さんは前掲書に収録された「魚津市小川寺の獅子舞」という文章において、前述した内容よりもくわしく、「子供たちの持つ五色ののぼりのあと、先頭に白衣の天狗、続いて赤い面をつけてピエロの帽子のようなものをかぶったババメンが二人、そして二人立ちの獅子、その後ろに醜女の面をかぶったアネマが続く。天狗は立って、ババメンは腰をかがめて、いずれも右足を出すときは右手を、左足を出すときは左手を上げて左右をにらみながら進む。獅子は地をはうようにして前足と後ろ足を片側ずつ同時に出す。」（三〇〇―三〇一頁）という。

私じしんも天狗がまっすぐ立ち、右足を出すさいは右手を高く上げ、左足を出すさいは左手を高くあげて進む様子（写真1）に惹きつけられた。こうした所作は氷見獅子に見られる特徴的な所作、つまり鼻を撫でるようでもあり高々としごくようでもある所作、天を仰いで頭を振りながら手で鼻をさすりあげるような所作などを連想させないだろうか。そして、王の舞に見られる剣印とも通底していないだろうか。右手をあげて人差し指で鼻を指すような所作がデフォルメされたものであると考えられないだろうか。佐伯さんは小川寺の獅子頭と獅子舞について、「魚津市小川寺の獅子舞」でこう述べている。

獅子頭は鼻と頭の高さが同じくらいの箱獅子で、歯並びがあらく目が大きい。これは中世の獅子頭の特徴で、県内では文明十三年(一八四二)銘の八尾町布谷のものをはじめ、下村加茂神社、立山町浦田山王社、高岡市二上射水神社その他にある。／獅子舞が中国から百済を経て、日本へ伝来したのは非常に古く、日本書紀によると七世紀はじめ推古天皇二十年(六一二)にまでさかのぼる。伎楽という一種の仮面行列で、楽にあわせてパントマイムを演じるが、その先頭に悪魔払いの獅子が出るのである。獅子の前には治道という鼻の高い男と二人の獅子児がいる。これが小川寺でいえば天狗とババメンに当たる。また、現在富山県内の獅子舞につく天狗や獅子取りもこの系譜を引いている。(三〇一―三〇二頁)

写真1　小川寺の獅子舞に登場する天狗

小川寺の獅子舞に登場する天狗が古代にもさかのぼる伎楽に登場する治道に直結するかどうかを即断することは難しいが、少なくとも中世前期に祭礼芸能として流行した王の舞の面影を読み取ることはできるかもしれない。もちろん小川寺の獅子舞に登場する天狗は王の舞の基本的な特徴として必ずあげられる鉾を持っていないから、両者を単純に同一視することはできないだろう。だが、佐伯さんは「越中への獅子舞芸能の流入と分布圏形成」において、「このように越中には中世以来の獅子舞の伝統があり、江戸時代後半に四周から流入し、またこの地に生まれて華やかに展開したとりどりの余興舞も、こうした基盤のうえに花開いたといえよう。」（二六二頁）と書いていた。

氷見獅子を成立させるべく動員された多種多様な要素の一つとして、若狭地方に数多く伝承されている王の舞のみならず小川寺の獅子舞をも想定することによって、氷見獅子がいわば複数の起源によって構成されていった過程の集大成として現前している消息が浮かびあがるはずである。それにしても、と思う。佐伯さんは王の舞について研究してきた私の道をいつも切り開いてくださる。佐伯さん自身が丹念な調査を継続することによって―文字どおり行道ともいえるだろうか―、王の舞を研究してきた私の前途を照らす存在であるようにも感じられるのである。

付記

佐伯安一氏は平成二十八年（二〇一六）八月に逝去された。享年八十七歳。謹んでご冥福をお祈りしたい。

王の舞の構築学

王の舞の由緒

福井県三方郡美浜町の麻生（東山を含む）に伝わる王の舞は毎年の五月一日、宮代に鎮座する弥美神社の春祭りにおいて演じられる。弥美神社は大宝二年（七〇二）に創建されたという。当地においてオノマイともオノマイサンとも呼びならわされている王の舞は若狭地方を代表する民俗芸能の一つであり、福井県の無形民俗文化財に指定されている。麻生の王の舞は私にとって特別な存在であった。私は学生時代にこの稀有な民俗芸能に出会い、洗練されたパフォーマンスにすっかり魅せられてしまった。以降も長年にわたって通いつめてきたが、多くの方々とりわけ実際に王の舞を担当してきた清義社の面々に親しく接する機会に恵まれて現在に至っている。かつて平成十四年（二〇〇二）に新しく発足した王の舞保存会に求められて王の舞に関する文章を執筆するという栄誉に浴したので、大方の便宜に供するべく王の舞の由緒について若干紹介してみた。本章はその内容である。

写真1　弥美神社大祭り　5月1日　宮代にて（王の舞保存会提供）

王の舞の歴史はきわめて古い。くわしくは橋本裕之『王の舞の民俗学的研究』（ひつじ書房、一九九七年）を参照してほしいが、平安時代末期から鎌倉時代にかけて、京都や奈良の大社寺で行なわれた祭礼において、田楽や獅子舞などとともに演じられていた。現在でも十六カ所十七件の事例を擁する若狭地方をはじめ、全国各地に広く分布している。王の舞の初出史料は『猪隈

写真2　麻生区の神饌（同会提供）

写真3　「王の舞」の練習風景（同会提供）

関白記』正治元年（一一九九）五月九日の条であり、新日吉社の小五月会に王の舞・獅子舞・田楽・神楽が出たことを知らせている。また、十二世紀の後半に後白河院の意向によって作成されたといわれる『年中行事絵巻』の巻九と巻十二においても、田楽や獅子舞などとともに王の舞が描かれている。その起源ははっきりしないが、おそらく舞楽・伎楽に由来する外来系の芸能として登場しつつも、さまざまな要素を吸収して今日に至ったものであろうと考えられている。

王の舞は一般に赤い鼻高面と鳥甲を被り裲襠装束[1]を着用して、前段は鉾を持ち後段は素手で四方を鎮めるように舞う。舞楽に見られる剣印（人差し指と中指を揃えて伸ばしながら、薬指と小指を親指で押える所作）を含み、太鼓や笛などで囃す。そして、祭礼の行列を先導して場を祓い清めるべく、田楽や獅子舞などに先立って演じられるものである。

こうした王の舞がほかの芸能とともに、やがて各地に伝播していった。その経路はいくつか考えられるが、荘園鎮守社の祭礼における芸能として伝播した場合が多い。京都や奈良の大社寺などが支配する荘園が成立していった平安時代中期以降、荘園を管理する方法として荘園鎮守社が設けられて、大社寺における祭礼や芸能のミニチュアが導入されたものと思われる。若狭地方に伝承されている王の舞はそのような消息をしめす好例であった。麻生の王の舞についていえば、くわしい事情を知らせる史料こそ存在していないが、そもそも比叡山の延暦寺常寿院が支配する荘園であった織田荘山西郷[2]を統合する精神的な紐帯として位置づけられたのであろう。

だが、王の舞は以降、弥美神社の春祭りにおいてユニークな性格を獲得していった。多数の集落が参加する弥美神社の春祭りは王の舞のみならず、新庄が担当する一本幣・七本幣、興道寺などの十集落が交代で担当する大御幣、そして各々の集落が御膳という全国的にも珍しい特殊な神饌を奉納することによっても知られている。芸能としても大三ケ（佐野・野口・上野）が交代で担当する獅子舞が奉納されており、永禄五年（一五六二）の『廿八所祭礼膳之日記』はかつて田楽も演じられていたらしいことをしのばせる。王の舞は麻生が四年、東山が一年担当するのが本来の形態である。といっても、実際は麻生と東山の青年男子によって構成される清義社という若者組が管理している。祭礼人とも称される演者は麻生と東山に在住する青年男子であり、赤い鼻高面と鳳凰を模した個性的な冠を被り、赤い襦袢に赤い前垂、白い手甲に白い足袋を着用する。腰に小刀と扇をさして、腰帯にも白い化粧紙をはさむ。前段は鉾を持ち後段は素手で、連続して約五十分舞う。前段で「拝む」「種蒔き」「地回り」「鉾

写真4　「鉾納め」（同会提供）

返し」、後段で「肩のしょう」「腰のしょう」という所作が見られる。囃子は笛と鋲打太鼓である。

麻生の王の舞は抑制された優雅な演技が大きな特徴である。演技の眼目も過度に不自然な動作や姿勢を持続しながら、流れるような曲線を緩やかに描き出していくところに置かれている。その理由は王の舞が原則として一生に一度しか舞えないという、いわば通過儀礼的な性格を付与されていることに起因していると考えられる。すなわち、王の舞は毎年一人ずつ選出される祭礼人に課せられた過酷な試練として位置づけられているのである。こうした性格はきわめてユニークなものであり、若狭地方に伝承されている王の舞について類例を確認することができない。したがって、祭礼人がきびしい稽古を乗り越えて一人前として認められていく社会化の過程こそが、特異かつ高度に研ぎ澄まされた演技を生み出していたといえるだろう。近年は麻生の王の舞にも少子化の荒波が押し寄せており、価値観の多様化という昨今の風潮も手伝って、祭礼人を確保することに難儀する場合が少なくない。新しく発足した王の舞保存会も危機的な状況を打開する効果的な方策であろうが、麻生における社会教育の機会として存在してきた王の舞がはたせる役割は、今後もきわめて大きいはずである。三十数年来のファンとしていわせてもらうならば、この稀有な民俗芸能がいつまでも継承されていくことを切望するばかりである。

（1）裲襠装束は古代の武官が着用した衣服の一種であり、打掛ともいう。衣服の後ろ身頃を背中に、前身頃を胸に当てて、背と腹の両方を覆うものである。だが、舞楽に用いられる裲襠装束は、広幅の布の中央に穴を穿って頭を通すものであり、いわゆる貫頭衣の形式を採用している。

（2）織田荘山西郷は現在の耳地区にほぼ一致する。一方、寛延二年（一七四九）に完成した『若狭国志』に登場する耳荘も、現在の耳地区にほぼ一致している。近世においてこの一帯は耳荘として統合されていたらしい。だが、耳荘は名称こそ古代の耳郷を思わせるにもかかわらず、文安六年（一四四九）以前に遡ることができない。耳荘という名称が付与される以前、この一帯は長らく織田荘山西郷として存続していたのである。

王の舞さんの系譜

年　号	氏　名	屋　号	年　号	氏　名	屋　号
以前不明			昭和19年	高橋　稔	仁太夫
大正５年	奥村栄二郎	万五郎	昭和20年	佐竹政夫	吉右衛門
大正６年	白井清三	五右衛門	昭和21年	山本　覚	文左衛門
大正７年	窪　定八	安兵衛	昭和22年	中谷哲夫	治左衛門
大正８年	佐竹宗一	宗　助	昭和23年	中谷捨夫	徳右衛門
大正９年	窪　好雄	安兵衛	昭和24年	木下隆二	藤太夫（東山）
大正10年	中谷健太郎	由左衛門	昭和25年	中谷剛三	徳右衛門
大正11年	佐竹邦三	宗兵衛	昭和26年	高橋和夫	仁左衛門
大正12年	高橋正造	仁左衛門	昭和27年	窪　達男	安兵衛
大正13年	山田清三	治郎助	昭和28年	佐竹喜義	喜兵衛
大正14年	奥村幾久治	房　吉	昭和29年	佐竹康男	宗　助
昭和元年	横山茂夫	源三郎	昭和30年	中谷健男	由左衛門
昭和２年	中谷久夫	久五郎	昭和31年	白井忠夫	五右衛門
昭和３年	佐竹義次	宗　助	昭和32年	長谷川三喜男	六兵衛
昭和４年	植村政治	孫　作（東山）	昭和33年	上村芳男	小重郎
昭和５年	佐竹茂近	茂左衛門	昭和34年	植村光男	孫　作（東山）
昭和６年	上村光夫	佐右衛門	昭和35年	佐竹興治	安左衛門
昭和７年	山田一郎	新　助	昭和36年	中谷善正	由太夫
昭和８年	佐竹一雄	宗　助	昭和37年	佐竹茂通	茂左衛門
昭和９年	岡本増治	庄兵衛（東山）	昭和38年	奥村善孝	善右衛門
昭和10年	山田　優	治良助	昭和39年	池田　治	市郎兵衛（東山）
昭和11年	白井武治	五郎兵衛	昭和40年	窪　清行	孫兵衛
昭和12年	木下常夫	藤太夫（東山）	昭和41年	奥村貞雄	房　吉
昭和13年	池田一雄	彦四郎（東山）	昭和42年	中谷昭夫	久太郎
昭和14年	中谷　肇	ト　ヨ	昭和43年	上村二三男	佐右衛門
昭和15年	佐竹　薫	宗兵衛	昭和44年	横山敏幸	源太郎
昭和16年	奥村　勇	源右衛門	昭和45年	窪　博司	利右衛門
昭和17年	岡野　清	喜左衛門	昭和46年	佐竹克己	宗兵衛
昭和18年	横山　明	五左衛門	昭和47年	山田　明	新　助

年　号	氏　名	屋　号	年　号	氏　名	屋　号
昭和48年	横山喜代志	五左衛門	平成７年	高橋富男	長太夫
昭和49年	高橋　稔	仁太夫	平成８年	白井克典	五右衛門
昭和50年	今安正幸	喜左衛門	平成９年	中谷昭広	久太郎
昭和51年	木下藤一	藤太夫（東山）	平成10年	中谷貴志	久五郎
昭和52年	中谷敏治	治左衛門	平成11年	池田直暁	彦太夫（東山）
昭和53年	重兼純一	多左衛門	平成12年	奥村修一	源右衛門
昭和54年	佐竹　正	宗　助	平成13年	池田和男	市郎兵衛（東山）
昭和55年	横山恒幸	源太郎	平成14年	窪　政和	孫兵衛
昭和56年	池田義治	彦　七（東山）	平成15年	植村泰治	孫　作（東山）
昭和57年	中谷喜好	徳右衛門	平成16年	上村裕之	佐右衛門
昭和58年	窪　安和	安兵衛	平成17年	横山勝明	五左衛門
昭和59年	佐竹　敏	宗　助	平成18年	山本　亨	文左衛門
昭和60年	長谷川啓	六兵衛	平成19年	上村光裕	二三男
昭和61年	佐竹　勇	吉右衛門	平成20年	高橋　将	仁左衛門
昭和62年	白井伸明	五右衛門	平成21年	池田達也	彦　七（東山）
昭和63年	上村啓治	小重郎	平成22年	佐竹宗和	宗兵衛
平成元年	池田雅樹	彦四郎（東山）	平成23年	佐竹一真	安左衛門
平成２年	上村裕之	佐右衛門	平成24年	白井稔洋	五郎兵衛
平成３年	奥村善昭	善右衛門	平成25年	奥村誠二	源右衛門
平成４年	白井伸明	五右衛門	平成26年	奥村誠二	源右衛門
平成５年	横山功介	源太郎	平成27年	高橋　将	仁左衛門
平成６年	岡本章宏	庄兵衛（東山）	平成28年	池田直暁	彦太夫（東山）

弥美《みみ》神社の神事芸能

1　弥美神社とその周辺

福井県三方郡美浜町宮代《みやしろ》に鎮座する弥美神社は、『延喜式』神名帳に見える「弥《イ》美《ミノ》神社」に比定され、享保十年（一七二五）の『若狭国神名帳』には「正五位耳明神」とある。二十八所大明神《にじゅうはっしょだいみょうじん》、耳《みみ》の明神とも称した。『若狭国志』は「彌美神社在宮代村、大寶二年（七〇二）始祭伊勢内外宮、其後配祭二十六所神、故今稱二十八所、耳庄数村共祭祀、社域有寺曰園林《ヲンリン》、世知社事」（括弧引用者）と述べている。なお、ほぼ同様の内容を記す『若狭郡県志』は、二十八所神を伊勢両宮、加茂・松尾・平野・石清水・春日・大和・廣瀬・龍田・住吉・多賀・日隅・吉田・富士・祇園・北野・丹生・熱田・熊野・気比・戸隠・巌島・高良・諏訪・白山・金峯・石山とする。また社記では、伊勢・多賀・日隅・富士・戸隠・巌島・高良・諏訪・石山の代わりに、稲荷・大原野・石上・梅宮・廣田・十禅寺・上下宮（若狭彦姫両神）・日吉・三輪が入っている。

この点に関しては、伴信友《ばんのぶとも》が既に『神社私考《じんじゃしこう》』四の中で、春日・平野・稲荷・大原野・梅宮・吉田・祇園の神々が大宝年間より後に祀られた神であることを理由に、妄説と断じている。さらに彼は、園林寺《おんりんじ》に残る乾元二年（一三〇三）の古文書に「中興二十八所造立事、嘉禄二年（一二二六）丙戌九月廿三日鍒《テオノ》始、十月十八日上棟」（括弧引用者）とあるのに注目して、次のように主張するのである。

写真1　弥美神社

これより前に二十八所神と云へる社の在けるを、再興せる如くきこゆれど、然にはあらず、舊より在し彌美の神社の衰へ給ひたりつるを、園林寺が（中略）計らひて、再興すとて多くの神々に、畏しこくも佛をさへ合せ祀り、總社の如くものして、始て二十八所ノ大明神と稱ひ出せるものぞきこえたる。さて本の彌美社の祭神は、其時既く詳ならざりつるが、又思ふ處の有けるにか、（中略）かくて按ふに、同村に地主權現と稱ふ小社ありて、八月十五日を祭日とす、二十八所の祭日は、四月朔日七月廿日なり、こはいにしへ彌美神社、此處に在て衰へ給ひたりしを、嘉禄に再興して今の社地に移し奉りて、二十八所の神と稱し、其奮跡にも小社を建て、地主の神と稱へるなるべし（括弧引用者）

本地垂迹《ほんじすいじゃく》思想を排撃してプリミティブな信仰のスタイルを追求する視線は、したがって始源としての古代に向かわざるを得ない。社号の弥美を手がかりに、そして『延喜式』巻二十八兵部省《ひょうぶしょう》の条に見える「若狭国驛馬弥美。濃飯各五疋」といった記載、あるいは『和名抄《わみょうしょう》』に書きつけられた弥美郷等の文字に導かれながら、彼は祭神を孝元天皇の孫にして日《ひ》子坐王《こいますのみこ》の皇子である室毘古王《むろびこのみこ》と推定するに至るのである。かつて耳別《みみわけ》の氏人《うじびと》が耳の地を治めて室毘古王を祖神として祀ったのが、弥美神社の始まりではないのか。いうまでもなく『古事記』中巻に記された「室毘古王は、若狭の耳別の祖」の一節を前提としながら、伴信友はそう考えたのだった。

じっさい、弥美神社より約二キロメートル西方の国道二十七号沿いには、獅子塚《ししづか》古墳と称される前方後円墳が存在する。これは、六世紀初頭の築造とされ、室毘古王の陵墓であると推定されているのである。このように考えるならば、弥美神社の神霊は、中央より到来し地域を開発する政治神かつ文化英雄の性格を色濃く湛《たた》えはじめるであろう。

なお、伴信友が注目した地主権現《じしゅごんげん》、すなわち地主神は、この地域にとってきわめて重要な意味を持っていたのではないか。ここで復権しておきたい。口碑によれば、かつて弥美神社は東山《ひがしやま》の入口に当たる小字・逢《あい》の木にあったとされる。そこには、今ではなくなってしまったが、一本の老松があり、祭礼になると西は若狭町倉見《くらみ》から東は山東《さんどう》に至るまでの人々が、まずここに集ってから参詣したという。逢の木と称するのは、そのためであった。しかし民俗学の成果によれば、アイは饗であり、逢の木は饗《あい》の神（田の神）の祭場であったとも考えられるらしい。金田久璋は、奥能登の田の神祭、アエノコトをはじめとするいくつかの事例に注目しながら、次のように述べている。

若狭にも同様の地名や小祠が上中町以東に点在しており、この区域にはかつて「田の神」と「アイ（エ）ノカミ」が複合的に存在していたことが考えられる。たとえば小地名としては「相の木」（美浜町佐田・山上）「相ノ森」（上中町麻生野・海士坂）などがあり、地理的に水利との関係があるようである。小祠としてはアイノカミノ森（敦賀市白木）、アイノカミ（美浜町丹生）、饗神御社（同北田）、愛神社（同佐野）、合の神（三方町北前川）があり、村の末社か合祀扱いをされている。

したがって、逢の木も本来は饗の神（田の神）の祭場であり、民俗神としての田の神と何らかの関連を持っていたと考えられるのである。

一方、弥美神社の背後に聳える御嶽山《おたけやま》（五四九メートル）の頂上には、奥宮である御嶽神社が祀られており、山の神として四月二十三日と七月二十四日にオタケサン参りが行なわれる。弥美神社に参拝すればそのまま奥宮のある山頂に正対する地理的条件や、神奈備《かんなび》型の形状および名称からして、御嶽山＝神体山の思考が読み取れはしないだろうか。

地域の想像力の中で御嶽山が占める割合の大きさは、山西郷・山東郷がいずれもこの山を基点とした呼称である事実からも推察できるのである。かつて式内社であった弥美神社は、おそらく自然神に村する信仰を集めて、地域の精神的紐帯《ちゅうたい》として機能していたのであろう。

しかし弥美神社は、嘉禄二年（一二二六）に再興されて二十八所宮と称された後は、同所にあった真言宗の園林寺の勢力下となり、守護社的性格を与えられるようになる。おそらくは荘園制の進行に伴い、古い民俗レベルの信仰は、新たに勧請された信仰の体系によって封印されて、地主神の位相に押しやられていったのではないか。園林寺は、まさにこうした状況の中で、弥美神社を二十八所宮として再興したのだった。

ところで、この地域の荘園は多くの変遷を経ている。この点については、『若狭国志』『神社私考』『荘園志料』『福井県史』等に見解が載っているので、荘園の実態に関する詳細はこれらの論考を参照されたいが、ここでは、管見に入った関連史料を時代順に列挙して、簡便に供しておきたい。

（1）建暦三年（一二一三）の『門葉記』慈鎮護状に織田庄《おたのしょう》が延暦寺《えんりゃくじ》常寿院領として見えるのが、この地域に関する初出史料であると思われるが、以下、史料はいくつかあげることができる。

（2）『園林寺文書』のうち、建長六年（一二五四）のものには「織田御庄山西明王寺領田畠事」とある。

（3）文永二年（一二六五）の『若狭国惣田数帳』には織田庄・山西郷・山東郷が別々に記されている。ここで、『園林寺文書』に見える記載を年代順に紹介しておこう。

（4）弘安六年（一二八三）のものには「山西郷内麻生村」、

（5）永仁二年（一二九四）のものには「織田御庄山西郷二十八所社神田事」、

（6）嘉元元年（一三〇三）のものには「織田庄山西郷（園カ）林寺」、

（7）嘉元三年（一三〇五）のものには「若狭國織田庄山西郷鎮守二十八所社不断如法経田事」、

（8）正慶元年（一三三二）のものには「山西郷鎮守二十八所社」、

（9）観応二年（一三五一）のものには「山西郷二十八所社毎年正月修正頭役料物不足之由、歎申間事」、

（10）貞知三年（一三六四）のものには「織田庄内山西郷薗林寺住僧職事」、また「若狭國山西郷内薗林寺田事」、

（11）応永六年（一三九八）のものには「山西郷二十八所宮葺造替料足事」とある。さらに、

（12）応永年間の『青蓮寺文書』「応永之記」に青蓮院門跡領所として若狭山西荘が見える。

（13）『東寺文書』文安六年（一四四九）のものに「若狭國三方郡耳荘二十八所　東寺御修理奉加人数」とある。

（14）『佐野野崎家文書』天文二十二年（一五五三）の記述には、「若州三方郡耳荘之内野崎次郎右衛門尉抱分買得付永作職等事」と見える。

（15）元禄年間になると『若狭国志』巻四に「興道寺・佐野・新庄・寄戸・五十谷・安江・宮代・麻生・中寺・細工・河原市・和田・木野・佐柿以上十五村耳ノ荘」と記される。

（15）の耳荘は、現在の弥美神社の氏子集落圏と一致しており、弥美神社の祭礼が二十八所宮を耳荘の荘園鎮守社とするそれであったことをしめしているかのようである。しかし、耳荘の初見は（13）の文安六年（一四四九）で、それ以前はこの一帯は織田庄山西郷と呼ばれていたことが上記の史料から明らかである。「鎌倉幕府時代の末葉に至りては、織田庄内に山東・山西両郷を包括することゝなれり、山門領なること室町時代に至りて變らず」とされるように、長く延暦寺常寿院の荘園であった。

ここで、真言宗古義派園林寺に着目しよう。『園林寺縁起』によれば、大宝二年（七〇二）に宮代の道善斎が文殊菩薩の瑞相を見て、その旨を朝廷に知らせたために、多くの伽藍が創建されたという。また『三方郡誌』によれば、弘仁元年（八一〇）に道善斎が朝廷に奏請し、麻生朝臣國忠に勅命があり、造営されたと伝える（麻生《あそ》の口碑には、弥美神社創建の時に麻生殿という公家が勅使として下向し、そのまま麻生に住みついた。村名はこれに因むとする地名起源譚が残って

いる。何か関連がありそうだ)。弥美神社の社域内に位置し、『若狭郡県志』巻四には、「在㆓宮代村㆒、号幡山、真言宗也、古勅願所、而後伏見院以来所賜之綸旨至㆑今有㆑之、近世此儀絶、同村成就院斯寺之末流也」とある。また『園林寺文書』のうち、永享十一年(一四三九)の「坊役兒鬮子事《ぼうやくちごくじのこと》」によれば、かつては十ヶ坊を擁し隆盛を誇ったらしい。

園林寺は真言宗であるから、荘園領主である延暦寺常寿院とは宗派を異にする。しかし領家の延暦寺常寿院としては、園林寺の支配下にある二十八所宮がかつて自然神として他域の信仰を集めていた弥美神社の後身であったために、既に地域の精神的紐帯たり得ていた前提を踏まえて、これを荘園鎮守社と位置づけていった。たとえば、『園林寺文書』のうち、永享十一年(一四三九)の「社上棟日記」には、「二十八所御むねあけの日のさうもつらのちうもん」として「一馬のちうもん次第ふとう、二足　まんところ、一足けしとの、二足　さのとの、一足　くもんとの、一足　はうりとの、一足　ちやうほうしとの、一足ひやゑ二郎段、八足　やむろ、一足さんとう、一足　こうとうし、二足　さいかうさとう殿ひやくしやう已上二十二足」とあり、荘園機構の役職が目につく。

また永禄五年(一五六二)の「廿八所祭礼膳之日記」にも、「下司佐野合一村」などとある。すなわち、荘園領主たる延暦寺常寿院は、荘園の信仰的中心・精神的紐帯として二十八所宮の強力な神威を荘園機構の中に取り込んだのである。したがって延暦寺常寿院と園林寺の両者は、宗教的イデオロギーのちがいを超えて、荘園領域支配を貫徹するという、より現実的なテーマのもとに結びついたのだとみなせよう。換言すれば、園林寺＝二十八所宮が地域の中で既に大きな信仰を集めていたからこそ、荘園領主たる延暦寺常寿院は、これを吸収かつ利用したのであった。

理論的には本地垂迹思想を引きつけなければならなかった荘園機構の体質がそこには語り尽くされており、かつ園林寺＝二十八所宮の実態がたたみこまれているかのようである。実際の動向の一端としては、園林寺に統制された二十八所宮は、社僧がその管理・祭祀を司り荘園領主が社僧の任免権を行使している(たとえば、安永六年〔一七七七〕の『若狭国三方郡耳庄廿八所東寺御修理奉加人数表』や明治二年〔一八六九〕の『神仏混淆分離ノ始末書』を見よ。特に後者の補記は臨場感に富む）。諸祭事もまた、仏教色の強い内容へと変化していった。以下にその実例をあげておこう。

（１）『園林寺文書』のうち、嘉元三年（一三〇五）の「二十八所社修正内陣出仕事」には、修正会内陣出仕の作法が取り決められており、それに背くならば「其季之交衆」を禁止される旨が記されている。一切は荘園の事務を司る荘官たる公文が取り扱っており、修正会が荘園的活動の一環と位置づけられていたことがわかる。

（２）『園林寺文書』のうち、観応二年（一三五一）の文書には「山西郷二十八所社毎年正月修正頭役料不足之由、歎中間……」とあり、二十八所宮が仏教と習合した結果、修正会を行なっていた事実が知れる。

写真２　園林寺　奥に弥美神社

（３）『廿八所祭礼膳之日記』によれば、小祝・下司などと共に外陣・門前にそれぞれ二膳、長法寺にも一膳が分配されている。また「大衆舞ノ後一膳」とあり、修正会等の仏事の後に演じられる延年の演目である大衆舞が奉納されていたことが知れる。現存する大衆舞としては、岐阜県郡上郡白鳥町長滝白山神社の六日祭（一月六日）に行なわれる例（はっさい）があるが、これも本来は長滝寺の修正会で結願の日に行なわれた延年の芸能であった。この史料は、ほかに「猿楽へ一膳」とも記し、芸能史料として貴重である。

（４）神仏習合の理論的背景として動員された本地垂迹思想の端的な表われとして、奥田真啓は「荘園制による神神の變轉の一例　若狭弥美神社」『歴史地理』で瞠目《どうもく》すべき指摘を行なっている。それは、二十八所の隠された意味についてである。

　即ち廿八とは天地麗氣記に見る眞言神道の両部神道などで云ふ廿八宿或は

廿八部衆等の諸天神に由来すると見るのが穏当であらう。吾妻鏡仁治二年八月廿二日の條によれば、鎌倉の新造北斗堂に廿八宿神像一體等を安置したとあるから、之は必しも両部神道の神と限る必要はなく、一般的な星の信仰と見てもいい。従つて従来からある多くの祠を、夫々廿八の佛道の諸神に比定したと見てもいいし、廿八宿の神といふ一の神を新に祠つたりしたのであらうと見てもよい。夫が眞言神道である點に於て、園林寺が眞言寺院であつて、天台宗でない事が大きな意味をもつて来ると思ふ。

とりわけ（4）は、弥美神社の祭礼空間を扱おうとする本章にとって、前提となるべきものである。また、一種の星曼荼羅《ほしまんだら》を想定する奥田の指摘は、宇宙論的広がりを備えた視点に支えられており、十分に示唆的であるといわなければならない。奥田が述べるように、こうしたシンボリズムは真言密教のそれであろうが、さらに同様の象徴的思考は、祭礼空間のダイナミズムを宇宙論的次元へと飛翔させる槓杆《こうかん》ともなっているのである。以下に列挙して、検討を加えておく。

（1）伴信友は『神社私考』四において、社記を紹介して「大寶二年（七〇二）奉始二日月ノ両輪ヲ一、天照大神國家守護の霊社二十二所ノ名影を、白幡に秘して耳の川邊帯て、深山の空地に天降らせ給ひ云々、此地を籠野といふ、百年餘の後御社《ミヤシロ》村に祭る云々」（括弧引用者）と記している。

（2）口碑に曰く、弥美神社の神霊（金の御幣）が新庄《しんじょ》の大日《だいにち》にある、仏ヶ《ほとけ》洞《ぼら》のヨボの木に降臨し、それを宮代まで移した、と。

（3）耳川の洪水に困り果てた人々は、大日の金の御幣を持ち出し、その神威によって川筋を定めることができた。なお耳川の洪水のために新庄の馬場《ばんば》の裏山が二つに裂かれて、半分が流れついたのが現在国道二十七号沿いに位置する洪水山《こうずやま》（向水山）であると伝える。洪水伝説の一種として興味深い。

（4）宝永八年（一七一一）二月の「庄内立会山出入覚書」（『河原市武長弥太夫文書』）によれば、「此山を大日ヶ原と申ハ昔日廿八所の御神此山へ天降らせ給ふとて、金胎両部を表し、南大日北大日と申傳候て御社御座候、其後今の宮代村へ勧請し奉り、庄内拾四ヶ村ノ惣氏神と奉崇敬候、夫ゟ以来彼山を拾四ヶ村の立会として、氏子共立入来申候」とある。係争文書の中に記述されている点を考慮すれば、こうした信仰が地域に一般的に流布していた事実が浮かび上がってくる。

（5）偽文書であろうが、『園林寺文書』のうち弘仁元年（八一〇）のものには、「御本地南天竺大日如来、當社奉始天照大神正八幡宮、二十八所勧請社壇也、依可致異賊降伏祈請之旨、前前被仰付之由所聞食」とある。

（6）かつて二十八所宮の御神体が祀られていた園林寺奥の院には、雨宝童子《うほうどうじ》（金剛赤精善神《こんごうせきしょうぜんしん》雨宝童子）が鎮座する。大日如来《だいにちにょらい》の化身《けしん》として生み出されたのが、雨宝童子であった。村山修一は『本地垂迹』で、雨宝童子について、「空海作に仮託された『雨宝童子啓白』によると、赤童子ともいい、天にあっては日月星辰となり、日本には大日靉貴・月夜見・瓊々杵の三神、天竺には法身毘盧舎那・報身阿弥陀・化身釈迦の三仏、中国では伏義・神農・黄帝の三聖となるとし、この像を安置帰依すれば福を招き災を除くとある。したがって天照大神の下生の像として女性にあらわし金剛宝棒と宝珠をとるのが普通である」と説いている。

（1）と（2）を総合してみよう。大日とはただちに真言密教にあまねく光り輝く大日如来を思わせるから、（5）にしめされるように、これらの伝承が弥美神社の神霊のアイデンティティを大日如来に投影しているのはまちがいない。とすれば、神霊が金の御幣として降臨したとあるのは、あるいは大日如来の慈光を表現したのでは、とさえ思えてくるのだ。また、（6）に導かれつつ、大日に天照大神以下二十八所の神が降臨する構図を、普遍力を象徴する仏教のもとに個別的な容貌を持つ諸神が回収されてゆくプロセスと読み解くことも可能かもしれない。いずれにせよ、これらの伝承自体が園林寺によって推進されたであろう本地垂迹説を忠実になぞり、仏教説話化している事実は、もはや明らかであろう。

しかも（4）を知るかぎり、こうした伝承は、宗教的権威や荘園機構の側からでなく、地域内で育まれたものとして理解できるのではないか。無論、荘園機構による領域支配が荘民の内面にまで貫徹した証左として読む視座も可能ではあるが、ここでは地域がみずからのアイデンティティを強化するために、与えられた伝承を再利用し膨張させた側面を評価したい。伝承は、けっして弥美神社の起源譚《たん》としてのみ語られるのではない。むしろ、現実の次元にまで引き寄せられた結果、大日を村落共同体の結束の象徴としての立会山とする自治の思想に奉仕させられるに至ったと考えるべきであろう。しかしそれだけではない。さらに注目すべきことに、この伝承は、祭礼の神話として毎年の儀礼の中で現在化されているのである。

ところで、神代雄一郎は典型的な日本のコミュニティの構成に触れて、山宮―里宮―田宮・奥宮―神社―御旅所といった三つの聖地を実際の集落上にトレースした上で、興味深い考察を加えている。しかし弥美神社の場合、この信仰軸は大幅に変形しており、本来奥宮を擁する神体山として重視されるべき御嶽山が視界からほとんどかき消されている。そのかわりに、信仰軸に直交する位置に、いわば象徴的な奥宮として大日が設定されているのである。これは、参道から弥美神社を経て御嶽山に向かう民俗レベルの信仰軸に、弥美神社＝園林寺から新庄を経て大日に向かう仏教の信仰軸が暴力的に挿入された結果であると考えられる。

したがって、御嶽山の代わりに新たに大日を神話的空間として弥美神社の上位に据える思考は、「眼に見える本地垂迹説」とでも呼ぶべき性格を持っており、祭礼はその目論見《もくろみ》を視覚化したスペクタクルであると理解することも可能であろう。とすれば、ここにあげた川や（1）や（2）が物語ろうとするのは、（3）のそれと等しい。すなわち、耳川流域に結ばれる水利共同体にとって、それは危機と共に浮上し引用される聖なる伝承であったのである。

最初に金剛界《こんごうかい》と胎蔵界《たいぞうかい》の両界曼荼羅《りょうかいまんだら》を現実の山中に深く沈め、地域の生命が威光と共に湧きたつ秘儀の時空（＝大日）を観想してみよう。そこは、地域がみずからのアイデンティティを映し出す共通の鏡、みずからを吊り支える霊威に満ちた場にほかならない。しかもこの、おそらくは園林寺によってあまりにも巧妙に構想された時空は、けっしてそれ自体で完結してしまおうとは意図しないし、静態的でもあり得ないだろう。日と月（これらは弥美神社のシンボルでもある）と星を巻き込んだ壮大な曼荼羅は、祭礼の時空に移し換えられて眼前すべく仕組まれていた。あたかも動く仏教説話のように。そのために、地域の集落は宇宙論的秩序のもとに再構成され、描かれた曼荼羅がいつも夢想していたにもかかわらず、裏切らざるを得ない理想の曼荼羅──運動態としての──を祭礼の次元に実現することができたのである。微細な運動性をはらんだ三次元曼荼羅（本来曼荼羅とはそうしたものだ）としての祭礼、儀礼、そして芸能。一旦宗教的コスモロジー（宇宙論）を与えられたならば、恰好のかたちを得た地域の想像力は、それを地域の精神的紐帯あるいは再生の契機として用いる位相変換を企《くわだ》てずにはいられない。

しかし、どうやら論を進めるのに性急に過ぎたらしい。多分に想像的ではあるが、かかる前提を踏まえた上で、次節では祭礼が備える多様かつ具体的な側面へと歩みを運ぶことにしよう。

2　祭祀組織の構成

現在、五月一日（かつては旧暦の四月一日）に行なわれる弥美神社の例祭は、祭祀組織に関してきわめて複雑かつ精緻な構成を有している。そのために記述もいきおい煩雑にならざるを得ないが、ここで概観しておきたい。『四月一日祭祀日記』によると、ゴヘイ村・獅子村・田楽村・王村が規定されており、永禄五年（一五六二）の『廿八所祭礼膳之日記』に御幣村・上村・下村・王村・獅子村・田楽村・神子・下司佐野合一村と見えている。ただし、これらの史料には具体的な集落名が記されておらず、担当する職掌を冠した村が見えるのみである。その記述を細かく検討してみよう。

現在、獅子舞を担当する集落は、佐野を含めた大三ヶである。にもかかわらず、獅子村と佐野は別に記されている。つまりこの時点では、獅子村は佐野とは別に存在したと思われるのである。さらに、下司佐野合一村という記述に注目すると、ここに見える下司とは荘園の現地で実際に任務を行なった荘官の長を意味しているから、この場合の佐野も地名である可能性は少ない。その傍証としては、永享十一年（一四三九）正月十三日の「社上棟日記」（『園林寺日記』）に、「馬のちうもん次第ふとう」として「二疋　さのとの」なる一条があることをあげておけば良いだろう。また、……村と列挙した中に神子が見える点も合考すると、『廿八所祭礼膳之日記』に列挙された村とは、集落や地域といった空間的広がりを意味するのではない。むしろ、村→群れ→グループといった、ことば本来の意味での特権的集団を意味する文脈で使用されていたと考えられる。

ただし、弘治二年（一五五六）六月の「明通寺鐘鋳勧進算用状」には、新庄・あさう村・川原市・わた浦・ミやしろ・耳庄さかき・さか尻などと記されているから、この頃には既に現在の集落がほぼ成立していたらしい。なお新庄の名称は、寛正四年（一四六三）と応仁二年（一四六八）に確認できる。また麻生の場合は早く、『園林寺文書』のうち、弘安六年（一二八三）のものに「山西郷内麻生村」とあるから、部分的にはかなり早い時期から成立を見ていたと思われる。しかし、史料の上で現状と対応する集落群が列挙されるのは、正保三年（一六四六）の『若狭越前近江国郷帳』などを待たなければならない。

本章は、宮座そのものについて立ち入る余裕を持たないため、詳細にわたる検討はしないでおく。しかし以上のように考えてくると、弥美神社の祭礼に見られる祭祀組織も、中世においては血縁社会における同族集団に端を発する特権的組織としていわば株座・一族座の様相を呈していたのが、近世に入って地縁社会に移行すると地域に根ざした

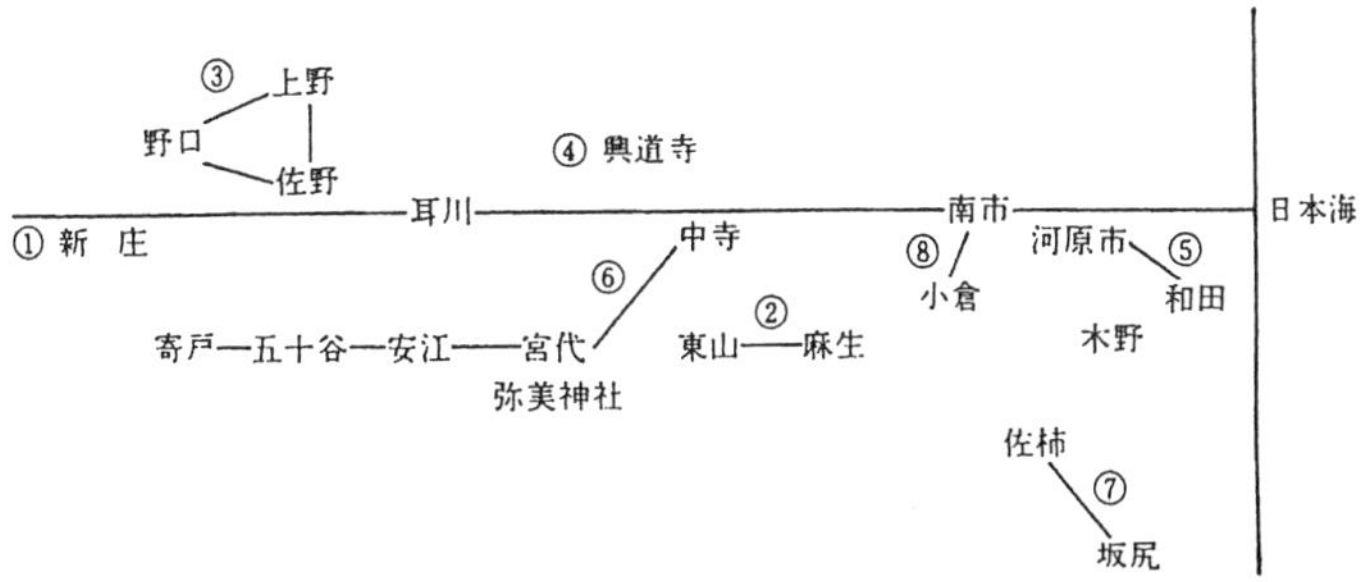

図１　弥美神社祭礼関係図

村座・地域座として広く村落共同体に向かって開かれていったのではないだろうか。先にあげた弥美神社にかかわるいくつかの史料は、そのあたりの消息を物語っているかのようである。

次に現状を報告しよう。今日弥美神社の祭礼に参加する集落は、①新庄②麻生・東山③大三ヶ《おおさんが》（佐野《さの》・野口《のぐち》・上野《うわの》）④興道寺《こうどうじ》⑤河原市《かわらいち》・和田《わだ》⑥宮代《みやしろ》・中寺《なかでら》・小三ヶ《こさんが》（安江《やすえ》・五十谷《いさだに》・寄戸《よりと》）⑦佐柿《さがき》・坂尻《さかじり》⑧南市《みなみいち》・小倉《おぐら》の旧耳庄に属する耳川流域の十八集落で（図１）、いずれも御膳と称されるそれぞれに異なった特殊神饌を供える点が興味深い（大三ヶのみ二つで、他は一つ）。

このうち、耳川の最も上流の山間部に位置する①の新庄は、祭礼の中で特権的な地位を占め、その象徴ともいえる一本幣《いっぽんべい》及び七本幣《しちほんべい》を毎年担当する。弥美神社の神霊が、新庄の大日にある仏ヶ洞（洞とは水のない谷のこと）のヨボ（リョウブ）の木に降臨した故事に由来してのことである。ほかに浦安の舞も出す。

②の麻生・東山は王の舞の担当である。麻生が四年続けて演じた後、一年のみ東山が受け持つ。東山は麻生の南隣に位置し、麻生の枝村であるから、本来王の舞は麻生の職掌であったと考えられる。

③の大三ヶは、獅子舞を毎年交替で出す。かつて野口・上野は佐野の小字であったから、本来獅子舞は佐野に定められていたようである。二つの御膳が大三ヶで共有されており、役に当たった集落のみがそれを供えることになっている。幣組と称される④⑤⑥⑦の各グループは大御幣を担当し、幣押しの主役である。四年に一度、

幣番として順番が回ってくる。

最後にあげた⑧の南市と小倉は近年祭礼に参加するようになったグループで、特に担当すべき職掌は与えられていないが、南市は現在乙女の舞を受け持っており、また以前には山車を出していた。小倉は戦後できた新しい集落である。

なお田楽は廃絶しており、どの集落が担当していたのかは不明であるが、ほかに比定できる集落が見当たらないことなどから、おそらく木野《きの》であったと考えられる。木野は弥美神社の氏子集落圏内に位置しながら、現在祭礼には参加せず、四月十三日に別に独自の祭礼を行なっている。この時、二つの御膳のうちの一つは、御膳石《ごぜんいし》と呼ばれる石の台の上に、弥美神社の方角に向けて据え置かれるのである。また、かつて弥美神社の祭礼の日には、木野のボウの森で木野神社を遥拝してからでないと祭礼が始まらなかったとする伝承も残っており、弥美神社と木野の密接なかかわりがしのばれよう。祭礼に参加しない理由については、木野神社は弥美神社の親あるいは格上であるからとも、木野の姓のほとんどを占める大同《だいどう》家の先祖とされる大同《だいどう》兵《ひょう》衛《え》盛近《もりちか》が坂《さかの》上《うえの》田《た》村麿《むらまろ》に従って鈴鹿山で上げた戦功により、祭礼の諸役を免除されたとも伝える。

ここで、④⑤⑥⑦の各グループについて、さらに細部にまで検討を加えてみたい。というのも、大御幣《おおごへい》の担当に関しては、グループ内でもそれぞれの配当年の比率が決まっており、しかもそれがきわめて精妙に仕組まれている事実を明らかにしたいと思うからである。④は興道寺のみであるから、四年に一度この集落は大御幣を担当することになる。興道寺は、どうやら大御幣を担当する集落の筆頭に位置すると考えられているらしい。実際に、興道寺のみが大御幣を作成する権利を有するとする伝承を、いくつか採集することができた（現在はそのような事実はない）。

⑤の河原市・和田の場合、四年に一度このグループに回ってくる大御幣の職掌を、さらに河原市二年と和田一年に配当する。したがって、河原市は1／4×2／3＝1／6で六年に一度、和田は1／4×1／3＝1／12で十二年に

表1　弥美神社祭礼分担一覧

①	一本幣・七本幣		新庄
②	王の舞		⑷麻生《あそ》　⑴東山
③	獅子舞		⑴佐野　⑴上野《うわの》　⑴野口
④	大御幣	⑴	興道寺
⑤		⑴	⑵河原市　⑴和田
⑥		⑴	⑴宮代　⑴中寺　⑴小三ケ　〔⑴安江　⑴五十谷《いさだに》　⑴寄戸〕
⑦		⑴	⑵佐柿　⑴坂尻

（　）は各組内での配当年を表わす。なお木野は氏子であるが、祭礼には参加しない。かつては田楽を担当していたと思われる。南市・小倉は新しく氏子に入ったので、役割は分担されない。

一度、大御幣を担当することになる。なおこれを幣番のうち特に大御幣番、または上げ番といい、その集落で大御幣を用意せねばならない。幣番であって大御幣番でない非番の場合は、下げ番という（以下同様）。⑥は一般に五ヶ《ごか》と称される。五ヶの構成は非常に複雑で、宮代一年、中寺一年、小三ヶ一年の担当であるが、さらに小三ヶ内でも同様に、安江一年、五十谷一年、寄戸一年が割り当てられている。したがって、宮代と中寺は1／4×1／3＝1／12で十二年に一度、安江・五十谷・寄戸は1／4×1／3×1／3＝1／36で、三十六年に一度大御幣番が回ってくる計算になる。まさに一生に一度の機会であったのである。なお寄戸は、大御幣番に当たった時以外は、御膳を供えることをしない。したがって、小三ヶ全体に一つと決められた御膳を供えるのは、通常は安江・五十谷の二つの集落が交替で担当している。これについては、弥美神社の神霊が大日から下ってきて寄戸の籠野で休息した時、接待をしたために、寄戸は御膳を献上することを免除されていると言い伝える。

⑦の佐柿・坂尻は佐柿二年、坂尻一年の配当で、⑤のグループと同じ比率となっている。佐柿が1／4×2／3＝1／6で六年に一度、坂尻が1／4×1／3＝1／12で十二年に一度である。

祭礼は、このように複雑かつ重層的な構造に支えられていた（表1）。ところが、全体を俯瞰してみると、さらに驚くべき見取図が浮き上がっ

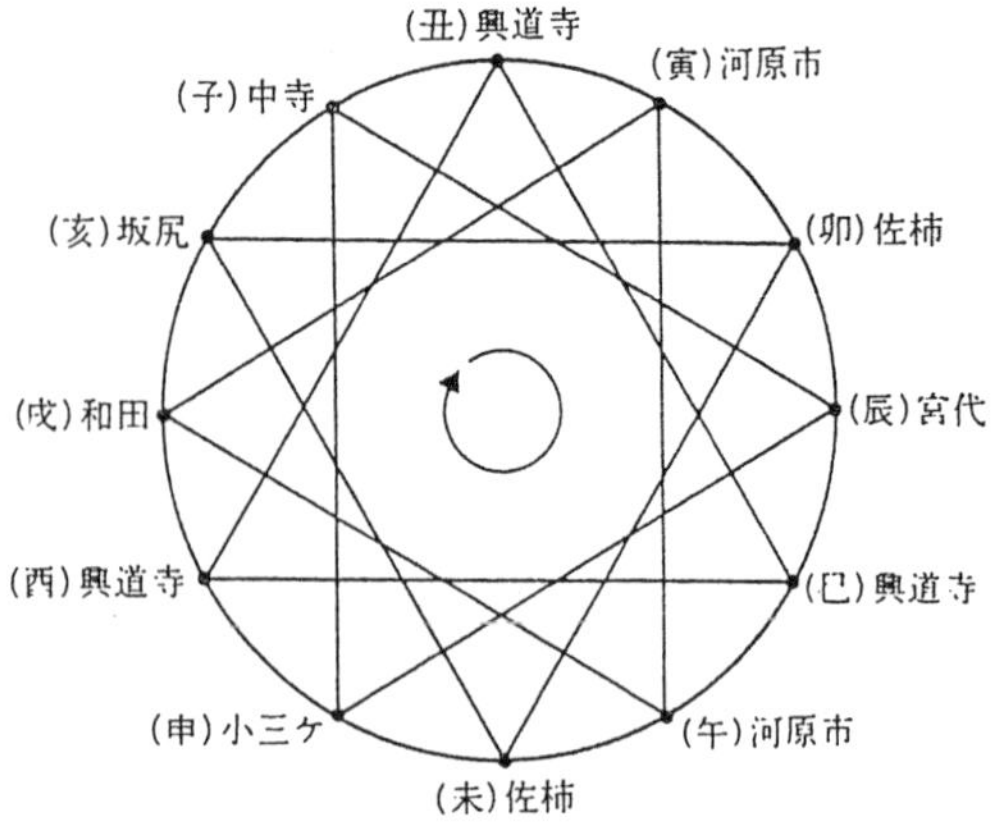

図2　幣組のトリアーデ

てくる。すなわち、大御幣番にのみ注目すると、各集落の担当年は十二支に配当されている事実が発見されたのである。子＝中寺、丑＝興道寺、寅＝河原市、卯＝佐柿、辰＝宮代、巳＝興道寺、午＝河原市、未＝佐柿、申＝小三ヶ、酉＝興道寺、戌＝和田、亥＝坂尻。十二支が語る時空間の秩序がそっくりそのまま祭礼にかかわる現実の空間に移し換えられているこの構図は、従来まったく看過されてきたが、きわめて重要な意味を含んでいるように思われる。これを図示したものが幣組のトリアーデである（**図2**）。大御幣番をめぐって形作られた巨大な円環。その中で幣組のトリアーデが重心を入れ換えながら次第に移動してゆく軌跡は、そのまま祭礼の存在理由を宇宙論的に支持する十二支のものであった。

この事実が指示する先には何があるのか。歴史的に見れば、このような各集落への配当は、地域としての村が成立してからでなければならないから、近世の所産であろう。おそらくは集落間の紐帯を強固にするためのに、すなわち脱落を許さないために設定された地域の自発的結束のための戦略であったのか。いずれにせよ、新しい集落が大御幣組に参加しようとしても、入り込む隙間は全くなかったのである。南市がかつて祭礼とは直接かかわらない山車を出していたのも、そのあたりに起因するように思われる。

先に引用した「庄内立会山出入覚書」（『河原市武長弥太夫文書』）には、弥美神社の神霊が降臨した大日は、それより以来、庄内の十四ヶ村の立会山となったと記されている。したがって祭礼は、大日＝立会山をめぐる権利確認の場として機能していたともみなせるのである。

ともあれ、御膳は弥美神社の宮山への山入権、換言すれば集落間の諸関係が生み出す権力そのものを象徴しつつ、五月一日の祭礼において一つの中心に吸収／統合されてゆく。おそらくそのプロセスは、祭礼において各々の氏子集落が相互の関係を可視的に確認した上で、氏子集落圏が弥美神社を核として統合されていたメカニズムを新たに認識しなおすために有効であったにちがいない。

以上の文脈に沿って、氏子集落圏におけるヒエラルキーの構造を図示してみた（図3）。新庄は弥美神社の神霊が最初に影向した地であり、神霊の輸送を司る集落としてみずからも神聖な力を認められるから第一位。新庄は、祭礼のいくつかの局面でその特権的な地位をしめしている。それに対応するかのように、御膳も他とは全く異なった独自の内容である。第二位は、王の舞を出す麻生。王の舞は、祭礼の中で来訪神のイメージと共に出現する。御膳には、鳥居・日・月・斧（ヨキ）・稲穂の餅細工が取りつけられている。そして第三位は獅子舞の大三ヶ（佐野）である。二つの御膳には、佐野が鳥居・斧・鎌・日・月・稲穂の餅細工、上野と野口の場合、両方とも斧で鎌がない。

　この順位は氏子集落圏内で祭礼に即したかたちで一般的に語られる類のものであるから、地域の意識を反映していると考えたい。天保五年（一八三四）の『織田

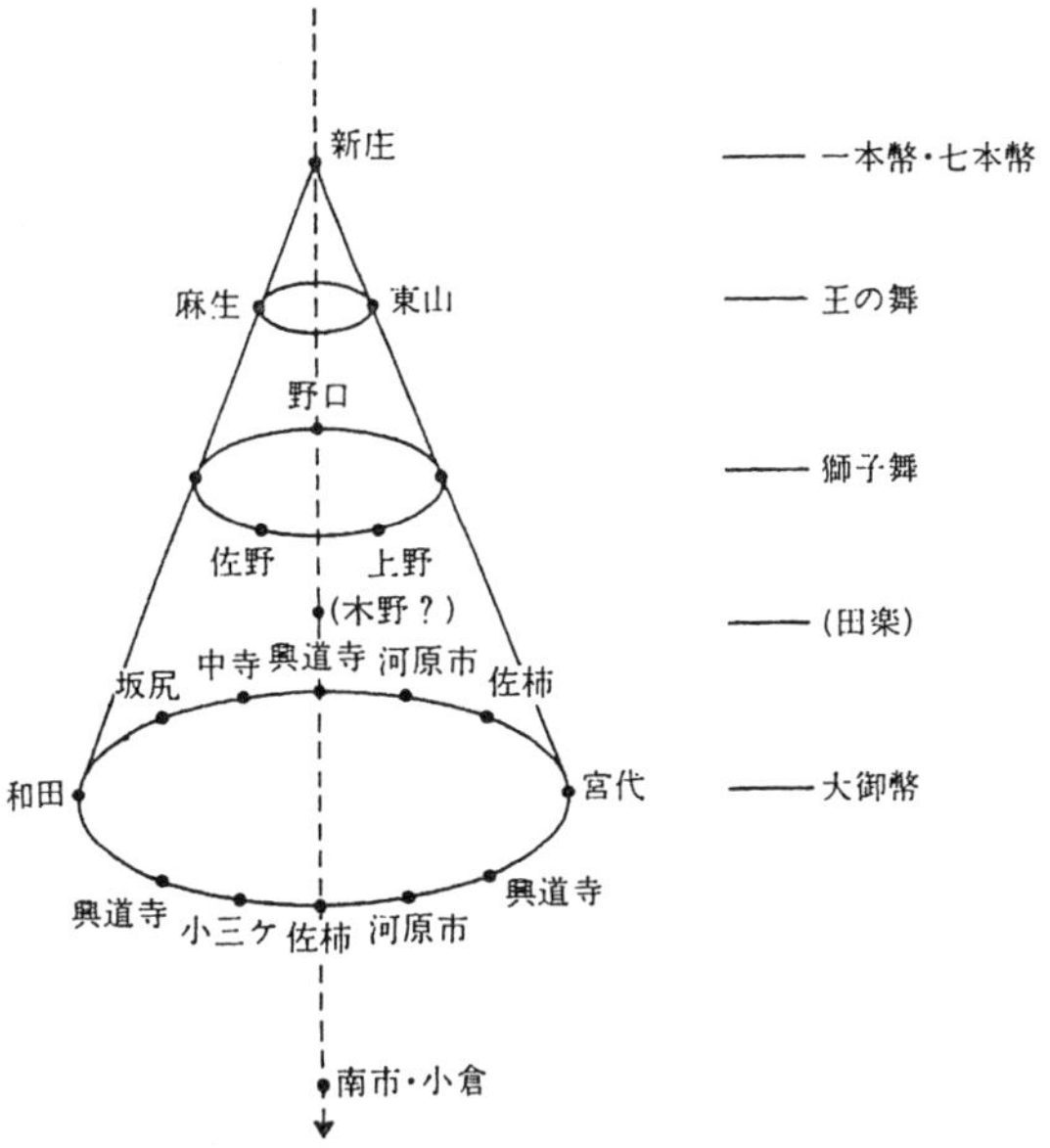

図3　弥美神社氏子集落圏の概念図

庄総社祭祀神事御式礼』に「御幣都頭　御先手新庄、皇之舞弐番麻生、獅子之御舞　参番佐野」とあるのも参考になろうが、これに関連して興味深い伝承が残っているから、ここに紹介する。

今は入れ替わっているが、かつては第二位が獅子舞、第三位が王の舞であり、上演の順序もそのようになっていた。ところが、「面白い」獅子舞を先に済ましてしまうと、観客が皆満足して帰ってしまうので、順序を入れ換えて王の舞をはじめに行なうことにした。以来、順位も第二位を王の舞、第三位を獅子舞とするようになったのである。その返礼に、獅子が舞う時の囃子は、今でも麻生が担当している、という。この伝承は、麻生と大三ヶの関係が拮抗したものであった消息を暗示しているのかもしれない。御膳の餅細工として太い木を伐る権利をしめすと思われる斧を作るのが、麻生と大三ヶにかぎられている点からも、芸能を出す両者が有力な集落として並立していたとする推測が可能である。

さらに、大御幣を担当する集落が出す御膳のうちのいくつかにも、目立った特徴が見出せる。興道寺・河原市・坂尻の稲穂、佐柿の鳥居・日・月・鎌・鉈・鋸（ガンドウ）・稲穂、和田の鯛・稲穂、がそれである。佐柿はかつては国吉城の城下町として繁栄を誇っていたから、勢力の大きかったことが容易に想像されよう。興道寺の稲穂が非常に華やかなのは、この集落が広い水田を有しており、付近では最も豊かな収穫高をあげていた事情と関係があるだろうか。和田は農業のほかに漁業を営む集落であった。このように見てくると、御膳は弥美神社の宮山への山入権ばかりでなく、各々の集落の生産形態や特色をも表現しているといって良い。

弥美神社の氏子集落圏内でのみ通用する特殊な言語体系としての御膳が、新庄を頂点としてピラミッド型に構成された祭祀組織のありかたを雄弁に語っていることは、既に首肯できたのではないだろうか。御膳は、同時に異なったレベルの情報を伝達し得る高度のシンボル体系であったのである。

本節において、ようやく弥美神社の祭祀組織が常に氏子集落間の紐帯を強固にするための統合原理の顕在化に他ならなかったことが明らかになったと思われる。祭祀組織の特徴は、さまざまなレベルにおいて、いずれもそのような志向を共有していた。中央の祭礼形態や芸能構成が地方に伝播した時にしめす定着の相は、たとえば近世的な相貌を持つ弥美神社の氏子集落では、本節のごとく展開されていたのである。

弥美神社の場合もあらかじめ与えられていた祭祀組織は、ここでは巧妙に仕掛けられているために脱落不能の統合原理として有効に活用され、地域がみずからを緊縛しかつ維持する方法（すぐれて近世的な）を生み出すまでに至ったのである。こうした観点を踏まえた上に、次に取り組まなければならないのは、祭礼のより微細な部分へのアプローチであろう。

3　弥美神社祭礼次第

五月一日の祭礼に至るまでには、もちろん各氏子集落における儀礼が行なわれているが、この点はしばらく措《お》き、まず弥美神社における祭礼当日の描写から始めたい。当日の祭礼次第を明らかにすることで、祭礼の全体像を大づかみに把握し、今後の論の展開にある程度の見通しを与えることができるのではないかと考える。

(1) 大御幣の「幣招《へいまね》き（幣振《へいふ》り）」

当番か否かにかかわらず、各集落を出発した行列がすべて弥美神社に到着するのは、午前九時半頃である。到着順に番号札を受け取って、御膳を本殿に供え、御膳つきの少女（女郎《じょろ》）は女郎部屋《じょろべや》に向かう。それぞれ持参した御幣は、時間が来るまで能舞堂に設置された横木に取りつけておく。また、特に大御幣は、拝殿に向かって右側に小幣を従え、先端を水平に倒して横には振らずに立て直し、大きく縦に振り上げる所作を到着時に三回繰り返す。

写真3　大御幣の幣招き　平成17年（2005）

午前十時になると、「幣招き」の声がかかる。同時に神職はじめ氏子総代・各集落の代表者・乙女の舞の少女八人が拝殿に昇り、式典を挙行する。乙女の舞が終了し、退下するのは午前十一時頃になる。

一方、石段下の馬場《ばんば》には、大御幣を先頭にして麻生・東山・大三ヶを除く各集落の小幣が勢ぞろいする。ただし、新庄は一本幣・七本幣があるので小幣を出さない。小幣を手にするのは幣差《へいさ》しと呼ばれる少年であるが巨大な大御幣のみ、実際には大御幣番の集落の青年（幣持ち）が担い、特に大御幣差《おごへいさ》しと称される少年に付き添う。幣差しは各集落から選ばれた小学校一年生くらいまでの少年、大御幣差しは大御幣番の集落から選ばれた小学校高学年の少年が一応の目安である。大御幣差しは、一般の幣差しよりも若干年長である方が望ましい。

やがて大御幣を前にして小幣が左右に並び、幣招きに入る。幣持ちは大御幣の頭をゆっくりと水平に倒して右・左に振り、真ん中に戻すと上へ振り上げて元の形に直る。これを三回繰り返すのである。大御幣差しは子供であるからこの任を勤めるのは無理であるとして、大御幣の横で同様の所作を模し、小幣を持つ幣差しも後方で同様にする。幣招きが終了すると、大御幣は参道下の馬止めのところに移管され、幣迎えのために待機する。小幣は元の場所へ。

ここで大御幣・小幣の形状を説明しておこう。大御幣の規格は、集落ごとに多少異なりはするがほぼ同様なので、一例として河原市のケースを紹介する。芯棒となる幣串はヨボの木を削って作られる。新調する場合もあるし、以前使用して弥美神社に奉納してある中から適当なものを借り出し、再利用しても良い。幣串の長さは六尺（約一八〇センチ）、そのほかの規格は弥美神社に保存されているものによる。枠はヒノキで、「申す」の字の形に作る。上段の長さ五尺（約一五〇センチ）、下段の長さ四尺三寸（約一三五センチ）、中段は上下の中間に合わせるのを旨とする（図4）。幣（美濃紙《みのがみ》）の貼り方は三枚重ねとし、下・中の枠は共に二段ずつ左右に八枚を並べて貼る。上の枠は左右に九枚貼る。以上を裏表同様にすること。完成作品は威容というほかない。

一方、小幣は集落ごとに差異が存在する。河原市の場合だと二種類を作り、一つは集落の氏神である市姫神社へ納め、もう一つを幣差しが弥美神社へ持参する。後者については、三尺以上（一メートル程度）の細いヨボの木五本を、削らないで一緒に苧《お》で括《くく》り、先端に半紙で包んだ洗米《せんまい》をつける。幣の美濃紙は八枚重ねであった。

(2) 一本幣の「幣招き」

引き続き一本幣と七本幣が出て、幣招きを挙行する。一本幣を先にして二の鳥居を通過すると、中の馬場にて拝殿に向かって右に一本幣、左に七本幣が並ぶ。幣差しは最初に、大きく足踏みをしながら三歩進み出て元に戻る。次に、御幣をほぼ水平に倒して左右左に大きく振った後、中央に戻し、再び立てると上方に大きく突き上げて直る。この時、御幣は地面に触れないこと。同じ場所でこれを三回繰り返すと、三度足踏みをして右に旋回し、能舞堂に設置された横木に御幣を立てかける。

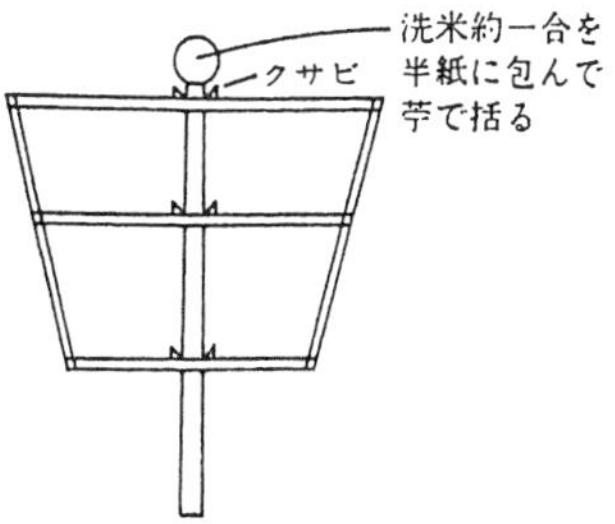

図4　大御幣（河原市）の規格

一本幣と七本幣について。一本幣の幣串は長さ七尺（二メートル余り）の削らないヨボの木で、幣は一方に八枚ずつ垂らし、先端に半紙で包んだ洗米（祭田《まつりでん》で穫れたもの）をつける。七本幣には同じ長さの七本の削らないコブシ（クロモジ、ない時はホウ）の木をひと括りにしたものを用い、幣は一本につき一方に二枚ずつ垂らし、やはり洗米

写真４　一本幣の幣招き　平成17年（2005）

をつける。正副二人の船烏帽子《ふなえぼし》に直垂《ひたたれ》姿の役を総称して一本幣と呼ぶ。これも幣差しであるが、ほかとはちがい大人の担当である。

(3)「幣迎《へいむか》え」

式典の後、乙女の舞が終了すると、幣迎えである。幣迎えから次の幣押《へいお》しにかけては祭礼前半のクライマックスであるから、くわしく見てゆきたい。

各集落の控え所はそれぞれ定められており、昭和六十三年（一九八八）の時点では、新庄は隣接する園林寺を借りている。時間になると、長床の西半分を控え所とする麻生・東山及び大三ヶと、参道下の参集所二階に入る大御幣番の集落から警護役が出て園林寺に赴《おもむ》き、新庄の警護役に一本幣・七本幣を早く出してくれるように催促する。どれか一つの集落が欠けても、新庄は動かないのである。祭礼における新庄の優位がしめされていよう。かつては七度半催促を繰り返したが、現在は事前の取り決めにより簡略化されている。

午前十一時を過ぎると、王の舞と獅子舞が能舞堂の脇に出て一本幣・七本幣を待ち受ける。幣迎えを通じて、王の舞は師匠に付き添われる。師匠は、前年に舞った者が勤める。囃子は麻生の担当で、王の舞用の旋律が奏される。以後幣迎えを通じて囃子を担当するのは、麻生にかぎられている点を銘記されたい。

ようやく午前十一時半過ぎに、一本幣・七本幣が出てくる。拝殿に向かって今度は左に一本幣、右に七本幣が位置し、先と同様の所作を繰り返すと、御幣を胸元に引きつけて左に旋回し、参道の遙か向こうで待ち構える大御幣と対面すべく下ってゆく。これに対して幣持ちは、時間になると、大御幣を持って幣迎えに備えている。この時、大御幣を絶対に地面につけてはならない。幣迎えの先頭は一本幣、次に七本幣、新庄の警護役、さらに王の舞、獅子舞、大御幣番の集落を除くすべての集落の小幣がつきしたがう。

　引き続き、王の舞が「オガム」。オガムとは王の舞の所作の一つで、顔を上方へ向けることをいう。これを三回繰り返すのである。この時左右の幣差し（向かって右が麻生、左が東山）は、王の舞の「オガム」所作に合わせて小幣を三回水平に倒す。獅子舞が続く。上野の獅子舞のみ拝礼しないのは、神社に到着した時に拝んだからだという。この場合は、拝殿に向かって正対した後、そのまま参道を下る。佐野・野口はこの時に拝む。所作としては、大きく口を開けながら低く頭を下げて、せりあがるように歯打ちをすることが三回繰り返されるのである。

　ところで、大三ヶは幣差しを二人出す。したがって王の舞と等しく、獅子舞にも小幣が左右につくことになる。年長者が三本幣（野口・上野）あるいは五本幣（佐野）、年少者が七本幣の担当である。彼らは上野の時は何もしないが、佐野・野口の場合、獅子舞の動作に合わせて小幣を三回低く倒す点、王の舞と同様である。なお、麻生・東山及び大三ヶの幣差しが最初の幣招きに参加しなかったのは、この局面で幣招きに相当する所作を行なうからであったことは、今や理解されるであろう。

　こうして正午にはすべてが出発し、幣迎えの行列が整った。一本幣—七本幣—小幣グループ—王の舞—獅子舞。ごく大まかな順序はこの通りである。王の舞および獅子舞には、それぞれ警護役が四人つく。また王の舞は、途中で三回「オガム」。行列の速度がきわめて緩慢なのは、新庄の一本幣・七本幣が一足長で歩くためである。往復の道中を囃子の太鼓に合わせて爪先に踵をつけて歩む身体性にも、新庄の地位の高さが感じられるだろうか。

　参道下の馬止め付近では、大御幣が大御幣差し・大御幣番の集落の幣差し・華美な幣押し襦袢《じゅばん》をまとった幣番の人々と共に、行列の到来を待ち望んでいる。間もなく、半時間にも及ぶ昂揚したドラマの開幕である。対面の地点まで来ると、一本幣は左へ一歩移動し、七本幣を右に導き入れる。まず大御幣が、幣持《へいも》ちの顔が相手に見えるまで顔を低く下げる。その瞬間、神霊が乗り移ると考えられている。すると、一本幣・七本幣もそれに合わせて下げる。一本幣・七本幣が頭を下げると、もう誰にも止めることはできない。続いて先に一本幣・七本幣が元に戻ると、大御幣も直った後、互いに大きく御幣を振り上げて下ろす。これを三回繰り返す。その時、周囲につめかけた観客からは、「ヨイショ」「豊年」などと声がかかる。

また双方の間では、上げ下げをめぐって駆け引きがスリリングに行なわれ、「さげるな」「まだまだ」などの声も必ず耳にすることができる。集落間で顕示される力が拮抗する瞬間である。しかもこうしたやりとりの背景には、一本幣に乗った神霊が大御幣に乗り移るのだとする神話が反映されているから、あたりの雰囲気は大変な盛り上がりをしめす。特に幣持ちの青年は、一旦大御幣を持ち上げたが最後、けっして地面につけてはならないから、相当の重量を支え続けるパフォーマンスには大きな喝采が投げ与えられるのである。

無事に次第が終了すると、一本幣は左に旋回して参道を引き返す。七本幣も続く。次いで、王の舞・獅子も同様に幣迎えを行なう。王の舞と獅子の所作は、出発の際に中の馬場で拝殿に向かって行なったのと等しく、やはり三回ずつ行なう。大御幣も、それに合わせてそれぞれに三回ずつ、同じような所作を繰り返す。一本幣・七本幣との対面と較べると、所要時間は短い。幣迎えが済めば、方向転換してやはり参道を引き返す。

(4)「幣押し」

獅子との間で交わされる幣迎えが済むや否《いな》や、大御幣は上げ番と下げ番の双方に揉《も》まれて猛烈な勢いで行列に覆《おお》いかぶさってゆく。したがって、獅子は殺到する大御幣の波から逃れるために急いで方向転換せねばならないし、警護役は大御幣を制止せねばならない。しかしそれでも大御幣は、時として獅子・王の舞を追い越してしまうという。たとえば昭和六十一年(一九八六)には、幣番の人々が着る幣押し襦袢の華美さと相俟《あいま》って幣押しの迫力は凄まじく、獅子を抜き去って王の舞の直後に肉薄するほどであった。にもかかわらず、一本幣・七本幣を抜く行動はけっして許されていない。かつてそのような事態が発生した時、大御幣は一本幣に激しく打ち据えられたためか、枠が吹き飛んでしまったと伝える。やはり一本幣は、祭礼における最上位者なのである。

行列は、依然として緩慢な速度で先頭を行く一本幣・七本幣と後方より迫る大御幣にはさまれて非常に凝縮された瞬間を体験しつつ、参道を上る。この時に大御幣を中心とする人の海が巻き起こす迫力は、参道を非日常的な出来事の展開される街路の劇場と化すに十分であった。

やがて行列が鳥居までやってくると、事態は新たな局面を迎えるに至る。すなわち、一本幣から獅子まではこの鳥居を潜り、中の馬場へ繰りこんでゆく。そのまま一本幣・七本幣は本殿に奉納されてその任を終え、一方王の舞と獅子は控え所である長床へ戻り休憩するのである。ところが大御幣は、ここで何かに弾き返されたかのように引き返す。したがって、行列はあたかもこの地点で二つに切り離されたかのような印象を与えるのである。いわば頭部を失った大御幣は、この後昼食をはさんで延々と暴れ続けることになる。弥美神社の祭礼は神輿を持たないが、幣串は幣輿とも称されるから、これを神輿の代わりと考えることも可能であろう。

上げ番と下げ番に分かれた幣番は、大御幣をめぐって互いに競い、「上げ、下げ」の声と共に参道を往来し、場合によっては弥美神社のある宮代の集落にまで流出したりする。その間に、幣串に取りつけられた枠は破壊し尽くされてしまうから、しばらくすると巨大だった大御幣の外観は一変し、単なる一本の棒切れと化すのだ。この幣串をめぐって異常に長い時間が費やされるというわけである。

やがて幣押しの興奮も醒《さ》め、ごく少人数によって続行されるそれが幾分コミカルな調子を帯びはじめると、つめかけた人々も四散する。祭礼の時間とでも呼ぶべきこの空白の持続は、しばしば退屈を招くかもしれない。しかしこの時間をさまざまに過ごす人々にとっては、充実したものであり得るのである。そして祭礼そのものにとっても、来る

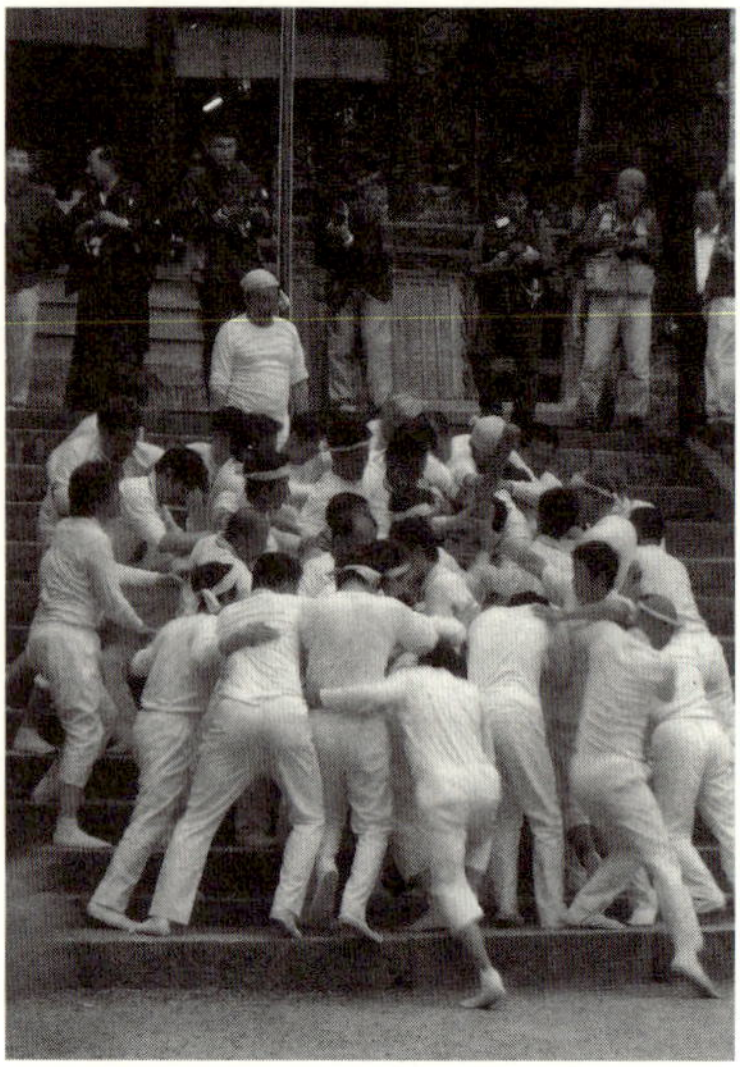

写真５　幣押し　平成18年（2006）

べき新たな事態への胎動期であるといえなくもない。かくして、参道下の参集所に控える幣番の人々は、入れかわり立ちかわり参道に現われては、たった一本の幣串をめぐって「上げ、下げ」の運動をはてしなく持続するのである。

ところで、大御幣は三度以上この鳥居を潜ってはならないとされている。三度目に中の馬場に入ると、再び参道に溢れ出ることは許されないのである。したがって、抜け道としては、この鳥居の脇を出入りする方便も案出されている。この場所が儀礼の文脈の中で重要な接点になっているとする想像は、ここでも語られて良いだろう。なお幣押しの最中に当たる午後二時頃、拝殿では神職の祝詞、各集落の代表者による玉串奉納、そして浦安の舞が行われている。これは新庄が担当しており、二曲演じられている。約三十分。

(5)「幣納め」

昭和五年（一九三〇）一月十一日に氏子総代及び各区長が会合を持ち決議した内容に、「一、大御幣ハ午後五時迄ニ納幣スルコト」なる一条がある。これは、前年に大御幣番であった興道寺が大御幣を本殿に納めるのを著しく遅らせたために、王の舞・獅子舞の集落との間で争議が持ち上がった事件をきっかけにして、設けられた項目である。興道寺は大御幣番を一集落で担当するので上げ番・下げ番の区別が曖昧で、どうしても祭礼の進行を遅らせがちであったらしい。ともあれ、以後大御幣は、必ず午後五時までに本殿に納められるようになった。

次にその様子を記しておく。一進一退を繰り返しながらも、大御幣は着実に本殿に接近する。三度目に中の馬場に入ってからは、舞台は中の馬場と拝殿に至る石段である。石段を上下すること数回、やがて鉢巻きに襷《たすき》がけで日の丸を描いた扇を手にした大御幣差しが、幣番の者に担がれて石段上に登場する。長時間にわたる幣押しの終結を告げるかのように、である。一時は減っていた幣番の人々もまた続々と集結し、再び石段のあたりは騒然とした雰囲気に包まれる。

下げ番の働きにもかかわらず、「上げ、上げ」と大御幣差しの合図に呼応するかのように、ついに今や一本の幣串となった大御幣が石段を登りつめると、肩車になった大御幣差しは幣串に乗り移る。一旦大御幣差しが幣串に乗ると、下げ番もけっして下げてはならない。そのまま幣串は馬乗りになった大御幣差しもろとも本殿の中に放りこまれ、待機する神職の手に委ねられる。この時の進路は向かって右回り、拝殿の横を迂回する。幣納めの完了である。和やかだった気配が瞬時に切り裂かれて出現する狂騒的な興奮の渦。

引き続き各集落の小幣も、それぞれの幣差しによって本殿に納められる。昭和六十一年（一九八六）の場合、この時刻は午後四時四十分であった。それが終了すると、中の馬場では王の舞が始まるが、本殿前では神職が既に納められている一本幣・七本幣を再び持ち出して、それぞれの役を勤めた新庄の二人の幣差し及び関係者（講衆）を清祓《きよはらい》する。これが済めば、一本幣・七本幣はあらためて本殿に収納されるから、新庄の幣差しは帰っても良い。通常は、王の舞の最中か終わった頃に帰っているようである。

(6) 王の舞・獅子舞

幣納めが終わると、時間を見計らって長床で準備を整えた王の舞が、長床の脇から登場する。着付け等準備の様子は布切れで隠されるから、目にすることが難しい。王の舞は氏子集落圏の地域に神格化されたイメージと共に迎えられるから、高度の技術に対して「うまいぞ」などの賞賛の声が飛び交うと共に、「大豊年」といったかけ声もしばしば聞かれるのである。そこには、地域の生活に密着したかたちで、王の舞が信仰を集めている事実がしめされているのではないだろうか。

所定の舞が終了すると、祭礼人と呼ばれる舞い手は急いで長床に戻り、紋付きの羽織に着替え次第、師匠に連れられて本殿に参拝する。この時に中の馬場では既に獅子舞が行なわれているが、それを避けて脇の木立ちの中を人目につかないように本殿前にやってくるのである。参拝の方法は、舞の際に腰の後ろに差していた白扇の封を切り、扇を水平に開いて行う。終わると、やはり人目につかぬように脇道を通って神社を抜け出たら、一目散に麻生あるいは東山まで走って帰る。昭和六十一年（一九八六）のこと、試みに追跡してみたが、結局引き離されてしまった、それほどの全力疾走である。

さて神社に戻らねばなるまい。王の舞が終ると、準備万端整い、やはり長床の脇で控えていた獅子舞が始まる。本章ではくわしく触れないが、ここで再確認しておきたいのは、獅子舞の囃子は王の舞の担当集落によって奏される点である。その伝承については前に紹介しておいた。集落間のヒエラルキーを象徴的に物語るエピソードとして興味深い。

各集落で行なわれる儀礼はそれぞれに微妙に異なっており、祭礼に関するより多義的な情報を提供してくれる。ともすれば末端として見過ごされてしまいがちなこれらの総体は、しかし祭礼の包括的な理解のために欠かすことはできない。そこで調査はすべての集落に及んだが、あまりに細部に立ち入った描写はかえって円滑な理解を妨げるとも思われたので、ここでは本章が重点的に取り扱う新庄と麻生についてのみ紹介しておく。

⑺ 新庄

一本幣・七本幣を担当する新庄の戸数は約二二〇戸、そのうち五月一日の祭礼にかかわるのは八十戸あまりである。これを講衆《こうしゅう》あるいは祭り番と称する。具体的には一組二十戸の当屋組《とうやぐみ》が一番組から四番組まで決められており、順番に祭礼の執行を司る。現行の当屋組は、昭和十五年（一九四〇）に改正して入れ換えのあった以後のものである。かつては入会山《いりあいやま》、立会山、サンナイなどと呼ばれた共有の山林への入会権を持つ主株五十軒が、独占的に祭礼を管理していたらしい。まず二月十九日にみくじ講がある。かつてはこの日に新庄の日吉《ひよし》神社に参拝した後、当屋の宿を決めるくじを引いた。現在では、宿として区の集会所（開発センター）を用いているが、恒例として集まって最初の打ち合せをしている。その際に、当屋組の中で何人か当番（当人）を決め、幣差し四人、幟持ち一人、女郎（ミゴンカキ）三人を合わせて選出する。幣差しは大小二人、子供二人、女郎・幟持ちはいずれも子供である。弥美神社で一本幣・七本幣を担当する大人の幣差しは、当屋組二十人のうち若い者二人が勤める。かつては当屋に決まったら、当人は祭礼の日まで毎朝日吉神社に参拝し、幣差し・女郎・幟《のぼり》持ちの役を親類に依頼した。

四月二四、五日前後までに、当人は責任を持って幣串を用意し、また御膳に必要な品目などを準備しておきたい。

四月二十九日、当屋組が各自米・小豆を持ち寄る。

四月三十日の朝に日吉神社に参拝してから、当人は昼食の用意を始める。一方残りの当屋組は昼前に集会所に集合し、区長の指揮で祭礼の準備を行なう。昼食は専ら当人が賄《まかな》うことになっている。したがって祭礼に関する諸事は、当人以外の者でせねばならない。御幣は、一本幣・七本幣を二組（弥美神社と日吉神社に一組ずつ）作り、一メートル程度のホウの木で作った小幣十六本も合わせて作成する。完成したら、御幣を振る練習も欠かせない。また御膳は、大きなものを三組と小さな持ち運び式のものが必要である。

引き続き夕方までに、当人は夕食の準備にかからなければならない。宵宮には区長・区長代理と当屋組が参加する。

夕食は、子供の幣差し二人・幟持ち一人・女郎三人の子役六人のみ別間で賄う。彼らは当屋組とは別に扱われ、夕食が済み次第各自の家に帰る。なお以前は、当屋組は夕食の前に耳川で水垢離《みずごり》を取った。また、昭和十五年（一九四〇）以降簡素化が進んだため、現在ではなくなってしまったが、それまでは祭礼のためにさまざまな所役があったらしい。たとえば、

①当屋　以前は当人の制度はなく、当屋が親類・近所数軒に頼んで人を集めた。

②賄い宿（賄い屋）　集落中の子供と縁者を賄う家。当屋の近所が望ましい。

③忌中宿　忌中の人専用の賄い宿。他家との没交渉を要求される。やはり当屋の近くから選ばれた。

④風呂屋　当屋組二十人が入る風呂を提供する家。

⑤料理家　料理の配膳を全て管理した。

このように、祭礼の準備は集落全体を巻きこむ規模で挙行されたから、かつては四月二十八日頃から取りかかったようである。

さて、青年は個人の家での夕食を済ませると、当屋（現在は集会所）に集合する。神酒・肴を受けた後、囃子を奏し、夜を賑やかに過ごした。やがて青年は帰宅するが、当人は夜を明かす。

五月一日は祭礼当日である。新庄にとって五月一日は、弥美神社よりもまず、日吉神社の祭礼が行なわれる日であった。早朝の午前六時過ぎに酒が一献あった後、当屋から日吉神社へ向かって行列が出る。順序は、露払い《つゆはら》（かつては当屋の主、現在は当人の中から）—幟持ち（日吉神社と記した赤い幟を持つ）—一本幣（ここでの幣差しは子供で、当屋組の中から手伝いが出る）—七本幣（一本幣と同じ）—小幣（当屋組が分担して持つ）—女郎・御膳（当屋組の者二人が、据え輪を手にした女郎の頭上に御膳［大］を揚げ持つ）—女郎・御膳—女郎・御膳—囃子（太鼓・笛多数）、となる（図5）。

行列は、囃子に合わせて集会所を出て、すぐ近くにある石の鳥居を潜ってから日吉神社へ向かうコースを取る。か

つては、宿となった家から出ると、途中の辻々などにも小幣を置いたという。現在では、二、三十本作られる小幣は、当屋組の中で役のない者十四、五人に分かち持たれて日吉神社に到着し、境内の小宮の神前及び境内にあって山中の小宮を遥拝する場所に供えられる。一方、一本幣・七本幣及び御膳は、区長と区長代理によって日吉神社の本殿に供えられる。そして幣差し・幟持ち・女郎は昇殿、幣差し・幟持ちが向かって右、女郎が左の軒下に座る。当屋組の講衆は、神前の石畳に荒薦《あらこも》を敷いて座る。やがて拝礼の後、一本幣・七本幣は再び区長と区長代理によって持ち出され、幣差しに手渡される。すると幣差しは区長と区長代理の手助けを得ながら、講衆に向かって彼らの頭上で御幣を大きく左右に振るのである。向かって右が一本幣、左が七本幣、その後に囃子が奏される。

日吉神社の祭礼は、これですべて終了である。当屋で簡単な朝食を取った後、子役は解放される。新庄は、弥美神社へ子供の幣差し及び女郎を送り出す義務を有さない。講衆も一旦解散すると、今度は午前十時までに三々五々弥美神社に出かける。ただし、太い注連縄《しめなわ》を張った弥美神社用の御膳は、人足一人に頼み、先に弥美神社へ届けておく。また出発のさいに、日吉神社の神前に向かって右に一本幣、左に七本幣が並び、幣招きを行なう。かつては警護役と共に、野口の天満《てんま》神社脇を抜ける通称馬場通を通り、佐野橋を渡って弥美神社まで歩いていった。この時には囃子はつかなかった。さらに当人は、あらかじめ準備しておいた弥美神社での昼食を持参する。山葵《わさび》の菜のひたし物（ハナハジキと称する）と山芋と決まっている。

その以後、弥美神社での次第は前述の通りである。なお、祭礼の終了後に受け取る御膳は、講衆の間で分配、同時に日吉神社の三つの御膳も分配する。

(8) 麻生

麻生での儀礼は、王の舞を考察する上で、きわめて重要な示唆に満ちている。特に詳細に見て

図5　御膳の運搬法

いこう。東山と共に王の舞を担当する麻生は、麻生の中央を流れる小川によって縦に二分され、それぞれ南条《みなんじょ》・北条《きたんじょ》といった。ほぼ氏別に分かれている。本来、この二つのグループが当屋組として機能していた。但し現在では、南条を一班・二班、北条を三班・四班とし、東山の五班を加えた五組が順番に祭礼を司る。神事《じんじ》そのほかへの参加は、依然として南条（一班・二班）と北条（三班・四班）が一年交替である。当屋は今日では八幡《はちまん》神社横の集会所を用いるが、かつては個人の家が順番にこれを勤めた。

四月二十九日。王の舞のお仕上げに当たるこの日、当屋組は昼過ぎに集会所に集合し、以下の準備をする。

①床の間の飾りつけ。掛け軸をかけ、御供《ごく》を用意する。

②外回り。当屋の玄関に幕を張り、庭先（現在は集会所のある八幡神社境内）に松を立てる。その下に白砂を敷き、さらに臼《うす》を置く。臼は、祭礼当日の村立ちの前に王の舞が演じられる間、御膳を据え置くためのものである。

③王の舞の衣装・裃《かみしも》・鉾《ほこ》などを、形式的に清義社《せいぎしゃ》（青年の組織）社長を勤める区長より借り受ける。

神事。四月三十日、当屋組は午前七時頃に集まり、床の間に灯明をあげておく。神事に訪れた者は、各自に参拝することになっている。午前八時半に、呼び鈴で集合の時刻になったことが集落中に知らされて（リンと称する）、神事が開始されるのは午前九時からになる。全員が揃った時点を見計らって、施主（当人）が席案内をし、当屋組が神事賄いの朝食を用意した飯台に着席する。神事の進行は以下の通り。

①施主は、神酒・洗米を皆に祝ってもらう。

②施主及び役人の挨拶。具体的には当屋組の紹介、王の舞をはじめとする役つきの報告及び挨拶、警護役の依頼、そして通夜番《つやばん》の依頼がなされる。また清義社より御膳かきの依頼があった場合は、これも合わせて検討される。いずれも、朝食を取りながらの取り決めである。王の舞・幣差し・女郎が上座に着く。

③午前九時頃、飯椀と五品の入ったヒラの椀に蓋をすると、指示に従って当屋組はオジュンを始める。要するに、

「おかわり」を勧めるのである。オジュンが終わると蓋を開けてまた食べる。食べ終ると、椀は重ねておく。午前九時五十分頃になる。

④午前十時過ぎ、王の舞の舞い手（祭礼人）はツケビトに一緒に和田の海へ赴き、垢離を取ると共に、海水一升とホンダワラを持ち帰る。

⑤一方神事の出席者は、小幣・御膳を作成する。できあがり次第小幣は、弥美神社へ七本幣一組、八幡神社へ三本幣一組、八幡神社境内にある三つの小宮（山の神・秋葉神社・当屋組各自のダイジョコ）へそれぞれ一本ずつを供える。幣は弥美神社用と八幡神社用が美濃紙で、残りは半紙で作る。

⑥神事のこしらえが終了すると、王の舞の衣装つけが始まる。これは清義社やツケビトの役目であり、けっして舞い手がみずから行なってはならない。また女性がその様子を見ることは忌避される。

⑦王の舞（第一回）。現在は、八幡神社の境内で集会所の方を向いて一舞いする。かつては当屋の家の外で家に向かって舞ったから、王の舞は当屋あるいは完成した御膳に対するものであると考えられる。また、この時の王の舞のみ、清義社は関与せず、笛・太鼓は参詣者一同が担当する。はじめて正式に舞うのに、慣れない囃子というので嫌われる。集落から最終的なチェックがなされる。厳しい批評が飛ぶことも多い。

⑧神事が終わって各自が一旦帰宅する時に、御膳の切端御供を持ち帰る。

神事が終わると、午後三時頃より午後の祝宴が催され、賄いがある。施主の挨拶は前とほぼ同じ。

王の舞（第二回）。夕刻になると、今度は八幡神社に向かって一舞いする。囃子は清義社が担当する。

宵宮（オツヤ）。さらに午後十時頃から祝宴がある。かつてはこの日の夜は関係者全員が当屋に泊まって過ごしたが、近年午後十二時までになった。但し、王の舞の舞い手は、当屋宅に泊まる。なお、和田の海から持ち帰った海水は当屋の風呂に入れて沸かし、王の舞の舞い手・幣差し・女郎・当人・警護の順に入浴する。

写真6　宮代へ向かう麻生の行列　平成17年（2005）

祭礼当日。五月一日の未明に、王の舞の舞い手は弥美神社に参拝する。当日の朝は、王の舞の着付けが済み次第、当屋の門先（現在は八幡神社内）に立てておいた高さ三メートル位の松の木に御神燈を吊るし、その前に臼を置いて御膳を供えた上で、王の舞を舞う。王の舞の終了後、午前八時頃になると一夜酒《いちやざけ》を飲んでから弥美神社へ向かう。弥美神社への行列は、警護─幣差し─鉾持ち─王の舞─施主─御膳─御膳つき─女郎─清義社の順である。王の舞の衣装は、当屋組の責任で長床へ運ぶ。

なお、弥美神社に持参する食事としては、長床にオードブル（近年から）・焼き鯖・あん餅・五目寿司・巻き寿司・煮しめ・ドロズ（ぬた）そのほか、女郎部屋にあん餅、巻き寿司・五目寿司・煮しめを、それぞれ重箱に入れて用意する。食事は大量に作るので、残るのが常である。行列は東山までは笛を吹いて赴き、合流すると弥美神社までは吹かず、参道に入ったら再び吹くことになっている。

ここで、東山について少し触れておく。かつては、五年に一度の割合で王の舞を担当する場合、舞い手が東山にいれば東山で神事を行なっていた。しかし、東山に適当な人材がいなくて麻生から借りて来る時には、舞い手は麻生の神事に参加した後に、四月三十日の夕方に東山に出張して一舞いのみした。ところが、従来の方法では東山の方に年長の青年が残り、麻生が若いうちに舞ってしまう不公平が生じるため、清義社のみ麻生と東山の区別をなくして一体化し、年長から順に王の舞を舞えるようにした。それまでは、東山には王の舞を舞えなかった人も少なからずいたようである。東山番の時は、四月三十日の昼に当屋（現在は塞《さい》神社前の公民館）の門先、同日の夕方に塞神社前、そして五月一日の早朝に当屋の門先で舞う。麻生が王の舞番の時とまったく同じである。

東山と麻生は、弥美神社へも共に参進するなど、全般に一体化の傾向が顕著であるように映るが、今日でも弥美神社での控え所ははっきりと区別されている。すなわち、昭和六十三年（一九八八）の時点では、麻生の警護・当屋組は長床へ入るが、東山は園林寺の一室を借りているのである。これは王の舞が東山番の時でも変わらないから、王の舞と警護・当屋組が別々になってしまう事態も生じた。結局、東山は少人数のために麻生の助けを借りる場合が多いといった、きわめて現実的な理由から両者の区別が曖昧になっていると考えた方が良さそうである。

弥美神社の祭礼のように、多くの集落が参加して行なわれる場合には、本来なら全集落の儀礼および伝承を網羅するべきなのであろう。しかし膨大な情報量は、かえって全体の論旨を不明確にすると考えて、祭礼の中で重要な位置を占めると思われる麻生と新庄における儀礼を記述するにとどめておいた。ほかの集落に関しては、あらためて記述の機会を持ちたいと思う。なお河原市・宮代については、西垣晴次「郷と社の神社」に若干の言及がなされている。また興道寺についても、上井久義が「宮座儀礼の構成」の中で、嘉永三年（一八五〇）と大正二年（一九一三）の祭礼記録を紹介した上で、概説している。

各集落は互いに似通った儀礼を行なっているとはいえ、細部に分け入るにつれて、おのずと差異を明らかにしはじめる。その意味で、全集落に村する調査は、地域の論理を形成するこうした微細な部分に注がれる視線を養ってくれるように思われるのである。したがって、本章で捉えようとするいわばコスモロジーもまた、こうした細部が織りなす関係の中から立ち上がる具体的思考として理解されるのでなければならない。おそらくそれは、祭礼を読解するのではなく実践する知性として獲得される必要があるはずである。こうして、各集落の儀礼を祭礼への長大かつ多様な助走とした地点から、さらに宇宙論的広がりを有すると思われる弥美神社の祭礼を検討する作業へと向かってゆくことになる。

4　儀礼の演劇性

ところで、前節で考察した一連の儀礼（幣迎え→幣押し→幣納め）は、演劇的枠組で捉えなおすことができる。というのは、この祭礼には、随所に身体に対する鋭敏な感受性が仕組まれているように思われるのである。

祭礼の起源譚をなぞる形で弥美神社に到来した一本幣・七本幣は、七度半の使いに応じて重い腰を上げる。本殿前での拝礼の後、参道下の馬止めで待機する大御幣との対面に向かう儀礼（幣迎え）は、先に耳川流域の地域全体を舞台として演じられた神話劇を弥美神社の社域内で再現していると考えられ、本殿前から参道下への一本幣・七本幣による緩慢なステップは、現実の祭礼空間を象徴的次元へと変容させるマジカルな身体動作として注目するに値する。もちろん、爪先に踵をつけて歩む異常な身体性は、新庄の地位の高さと一本幣・七本幣の聖性を視覚化しているのはいうまでもない。

同様の文脈にある局面として、互いに低く頸を下げたままその状態を持続する幣迎え時の身体に、神聖な力の示現が感得される点は、既に指摘しておいた。けっして速やかには実現しない大御幣への乗り移りは、神霊の移行に付随する困難さを表象しているだろう。そのために、神威はより強く意識され、かつ信仰を集めることも可能であった。さらにいえば、こうした身体処理の延長上に、王の舞の演技はあったのである。しかしそれだけではない。祭礼においては、かかる演劇性が地域のコスモロジーと不可分にかかわっていたのである。まず、祭礼のコスモロジーを図示したものを参照されたい（図6）。

一本幣・七本幣と大御幣が出会う幣迎えは、参道下で行なわれる。本殿を中心とするならば、いわば周縁から儀礼は始まるのである。新庄に象徴される非農耕と、興道寺に代表される農耕という二つの異質な力の衝突は、同時に始原的時空（神話）と時空間の秩序（十二支）の合致を意味しており、祭礼の時空を充実した聖なるものとする。すなわ

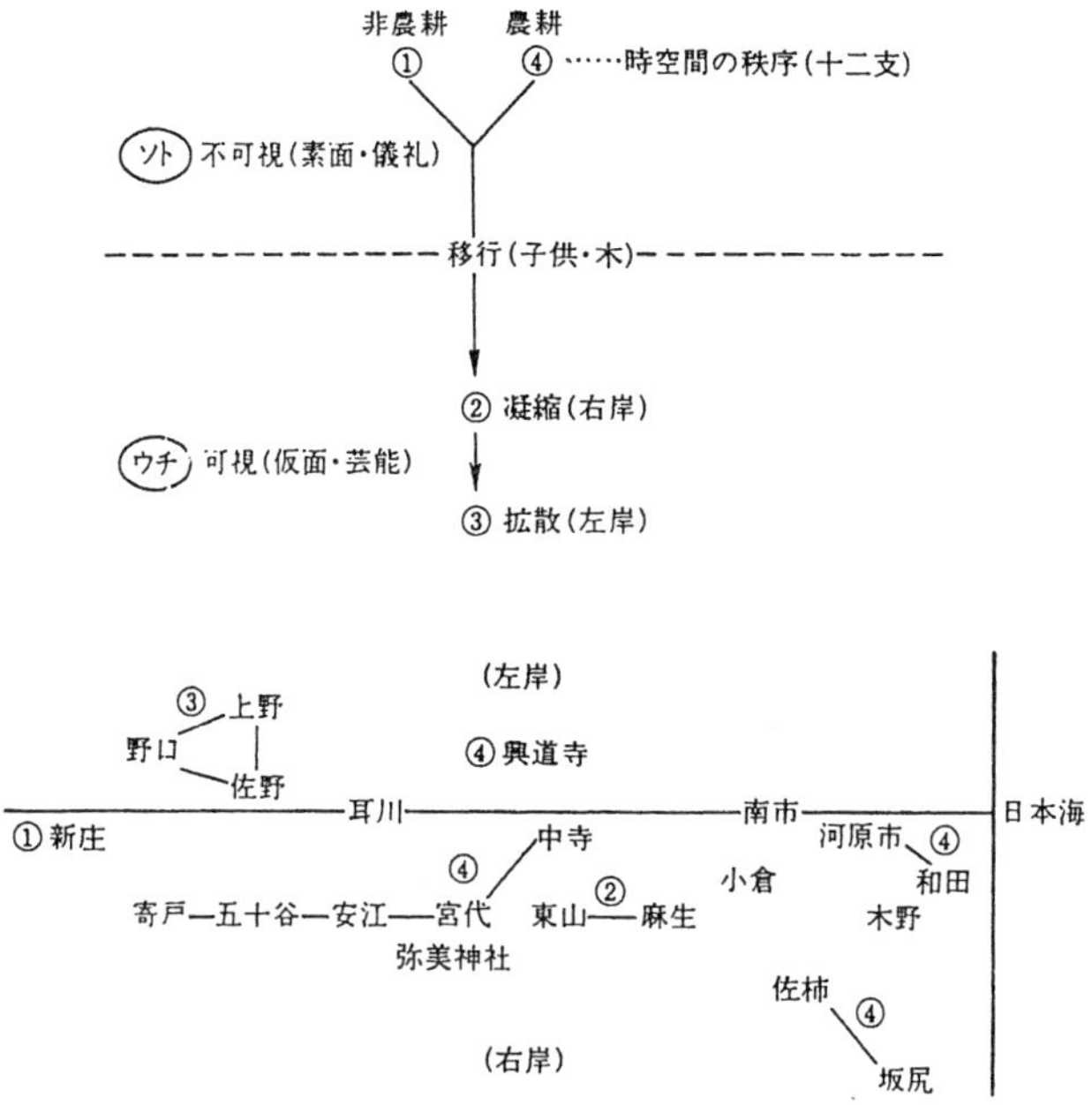

図6　祭礼のコスモロジー

ち、プリミティブな時空と円環構造をなす永続的時空が重ね合わされることで、弥美神社の祭礼空間に与えられた神話的な意味は、現実の時空間にまで届く広がりを獲得し、現在と劇的に連合するのである（鈴木正崇氏の教示による）。したがって、これから展開される儀礼のパフォーマンスが、観客にとっても何ら無縁でないことがしめされることになる。

もちろん、衝突→合致は簡単には実現されず、次なる段階へ展開するには困難を要する。やがてこの劇的遭遇が王の舞・獅子との間でも反復されて完了すると、神話をみずからの存在理由として引き寄せることによってまったき充実を獲得した大御幣は、統御不能の圧倒的な強度状態（これをルドルフ・オットーに倣ってヌミノーゼと呼んでも良いかもしれない）を誘発しながら、参道下から本殿に向かう志向性をしめすことになる。

具体的には、大御幣をめぐって派手な幣押し襦袢を着た上げ番と下げ番（主として若者が担当する）の間で闘争が展開されるのであり、本殿へ向かって大御幣を上げようとする力と、それを阻止せんとする逆のベクトルに働く力の括抗が顕在化するのである（幣押し）。しかし行列の先端部では、依然として一本幣・七本幣が緩慢な運動を持続しており、それを追い抜くことは絶対に許されないから、大御幣を中心に展開される狂騒は、この上なく稠密《ちゅうみつ》な内容を持たざるを得ない。

ところで、このような祝祭的状況が、若者に担われている点は重要である。祭礼の最大の担い手が若者組であった事実は、古川貞雄によって綿密に検証されているが、祭は特に祝祭的位相において若者と密接な関連を持つ場合が多い。

幣迎えの後、行列は再び参道を上がってゆく。この際に、一本幣・七本幣を先頭にして王の舞・獅子と続く部分と、末尾に連なる大御幣及びそれを取り巻く人の波とは、一見しただけでも鮮やかな対照をなしている。つまり、大御幣をめぐる狂騒《きょうそう》は、神聖かつ荘重な雰囲気を醸《かも》し出しながら進む一本幣・七本幣に封印されているかのようにさえ感じられるのである。事実、中の鳥居に到着するまでは、大御幣の破壊は許されないし、かつて大御幣が一本幣を追い抜いたために新庄の怒りが吹き荒れて、祭礼がパニックに陥《おちい》った記憶を、そこに集う人々は承知しているのである。ところが、一本幣・七本幣・王の舞・獅子が中の鳥居を潜って、そのまま各々の控え所に戻るのに対して、大御幣はそこで呪縛から解放されたかのように、反転して参道を逃走しはじめる。祭礼における二つの層が生き生きと分光される瞬間である。三度潜ったら引き返せないといった伝承が物語るように、中の鳥居は移行の関門の一つとして意識されており、長い参道がいくつかに分節されて特別な意味を与えられている事実がここで明示されることになる。あまりにも長く費やされる幣押しの時間もまた、移行に対して加えられた困難を時間軸に変換したものと考えられよう。

幣押しがクライマックスに近づくのは、中の鳥居を三度目に通過して舞台が中の馬場に限定されてからである。再び多数の人々が集結し、二派に分かれて今や棒切れと化した大御幣の幣串をめぐって、最後の闘争を繰り広げる。拝殿下の石段は移行の最終関門と意識されており、一旦登ったならば、もはや下げ番であろうとも下げることはかなわないのである。ここにも、分節化の働きが顕在化している。とはいえ、しばしば怪我人を生み出すほどに激烈な幣押しのやりとりのために、ここでも大御幣はなかなか石段下まで到達できないのである。

しかも、こうした移行のプロセスは、子供と木によって最終的に乗り越えられる点に注目したい。何度かの挑戦の後、日の丸の扇を手にした大御幣差しが石段下に出現し、その招きに応じるかのように大御幣は石段上に到達する。すると狂騒状態の最中で、大御幣差しは幣串に馬乗りになり、今や上げ番・下げ番が一体になった人の波に運ばれて、一気に本殿内に放りこまれる。幣納めの完了である。こうした最終段階に子供が登場する文脈は、子供がしばしば神意に最も近く、神の依《よ》りましと観念されやすいことを想起させてくれる。すなわち、子供が神と人間との中間に位置する境界的な存在である点と対応すると思われるのである。子供とは、その意味で、二つの異なった状態を媒介する通路、あるいは風穴であるのかもしれない。

たとえば、福島県いわき市錦町御宝殿の熊野神社の祭礼では、勅使《ちょくし》と呼ばれる六、七歳の男児が登場する。祭礼当日まで厳重な潔斎《けっさい》を重ね、とくに前日の斎宮には眠らせずにおく。そして祭礼当日に、衣冠束帯《いかんそくたい》をつけた姿で現われる勅使が寝入ると、神が憑《つ》いたといって喜ぶのである。岩崎敏夫は、この勅使を神の依りましと捉えている。

神霊に最も接近する大御幣差しは、永享十一年（一四三九）の「坊役兒鬮子事」に「右鬮子者依四月一物兒事闕被定所也」とあるように一つ物の後身であり、また敦賀市刀根《とね》の気比《けひ》神社の正殿の行方と対応するとみなすことができる。もはや大御幣差し＝神の依りましと考えて差し支えないであろう。つまりここでは、大御幣差しは、神霊のために用意された容器かつ運搬者なのである。神霊は祭礼の中心へと向かい、そこを始源的時空に塗り替えようとする。大御幣差しは、そうした軌跡をしめす神霊にとっては、円滑な移行を実現し完成させる存在として機能していたのである。大御幣差しとすれば、各集落から集結する幣差しも、あるいは氏神やダイジョコなどの集落レベルの信仰を運搬する容器であったのかもしれない。彼らは、一年に一度、弥美神社という中心に統合されることで、地域における信仰のネットワークを更新していたのではないか。とりわけ幣迎えに際しては、一本幣・七本幣に象徴される祭礼の核に付随する形で、より微細なレベルの信仰すらも大御幣に譲渡されていたと思えるのである。それはともかくとしても、幣差しは一般に、祭礼の結節点にあって祭礼全体を組織する働きを与えられているといえよう。このように、神霊にかたちを与える表現が子供を捕捉する点は、儀礼の演劇的側面を物語っている。つまり神霊のイメージは、不確実性・予測の決定不能性を含む子供の身体の中に見出されていると考えることができるのである。神霊は、不確実性を導きの糸として、子供の身体に受肉《じゅにく》＝垂迹《すいじゃく》する。

一方、神霊の容器・運搬者として子供を理解するならば、同様の機能はヨボの木にも看取《かんしゅ》することが可能である。この地域で聖なる木とされるヨボは、一本幣・大御幣（七本幣はヨボではない）をはじめ、祭礼の中でしばしば使用されており、そのいずれもが神霊を積載する運搬者の属性を与えられていた。具体的には、一本幣に託された神霊が祭礼空間の外部からもたらされると、大御幣がこれを受け取る。神霊の乗り物として準備された大御幣に、内容が充塡《じゅうてん》されるのである。したがって、厳密にいえば、元来一本の棒にすぎなかった大御幣は、この時はじめて聖化されることになる。さらに観客も、この時はじめて神霊がヨボの木を伝って移動したと観念し、引き続きヨボの木を中心として巻き起こる過剰な運動そのものに神霊の外部性を投影することが可能になるのである。

しかも、剝《む》き出しになった大御幣の幣串がなかなか移行を完了できないでいる時に、象徴的には同体である大御幣差しの登場によって、事態が大きく前進するのは興味深い。子供と木。移行の局面に機能する二つの要素が合体する（馬乗り）瞬間に、移行は実現されるのである。なにやら人身御供《ひとみごくう》の記憶を彷彿とさせる本殿への幣納めは、敦賀市刀根の気比神社の正殿の例にも見られるが、弥美神社の大御幣の場合、祭礼の論理のいわば人―化として処理される点を指摘しておこう。

今しばらく大御幣に目を注ぎ続ける。神霊の移行を視覚的に表現する大御幣は、当初威容を誇っていたにもかかわらず、最終的には一本の棒切れになるまで破壊のかぎりを尽される。幣押しの上げ番・下げ番の運動は、まさにこの一点に集中してゆくと感じられるほどであり、あまりに著しい変貌を意識せざるを得ない。ここで、過剰な装飾を凝らした大御幣を人工的と捉えるならば、移行の関門を通過するにしたがって加えられる破壊は、自然への復帰を志向しているとも理解できる。一本の棒切れと化す大御幣は、自然の状態に戻された上で本殿という中心に収納されるのである。したがって、一本幣に積載されて祭礼空間に持ちこまれた外部の異和的なイメージは、再びただの棒切れとして（それは木の最も純粋な姿かもしれない）不可視の領域へと返されるのだ、といえるだろう。

一本幣もまた、統御できない外部を体現する意味で、自然そのものと認識することが可能であるから、そこに自然→人工→自然の循環的構造を読み取ることも不可能ではない。いずれにせよ、大御幣の破壊が、神霊を再び自然状態へ返してゆくと共に、移行を暴力的に仕上げるのである。勿論、自然状態へ返されるのは、大御幣とそれに幻視される神霊だけではない。幣押しに参加する上げ番と下げ番の二つの集団にとっても、破壊とはまた現実に野性の状態へと回帰し、猛《たけ》り狂うことを承認される非日常的身振りなのであった。たしかに、二つの集団は、大御幣をめぐって激しく競合する。しかしそれは、最終的には一つの目的を共有するために仕組まれた演技にほかならず、競技ではない。

ここで、再び祭礼空間に視線を転じてみよう。弥美神社木殿から参道下へ至る幣迎えが、象徴的には新庄から弥美神社に至る一本幣・七本幣の道程であり、さらには大日から弥美神社に至る神霊の軌跡であったことは既に説いた。とすれば、幣迎え終了後、再び本殿へと向かう道程は、神霊が再び大日＝外部へと帰還する志向性と対応していると考えられる。儀礼としては表象されないが、祭礼の理論的枠組みとしては、神霊＝外部が弥美神社から大日へと帰還する不可視の回路が想定できるのである。外部が新たに補塡《ほてん》される循環的構造によって、祭礼は地域の年毎の更新・再生を可能にするといえよう。

大御幣が、参道下の馬止め・中の鳥居・中の馬場・拝殿下の石段と、儀礼の中で幾重にも仕掛けられた移行の関門を縫い取るにつれて、幣押しの興奮は徐々に高まってゆく。突起的に認知されるこれらの移行の諸相は、原トポスの分節化・再分節化として把握されるが、儀礼の文脈においては、かえって未だ分節化されない原トポスへの回帰が目指されるのである。しかも、その試みは、幣押しの過剰な運動性の中に実現されるものであったから、神霊が今や不可知の領域へ参入するにもかかわらず、やがてはたされる本殿への幣納めとして儀礼化されて、演劇的リアリティを十分に獲得する。

したがって、観客もまた、この壮大な街路劇の顛末《てんまつ》に立ち会うことによって、大御幣差しと共に始源的時空への移行を可能にすると共に、劇空間が立ち現われるプロセスを体験していく。移行の関門がそこへ至るための演劇性に満ちた仕掛けにほかならないとしたら、儀礼の全体もまた、観客に始源的時空を体験させるための文化装置として機能する点で、すぐれて演劇的な枠組みを与えられていたのではなかろうか。

しかし、長時間にわたって観客の想像力を刺激し続けた祭礼空間は、演じる身体にとっては序曲に過ぎないのかもしれない。祭礼空間の背後に潜んでいた地域の論理が儀礼のレベルで顕在化する時、それに対応するかのように、芸能は宇宙論的な広がりの中で演じられる。

間もなく、神社の庭で芸能が演じられる。幣納めに引き続いて、王の舞と獅子舞が始まろうとしているのである。

5　王の舞の芸態

弥美神社の王の舞は、麻生と東山の未婚の青年（かつては長男のみ）が舞い手となる。これを祭礼人と称する。実際には、清義社なる若者組が独占的に担当する。赤い鼻高面《はなたかめん》に鳳凰《ほうおう》の、冠《かんむり》を戴《いただ》き、深紅の着物に赤前垂れ（ダテサゲ）、白手甲《しろてっこう》に白足袋で履物はなく、腰部背後に懐剣と白扇をさす。また腰帯の左側に毎年新しい白紙（化粧紙）をさしはさむといった外観である。所作《しょさ》としては、鉾を持って「拝む」「種蒔《たねま》き」「地回り」「鉾返し」、鉾を離してからは「肩のしょう」「腰のしょう」と称される動きが、連続して約五十分演じられる。囃子には笛と太鼓が用いられる。まず、詳しい芸態を時間軸に沿って分節化しておこう。

図1

図2

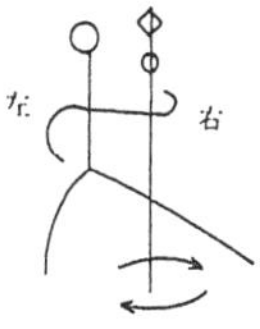

図3

（1）右手に鉾を持ち、左手は腰にあてがう。この場合、右手は肩と水平になるように（図1の動作）。

（2）笛に合わせて、三回上を向く。これを「拝む」と称する（図2の動作）。

（3）もとに直ったら、膝を外側に開きながら静かに腰を下ろす、上げる。そして右足を左内股にすり合わせながら上げ、大きくまたぐ。右足を地面に滑らせつつ、もとの垂直姿勢に戻る。再び膝を外側に開きながら、腰を下ろす。ここまでの動作を右・左・右と三回繰り返す。この場合、腰を下ろすのは五回、大きくまたぐのは三回となる。なお視点は鉾の鍔《つば》を目標に（図3の動作）。

写真7　王の舞の面
平成19年（2007）

（4）右手は最初と同じように鉾を持ったまま、左手で左袂《たもと》をつかみながら顎の下に持ってゆき、袂を離して左手を鉾に滑らせながら、地面に触れている鉾尻まで腰を落として下げる。次にそのまま鉾に滑らせながら上げてゆき、鍔のところから大きく上空に円を作りながら後方へ回し、肩と水平になったら静止す

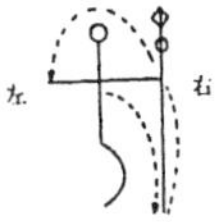

図4

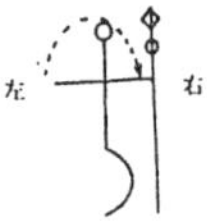

図5

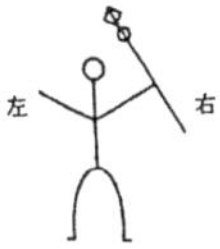

図6

図7

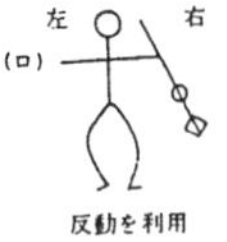

図8

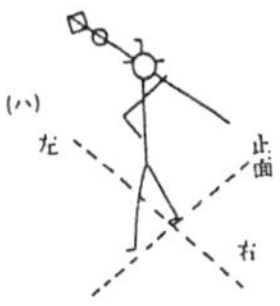

図9

写真8

る。この場合、視線は常に左手の先を追いかけること。再び上空に大きく円を作りながら鉾先に添わせてなで下ろし、右手と同じところまで来た時に、今度は両手で鉾をなで下ろす。この時は鍔下約三十センチまで。再びなで上げる。これを二回繰り返す（図4・5の動作）。

（5）三回目で前にかがみながら、鉾尻を前に突き出して伸び上がる。この時は鉾を右手に持ち、左手は掌《てのひら》を内側に向けて大きく背伸びする（図6の動作）。

（6）反動を利用して軽く腰を落としながら、右足を半歩前に出して左向きになり、再び静かに正面に向き直る（図7〜10の動作）。

（7）軽く腰を落とすように腰をかがめるのと同時に、左足をすくうようにして一歩前に出す。その時一緒に鉾もすくい上げて上向きとなり、そのまま体をもとに戻す（図11〜13

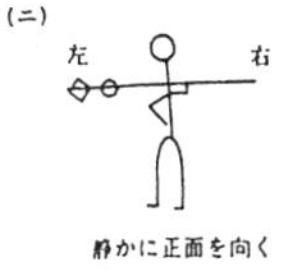

図10

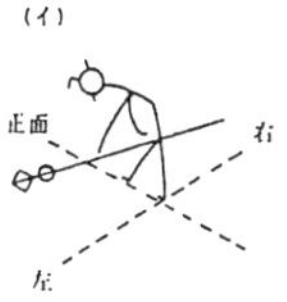

図11

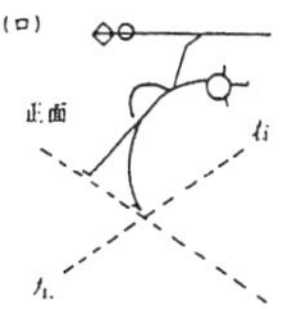

図12

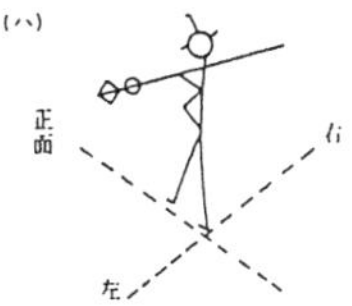

図13

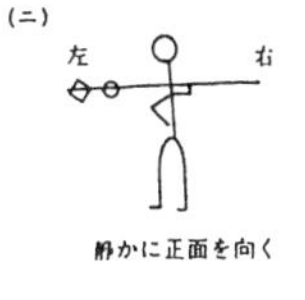

図14

の動作）。

（８）笛に合わせながら、右足を一歩前に出し左向きとなる。次に静かに左足を地面に滑らせながら、右足に寄せて高く背伸びをする。さらに、体重を左足にかけながら右足を拡げて一歩引きつつ腰を落とすから、左足の膝を折って背中の方へ身体を引く形になる。この場合は、左向きのままの動作が基本となる（図14～16の動作）

（９）図16の動作が終わると静かに立ち上がり、正面に向き直り足を揃える。図10の動作に戻るのである（図17の動作）。

（10）図11～図13の動作のようにして、軽く腰を落とすように反動を利用して左足より半歩下がり、右足を揃え、また左足より半歩下がり右足を揃える。この際の背中の方へすくう動作は、腰を前方に曲げるが、膝は曲げてはならない。

（11）左手で左袂を持ちながら顎の下をなで上げ、そこで袂を離し、両手を揃えて地面近くまで下げる。この場合、鉾は水平のままで、左手は鉾に添わせている。次に左足を半歩引いて蝶のようにバタバタを二回行なった後、左手を右肩に持ってゆき、右脇から鉾の鍔下までなで上げる。そして鍔下約三十センチの間を往復三回なで、三回目に膝を落としつつ体を左向きにねじって鉾を水平に背中の方に回したら、大きく背伸びをする。この場合の視線も常に左手の先を追うこと（図18～21の動作）。

（12）大きく背伸びをした後（図21の動作）、静かに正面に向き直る。

（13）次に、前回と同じように左手で左袂を持ちながら顎の下をなで上げ、そこで袂を離し両手を揃えて地面に近くまで下げる（図20の動作）。静かに立ち上がり、鉾の持ち替えを

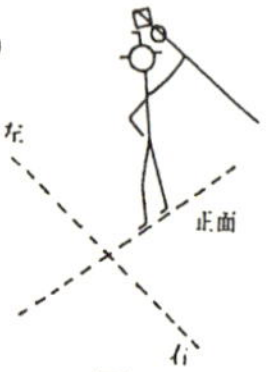

図15

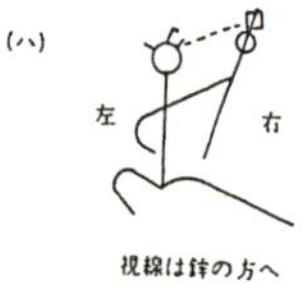

図16

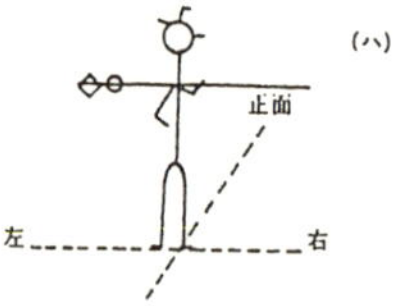

図17

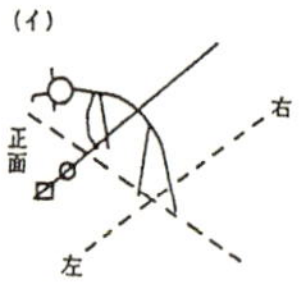

図18

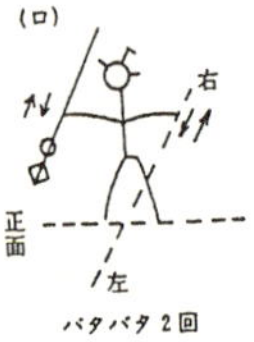

図19

する（図22の動作）。

（14）左手に鉾を持ち替えたならば、左手から鉾尻の方向に右手を静かに三回往復させる。三回目に身体を落としながら鉾尻の方へ手を回し、右回りに背中の方へ一八〇度回転したら、両足を揃えて大きく背伸びをする。右手の掌は外向きである。この時も、視線は常に右手の先を追いかけること。この動作が終われば、静かに右手を下ろす（図23〜24の動作）。

写真９

（15）「種蒔き」。まず左手に鉾を斜めに持ち、右手で右袂をつかみ、顎の下をなで上げる。そこで袂を離して右手を大きく前方に出し、同時に右足を半歩後ろに引き腰を前かがみにしたら、種を播くようにして一八〇度回転して正面を向く。そして右手は鉾尻をつかんで、今度は鉾で顎の下をなで上げるようにして前方に出し（腰は中腰、肘は伸ばして）、左足を右内股にすり合わせながら大きくまたぐ。

（16）「地回り（左）」。一回目は「種蒔き」からの連続動作。二回目からは、右足を軽く蹴り出すように左足の前に出して、身体を一度反らす。一回目はここから腰を落として、左足の裏を右足に添えながら後方へ大きく反る。鉾を後方に反らす時は、肘を柔らかくして、できるだけ体重をかけて大きく反ること。次に左にまたいだら腰を落として戻し、再び後方に反ってから戻して腰を落とす。その時両膝の上へ、左手は肘・右手は手の甲を載せる。この動作に入るまでは両肘は伸ばしたまま。そして体重を左側に移動する。型としては、

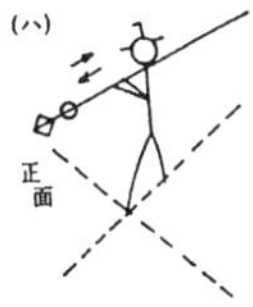

図20

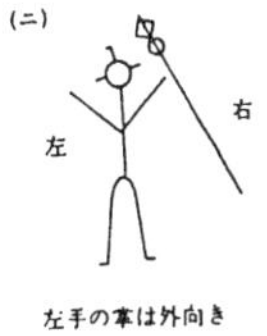

図21

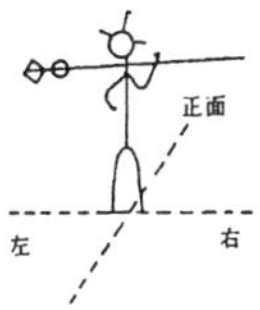

図22

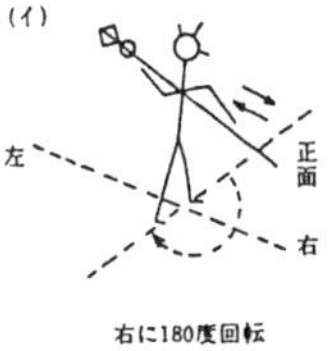

図23

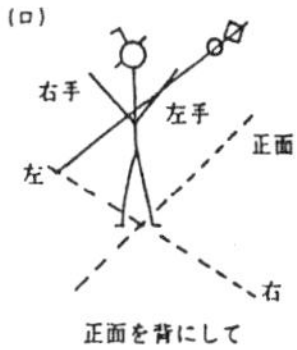

図24

伸びた脇のラインを真直ぐにし、前傾しないで胸を張るのが美しい。また体重を移動する時に鉾も滑らせるから、右手は添えるのみで鉾を握ってはならない。指はいずれも伸ばして、親指と揃えた残りの指の間から鉾が押し出されてゆくように。「地回り」はまず左回りで同じ動作を十八回繰り返し、二回目・四回目・八回目・十二回目・十六回目・十八回目は左足を斜め後方にまたぐ（図25の動作）。

（17）「鉾返し」。「地回り」の最後の動作より連続し、外足（右足）を一歩踏み出して鉾ですくい、内足（左足）を一歩踏み出して鉾ですくう（鉾先側が内、鉾尻側が外である）。再び外足（右足）を一歩踏み出すと共に鉾を前にさし出し、今度は向きを変えて内足（左足）を一歩踏み出して鉾ですくい、また外足（右足）で鉾を前にさし出して正面に向き直る。次に内足（左足）ですくい、外足（右足）ですくい、内足（左足）を斜め前方に出す。同時に鉾を横にして斜め前方に向けて低く下ろし、一気に上方に掲げると共に、右足を左足に揃えて身体を伸ばす。左手は顎の下を通って腰まで戻し、前方より下を這うようにして背中の方へ持ってゆくこと（「種蒔き」）さらに、身体を伸ばしながら右手を左手に添わせて右方にまたぎ、右足を折り体重を一旦右足にかけて腰を落とし、図19の要領でバタバタに入る。この時膝は曲げない。そして右手で鍔と左手の間を二回なで、今度は右回りで同じ「地回り」の動作を、やはり十八回繰り返すのである（図26の動作）。

（18）右回りで十八回、同様の動作を繰り返す（図27の動作）。

（19）「鉾納め」。（17）の「鉾返し」の要領で、外足（左足）よりすくい、内足（右足）ですくう。外足（左足）で鉾を前に、向きを変えて内足（右足）ですくい、外足（左足）で鉾を

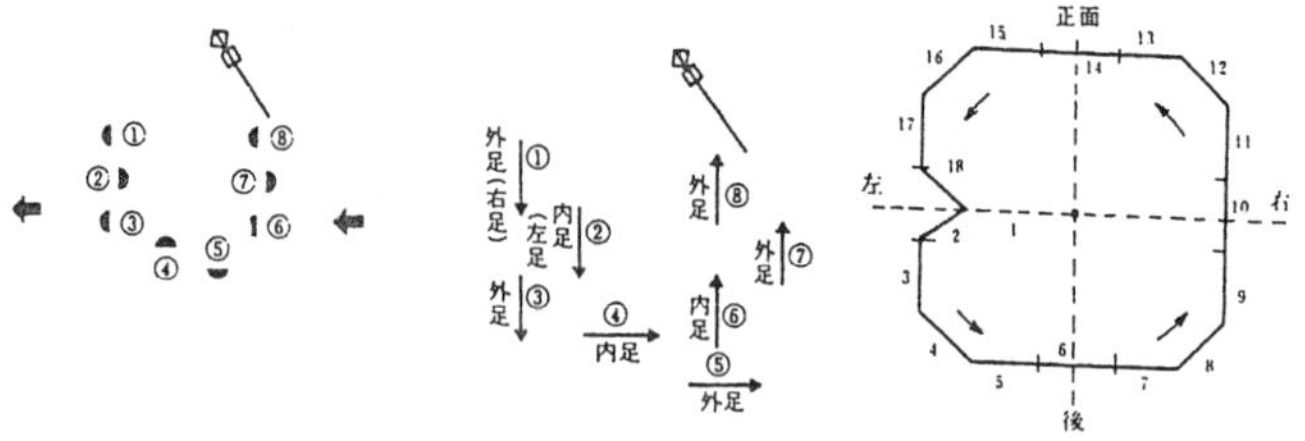

図25

写真10

前にして正面に向き直る。外足（左足）ですくい、内足（右足）ですくい外足（左足）ですくい、内足（右足）を外足（左足）と同じ線上に運び、同時に鉾を横にして斜め前方に向けて低く下ろす。徐々に腰を上げながら両手を拡げ、反りながら頭上より鉾を納め、両足を揃える。次に一度腰を落とすと右足をまたいで戻し、もう一度腰を落とし戻す。図３の動作と同じ、ここで鉾を手放す（図28の動作）。

（20）鉾を手放して舞う後半部は、鳥を囲む動作から始まる。鉾から手を離すと、一旦両手を腰に添えて下げ、左足を左に少し開く。両手でそれぞれ袂をつかみながら脇の下から顎の下まで持ってゆき、そこで袂を離す。左足に体重をかけながら、両手を前方に出し、地面を両手でするようにする。さらに今度は右足に体重を載せ、両手は股で割った後、左右それぞれの方向の上空に大きく円を描きながら左足を引いて左向きとなって、両手で鳥甲《とりかぶと》の鳥の頭を囲む。この時腰は手で落とす。次に腰を上げながら右足に体をあずけて、左足は右内股にすり合わせながら上げ、大きくまたぐとそのまま深く脇を落とす。この時体は左向きとなるが、頭は正面を向いていること。両手を腰の方に移しながら、左足に体重を移動して腰を落とした状態で静止した後、身体を徐々に起こす。もとに直る（図29～31の動作）。

（21）再び両手を腰に下げて、脇の下から斜め前方に持ってゆき、股で二手に割る。そして、正面を向きパッと鳥の頭を囲み（ここまで（20）と同じ動作）、右足の踵を軸として左足を二

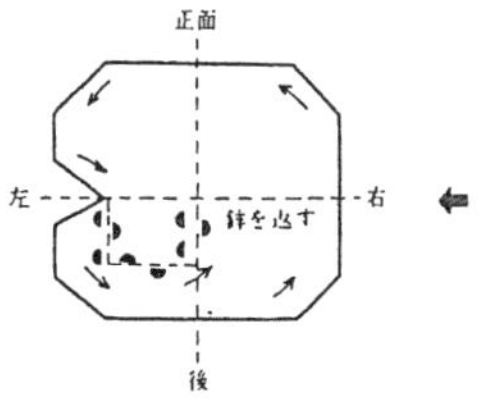

図26

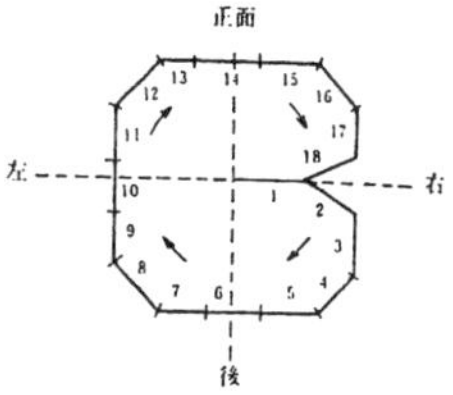

図27

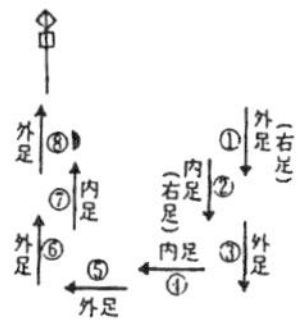

図28

七〇度回転したら、左足を引き腰を落とす。次に腰を上げる時に、右足を左足に添わせて身体を右方に向ける。ただし、頭は正面を向いていること。両手を腰の方に移しながら右足に体重を移動して、腰を落とした状態で静止した後、身体を徐々に起こす。同じ要領で左でも一回行なう。

(22)「肩のしょう」(左)。体重を左足に移動したら、すぐ掌を手前にして右膝を抱えるようにして徐々に身体を起こしてゆき、左向きになる。両手を頭上に上げながら身体を反らして顔の前に持ってゆき、後方に両手を移すと、左手は帯の結び目に、右手は帯の前に当てる。頭は両足の間に入れ、身体を小さく縮めて静止(「肩のしょう」一回目)。次に両手を揃えて後方に伸ばし、下を這うようにして正面まで持ってゆく。大きく背伸びをして、両手を頭上に高く上げたら、一気に下ろし、左足を引く。脇の下から右膝を抱える。以下、

写真11

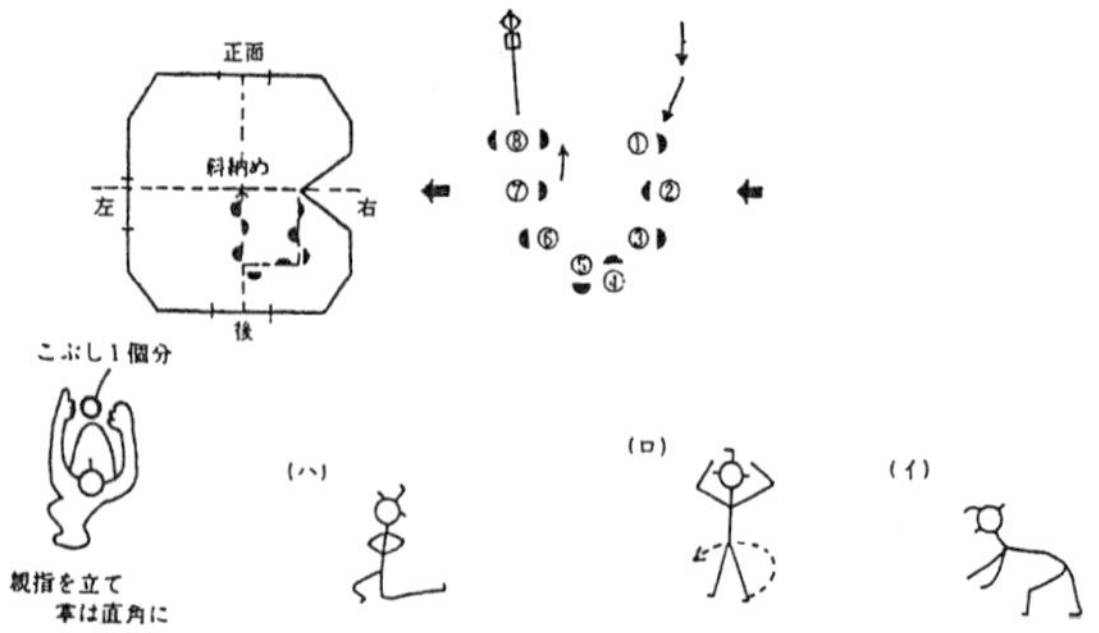

図32　図31　図30　図29

一回目に同じ。三回目も同様である。ただし三回目では、身体を小さく縮めて身体を起こす動作を連続する。（21）の要領で動作を行ない、「肩のしょう」（右）へ（図32の動作）。

（23）「肩のしょう」（右）。（22）と同じ動作を、右でも三回行なう。全て反対になる。（21）の要領を経て、「肩のしょう」（左）へ。

（24）「腰のしょう」（左）。両手を、腰から顎の下を通り身体の斜め前方にさし出し、股で二手に割って頭上まで上げる。身体は斜め後方を向き、両手の甲で鏡を作り、顔を映すようにする。徐々に身体を起こし、両手を正面から後方に下ろす。左手は帯の結び目に、右手は帯の前に当てて静止、身体を徐々に起こし左を向く（「腰のしょう」一回目）。「腰のしょう」（左）と同じ所作を二回繰り返し、三回目は静止しないで、身体を起こすまで動作を連続する。（21）の要領で身体を起こし、「腰のしょう」（右）に入る。

（25）「腰のしょう」（右）。（24）の要領で右でも三回行なう。

（26）「舞い納め」。（21）の要領を身体を左向きにして一回、右向きに一回行ない同じく左向きに一回行なったら、最後は動作を連続して身体を起こす。両手を腰に下げて、脇の下から顎を通って斜め前方に持ってゆき、股で二手に割ったら正面を向く。両手を拡げて鳥の頭を囲み、体重を右足に移動しながら左足を右足横に揃える。両手は脇で指先を下に向け、徐々に下ろしてゆく（終了）。

多くの点で、それは若狭におけるほかの事例とは著しく異なったイメージを伝えてくれるだろう。約言すれば、多くのケースがいわゆる王の舞の芸態を形骸化した儀礼的身体性として維持しているのに対し、弥美神社の王の舞は躍動的な息吹を感じさせてあまりある、などとつい印象が先走った表現に流されてしまう誘惑を禁じ得ない。

王の舞について記した文書類は一切存在しない。伝承は専ら口頭及び身体を介して行なわれる。演技には常に美しくあることが要求され、たとえば、背伸びした時は天にも届くような心持ちで大きく伸び、小さくなった時は蟻のように地面につくほど小さくなれといわれる。鉾先は常に鉾尻より下がらぬように、足を上げる時は足の裏を見せないように、等々細部に至るまで具体的な指示は枚挙に暇がない。徹底した技術至上主義といえよう。また演技全体を通じて、正常体のほかには常に重心が左右どちらかの足にかかっており、片足の舞とでも呼ぶべき傾向が顕著に見られる。これを、ある動作の中に既に次の動作へと移行してゆく萌芽がたたみこまれていると考えれば、滑らかな流動性がこの王の舞の大きな特徴であると気付かされるはずである。

そして、この上なく際立つ過度に不自然な動作・姿勢を、しかも持続してゆくこと。

またくわしくは触れないが、勿論全般を通じて笛と太鼓が奏されている。笛については水原渭江《みずはらいこう》が分析を加えているから措くとして、太鼓は単調かつ緩慢なテンポで不断に打ち続ける。ただし、王の舞の演技が矯《た》めた状態で静止している時は打たず、演技の切れ目では続けて打ち鳴らすことがある。

ところで、弥美神社のものにかぎらず、王の舞の演技を支える基本的思考は一般に反閇《へんばい》である。それは、弥美神社の王の舞の場合なら「種蒔き」「地回り」「肩のしょう」「腰のしょう」などに感知できるほか、随所に見える低く腰を落とす所作や鉾で掬《すく》う所作の中に指摘できるだろう。特に「地回り」は、演技そのものも上下運動に基づき強く地面を踏み固める内容を有しているばかりではなく、ほぼ正方形に四方を踏み固める軌跡を描いて移動するから、四方固めの芸として反閇の本義を最も良く反映している。しかも同様の傾向は、宇波西神社の王の舞をはじめとする若狭の王の舞の事例にも共通していえるのである。折口信夫は、このように反閇や地固めの色合いが濃厚な弥美神社の王の舞を見て、次のように語ったらしい。

王の舞の根本理念は力足を踏む、反閇にある。頭を出さぬように悪いものをねじこんでおくのだ。王の舞が歩きすぎるほど歩いているのはそれだ。反閇をふみに、美しい男女が出ることもあり、天狗がでることもある。王の舞でも肝腎な点は、反閇の動作の芸能化ということだ。

このように、王の舞に邪霊を払い空間を清浄化する志向を読み取るならば、別に折口が「ぼくには、どうも王の舞は道中の芸で、本舞台にはいってからの芸がないように思う」と感想を洩らしたのもうなずける。つまり王の舞は、執拗に演技空間の聖化を繰り返すステップによって、何よりも芸能を支える場の力と深く結びついていたのではないかと考えてみたいのである。

こうした意味生成性をめぐるダイナミズムが実現される力動的な場は、高度なテクニックの水準を保つ弥美神社の王の舞にこそ見出されるのではなかったか。とすれば、舞い手の身体に過度の変形と負担を要求するほどに不自然な動作・姿勢を持続したままで、流れるような曲線を緩やかに描く特異な演技そのものに測鉛《そくえん》を下ろす試みが望まれよう。

たとえば、このように記述することは可能かもしれない。動作を完全に終了させてしまう寸前の緊張度の高い時間はかぎりなく引き伸ばされるために、いつまでも演技はクライマックスを迎えることがない。代わりに、不断に繰り出される連続的強度が、身体を意味生成性の過程がダイナミックに表出する場へと編成する。やがて演じる身体は、あたかも一枚の動くタブローの如き安定状態をしめしはじめることであろう。一瞬の静止が訪れるのは、まさにその瞬間である。静止という否定的運動の極限においてこそ、意味生成性の場としての身体は、おそらく最も生き生きとした様相を獲得する。きわめて過酷な条件に置かれたまま静止する時、身体は運動の否定を通してみずからが意味の産出される母胎であったことを、逆説的に物語ってくれるだろう。

王の舞もまた、どのような地点からも逃れ去ってゆくと思わせる、流れるような運動の軌跡に突然点が穿《うが》たれ、さらに静止状態を持続する演技を有していたと理解できるのである（なお、いうまでもないが、この種の演技においては、一連の動作は常に一定の強度を保ちながら行なわれなければならないから、静止もまた連続的強度のもとにのみ実現されることになる）。

しかし、かりに演技そのものを記述し得たとしても、そこであらためて次のごとき問いが発せられるにちがいない。すなわち、何故に弥美神社の王の舞は他の王の舞の事例からきわめて遠い内容を持つことになったのであろうか、と。

付記

本章は美浜町誌編纂委員会編『わかさ美浜町誌〈美浜の文化〉第四巻　舞う・踊る』（美浜町、二〇〇八年）の趣旨に沿って、橋本裕之『王の舞の民俗学的研究』（ひつじ書房、一九九七年）に収められた「仕掛けとしての演劇空間—弥美神社の祭礼と芸能—」と「演じられる現実—王の舞をめぐる民俗的変容の一考察—」の内容を抜粋した上で再構成したものである。

参考文献

朝比奈威夫「若狭地方の宮座—若干の事例と考察—」『民俗と歴史』第四号、民俗と歴史の会、一九七七年。

——「若狭の一つ物—事例二つ—」『えちぜん・わかさ』第三号、福井民俗の会、一九八三年。

阿部泰郎「『大職冠』の成立」『幸若舞曲研究』第四巻、三弥井書店、一九八六年。

池田弥三郎『まれびとの座　折口信夫と私』中央公論社、一九六一年。

市川浩「身体・家・都市・宇宙」『叢書文化の現在』2（身体の宇宙性）、岩波書店、一九八二年。

岩崎敏夫「農耕神事の一形態—御宝殿熊野神社祭礼の分析—」『東北学院大学東北文化研究所紀要』創刊号、東北学院大学東北文化研究所、一九六九年。

上井久義・上井照代『日本民俗の源流』創元社、一九六九年。

小川和英「信仰と芸能—長滝の延年—」『岐阜県博物館調査研究報告』第7号、岐阜県博物館、一九八六年。

奥田真啓「荘園制による神神の変転の一例　若狭弥美神社」『歴史地理』第七十八巻第四号、日本歴史地理学会、一九四一年。

オットー、ルドルフ『聖なるもの』山崎省吾訳、岩波書店、一九六八年。

金田久璋「若狭の民俗神」『日本の神々』第八巻（北陸）、白水社、一九八五年。

神代雄一郎「日本のコミュニティ」『ＳＤ別冊』No.7、鹿島出版会、一九七五年。

久野寿彦「長滝の修正延年について」『岐阜大学教育学部研究報告人文科学』第25巻、岐阜大学教育学部、一九七七年。

久保田収「天照大神と雨宝童子」『民衆宗教史研究叢書』第一巻（伊勢信仰Ⅰ古代・中世）、雄山閣出版、一九八五年。

クリステヴァ、ジュリア「文学の政治性」『ポリローグ』佐々木滋子訳、白水社、一九八六年。

黒田日出男「「童」と「翁」―日本中世の老人と子どもをめぐって―」『境界の中世　象徴の中世』東京大学出版会、一九八六年。

五来重「長滝六日祭延年と修験道」『講座・日本の民俗宗教』６（宗教民俗芸能）、弘文堂、一九七九年。

島崎良「白山の祭りと芸能」『山の祭りと芸能』上、平河出版社、一九八四年。

清水正健『荘園志料』上巻、角川書店、一九六五年。

白井忠夫「弥美神社祭礼に関する勤記録」（私家版）、一九八六年。

薗田稔「祝祭と聖犯」『思想』第六一七号、岩波書店、一九七五年。

武井協三「狂言の『仁王』、ゆうなんの物真似、荒事の見得」『園田学園大学論文集』一七、園田学園大学、一九八二年。

中沢新一「雪片曲線論」『雪片曲線論』青土社、一九八五年。

中野千鶴「童形と聖性」『月刊百科』第二七一号、平凡社、一九八五年。

萩原龍夫『中世祭祀組織の研究』吉川弘文館、一九六二年。

福井県編『福井県史』第一冊第一編、福井県、一九二〇年。

福井県三方郡教育会編『三方郡誌』福井県三方郡教育会、一九一一年。

福井県三方町教育委員会編『宇波西神社の神事と芸能』福井県三方町教育委員会、一九七九年。

藤岡謙二郎編『古代日本の交通路』Ⅱ、大明堂、一九七八年。

古川貞雄『村の遊び日――休日と若者の社会史』平凡社、一九八六年。

ベルセ、イヴ＝マリ『祭りと叛乱』井上幸治監訳、新評論、一九八〇年。

堀一郎『我が国民間信仰史の研究』（二）宗教史編、東京創元社、一九五三年。

本田安次『延年』木耳社、一九六九年。

槇文彦他『見えがくれする都市』鹿島出版会、一九八〇年。

水原渭江「美浜の弥美神社に残る王の舞の研究」『日本における民間音楽の研究』Ⅰ（若狭湾沿岸における王の舞の綜合的研究）、民俗文化研究所、一九六七年。

村山修一『本地垂迹』吉川弘文館、一九七四年。

山口昌男「足から見た世界」『文化の詩学』Ⅱ、岩波書店、一九八三年。

山口昌男「劇空間・万華鏡―呪いの空間―」『新劇』第33巻第3号、白水社、一九八六年。

山路興造「荘園鎮守社における祭祀と芸能―若狭三方郡を中心として―」『芸能史研究』第六〇号、芸能史研究会、一九七八年。

レヴィ＝ストロース、クロード『野生の思考』大橋保夫訳、みすず書房、一九七六年。

和歌森太郎編『若狭の民俗』吉川弘文館、一九六六年。

御膳石考

――弥美神社の祭礼に関する集合的記憶の支点

1　御膳石の恒久性

福井県三方郡美浜町宮代に鎮座する弥美神社の祭礼は、五月一日に多数の集落が参加して行なわれる。その内容はきわめてユニークなものであり、一本幣・七本幣・大御幣という巨大な御幣が登場すること、幣迎えや幣押しという特異な儀礼が存在すること、王の舞や獅子舞という中世前期に由来する芸能が演じられること、御膳という特殊な神饌が奉納されること等々があげられるだろう。私はかつて弥美神社の祭礼と芸能についてくわしく論じている[1]。そして、「祭礼全体の核を構成する基本的な思考が異質なものとの出会いに向けられた関心によって貫かれている[2]」ことを強調したのである。

これは「弥美神社の祭礼と芸能にうかがわれる、きわめて興味深い民俗的世界観」であるということができるだろう。しかも、本章においてくわしく説明することはできないが、「こうした関心は弥美神社の祭礼にとどまることなく、弥美神社を中心としてまとめあげられる地域を深くつらぬいているように思われる」のであり、「どうやらこの地域じたい、多元的生産形態・文化形態が錯綜する濃密な空間であったらしい[3]」可能性を否定することができない。じっさい、「祭礼を構成する言説の中核には、外部から到来する異質なもののイメージが存在しており、そのような異質なものを受容する過程が、祭礼空間においてくりひろげられる儀礼のレベルで表象されていた[4]」と考えられるのである。

かくして、私は「この祭礼をテクストとして、演劇的な想像力が祭礼空間に設けられたさまざまな仕掛けを通してたちあがってくるメカニズムを明らかに」することによって、「儀礼の行なわれる場である祭礼空間そのものが、地域＝観客に始源的時空を体験させるための文化装置として機能しており、すぐれて演劇的な枠組を与えられていること」(5)を主張した。そのような消息は全体としてある程度見通すことができたと思われるが、もちろん十分に扱うことができなかった部分も依然として少なくない。本章はその一つである御膳石をとりあげることによって、弥美神社の祭礼における民俗的世界観が描き出す重層的な構造の一端に接近してみたいと考えている。御膳石に付与されている例外的な性質じたいも、こうした試みを経ることによってこそ、十二分に浮かびあがらせることができるはずである。

御膳石は字義どおり御膳の石であり、弥美神社の祭礼に奉納される御膳を載せる石を意味する。あらかじめ御膳石という名称の由来でもある御膳じたいについて説明しておきたい。かつて私は御膳について「弥美神社の宮山への山入権、換言すれば集落間の諸関係が生み出す権力そのものを象徴しつつ、五月一日の祭礼において一つの中心に吸収／統合されていく」のであり、「そのプロセスは、祭礼において各々の氏子集落が相互の関係を可視的に確認した上で、氏子集落圏が弥美神社を核として統合されていたメカニズムを新たに認識し直すために有効であったに違いない」(6)と述べている。そして、御膳の役割を整理して、(1)各集落のヒエラルキーの反映、(2)各集落に託された職掌との対応、(3)各集落の生産形態の象徴的再現(7)、という三つにまとめてみた。また、錦耕三もこう指摘していた。

弥美神社の祭礼では参加している村々から社に献ずる御膳がいずれも餅細工で、弥美神社の前身である二十八所宮を象る日と月と餅花のほかその村が宮山へ入る時に持つて行ける道具である斧や鎌などを作つて飾てある。言いかえると弥美神社の祭礼は各村々の山入権を表示したものであつた。つまり鎌の村は宮山では鎌でとり得るもの、草とか細い木くらいしかとり得ない。斧の村は、斧でとり得る木や草は何でもとつてよいことを表わしたものであるという。しかし弥美神社の宮山は、今では社の経営となつて入会権は認められていないが、王ノ舞の村麻生の餅細工は斧であるから、宮山では相当な権利を持つていたことになる。こうしてみると村制・祭事・芸能の関係は切り離せないものがある。(8)

御膳石は今日でも、福井県三方郡美浜町興道寺の日枝神社境内と福井県三方郡美浜町木野の木野神社境内に残されており、どちらも「遥拝するために用いられる」装置であるということができる。前者は「かつて弥美神社の祭礼が耳川の増水時にあたったさいに、対岸の集落がこの御膳石に御膳を供えて遥拝した」といわれているものであり、「きわめて強い霊威を持っているとして畏怖されていた(9)」ようである。だが、現在は使用されていない。一方、後者は「弥美神社の氏子集落圏内に位置しながら、現在祭礼には参加せず、四月十三日に別に独自の祭礼を行なっている」木野において確認することができる。今日でも木野神社の祭礼に奉納される「二つの御膳のうちの一つは、御膳石と呼ばれる石の台の上に、弥美神社の方角に向けて据え置かれるのであ(10)」り、木野が弥美神社の祭礼に深くかかわっていた消息を知らせているといえるだろう。

前者は遥拝せざるを得なかった理由を説明する伝承が付与されているが、福井県三方上中郡若狭町気山に鎮座する宇波西神社の祭礼でも同じような伝承を確認することができる。かつて大雪に阻まれて宇波西神社に到着することができなかった村々が、大藪の頭瀬の坂で遥拝したというのである。福井県三方町教育委員会が手がけた『宇波西神社の神事と芸能』は大薮の神事を記録した箇所において、「行列が大藪と気山の境の「頭瀬の坂」という処にて一旦停止」して「御幣を三回挙げて、拝して後再び列が進行しはじめる」という次第に言及している。そして、それは「古老によると、昔日、大雪のためお参りすることが出来なくて、この坂で止むなく遥拝をして帰ったということ(11)」に由来しているという。頭瀬の坂にまつわる伝承は金山にも存在していた。宇都宮肇が記録した内容を参照しておきたい。金山舞當に際し旧二十七号を、氏子が一団となつて、宇波西神社に向うことを恒例としているが、途中大藪地籍「ジセの坂」で小休止して、王の舞奉舞者が奉持する御幣をふつて、目前の宇波西神社を遥拝するのである。この途中の行事について、欠くことなく伝承している点を考察して、「金山御神事」の一部と解釈することは間違っているだろうか。しかもこの故事に関する記録や資料が皆無と云つてよいのではないか。実は、簡単な伝承ではあるが、往古、宇波西に向う金山の舞當集団が、大変な風雪のため、この場所で、宇波西神社春季大祭への参加を断念して、帰途についたとされている。(12)

大藪の頭瀬の坂にまつわる伝承もやはり遥拝せざるを得なかった理由を説明するものであり、興道寺の御膳石にまつわる伝承をしのばせる。じっさい、遥拝せざるを得なかった理由として大水や大雪を持ち出しているという意味においても、両者はよく似ている。また、両者があくまでも土地や事物、つまり特定の空間に付与されていることにも留意しておきたい。すなわち、頭瀬の坂や御膳石はどちらにしても、伝承にいわば空間的な支点を提供していたのである。伝承は文字どおり頭瀬の坂や御膳石という特定の空間に根ざしているといえるだろうか。モーリス・アルヴァックスは「集合的記憶の空間への挿入」について、こう述べている。

空間的枠の中で展開しないような集合的記憶は存在しない。ところで、空間とは持続する現実である。われわれの印象は、現われてくるものを次から次へと追いかけていくので、われわれの心の中には何も留まらない。それで、もし過去が実際にわれわれを取り囲む物的環境によって保持されていなければ、過去を取り戻せるということは理解されないであろう。われわれが注意を向けなければならないのは、空間へ、われわれの空間へなのである。——それは、われわれが占有しているもの、いくども横切るところ、いつも近づいているところであり、いずれにせよわれわれの想像力や思考がいつでも再構成できるものなのである。——しかじかの部類の想い出が再生されるために、われわれの思考が凝視しなければならないのは、この空間なのである[13]。

しかも、アルヴァックスは「一人ないし多くの人びとが、土地とか事物に対して所有権を獲得するのは、彼らの属する社会が、彼らとこの土地または事物との間に恒久的な関係が存在することを、あるいはこの関係が事物そのものと同じく不変であることを、認めた時からである」という。そして、「もしわれわれが事物のかつての状態を参照することがなければ、また、状況が少しも変わっていないことについての合意がなければ、私が土地のこれこれの部分を占有した最初の人物であるとか、私がそこを開墾したとか、それはまさしく私の労働の産物であると、どのようにして知ることができよう」とも「もし集団が私の権利を基礎づけている事実について想い出を保持していなければ、誰がそうした事実を他人の主張に対抗して主張できるのであろうか[14]」とも問うてみせる。

アルヴァックスは「この状況の恒久性を保証する記憶そのものは、空間の恒久性に、あるいは少なくとも、集団が空間のこの部分に対してとってきた態度の恒久性に基づいている[15]」という。頭瀬の坂や御膳石も土地や事物である以上、いうまでもなく空間の一部であると考えられる。そうだとしたら、頭瀬の坂や御膳石はその恒久性によってこそ「集合的記憶の空間への挿入」を実現して、「過去の「記憶」を想起・生成させるための起動装置（ジェネレーター、（中略）想起のための契機を与え始動させる媒体）の役割をはたす[16]」ということができるはずである。

だが、大薮の頭瀬の坂にまつわる伝承は、頭瀬の坂という特定の空間に付与されているといっても、必ずしも特定の物質に根ざしていない。いわば物質的な基礎を明示していないのである。そう考えていけば、興道寺の御膳石にまつわる伝承はいささかなりとも例外的な性質を帯びているということができる。というのも、興道寺の御膳石は御膳石にまつわる伝承、つまり弥美神社の祭礼に関する集合的記憶に空間的な支点を提供しているのみならず、そのような集合的記憶を持続もしくは更新させる物質的な基礎としても機能していたのである。したがって、興道寺の御膳石にまつわる伝承の恒久性は、石じたいが持つ性質——石の恒久性とでも表現しておきたい——に根ざしているともいえるだろうか。そして、本章がとりあげる二種類の御膳石は、どちらも石の恒久性が石にまつわる伝承を持続もしくは更新している好例であろうかと思われるのである。

アルヴァックスは前掲した部分に続けて、「ここでは、事物と、社会が事物に結びつけてきた記号ないし象徴を、一つの全体として考察しなければならず、その際、記号ないし象徴は、社会が外的世界に注意を向ける時に常に社会の思考に現われてくるものなのである」(17)という。こうした視座は本章においても有効であろう。すなわち、本章は「空間の恒久性」もしくは「集団が空間のこの部分に対してとってきた態度の恒久性」に留意することによって、二種類の御膳石に付与されている例外的な性質じたいをも弥美神社の祭礼における民俗的世界観が持つ重層的な構造に沿って文脈化して、いわば「一つの全体として考察」することをめざしているということができるのである。

2　磐座としての御膳石

以上、本章がとりあげる二種類の御膳石について、石の恒久性が石にまつわる伝承を持続もしくは更新している好例である可能性を提示してみた。だが、御膳石にまつわる伝承は必ずしも石じたいが持つ性質の一般的な位相に回収されてしまわないはずである。そうだとしたら、本章は御膳石が持つ性質の個別的な位相をも想定しておかなければならなかった。佐野大和・乙益重隆がまとめた「神道考古学用語解説」は大場磐雄の所説に立脚しながら、「石崇拝」

について要領よく整理している。御膳石が持つ性質を過不足なく理解するためにも有益であると思われるので参照しておきたい。

A岩石の外形や存在位置等、可視的な観察から起り、驚異または畏怖の念を生じ、ひいては崇敬の対象とせられるに至ったもの
(イ)外形から見て異形異色のもの、各地に存する石神や、霊石と呼ばれるものがこれに該当する。
(ロ)形状が他のあるものに類似するもの、各地で性崇拝の対象とされているものなどはその顕著な例であるが、その他腰掛石・舟石・鞍石・亀石等、類似する器物や動物の名で呼ばれるものが多い。
(ハ)所在の場所や出現の事情が特殊なもの、神聖な山の頂や中腹などに奇岩・巨石として存在し、または大洗磯前神の如く突如海岸に出現したと伝えられる例。
B岩石の有する本質的な性格の共感呪術から発生したもの、理念的石崇拝
(ニ)堅固・恒久・不変等の観念をあらわすものとして石が信仰せられた例、記紀に見える石長姫の物語はその好例であり、万葉集の湯津磐群の歌や、国歌君が代の「さゞれ石が巌となる」という歌詞も同じ思想に基づいている。
(ホ)特定の石が呪力を有する霊石と信ぜられ、岩石自体がみずから成長・分裂・出現等、活動力を内在するとされるもの。(18)

もちろん大場じしんも石崇拝の諸要素について、五つの項目をあげていた。それは(イ)外形から見て異形異色のもの、(ロ)同じく他のあるものに類似すること、(ハ)所在の場所や出現の事情に特別なもの、(ニ)その性質として堅固または不変

恒久性を有する、(ホ)自身において生長・分裂・出現等、活動力を内在する[19]というものであり、「神道考古学用語解説」における「石崇拝」の項目とも一致する内容を確認することができる。だが、大場はこう続けていた。

かくのごとく石の崇拝の由ってきたるところは、必ずしも一様ではないが、これを通じて観察するに、ある特定の石に対して、神霊の憑依すると意識し、またはその中に霊力の内在すると信じた結果に起っている。しかして古典にいう「石神」および「磐座」の観念はこれから発生したものであり、転じて石をもって囲んだ区域は、神の占むる神聖な場所を意味するに至り、同じく「磐境」または「磯城」と呼ばれるものがこれに該当する[20]。

しかも、大場は「石信仰の実際を各地に残る民俗資料中に求めて、その形態や祭祀信仰の内容について究明してみたいと思う」という。だが、「現在民間に遺存する石信仰の資料はすこぶる多くかつ多岐にわたっている」ため、「同じ資料中でも、文献と連関あるもの、または古社と密接に結合されたもの等を選び、なるべく古代信仰の遡及し得られる資料を採りあげてみ」る。それは「要するにこれによってその石信仰は近世の文献にもあり、また古社とも関連するから、その起源は相当古く遡りその中には（中略）考古学上の資料との中継的な役割をもつものも存することが推知せられ、日本における古代信仰の一環として利用できると考えた[21]」からであった。

大場が列挙した石は三十数例であったが、「大小の差こそあれ、いずれも自然石であって、人工をもって整形加工したものは存在しない」という。また、「形態の上から見ると、千古不動の巨巌ともいうべきものと、人力をもって移動し得る小形のものがあり、大体において前者には石神が相当し、後者には磐座が多い」ようである。そして、「けだしそそり立つ巨巌奇岩に、神霊の存在を認めてこれを石神とし、小形で神座に適する石を選んで磐座としたことは、自然に導き出されたこととはいえ、当然の帰結とすべきであろう[22]」ともいうのであるが、大場がいう石神と磐座は各々何を意味しているのだろうか。

石神は「ある特定の石に対して神の坐す、神の占め給う姿、あるいは神の姿そのままだという風に感じた場合もあるだろう」から、「石であるけれどもそれは神なのである[23]」ということを意味する。一方、磐座は「石神によく似た信仰であ」るが、「石というものが特殊なそういう精霊をもつという観念から、石に神の御魂を依り付かせて、つまり招降ろしましてお祀りをするといった際の、つまり依代として、石というものが古代人に非常に多く用いられた[24]」ということを想定しておけばいいだろう。大場は磐座であると考えられる事例として、茨城県鹿嶋市宮中に鎮座する鹿島神宮の要石、そして京都府京都市伏見区深草藪之内町に鎮座する伏見稲荷大社の御膳石をあげていた。

同じような例は、山城の稲荷神社の境内にあります「御膳石」で、これも小さな石でありますが、面白い特殊神事が付着しておりまして、毎年正月の五日、大山祭というお祭に、この御膳石の上に多数の小土器を乗せましてお祭をする、その後で見物中の酒屋などが土器を奪い合って取り、帰ってこれを酒蔵に入れると、酒がよく出来るという信仰があるのです。つまり御膳石というのは、かつては稲荷神社の根源となった稲荷山の神霊をお祀りした時の、磐座だろうと考えられるのであります[25]。

じっさい、前述した「神道考古学用語解説」は、磐座として「神の降臨にふさわしい小形で平たい自然石が選ばれた[26]」ことを指摘している。神が降臨して一時的に滞在することを想定して用意された台座であるから当然だろう。また、降臨石について解説するさいは、「神が石に憑り付く、または石上に降臨するという思想は原始以来のもので、そのために特別に神聖視された石や、その伝承は各地に甚だ多い[27]」ことを強調して、降臨石のみならず要石・影向石・御膳石などを列挙している。

御膳石もその好例であろうが、「特殊な名前や伝説を伴っているのは、民俗学流にいえば、そういう神聖なるべき石を生活の記憶の中に遺そうとする民衆の知恵であった[28]」ということができるだろう。したがって、仏教的な性格を感じさせる影向石や石の形状を特定の事物に見立てた硯石や御膳石のような事例についても、「神霊の降臨し給う神聖な岩石を、とくに人々の注意に遺すために名付けられた名称で、本来はイワクラ（磐座）信仰にもとづいていると考えられる[29]」というのである。

だが、御膳石が磐座であるという大場の所説は十分な妥当性を持っているものだろうか。同じく御膳石という名称を持つ事例がいくつか存在している。三重県桑名郡多度町多度に鎮座する多度大社の御供石は御膳石とも烏帽子石とも呼ばれており、この場所に神に対する神饌を供えたのであろうと考えられているらしい。また、香川県綾歌郡宇多津町横町に鎮座する宇夫階神社の巨石と御膳岩は、前者が磐座であり後者が神饌を置いて奉った場所であろうか。こうした事例は御膳石が神に供する御膳、つまり神饌を供える台であったことを示唆している。そう考えていけば、前述した伏見稲荷大社の御膳石も実際は神饌を供える台でしかなく、磐座説を成立させる十分な根拠が提出されているわけでもなかった。すなわち、御膳石が磐座であるというのは、大場が解釈しているだけであるとも考えられるのである。一方、石川県河北郡津幡町瓜生に位置する御膳石の話も興味深い。

この石は氷見往来に立っています。幅八m、高さ九mの三角形をしており、真ん中に人が入れるほどの穴があります。むかし、村人がご膳を使いたい時に、この石にお願いすると、その次の日の朝までにお願いしてあったご膳がそろっていました。／たまたま悪い人がいて、ご膳を返さなかったことがあってからは、だれがお願いしても貸してもらえなくなってしまいました。／現在、この石は立石（神石）として祭られています[30]。

この御膳石はいわゆる椀貸伝説が付随している。椀貸伝説は「各地の農村の主として森林部（山岳）と接する地方に残るもので、仙女や龍などの異人表象と思われるものが、池や塚や洞穴や岩の近くから、農民に朱塗りの椀や膳、時には仏具（木製）などを貸してくれる」ため、「農民たちは有難くこれを拝借して返すという慣習が長く続いていたが、ある時不心得者が、借りた数を返し損なったり、池の中から品物の授受のため差し出される女の美しい手をついふらふらと引っ張ったりしたがために、以降貸してくれなくなるというものであ」り、「貸される品物が主として椀や膳であるので、それを「椀貸」または「膳貸」伝説という[31]」ようである。

瓜生の御膳石は村人が神に御膳を奉納するさい用いられる石というよりも、神が村人に御膳を貸与するさい用いられる石であった。いわば食膳を拝借したり返却したりする場所であるから、神石として神聖視されているといっても、必ずしも磐座であるということはできないはずである。こう考えていけば、前述した数例の御膳石はいずれも、むしろ何らかの目的を実現するべく用いられる施設という性質を共有している。そして、大場が強調する磐座、つまり神が降臨する施設という性質も、何らかの目的を実現するべく用いられる施設という性質の一例であったということができるのである。

3　施設型か霊石型か

ところで、ＭＵＲＹが開設しているウェブページ『岩石祭祀学提唱地[32]』は大場の所説を前提しつつも修正して、岩石信仰を施設型と霊石型という二種類に大別することができると述べている。「これは、かつて大場が岩石信仰の種類を磐座系と石神系の二種に大別したことにちなむ」ものであるが、「ただしこれでは、岩石信仰が神霊信仰のみであるような錯覚にとらわれるので、神仏を含めた用語として、私は施設型と霊石型を用いたい[33]」という。すなわち、施設型は大場がいう磐座を発展させたもの、霊石型は大場がいう石神を発展させたものであると考えられるだろうか。

施設型は、古典用語でいう磐座に代表される。磐座は、古典文献にも記載されている神道系用語で「神が降臨する時に、神の台座として迎える岩石」として意義付けられる。石自体が神ではないのである。石は神の一時的に留まる台座でしかない。ただし、これは神観念だけではなく、仏観念においても、仏菩薩が岩石に一時的に降臨するという事例がある（降臨石など）。したがって「降臨する神仏を一時的に迎えるための施設」という意味合いで、施設型と呼称しておきたい。／対して、霊石型は石神・石仏などがその代表例である。これらは「石＝神」「石＝仏」であり、施設型とは明らかに様相を異にする。つまり、神仏が顕現する身体として岩石が選ばれたのであって、その岩石には霊魂が絶えず内在しているとみなされるのである。[34]

もちろん本章における主要な関心事は施設型である。ＭＵＲＹは「「施設型」の最も簡便な定義は「霊に関わる施設として用いられた岩石」という言葉で表すことができ」ること、つまり「「岩石＝霊」ではないというところがポイントで[35]」あることを確認した上で、施設型を三種類にわけている。その所説は全国各地で渉猟した岩石信仰に関する事例に立脚しているという意味において、高い説得力を持っている。また、御膳石の性質に関して磐座を絶対視してしまいがちであった大場の所説を深化もしくは拡張することに成功しており、本章にとってもきわめて有益であると思われる。だが、ウェブページにおいて公表されているため、その所説は残念ながら必ずしもよく知られていない。本章においてその全貌を紹介することはできないが、直接的に関係する部分だけでもくわしく紹介しておきたい。

第一は「その岩石が「一時的ながらも、霊が降臨して宿る施設そのもの」の場合」、つまり「その岩石は通常時は霊ではないのですが、祭りのときなどに神を迎える時などにおいては、その岩石は「霊の宿る場所」「霊の体」と化」すような場合であり、「降臨施設型」という名称が付与されている。「この「降臨施設型」の場合ですが、一時的にしろその岩石が霊になるという性質上、施設としてのその岩石自体も自然に神聖視されるという特徴があり」、「さらに時代をへると「岩石≠霊」だったのが「岩石＝霊」と認識されやすくなってしまうという傾向も含んだ型式で」ある。したがって、「昔も今も「施設型」というのもあれば、昔は「施設型」だったが現在は「霊石型」となっている事例も多く見受けられ[36]」ることも指摘されている。

第二は「その該当する岩石が、霊的存在降臨のためにあるのではなくて、祭祀者たる人間が祭祀を執行する場として岩石を用いた場合」である。「この岩石は「霊に関わる岩石の施設」ですが「降臨施設」ではない。たとえば、「その岩石が祭祀執行者の台座としてある場合や、その岩石が祭具の供物台としてある場合など」であり、「このように、あくまでも人間が利用する祭祀施設として岩石が用いられている場合は「人間祭祀施設型」と呼称することにします[37]」という。これは前述してきたとおり、本章においてとりあげている御膳石が該当するだろうか。というのも、御膳石は御膳、つまり神饌を供える台であると考えられるのである。だが、MURYは注意深くこう注記している。

ただし、司祭者の台座としての岩石であっても、その司祭者がシャーマンで神人合一状態になるときは、その台座たる岩石は降臨施設（磐座）としての要素をむしろ認めることができます。また、いわゆる遥拝所として岩石が用いられている場合（伊勢神宮遥拝所などや、聖山の遥拝ポインドなど）は、人間祭祀施設ではなく降臨施設となりえます。「遥拝すること」は「遥か彼方の存在に対して祈願を込めたり、礼を尽くすこと」であり、信仰者にとっては「遠地の神がその拝礼ポイントまでやって来ていること」と同等になるからです[38]。

御膳石に限定して考えてみたい。大場だったら第一の「降臨施設型」に分類するのだろうが、MURYはむしろ第二の「人間祭祀施設型」に該当すると考えているようである。だが、本章においてとりあげる二種類の御膳石はどちらも「遥拝するために用いられる」施設であったから、むしろ両者の性質を持ちあわせているはずである。しかも、「きわめて強い霊威を持っているとして畏怖されていた」以上、前述した瓜生の御膳石が神石として神聖視されている消息とも同じく、実際は施設型としてのみならず霊石型としても存在している可能性すら指摘することができるのである。

そして、施設型の第三は「聖域表示施設」である。「これは、その岩石が聖域と俗域を分ける役割を持っていたり、その岩石を置くことによってそこが聖域であることを示しているとみなされる岩石」を意味している。大場が述べていた磐境に相当するだろうか。大場は本章においても若干紹介したとおり、「転じて石をもって囲んだ区域は、神の占むる神聖な場所を意味するに至り、同じく「磐境」または「磯城」と呼ばれるものがこれに該当する」という所説を展開している。本章は残念ながら、磐境についてくわしく検討することを意図していない。だが、どうやら大場は磐境を重視していたらしく、前述した石神・磐座に磐境を追加して、「この三つがわが古代における石信仰の一番大きなものである(39)」とすら述べていた。

「聖域表示施設」は大場がいう磐境を発展させたものであると考えられるだろう。「現代の例では、鳥居や玉砂利も、そこが一種特別な聖域であることを示している役割を負っていることから、これらも十分「聖域表示施設」と呼ぶことができ」るが、「ただ、時代が経つにつれて、もともと聖域表示施設だったはずの岩石が、それごと「霊の宿る施設」とみなされたり、もしくは神聖性を帯びることにより、信仰の対象に昇華した事例も見ることができ(40)」る。

あらためてＭＵＲＹが提示した岩石祭祀遺跡の分類案を参照しながら、とりわけ「その岩石が祭祀のための施設として用いられている場合、含められる類型」、つまり「祭祀施設」に留意してみたい。「祭祀施設」は前述してきたとおり、三つの類型に細分化することができる。第一の類型は「降臨施設」であり、「その岩石が霊的存在の一時的に降臨する場所として存在する場合に含められる」という。「岩石が霊的存在そのものではなく、あくまでも降臨用の施設であること[41]」が重要である。大場がいう磐座は「降臨施設」に該当している。だが、岩石信仰は磐座にのみ限定するべきものでもないはずであった。また、近年はどうやら磐座という語彙じたいに託される意味も混乱しているようである。単純に神聖な岩石というような意味で使われる場合も少なくないらしい。

各種の報告書などで「神聖視されている岩石」が取り上げられていた時、伝承や文献に特に「磐座」と明示されている訳でもないのに、確たる根拠もなくその岩石を「磐座」と呼称するケースが目に付く。このように、誤った「磐座」の定義に基づきながら、研究者がそういった岩石を「磐座」と呼ぶことで、あたかもその岩石が、昔から「磐座」と呼ばれてきたかのような「事実」が形成されてしまう危険性があるのである[42]。

第二の類型は「人間祭祀施設」である。「その岩石が霊的存在降臨のためにあるのではなくて、祭祀者たる人間が祭祀を執行する場として用いられる岩石としてある場合である」という。実例として「その岩石が祭祀執行者の台座としてある場合や、その岩石が祭祀具の供物台としてある場合、あるいは信仰対象を拝礼するためのポイントとして岩石がある場合など」があげられている。そして、第三の類型は「聖域表示施設」であり、「その岩石が聖域と俗域を分ける役割を持っていたり、その岩石を置くことによってそこが聖域であることを示しているとみなされる場合である」という。大場がいう磐境は、「このような役割を担っている岩石群[43]」であると考えられるだろう。

以上、MURYの所説をなぞりながら、施設型の岩石信仰を見てきたが、同時に御膳石の性質にも接近することができたと思われる。すなわち、大場は御膳石が磐座の一例であることを主張したが、MURYが岩石信仰を分類した方法に依拠しておけば、御膳石が施設型として第二の「人間祭祀施設型」でありながら、同時に第一の「降臨施設型」

でもあるという二重性を持っていること、しかも霊石型としても存在していることに留意しておかなければならないだろう。いずれにしても、本章は長い迂回路を経由して、ようやく福井県三方郡美浜町興道寺の日枝神社境内と福井県三方郡美浜町木野の木野神社境内に残されている御膳石を主題化することができる。

4　興道寺の御膳石

最初に興道寺の御膳石について概観しておきたい。興道寺は旧耳村を二分する耳川の右岸に位置する集落である。弥美神社の祭礼と芸能に関する現地調査を開始した昭和五十九年（一九八四）以降、私は興道寺に御膳石が存在していること、そして前述したような伝承が御膳石に付与されていることを現地において何度も仄聞した。たとえば、昭和六十一年（一九八六）三月十八日に福井県三方郡美浜町上野の戸田稔寛氏と原田力氏にお話をうかがったさいも、私は当時のフィールドノートに「興道寺の宮（日吉神社）の前に御膳石がある（耳川の橋が流されたため、渡れなかったから遥拝した）」というメモを残している。

もちろん実物も何度か確認していたが、私が御膳石に対する関心を深めた直接的な理由は、「石ノ信仰ニツイテ」という表題が付されている文書であった。弥美神社の氏子総代であった福井県三方郡美浜町河原市の高木宗一氏がこの文書を複写したものを保管していたのだが、私はこの記録がかつて弥美神社の宮司であった田中伊之助によって綴られたものであることをつきとめることができた。その全文は本章の最後に紹介しているので参照してほしい。以下は興道寺の御膳石に関する部分を抜粋したものである。

弥美ノ郷即チ今ノ美浜町ノ中心地ニ産土様ヲ祀ル弥美神社ガアル、三方郡一円ニ古クカラソノ信者ヲ有シテイル

／此ノ土地ノ中央ヲ横断スル弥美川ハ昔橋梁ノ未ダ完備セサル時代ニハ至ル所渡渉シテ交通ノ便ヲ保ッテイタ頃ノ遺跡ト思ハレル／ゴゼン石ハ此ノ川岸ニ今モ残ッテイテ地上三尺程露出シテ、頂ハ平坦デアルカラ農夫ガ農具ヲ置イタリ辨当ヲ喰タリスルニ好都合デ利用出来ルガ土地ノ住民ハ非常ニ敬遠シテ居ル／事知ラヌモノガ物ヲ背負ッテ此ノ石ニ休憩シタリ腰ヲ掛ケタリ等不敬ノ行為ヲ犯スト神罰テキメント云ッテ恐レテ居ル／口伝ニゴゼン石ト云フハ信者ガ御膳ヲ作リ之ヲ馬ニ乗セテ参拝セント川辺迄来レドモ川ノ増水デ渡渉出来ナイ時ニ此ノゴゼン石ニ御膳ヲ供ヘ此ノ処ヨリ遥拝シテ帰リシナリト云フ／今尚弥美神社ニ各区ヨリ奉納スル特種神饌ヲ御ト云フ伝統ガアルモソノ由緒ニ基クノデアル

すなわち、興道寺の御膳石は弥美神社を遥拝するものであったというのである。この文書が作成された正確な時期は不明である。だが、美浜町が施行された昭和二十九年（一九五四）以降、田中が没した昭和四十二年（一九六七）以前であることは疑いようもない。興道寺の御膳石は田中が記録した興味深い伝承をも含めて、今日どのような存在形態をしめしているのだろうか。私はその実際についてくわしく調査する機会を得ることが長らくできなかったが、ようやく平成十年（一九九八）五月一日に福井県立若狭歴史民俗資料館の垣東敏博氏にも同行していただき、興道寺の御膳石に関して簡単な現地調査を実施した。

興道寺の御膳石は花崗岩の自然石であるが、上部を加工して平面を作り出している。現在、興道寺の日枝神社境内に設置されている。だが、当時は日枝神社の左横を通る農道の脇に設置されていた（**写真1**）。その状態で寸法を計測した結果は以下のとおりである。御膳石は地表に出ている部分が長辺七十七センチメートル、短辺五十六センチメートル、高さ七十九センチメートルであった。上部の平面は長辺七十五センチメートル、短辺三十六センチメートルである。前者の寸法を持つ自然石を削って、後者の寸法を持つ平面を上部に作り出していると考えられる。偶然にも近

くで農作業に従事しておられた木子敬一郎氏は、昭和五十二年（一九七七）に付近の土地改良事業を手がけた吉田組が一旦埋めてしまったが、あらためて掘り出して農道の脇に移したこと、当時は石が柔らかくて風化する手前の「岩腐り」といわれる状態であったことも話してくださったのである。

私は以降しばらく御膳石に関する関心を深めることを怠っていた。ところが、どうやら昨今は御膳石の周辺があわただしいようである。御膳石は平成十一年（一九九九）八月吉日に再度移転して、今度は日枝神社の境内に設置された（**写真2**）。日枝神社の脇に境内へ通じる出入り口を新設するさい、御膳石が邪魔だったため境内に移設したのである。今回は御膳石のみならず、その

写真1　興道寺の御膳石（移転前）

写真2　興道寺の御膳石（移転後）

手前に約三十センチメートル角の石と平たい石も設置されている。こうした石はそもそも御膳石に付随するものであったらしい。うっかりして気づかなかったが、御膳石が農道の脇に設置されていた当時は、二つとも隣接する電信柱の脇に置いてあったそうである。いずれにしても、現在は合計三つの石がセメントによって固定されているわけである。こうした近況は最近も中西紘子によって報告されている。中西が報告した内容を抜粋しておきたい。

興道寺の氏神で、地元の人が「お山王さん」と呼ぶ村はずれの社の境内の一角に、今はひっそりとたたずむ石があります。これは御膳石と呼ばれ、もともとは田んぼの畦に置かれていたらしいのですが、基盤整備の際、境内のすぐそばに移設され、さらに一昨年今の場所に移されました。うかつな私は二十年前、区内のお年寄りの話を聞くまでその石の存在に気づきもしませんでした。実は、この石は耳川の対岸の弥美神社の向かいに位置していました。五月一日の弥美神社の祭礼に天気が悪く橋を渡れないとき、興道寺の氏子たちは供物をその石の上に置いて弥美神社へのお参りに代えたというのです。その石をみていると、その年々の豊作を願った祖先たちの必死な祈りが聞こえてきそうです。（中略）興道寺は幸い耳川を挟んで弥美神社の真向かいに位置しますから、そこに御膳石を置いてお供えができましたが、左岸にある他の集落では大荒れの祭日のお供えや奉納をどうしていたのでしょうか。そう思いながらさらに考えを巡らせてみると、ひょっとしたらこの御膳石は興道寺だけではなく、左岸にあるすべての集落のものだったのかもしれません。そんなことを考えていると、この御膳石への興味は尽きないのです。(44)

こうした文章が書かれるくらいであるから、すっかり忘れられていた御膳石も最近は多少なりとも脚光を浴びているのだろうか。かくして平成十三年（二〇〇一）十月七日、私は美浜町誌編纂室長であった橘惠慶氏に連れられて木子氏宅を訪問して、興道寺の御膳石に関して詳細な現地調査を実施した。昭和四年（一九二九）に生まれた木子氏は、御膳石がそもそも位置していた場所の近くに水田を所有しているため、御膳石にまつわる消息を逐一把握していた。御膳石がたどってきた過程を知る証人であるということができるだろう。木子氏の談話は多岐にわたったが、御膳石に関する話題のみ紹介しておきたい。

御膳石はそもそも道を十五メートルくらい入った水田の畦に位置していた。自然の所産であるというよりも、人工的かつ意図的に配置したような様子だったらしい。畦を隔てて上の水田は日枝神社の宮田であり、下の水田が木子家の水田であった。当時の御膳石は上下の水田の段差に相当する三十センチメートルくらい地中に埋まっていたそうである。木子氏もこの御膳石が弥美神社の祭礼に関係していること、そして耳川が増水するという事態に対応していることを強調していた。すなわち、御膳石は興道寺の行列が対岸の宮代に鎮座する弥美神社に到着することができなかった場合に使用されるものであり、御膳を供えることによって弥美神社に参拝したとみなしたというのである。じっさい、興道寺と中寺をつないできた中寺橋は長らく板橋であった。したがって、耳川が増水するだけでも、人々は対岸に渡ることに苦労したらしい。中西も中寺橋について、こう述べている。

耳川に架かる橋の一つに中寺橋があります。昭和三十年代、私が弥美小学校や耳中学校に通っていた頃からその中寺橋はどっしりとした風格のあるコンクリートで造られた近代的な橋でした。昭和二十八年九月に若狭地方を襲った台風十三号で耳川に架かる多くの橋が流されましたが、この橋は少し河岸がくずれただけで、大きな損傷も受けず両岸をつなぐ生命線として、その後大いに活躍してくれました。その頃の私は、大昔よりその堅牢な橋が中寺にかかり、両岸に住む人々を西へ東へと送り届けてきたぐらいに考えていました。しかし、実はこの橋は、中寺の人たちの向う岸へ安心して渡りたいという悲願によって、辛苦の末、昭和十年に完成したものだったのです。一体それまで中寺橋にはどんな橋が架かっていたのでしょう。二十年前に聞いたお年よりの話によれば、二枚の板を並べただけの川面に近い低い橋で、今より少し上流に架かっていたということです。今はどんな橋も鉄骨の橋脚に支えられ、両岸を行き来するのに何の支障もなくなっていますので、つい川が本来持っている両岸を引き裂く性質を忘れがちになるのですが、一旦、大雨が降って水量が増したり、大風が吹けば、通ることも危険な難所となったのです。それは中寺橋ばかりでなく耳川に架かる橋全てに共通だったに違いありません。(45)

木子氏の談話に戻りたい。中寺橋はそもそも丸太を削った一本橋だったという。板橋よりも危険な時代が長く続いていたのである。そう考えてみれば、実際に橋が壊れてしまった場合はだれも対岸に渡ることができないのだから、間接的であっても弥美神社の祭礼に参加するべく御膳石を使用した可能性も少なくないだろう。といっても、木子氏が知っている範囲でいえば、御膳石に関して何らかの儀礼が執行されるようなことはなかった。また、こうした水害は興道寺のみならず大三ケ（佐野・上野・野口）をも含めた耳川西岸の集落にとって深刻な問題であった。おそらく各々の集落において祭礼を執行したのであろうが、御膳石は興道寺だけのものであったようである。

御膳石は御膳を供える台であるというので、興道寺の人々によって敬われていた。というよりも、粗末に扱ったら罰が当たるといって、怖れられていたというべきだろうか。たとえば、御膳石は農作業に使用する一輪車を立てかけたり稲穂を置いたりするさい好都合だったらしい。だが、実際に御膳石を利用することはなかった。こうした伝承はどうやら人口に膾炙していたようであり、田中も「石ノ信仰ニツイテ」において、「頂ハ平坦デアルカラ農夫ガ農具ヲ置イタリ辨当ヲ喰タリスルニ好都合デ利用出来ルガ土地ノ住民ハ非常ニ敬遠シテ居ル／事知ラヌモノガ物ヲ背負ッテ此ノ石ニ休憩シタリ腰ヲ掛ケタリ等不敬ノ行為ヲ犯スト神罰テキメント云ッテ恐レテ居ル」ことを記録している。

また、興道寺の御膳石はどこかに動かそうとしたら祟りに遭うというような語り口が付与されており、動かすことを人々に躊躇させるものとして存在していたようである。木子氏じしんもかつて御膳石を移動することに関して、躊躇する雰囲気が存在していたことを記憶していた。どこか気が引けるというか気が咎めるというか、御膳石はそのような感覚を触発する媒体であったらしい。といっても、次第にそのような感覚は忘れられていって、やがて石じたいも遺物として忘れられていったのである。したがって、今回の移転劇は御膳石にまつわる集合的記憶を掘りおこして再評価する試みであったともいえそうである。

5　木野の御膳石

木野の御膳石はどうだろうか。木野は旧耳村を二分する耳川の右岸、天王山の南麓に位置している。東に佐柿、北に和田、南西に河原市が位置する。そして、御膳石は木野に鎮座する木野神社の境内に現存している（写真3）。くわしくいえば、木野神社の社殿を取り囲む瑞垣の内側、社殿に向かって右前である。こちらは平成十年五月五日、やはり福井県立若狭歴史民俗資料館の垣東敏博氏に同行していただいて計測した。その結果は長辺一二四センチメートル、短辺四十センチメートル、高さ四十一センチメートルというものであった。私は千葉県立中央博物館の林浩二氏に仲介していただき、同館の高橋直樹氏に木野神社周辺で採集した同種の石を見ていただいた。平成四年（二〇〇二）二月二十八日に知らされた結果は、石英脈が多数入った砂岩であり、「中生代ジュラ紀に形成された丹波帯の岩石と推定される」ということであった。

興道寺の御膳石は前述したとおり、いわば遺物として扱われていた。だが、木野の御膳石は現在でも木野神社の祭礼において使用されている。実際は木野神社の祭礼に奉納される「ふたつの御膳のうちひとつは本殿に、もうひとつは弥美神社にむけて、本殿斜め前にある御膳石にのせる」のみならず、「弥美神社に奉納される御幣も、御膳石に立て

写真 3　木野の御膳石

写真 4　木野の御膳石に御膳を載せる

かける[46]」のである（写真4）。すなわち、御膳の一つは御膳石に載せて、しかも弥美神社の方角に向けるわけである。木野の御膳石も弥美神社を遥拝するものであったことはまちがいないだろう。

今日、木野は弥美神社の氏子集落でありながら弥美神社の祭礼に参加しないで、単独で木野神社の祭礼を執行している。といっても、「かつて弥美神社の祭礼の日には、木野のボウの森で木野神社を遥拝してからでないと祭礼が始まらなかったとする伝承も残っており、弥美神社と木野の密接な関係が偲ばれ」るのである。弥美神社の「祭礼に参加しない理由については、木野神社は弥美神社の親あるいは格上であるからとも、木野の姓のほとんどを占める大同家の先祖とされる大同兵衛盛近が坂上田村麿に従って鈴鹿山で上げた戦功により、祭礼の諸役を免除されたとも」[47]いう。以下、かつて私が調査した結果に依拠しながら、木野神社の祭礼に関する概況を提示しておきたい。

木野では集落が上中下の三組にわかれており、当屋組として木野神社の祭礼にかんする準備を交代で担当する。したがって、当屋組は三年に一度の輪番ということになる。毎年、当屋組から大当人をひとりきめる。祭礼が半月ぐらい前に迫ったら、当屋組が大当屋（公会堂、現在は担い手センターになっている）に集まって、あらかじめ幣差し（五、六～十歳ぐらいの男子）二名、女郎（五、六～十歳ぐらいの女子）二名、警護（成人男子）二名、ゴゼンカキ〈成人女子〉二名の諸役もきめておく。そのころから、青年（かつては親友会）に村人もくわわって、囃子の稽古が行なわれる。／四月十二日、当屋組のものが朝から公会堂に集まって、準備をはじめる。各戸から二名ぐらい参加することになっている。御幣や御膳などをつくって所定の場所に備えつける。御幣はヨボの木で十本つくり、先端には半紙につつんだ洗米をくくりつける。ヨボの木は削らないで、そのまま使用する。三本ひとまとめにしたものを二組つくって木野神社と弥美神社に、残りはボウの森、愛宕神社、天王山に鎮座する広峰神社、庄兵衛の屋敷内に鎮座する稲荷神社に一本ずつ奉納する。弥美神社に奉納する御幣のばあいにかぎって、後述するようにじっさいに持参することはしない。[48]

御膳は二つ作られる。一つは木野神社に、もう一つは弥美神社に奉納するものである。だが、後者は御幣に歩調をあわせているのだろうか、やはり弥美神社に持参しない。「御膳台の前面に切れ目を入れた白い紙を貼り、餅細工としては鳥居・日・月・鶴・亀・鎌・鉈・稲穂が見える」が、「他には、神酒錫一対と白い紙を巻いた絹げ物に入った白蒸しが挙げられる」だろう。「餅細工はいずれも竹串に通し、それを御膳台にあけられた穴に直接差しこむ」のである。一方、「稲穂は四角形の小餅からなり、先端のみは三角形であ」り、「稲穂の竹串は、御膳台の外枠にまんべんなくあけられた穴に差しこまれるから、御膳台の周囲には多数の稲穂が林立することになる」[49]のである。

こうした準備は夕刻までには終わり、床に飾りつけられる。その間に公会堂では、村中のものが集まって昼講が行なわれる。床にむかって右側の上座には、幣差し二名・女郎二名を座らせる。左側には当屋番ではない村人が座る。かつては生ニシン二本・焼豆腐・和えもの・汁・飯、あるいはヒラ（五品）・ナマス・ニシメ・和えもの・汁・飯といった献立に神酒が出されたというが、今日ではほかの料理も用意されるようになっており、とりきめは必ずしも厳密なものではない。／夕刻、青年（かつては親友会）は宿に集合する。宿には青年の責任者が住む家か、前年に慶事のあった家が選ばれる。玄関に御神灯をふたつ吊るして、簡単な賄い（スルメ・神酒など）を行なう。午後八時半、紋付に袴を着用した大当人は提灯を持って、公会堂から青年が集まっている家に出かける。これを二、三度くりかえして青年を案内しようとするが、青年はなかなかこれに応じないのがならわしであった。／午後九時ごろ、御神灯を先頭にした青年が、笛と太鼓で囃しながら公会堂に到着する。青年は床に飾りつけられた供えものに参拝したら、床にむかって右側に座る。一般の村人は左側に座る。一軒に最低でもひとりは出てくることになっている。大当人の挨拶ののち、昼講と同じ料理が出されて、神酒を飲みかわす。料理は今日、とりよせた折り詰めのものになっている。この酒宴は青年のために催されるのである。現在では夜半に終わることになっているが、かつては翌朝まで続き、青年が徹夜で御膳を警護したという。それでも依然として、大当人のみ徹夜することがさだめられている[50]。

そして祭礼の当日である。「四月十三日の早朝、大当人は和田の浜へ出かけて、潮水を一升瓶に汲んでくる」のだが、

「これを自宅の風呂にいれて、幣差し・女郎にもはいらせてから公会堂に集合する」わけである。「大正年間までは、大当人・幣差し・女郎ともに、和田の浜で水垢離を取った[51]」らしい。かくして、徹夜で警護してきた御膳がようやく奉納されるのである。どうやら御膳は木野の人々に共有される財、分配される財であったという意味において、きわめて重要な意味を持っていたらしい。じっさい、御膳を飾る「稲穂は木野の戸数だけつくられる」ものであり、また「白むしはほかにも、各戸二個ずつゆきわたるようにつくり、盆にのせておく[52]」ものであった。

午前九時ごろ、一同は公会堂に集合する。午前十時ごろ、行列は囃子をともないながら、公会堂前から木野神社にむかう。警護（青竹の杖を持つ）—幣差し（幣を持つ）・女郎・ゴゼンカキ（御膳を頭上にのせる）—幣差し・女郎・ゴゼンカキ—警護—囃子、の順で参進する。一同は神社に到着したら、いったん本殿の横にある神饌殿に御膳を置き、拝殿前までさがる。ふたつの御膳のうちひとつは本殿に、もうひとつは弥美神社にむけて、本殿斜め前にある御膳石にのせる。弥美神社に奉納される御幣も、御膳石に立てかける。ここにも弥美神社の祭礼との深いつながりがしのばれるのではないだろうか。そののち玉串奉納、神官の祝詞奏上、青年の囃子などがあって、祭礼はすべて終了する[53]。

ところで、興道寺の御膳石は間接的であっても弥美神社の祭礼に沿って文脈化されていた。一方、木野の御膳石は木野神社の祭礼において文脈化されていたのみならず、弥美神社の祭礼に沿っても文脈化されていたということができるだろう。「かつて弥美神社の祭礼の日には、木野のボウの森で木野神社を遥拝してからでないと祭礼が始まらなかったとする伝承も残っており」、弥美神社の「祭礼に参加しない理由については、木野神社は弥美神社の親あるいは格上であるからとも、木野の姓のほとんどを占める大同家の先祖とされる大同兵衛盛近が坂上田村麿に従って鈴鹿山で上げた戦功により、祭礼の諸役を免除されたとも」いうのは、木野が木野神社のみならず弥美神社とも深くかかわっていた消息を知らせている。そして、木野の御膳石は二つの祭礼に関する集合的記憶が絡みあっている、いわば屈折した事態を表象する装置であるということができる。

6　御膳石の状態

二種類の御膳石は以上見てきたとおり、弥美神社を遥拝するべく用いられる装置であった。どちらも御膳を供える台であるという意味において、MURYがいう施設型の「人間祭祀施設型」であったが、同時に「降臨施設型」でもあるという二重性を持っていた。もちろん興道寺の御膳石は霊石型としても存在しているが、「昔は「施設型」だったが現在は「霊石型」となっている事例」の一つであろう。じじつ木野の御膳石は霊石型の要素を持ちあわせていない。木野神社の境内に位置していることも関係しているだろうが、粗末に扱ったら罰が当たるとかどこかに動かそうとしたら祟りに遭うとかいう語り口は存在していない。したがって、興道寺の御膳石も本来は施設型であり、いつしか霊石型の要素を派生させていったと考えていいだろう。

いずれにしても、二種類の御膳石は「人間祭祀施設型」と「降臨施設型」の要素を持っており、どちらも弥美神社の祭礼に関する集合的記憶に空間的支点を提供しているのみならず、そのような集合的記憶を持続もしくは更新させる物質的な基礎としても機能しているといえそうである。また、両者は特定の空間にまつわる伝承に規定されているという意味においても、どうやら共通した性質を持っているようにも感じられる。以下、とりわけ御膳石の状態に留意しながら、両者に通底していると思われる性質について検討しておきたい。

MURYの視座はこうした試みにとっても、いわば座標軸を提供するものとして有益である。MURYは岩石信仰を分類する基準として「岩石の状態」をあげた上で、「岩石の選定状況」が指標として有効であることを強調している。これは「信仰されている岩石が、はたして人工的に設置・加工されたものか、または、元々そこにあった岩石を祀ったものか」というものであり、「人為設置」・「自然利用」・「人為加工」[54]という三つの状況を想定することができる。

まず「人為設置」の場合ですが、人為的に設置できるということは、当然その岩石は運搬可能な重さ・大きさの岩石だということになります。そして、わざわざ人為的に設置したということは、それを設置した人達は、信仰の必要性に迫られてそこに聖石を置いたということも分かります。また、人為設置の聖石に特徴的なのは、その聖石の形状が類似するようになるという点です。これの理由としては、人為的運搬ができる範囲内だと、選ぶ岩石の大きさが似るというのと、人間が神秘性を感じる岩石の形状というのは、ある程度共通するからなど、色々考えられます。[55]

「自然利用」の場合はどうだろうか。「これは自然石なので、岩石の大小・形状は問」わない。「重要なのは、元からあった自然石をそのまま信仰対象としたわけですから、「人為設置」のように「必要性に迫られた」のではなく、「その岩石を見て信仰した」という性格を持つ」わけである。「その岩石の景観は人々の神聖性を感じさせるに十分だったということが読み取れ」るだろうが、「祭祀場を選ぶ際に、たまたま良い形の自然石が露出しており、祭り場としての絶好の施設に選ばれた場合もある」だろう。そして、MURYは「「人為設置」ではないものの、純粋な「自然利用」とも言えない」場合として「人為加工」、つまり「岩石は元々そこにあったものだが、その岩石に人工的加工を加えた上での聖石」[56]にも留意している。

あらためて二種類の御膳石について検討してみたい。興道寺の御膳石は「自然利用」もしくは「人為加工」に分類することができるようにも感じられる。「自然利用」の条件として御膳石という「岩石の景観は人々の神聖性を感じさせるに十分だった」ともいえそうであるが、むしろ「祭祀場を選ぶ際に、たまたま良い形の自然石が露出しており、祭り場としての絶好の施設に選ばれた場合」に該当するのかもしれない。MURYは「しかしいずれにしろ、自然の偉観をそのまま祀り場や信仰対象とした点において、信仰心の感情の強さはひときわだった」可能性を強調しており、「何しろ、自然の造形による景観なので唯一無二の存在であり、他に替わるものがありません」[57]と述べていた。

だが、本当にそうだろうか。興道寺の御膳石はその位置に関して「自然の所産というよりも、人工的かつ意図的に配置したような様子だったらしい」ことを確認している。また、御膳石じたいに関しても表面を削っているようである。元来は花崗岩の自然石であるが、上部を加工して平面を作り出しているのである。したがって「人為加工」、つまり「岩石は元々そこにあったものだが、その岩石に人工的加工を加えた上での聖石」である可能性も否定することはできないだろうが、むしろ「人為設置」に分類することが妥当であろう。

興道寺の御膳石が前述したとおり「人間祭祀施設型」兼「降臨施設型」として、特定の目的を持って特定の空間に設置されたものであったとしたら、そもそも石じたい霊石型の要素を持っていた可能性は少ない。やはり石の景観が人々に神聖性を感じさせることに由来する「自然利用」というよりも、「信仰の必要性に迫られて」特定の目的に合致した石を特定の空間に設置する「人為設置」であったと考えられる。一方、木野の御膳石は切った跡を確認することができるから、前述した寸法を持つ直方体を切り出したものであった。木野神社の祭礼において御膳を載せる台として設置されたものであろうから、「人間祭祀施設型」兼「降臨施設型」の要素を持ち、かつ「人為設置」に分類することができるはずである。

こうした分類案は二種類の御膳石に通底する性質について検討するさいも有益である。どちらも「人為設置」に分類することができるとしたら、二種類の御膳石はMURYも述べているとおり「運搬可能な重さ・大きさの岩石」であるといわなければならない。もちろん簡単に運搬することはできそうにもない。相当な重量であろうと思われるが、それでも何とか「人為的運搬ができる範囲内」であろう。すなわち、どこか任意の空間に存在していた岩石を特定の空間に移動させたというわけである。また、MURYは「わざわざ人為的に設置したということは、それを設置した人達は、信仰の必要性に迫られてそこに聖石を置いた」のだろうともいうが、やはり二種類の御膳石に適合するはずである。だが、「信仰の必要性」は何を意味するのだろうか。それこそが弥美神社の祭礼に関する集合的記憶であった。

「人為設置の聖石に特徴的なのは、その聖石の形状が類似するようになるという点です」というMURYの所説に関しても検討しておきたい。MURYは「人為的運搬ができる範囲内だと、選ぶ岩石の大きさが似るというのと、人間が神秘性を感じる岩石の形状というのは、ある程度共通するからなど、色々考えられます」というが、二種類の御膳石も相互に類似しているとみなせなくもない。その理由は簡単であろう。というのも、二種類の御膳石はどちらも御膳を供える台であると考えられているため、平たい表面を確保することが求められていたのである。ところで、MURYは岩石信仰を分類する手がかりとして、「その岩石は、動かすことができるか、動かすことができないか」という指標をも提示している。[58]

例えば、霊が宿っていると人々に認識されている岩石があったとします。その岩石は、元ある位置になければならないもので、動かしてしまうと（完全にとは言わないが）その信仰的機能・意味を大きく損じてしまうものなのか、あるいは、その岩石を動かしても岩石自身の信仰的機能は滞りなく発揮され、むしろ可動的な性質こそが本領であるものなのか――、全国各地の事例を見ていますと、どうやら聖石はこの二種に大きく分けることができるようです。／前者は、山頂に露頭として出ている岩盤や奇岩怪石の群れなどが、典型例ではないでしょうか。これらの岩石は山に根ざしているものであり、山頂から切り取って別の場所に持ってこられたら、その岩石が信仰されてきた意味を失ってしまうでしょう。後者は、力石や石棒などが好例でしょう。これらは手で触れ、持ち上げ、様々な可動的用途に用いることで、その本領を発揮します。／考古学的な言い方をするならば、さながら前者は「遺構」、後者は「遺物」に照応するといっても良いでしょう。(59)

二種類の御膳石は前述したとおり、「人為設置」に分類することができた。そうだとしたら、どちらも可動性を前提していると考えてしまいそうなものである。じっさい、興道寺の御膳石は昭和五十七年と平成十一年に移動させられている。したがって、少なくとも近年は可動的な性質を付与されているといえなくもないだろう。だが、実際は正反対の性質を持っているようである。というのも、興道寺の御膳石はどこかに動かそうとしたら祟りに遭うというような語り口が付与されており、動かすことを人々に躊躇させるものとして存在していたのである。

その理由にしても、二種類の御膳石が弥美神社の祭礼に関する集合的記憶にかかわっていることにこそ求められるはずである。興道寺の御膳石は弥美神社を遥拝するものであったため、対岸に位置する弥美神社に正対することが必要であった。また、木野の御膳石も木野神社において弥美神社を遥拝することを想定した装置であったから、そもそも木野神社の境内に存在しなければ無用の長物である。どちらも任意の空間に移動することは考えられない。もちろん当初はどこか任意の空間に存在していた石を移動させたのであろうから、可動的な性質を持っているようにも思われる。だが、特定の空間に設置された以降は、弥美神社の祭礼に関する集合的記憶に深く結びつけられた結果として、「動かすことができない」装置として認識されていったのだろう。アルヴァックスは石が集合的記憶を維持する装置として特定の空間に深く結びついていることを強調している。

もし、家屋と街路とそこに住む住民の集団との間にまったく偶然的な短期間の関係しかないとすれば、人びとはその家屋や界隈をあるいは都市を破壊し、その同じ敷地に別の都市を、新しい構想に従って再建することができるであろう。しかしながら、石は運び去ることはできるが、石と人間との間に樹立された関係を変えることは容易ではない。ある人間集団がその慣習に適合した敷地に長いこと生活する時には、その活動だけではなくその思考もまた、この集団に対して外の事物を表現しているような一連の物的なイメージに則っている。今、これらの家屋や街路や横町の、向きや方向や形や概観を、部分的に除去したり変様したりして見よう。あるいは、それらが占めている相互の位置だけを変えて見るとしよう。石や物材はわれわれに抵抗はしないであろう。しかし集団は抵抗するであろう。そして、その集団においてわれわれがぶつかることになるのは、石の抵抗ではないにしても、少なくとも石の昔の配置の抵抗なのである。疑いもなく、この以前の位置どりこそ、かつての集団の作品なのである。ある集団が行なったことを他の集団が壊すことはできる。しかし昔の人びとの構想は物的配置の中に、すなわちこの事物の中に、結晶化されている。そして地域の伝統の力はこの事物から集団へと生じているのであり、伝統とはこの事物のイメージなのである。このように、集団がその全部を通じて、動かない物質の受動性を模倣するのは真実なのである(60)。

二種類の御膳石についても「昔の人びとの構想は物的配置の中に、すなわちこの事物の中に、結晶化されている」としたら、「石と人間との間に樹立された関係を変えることは容易ではない」だろう。「昔の人びとの構想」は弥美神社の祭礼に関する集合的記憶とも換言することができる。そう考えていけば、興道寺の御膳石を移動させることに関する禁忌も、いわば「石の昔の配置の抵抗」をしめしていたのかもしれない。これこそが興道寺の御膳石に聖石型の要素が付与されていった理由であろう。

だが、御膳石にまつわる伝承の恒久性は御膳石が設置された特定の空間のみならず、おそらく御膳石に使用された特定の石じたいが持つ性質にも根ざしているはずである。しかも、そのような性質は弥美神社の祭礼における民俗的な世界観が持つ重層的な構造の一端を構成していると考えられるのである。かくして、以下は弥美神社の祭礼に関する集合的記憶の支点に接近するべく、二種類の御膳石に使用されている二種類の石じたいが持つ各々の性質を描き出すことに費やされなければならない。

7　御膳石の物質的想像力

中沢新一は「日本民俗学という学問がその出発にあたって、山でもなければ木でもない、石をえらんだこと」を強調して、「それは、この国に生きた人々がみずからの幻想や歴史意識を定着させ、刻みつけるメディアとして、とりわけ石を好み、そのため石の伝承、石の信仰にはその社会のもっとも奥深い層に触れる質のようなものが保存されているからではないだろうか(61)」という。くわしく後述してみたいが、御膳石が触発する物質的想像力に接近するさいも、きわめて示唆的な所説であろう。しかも、中沢はたたみかける。

では、どうして石にはそんなことのできる力が潜んでいるのだろうか。一言で言えば、石が越境する存在だからである。石は、地上と地下との、日常的な人の世界と異界との、生きているものと生きていないものとの、もっと神話的なレヴェルでは、現世と冥界との、生者と死者との、現在と過去との、そして心のなかで意識と無意識との閾＝境を越え出ていく力をもっている。石は大地から生まれでたものには違いないが、ある懐かしい材質感をそなえているため、その不動のイメージが生命を書いた世界に埋もれてしまうこともない。かといって人の世界になじみきってしまうわけでもなく、人の能力を越えた力の領域に触れながらも、その力が人の世界に奔流してきてしまうのをふせぐフタのイメージも併せ備えている――いずれにせよ、石が日本文化のなかで、象徴的エネルギーを解放する重要なメディアの一つとなってきたことは確かだ(62)。

だが、中沢は「いざ石がよびさます感動を正確な言葉でとらえようとすると、わたしたちは打ち克ちがたい困難に出会うというのも、また事実である」ともいう。そして、「その感動といおうかその感覚は身体を通りぬけていくヴァイブレーションのようなものとして、もともと言葉の構造とはあいいれない異質な体験の層にぞくしているので、わたしたちにせいぜいできることといったら適切な修飾語、適切な隠喩をみつけることぐらいかも知れない(63)」とすらいうのだが、こうした試みがガストン・バシュラールによって深められてきたことは強調しておいていいだろう。

そもそもバシュラールは想像力と物質の関係を主題化した『水と夢――物質の想像力についての試論』において、「われわれの精神が所有する想像能力は、きわめて異なった二つの軸に沿って展開する」と述べていた。一つは「新しさを前にして躍動しはじめる、つまり絵画性、多様性、予期しない出来事を楽しむ」能力であり、もう一つは「存在の根源を掘り下げ、原初的なものと永遠的なものとを同時に存在のなかに見いだそうと望んでいる」能力である。そして、「ただちにこれを哲学的に表現するならば、形式的要因に生命を与える想像力と物質的要因に生命力を与える想像力、あるいはもっと簡単にいえば、形式的想像力と物質的想像力との二つに区別されうるであろう(64)」という。だが、両者はもちろん相互に補完的であり相互に規定的である。

おそらく、ふたつの想像能力が協力する諸作品があるであろう。両者を完全に分離することは不可能でさえある。もっとも可動的で変貌的、もっとも完全に形式に従う夢想ですらも、やはり底荷、密度、緩慢さ、発芽を含むものなのだ。逆に、物質の堅固な恒常性とみごとな単調性を発見するために、存在の胚芽に充分深く下降するあらゆる詩的作品、つまり細心な実体要因の行動のなかに自己の力を汲むあらゆる詩的作品も、やはり開花しておのれを飾らねばならない。(65)

だが、バシュラールはこう述べながらも、物質的想像力を重視する。「適正な物質に帰属させつつ形式を研究してはじめて、人間の想像力の完全な教義をひとは検討しうるであろう」とも「試みられたイマージュの多くが存在しえないのは、それらが単純な形式の遊びであり、飾らねばならない物質に、真に適応していないからである」(66)ともいう。一方、金森修もバシュラールの所説を解説して、「適正な物質に帰属させながら形式を研究して初めて、想像力は十全に解明される」とも「詩的イメージはある種の物質をもつ」(67)とも述べていた。以上、物質的想像力の概要を見たわけであるが、あらためて石の物質的想像力を探索していかなければならない。

金森はバシュラールの『大地の意志と夢想』の第二部に現われるものが「硬質性としての土、意志や結晶の世界である」ことを指摘した上で、岩石に関して「常識とは反対に文学的想像力がもつ自由性は岩石と雲の揺らぎとを連結する」のであり、「巨大な岩はその不動性そのものによって視る者の方に浮き出てくるようにもみえる」、つまり「それは動かないようでいて動いている」(68)という。そして、砂岩と花崗岩を対比的に描き出してみせるのである。

岩のなかでも砂岩と花崗岩とではまた世界が異なる。ユゴーは砂岩の百面相について語り、ゲーテは花崗岩の根源性について語る。また長石はフェルスパー、石英はクワルツと呼ばれるが、その単語がもつ音の硬質性は岩石の性質を巧みにとらえているとはいえないだろうか。(69)

金森が提示した指針に導かれて、あらためてバシュラールが砂岩と花崗岩の物質的想像力について述べたところを見ておきたい。バシュラールは「岩石を夢想するひとは、もちろんそのプロフィルのたわむれだけに満足することもないし、その一時的なフォルムに名前をあてはめていくあそびにも満足しない」のであり、「想像力がまだ作用しているときでさえ、物質への《執着》が必要なのである」という。そして、砂岩について「ヴィクトル・ユーゴーは花崗岩の魅力に敏感であったとしても、変形するヴィジョンを支持することが問題になるときには砂岩をえらぶのである」(70)と述べて、砂岩の流動性を強調するのである。花崗岩はどうだろうか。

花崗岩がその存在の恒久性を主張するのは、その小さな粒子そのものにおいてである。それは浸透も、傷も、摩滅も、一切受けつけない。そのとき、一群の夢想が発生し、それが意志の教育に大きな役割を果す。ゲーテのように花崗岩を夢みることは、動かしがたい存在として自己を示すためでなく、あらゆる打撃や、あらゆる侮辱にも内面的には自分が無感覚でいるようにするためなのだ。軟弱なたましいは硬い性質をほとんど想像することはできない。真剣に喚起されたイマージュにおいては、想像力は存在の深い参加を生じさせる。(71)

興道寺の御膳石が硬い花崗岩であり、木野の御膳石が柔らかい砂岩であったことは偶然であったかもしれない。だが、「構造は突発的な事件によってつくり出される一瞬の亀裂の中に、その相貌を明らかにする」(72)としたらどうだろうか。二種類の御膳石はその方向性において、二種類の石が触発する物質的想像力の性質に対応しており、相互に補完的であり相互に規定的であるようにも感じられる。すなわち、前者は物理的な理由によって弥美神社の祭礼に参加することができない、いわば異常事態がもたらした緊迫した状況において使用されている。一方、後者は諸般の経緯によって弥美神社の祭礼に参加することを免除されている、いわば常態化している状況において使用されているのである。

こう換言することもできるだろうか。前者が弥美神社の祭礼に参加することができないという緊迫した異常事態を解決する機会を提供しているとしたら、こうした任務は硬質性を帯びた花崗岩にこそふさわしいだろう。また、後者が弥美神社の祭礼を離脱したという「変形するヴィジョンを支持する」のみならず、そのような集合的記憶を更新する機会をも提供しているとしたら、こうした任務は流動性を帯びた砂岩にこそふさわしいだろう。そうだとしたら、どちらも遥拝するという行為を通して遠方の対象を希求する心性を支持する装置でありながら、二種類の御膳石は弥美神社の祭礼に対する入射角において、著しく対照的な性質を持っているということができるはずである。

本章の冒頭において、二種類の御膳石はどちらも石の恒久性が石にまつわる伝承を持続もしくは更新している好例である可能性を提示しておいた。じっさい、坂本育男は福井県立博物館が手がけた特別展「石をめぐる歴史と文化―笏谷石とその周辺―」の図録において「石の性質を利用して今日では考えられないような広い用途に石が使われていた」(73)ことを指摘して、石の性質として重さ、硬さ、不燃性・耐火性、不朽性をあげるのみならず、こうした性質を利用した石の用途についても簡単に紹介している(74)。とりわけ「石の持つ不朽性は永遠性にもつながり、記念碑や信仰的な造形物にも利用されている」(75)と述べているのは興味深い。というのも、本章がとりあげてきた二種類の御膳石も、石の不朽性もしくは恒久性が石にまつわる伝承を持続もしくは更新している好例であったかと思われるのである(76)。

だが、二種類の御膳石は石の恒久性を共有しながらも、石が触発する物質的想像力の性質という意味において対照的であった。そして、そうした性質に触発された伝承、つまり弥美神社の祭礼に関する集合的記憶も、その方向性において著しく対照的であった。これは弥美神社の祭礼における民俗的世界観が重層的な構造を持っていることに由来していると思われる。すなわち、興道寺の御膳石は一時的に外部化してしまった集落を内部に維持する装置であり、木野の御膳石は今日もはや外部化している木野がかつて内部として存在していたことを確認する装置であったということができるのである。

かくして、弥美神社の祭礼における民俗的世界観として、二種類の御膳石に関して内部と外部が絡みあいながら「一つの全体」を構成している様態が浮かびあがってきた。アルヴァックスは「ここでは、事物と、社会が事物に結びつけてきた記号ないし象徴を、一つの全体として考察しなければならず、その際、記号ないし象徴は、社会が外的世界に注意を向ける時に常に社会の思考に現われてくるものなのである」と述べている。御膳石こそが「記号ないし象徴」であったとしたら、「社会が外的世界に注意を向ける時に常に社会の思考が現われてくるものなのである」という所説は十分うなずけるものであった。

というのも、弥美神社の祭礼は「祭礼全体の核を構成する基本的な思考が異質なものとの出会いに向けられた関心によって貫かれてい」たのであり、文字どおり「社会が外的世界に注意を向ける」機会であった。二種類の御膳石はそのような機会においてこそ物質的想像力を発揮する。私はかつて「祭礼を構成する言説の中核には、外部から到来する異質なもののイメージが存在しており、そのような異質なものを受容する過程が、祭礼空間においてくりひろげられる儀礼のレベルで表象されていた」とも述べているが、二種類の御膳石をかくも重層的な構造を持つ民俗的世界観に沿って理解してみたらどうだろうか。二種類の御膳石が「異質なものを受容する過程」の諸相を表象しているといってもおかしくないはずである。以下、最後にあらためて確認しておきたい。

二種類の御膳石は弥美神社の祭礼においてあまりにも周辺的な存在であったが、にもかかわらず「儀礼の行なわれる場である祭礼空間そのものが、地域＝観客に始源的時空を体験させるための文化装置として機能して」いる消息とも対応しており、やはり「異質なものとの出会いに向けられた関心」によって彩られていた。だが、どちらも遥拝するという行為を通して遠方の対象を希求する心性を支持する装置でありながら、弥美神社の祭礼に対する入射角において対照的な性質を持っていた。すなわち、興道寺の御膳石は一時的に外部化してしまった集落を内部に維持する装置であり、木野の御膳石は今日もはや外部化している木野がかつて内部として存在していたことを確認する装置であった。本章はかくも対照的な性質を持つ御膳石をとりあげることによって、弥美神社の祭礼における民俗的世界観が描き出す重層的な構造の一端に接近することを試みたのである。

8 「石ノ信仰ニツイテ」

以下に紹介する文書は先々代の弥美神社宮司であった田中伊之助（現宮司である田中雅実氏の祖父）が近辺の特徴的な石を三件ばかりとりあげて書き綴ったものであり、前述した興道寺の御膳石にも言及している。私はかつて弥美神社の氏子総代であった高木宗一氏が複写して保管していたものを参照した。残念ながら現物を確認することはできなかったが、B4版の二つ折り罫線用紙（縦罫・外枠付き）二枚を使用しているようである。罫線用紙は左右に分割されており、各々十三行であった。左下の枠外に「手漉　十三行」という文字が印刷されている。

田中は福井県小浜市伏原に鎮座する愛宕神社の宮司を経て、昭和十五年（一九四〇）に弥美神社の宮司として奉職して、昭和四十二年（一九六七）に没した。田中がこの文書を作成した時期ははっきりしない。だが、弥美神社の宮司であった時期に書かれたものであることはまちがいないだろう。身辺雑事として見過ごされてしまいがちであった石に関する民間信仰について、比較的早い時期に報告したものとして重要であると考えられる。また、本章において扱うことはできなかったが、いわゆる丸石についても記録している。[77] いずれにしても、弥美神社の近辺に存在している岩石信仰の諸相を知らせる貴重な手がかりであることに鑑みて、「石ノ信仰ニツイテ」の全文を掲載しておきたい。

石ノ信仰ニツイテ

1．御神体トシテノ信仰

私ノ居ル地方ニ松屋ト云フ二十戸バカリノ小サナ区ガアル
本当ノ片田舎デ停車場ヘ三里、郵便局ヘ二里ト云フ僻地デ木材搬出ノトラックガ一日ニ二、三十回モ通ル丈ケデ区民ノ慰安施設モ無ク至ッテ純朴ナ思想デ昔ナガラノ信仰ガソノマヽ残ッテイル
区ノ上流ニ位置シテ小サナ境内地ニ各々一棟ヅヽ山ノ神様ト稲荷様ヲ祀ッテ毎年四月ニハ区民参集シテ御祭ヲ営ンデイル此ノ本殿ト云フノガ三尺平方位デ扉ヲ開ケルト幕ガ一垂レアル丈デ直グ御神体ガ見ヘル
此ノ御神体ガ石デ　隋円形デアルガ一方ガ少シ細イカラ卵形デアル　彫刻ハ一切無イカラ前方後方ガ判ラナイ
大キサハ隋円ノ径ガ一尺二、三寸位アルカラ目方ニ直セバ五―六貫目以上ハアルモノト認メラレル
此ノ区ノ鎮守様トシテ崇拝シテ居ルノデ信仰ニツイテハ一般ノ氏神様ト同様ニ思ッテ間違イハナイ

2．タメシ持チノ石

俗称ニ立岩ノ地蔵様ト言フノガ県道ニ沿ッタ所ニアル
隣接部落迄南北ドチラヘ行ッテモ一キロ米程アルカラ通行人等ガ一寸休憩スルニハ便利デアリ　近頃ハ定期バスノ停留所ニナッテイル
古クハ自然岩ノ断崖ニ段ヲ設ケテ地蔵様ヲ御祀リシテ居タノデアルガ時代ノ進歩ト共ニ此ノ断崖ニ接続シテ屋根ヲ作リ数人ノ雨宿リスル位ノ軒ガ出来テイル
タメシ持ノ石ハ此ノ地蔵様ノ前ニ据ヘテアル　一尺平方位ノ赤イ花模様ノ座フトンノ上ニ安置サレテアルノヲ見ルト相当ノ信仰ガ高イモノト思ハレル
大キサハ座フトン一杯ノ円形ダカラ直径一尺程ノモノデ幾分偏平デアル
参拝シタトキニ何デモ自分ノ思フコトヲ祈念シタナラバ直ニ力ヲ極メテ両手デソノ石ヲ持チ上ゲルノデアル　少シデモ上ゲ得ラレタナラバ自分ノ祈念ガ成就スルト云フ信仰ガ残ッテイル

此ノ石ハ極メテ綺麗デ何カ油デ磨キ付ケタ様ニ光沢ヲ帯ビテイルカラ相当ノ信者ガタメシテミルニ違イナイト思ハレル

3．ゴゼン石

弥美ノ郷即チ今ノ美浜町ノ中心地ニ産土様ヲ祀ル弥美神社ガアル、三方郡一円ニ古クカラソノ信者ヲ有シテイル

此ノ土地ノ中央ヲ横断スル弥美川ハ昔橋梁ノ未ダ完備セサル時代ニハ至ル所渡渉シテ交通ノ便ヲ保ッテイタ頃ノ遺跡ト思ハレル

ゴゼン石ハ此ノ川岸ニ今モ残ッテイテ地上三尺程露出シテ、頂ハ平坦デアルカラ農夫ガ農具ヲ置イタリ　辨当ヲ喰タリスルニ好都合デ利用出来ルガ土地ノ住民ハ非常ニ敬遠シテ　居ル

事知ラヌモノガ物ヲ背負ッテ此ノ石ニ休憩シタリ腰ヲ掛ケタリ等不敬ノ行為ヲ犯スト神罰テキメント云ッテ恐レテ居ル

口伝ニゴゼン石ト云フハ信者ガ御膳ヲ作リ之ヲ馬ニ乗セテ参拝セント川辺迄来レドモ川ノ増水デ渡渉出来ナイ時ニ此ノゴゼン石ニ御膳ヲ供ヘ此ノ処ヨリ遥拝シテ帰リシナリト云フ

今尚弥美神社ニ各区ヨリ奉納スル特種神饌ヲ御膳ト云フ伝統ガアルモソノ由緒ニ基クノデアル

付記

文中でも部分的に言及しているが、本章を執筆するさいは、小川徹太郎・垣東敏博・木子敬一郎・高木宗一・高橋直樹・橘惠慶・田中雅実・戸田稔寛・永江秀雄・林浩二・原田力・MURYこと吉川宗明（五十音順）の諸氏にお願いして、関連する資料や情報を提供していただいた。諸氏の多大なご教示およびご協力が得られなかったら、岩石学の領域に通じているわけでも何でもない私が本章を完成させることは不可能であった。深く謝意を表したい。私事にわたってしまうが、私は幼少期のある時期、どういうわけか石を採集して分類することに没頭していた。石鹼の紙箱を加工して底部に脱脂綿を敷きつめた手製の

ケースを使って、一つずつ丁寧に収納するのである。採集した石の記録を作成することにも熱中した。石がもたらす独特の硬質な触感は、今日でもはっきり思い出すことができる。当時はそのような語彙を知るべくもなかったが、おそらく石の物質的想像力に魅せられていたのであろう。こうした体験を持つ私にとって、石に関する論文を執筆する機会に恵まれたことは大きな喜びであった。残念ながら地質学を専攻するという夢こそ実現しなかったが、当時の体験は本章の関心にも反映しているはずである。とりわけMURYこと吉川宗明氏が開設しているウェブサイト、そして公表している論文はいずれも刺激的なものであり、私が本章の構想を固めるさいも決定的な役割をはたしている。その学恩に対して、あらためて深く謝意を表したい。

（1）橋本裕之「仕掛けとしての演劇空間――弥美神社の祭礼と芸能――」『王の舞の民俗学的研究』ひつじ書房、一九九七年、参照。
（2）同論文、三三〇頁。
（3）同「異化する視線――木野神社の祭礼をめぐって――」『王の舞の民俗学的研究』、四六九頁。
（4）同「序章」『王の舞の民俗学的研究』、一六頁。
（5）同論文、一六頁。
（6）同「仕掛けとしての演劇空間――弥美神社の祭礼と芸能――」、二九六―二九七頁。
（7）同論文、三〇五頁。
（8）錦耕三「王の舞の研究」『芸能』第三巻第四号、芸能発行所、一九六一年、四五―四六頁。
（9）橋本裕之「異化する視線――木野神社の祭礼をめぐって――」、四八九頁。
（10）同「仕掛けとしての演劇空間――弥美神社の祭礼と芸能――」、二九〇頁。
（11）福井県三方町教育委員会編『宇波西神社の神事と芸能』福井県三方町教育委員会、一九七九年、四〇頁。
（12）宇都宮肇・和多田恭一編『金山王の舞史小伝　草稿』（私家版）、一九八六年、二八頁。
（13）M．アルヴァックス『集合的記憶』小関藤一郎訳、行路社、一九八九年、一八二頁。
（14）同書、一八四―一八五頁。
（15）同書、一八五頁。
（16）樫尾直樹「ツブロサシ伝説考――ムラの記憶と上演の場から――」民俗芸能研究の会／第一民俗芸能学会編『課題としての民俗芸能研究』ひつじ書房、一九九三年、二三一頁。
（17）M．アルヴァックス、前掲書、一八五頁。

（18）佐野大和・乙益重隆「神道考古学用語解説」大場磐雄編『神道考古学講座』第一巻（前神道期）、雄山閣出版、一九八三年、三一九頁。

（19）大場磐雄「祭祀遺跡の考察」『祭祀遺跡――神道考古学の基礎的研究――』角川書店、一九七〇年、三三二頁。

（20）同論文、三四頁。

（21）同「わが国における石信仰」『祭祀遺跡――神道考古学の基礎的研究――』、三〇四頁。

（22）同論文、三〇八頁。

（23）同「日本における石信仰の考古学的考察」『祭祀遺跡――神道考古学の基礎的研究――』、三二八頁。

（24）同論文、三二八―三二九頁。

（25）同論文、三三五―三三六頁。

（26）佐野大和・乙益重隆、前掲論文、三二〇頁。

（27）同論文、三二六頁。

（28）同論文、三二六頁。

（29）同論文、三三九頁。

（30）津幡町役場「津幡町ホームページ：文化財・観光」http://www.town.tsubata.ishikawa.jp/legend/legend06.html#4（二〇〇三年十二月八日）。

（31）栗本慎一郎『経済人類学』東洋経済新報社、一九七九年、一一三頁。

（32）ＭＵＲＹ『岩石祭祀学提唱地』http://f1.aaacafe.ne.jp/~megalith/（二〇〇三年十二月八日）。このウェブサイトは現在、http://6259.teacap.com/muries/bbs において公開されている。

（33）同「岩石信仰の対象とその祭り」http://f1.aaacafe.ne.jp/~megalith/minzokukei.html（二〇〇三年十二月八日）。

（34）同論文。

（35）同「「聖石」の分類―岩石祭祀学の固有概念―」。http://f1.aaacafe.ne.jp/~megalith/seisekibunrui2.html（二〇〇三年十二月八日）。同論文は何度か改稿されている。私が参照したものは二〇〇三年五月五日に公開されたVer 2.0であった。現在は http://f1.aaa.livedoor.jp/~megalith/sonohoka.html において読むことができる。そして http://f1.aaa.livedoor.jp/~megalith/seisekibunrui3.html において、二〇〇五年六月十九日に公開されたVer 4.1を読むことができる。また、岩石祭祀の類型分類に関する最新の成果として、ＭＵＲＹが本名で執筆した印刷文献があげられる。吉川宗明「岩石祭祀に関わる祭祀行為―祭祀を考古学的に研究するために―」関西学生考古学研究会編『第2回　関西学生考古学研究会大会　発表資料集』関西学生考古学研究会、二〇〇四年、参照。この論文は御膳石を扱う本章に重なる部分こそ少ないが、「その岩石が祭祀行為において、どのような機能・役割を持っているか」を問う視座において本章とも深く響きあう。同論文、二一頁。
(36) ＭＵＲＹ「「聖石」の分類―岩石祭祀学の固有概念―」。
(37) 同論文。
(38) 同論文。
(39) 大場磐雄「日本における石信仰の考古学的考察」、三二九頁。
(40) ＭＵＲＹ、前掲論文。
(41) 同「岩石祭祀遺跡に関する包括的考察」。http://f1.aaacafe.ne.jp/~megalith/koukogan3oboegaki.html（二〇〇四年六月十二日）。この論文に関していえば、オンライン文献に先行して印刷文献が存在する。ＭＵＲＹが本名で執筆しているが、その内容はほぼ同一である。吉川宗明「岩石祭祀遺跡に関する包括的な考察」『考古館』第十一号、立命館大学学術部公認考古学研究会、二〇〇三年、参照。
(42) ＭＵＲＹ「岩石祭祀遺跡に関する包括的考察」。
(43) 同論文。
(44) 中西紘子「町誌よもやま話⑿」『広報みはま』二五九、美浜町、二〇〇〇年、一五頁。
(45) 同論文、一五頁。
(46) 橋本裕之「異化する視線――木野神社の祭礼をめぐって――」、四七六頁。
(47) 同「仕掛けとしての演劇空間――弥美神社の祭礼と芸能――」、二九〇頁。
(48) 同「異化する視線――木野神社の祭礼をめぐって――」、四七四――四七五頁。
(49) 同「仕掛けとしての演劇空間――弥美神社の祭礼と芸能――」、三〇四―三〇五頁。
(50) 同「異化する視線――木野神社の祭礼をめぐって――」、四七五―四七六頁。
(51) 同論文、四七六頁。
(52) 同論文、四七五頁。
(53) 同論文、四七六―四七七頁。
(54) ＭＵＲＹ「「聖石」の分類―岩石祭祀学の固有概念―」。
(55) 同論文。
(56) 同論文。
(57) 同論文。

(58) 同論文。
(59) 同論文。
(60) M・アルヴァックス、前掲書、一七一―一七二頁。
(61) 中沢新一「丸石の教え」『チベットのモーツァルト』せりか書房、一九八三年、二四八―二四九頁。柳田国男によって推進された日本民俗学がその発祥において石を重視していた消息は、考古学者であった大場磐雄によっても強調されている。大場磐雄「日本における石信仰の考古学的考察」、三二六頁、参照。
(62) 同論文、二四九頁。
(63) 同論文、二四九―二五〇頁。
(64) ガストン・バシュラール『水と夢――物質の想像力についての試論』小浜俊郎・桜木泰行訳、国文社、一九六九年、九―一〇頁。
(65) 同書、一〇頁。
(66) 同書、一一―一二頁。
(67) 金森修『現代思想の冒険者たち』第〇五巻(バシュラール――科学と詩)、講談社、一九九六年、一六五―一六六頁。
(68) 同書、一九〇頁。
(69) 同書、一九二頁。
(70) ガストン・バシュラール『大地と意志の夢想』及川馥訳、思潮社、一九七二年、一九三頁。
(71) 同書、二〇九頁。
(72) 福島真人「早池峰、ガラパゴス、ユルゲン・ハバーマス―民俗芸能研究の会/第一民俗芸能学会についての覚え書き―」『正しい民俗芸能研究』第〇号、ひつじ書房、一九九一年、五五頁。
(73) 坂本育男「くらしの中の石」福井県立博物館編『第一一回特別展　石をめぐる歴史と文化―笏谷石とその周辺―』福井県立博物館、一九八九年、一頁。
(74) 同論文、一―二頁、参照。
(75) 同論文、二頁。「石の永遠性」は石の信仰を通観した大護八郎によっても指摘されている。大護八郎『石神信仰』木耳社、一九七七年、二〇〇―二〇一頁、参照。
(76) 私はかつて弥美神社の祭礼に登場する王の舞に触れながら、砂の象徴性について述べた。これは砂が触発する物質的想像力を主題化したものであるともいうことができるだろう。橋本裕之「砂のある舞台――弥美神社の王の舞をめぐって――」『王の舞の民俗学的研究』、参照。

（77）　中沢厚『石にやどるもの―甲斐の石神と石仏―』平凡社、一九八八年、中沢新一「丸石の教え」、参照。

「民俗芸能」における言説と身体

1　「民俗芸能」の理念と実際

「民俗芸能」という術語は今日、まちがいなく懐古趣味的な響きを持っている。獅子舞、神楽、盆踊り……。じじつ「民俗芸能」は長らく周辺的な好事家の関心事であり、「伝統」「素朴」「古風」等々の懐古的なイデオロギー群を同伴してきた。そして近年は、そのような認識論的前提を批判的に検討する試みをも触発している。(1) だが、「民俗芸能」はその複合的な名称がはからずもしめしているとおり、そもそも中間的な性格を持つユニークな身体技法であり、近年の社会科学や認知科学における広汎な関心とも響きあう興味深い諸問題を内在させている。

一般に「民俗芸能」といわれている文化現象は、その大半が古くから民間に存在しており、多種多様な存在形態をしめしていた。あるものは共同体の存続にかかわる切迫した価値を持ち、あるものは共同体における娯楽として供せられていた。そして両者のいわばハイブリッドも存在していたのである。(2) じっさい、各地に存在する「民俗芸能」の大半は神事や仏事、もしくは年中行事の一部を構成しており、民俗社会における種々の慣習的な約束事（民俗といってもいいかもしれない）に規制されている。だが、その程度は大小さまざまであり、「民俗芸能」の多種多様な存在形態、三隅治雄の表現を借りておけば、民俗としての性格をしっかりたくわえたものや、民俗から脱皮してまるまる芸術化しながら、再び里帰りして地方民間の芸能として生きているものなど、さまざまなものが考えられる（三隅　一九八一：二七）。

したがって「民俗芸能」は、福島真人の寓話的な所説（福島 一九九五）に就けば、切迫した生存感覚に依存する儀礼と観客の評価を内在する芸能という両極の、いわば中間に存在する可変的な領域であるということができる。そもそも儀礼は意味論的に沈黙している場であり、当事者の中心的な関心は細則をまちがいなく遵守しているかどうかにある。一方、芸能は「見る／見られる」関係を前提した意味論的かつ審美論的な場であり、当事者の中心的な関心は演技をうまく達成しているかどうかにあった。そして、個々の「民俗芸能」を構成するいくつかの変数が、儀礼に近いか芸能に近いかを決定するのである。また、こうした中間的な性格は、「民俗芸能」にまつわる多種多様な言説をどう解釈するかという問いに対して、固有の問題を提供することになる。

もしも純粋な儀礼的行為なるものを考えるとすれば、前述したように、それは意味論的に沈黙しており、解釈学的ないかなる試みをも受けつけない。なぜならそこでは解釈することではなく、正確に執行することが当事者の中心的な関心になるからである。儀礼の解釈学が成立するのは、福島が看破しているとおり「儀礼の持つ特質が破壊され、儀礼的行為が無反省的なドクサの場から引き出されて、意味闘争の舞台へと引き上げられた場合に限る」（福島 一九九三a：一四〇）のである。

そう考えれば、たとえばギアツ流の解釈学的なモデル（ギアツ 一九八七）を参照して、芸能の解釈学をめざす小林康正等の所説[3]は、「民俗芸能」の芸能的性格を強調するさいにおいてのみ正当化されるはずである。もちろん小林も、私が提出した民俗美学（folk-esthetics）の構想[4]――「芸」にまつわる言説を分析することによって当事者の意識を記述する――を受けて、芸能にまつわる言説が大別して「身体技法に近い評価」と「身体技法から遠い解釈」という二つの位相を含むものであると正当にも指摘している。前者は「具体的、個別的所作に結び付いてそれを離れては存在しえない」ものであり、後者は「個別の身体技法そのものとは直接的に結び付くことが少ないが、芸能が存立する基盤全体にかかわるような意味を提供する傾向がある」（小林（康）一九九三：二〇五）というのである。だが、前者に対する関心は小林の場合、限定されている。

芸能は身体に媒介されつつも、けっして生理学的もしくは解剖学的なレベルに還元されない。小林も指摘するとおり、「一定の身体的運動が解釈抜きで眩暈、酩酊、あるいは興奮といった、なんらかの生理的状態を呼び起こすこと」に見られる「言語の及びえない構造的部分」を持っているが、同時にそれが「ある種の文化的な意味付けを伴って、はじめて芸能になる」のである（同：一五五―一五六）。ところが興味深いことに、従来行なわれてきたのはこの二つのレベルの相互関係の研究ではなく、ある一方、とくに後者の「身体技法から遠い解釈」をもって芸能研究に代替させるという手続きであった。だが、この二つのレベルが孤立した、無関係なものでもない以上、後者の意味の運動は「身体技法に近い評価」と密接に関係しているはずである。したがって、私たちが「民俗芸能」にまつわる言説のギアツ流解釈学を克服するとすれば、言説も身体が生産する実践の一つであり、同時に身体を構成する実践の一つでもあるという消息にこそ注意しなければならないのである。

本章はこうした視座に立脚しながら、王の舞という比較的マイナーな「民俗芸能」の一例をとりあげ、演技を習得する／させる具体的な過程を通じて、言説と身体が複雑に絡みあっている場の付置連関を主題化するものである。それは従来の民俗芸能研究が演技という特異な身体技法を記述する試みを放棄してきたことに対する、いわば「演技の民俗誌」（橋本　一九九四）とでもいうべき新しい領域へ模索する試みを意味している。

2　言説の複数性(1)

「民俗芸能」にまつわる言説は小林も示唆していたとおり、いくつかのレベルが存在する。図1にしめしたように、それは第三者の言説と当事者の言説に二分される。第三者の言説は若干前述したように、その大半が「伝統」「素朴」

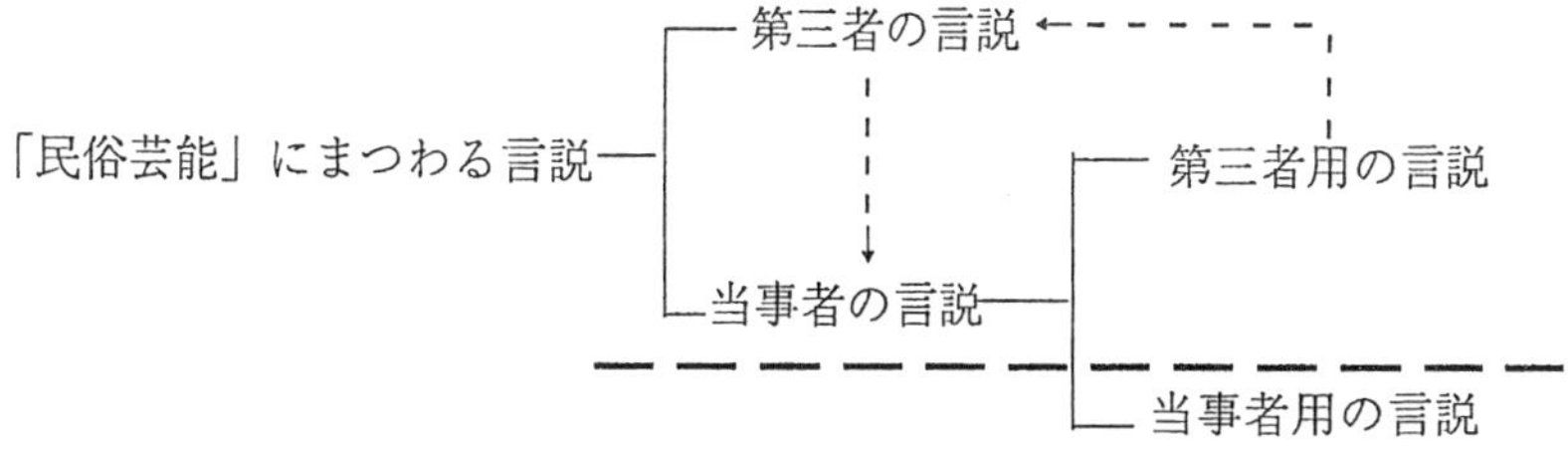

図1　「民俗芸能」にまつわる言説の複数性

「古風」、そして「信仰」「美」等々を強調している。こうした消息は民俗芸能研究に従事している人々のみならず、一般的な観客にもほぼあてはまるものと思われる。一方、当事者の言説は第三者に対する言説と当事者に対する言説に二分されるはずである。そして、やはり若干前述した「身体技法に近い評価」は、おそらく後者に深くかかわっていると考えられる。

かくして、私たちは何をおいても後者、つまり当事者にとっての言説をこそ主題化しなければならない、のかもしれない。だが、「民俗芸能」にまつわる言説は全体として錯綜した関係を構成しており、いきなりこうした言説のみを切り出すわけにもいかないはずである。じっさい、それは一定の条件が備わっていなければ、第三者がけっして出会うことができないようなものであり、必ずしも所与として存在していないと考えられる。にもかかわらず、一部の認知科学者は運よく入手した当事者用の言説のみをアドホックにとりあげ、資源としての効用を強調するばかりであったとも感じられる[5]。したがって、私たちはその手前でたちどまり、第三者がこうした言説に出会うまでに、はからずも前提している諸条件にも注意していかなければならない。

本章はこうした視座を強調するべく、最初に周辺的な関心事である第三者の言説や第三者に対する当事者の言説を紹介して、徐々に中心的な関心事である当事者の、当事者による、当事者のための言説に接近していきたい。というのも、前者こそが従来の民俗芸能研究者が長らく聞かされてきたものであり、それを経由しなければ、私たちがめざす当事者用の言説に出会うことはできないからである。

ここでは私が長らく調査してきた「民俗芸能」、福井県三方郡美浜町宮代弥美神社の祭礼に登場する王の舞をとりあげる。この事例は西郷由布子がとりあげている早池峰神楽が芸能に近い「民俗芸能」であることに比較して、むしろ儀礼に近い「民俗芸能」であると考えられるかもしれない。だが、王の舞は神楽とちがい、一般的な知名度ときたら皆無に近いため、『民俗芸能辞典』に登録されている王の舞の項目を見ておきたい(6)。

> 主として福井県若狭地方に伝えられている、顔に鼻高の異様な鬼神型の仮面をつけ、手に白幣のついた大きな鉾を持った、農作予祝の呪術的な舞をいう。若狭地方の王の舞は、現在、三方郡三方町闇見《くらみ》神社、宇波西《うわせ》神社、国津神社、能登神社、美浜町弥美《みみ》神社に、春の宮座の神事として伝えられている。(中略)王の舞の同種異名の芸能は、岩手県の毛越寺《もうつじ》延年の「祝詞」、あるいは愛知県の黒沢田楽の「矛の舞」、兵庫県の上鴨川住吉神社神事の「太刀舞(長太刀を腰にさし、幣のついた鉾を持つ)」などいくつかある。王の舞という名称は、これらの舞の手が舞楽の「陵王の舞」に似ているところから、舞楽に由来するものともいわれるが、伝承されているそれらの芸能には、いずれも鼻高の仮面をつけ、鉾を手にし、舞楽風の「しずめ」の芸を演じるという共通点がある(仲井+西角井+三隅 一九八一:六八—六九)。

弥美神社の王の舞についても大略紹介しておきたい(写真1)。この王の舞は多数の集落が参加する五月一日の祭礼で、獅子舞とともに演じられる。麻生が四年、枝村の東山が一年担当する。といっても、実際は清義社という若者組が管理しており、青年の通過儀礼という性格を持つ。演者は麻生と枝村の東山に在住する未婚の青年(男子、かつては長男のみ)であり、祭礼人ともオノマイサンとも称されている。通常は年齢順であり、二十—二十五歳で勤めなければならない。すなわち、弥美神社の王の舞は清義社が毎年一人ずつ選出する祭礼人に対して、いわば試練として機能しているのである。(7) そのためであろうか、演技の眼目も不自然な動作や姿勢を持続しながら曲線的な軌跡を描き出すところにおかれており、大半の王の舞が比較的形式的な演技しか維持していないことに比較して、まったく異なった印象をもたらすのである。

祭礼人は赤い鼻高面と鳳凰を模したリアルな鳥甲をかぶり、赤い襦袢と赤い前垂れ（ダテサゲ）を着用する。白い手甲と白い足袋をつけるが、履物はない。腰に小刀と白い扇をさして、腰帯の左側にも白い化粧紙をはさむ。前段は鉾を持ち後段は素手で、連続して約五十分舞う。前段で「拝む」「種蒔き」「地回り」「鉾返し」、後段で「肩のしょう」「腰のしょう」と呼ばれる所作が見られる。囃子は笛と鉦打太鼓である（橋本 一九九七）。

写真1　弥美神社の王の舞

この王の舞は宇波西神社の祭礼に登場する王の舞とともに最もよく知られているものであり、私が生産してきた言説をも含めて、第三者の言説を少なからず触発してきた。こうした言説が逆流して王の舞じたいに影響することも少なくなかったのである。その典型は高名な民俗学者であった折口信夫の言説である。昭和二十四年（一九四九）七月十三日のことであった。

この一類の芸能を、この地方で「王の舞」と言っているのは、天狗の面をかぶるからだと思う。「王」は天狗の面のことをいう。羅陵王、陵王、さらに略して王というが、これは雅楽の中でも大事な種目だ。（中略）王の舞の芸の根本理念は力足を踏む、反閇にある。頭を出さぬように悪いものをねじこんでおくのだ。王の舞が歩きすぎるほど歩いているのはそれだ。反閇をふみに、美しい男女が出ることもあり、天狗が出ることもある。王の舞でも肝腎な点は、反閇の動作の芸能化ということだ（池田 一九六一：一八七―一八八）。

折口の言説は今日でも、第三者が王の舞という芸能を解釈するさい最もよく持ち出すものであり、一種のスタンダードを提供している。いうまでもなく私もその一人であった。(8) こうした言説は美学的研究よりも、むしろ民俗学的研究によく見られるものであるが、それは彼らが対象を説明する方法として「信仰」という視座を愛好していたのみならず、麻生の人々が彼らに対して提示した言説にも依拠していると考えられる。では当事者は第三者に対して、いかなる言説を提示しているのだろうか。

王の舞は、耳別と崇める御祭神の遺徳を讃え、永えに神鎮まりますことを祈願し、併せて氏子の無事安泰と五穀豊穰を祈って奉納される優雅にして厳粛な舞である。（中略）このようにして弥美神社大祭で行われる「王の舞」は、舞楽蘭陵王の舞か、あるいは竜王の舞に由来していると考えられるが、鉾で地面に火輪を描いたり、両手で輪を作るような動作が入っているのは、土地の悪霊をおさえ征服する呪術であり、修験の行法の一つであろう。／また、「拝み」「種子播き」「地廻り」「鉾返し」という所作があるが、これは鎮魂の意味を持ち、耳別の祖霊の前に、今年の豊作を祈願する予祝の民俗芸能である（佐竹 一九八〇：七―八）。

以上は昭和五十五年（一九八〇）、三方郡美浜町麻生王の舞保存会が福井県無形民俗文化財保護協議会に上程した報告「弥美神社神事芸能「王の舞」」の一部であり、当事者が第三者に対して提示した、いわば公式的な言説である。私はこうした公式的な言説の背後に、折口の弟子であった錦耕三の言説が大きく作用していると考えている。錦は昭和二十年（一九四五）以降、従来まったく知られていなかった若狭地方の王の舞をくわしく調査した民俗学者であり、とりわけ最初に出会った弥美神社の王の舞に対して多大な関心を持っていたらしい。麻生の人々とも熱意を持って交流しており、一定の影響力を持っていたものと思われる。[9] といっても、錦は膨大な成果の大半を発表しないで死去してしまったため、その言説も王の舞全般にかかわるものしか知られていない（錦 一九六一）。したがって、当事者が錦の言説を直接に参照する機会は存在しなかったと思われる。実際は錦の遺稿と生前の談話を縮約した小林一男の手書き原稿（小林（一）一九六二）――文字どおり「弥美神社の王の舞について」と題されている――を参照したものと思われる。[10]

ここで重要なのは、かくもさまざまに屈折した民俗学的言説の系譜学よりも、当事者がみずからの実践について語る、その語り口じたいが研究者の民俗学的言説によって用意されうるという事態を具体例に沿って理解することである。[11] このような説明の形式は、組織化していない断片的なものであるが、口頭でも少なからずしめされている。王の舞にかかわる当事者は私の聞き書きに対しても、五穀豊穣や鎮魂に類する語彙を何度となく聞かせてくれたものである。この場合、必ずしも研究者の知識が当事者の知識に一方的に流入したとも考えられない。より正確には、両者の共犯関係とでもいうべきものが、民俗学的言説を強化しつつも再生産していったと考えられるのである。

思い出してほしい。そもそも「民俗芸能」は神事や仏事、もしくは年中行事の一部を構成しており、民俗社会における種々の慣習的な約束事に規制されていた。弥美神社の王の舞にしても、弥美神社の祭礼に奉納するものであり、神事における必要不可欠な要素として文脈づけられていたのである。したがって、当事者が第三者に対して「信仰」にかかわる言説、たとえば五穀豊穣や鎮魂を強調する言説を聞かせたとしてもおかしくない。そして、研究者もそうした言説にのみ関心を集中させてきたのである。

だが、五穀豊穰や鎮魂を強調する言説は必ずしも神事を構成する個々の要素、たとえば王の舞の個別的な演技に対応していないようにも感じられる。それは弥美神社の祭礼全般を網羅しており、あくまでも神事が持つ全体的な文脈を意味しているだけなのである。とりわけ五穀豊穰という四文字は一般的にも、祭礼の幟などに多く染めぬかれているものであり、意味論的な言語というよりも儀礼を構成する言語として理解するべきであったのかもしれない。当事者はこうした儀礼的な言語をもって、第三者の聞き書きに対する回答としてきたとも考えられるだろうか。

ところで、以上見てきた当事者の言説は弥美神社の王の舞のみならず、儀礼に近い「民俗芸能」に多く見られるはずである。芸能に近い「民俗芸能」は観客の評価に依存する程度が大きく、演技をうまく達成することを重視するため、「信仰」にかかわる言説を強調する必然性をあまり持っていないものと思われる。早池峯神楽はその典型であろうか。(12) 一方、儀礼に近い「民俗芸能」は演技をうまく達成することよりも、先祖代々継承してきた細則をまちがいなく遵守することを重視するため、往々にして拙い演技に対する観客の評価を回避するべく「信仰」にかかわる言説を装塡せざるを得ない。したがって、「信仰」にかかわる言説の存在は、第三者が演技の領域に踏みこむ可能性を阻止するという、当事者の言語戦略をしめしていたのかもしれない。少なくともその機能をはたしていると考えられるのである。(13)

だが、「民俗芸能」は儀礼に近く稚拙な印象をもたらす演技しか維持していない場合であっても、やはり「見る／見られる」関係を前提した芸能として演じられており、大なり小なり観客の評価を内在しているはずである。したがって、この「身体技法に近い評価」に対応する当事者用の言説、つまり当事者の、当事者による、当事者のための言説が数多く存在しているものと思われる。少なくとも「そこには「こうあらねばならぬ」、「こうあったほうがよい」といった規範意識や、あるいは「こうしている」といった単純であるが明瞭な認識が存在している」（小林（康）一九九三：二〇七）と考えなければならない。

とりわけ弥美神社の王の舞は演者と観客が分化していない、つまり観客も演者に転化しうるような比較的閉鎖的な組織における実践であったから、演者と観客という二つの視座に立脚しながら共通の、しかも繊細な「身体技法に近い評価」を醸成していったものと思われる。こうした過程は演技の長期的な洗練化を促進するのみならず、当然ながら演技を習得する／させる方法をも発達させていったはずである。じっさい、弥美神社の王の舞は稚拙であるどころか、きわめて洗練された演技を維持している。当事者用の言説が登場するのは、まさしくこうした文脈である。すなわち、そうした言説は演技を習得する／させる過程に貢献する有力な資源であり、実践的な性格を持っていると考えられるのである。だが、かくも実践的な言語に到達するべく、私たちはいかなる方法を採用することができるのだろうか。

3　言説の複数性(2)

弥美神社の王の舞は今日きわめて深刻な人材不足にみまわれている。その理由はさまざまであろうが、史上初の二度舞い（一度舞った若者が再び舞うこと）を実施した平成四年（一九九二）前後以降、清義社の年長者たちは祭礼人を選出する手続きの不調に悩まされているのである。だが、保守的な第三者はこうした危機的状況に対しても比較的周辺的な関心しかしめさないらしく、依然として「信仰」にかかわる言説に執着しているようにも感じられる。したがって、当事者が第三者に対して継承の困難を強調する言説を吐露する余地も、あまり多くは存在しないというわけである。

同じような事情は演技についても指摘することができる。第三者が演技に対する組織的な関心を表明していたら、当事者も演技を前人未到の領域として温存することはできなかったはずである。当事者は悪いことをしているわけでも、恥ずかしいことをしているわけでもない。第三者が質問しなかったから、当事者も回答しなかったというだけである。ところが、かつて王の舞を演じた経験を持ち現在も麻生に在住している白井忠夫が、王の舞の演技にかかわる例外的な、そしてきわめて興味深い言説を生み出している。実は白井がある研究者に宛てた私信であるが、本人の了承を得て紹介するものである。私信は丁寧な挨拶ではじまっている。

前略、ごめん下さい。先日は私如きものに重要な御用向きを頂き、大変恐縮に存じます。こうした昔からの伝統については、当部落の先輩諸氏が参られる中で、ご説明申し上げることは、どうかと考えますが、先生の折角のおぼしめしでもありますので、私の知る範囲内でご説明させて頂きますが、悪しからずご容赦下さい。／先づ王ノ舞の動作に入る迄に概要を申し上げますと、当部落には、〝王の舞〟について何に一つ記した資料はございません。総て肌で習い、肌で教えられておりますので、これから申し上げる事は、私が実際に教わった事、肌で感じた事を記すことになります（白井 一九七五：一）。

白井がこうした私信をしたためた動機についても、若干説明しておかなければならない。白井が昭和五十年（一九七五）の五月二日――つまり祭礼の翌日である――、いつもどおり田圃に出て農作業に従事していたところ、ある人物が近づいてきて、前日の王の舞について根ほり葉ほり尋ねてきたという。この人物は研究者であったが、必ずしも民俗学的研究に従事しているわけでもなかったらしい。というのも、彼の聞き書きは専ら演技の領域に集中しており、「信仰」にかかわる言説を聞き出したがっているようにも思われなかったのである。白井は突然の出来事であったので、十分返答することができないと考えて、後日連絡することを約束した。そして約二ケ月後の六月二十三日、ようやく私信を完成させたのである。したがって、その言説は当事者が第三者に提出したものでありながら、専ら大半の第三者が踏みこまない演技の領域にかかわっている。


1芸の基本について……この舞を優雅に見せるために、背伸びした時は天にもとゞかす様な気持で大きく背伸びし、少さくなった時は、〃アリ〃のように、地面につく程小さくなれと教わりました。それから鉾先は、常に鉾尻より下らぬように！　亦、足を上げる時は、足の裏は、人に見せないようにして舞えと教わりました。

2芸の特徴……これは私が肌で感じたことですが、舞の総てに通じて、正常体の他は、常に重心がどちらかの足にかゝっていると云う事です。つまり、大げさに申しますと、片足の舞と云っても過言ではないくらい、どちらかの足に体重をかけなければ、教わった通りの舞が出来ないと云う事です。

3王の舞の由来について……これには、何も教わっておりませんし、亦具体的な言い伝えもありませんが、先輩諸氏が舞の中で申しております言葉の中に、仰ぐ事を、〃オガム〃と云っております。次に、〃種播き〃…〃地廻り〃…と云った言葉があり、舞がスムーズに行きますと、…〃今年しゃ豊年じゃ！〃…と、囃し立てゝいる所から考えますと、この舞は、農業に関係があると思われます。…農業は天候に大きく左右されやすいことから考えまして、（人々の考え方によって違いがあると思いますが…）私は、実際に舞った時の気持を率直に申しますと、自分は氏子の代表者として、今年の豊作を祈願するため、先づ天を拝み、地固、地均し、種播き、をすませて、地廻りに移り、四方八方の神々に、人々の安泰を守りたまわんことを願いつゝ神鎮りますことを祈願した後、神に舞を奉納する気持で舞いました。…然し、それは、私が肌で感じ、このような気持で神に舞を奉納したことなので、真実の程は知りません。…さて、前置きは、これぐらいにいたしまして、これより舞の動作に移ります（同：一一二）。

以下、白井は王の舞の演技を図示しながらくわしく分節化しているが、その一部始終は私も紹介したことがある（橋本 一九九七）ので省略したい。本章はむしろ白井が第三者に提出した言説、つまり演技にかかわる言説を大きくとりあげたい。「そこには「こうあらねばあらぬ」、「こうあったほうがよい」といった規範意識や、あるいは「こうしている」といった単純であるが明瞭な認識が存在している」のみならず、生田久美子がいう「わざ」言語（生田 一九八七）や藤田隆則がいう「こころの領域」（藤田 一九九五）の存在を感じさせなくもない深遠な言説も含まれており、言説が演技を習得する／させる過程に貢献する有力な資源であった消息を知らせているはずである。

「身体技法に近い評価」のダイジェストとでもいうべき白井の言説は、そもそも当事者用に存在しており、当事者における関心の所在をしめしていると考えられる。したがって、本来は第三者用として提出するべきものでもないはずである。一方、前述した第三者用の言説は演技について「鉾で地面に火輪を描いたり、両手で輪を作るような動作が入っているのは、土地の悪霊をおさえ征服する呪術であり、修験の行法の一つであろう」、そして「「拝み」「種子播き」「地廻り」「鉾返し」という所作があるが、これは鎮魂の意味を持ち」とのみ説明していたから、読後感じたい大きく異なる。酔狂な第三者が「信仰」にかかわる言説の分厚い皮膜をうまく突破して、演技の領域に介入してきたため、当事者も新しい言説を用意したということであろうか。

じっさい、私がかくも特異な言説の存在を知ったのも、王の舞の演技に多大な関心を持ちながら麻生の人々に対する聞き書きを実践しており、やはり演技にかかわる言説を聞き出そうとしていたことに由来している。私信の内容は私もほぼ聞きとっていたが、それならばついでに、ということで、白井が私信を複写して手渡してくれたのである。したがって、正しくは鍵付の引き出しをこじ開けるようにしてお目当ての言説を「聞き出した」というよりも、私と白井をはじめとする麻生の人々の対話がこうした言説を構成もしくは喚起したというべきであったのかもしれない。福島は潜在的、身体的な知識が持つ前—反照的な性格を強調して、こうした知識にまつわる言説が対話を通じて構成される過程について、次のように述べている。

人類学者が注目する多くの慣習的行為は、その当事者にとっては非反照的、ドクサ的領域に属する。それについての質問は、当事者をして、かつて省みもしなかった自らを取り巻く社会的拘束に対して、反省的な眼差しへのチャンスを与える事になる。勿論この事はすべての人がこうした反照的チャンスに対し敏感に反応する訳ではあるまい。むしろそうした例は少数であろうが、しかしそうした反照的ポテンシャルを持っている人物をこそ、我々はインフォーマントと呼んできたのではなかっただろうか。そして人類学者が言う「対話」とは、こうした分析的関心に対して、それなりの同調を示せるインフォーマントが、その関心によりそう形で、自分を取り囲むドクサ的な慣習体系に対して限定的な反照的眼差しを注ぎ、その結果生まれるものである（福島　一九九二：三三一―三三二）。

じっさい、白井は私に対して「書こうと思うと思い出しますし、外から声かけられることで勉強しますから」と述懐している。白井の例外的な言説も第三者の外圧なくしては存在しなかったはずである。したがって、白井は儀礼にかかわる意味論的言説を吐き出してヴィクター・ターナーを歓喜させたばかりか、そのターナーに儀礼は「象徴の森」であるとすらいわしめたインフォーマント、ムチョナの遠い同胞であったかとも思われる（Turner 1967）。すなわち、第三者が介入した結果として、白井の反省的能力を不自然に拡張した可能性を十分承認しておかなければならないのである。

だが一方で、白井の言説は必ずしもムチョナの言説を彷彿とさせない。白井は演技にかかわる意味論的な言説を吐き出すことに対して比較的無関心であり、専ら実践的なレベルを重視しながら演技にかかわる言説を構成している

（少なくとも構成しようとしている）。こうした差異は第三者における関心の所在とも対応しているのであろうが、むしろ白井の例外的な経歴に関係していると考えるべきであったのかもしれない。

白井は若いころ地元の高校や青年団でアマチュア演劇に熱中した経験を持っており、俳優や演出家として活躍したこともあったらしい。とりわけ高校の演劇部における活動は王の舞を演じた以前のことであったから（白井は当時としては比較的遅い二十代半ばで王の舞を演じている）、王の舞にのぞむさいにも少なからず役立ったという。じじつ白井の演技は麻生の人々が賞賛するところであったらしい。白井はとりわけ実践的なレベルに対して「反照的ポテンシャルを持っている人物」であり、だからこそ実践的なレベルを重視しながら演技にかかわる言説を構成することもできたのである。

じっさい、実践的なレベルに対する白井の反省的能力はずばぬけている。白井は王の舞の演技を記述するさい、前述した言説のみならず、自力で開発した舞踊譜すら動員しているのである。だが、それはあくまでも「「どうやって」という問いに対して、何やら自分が暗黙の内に行っているやり方を反省してみて、気がついたいくつかの事をい」っているのであり、依然として「言わばかなり雑駁な心掛けや関心の置き方についての大雑把な記述に過ぎず、それが現実の暗黙の判断過程を十全に反映しているとはとても言えない」（福島 一九九三b：一八）ような代物である。早い話が白井の言説は王の舞の演技をアドホックに焦点化したものであり、けっしてその全域を説明しているとも思われないのである。

したがって、ムチョナをも凌駕する例外的なインフォーマントであった白井も、やはり言説の限界に到達せざるを得なかった。白井は前述した私信の末尾近くで、「以上、大変簡単な説明に終りましたが、どうしても書面にての表現は困難を極めますので悪しからずお許し下さい」と書きつけている。そして最終的には、「以上にて一通りの説明を終らせて頂き、後は写真にて説明に替えさせて頂きまして筆を止めます」（白井：七）というのである。

こうした言説の限界は私が麻生の人々に対して継続している聞き書きでも、何度となく経験した事態であった。演技にかかわる多分に「金言的な、当たり障りのない形式的言説」（福島 一九九三b：一八）に遭遇して、何となく納得させられてしまうのがオチであったかと記憶している。白井の言説じたい当事者が演技の領域を反省した（させられた）結果として生まれる金言的な形式的言説の一つであり、その典型をしめしていたわけである。かくして、私たちは演技の領域を記述する試みの不可能性を確認するという、いつかきた道程をたどってしまいかねない。

だが一方で、白井の言説はこうした思弁的な不可知論を突破する有力な手がかりを内在している。ポランニーの金言を拝借しておけば、「我々は語ることができるより多くのことを知ることができる」（ポランニー 一九八〇：一五）のである。そもそも白井の言説は演技の領域を反省するといっても実践的なレベルに終始しており、必ずしも意味論的なレベルを追求していなかったはずである。したがって、正しくは演技を習得する／させる過程をアドホックに焦点化した結果として生まれた、いわば「氷山の一角」を含意していたといわなければならない。そして、白井が言及しなかった（できなかった）水面下の部分とも絡みあいながら、全体として王の舞の演技を形成していると考えられるのである。

そうだとしたら、第三者は聞き書きという方法を介しても、当事者が使用している実践的な言語に遭遇していたのかもしれない。にもかかわらず、多く摩訶不思議な禅問答を思わせる金言的な形式的言説であるとしか感じられないのは、おそらく演技を習得する／させる過程の実際に対する視座の欠如に由来している。すなわち王の舞を演じた経験を持たない第三者は、当然ながら実践的な言語がはたす資源としての効用を理解する能力にも恵まれていなかったため、「信仰」にかかわるとされる箇所のみ拾い集めて、長らく自己満足してきたのであった。

再び白井の言説を見てほしい。「王の舞の由来について」は全体として五穀豊穣や鎮魂を強調しており、「信仰」に対する白井の敬虔な態度を表明している。そして、民俗学者を喜ばせる絶好の素材を提供しているようにも感じられるのである。もちろんその可能性も十分承認しておかなければならないが、こうした言説はいわば第三者撃退装置として機能しているのみならず、演技を習得する／させる過程に貢献する有力な資源でもあったらしい。というのも、白井は「それは、私が肌で感じ、このような気持で舞を俸納したこと」であるとも書きつけていたのである。白井はアマチュア演劇に熱中していた当時を回顧しながら、私に対してこう述べている。

舞台に一歩出た時に観客を引きつけるのは、観客の手を意識するんではなく、自分が主人公になりきる、それが一番大事です。そしたら、まちがっても観客も乗ってくれます。オノマイサンも単に鉾の上げ下げだけではなくて、神に奉納するのが発端ですから。自分が主人公になりきって神に奉納する。五穀豊穣を願い住民の安泰を祈願して、神に奉納する心理になってやらないと、芸には結びついていきません。文化財だからやるっていうのも、本当はそんなこと関係ないです。他人を意識してたら、芸には結びつきません。その場は自分一人です。

もちろん白井も観客の存在を否定しているわけではない。観客が乗ってくれるかどうかは、やはり重要な関心事である。だが、白井の関心はむしろその手前に集中している。すなわち、白井は五穀豊穣や鎮魂を祈願するという「気持ち」で王の舞に没入することが重要であり、こうした積極的かつ能動的な姿勢の有無が演技の達成度を決定するといっていたのである。したがって、五穀豊穣や鎮魂を強調する言説は祭礼人が王の舞にのぞむ姿勢を形成して、自分の演技を成功させるべく利用する資源として機能していたと考えられるだろうか。じっさい、白井の演技は麻生の人々がこぞって賞賛するぐらい見事な出来であったという（私も何度かその風評を聞いている）。白井は控え目な筆致であったが、自前の演技論を開陳していたのである。五穀豊穣や鎮魂を強調するという深遠な言説ですら実践的な性格を持っていたとしたら、事態はけっして単純なものでもないはずである。

「この舞を優雅に見せるために、背伸びした時は天にもとゞかす様な気持で大きく背伸びし、少さくなった時は、〝アリ〟のように、地面につく程小さくなれと教わりました」という箇所も重要である。こうした言説は白井のみならず、王の舞を経験した人々が一般的に共有しているものであった。たとえば、やはり麻生に在住する佐竹康男も私に対して、「足を前に蹴り出す時は足の甲に小石を乗せて、それをポーンと前に飛ばすように蹴り出すようにと教わったけどね」と述べている。いずれも典型的な「わざ」言語の存在を知らせていると考えられるだろうか。この「わざ」言語は生田がいうように「その比喩的表現によって、学習者の内側からの原因への探求」(生田 一九八七：一〇〇)を促進して身体技法に対する感受性を拡大するという実践的な性格を持っており、やはり演技を習得する／させる過程に貢献する有力な資源であった可能性を予感させる。生田は続けてこう述べている。

主観的活動をしていた学習者にとって、今まではっきりとつかめなかったものがその言葉をかけられることによって、身体全体で納得するのである。「ああ、そうか」と身体で思い当たるのである。しかし、「思い当たる」ためには学習者は既に何事かを知っていなければならない。「思い当たる」ための知識が世界のなかでの主観的活動を通して身体全体で蓄積されていなければ、「わざ」言語の提示は何の行動も促さない単なる奇異な表現で終わってしまうのである(同：一〇一)。

すなわち、「わざ」言語は福島もくわしく論述しているとおり、けっして当事者が演技の領域を意味論的に記述もしくは分析した結果を含意していない。それは学習者が身体全体でもって自分がおかれた状況の主観的意味を探索しながらその付置連関を構築する、わざ「世界への潜入」(同：四章)とでもいうべき事態を経験してこそ意味を持つ実践的な言語であり、演技を習得する／させる過程を促進するいわば「添え木」として特定の文脈に深く埋めこまれて

いるのである。(14)

したがって、問題は当事者が「わざ」言語をいかなる文脈で使用しているのかということである。だが、生田は「世界への潜入」という哲学的かつ抽象的な表現こそ使用しているが、専ら世界にかかわる主体じたいを問うことに集中しており、必ずしも主体が世界にかかわる形式を主題化していない。「世界への潜入」といいながらも、当事者が当該世界を構成している多種多様な資源（「わざ」言語もその一つである）を利用する過程を十分解明していないと思われるのである。もちろん生田も「わざ」言語を聞いて「「思い当たる」ためには学習者は既に何事かを知っていなければならない」といっているが、何をどう知っていれば「わざ」言語に反応することができるのだろうか。

かくして、私たちは白井の例外的な言説に導かれながらも、王の舞の演技を習得する／させる過程の実際に踏みこまなければならない。白井の言説はあくまでも「わざ」言語の数例を脱―文脈化したものであり、「と教わりました」としか書いていなかった。だが、「わざ」言語を使用するだけで王の舞の演技ができあがるわけでもないはずである。しかも、白井の言説は清義社を引退した人間（とりわけ名人）にのみ許される特権的な言説であり、必ずしも王の舞の演技における最大公約数的な性格をしめしていない。だれでも到達することができるような、いわば初級編を含意していなかったと思われるのである。じじつ白井が麻生の人々に対して、前述してきた演技論を説いている光景はまったくみられない。とりわけ祭礼人を決定することじたいむずかしい今日、口うるさく響かなくもない持論を口外したら、だれも引き受けなくなってしまわないともかぎらないのである。

白井は実践的なレベルに対して「反照的ポテンシャルを持っている人物」であり、あくまでも例外的な存在でしかなかった。だからこそ「わざ」言語にも鋭く反応していたと考えられるだろうか。したがって、白井の例外的な言説のみとりあげ、実践的な言語が演技を習得する／させる過程に貢献する有力な資源であった可能性を強調してみたところで、あまり生産的であるとも思われない。むしろ白井の言説を本来の文脈に返却して、実践的な言語が言語的な実践として作用する場の付置連関を解明する試みこそが求められているのである。

4　演技を習得する／させる過程(1)

レイヴ＋ウェンガーの「正統的周辺参加」（ＬＰＰ）論は学習を「実践共同体」へ全人格的に参加する過程として理解している（レイヴ＋ウェンガー　一九九三）。この「実践共同体」は「参加者が自分たちが何をしているか、またそれが自分たちの生き方と共同体にとってどういう意味があるかについての共通理解がある活動システム」（同：八〇）であり、「実践活動を行う他の行為者間の構造」と「実践活動に直接関係する、道具を含んだ空間の物理的な配置」という二つの構造として「構造化」している。つまり「社会学的な関心、即ち、社会構造の再生産（それはこの実践共同体が再生産されるメカニズムである）と、例えば個人の認知的熟達化という心理的側面が言わばここで統合される」（福島　一九九三ｃ：一五六―一五七）のである。

したがって、こうした視座は「世界への潜入」という生田の哲学的な表現の内側に踏みこみ、たとえば新人が「実践共同体」に埋めこまれた多種多様な資源の配置を利用しながら熟練の階梯を上昇していく過程としてあらわれる、資源の複雑な構造化を解明する有効な手がかりを提供している。じっさい、レイヴ＋ウェンガーは「正統的周辺参加」に深くかかわる「談話と実践」についても、「外側から実践について語ることと、実践の中で語ることとは違う」（レイヴ＋ウェンガー：九二）ことを強調しながら、前述してきた言説の複数性に呼応する興味深い所説を展開している。

実践について語ることと実践の中で語ることとの区別を洗練させる必要がある。実践の中での語りはそれ自体実践の中で語ること（たとえば、進行中の活動の進展に必要な情報の交換）と実践について語ること（たとえば、物語、共同

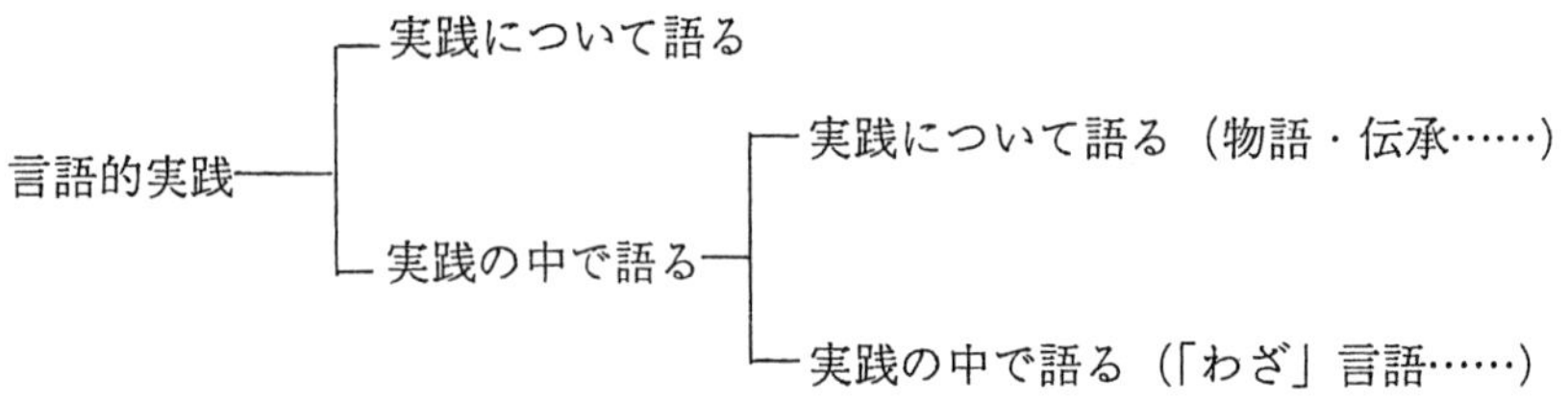

図2　言語的実践の複数性

体内の伝承）の両方を含んでいる。共有された実践の内側で、両方の語りの形態は固有の機能を果している。すなわち、一方では、関与すること、焦点を当てること、注意を移すこと、調整をもたらすこと、などなどであり、他方では、成員たることをしるしづけることと同様に、記憶と内省の共同形態を支持するのである。（さらに同様に、実践についての語りも、ひとたびそれ自体が実践の一部になったならば、通常はなんらかの点で分離されてはいるが、やはり両方の語りを含むようになる。）新参者にとっての目的は、したがって、正統的周辺参加の代用として語りから学ぶということではなく、正統的周辺参加への鍵として語ることを学ぶということである（同：九四—九五）。

図2を参照してほしい。「実践について語ること」は独立した言語的な実践であり、そもそも実践じたいを反映もしくは縮約していない。一方、「実践の中で語ること」もやはり独立した言語的な実践であり、「実践共同体」へ参加する過程に貢献する資源の一つとして存在している。ところが、レイヴ＋ウェンガーは「実践の中で語ること」は「実践の中で語ること」と「実践について語ること」の両者を含むものであるといっている。こうした所説は矛盾しているようにも感じられるが、「実践の中で語ること」じたいの複数性を指摘したものとして理解しなければならない。両者はどちらも「実践共同体」へ参加する過程に貢献する資源として固有の機能をはたしているのであり、「添え木」として利用するのか反省的に利用するのかというちがいはあっても、やはり特定の文脈に深く結びついていると考えられるのである。[15]

かくして、私たちはようやく王の舞の演技を習得する／させる過程の実際に踏みこむことができる。だが、それはあくまでも清義社という「演技の共同体」（橋本　一九九四）へ参加する過程、つまり青年たちが「熟練のアイデンティティー」を獲得する過程として理解するべきものであり、前述してきた実践的な言語もその一環として定位することが求められているのである。問題は「わざ」言語を正しく理解することができる主体であり、そのような主体を形成する過程である。(16) こうした関心を十分満足させるためにも、以下しばらくは弥美神社の王の舞を維持している清義社の全体的な活動について論述していきたい。(17)

清義社は今日、麻生と枝村の東山に在住する青年（男子のみ）が構成している。数えの十三歳（かつては十五歳）、つまり中学生になったら入社して、結婚して三十三歳（かつては二十八歳）になったら退社する。だが、麻生の人口じたい減少している今日、青年は結婚して年齢をかさねても、依然として清義社に在籍している場合が多い。また、新しく転入してきた青年も入社しなければならない（三十三歳をすぎてから転入してきた場合も、一年間は入社しなければならない）。一方、転出するさいは休社もしくは退社するが、帰郷したら復社しなければならないとされている。なお、清義社の最高責任者である社長は麻生の区長が兼任しているが、あくまでも形式的な存在である。実際は幹事が社員の意向を反映しながら清義社を運営している。

清義社が成立した時期はよくわからないが、以前から存在していた若者組が明治期に改称したものと思われる。麻生に「明治二十六年一月　麻生清義社規則」、および数種の改正案が現存しており、その実践をくわしく知ることができるが、明治二十六年（一八九三）をさかのぼることはできない。一方、現行の規則は昭和三十一年（一九五六）に改正した「美浜町麻生清義社規則（改正案）」であり、以降大きく改正した形跡は見られない。今日、清義社の青年たちはこうした書類に対して比較的無関心である。だが、少なくとも現行の規則は彼らの行動を大なり小なり規定しており、何か事件が発生したら最初に参照しなければならない準拠枠として存在している。

清義社における最も中心的な活動は宮代に鎮座する弥美神社の祭礼に参勤して音楽を担当すること、および弥美神社の祭礼に奉納される王の舞を担当することである（かつては六斎念仏も担当していたが、残念ながら中絶してしまった）[18]。祭礼人だけは未婚の長男が担当していたが、現在は未婚の青年が毎年交代して担当しており、やはり大半の青年が経験しなければならない機会として存在している。「美浜町麻生清義社規則（改正案）」は「弥美神社大祭（五月一日）、祭礼に於て王の舞ならびに舞楽、奏楽を担当すること、尚これについては左記の日程により集会ならび練磨すること」という。そして五つの項目を列挙するのである。

(一)、四月七日祭礼人（王の舞）を定め、当区役所より酒二升を申し請け祝宴を催す。
(一)、四月二十三日より四月二十九日に至る迄公会堂に於て毎夜祭礼の手練をなす傍ら奏楽を練磨する事。
(一)、四月二十六、二十七日、二夜のうち太鼓入りを行う。
(一)、同日晦日には公会堂に於いて御通夜すること。
(一)、五月一日即ち弥美神社祭礼の当日は、本神社の休息所にて宴を催す。

数えの十三歳に達した男子は一月上旬の新年会にあわせて開催する入社式が終わったら、こうした活動に参加しなければならない。だが、入社してまもない男子（小若い衆と呼ばれている）はあくまでも見習いおよび下働きであり、後輩たちが入社して年季が明けるまで、集会を準備することや先輩たちを接待することなどを義務づけられている。以前はその役割もきわめて多岐にわたっていたらしく、万事きびしく鍛えられたという。したがって、清義社は小若い衆が社会的な諸規範を学習する最初の機会として存在していたと考えられるだろうか。

とりわけ四月二十三日前後〜四月二十九日に行なわれる稽古（オノマイならしと呼ばれている）は、祭礼人が演技を習得する過程で利用する資源を最も多く集中させた場であるのみならず、小若い衆が「演技の共同体」へ参加する過程における最も中心的な場でもあった。少なくともそう考えることができるはずである。祭礼人についてはしばらく描き（くわしく後述する）、まずもって小若い衆という周辺的な存在に注意しながら、私が目撃した光景を再現してみたい。

清義社の活動は文字どおり「正統的周辺参加」を体現している。小若い衆はオノマイならしでも、専ら周辺的な雑事を担当している。現在は中学生が小若い衆として扱われており、制服を着用して参加することが定められているようである。彼らは連日、先輩たちよりも早く集会所に出かけて、畳をあげることやお湯を沸かすこと等々、万事準備して稽古の態勢を用意しておかなければならない。祭礼人が使用する稽古用の鉾（木製）も用意する。そして、先輩や来客（といっても、いつも私ぐらいであったが）が到着したら、早速お茶を出して接待しなければならない。だが、肝心の稽古がはじまったら、小若い衆は苦しげな表情を浮かべながら稽古にとりくむ祭礼人をぼんやりながめているだけであり、とくに何をするというわけでもないのである（**写真2**）。

写真2　稽古における小若い衆

稽古における小若い衆の役割が一つだけある。王の舞は前半が鉾を持って後半は素手で演じるものである。したがって、演技が半ばにさしかかったら、祭礼人はだれかに鉾を手渡さなければならない。本番は幣差し（ヘサシ）と呼ばれる子供が進み出て鉾を受けとるが、稽古は小若い衆の最年少者が代行する。一瞬の出来事であり、きわめて些細なことでしかないが、小若い衆を稽古に誘いこむ最初の契機として、やはり強調しておかなければならない。小若い衆は先輩たちが指示するとおり、鉾を受けとって傍らに立てかける。だが、その様子はいかにも面倒くさそうである（**写真3**）。

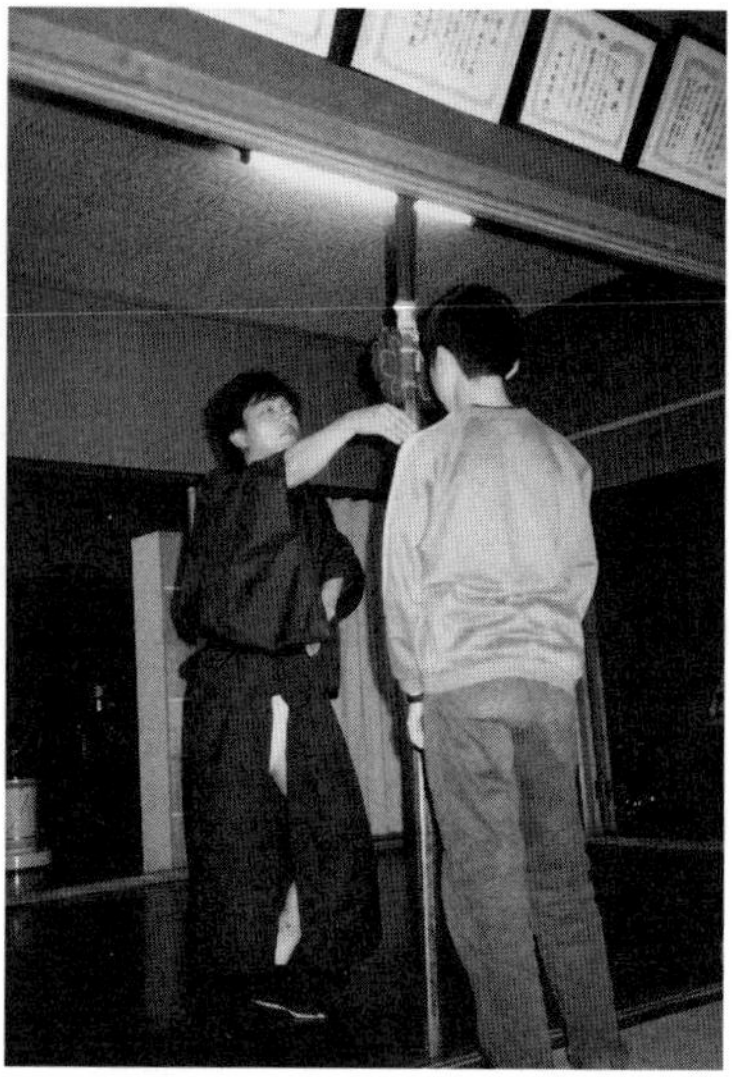

写真3　鉾を受けとる小若い衆

王の舞の稽古が終わったら、今度は囃子の稽古である。とりわけ王の舞に付随する笛の囃子は、その口唱歌が王の舞の演技を分節化する基準の一つとして存在しており、祭礼人が王の舞の演技を習得するためにも、あらかじめ習得しておかなければならないものである。すなわち、祭礼人は笛の囃子をもって、王の舞の演技をあらしめているのである。もしも祭礼人が笛の囃子を十分習得していなかったら、おそらく王の舞の演技を習得する過程もうまく運ばないだろうと思われる。したがって、囃子の稽古じたい王の舞の演技を習得する／させる過程に貢献する、いわば未来の資源であるとも考えられるだろうか。だが、小若い衆の大半は笛をもてあそびながら退屈そうな表情を浮かべるばかり。ときおり笛を口にあててみたりもするが、やはりうまくいかないらしく、すぐやめてしまうのである。

こうした光景はいわゆる学校教育であったら、怠けているとか不真面目であるとかいわれてしまいかねないようなものである。にもかかわらず、先輩たちは一般に注意しないどころか、小若い衆の態度に対してほぼ無関心であった。どうやらオノマイならしは小若い衆を度外視して進行しているらしいのである。したがって私は当初、先輩たちが現代的な風潮に負けてきびしく指導することを断念してしまったのかとばかり思っていたが、実は必ずしもそういうわけでもないらしい。もちろん熱心であることに越したことはないのだろうが、小若い衆に求められているのはむしろオノマイならしにできるだけ多く参加することであり、とにもかくにも参加していれば何も咎められないのである。だが、小若い衆が何も学習していないと考えることはまちがっている。小若い衆は参加しているだけであっても、さまざまなことを学習している。すなわち、オノマイならしに参加した結果として、子供のころから一度や二度なら ず見物して慣れ親しんでいた王の舞に対する、まったく新しい視座を獲得すると考えられるのである。たとえば彼らは、従来どこか縁遠いものであった王の舞が自分もいつか経験しなければならない身近なものであったこと、王の舞の演技が当初の予想に反してきわめて辛いものであるらしいこと等々を認識させられる。そして、王の舞を無事勤めあげなければ一人前として扱われないことをも認識させられるのである。

もちろん諸般の事情がかさなって、祭礼人を担当しなかった青年も従来いなかったわけではない。だが、正当な権利と義務を持っていたにもかかわらず、祭礼人を担当しなかった青年の未来は、少なくとも麻生や東山においてあまり好ましいものであったとも思われない。経験の有無が将来の日常生活における発言力を左右する場合すらあるというから、大半の青年たちはどうあっても王の舞に対峙せざるを得ない。長男だけが祭礼人を担当していた時代は、家の面子もかかっていたのである。すなわち、麻生や東山における文化的な伝統や社会的な視線が清義社の青年をして王の舞にのぞませていった、とも考えられるだろうか。そのような雰囲気は小若い衆の身辺にも揺曳していたはずである。かくして、小若い衆は王の舞が自分たちに課せられた運命として存在していたことを思い知らされる、というわけである。

こうした過程は王の舞に対する肯定的かつ積極的な主体、つまり祭礼人の自意識を形成するという効果を持っており、レイヴ＋ウェンガーがいう「正統的周辺参加」の典型を提供している。しかも、清義社は「正統的周辺参加」という概念が説明していない難問、つまり「実践共同体」へ参加する動機は何かという難問をあらかじめ解決してしまっている。というのも、清義社に参加して祭礼人を担当することじたい社会的な約束事として強制的な性格を持っているため、あらためて参加する動機を問うまでもないのである。

じっさい、当初こそぼんやりしていた小若い衆も年季が明けるころに近づいたら、その大半が稽古に対する基本的な姿勢をあらためて、王の舞の演技を構成している個々の手順を注視するのみならず、笛の稽古にも励みはじめる。それは自分もまもなく祭礼人を担当しなければならないということを前提してこそ生まれる姿勢であったが、いずれにしても「演技の共同体」における「熟練のアイデンティティー」の萌芽をしめしていたのである。

そして、「演技の共同体」へ参加する過程における、いわば最大の難関こそが祭礼人であった。すなわち、青年は祭礼人として王の舞を無事勤めあげることによって、「熟練のアイデンティティー」を獲得するのみならず、一人前という社会的なアイデンティティーをも獲得していったわけである。その過程はいかなるものであったのか。私は長らく、王の舞の本番とでもいうべき弥美神社の祭礼のみならず、オノマイならしを含む王の舞の稽古などにも立ち会い、演技を習得する／させる過程の実際を見聞してきた。以下は「演技の民俗誌」の具体的な実践をめざして、最も中心的な場を大略紹介するものである。[19]

5　演技を習得する／させる過程(2)

(1)　オノマイさだめ。八幡神社横に鎮座する熊野神社の権現祭が行なわれる四月七日の夕刻、清義社の青年たちが集会所に集まり、祭礼人を決定する。そして、酒宴を開催するのである。といっても、祭礼人はほぼ年齢順に担当するものであり、清義社としてもあらかじめ調整しているから、青年たちはだれが担当するのかをよく知っている。本人も早くから覚悟している、もしくは観念しているのである。したがって、オノマイさだめは祭礼人を決定するというよりも、むしろ祭礼人を公式的に発表して、その責任感を増大させる機会であると考えられるだろうか。

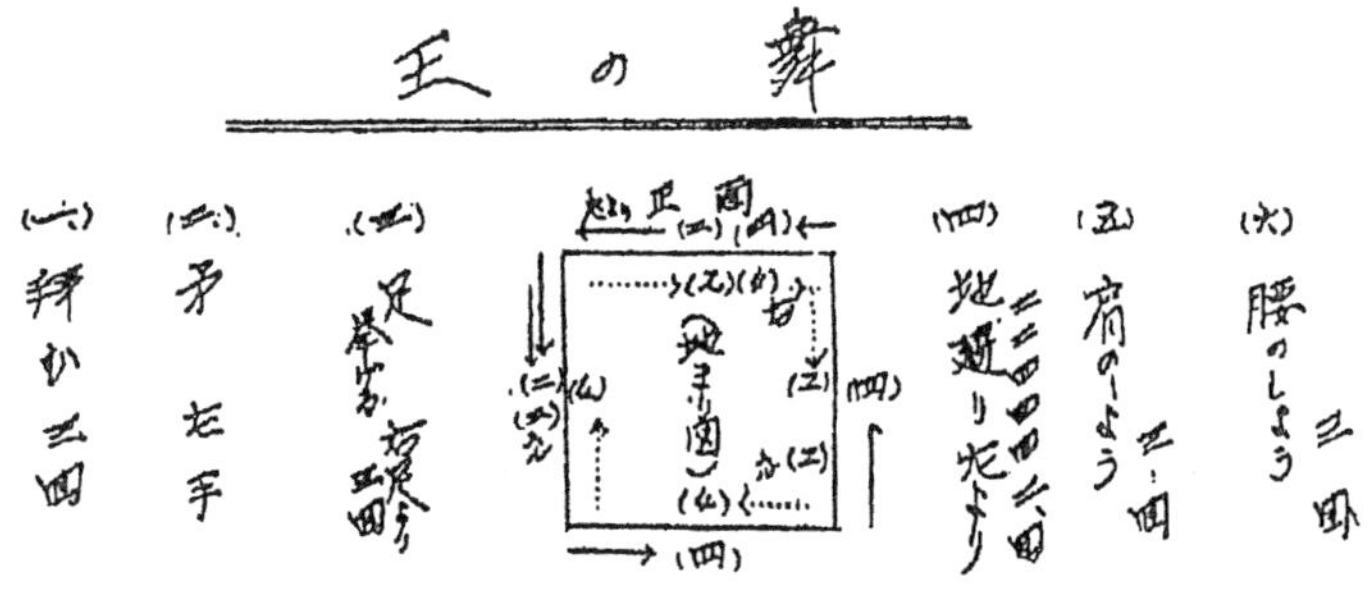

図3　「麻生清義社囃子（笛太鼓）楽譜」（部分）

(2)　オノマイさだめが終わったら、祭礼人は師匠（前年の祭礼人が勤める）や大師匠（前々年の祭礼人が勤める）などを自宅に招待して、私的な稽古をつけてもらう。だが、父親は経験者であっても参加しない。この時期における中心的な課題は最も基本的な約束事、つまり個々の手順を大略習得する／させることである。こうした私的な稽古で飛びかう言説は、大半が最も基本的な「身体技法に近い評価」の断片であり、いずれも細部をきわめて具体的に指示するものであった。たとえば、前述した白井の私信における後半（本章が紹介しなかった箇所である）はそのような言説を多数満載している。「そこには「こうあらねばならぬ」、「こうあったほうがよい」といった規範意識や、あるいは「こうしている」といった単純な認識が存在している」ものと思われる。

「麻生清義社囃子（笛太鼓）楽譜」は今日もはやだれも参照しない年代不詳の覚書であるが（青年たちの何名かも複写したものを持っているが、まったく使用していない）、王の舞の演技を分節化しており、当事者が理解している個々の手順を知るさいにも有益である。その冒頭、「王の舞」と題した箇所は（一）拝む三回、（二）矛左手、（三）足挙げる右足より三回、（四）地廻り左より二二四四四二回、（五）肩のしょう三回、（六）腰のしょう三回、とあり、あわせて（四）を図解したものを含む（**図3**）。こうした個々の手順を大略習得する／させる機会こそが私的な稽古であった。その方法は師匠や大師匠が祭礼人に対して個々の手順を徹底的に叩きこむべく、文字どおり手とり足とり指導するというものであり、祭礼人が数年間観察してきた個々の手順と自分の身体を同調させる過程を促進する効果を持っていると考えられる。

もちろん祭礼人も数年間にわたり先輩たちの稽古や本番を観察してきたのだから、多少は記憶しているが、それは依然として不十分なものであり、あくまでも我流でしかなかった。したがって、師匠や大師匠は祭礼人のミスを逐一修正するのみならず、各人各様の癖をもできるだけ矯正しながら、個々の手順を徹底的に叩きこむのである。最初にこうしておかなければ、以降の稽古にさしさわるという。レイヴ＋ウェンガーはいわゆる学校教育に対する批判的な視座を強調しているため、こうした「叩きこみ」の存在を削ぎ落としてしまっている。だが、少なくとも芸能については、演技を習得する／させる過程の初期に見られる一般的な方法であり、いわば初級編における必要不可欠な要素であった可能性が大きいと思われるのである。[20]

なお、近年は正確を期するため、先輩の演技を撮影したビデオを積極的に併用している。熱心な祭礼人はビデオを何度もみて、手順を習得する一助とするのみならず、イメージトレーニングに励むのである。その理由として稽古する時間が短いということがあげられる。祭礼人を担当することがわかっているのであれば、一刻も早く稽古をはじめた方がいいのでは、とでも忠告してあげたいところだが、オノマイさだめ以前に稽古を始めることはできない。稽古する時期を裏山の残雪がなくなった以降に限定する口碑も残っているから、文字どおり短期集中型の稽古である。近年は勤務先の事情などもあって十分稽古することができない青年が多いため、稽古に費やす時間は総じて短期化している。

(3) オノマイならし。四月二十三日前後〜四月二十九日のほぼ連日、青年たちは午後八時ごろに麻生の八幡神社横に建つ集会所に集まり、王の舞および囃子の稽古を続ける。かつては祭礼の当番を勤める個人の家（毎年変わる）でおこなっていた。祭礼人は動きやすくするため袖の下を破った浴衣を持参して、早く到着していた青年たち（少なくとも小若い衆は前述したとおり、早く到着していなければならない）に一言挨拶したら、手早く着替えて準備完了。一方、青年たちは集会所に到着したら、最初に祭礼人に挨拶して、各々所定の場所にすわる（図4）。
　少なくとも私が調査した当初の十年あまり、師匠は必ず祭礼人が稽古する板の間（普段は畳を敷いている）に最も近い場所、小若い衆は必ず最も遠い場所にすわっていた。残りの席順ははっきりきまっていないが、全体として年長者が祭礼人に近い場所、年少者が遠い場所にすわる。私のような部外者も遠い場所にすわらされる。「正統的周辺参加」は人間の空間的な配置としても構造化していたわけである。

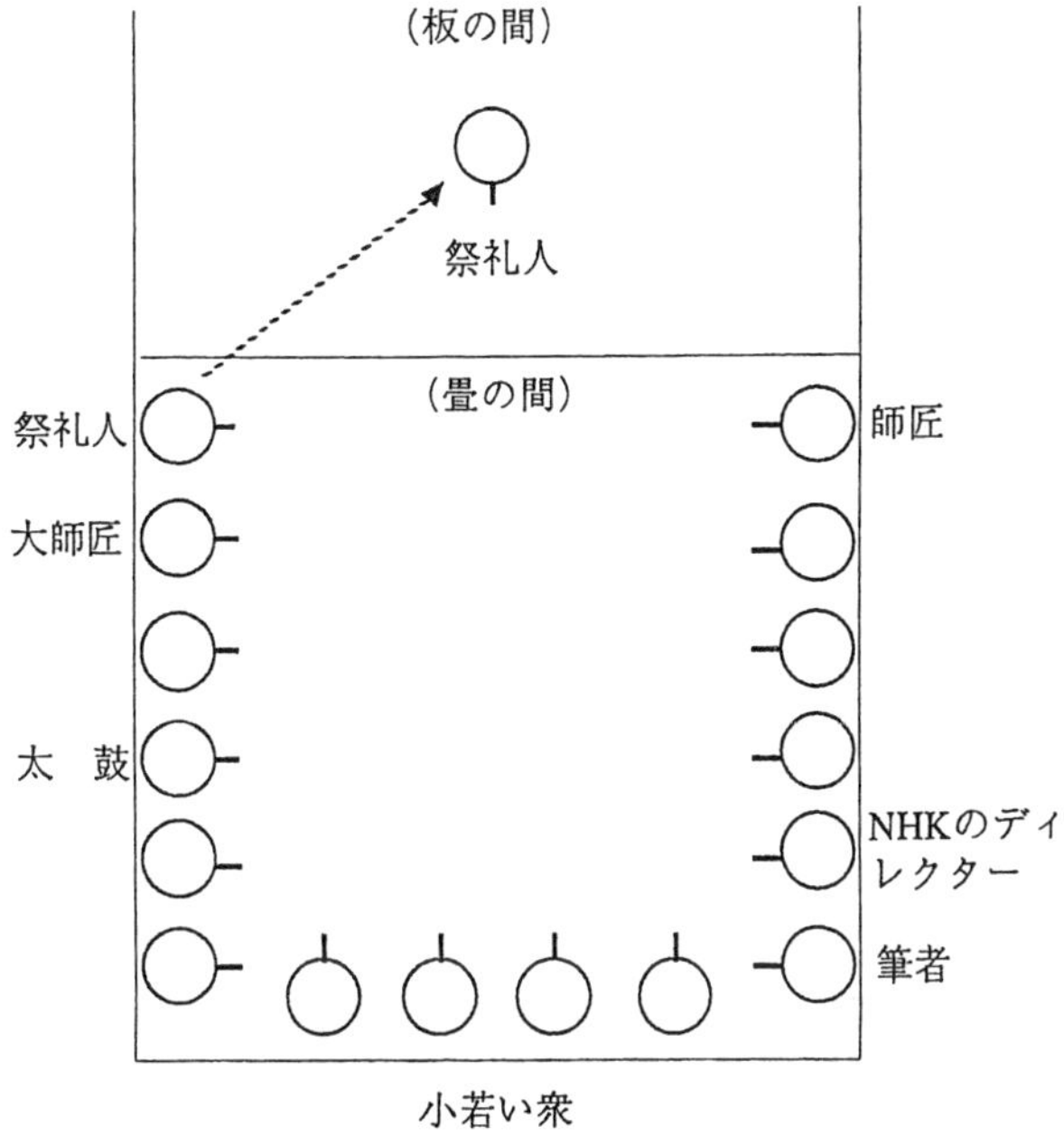

図4　オノマイならしにおける座順
（平成5年（1993）5月29日の場合）

　たとえば、小若い衆は空間的にも周辺に位置しているが、同時に全体的な活動を観察するさい絶好のロケーションに位置しているとも考えられるだろうか。また平成五年（一九九三）の場合、大師匠は祭礼人の傍ら、つまり師匠のほぼ真正面にすわっていた。したがって、師匠と大師匠は率先して祭礼人の演技を指導するのみならず、指導する方法を観察しあい点検しあうことができる。すなわち、こうした役割が師匠と大師匠の空間的な配置として構造化していたと考えられるのである。なお、オノマイならしに参加する青年たちの人数はこの十年間あまり、ほぼ二十名前後を維持している。

オノマイならしは大きく二つに分かれている。前半に相当する四月二十三日前後～四月二十六日前後、祭礼人は王の舞に付随する笛の口唱歌にあわせて、二度通して稽古する。笛の口唱歌は「ホーヒャリホ、ホーホーリホ、ホヒャヒャリホ、ホーヒ、ヒーヒャーヒャリホ、ホーホーホリホ」というものであり、「鉾返し」といわれている箇所のみ「ヒヒャヒャリホホホヒ、ヒヒャヒャリホホホヒ」であった。この口唱歌は祭礼人が個々の手順を記憶する手がかりとして機能している。すなわち、祭礼人はこの口唱歌をもって王の舞を分節化するのであり、だからこそぜひとも笛の囃子を習得しておかなければならなかったのである。

もちろん私的な稽古が不十分であった場合や祭礼人が笛の囃子を十分習得していなかった場合は、個々の手順をまちがうことや失念することも少なくない。したがって、オノマイならしは往々にして中断するが、師匠や大師匠がやはり祭礼人のミスを逐一修正するのみならず、各人各様の癖をもできるだけ矯正しながら、ともかく二度通させてしまうのである。以上見てきたオノマイならしの前半は、私的な稽古を踏襲するべく個々の手順を徹底的に叩きこむという目的を持っているとも考えられるだろうか。

だが、この時期における中心的な課題は、むしろ演技に対する全体的なイメージを拡大する／させることである。というのも、オノマイならしは祭礼人が必ず二度通して稽古することをさだめており、祭礼人が個々の手順を全体として正しく構成することを求めていると考えられるのである。じっさい、師匠や大師匠が手とり足とり指導する機会は、私的な稽古にくらべたらめっきり減少してしまう。指導するといっても、大半は祭礼人の近くにすわって口頭でミスや短所を指摘するだけであり、祭礼人が上達してきたら、その回数も徐々に減少する。

ところが、今度は以前に王の舞を担当した先輩たちが、同じく口頭であれやこれや介入しはじめる。そもそも師匠と大師匠は前年と前々年の祭礼人でしかなかったから、彼らが指示するところが不十分かつ不正確であり、先輩たちを納得させなかったとしてもおかしくない。じっさい、王の舞を経験した青年たちが個別的な演技について議論する光景は、毎年必ず見られるものであった。鋭く対立する場合や険悪な雰囲気が流れる場合も少なくないのである。したがって、オノマイならしは師匠や大師匠が新しいアイデンティティーを形成する過程でもあったといわなければならない。一方、話題の中心に投げ出された祭礼人は各々少しずつ異なる言説に当惑しながらも、演技に対する視野を拡大していったものと思われる。先輩たちの好き勝手な「身体技法に近い評価」も祭礼人が演技に対する視野を拡大するさい、少なからず貢献していたのである。

写真4　王の舞を稽古する祭礼人

祭礼人はオノマイならしの全般を通じて、王の舞の稽古が終わったら一人だけ帰宅することが許されている。じっさい、不自然な動作や姿勢を多く要求する王の舞の稽古は祭礼人をひどく苦しめるものであるらしい。ほぼ連日、少なくとも一時間は稽古するから、かなり頑強な祭礼人であっても、体力を使いはたしてしまうようである（**写真4**）。祭礼人が早々に帰宅したら、青年たちは囃子の稽古をはじめる。

前述した「麻生清義社囃子（笛太鼓）楽譜」は、王の舞に付随する笛の口唱歌のみならず、「かかよ」「じしゃぎり」「どろすこ」「吹き出し」「弥平」という囃子について、笛の口唱歌を筆記している。また「その他」として、「鳶の巣（トンビのス）」と「神楽の舞（カグラのマイ）」という囃子の名称のみ併記している。最も重要な囃子はいうまでもなく王の舞に付随するものであるが、残りの囃子も弥美神社の祭礼に参勤したさい適宜演奏しなければならないから、やはり何度も稽古するのである。

だが今日、全曲を演奏することができる青年は残念ながら存在しない。

とりわけ「弥平」や「鳶の巣（トンビのス）」はむずかしいため、もはや廃曲寸前であるらしい。といっても、清義社が囃子の稽古に対して不熱心であるということはできない。稽古は午後十時近くまで続き、午後十時半近くにずれこむこともある。稽古が終わったら、小若い衆は片付けをはじめるが、青年たちの何名かは誘いあって外出する場合も少なくない。どうやら清義社という「演技の共同体」は青年たちを結びつける紐帯として機能しており、文字どおり世代を越えた連帯感をも育成しながら存続していたらしい。その中心的な機会こそが王の舞と囃子の稽古であり、だからこそ熱心にとりくむことができたとも考えられるのである。

(4) 太鼓入れ。オノマイならしも後半に突入した四月二十六日前後、本物の笛と太鼓が入り、本番をしのばせる通し稽古をやはり二度行なう。以降のオノマイならしも同様であり、本番どおり稽古するものであった。祭礼人は太鼓入れにともない、お茶菓子を用意して青年たちに協力してほしいと願い出る。この太鼓入れはオノマイならしを分節化して、祭礼人の意識を本番に集中させるべく組織する効果的な機会であったと考えられるだろうか。オノマイさだめ以降、連日のきびしい稽古を経験している祭礼人は、以前にもまして責任感を増大させていったものと思われる。一方、青年たちもオノマイならしが本番どおりの形式に変わって実感が湧いてきたのだろうか、俄然きびしい表情を浮かべながら、祭礼人の一挙手一投足を注視する。小若い衆も緊張した雰囲気に巻きこまれて、その姿勢を多少なりともあらためていかざるを得ないのである。

ところで、こうした機会を笛入りといわず、太鼓入りと称しているのはなぜだろうか。笛は口唱歌が本物に変わっただけであり、当初から登場していたとも考えられるから、あらためて笛入りという呼称を使用するまでもない、というだけのことであったのかもしれない。だが、もしもそうだとしても、太鼓が演技を習得する／させる過程にあって、最も遅く登場するのはなぜだろうか。

太鼓は個々の手順の、いわば接続部で打ち、演技が一段落するところで連打するものとされている。しかも、祭礼人の一挙手一投足を注意深く観察しながら、打つタイミングをはからなければならない。じっさい、太鼓は祭礼人のみならず師匠や大師匠をも無事勤めあげた年長者が担当しており、すわる場所もほぼ中央であった。すなわち、複数の視座に立脚しながら王の舞の一部始終を観察することができる青年が担当しているのである。したがって、太鼓は祭礼人が個々の手順をひととおり習得した以降ようやく登場して、祭礼人が個々の手順を全体として正しく構成する過程に貢献する有力な資源であったと考えられる。かくして、祭礼人は王の舞の演技に対する全体的なイメージを獲得することができるのである。そうだとしたら太鼓入りという呼称じたい、太鼓がはたす資源としての効用に対する、青年たちの多大な関心をしめしていたのかもしれない。

白井がとりあげていた「わざ」言語が登場するのも、演技を習得する／させる過程が中盤にさしかかった、まさしくこの時期である。もっとも白井は「芸の基本について」と題したところで「わざ」言語を紹介している。したがって、初級編における資源の一つであったかとも思われたが、実は中〜上級編に埋めこまれていたのである。「わざ」言語を聞いて「思い当たる」ためにも、祭礼人は「叩きこみ」でもって個々の手順を習得する時期を経て、演技に対する全体的なイメージを獲得していなければならない。そのような主体を形成する過程こそが、「わざ」言語を正しく理解する必須の条件であった。「わざ」言語は祭礼人の演技を上達させる有効な資源として、レイヴ＋ウェンガーがいう「関与すること、焦点を当てること、注意を移すこと、調整をもたらすこと」等々、さまざまな効果をもたらしたものと思われる。

また、白井は言及していなかったが、新しくレイヴ＋ウェンガーがいう二番めの「実践の中での語り」、つまり「実践について語ること（たとえば、物語、共同体内の伝承）」も登場する。青年たちは代々の祭礼人が長らく蓄積してきた王の舞にまつわる物語や伝承を適宜引き出して、やはり祭礼人の演技を上達させる手がかりとして活用する。すなわち、自分の体験談を得意げに語ってみせたり、祭礼人の肉親が祭礼人を勤めた当時の状況についてくわしく語りあったりしながら、祭礼人が自分の演技を構想する身近な指針を提供するのである。こうした物語や伝承は王の舞にまつわる青年たちの集合的記憶を支持するのみならず、強化して再生産する機能を持っていると考えられる。

たとえば、祭礼人の身体は太鼓入れの前後ともなれば、便所にいってもしゃがめないような最悪の状態にみまわれるが、用意周到にもそのような状態に対応する言説が存在している。青年たちはいかにも辛そうな祭礼人の様子をみて、必ず酢を飲めばいいとか太股に酢をすりこめばいいとかいうのである。自分は実際に試してみたという青年も一人や二人あらわれる。現実的な効用はともかくとしても、である。この、やや常軌を逸脱した言説じたいが祭礼人の切迫した状態をやわらげることに貢献している可能性はきわめて大きい。というのも、青年たちは口々に感想を述べながらも、きまって笑顔を浮かべるから、祭礼人もつられて笑顔を浮かべてしまうのである。きびしい稽古の最中に一瞬だけ湧きあがるなごやかな雰囲気は、祭礼人の身体的な苦痛を少なくとも心理的に軽減する効果をはたしている。そして、青年たちの「記憶と内省の共同形態を支持」しているのである。

(5)　お仕上げ。オノマイならしの最終日である四月二十九日は、一度だけ通し稽古を行なう。その中心的な課題は演技の一部始終を最終的に確認することであり、青年たちも一転して口うるさくいわなくなる。お仕上げであれやこれやいっても、祭礼人を萎縮させるだけであることを知っているのである。したがって、青年たちは祭礼人の達成度に対して不満を持っていてもあまり口外しない。むしろ失敗してもだれも気づかないから大丈夫とか、とにかく落ちついてやれば大丈夫とかいってみせて、祭礼人の緊張感をやわらげようとする。だが、それは翌日、最もつらい時間を経験しなければならない祭礼人に対する精一杯のいたわりであったのかもしれない。この日は一番しか通していないので、青年たちは祭礼人が帰宅した以降も長時間にわたって囃子の稽古を続ける。そして、何名かは打ちあげと称して、もはや深夜に近い時刻であるにもかかわらず外出するのである。

(6)　四月三十日は麻生でも東山でも神事（ジンジという）が行なわれる。祭礼人も羽織を着用して麻生もしくは東山の神事に参加する。はじめて村落レベルの社会的実践に参加するわけである。午前八時すぎ、村人たち（男性のみ）が三々五々、集会所にやってくる。村人たちは緊張した表情を浮かべながら上座にすわっている祭礼人の眼前に進み出て、順番に挨拶する。最初に祭礼人はじめ諸役を紹介して、本人が挨拶する。挨拶が終わったら、一同は当番が用意した朝食をとる。以上、祭礼人は社会的な視線にさらされるばかりか、村落レベルの社会的実践に巻こまれて、その責任を痛感せざるを得ないのである。

午前九時すぎ、祭礼人は当番一名に伴われて、和田の海岸に出かけて水垢離をとり（パンツ一枚で海に入る）、海水一升とホンダワラを持ち帰る。これは海水でもって祭礼人の心身を浄化するものであり、「信仰」を愛好する民俗学者を少なからず喜ばせる光景であるが、同時に依然として肌寒い四月下旬の海水に浸かり、祭礼人の集中力を増進させるという実践的な目的を持っていると考えられるかもしれない。

(7)　王の舞（第一回）。集会所の一室で王の舞の衣装つけがはじまる。これは清義社の青年たちが笛を囃しながら担当する。もちろん小若い衆も参加する。祭礼人は太鼓に腰かけているだけであり、本人が手を出すことは禁じられている。女性が見ることも嫌うようである（祭礼人の食事を接待するのも男性にかぎられている）。続いて鼻高面と鳥甲をつけてもらう。うまくあわない場合は手拭いを入れることもある。どちらもずれることを防止するべくかなりきつく締めつけるので、演技が終わったら軽い呼吸不全にみまわれる祭礼人もいる。以上、衣装つけにまつわる諸事は、合計して四回ある王の舞を通じてみられることである。

第一回の王の舞は八幡神社もしくは東山に鎮座する塞神社の境内で、集会所に正対して演じられる（写真5）。第一回は当番の家に対するものであり、以前はそうした家の庭で演じたという。秘密主義を貫徹してきた清義社であったが、ようやく王の舞を公開するわけである。ところが、第一回のみ清義社はまったく関与しない（することができない）。笛・太鼓を担当するのは村人たちである。祭礼人は青年たちの囃子でもって稽古していたため、慣れない囃子にとま

写真5　第1回の王の舞

どい（拍子が若干異なる）、タイミングがあわない場合が多い。しかも、はじめて正式の扮装でもって演じるので勝手がちがい、大半の祭礼人が大なり小なり失敗する。ミスやトラブルがおこった場合、師匠が進み出て適宜修正する。これも四回の王の舞を通じて見られることである。

一方、村人たちは祭礼人がかくも劣悪な条件におかれていることを知りながら、祭礼人の演技をきびしく見つめている。とりわけ王の舞を演じた経験を持つ村人たちは、さまざまな「身体技法に近い評価」をもって、容赦なく祭礼人の演技を批評する。彼らはときおり祭礼人が稽古してきた内容にそぐわないことや若干ちがうこともいうのである。先輩たちは無視してもかまわないというが、ぐったりしている祭礼人に近づいて、あれやこれや言い聞かせる村人もあらわれる。もちろんこれはひどく嫌われるが、いずれにしても「身体技法に近い評価」の範囲が村落レベルへ拡大したことをしめしている。

祭礼人はこうした事態に対峙して、もはや何をおいても王の舞に集中せざるを得ない。比較的不熱心であった祭礼人ですら、真剣な表情を浮かべながら青年たちのコメントに聞き入り、残る三回を成功させるべくよくわからないところを確認することを躊躇しないのである。したがって、村人たちの容赦ない「身体技法に近い評価」は祭礼人を少なからず打ちのめすものでありながら、同時に祭礼人がかくも積極的な主体を形成することに貢献する有力な資源として機能していたとも考えられるはずである。なお、第一回が終わったら、村人のみならず青年たちも一時帰宅するが、祭礼人は終日帰宅することができない。一人残された祭礼人は集会所の片隅で休憩しているが、第一回の失敗に懲りて第二回以降に捲土重来を期しているのか、ときおり立ちあがってうまくいかなかった箇所を確認するような恰好を見せる。

(8)　王の舞（第二回）。午後三時ごろ、午後の祝宴があり、今度は清義社の青年たちも正装して参加する。夕刻、第二回の王の舞が八幡神社もしくは塞神社の境内で、今度は神社に正対して演じられる（**写真6**）。第二回は八幡神社もしくは塞神社に奉納するものであり、ようやく清義社が囃子を担当する。王の舞の扮装にもなじみ、囃子も慣れたものであるため、通常は第一回よりもいい結果が出る。第二回が無事終わったら、青年たちは「もうちょっとやら辛抱せえ」とか「その調子でやったらええ」とかいい、祭礼人の緊張感を少しでも解きほぐそうとしている。祭礼人の表情も少しばかりなごむ。第二回が終わったら、青年たちは再び一時帰宅する。

写真6　第2回の王の舞

(9)　宵宮（ヨミヤ、オツヤともいう）。弥美神社の祭礼に対する宵宮である。午後九時ごろ、再び祝宴があり、村人たちが多数参加する（**写真7**）。清義社の青年たちも普段着を着用して参加する。かつては子供たち（男子のみ）が祭礼人を訪問して、「オノマイサン」といって挨拶したという。「演技の共同体」へ参加して「熟練のアイデンティティー」を獲得するあまりにも遠い道程の第一歩は、早く幼年期にも埋めこまれていたのである。

宵宮がはじまってしばらく経ったら、場の雰囲気はすっかりなごみ、老若ともども肴をまわしながら酒を汲みかわす。宵宮における話題はまさしく多岐にわたっている。だが、最も多いのは何といっても昔話に花を咲かせることである。それは同時に清義社を回顧することを意味している。村人たちは自分が在籍していた当時の清義社を思い出して、楽しかったことや苦しかったことについて口々に語り、青年たちにもくわしく聞かせる。こうした話題は彼らを辟易させる場合もあるが、王の舞にまつわる村人たちの集合的記憶を支持する言語的実践として重要である。そして、青年たちの集合的記憶にも少なからず反映する言語的実践であったと思われるのである。

だれが提案するわけでもないのだが、まもなく一同は笛と太鼓を持ち出して、囃子に興じはじめる。年配の村人たちはむずかしい囃子も難なく演奏してみせて、青年たちの賞賛と尊敬を一手に引き受ける。それは一年に一度のことであり、青年たちが習得した囃子を確認するのみならず、習得していない囃子にも挑戦してみるほぼ唯一の機会であると考えられる（だが、泥酔して何事かわめいている青年もいる）。宵宮は囃子を習得する／させる過程における中心的な場の一つとして、オノマイならしとも呼応していたわけである（**写真8**）。

一同は以前こそ当番の家で一夜を明かしたというが（文字どおりオツヤ、お通夜であった）、現在は午後十二時をもって解散している。祭礼人は当番の家で入浴して（風呂は祭礼人が持ち帰った海水を入れて沸かしたものである）一泊させてもらう。かつては一週間にわたって当番の家に泊まったという。やはり祭礼人の心身を浄化するものであろうが、同時に祭礼人の集中力を増進させるという実践的な目的を持っている可能性をも想定しておかなければならない。

(10) 五月一日の未明、祭礼人は当番一名に伴われて弥美神社に参拝する。これは弥美神社に対して本番の無事成功を祈願するものであり、実践的なレベルでも祭礼人の緊張感と責任感を増大させる効果をはたしている。じっさい、だれもいない早朝の弥美神社は荘厳な雰囲気がたちこめており（私もいってみた）、祭礼人でなくとも思わず襟を正してしまうはずである。白井が提出したような「こころの領域」を感じさせる言説、つまり五穀豊穣や鎮魂を強調する言説は、おそらくこうした文脈に埋めこまれている。すなわち、前述してきた演技を習得する／させる過程をくぐりぬけた結果として、かろうじて到達することができるような境地の存在を含意していたと思われるのである。

⑾　王の舞（第三回）。弥美神社の祭礼における本番に対して、いわばゲネプロに相当するだろうか。午前六時ごろ、第三回の王の舞が八幡神社もしくは塞神社の境内で、松と臼（御膳と呼ばれる特殊な神饌がおかれている）に正対して演

写真７　宵宮における村人

写真８　囃子を稽古する青年たち

じられる。この奇妙な置物は境内の中央に敷きつめられた白い砂（がもたらす触感）とも相俟って、祭礼人の緊張感を増大させる効果的な小道具、つまり有力な資源であったと考えられるかもしれない。第三回も以前は当番を勤めている家の庭で演じたという。囃子は正装した清義社の青年たちが担当する。

第三回が終わったら、祭礼人は一般に平常心をとりもどす。残る機会は本番とでもいうべき弥生神社の祭礼だけである。祭礼人は何度となく自分の責任を痛感させられてきたせいだろうか、顔つきも一変して早くも本番に集中している。ようやく白井が洩らした「自分が主人公になりきる」という自意識を獲得して、「その場は自分一人です」という境地に到達するわけである。

⑿　村立ち。午前八時ごろ、一同は行列をつくり弥美神社へ参進する。祭礼人も羽織・袴を着用して行列に参加する。道中、祭礼人は両手を懐に隠して高下駄をはき、一言でもしゃべることを禁じられる。象徴的なレベルで両手と口を失い、文字どおり非日常的な存在として扱われるのである。やはり民俗学者を喜ばせる光景であろうが（私も以前ずいぶん喜ばせてもらった）、我々の社会的実践を生産する最も基本的な要素の一つである両手と口を禁止することは日常的な身体技法を抑圧することを意味している。これは祭礼人が日常的な身体技法の領域を離脱して、王の舞における非日常的な身体技法、つまり不自然な動作や姿勢を持続することを焦点化するさい、多大な効果を発揮するものと思われる。

⒀　幣迎え。行列が弥美神社に到着したら、祭礼人は青年たちとともに控室としてあてがわれた長床でしばらく休憩する。連日の心身疲労と前日の睡眠不足が効いたのか、夕刻の第四回に万全を期しているのか、仮眠している場合が多い。だが、祭礼人は午前中にも王の舞の扮装でもって、弥美神社の祭礼における最も重要な儀礼である幣迎えに参加しなければならない（**写真9**）。幣迎えは一本幣・七本幣（新庄が担当する）、王の舞、獅子舞（佐野・野口・上野が毎年交代して担当する）などが行列をつくり、参道下で待機している大御幣（多数の集落が毎年交代して担当する）に対峙

するべく長時間かけて参道をくだる。そして、むかいあった一本幣・七本幣と大御幣を各々上下させる儀礼である。しかも、双方は上下させるタイミングをめぐって活発な駆け引きを展開するから、近郷近在の人々が多数つめかけて、場の雰囲気も少なからず盛りあがる。

幣迎えの主役はあくまでも一本幣・七本幣と大御幣であるが、王の舞も一役かっている。祭礼人は師匠に手を引かれて参道をくだり、途中で三回「拝む」。そして一本幣・七本幣に続き、大御幣に対しても「拝む」ことをするのである。祭礼人は長時間にわたって鼻高面と鳥甲を着用するため、すっかり疲労困憊してしまう。だが、幣迎えは祭礼人が従来あまり考えていなかったことを焦点化する契機として重要である。

写真９　幣迎えに参加する王の舞

たとえば祭礼人は、王の舞も近郷近在の村落が参加する祭礼における要素の一つであったこと、近郷近在の人々が弥美神社の祭礼を見物するべく多数つめかけていること、等々に気づかされる。じっさい、王の舞は弥美神社の祭礼における呼び物の一つであり、やはり近郷近在の人々が多数つめかける。したがって、祭礼人としても「身体技法に近い評価」が近郷近在へ拡大する事態を想定しておかなければならなかったのである。幣迎えは祭礼人がこうした事態に対峙せざるを得ないことを認識する絶好の契機であった。そして、祭礼人が場の雰囲気にも動じないような主体を形成することに貢献する有力な資源でもあったと考えられるのである。

⒁　王の舞（第四回）。祭礼の次第もくわしく紹介したいところであるが、本章の関心を大きく逸脱してしまうので、残念ながら中略する。午後五時ごろ、幣納め（大御幣を弥美神社の本殿に収納すること）が終わったら、ようやく第四回の王の舞である。第四回は弥美神社の境内（中の馬場）で、本殿に正対して演じられる。成功しても失敗しても最後の機会である。十分休憩した祭礼人は万全を期して登場する。だが、祭礼人はまったく新しい、そして従来にもましてきびしい「身体技法に近い評価」を経験する。それは前述した白井の言説、つまり五穀豊穣や鎮魂を強調する言説とも呼応するものであった。弥美神社の祭礼に蝟集する近郷近在の人々、とりわけ年配の人々は王の舞に対する卓越な審美眼を持っており、演技の巧拙をきびしくみつめている。そして、見事な演技であると判断した場合のみ、祭礼人に対して「大豊年」という掛け声を浴びせかけるのである。

かくして、「身体技法に近い評価」の範囲は村落レベルを逸脱して、近郷近在の人々へ拡大する。しかも、演技の巧拙が大豊年かどうかを左右する、つまり近郷近在の未来を決定する（本当かどうかは知らないが）というのだから大変である。祭礼人はあらためて演技をうまく構成することに集中せざるを得ない。すなわち、こうした掛け声（を発する人々）の存在は演技を習得する／させる過程を完成させる、いわば最終的な資源として機能していた。そして同時に、祭礼人や青年たちがうまくいっているかを確認して、適宜微調整するべく利用する資源でもあったと考えられるのである。にもかかわらず、民俗学者はこうした掛け声をもって五穀豊穣を祈願する言説としてのみ扱い、ひたすら「信仰」の所在を嗅ぎわけてきたのである。

ところで、第一回〜第三回の王の舞は祭礼人が第四回の王の舞を無事勤めあげるべく利用する、最も直接的な資源であったとも考えられる。じっさい、第一回〜第三回は第四回を成功させるという実践的な目的に沿って効果的に配置されており、いわゆるリハーサル[21]の性格を持ちあわせているのである。これは青年たちも常々いっていることであり、祭礼人の本番があくまでも弥美神社における第四回であったことをしめしている。

⒂ 第四回が無事終わったら、祭礼人は急いで長床にもどり、羽織に着替えてしまう。そして、師匠に伴われて弥美神社の本殿に参拝する。中の馬場は早くも獅子舞が演じられている。祭礼人はその光景を横目に見ながらも、人目につかないよう神社脇の木立を通って、本殿に参拝するのである。しかも、祭礼人は一礼したら、師匠に伴われて再び人目につかないよう木立をくぐり脇道を通って、麻生もしくは東山に走って帰る。まさしく全力疾走であり、私も何度か追いかけてみたが、全然ついていけなかった。これは祭礼人の素性を隠そうとするものであり、王の舞があくまでも非日常的な存在であったことをしめしていると考えられる。だからこそ祭礼人は徹頭徹尾、日常的な文脈を回避しなければならなかったのである。祭礼人は集会所でしばらく休憩して、夕食をとってから帰宅する。

6 「演技の共同体」の現在

以上、レイヴ＋ウェンガーの、「実践共同体」への参加という所説を前提しながら、王の舞の演技を習得する／させる過程の実際をくわしく見てきた。かくして、あらためて強調しておかなければならない。清義杜という「演技の共同体」へ参加する過程、つまり青年たちが「熟練のアイデンティティー」を獲得する過程は、祭礼人が自分の演技を上達させるべく利用する多種多様な資源を効果的に配置していた。というよりも、そのような資源を配置した結果こそが清義社という「演技の共同体」であったのかもしれない。

とりわけオノマイならしは演技を習得する／させる過程における最も中心的な場であり、したがって最も多数の資源を集中させていた。「わざ」言語もその一つであった。こうした当事者の、当事者による、当事者のための言説は演技を習得する／させる過程の中盤以降、つまり祭礼人が基本的な手順をひととおり習得した以降に数多く登場する。そして、実践的なレベルにおける諸々の効果をもたらしていたのである。

だが今日、比較的安定的な構造を維持してきた清義社は少なからず動揺しはじめている。それは清義社という「演技の共同体」を囲繞している社会的な諸条件が大きく変化したことを意味している。以下、その一端をしめす数例をあげてみたい。そもそも麻生や東山に在住する子供の人数が減ってしまった。こうした事態はけっして麻生や東山だけで見られるものでもなく、むしろ全国的な規模で進行しているものであると思われるが、清義社の命運を左右しかねないような重大かつ深刻な問題を呼びおこしている。すなわち、新しく参加する小若い衆の人数が年々減少しているのである。小若い衆はいわば未来の祭礼人であり、清義社じたいも小若い衆をリクルートすることによって成立している。したがって、小若い衆の人数が年々減少していることは、青年たちが維持してきた「演技の共同体」の、いわば生命線にかかわる一大事を意味しているのである。

しかも今日、小若い衆は清義社の活動に参加することに対して、必ずしも積極的な動機を持っていないようである。かつて清義社は社会的な諸規範を学習する機会であるのみならず、青年たちが世代間で交流しながら娯楽を共有する機会でもあったという。だが、娯楽が多様化した昨今、小若い衆は口うるさく指図する年長者たちにかまってもらわなくても、いくらでも楽しい機会を手に入れることができる。小若い衆が内心オノマイならしを敬遠していたとしても、けっしておかしくないのである。

一方、年長者たちは依然として、小若い衆だけはどうしてもオノマイならしに参加させなければならないと考えている。そもそも小若い衆をリクルートすることに失敗してしまったら、清義社じたい存続するべくもないはずである。しかも、オノマイならしは小若い衆が王の舞の存在を正しく認識して、心身とものぞましい主体を形成する契機としても重要であった。オノマイならしに十分参加しなかった小若い衆は、祭礼人として演技を習得する／させる過程を経験するさい、少なからず苦労するだろう――。年長者たちはそのことをよく知っている。

といっても、年長者たちはもはや小若い衆に対してきびしく接することができない。少しでもきびしく接したら、小若い衆がオノマイならしに参加しなくなってしまわないともかぎらないのである。これは一見したところ、前述したオノマイならしにおける放任主義の伝統を思わせる。だが、両者を同一視するわけにはいかない。この数年、小若い衆の何名かはオノマイならしに参加しても、多くの場合稽古を無視しておしゃべりに興じており、したい放題してもかまわないという特権を獲得したのかとすら思わせる。にもかかわらず、年配者たちは注意することもできないのである。参加しないよりはましであるとでも考えているのだろうか。年長者たちの心理的な葛藤はいやますばかりである。

にもかかわらず、小若い衆は晴れて年季が開けたら、オノマイならしにあまり参加しなくなってしまう。中学生や高校生の大半は勉強しなければならないとか（塾に通っているものもいる）、クラブ活動がいそがしいとかいう理由を持ち出して、大なり小なりオノマイならしに対する消極的な姿勢を表明している。もちろん年長者たちは演技を習得する／させる過程を促進するためにも、参加することを要請している。だが、小若い衆の家人にも「清義社なんかに行っても何にもならへん」とか「受験やのに清義社いって落ちたらどうしてくれるんや」とかいわれる始末であり、すっかり当惑してしまう。以前であったらまったく考えられなかった事態であり、年長者たちは清義社に対する社会的な視線じたいが変化しつつあることを思い知らされるのである。

父親は大半が清義社の活動を経験しており、その存在理由を正しく理解しているせいか、王の舞に対しても比較的肯定的な姿勢をしめしている。だが、母親はそういうわけにもいかない。以前の通婚圏はほぼ近郷近在にかぎられていたため、母親も大半が王の舞に対する一定の予備知識を持っていた。ところが、通婚圏が飛躍的に拡大した今日（北海道や四国の女性が嫁入りしたこともある）、王の舞は前近代的な慣行であるとしか理解していない母親が増加している。清義社がいじめを奨励しているといって自分の子供を参加させたがらない母親や、王の舞は受験戦争の敗者を生み出す悪習であると公言してはばからない母親すら存在しているのである。

大学をめざしている青年たちは志望する大学が近くにないためか、一度は都会に出てみたいと思っているためか、大半が大阪や京都などの大学を受験する。したがって、めでたく合格したら自宅を出て、数年間は下宿しなければならない。数時間しかかからないといっても、オノマイならしが行なわれる四月は新しい学期が始まったばかりである。毎年帰郷することはきわめてむずかしい。かくして、清義社は本来その中心的な役割をはたしてもらわなければならない二十代前半の青年を一時的に失ってしまう。大学を卒業して帰郷する場合はまだしも、大阪や京都などで就職してしまったら、彼らが清義社に復帰する可能性じたい半永久的に失われてしまうのである。

青年たちは高校や大学を卒業したら、大半が地元で就職する（美浜町内にある原子力発電所に勤務している青年もいる）。以前の麻生や東山は専業農家が大多数であり、家人もオノマイならしのことを十分理解していた。したがって、青年たちは安心してオノマイならしに専念することができたのである。だが、今日の麻生や東山は兼業農家が大多数であり、いわゆる三チャン農業でもって何とかしている。青年たちの大半はサラリーマンであり、主要な稼ぎ手として時々は残業も経験しなければならない身の上である。オノマイならしだからといって、早退したり欠勤したりするわけにもいかない。無理を通しても職場における自分の立場を悪化させるだけであると思われる。すなわち、青年たちは今日もはや麻生や東山に在住していながら、オノマイならしに十分参加することができないのである。

かくして、青年たちはオノマイならしに対して一定の距離をおきはじめる。おかざるを得ないとも考えられるだろうか。その最も極端な場合は清義社が持つ抑圧的な性格を指摘して、諸悪の根源である王の舞に対して否定的な立場を表明するというものである。たとえば、かつて十代のある青年は「王の舞をつぶそう会」を結成しようと考えている、などといっていた。もしかしたら冗談であったのかもしれない（そうとも思われなかったが）。だが、少なくともそのような言説を容認せざるを得ないような雰囲気が広がりはじめていることだけは、ほぼまちがいないと思われる。

じっさい、近年はもっともらしい理由（年長者たちはそういう）を持ち出して、祭礼人を拒否する青年が何名か出現している。以前は祭礼人を勤めることじたいが名誉であり、家の面子をかけた一世一代の大仕事であった。私が調査しはじめた十年あまり前も、同世代の青年たちが比較的多数おり（私も同世代であった）、順次祭礼人を担当していた。仲間意識も強かったため、万事うまくいっていたのである。

だが、こうした世代が無事勤めあげて一段落した今日、祭礼人のことを迷惑がって引き受けたがらない風潮が広まっている。したがって、年長者たちは順番がまわってきた青年にもその家人にも、ひたすら懇願せざるを得ない。近年も、ある年長者が「村の行事やろ、悪いことしてるわけでもないのに、何でこんないやな目にあわなあかんねや」といって、不平不満をこぼしていた。彼は三十年あまり前に祭礼人を担当している。事態はわずか三十年あまりで大きく変化してしまったのである。そして平成四年、清義社は史上初の二度舞を余儀なくされる。それは年長者たちが苦しみながらも決断した、まさしく窮余の一策であった。

ようやく祭礼人が決定しても、前述したような状況はまったく変わらない。当然ながら演技を習得する／させる過程もうまく運ばないのである。何よりも稽古に費やす時間があまりにも不足している。勤務先の事情などもあって、十分稽古することができないのである。だが、せっかく引き受けてくれたのだから、うるさくいうこともはばかられる。もとよりきびしく指導することなどできるはずもない。しかも、昨今の祭礼人は農業をあまり経験していないせいだろうか、基礎的な体力がかなり落ちているらしい。不自然な動作や姿勢を持続することじたいにも手こずる場合が少なからず見られる。今日、うまくやってのける祭礼人は、ほぼ例外なく野球やサーフィンなどを楽しむスポーツマンである。

したがって昨今の祭礼人は、基本的な手順をひととおり習得することだけで精一杯であり、それすらおぼつかない場合もある。ましてや自分の演技を上達させることなどのぞむべくもない。早くも初級編でつまづき、結局は中～上級編に到達する手前で終わってしまう。以前はあまり考えられなかったことであり、その可能性すら思いつかなかったが、じじつ本番でも単純なミスや初歩的な失敗を犯してしまう祭礼人が出現しているのである。かくして演技を習得する／させる過程は全体的なバランスを失い、初級編に従事する時間だけが長期化もしくは肥大化する。

以上みてきた事態は、演技を習得する／させる過程に貢献する有力な資源であった、当事者の、当事者による、当事者のための言説の存在形態にも少なからず影響している。初級編が長期化した結果として、当然ながら初級編に貢献する言説が急増する。青年たちは基本的な手順を習得することにすら難儀している祭礼人に対して、細部をきわめて具体的に指示する言説を反復的に使用しなければならないのである。一方、中〜上級編に貢献する言説は、その大半が消滅してしまう。祭礼人が「添え木」として利用する「わざ」言語、反省的に利用する物語や伝承、等々は祭礼人の演技を上達させるべく活躍する機会を失って、正しく機能することができないどころか、顕在化することすらできないのである。

もちろん白井が提出したような「こころの領域」を感じさせる言説、つまり五穀豊穣や鎮魂を強調する言説が登場する余地もほぼ存在しない。清義社にも無神論者が増加しているのかもしれないが、それはむしろ昨今の祭礼人が五穀豊穣や鎮魂を祈願するという「気持ち」で王の舞に没入する、つまり「自分が主人公になりきる」という境地に到達していないことに由来するものと思われる。白井はこうした事態を知っており、だからこそ何もいわないのである。とりわけ昨今は白井のような、実践的なレベルに対して「反照的ポテンシャルを持っている人物」ですら、ともかく勤めてくれたらいいと考えているらしい。

こうした事態が進行している今日、とりわけ「わざ」言語の位相は大きく変化しつつある。すなわち、「わざ」言語は今日もはや当事者ですら謎めいた金言であるとしか感じられないような代物であり、すっかり空洞化してしまったかと思われるのである。演技を習得する／させる過程に埋めこまれていたとしても、顕在化しなかったら存在しないのも同然である。そしてそのことは、特定の実践に結びついて「添え木」として機能してきた「わざ」言語がある種の文化財のような、何となくありがたいが茫漠とした意味不明なものに変容しはじめていることをも暗示している。もちろん村人たちはかくも深刻な事態に対して危機感をもっており、じじつ年配の人々にも保存会を実質的に機能させようという動きが出てきている。だが、こうした人工的な保存の試みが行なわれかねないということじたい、「演技の共同体」の性格がその根本のところでとりかえしのつかない形で変質してしまっているということの、ささやかな証左にすぎないのである。

今日、こうした事態は本章がとりあげてきた王の舞のみならず、一般に「民俗芸能」といわれる文化現象を通じて広く見られるはずである。そしてこの「演技の共同体」の現在は、レイヴ+ウェンガーがいう「実践共同体」への参加という概念の有効性に対して、何がしかの疑義をさしはさむものである。というのも、彼らの所説はその立論の根拠として、比較的安定した構造を維持している共同体の存在を前提しており、彼らが準備する一連の概念もそうした構造を前提してはじめて意味あるものとして成立するからである。だが、現実の「演技の共同体」は本章で見てきたように、その存続の基盤じたいがぐらついている。そしてそのなかでは、参加という概念が持つ、たとえば向心的な運動性といったものも、それほど明確には保証されなくなってしまっているのである。

このことは、私たちが今日、例外なく複数の「実践共同体」に所属しているという事実の重みをいっそう感じさせる。つまり「民俗芸能」という実践は、もはや単一の「演技の共同体」への参加を単純に意味するものではなく、たとえば清義社と学校という異なる共同体の干渉地帯、あるいは間共同体的な場に参加することを意味しているのである。このことはいいかえれば、共同体間の相互干渉によって、従来の「演技の共同体」がかつての徒弟制の蒸留物と化してしまい、明確な構造を持った「共同体」として機能するのがむずかしくなってきているということなのである。

このように、一般に「民俗芸能」といわれている「演技の共同体」のジャンルは、それじたいが多種多様な存在形態を持った複雑な多様体である。そして本章でしめしたような、いくつかの異なる起源を持つ諸共同体間の相互干渉と、それによる多様な参加形式をもたらす複雑な実践的諸活動という視座によって、「見る／見られる」身体が構築される過程の詳細な比較研究への道を約束しているのである。

（1）たとえば、私が世話人を勤めていた民俗芸能研究の会／第一民俗芸能学会は、そうした成果を少なからず生み出している（民俗芸能研究の会／第一民俗芸能学会　一九九三）。また、私じしんは従来の民俗芸能研究を相対化かつ世俗化するべく「民俗芸能」における「現在」もしくは「近代」を主題化しながら、「民俗芸能」を記述する方法の可能性を模索してきた（橋本　一九九三ａ）。

（2）三隅治雄は「民俗芸能」を定義して、「芸術としての意識を伴わず、民俗として伝承された芸能」（三隅　一九七二：五―六）という。民俗は民間伝承にほぼ同義であり民間知識、芸能はいわゆる歌舞音曲とでも理解しておけば十分であろうか（橋本　一九九三ｂ：二二二）。だが、三隅は「民俗芸能」という術語を批判的に検討して、こうも述べている。ただ、こうして広く世間に定着するようになった「民俗芸能」の語であるが、さて、従来郷土芸能、民間芸能などと呼ばれていたものが、「民俗」の名で総括されてみると、今度はその概念の規制の中で急に窮屈さを感じる芸能もあらわれてきた。というのは、芸能はもともと人間のもつ才であり技能であって、これらは本能としてつねに創造を欲し、感性の刺激に応じて美の創作を行為の上に自由に試みようとする。だから、根ざすところは村落住民の村を挙げて繰り返しを行なってきた歌や踊りでも、伝承の過程で、そうした「繰り返し」に無意識に反撥し、あるいは無意識に脚色をこころみて、民俗からの脱皮をはかろうとするようになる。とすれば、「民俗」と名のる以上、こうした行為は、はみ出しとも逸脱ともとられて、識者の非難をあびないとも限らないのである。（中略）端的にいえば、民俗と芸能のそれぞれの相反する性格がたがいにぶつかり会い、せめぎ合いしている状態の行動伝承が「民俗芸能」であり、またせめぎ合いから脱しかけようとしている芸能もまた、広義の「民俗芸能」である（三隅　一九八一：二六―二七）。

（3）ここでいう芸能の解釈学は「本来言語的了解を拒むような非反照的に身体行動である芸能、あるいは芸能祭儀を、それらに纏わって生起する言説の解釈により、一層包括的な全体性をもつなにかとして理解する」（小林（康）一九九三：一九六）ことである。すなわち、「芸態・身体所作を読み解くコードを探るといった、真に隠された意味を見いだそうとする秘儀めいたものではなく、現前の作用によって、芸能に押し付けられている、あるいは押し付けられたような意味を問題にするもの」（同：二〇五）であり、したがって「具体的個別の言説に立ち会い、その文脈の認定に取り掛かり、現実の人々の解釈を探っていく」（同：一六二）という二重の解釈学をめざしている。

（4） こうした構想は民俗芸能研究の会／第一民俗芸能学会第二十三回研究会（平成三年（一九九一）十一月十七日）における研究発表「記述と民俗芸能研究」、および日本民俗学会第七二三回談話会（平成四年（一九九二）六月十四日）における研究発表「「民俗」と「芸能」」で主題化したものであるが、依然として原稿化していない。今後を期したいと思う。

（5） たとえば、生田久美子は日本舞踊における「わざ」言語に注意しながら、本章の関心とも響きあう興味深い成果を提出している。だがその生田ですら、活字化された芸談や他人が録音したテープの内容を引用するのみであり、当事者はいかなる文脈で第三者に対しても「わざ」言語を発話するのか、当事者が第三者に対しても「わざ」言語を発話したのはなぜか、という問題に対してまったく無関心である。認知科学者にとってはどうでもいいことなのかもしれないが、人工物と「わざ」言語は同じ資源であっても、その性格が大きく異なる。私たちが遭遇する過程じたい、まったく異なっているのである（これは現地調査に出かけてみれば、すぐにでも気づかされることである）。にもかかわらず、生田はどうやら当事者の、当事者による、当事者のための言説を所与としてしか扱っていない（生田 一九八七）。また、言語がはたす資源としての効用を列挙して済ませてしまう、ずいぶん楽天的な認知科学者もいるようである。

（6） 若干補足しておきたい。王の舞はそもそも平安末期から鎌倉期にかけて、おもに京都・奈良の大社寺における祭礼で田楽・獅子舞などとともに演じられていた。現在でも十六件を擁する福井県の若狭地方をはじめとして、広い地域に少なからず分布している。王の舞の特徴をあげておけば、①祭礼のなかでは行列を先導する機能を担っていると考えられること、②祭礼芸能の一つとして田楽・獅子舞にさきだって演じられること、③しばしば裲襠装束を着用して鳥甲に赤い鼻高面をつけること、④前段は鉾を持ち後段は素手で四方を鎮めるかのように舞うこと、⑤楽器としては太鼓・笛が用いられる場合が多いこと、等が一応の目安であろうか。だが、王の舞にまつわる言説は実態を理解する試みにもまして、多く発生や起源にかかわっていた。その大半は王の舞が舞楽・伎楽に由来する外来系の芸能として登場しつつも、さまざまな要素を吸収して今日にいたったものとみなしている。したがって、私としてはこうした状況をも前提しながら、王の舞の歴史的かつ民俗的な実態を主題化してきたわけである（橋本 一九九七）。

（7） 青年の通過儀礼という性格は弥美神社の王の舞のみならず、一般に「民俗芸能」といわれている文化現象やその外延にも数多くみられるものである。たとえば、倉林正次は寺院における芸能にもこうした性格がみられることを指摘しており（倉林 一九七九）、本章における関心、つまり演技を習得する／させる過程およびそのような過程を内在する共同体に対する関心の一般的な妥当性を保証している。

（8） また、若狭地方の王の舞を数多く調査した水原渭江は弥美神社の「祭礼における王の舞の宗教的意義」にふれて、「それはもはや俗人ではなくして、神格化された偶像として考えられている」（水原 一九六七：九二―九三）という。そして、こうも述べているのである。

弥美神社の王の舞は、他の神社で催される王の舞のもつ、春礼的な意義と同じく、農作物の豊穣を祈願する農村社会での素朴で、伝統のある楽舞である。神の絶対性を容認しないまでも、人間の可能性の限界の彼方に、神の力による自然の超克が可能であることを、かたく信じた人々がもつ宗教的文化を表象するものであった。（中略）要するに、農村社会でもっとも重要なものとされる農事の、予祝的な意味におけるもの、いいかえるならば、豊穣を祈願する人間が、神に奉納するためのものであったのである（同：一〇二―一〇三）。

（9）錦の薫陶を受けた地元の民俗学者である小林一男は、折口らの一行が麻生の人々にもたらした多大な効果について、こう述べている。

斯界の第一人者が見てくれるというので地元は沸きたち、七月の暑いさ中というのに春祭以上に熱演し、一年に二度も「王の舞」を舞うなんて、今年は大豊作だと喜びあったばかりか、「王の舞」など止めてしまえと言った人たちまでが、そんなに貴重な芸能なら文化財に――という運動さえ起こって、「王の舞」を含む神事が四ケ所福井県の無形民俗文化財に選定されている（小林〔一〕一九七七：一五五）。

（10）前述した当事者の言説は小林の原稿を文字どおり引き写しており、その表現もほぼ一致している。小林はこの原稿の末尾に昭和三十七年（一九六二）三月二十九日という日付を追記している。筆者である小林が当時の経緯を比較的よく記憶していたので、わかっている範囲で再現してみたい。昭和三十七年（一九六二）三月末（二十九日かもしれない）、美浜中学校で福井県下の社会教育に関する集会があり、アトラクションとして弥美神社の王の舞も出演した。若者の教育装置として機能しているということで白羽の矢が立ったのかもしれない。小林は当日出席していなかったので、くわしいことはわからないが、講堂かどこかで舞わせたものらしい。麻生の人々は何もないのもどうかと考えたのだろうか、あらかじめ小林に対して弥美神社の王の舞を解説した文章を執筆してほしいと依頼した。小林の原稿はこうした経緯で完成したものである。当日、麻生の人々はこの原稿を複写して、解説パンフレットとして出席者に配付したものと思われる。したがって、麻生の人々が幸いにも入手した小林の原稿をもって、以降も第三者に対して提示する言説のスタンダードとして利用し続けたとしてもおかしくない。じじつ私がその存在を知らされたのも、麻生における現地調査を開始した当初のことであった。小林の原稿は今日でも、当事者が第三者に対して最初に提示する言説として存在しているのである。

（11）もう一例だけあげておけば、やはり地元に在住する民俗学者である金田久璋が平成三年（一九九一）、錦らの所説を一部参照したものと思われる文章を美浜町の広報誌に寄稿しており、やはり当事者の言説と第三者の言説が錯綜しつつも交流している消息をしのばせる。

「青年の舞」とされる弥美神社の王の舞は、昔から麻生区が担当、宇波西神社の王の舞とともに若狭の神事芸能を代表する県指定無形民俗文化財として知られる。真赤な着物にあでやかなダテサゲ、鳳凰の冠をかむり鼻高の面をつけた舞い手は、囃子にあわせて一時間近くしなやかに豊作祈願と魂振りの舞踏を神前でくりひろげる。拝み・たねまき・地回り・鉾がえし・肩のショウなどの所作は、農耕に先だって竜王が地霊を　鎮め大地の生命力をふるいたたせるわざおぎであろう（金田　一九九一：一四）。

（12）川尻麻美夏氏の教示によれば、やはり芸能に近い「民俗芸能」である岩手県盛岡市黒川の黒川さんさは、そもそも神事として奉納するようなものでも何でもなく、「信仰」にかかわる言説もほぼ存在していなかった。ところが、近年はそのような言説をむしろ強調しており、黒川さんさを神事として奉納する機会も出現しているという。もしかしたら当事者が第三者の需要に対応するべく、「信仰」にかかわる言説や文脈を供給しはじめたのかもしれない。くわしいことはわからないが、きわめて興味深い現象である。

（13）小野重朗は儀礼にきわめて近い「民俗芸能」である沖縄県石垣市川平のマユンガナシをとりあげながら、来訪神事が演劇化する（つまり儀礼が芸能化する）過程で、由来説話を徐々に成立させていった消息を跡づけている。そして、その根幹に神が来訪したのではなく、人が扮装して演じていることに対する人々の不信と疑念が存在していることを強調するのである（小野　一九九二）。由来説話が応するべく新しく成立した言説であったとしたら、やはり第三者に対する当事者の言語戦略をしめしていたのかもしれない。

（14）暗黒舞踏の創始者である土方巽は膨大な「わざ」言語を駆使して、その訓練と創作を展開していたという。土方が使用した「わざ」言語は身体技法を習得する／させる過程の全体を覆いつくしており、土方があらゆる文脈で「わざ」言語の効用を最大限利用していたことをしめしている。その方法は一貫して、言語によってイメージを喚起して、そのイメージによって身体を操作するというものであった（三上　一九九三）。

（15）「民俗芸能」を脱―文脈化した実践である民舞教育は「民俗芸能」にも見られる「わざ」言語を自覚的に使用する一方、そうした「わざ」言語が子供のイメージに働きかける理由を理論化している（中森　一九九〇）。その当否はともかくとしても、「わざ」言語を「添え木」として利用するのみならず反省的にも利用する方法を開発していることは、「わざ」言語が持つ実践的な性格を再考する手がかりとしても重要である。

（16）こうした関心は西郷が早池峰神楽をとりあげながら提出した、「人はどうして「踊りおどり」になるのか」という問いに触発されたものでもある。だが、西郷は「神楽人」を生産する「文化的な仕掛け」の存在こそ指摘しているが、必ずしも「文化的な仕掛け」という構造化した資源の付置連関を解明していない。また、そのような「文化的な仕掛け」が機能する具体的な文脈を解明することにも十分成功していないと思われる（西郷　一九九三a）。したがって、私たちは西郷の所説を前提しながらも、「「踊りおどり」になる」過程の実際、たとえば祭礼人になる過程の実際に踏みこまなければならないのである。

（17）以下は私が長らく継続してきた民俗学的研究の成果に立脚している（橋本　一九九七）。

（18）六斎念仏も「民俗芸能」の一つである。若狭地方における六斎念仏は永江秀雄がくわしく報告しており、麻生の事例についても若干（本当に若干であるが）言及している（永江　一九八六）。

(19) 以下も私が長らく継続してきた民俗学的研究の成果に立脚している(橋本 一九九七)。

(20) じっさい、多くの芸能は演技を習得する／させる過程のどこかで(通常は比較的初期であるが)、「叩きこみ」を励行している。それは「民俗芸能」にも少なからずあてはまることである。たとえば、千葉県松戸市に三件分布する三匹獅子舞は、その時期や方法こそ各々異なるが、いずれも「叩きこみ」を演技を習得する／させる過程における必須のものとして位置づけている(松戸市立博物館 一九九四)。これは芸能がきわめて複雑に構成された身体技法であり、「実践共同体」へ参加するだけで自然と習得していけるような生やさしい代物でもないことに由来している。一方、レイヴ＋ウェンガーは「叩きこみ」の存在を否定するためだろうか、そもそも「叩きこみ」を必要としない比較的単純な社会的実践だけをとりあげながら、その所説を一般化しているようにも感じられる。だが世の中そんなに甘くない、と思うのは私だけだろうか。

(21) リチャード・シェクナーはパフォーマンスにおけるリハーサルの重要性を強調しているが、残念ながら常識的な用法(いわゆるリハーサル)の範囲をあまり出ていない。また、「演技の共同体」に対するミクロ社会学的な視座も欠落している(Schechner 1988)。このリハーサルという概念はむしろ本章がとりあげてきた演技を習得する／させる過程の全体へ拡大して理解するべきものであると思われる。

参考文献

生田久美子 一九八七 『「わざ」から知る』東京大学出版会。
池田弥三郎 一九六一 『まれびとの座 折口信夫と私』中央公論社。
小野重朗 一九九二 「来訪神事の演劇性」『南九州の民俗文化〈生活と儀礼〉』I 第一書房。
金田久璋 一九九一 「王の舞と獅子」『広報みはま』二四六 美浜町役場。
小林一男 一九六二 「弥美神社の王の舞について」(私家版)。
―― 一九七七 「若狭の春祭――『王の舞』と錦耕三氏のこと」『フオクロア〈新しい民俗学を求めて〉』1 ジャパン・パブリッシャーズ。
小林康正 一九九三 「芸能の解釈学をめざして――「遠山伝説」と葛藤する解釈――」民俗芸能研究の会／第一民俗芸能学会編。
西郷由布子 一九九三a 「人はどうして「踊りおどり」になるのか――早池峰神楽を題材として――」民俗芸能研究の会／第一民俗芸能学会編。
―― 一九九三b 「シンポジウム「民俗芸能の継承・断絶・再生」」『民俗芸能研究』一八 民俗芸能学会。
佐竹康男 一九八〇 「弥美神社神事芸能「王の舞」」『ふくい無形民俗文化財』四 福井県無形民俗文化財保護協議会。

白井忠男　一九七五　無題（私家版）。

永江秀雄　一九八六　「若狭の六斎念仏と融通和讃」『福井県史研究』四　福井県。

中森孜郎　一九九〇　『日本の子どもに日本の踊りを』大修館書店。

錦耕三　一九六一　「王の舞の研究」『芸能』三―四　芸能発行所。

橋本裕之　一九九三a　「民俗芸能研究という神話」民俗芸能研究の会／第一民俗芸能学会編。

――　一九九三b　「「民俗」と「芸能」――いわゆる「民俗芸能」を記述する方法・序説――」『国立歴史民俗博物館研究報告』五一　国立歴史民俗博物館。

――　一九九四　「演技の民俗誌―松戸市大橋の三匹獅子舞―」松戸市立博物館編。

――　一九九七　『王の舞の民俗学的研究』ひつじ書房。

福島真人　一九九二　「説明の様式について―あるいは民俗モデルの解体学」『東洋文化研究所紀要』一一六　東京大学東洋文化研究所。

――　一九九三a　「儀礼・発話・状況認知―文化と認知のインターフェス」『創文』三四七　創文社。

――　一九九三b　「儀礼とその釈義―形式的行動と解釈の生成」民俗芸能研究の会／第一民俗芸能学会編。

――　一九九三c　「野生の知識工学―暗黙知の民族誌についての試論」『国立歴史民俗博物館報告』五一　国立歴史民俗博物館。

――　一九九三d　「解説・認知という実践―「状況的学習」への正統的で周辺的なコメンタール」ジーン・レイヴ＋エティエンヌ・ウェンガー。

――　一九九五　「儀礼から芸能へ」福島真人編
福島真人（編）　一九九五　『身体の構築学―社会的学習過程としての身体技法―』ひつじ書房。

藤田隆則　一九九五　「古典音楽伝承の共同体―能における保存命令と変化の創出」福島真人編。

松戸市立博物館（編）　一九九四　『松戸市立博物館調査報告書1――千葉県松戸市の三匹獅子舞――』松戸市立博物館。

三上賀代　一九九三　『器としての身体――土方巽・暗黒舞踏技法へのアプローチ』ＡＮＺ堂。

水原渭江　一九六七　『日本における民間音楽の研究』Ⅰ（若狭湾沿岸における王の舞の綜合的研究）　民俗文化研究所。

三隅治雄　一九七二　『日本民俗芸能概論』東京堂出版。

――　一九八一　「概説」仲井幸二郎・西角井正大・三隅治雄編。

民俗芸能研究の会／第一民俗芸能学会（編）　一九九三『課題としての民俗芸能研究』ひつじ書房。

仲井幸二郎・西角井正大・三隅治雄（編）　一九八一『民俗芸能辞典』東京堂出版。

Lave, J. & E. Wenger 1991 *Situated Learning: Legitimate Peripheral Participation.* Cambridge: Cambridge University Press.（ジーン・レイヴ

＋エティエンヌ・ウェンガー『状況に埋め込まれた学習―正統的周辺参加』佐伯胖訳　産業図書、一九九三年）。

Polanyi, M.1966 *The Tacit Dimension*, London: Routledge & Kegan Paul.（マイケル・ポラニー『暗黙知の次元―言語から非言語へ』佐藤敬三訳　紀伊國屋書店、一九八〇年）。

Turner, V. 1967 *The Forest of Symbols: Aspects of Ndembu Ritual* Ithaca: Cornell University Press.

Geertz, C. 1973 *The Interpretation of Cultures*. New York: Basic Book, Inc.（C・ギアーツ『文化の解釈学』I、吉田禎吾・柳川啓一・中牧弘允・板橋作美訳　岩波書店、一九八七年）。

Schechner, R. 1988 *PerformanceTheory*: Routledge.

評価される身体、あるいは民俗宗教の臨界

1　民俗宗教と民俗芸能

民俗芸能の中間的性格

民俗宗教を構成する（と考えられている）要素はさまざまであり、民俗芸能と呼ばれている領域もその一つとしてあげられる。じっさい、民俗芸能はしばしば民俗宗教を把握する有力な手がかりであるとみなされてきた。民俗芸能は民俗宗教の世界観を身体的に表現しているというわけである。だが、こうした図式は一定の妥当性を持っている一方、いささか不十分なものであるといわざるを得ない。民俗芸能を把握するさいは、対象を宗教的なタームノロジーで一気に染めあげてしまうのではなく、より屈折した方法を採用するべきではないだろうか。もちろん民俗芸能という術語じたい数多くの問題を内在させているような脆弱なものであるが、本章で民俗芸能という場合はその概念にかかわる諸問題をひとまず措き、専ら慣習的に民俗芸能として分類されてきた事例をさす。「民俗社会に伝承されている芸能」というような雑駁かつ通俗的な定義を踏襲しながら、その典型として獅子舞、神楽、盆踊りなどを想定している、といったらわかりやすいだろう。したがって、ここで指摘したい問題はそのような民俗芸能が一般的に保持している実際的な性格に起因している。

そもそも民俗芸能は民俗社会における種々の慣習的な約束事に規制されているが、同時に観客の評価を前提して特異に発達した身体技法でもあるという意味で、いわば中間的な性格を持っている。儀礼（切迫した生存感覚に立脚する

慣習的行為の体系）と芸能（評価する視線を内在した身体技法の体系）の中間に存在する可変的な領域であると考えられるだろう。そうだとしたら、民俗芸能は儀礼的なものに制限することも民俗宗教の外延としてのみ理解することもできないはずである。といっても、本章は民俗芸能を民俗宗教という文脈に沿って把握する試みの可能性を否定するものでも制限するものでもない。むしろ民俗芸能というユニークな身体技法に留意することによって、民俗芸能を民俗宗教の世界観に従属させてきた従来の図式を脱中心化するのみならず、民俗宗教に対する視座じたいを拡張ひいては革新しようというのである。じっさい、民俗芸能が持つ中間的な性格はこうした試みに貢献すると思われる、きわめて興味深い手がかりを提供している。

信仰にかかわる言説1

いかなる民俗芸能も大なり小なり見られること、評価されることを内在している以上、多種多様な言説を同伴しているはずである。民俗芸能が持つ中間的な性格が複雑に屈折した言説の構成を生み出しているのである。したがって、民俗宗教の世界観を把握したいからといって、いきなり民俗芸能に隠された意味の体系を解きあかすというような秘儀的な試みに跳びついてしまうよりも、実際に存在している個々の言説をとりあげ、その文脈をくわしく検討することが肝要であると思われる。そうした言説はおおよそ二種類に分けられるかもしれない。一つめは個々の身体技法に分かちがたく結びついた言説であり、たとえば演技の巧拙やコツにかかわるもの。二つめは個々の身体技法というよりも民俗芸能を成立させている全体的な文脈に結びつき、その意味を提供するような言説であり、五穀豊穣や鎮魂などを強調するものが典型をしめしている。

だが、民俗芸能にまつわる最も支配的な言説は何といっても後者、つまり信仰にかかわる言説であろうと思われる。そもそも民俗芸能や民俗宗教という一般的な枠組じたい、後者の言説を参照しながら生産／再生産されてきたともみなせるのである。それはおそらく民俗芸能が多くの場合、神事や仏事、もしくは年中行事の一部を構成していることに由来している。したがって、こうした言説は必ずしも民俗芸能を構成する個々の身体技法に対応していない。むしろ民俗芸能を規定している全体的な文脈を網羅しており、同時にその意味を説明している。五穀豊穣という四文字についていえば、それは祭礼の幟などに多く染めぬかれているようなものであり、全体的な文脈を意味している、というよりも漠然と示唆していると考えられるだろう。

もちろん信仰にかかわる言説が覇権を握っている背景の一つとして、民俗芸能の民俗学的研究に従事する人々（私もその一人である）が長らく蓄積してきた、いささか神がかった言説の存在を無視することはできない。こうした言説は当事者の言説にも少なからず流入して、信仰にかかわる言説を強化しつつも再生産していったと考えられる、といっても、本章で部外者の言説まで含めた多種多様な言説が錯綜しつつも交流する過程の実際を検討することはしない。彼らが信仰を愛好するという一風変わった性癖を持っていることは事実であったとしても、彼らも基本的には現地で入手した当事者の言説に依拠しているはずだからである。もちろん夢想家が好き勝手に自分の妄想を膨らませるような場合も存在するだろうが、彼らの大半はおもに当事者が提供してくれた五穀豊穣や鎮魂を強調する言説を聞きとり、その成果を文字化している、つまり聞き書きを実践しているとみなせるからである。

民俗宗教と民俗芸能の関係を把握する手がかりとして、民俗芸能にまつわる言説の構成を概略説明した。とりわけ信仰にかかわる言説について存在形態の一端を素描することができたと思われる。だが、信仰にかかわる言説は民俗芸能を成立させている全体的な文脈に結びつき、その意味を説明する契機としてのみ存在しているものだろうか。民俗芸能にまつわる言説が二種類に分けられることは前述したばかりであるが、それはどの程度に妥当性を持っているものだろうか。もう少しだけ先回りしておきたい。五穀豊穣や鎮魂を強調する言説も演技の巧拙やコツを指示する言説のように、個々の身体技法に分かちがたく結びついた実践として存在している可能性は考えられないだろうか。こうした一連の問いかけは信仰にかかわる言説を個々の文脈に返却して、それがどのような文脈でどのように機能しているのかを具体的に検討する試みを不可避的に要請している。以下、私が長らく調査してきた王の舞という民俗芸能をとりあげながら論述していきたい。

2　王の舞にまつわる言説

王の舞という民俗芸能

福井県の若狭地方は王の舞（オノマイ）と呼ばれる民俗芸能を数多く伝承している。福井県三方郡美浜町宮代に鎮座する弥美神社の祭礼で演じられる王の舞もその一つである。といっても、王の舞は獅子舞、神楽、盆踊りなどとちがい比較的マイナーな民俗芸能であり、一般的な知名度ときたら皆無に近いため、できるだけ簡単に紹介しておきたい。王の舞はそもそも平安末期から鎌倉期にかけて、おもに京都・奈良の大社寺における祭礼で田楽・獅子舞などとともに演じられていた。現在でも十数件を擁する若狭地方をはじめとして、広い地域に少なからず分布している。王の舞の特徴は、①祭礼の行列を先導する機能を担っていると考えられること、②祭礼芸能の一つとして田楽、獅子舞に先立って演じられること、③しばしば裲襠《りょうとう》装束を着用して鳥甲《とりかぶと》に赤い鼻高面をつけること、④前段は鉾を持ち後段は素手で四方を鎮めるように舞うこと、⑤楽器は太鼓・笛が用いられる場合が多いこと、等があげられる。

弥美神社の王の舞についても大略紹介しておきたい。この王の舞は多数の集落が参加する五月一日の祭礼で、獅子舞とともに演じられる。麻生が四年、枝村の東山が一年担当する。といっても、実際は清義社という若者組が管理しており、青年の通過儀礼という性格を持つ。演者は麻生と枝村の東村に在住する未婚の青年（男子、かっては長男のみ）、祭礼人ともオノマイサンとも称されている。通常は年齢順であり、二十〜二十五歳で勤めなければならない。すなわち、弥美神社の王の舞は清義社が毎年一人ずつ選出する祭礼人に課せられた、いわば試練として機能しているのである。そのためであろうか、演技の眼目も不自然な動作や姿勢を持続するところにおかれている。祭礼人は赤い鼻高面と鳳凰を模したリアルな鳥甲を被り、赤い襦袢に赤い前垂れ、白い手甲に白い足袋を着用する。腰に小刀と白い扇をさして、腰帯の左側にも白い化粧紙をはさむ。前段は鉾を持ち後段は素手で、連続して約五十分舞う。前段で「拝む」「種蒔き」「地回り」「鉾返し」、後段で「肩のしょう」「腰のしょう」と呼ばれる所作が見られる。囃子は笛と鋲打太鼓。

信仰にかかわる言説2

弥美神社の王の舞は比較的早くから民俗芸能の民俗学的研究に従事する人々の関心を引きつけてきた。たとえば、高名な民俗学者であった折口信夫もこの王の舞を見ており、近年は私じしん民俗宗教の世界観に留意しながらくわしい民俗誌を作成している。だが、その大半は信仰にかかわる言説でもって王の舞を染めあげようとするものであった。「反閇の動作の芸能化」として説明した折口はその先蹤であったといえる。こうした言説は前述したように、当事者が提示した言説に立脚している可能性が大きい。じっさい、当事者は私が王の舞について調査したさいも、五穀豊穣や鎮魂に類する語彙を何度となく聞かせてくれたものである。したがって、必ずしも部外者の知識が当事者の知識に一方的に流入して、その純粋無垢な存在形態を汚染したと考えることはできない。むしろ両者の共犯関係とでもいうべきものが、信仰にかかわる言説を強化しつつも再生産していったと考えられるのである。一例をあげておきたい。

王の舞は、耳別と崇める御祭神の遺徳を讃え、永えに神鎮まりますことを祈願し、併せて氏子の無事安泰と五穀豊穣を祈って奉納される優雅にして厳粛な舞である。（中略）このようにして弥美神社大祭で行われる「王の舞」は、舞楽蘭陵王の舞か、あるいは竜王の舞に由来していると考えられるが、鉾で地面に火輪をかいたり、両手で輪を作るような動作が入っているのは、土地の悪霊をおさえ征服する呪術であり、修験の行法の一つであろう。また、「拝み」「種子蒔き」「地廻り」「鉾返し」という所作があるが、これは鎮魂の意味を持ち、耳別の祖霊の前に、今年の豊作を祈願する予祝の民俗芸能である。

以上は三方郡美浜町麻生王の舞保存会が福井県無形民俗文化財保護協議会に提出した報告「弥美神社神事芸能「王の舞」」の一部であり、当事者が部外者に対して提示した、いわば公式的な言説である。本章でくわしく検討することはしないが、ここでも部外者の言説が作用している痕跡を確認することはむずかしくない。だが、この王の舞はそもそも弥美神社の祭礼に奉納するものであり、神事における必要不可欠な要素として文脈づけられている。したがって、当事者が部外者に対して信仰にかかわる言説を聞かせたとしてもおかしくない。当事者が王の舞について部外者を喜ばせるような言説を提示する素地は十分存在しているのである。一方、部外者の大半は元来そのような言説に反応する性癖を持っていたから、聞き書きにおける関心の中心が信仰に集中するのは当然であった。かくして、両者の言説はうまく折りあってしまう。だれも嘘はついていないのである。

3　資源としての信仰

信仰を表象する事例

だが、信仰にかかわる言説はあくまでも弥美神社の祭礼を網羅して、祭礼が持つ全体的な文脈を漠然と示唆するようなものであり、必ずしも祭礼を構成する個々の要素、たとえば王の舞の演技にも対応していないと思われる。そのような言説が個々の身体技法に分かちがたく結びついているものだろうか。こうした問いかけに対する一定の指針を得るべく、以下は信仰にかかわる言説をひとまず措き、まずもって祭礼人じしんが信仰を表象している（と考えられる）各種の事例を時系列に沿って任意にとりあげる。そして、祭礼における信仰の文脈化について検討してみたい。

⑴　かつて祭礼人は祭礼に先立つ一週間を当屋で過ごさなければならなかった。現在は勤務などに影響するため短縮されているが、祭礼前日の四月三十日は必ず一泊する。

⑵　祭礼人は四月三十日の神事にさいして、ツケビトに伴われて近くの海岸に出かけ、海に入って水垢離をとり（シオカキ）、海水一升とホンダワラを持ち帰る。ホンダワラは御膳と呼ばれる特殊な神饌に添えられる。海水は祭礼人が使う当屋の風呂に入れる。

⑶　シオカキを済ませた祭礼人は、着付けなど一切の世話をツケビトにみてもらい、本人が手を出すことは禁じられている。

⑷　かつては四月三十日の宵宮にさいして、集落に住む男児が祭礼人を次々訪問して、オノマイサンと呼びながら挨拶した。

⑸　祭礼当日の五月一日未明、祭礼人はツケビトに伴われて、あらかじめ弥美神社に参拝する。

⑹　五月一日早朝、麻生の八幡神社か東山の塞神社の境内で演じられる王の舞は、松で作られた依代と御膳を置いた臼に対するものであるとされる。臼の周囲と王の舞が演じられる場所は、東山の城山から採取した白砂で敷きつめられる。

⑺　五月一日の村立ちにさいして、紋付きの羽織と袴を着用した祭礼人は、弥美神社に到着するまで両手を懐に隠して高足駄を履き、口をきくことも禁じられる。

⑻　弥美神社の長床で着付けをするさいも、祭礼人は手を出すことができない。用を足す場合ですら、ツケビトが同伴しなければならない。

(9) 近郷近在から蝟集した観客は弥生神社中の馬場で演じられる王の舞に対して、見事な演技を賞賛するべく（見事な演技であると判断した場合のみ）、「大豊年！」などという掛け声を浴びせかける。

(10) 祭礼人は弥美神社中の馬場における王の舞が終わったら、できるだけ急いで長床に戻り、紋付の羽織に着替える。そして師匠（前年の祭礼人）に付き添われて本殿に参拝する。このとき中の馬場では獅子舞が演じられているが、人目につかないよう神社脇の木立を抜けて本殿に参拝する。

(11) 祭礼人は本殿に参拝したら、師匠に付き添われて再び人目につかないよう神社脇の木立を抜け、脇道を通って一目散に麻生か東山に走って帰らなければならない。

文脈化される信仰

以上みてきた(1)〜(11)はあくまでも恣意的に選び出したものにすぎないから、バランスを若干欠いているかもしれない。といっても、いずれも信仰の所在を強く想起させるものであり、一定の方位を指示しているように感じられる。どうやら王の舞が民俗宗教の世界観を体現しているということは十分できそうである。ただし、個々の事例が総体として信仰を表象していることを承認したとしても、個々の事例を特徴づけている細則はうまく説明することができない。信仰を表象する（と考えられる）事例が持つ固有性はどう理解したらいいのだろうか。たとえば、(9)で聞かれた「大豊年！」などという掛け声は文字どおり五穀豊穣を強調するものであり、信仰にかかわる言説の典型をしめしている。だが、それがあくまでも弥生神社中の馬場で演じられる王の舞に対してのみ発せられており、しかも近郷近在から蝟集した観客が見事な演技であると判断した場合のみであったのはなぜだろうか。その手がかりは王の舞が同時に評価される身体技法の体系でもあったことに求められる。

そもそも民俗芸能にまつわる言説は儀礼に近い場合であっても、やはり「見る／見られる」関係を前提した芸能として演じられており、大なり小なり観客の評価を内在しているはずである。とりわけ弥美神社の王の舞は清義社という演者と観客が十分に分化していない、つまり観客が演者に転化するような比較的閉鎖的な組織における実践であった。したがって、王の舞にかかわる当事者は演者と観客という二つの視座に立脚しながら、演技に対する共通の、しかも繊細な評価を醸成していったと思われる。こうした過程は演技を漸次洗練させていったのみならず、演技を習得する／させる方法を発達させていったはずである。じっさい、弥美神社の王の舞はくわしく言及しないが、きわめて洗練された演技を維持している。そして、前述した⑴～⑾についても信仰を表象しているのみならず、祭礼人が王の舞の演技を習得する過程で利用する資源として文脈化されている可能性を指摘することができるのである。

資源としての信仰

ともかく逐一見ていきたい。⑴は祭礼人を非日常的な環境に導き入れることによって、祭礼人が王の舞を演じるという未知の、そして困難な経験を焦点化する最初の契機を提供している。⑵はべつだん民俗学をかじっていなくても祭礼人の心身を浄化する、などと口走ってしまいそうなものであるが、同時に祭礼人の集中力を増進させるという実践的な効果を持っていると考えられる。⑶⑻は文脈こそ異なっているが、日常生活における慣習的行為を禁止することによって、祭礼人が非日常的な実践である王の舞を焦点化する契機を提供しているといえるだろう。⑷は王の舞を神格化する視線の存在を感じさせるが、同時に祭礼人がそのような社会的視線にさらされて自分の責任感を確認する契機でもある。

祭礼当日を迎える。⑸は弥生神社に本番の無事成功を祈願するものであり、実践的なレベルでも祭礼人の緊張感と責任感を増大させる効果を持っている。じっさい、だれもいない早朝の弥美神社は荘厳な雰囲気がたちこめており、祭礼人でなくとも思わず襟を正してしまうはずである。⑹は奇妙な置物が祭礼人の緊張感を増大させる効果的な小道具であった可能性も考えられる。だが、祭礼人が白足袋しか履いていなかったことを考えれば、境内の中央に敷きつめられた白砂がもたらす触感こそがそのような効果をもたらす有力な資源であったのかもしれない。⑺は祭礼人が象徴的なレベルで両手と口を失い、文字どおり非日常的な存在として扱われるというもの。民俗学者を大いに喜ばせる光景であろうが、社会的な実践を生産する最も基本的な要素の一つである両手と口を使用させないということは、日常的な身体技法を抑圧することを意味している。これは祭礼人が日常的な身体技法の領域を離脱して、王の舞の非日常的な身体技法、つまり不自然な動作や姿勢を持続する演技を焦点化するさい、多大な効果を発揮するものと思われる。

そして本番である。⑼は演技に対する評価が集落という従来のレベルを逸脱して、近郷近在の人々へ拡大したことをしめしている。しかも、演技の巧拙が大豊年かどうかを左右する、つまり近郷近在の未来を決定するというのだから、祭礼人はあらためて演技をうまく構成することに集中せざるを得ない。「大豊年！」などという掛け声は演技を習得する／させる過程を完成させる、いわば最終的な資源として機能していたのである。そして同時に、祭礼人や清義社の青年が万事うまく進行しているかを確認して、適宜演技を微調整するべく利用する資源でもあったと考えられる。にもかかわらず、民俗学者はこうした掛け声をもって五穀豊穣を意味する言説としてのみ扱い、ひたすら信仰の所在を嗅ぎわけてきたのである。⑽⑾はいずれも祭礼人の素性を隠そうとするものであり、王の舞があくまでも非日常的な存在であったことをしめしていると考えられる。だからこそ祭礼人は徹頭徹尾、日常的な文脈を回避しなければならなかったのである。

信仰にかかわる言説3

以上、祭礼における信仰の文脈化を検討することによって、信仰を表象する（と考えられる）各種の事例が演技を習得する／させる過程に貢献する資源として特定の文脈に結びつき、特定の効果をもたらしていたことがわかった。前述した五穀豊穰や鎮魂を強調する言説もこうした資源の一つとして機能しており、「大豊年！」などという掛け声にその典型を指摘することができる。だが、これはあくまでも氷山の一角であり、ほかにも信仰にかかわる言説で資源として機能していると考えられるものが少なからず存在している。

たとえば、かつて王の舞を演じた経験を持ち現在も麻生に在住している白井忠夫は、王の舞の演技について興味深い覚書を作成している。白井は「王の舞の由来について」という箇所で「私は、実際に舞った時の気持を率直に申しますと、自分は氏子の代表者として、今年の豊作を祈願するため、先づ天を拝み、地固、地均し、種播き、をすませて、地廻りに移り、四方八方の神々に、人々の安泰を守りたまわんことを願いつゝ神鎮りますことを祈願した後、神に舞を奉納する気持で舞いました」と述べる。本来ならば白井がこうした覚書を作成した経緯についても検討しなければならないところであろうが、本章における関心事はあくまでも言説じたいである。というのも、「王の舞の由来について」は全体として五穀豊穰や鎮魂を強調しており、信仰に対する白井の敬虔な態度を表明している。そして、民俗学者を喜ばせる恰好の素材を提供しているようにも感じられる。だが、白井は「然し、それは、私が肌で感じ、このような気持で神に舞を俸納したことなので、真実の程は知りません」と書き添えて、一方で演じる「気持」を強調するのである。

舞台に一歩出た時に観客を引きつけるのは、観客の手を意識するんではなく、自分が主人公になりきる、それが一番大事です。そしたら、まちがっても観客も乗ってくれます。オノマイサンも単に鉾の上げ下げだけではなくて、神に奉納するのが発端ですから。自分が主人公になりきって神に奉納する。五穀豊穰を願い住民の安泰を祈願して、神に奉納する心理になってやらないと、芸には結びついていきません。文化財だからやるっていうのも、本当はそんなこと関係ないです。他人を意識してたら、芸には結びつきません。その場は自分一人です。

これは白井がアマチュア演劇に熱中していた青年時代を回顧しながら、私に聞かせてくれた一節である。白井は五穀豊穣や鎮魂を祈願する「気持」もしくは「心理」で王の舞に没入する、つまり「自分が主人公になりきる」ことが何よりも重要であり、こうした積極的かつ能動的な姿勢の有無が演技の達成度を決定すると感じている。したがって、五穀豊穣や鎮魂を強調する言説は祭礼人が王の舞にのぞむ姿勢を形成して、自分の演技を成功させるべく利用する資源として機能していたと考えられるはずである。じじつ白井の演技は麻生の人々がこぞって賞賛するぐらい見事なものであったという。白井がそのような境地に到達することができたのも、一つには五穀豊穣や鎮魂を強調する言説が持つ実践的な性格を十二分に駆使したせいであろうと思われる。

4　評価される身体、あるいは民俗宗教の臨界

言説という実践

前述してきた事例はいずれも、信仰にかかわる言説をいわば添え木として利用しながら演技を習得する／させる過程を促進している場合であるということができる。ただし、信仰にかかわる言説がはたす資源としての効用は多種多様であり、反省的に利用する方法も存在する。王の舞にかかわる当事者は代々の祭礼人が蓄積してきた王の舞にまつわる物語や伝承を適宜引き出して、祭礼人の演技を彫啄する手がかりとして利用する。一方、祭礼人は自分の演技を構想するさい参照する身近な指針として利用する。信仰にかかわる言説はそのような効果の一翼をも担っていたと考えられるのである。

たとえば、かつて祭礼人が祭礼を間近に控えて突然の忌中に見舞われたが、やむを得ず強行したところ、演じている最中に鳳凰の羽根が落ちたという。それは王の舞が死穢を嫌うことを強調した言説であり、王の舞を神格化する視線の存在を感じさせる。だが、こうした言説（が醸し出すただならぬ雰囲気）は祭礼人を含めて、王の舞にかかわる当事者をひどく緊張させるものであったらしい。それは王の舞にまつわる人々の集合的記憶を支持するのみならず、強化しつつも再生産する効果を持っており、彼らに王の舞に対する姿勢を再確認させる実践として重要である。

といっても、以上見てきた実践的な性格を信仰にかかわる言説に限定することはできない。これは言説一般が持つ基本的な性格であり、言説も多種多様な実践の一つとして存在していたと考えた方が自然である。ジーン・レイヴとエティエンヌ・ウェンガーも談話と実践について考察した箇所で「実践の中での語りはそれ自体実践の中で語ること（たとえば、進行中の活動の進展に必要な情報の交換）と実践について語ること（たとえば、物語、共同体内の伝承）の両方を含んでいる」と述べて、言説が「一方では、関与すること、焦点を当てること、注意を移すこと、調整をもたらすこと、などなどであり、他方では、成員たることをしるしづけることと同様に、記憶と内省の共同形態を支持する」ことを指摘している。

したがって、問題は王の舞にかかわる当事者が利用する多種多様な資源の構成を解明した上で、信仰にかかわる言説がはたす資源としての効用を検討することである。白井の言説も演技をアドホックに焦点化した氷山の一角であり、白井が言及しなかった（できなかった）水面下の部分とも絡みあいながら、全体として王の舞の演技を形成していると考えられる。その様態を解明することが肝要であった。そもそも五穀豊穣や鎮魂を祈願するという「気持」もしくは「心理」だけで王の舞の演技ができあがるわけでもない。芸能は何事につけそんなに甘くないのである。祭礼人が信仰にかかわる言説を資源として利用することができるのは、そのような言説に反応することができる能力を持っている、つまり何事か知っているからであり、さもなければ信仰にかかわる言説も民俗学者を喜ばせる神がかりじみた言半ば以降、つまり祭礼人が演技の基本的な手順をほぼ習得した以降に集中して登場しているのである。信仰にかかわる言説はじじつ演技を習得する／させる過程の説で終わってしまいかねない。そして興味深いことに、信仰にかかわる言説はじじつ演技を習得する／させる過程の

実践としての民俗宗教

本章は王の舞の演技を習得する／させる過程から信仰にかかわる言説だけを切り出したものであり、演技の基本的な手順のみならず、清義社という演技の共同体にも言及することができなかった。だが、清義社じたい王の舞の演技を習得する／させる過程に貢献する多種多様な資源を効果的に配置した場であり、本来ならばこうした資源の複雑な構造化を前提しておかなければ、信仰にかかわる言説がどのような文脈でどのように機能しているのかを具体的に検討することも十分できないはずであった。信仰にかかわる言説だけを孤立させないで、王の舞という民俗芸能を成立させている全体的な構図の中で関係論的に理解すること。そのような試みは民俗芸能を民俗宗教の世界観に従属させてきた従来の図式を脱中心化するのみならず、評価される身体を支点として民俗宗教の臨界を拡張ひいては革新するものであると考えられる。

田辺繁治は宗教という知識の形態が個々の実践を介してどのように社会に関与しているのかを追求することの必要性を強調した上で、「実践宗教はこのような実践＝慣習的行為を最も基底的なものとして成り立っているが、さらにそうした慣習を秩序づけ、説明し、理論化していく知的な過程を伴っている」と述べる。だが、その典型であると考えられる「教理やコスモロジーについての分析が重要性をもつのは、人類学的な構造分析がしばしばやってきたような、そこに表出される意味とそのシステムを明らかにすることのみではなく、むしろ慣習的行為に基礎をもつそれらの知識が生産され、伝達され、普及し、社会関係と分節する局面を明らかにすることである」というのである。

田辺の所説は民俗芸能という評価される身体に導かれながら、信仰にかかわる言説が持つ実践的な性格について論

述してきた本章とも、その視座において少なからず共通していると思われる。つまり本章が扱う民俗芸能は、民俗宗教の世界観を体現しているなどという静態的な図式に閉じこめてしまうよりも、当事者がそのような世界観をも演技を習得する／させる過程に貢献する有力な資源として利用しながら生産／再生産する実践として理解することができるのである。しかも、民俗芸能を規定している社会的文脈を重視した場合、こうした実践は歴史的な変化に対する関心を惹起する。民俗芸能も宗教と同じく社会的な基礎を持つことによって存在している以上、あくまでも歴史的なものであり、新しい社会的文脈の中で変化せざるを得ないからである。

今日、麻生や東山は兼業農家が大多数であり、祭礼人を担当する青年も大半がサラリーマンとして働いている。農業の経験が乏しいものも少なくない現在、五穀豊穣や鎮魂を強調する言説は何となくありがたいが、漠然とした意味不明なものに変容しはじめていると思われる。五穀豊穣を祈願する「気持」で王の舞に没入するといわれても白々しく聞こえるばかり。当事者ですらこうした言説に反応する能力を減退させてしまい、資源としての効用を十分理解することができないのである。所作の呼称である「種子蒔き」「地廻り」なども農耕に関連する作業を想起させるから、そもそも演技を習得する／させる過程に貢献する資源として機能していたのかとも思われるが、昨今は民俗学者を喜ばせるのが関の山であろう。民俗芸能はこうした歴史的な変化について、信仰にかかわる言説が当事者の実践を介して社会の中でどのように生産／再生産されているのかを検討することの妥当性を保証している。そして一般的にいっても、民俗芸能は評価される身体であるという意味において、民俗宗教の臨界を拡張ひいては革新する試み、つまり実践としての民俗宗教という新しい視座を構築する試みに対して恰好の手がかりを提供していると考えられる。本章はその一端を提示してみせたということができるはずである。

参考文献

生田久美子『「わざ」から知る』東京大学出版会、一九八七年。

池田弥三郎『まれびとの座　折口信夫と私』中央公論社、一九六一年。

田辺繁治編『実践宗教の人類学——上座部仏教の世界』京都大学学術出版会、一九九三年。

橋本裕之『王の舞の民俗学的研究』ひつじ書房、一九九七年。

福島真人編『身体の構築学——社会的学習過程としての身体技法』ひつじ書房、一九九五年。

松戸市立博物館編『松戸市立博物館調査報告書』1（千葉県松戸市の三匹獅子舞）松戸市立博物館、一九九四年。

宮家準『宗教民俗学』東京大学出版会、一九八九年。

民俗芸能研究の会／第一民俗芸能学会編『課題としての民俗芸能研究』ひつじ書房、一九九三年。

レイヴ、ジーン＋ウェンガー、エティエンヌ（佐伯胖訳）『状況に埋め込まれた学習——正統的周辺参加』産業図書、一九九三年。

王の舞を見に行こう！

1　王の舞を見に行こう！

十二世紀の後半に後白河院の意向によって作成させたといわれる『年中行事絵巻』は、平安京における年中行事にまつわるさまざまな光景を描き出していることによってよく知られている。とりわけ祇園御霊会の様子を描いた巻九や稲荷祭の様子を描いた巻十二は、当時流行していた芸能の実際をしのばせる手がかりとして有益である。前者はある屋敷の門前において演技を披露する田楽法師の一座に始まり、大幣、巫女、王の舞、獅子舞、神輿、田楽、細男が行列を構成している。また後者は細男、巫女、田楽、獅子舞、大幣、王の舞、神輿を次々登場させている。王の舞に関していえば、どちらも神輿の前方に位置しており、鳥甲と鼻高面を被り裲襠を着用している。

王の舞、そして田楽や獅子舞。こうした芸能は当時の人々を楽しませるものであり、熱狂の渦をまきおこしてしまう場合も少なからず存在したらしい(1)。たとえば、巻九は二人の少年が街路を踏み鎮めるかのように舞う王の舞に近づき、拍手喝采する光景を躍動的な筆致によって描き出している。文字どおり「王の舞を見に行こう！」といって誘いあう声が聞こえてきそうである。その光景は王の舞が子供を喜ばせるような性格を持っていたことをしのばせる。いかにも唐突な発想だと笑われてしまうかもしれないが、もしかしたらあの源義経も遮那王を名乗ったこと、平安京の街路を舞いながら進む王の舞を見て拍手喝采する少年の一人だったのかもしれない――。じっさい、遮那王が「王の舞を見に行こう！」とかいいながら平安京の街路を駆け抜けたとしてもけっしておかしくないはずである。むしろ十分考えられることであろう。

不用意にも唐突な発想だと書いてしまった。だが、実はそうともいえない事態が進行していた。というのも、私は以前、平成十七年（二〇〇五）のＮＨＫ大河ドラマ『義経』の芸能考証を担当しており、こうした発想を具体化する作業に従事していた。原作である宮尾登美子の『宮尾本平家物語』は王の舞・田楽・獅子舞が平安京の祭礼において演じられていた時代の物語であり、『義経』においても古代末期〜中世前期の芸能が次々登場した。実際は静御前が披露する白拍子やら後白河院が愛好した今様やら平家の公達が舞う舞楽やら当時流行していた雑芸やらを映像化する過程にかかわった。王の舞も一瞬だけ登場したのだが、『義経』という大河ドラマを通して源平合戦がもたらす劇的な緊張感のみならず、王の舞・田楽・獅子舞に代表される古代末期〜中世前期の芸能がもたらすもう一つのドラマを実感していただけたはずである。

そもそも『義経』の芸能考証は長年の畏友であった狂言師の野村万之丞が担当していた。だが、彼は平成十六年（二〇〇四）六月十日、突然この世を去ってしまった。彼は生前、自分の身の上に何かあったら、私に芸能考証の仕事を引き継いでもらいたいといっていたらしい。正直な話あまりにも荷が重すぎる仕事であり、当初は本人の遺言だといわれても、突拍子もない無理難題であるとしか感じられなかった。だが、現在は彼の遺志を継承して、芸能考証という新しい分野を発展させていくことが私の役割であろうと考えている。それにしても、このような大役が私にまわってきた理由は何だったのか。「王の舞を見に行こう！」という呼びかけにたどりつくためにも、その経緯について簡単に説明しておきたい。

平成二年（一九九〇）六月十四日、東京都千代田区永田町の日枝神社に平成の田楽が登場した。『大田楽』という。現代の田楽法師は能狂言・太神楽・日本舞踊・新劇・アングラ演劇・京劇・バレエ・モダンダンス等々、さまざまな領域において活躍する約六十名。これは中世の人々を熱狂させた田楽の祝祭的な時空を再生させる試みであり、野村万之丞（当時は野村耕介）が構成・演出を手がけた。私もこの壮大なプロジェクトの監修者兼役者として一部始終にかかわった。実際は民俗芸能として残っている事例や個性的な演技を記録した史料を検討した上で、その成果を役者の身体にぶつけながら、田楽の演技をつくりあげていったのである。しかも、私たちは学術的に考証した内容に大胆なデフォルメを施して、現代の観客にも楽しめるエンターテイメントをめざした。

このプロジェクトは大きく展開する。平成三年（一九九一）のNHK大河ドラマとして、『太平記』が予定されていたのである。この大河ドラマが田楽や白拍子を大きく扱うものであったため、NHKは前年に『大田楽』を成功させた野村万之丞に芸能考証の責任者として参加することを依頼してきたのだった。『大田楽』じたいも『太平記』に出演した。当然の成り行きとして、私じしんも彼のブレーンとして協力した。そして十数年の歳月を経て、再び古代末期〜中世前期の芸能が登場する大河ドラマとして、今度は『義経』が企画されたわけである。白拍子のみならず田楽についても大河ドラマに再登場させるべく、彼が新しい趣向を練っていたことはまちがいないだろう。やはり彼の死は痛恨の極みであるとしかいえないのだが、私が「彼の遺志を継承して、芸能考証という新しい分野を発展させていくこと」を決意した理由もわかっていただけるだろうと思う。

ところで、『大田楽』に王の舞が登場することは、ぜひとも強調しておかなければならない。『大田楽』における王の舞の必要性は私が強く主張したことであった。私は当時を振り返って、「私の博士論文のテーマでしたから強硬に、中世において祭礼の芸能は、王舞が最初に先導をして、鎮めという形で行われると力説し、導入した」ことを明かしている。それは私じしんも「最初すごく長くて退屈だったんです（笑い）」というような内容であったが、「最初に儀式的なものがあってこそ、田楽の熱狂的なものが生きているんだと、一生懸命言ったりした」[2]ことを記憶している。こうしたキャンペーンが功を奏したわけでもないだろうが、王の舞は『大田楽』の冒頭を飾る「段上がり」という部分に登場するという栄誉に浴したのである。その様子は初演時のチラシにも若干触れられている。

大太鼓の鳴り響く中、正面五十三段の階段を田楽法師達が登ってゆく。矛を持った王の舞が境内で先払いの舞を舞い、次いで獅子がリズミカルな段上がりの舞を見せる。今回はより古い形態を目指し、頭をもった双頭の獅子とした。今日の獅子舞とはかなり異なった演出で、二頭の対照的な動きが眼目となっている。田主の開口により、田楽は次の総田楽へと移る。

私たちが生み出した王の舞は鳥甲と赤い鼻高面を被り、赤い装束を着用して長い鉾を持つというものだった。こうした扮装は王の舞の基本的な特徴を踏襲している。だが、赤い鎧を着用させたのは新しい趣向であった。これは王の舞が「邪霊を払い道行く先を鎮めるために行なわれた呪術性の強い芸能であった[3]」ことを強調するためであり、平安期において武士が邪霊を払うという呪術的な役割を持っていたことをも意識している[4]。実際は福井県三方郡三方町気山の宇波西神社の王の舞を参照しながらも新しく考案した。『大田楽』の冒頭に登場することについても、王の舞が古代末期〜中世前期の祭礼において神輿もしくは行列じたいを先導して場を清めるべく、田楽や獅子舞などに先立って演じられるものであったことを想定していたのである。

『大田楽』は今日でも、地域における市民参加型の文化活動として各地で実践されており、新しい存在形態の可能性を模索しながら発展している最中である。たとえば、石川県加賀市山代温泉の夏を彩る『大田楽』は、地元の市民が多数参加することによって、もう十年近くも演じられてきた。私はかつて「十年たって市民参加型で、ある意味ポストモダン的な形態で田楽が文脈化されてきている」という現状に関して、「中世の田楽には、市民参加型というフレームは存在しない」以上、「その新しい位相というのはこの大田楽の中にのみ存在するような新しい歴史だと思うのです[5]」と述べた。そうだとしたら、新しい歴史は『大田楽』の冒頭に登場する王の舞にも、間断なく刻みこまれているということができるだろう。

義経が活躍した時代に淵源するものでありながら、『大田楽』に転生して今日でも変化することをやめない王の舞。だが、これは王の舞という芸能の生涯における最も新しい出来事の一つでしかなかった。王の舞の過去・現在・未来はいうまでもなく、無数の出来事によって紡ぎ出されるものである。そして、王の舞にまつわる無数の出来事をあらしめてきた最良の揺籃こそが、近年は若狭路とも称される福井県の嶺南地方であった。若狭路は現在でも十六件の王の舞を擁しており、全国的に見ても王の舞が飛び抜けて多く分布している地域であるということができる。したがって、「王の舞を見に行こう！」という呼びかけは、おのずから私たちを若狭路へ誘い出していくはずである。

2　王の舞には謎もいっぱい残っています。

王の舞という字面だけを見て、私たちは何を思い浮かべることができるだろうか。素直に考えたら文字どおり王様が披露する高貴な舞踊、謎めいた雰囲気に心ひかれてしまったら、王権の心臓部に深くかかわる秘儀的な舞踊を夢想するかもしれない。王の舞はその魅力的な名称によって、私たちの想像力を少なからず刺激する。だが、実態はおろか存在すらも従来あまりよく知られていなかった。かろうじて錦耕三や水原渭江などが先駆的な成果を発表しており、(6)私じしんも王の舞に関する一連の論文を集成する機会に恵まれたが、(7)一般的な知名度ときたら、今日でも皆無に等しいのである。

しかも、王の舞はその実態を知らせる手がかりが乏しいせいもあって、よくわからないところが少なくない。そのせいだろうか、福井県立若狭歴史民俗資料館の平成十六年度特別展「王の舞を見に行こう！～郷土の祭りと芸能文化の理解のために～」の予告チラシは、「特別展を見ると王の舞のことがよくわかります」という一方、「でも、王の舞には謎もいっぱい残っています」とも告白している。そもそも十六件もの王の舞が若狭路に伝承されている理由は何ないようである。

だろうか。文字どおり謎である。概略を紹介しようとしても、どうやらわかっている範囲で書きつけることしかできないようである。

そうだとしたら、若狭路に伝わる王の舞の実際を過不足なく理解するためにも、現代の若狭路をしばらく迂回して、義経が活躍した古代末期〜中世前期の平安京へ遡行することが求められているはずである。以下、あらためて王の舞という芸能の生涯を概観しておきたい。王の舞は平安末期から鎌倉期にかけて、京都や奈良などの大社寺における祭礼で田楽や獅子舞などに先立って演じられていた。現在でも十六件の事例を擁する若狭路のみならず、広い地域に分布している。一般に裲襠を着用して鳥甲と赤い鼻高面を被り、前段は鉾を持ち後段は素手で四方を鎮めるように舞う。そして、舞楽に見られる剣印の所作を含み、太鼓・笛などで囃すというものである。

王の舞に関する最も古い史料は、おそらく前述した『年中行事絵巻』であろう。巻十二は稲荷祭のみならず祇園御霊会の御旅所を描いたと思われる部分をも含み、王の舞が四方を結界した空間において、右手で剣印を作り左手に鉾を持って舞う光景を確認することができる。右足をあげ左足を地面につけているから、祭場を両足で交互に踏みしめているところであろうか。また、傍らで楽人が笛と太鼓を奏しており、反対側に獅子舞が待機している。この光景は王の舞が演じられている瞬間を活写した史料としてきわめて貴重である。一方、王の舞という文字が初出する史料は、管見した範囲でいえば『猪隈関白記』正治元年（一一九九）五月九日の条であり、新日吉社の小五月会に王の舞・獅子舞・田楽・神楽が出た消息を告げている。

こうした特徴を持つ王の舞は中世前期における代表的な祭礼芸能の一つであった。「道張」という別称にもうかがわれるとおり、祭礼において神輿もしくは行列じたいを先導することによって「邪霊を払い道行く先を鎮めるために行なわれた呪術性の強い芸能であった」らしいが、当時こそ田楽や獅子舞にも劣らずよく知られていたようである。『明月記』建仁元年（一二〇一）十一月二十一日の条は、豊明節会における殿上淵酔の趣向として殿上人が「辻祭」を模して、獅子舞や王の舞などの物真似に興じたことを知らせている。「辻祭」に登場する王の舞が殿上人によっても真似られていたのであり、王の舞が相当な人気を集めていた消息をしのばせる。

関連する成果の大半は王の舞が伎楽・舞楽に由来する外来系の芸能として登場しつつも、さまざまな要素を吸収して今日に至ったという道筋を想定している。(8)その名称じたい舞楽の蘭陵王に由来しているという所説も存在する。だが、王の舞が記録に登場する時期は、管見したかぎり王の舞―田楽―獅子舞を中心的な芸能構成として配置した祭礼が成立した以降にかぎられている。したがって、王の舞が成立した事情を云々しても、憶測に憶測を重ねることに終始してしまいかねないのである。関連する史料はむしろ、王の舞が特定の祭礼において独立した芸能として自立した可能性を示唆している。こうした所説は早く植木行宣が提出したところであった。

王の舞については、これまでいろいろと考えられているが、それが本来どのような芸態をもつ芸能であったかはほとんど明らかでない。王の舞という名称でそれが記録に現われてくるのは、田楽中心の祭礼形式が成立する時期以降であり、管見の限りそれ以前に見ることができないのである。このことは、王の舞が田楽中心の祭礼のなかで生み出された芸能であることを意味するかに思われる。その先蹤は、伎楽の治道に出て猿田彦と習合し、神輿渡御の先導を勤めた鼻長面を着けるものにあるであろうが、それとは一応区別させる内容をもったために、王の舞と呼ばれ、一つの芸能として新たに登場したものとみておきたい。(9)

私は植木が指摘するような事態を成立させた背景として、芸能を愛好した後白河院が御霊会の系統に連なる祭礼を創始もしくは再編して、一連の芸能構成を整備した経緯を指摘することができるだろうと考えている。(10)『義経』に登場する後白河院である。はっきりした証拠が存在するわけでもないが、とりわけ筆頭に登場する王の舞は、祭礼において神輿もしくは行列じたいを先導することによって、場を清める役割をはたしていたと考えられないだろうか。王の舞は都市空間にさまざまな災厄を払うことを意図して催された御霊会の精神史的な景観を最もよく体現していたともいえるかもしれない。

王の舞をも含む芸能構成はやがて各地に伝播していった。その経路はいくつかの可能性が考えられるが、最も重要な視点として荘園および荘園鎮守社をあげることができる。京都や奈良などの大社寺が領家として支配する荘園が成立していった平安中期以降、荘園を管理する戦略として荘園にも社寺が設置される。そして、領家である大社寺で行なわれていた祭礼やその芸能構成を模したミニチュアが導入されたものと思われる。荘園を十全に支配するべく、精神的紐帯を提供したとも考えられるだろうか。若狭路に伝わる王の舞はそのような消息を知らせる好例であり、山路興造がいう「荘園制を背景として伝播した芸能」(11)の典型をしめしていたのである。だが、各国の一宮における祭礼芸能として伝播した王の舞も少なからず存在していたことは強調しておかなければならないだろう。

王の舞は若狭路に集中的に分布しているため、従来ともすればこの一帯にのみ存在する特異な芸能であると考えられてきた。じっさい、王の舞は若狭路に最も多く分布しており、一般にオノマイともオノマイサンとも呼ばれている。代表的な事例として前述した宇波西神社の王の舞、そして福井県三方郡美浜町宮代の弥美神社の王の舞がよく知られているが、実は近接する京都府・滋賀県・兵庫県にも少なからず分布している。といっても、こうした地域に伝わる事例の大半は、王の舞という呼称を持っていない。天狗飛び・竜王の舞・ジョマイなどという場合が多いようである。

若狭路およびその周辺は大社寺が集中している京都や奈良に近いせいだろうか、やはり多数の事例を確認することができる。だが、王の舞はこうした地域にのみ分布しているわけでもなかった。件数が少ないため必ずしもよく知られていないが、日本の各地に存在しているのである。全体の総数は若狭路の十六件を含めても、五十件に満たない程度であろうか。王の舞の範疇に含めるべきか迷ってしまう事例も少なくないが、茨城県久慈郡金砂郷町上宮河内の西金砂神社の四方固め、東京都三宅村伊豆の御祭神社の剣の舞、山形県飽海郡遊佐町吹浦の大物忌神社の諸冊二尊（神）の舞などは、いずれも王の舞の典型をしめしている。また、三信遠地方や九州地方に数多く分布する火王・水王、各地の祭礼に登場する王の鼻や鼻の王なども、おそらく王の舞の系統であると考えられるだろう。

ここで私じしんの論文を参照することによって、関連する史料や現行の事例によって得られる王の舞の特徴をまとめておきたい。①祭礼の中では、行列を先導する機能を担っていると考えられる。②祭礼芸能の一環として、田楽・獅子舞などに先立って演じられる。③しばしば裲襠を着用し、鳥甲に赤い鼻高面をつける。④前段は鉾を持ち後段は素手で、四方を鎮めるかのように舞う。反閇の芸能化と理解することもできる。⑤人指し指と中指を揃えて伸ばし、薬指と小指を親指で押さえる剣印が舞の要素をなしている。⑥楽器としては、太鼓・笛が用いられている場合が多い[12]。

王の舞にまつわる謎について、いくつか補足しておきたい。王の舞はどのような人々が演じていたのだろうか。そして、個々の社寺が催していた祭礼において、どのような役割をはたしていたのだろうか。従来の成果は大半が王の舞の起源論に専心しており、中世における王の舞の存在形態を主題化することに成功していない。というよりも、関連する史料の大半は王の舞の存在形態にくわしく言及することがなかった。だが、祇園御霊会における王の舞についていえば、その存在形態を知らせる史料が比較的多く残されており、幸いにも王の舞を担当していた片羽屋座の性格を知ることができる。祇園御霊会における王の舞は応永四年（一三九七）以降、室町期の史料に少なからず登場しており、大半が『八坂神社記録』と『八坂神社文書』に収められている。

とりわけ『八坂神社文書』上巻に多数収録されている「馬上料足」に関する一連の史料は、王の舞および太鼓が片羽屋座という集団によって奉仕されていた消息を知らせている。河原正彦は片羽根屋座が「祇園社の直接支配をうけ、王舞、太鼓持、神楽供奉などの奉仕をつづけてきた「片羽屋衆」あるいは「片羽屋神人」と呼ばれる雑芸者の集団である」こと、そして「入衆には厳重な制約を加えている」ことを指摘している。また、「馬上料足請取状」などに登場する「太郎大夫」「四郎大夫」「ミや大夫」等々の大夫号や「五郎二郎」「五郎次郎」等々の重複名に留意しながら、「このような大夫号は本来、五位官人、在地有力者の称号でもあったが、中世を通じては太郎次郎のような重複名とともに一般的な姓名に近い性格を持ち、殊に下級宗教家（権禰宜以下）、芸能・芸道にたずさわる者に顕著な氏名でもあった(13)」という。

じっさい、同じような名称は片羽屋座のみならず、東大寺八幡宮の転害会において王の舞を奉仕していた主典にも確認することができる。たとえば、永正二年（一五〇五）の『転害会日記』は「大仏殿之主典今小路之太郎四良カ子孫二良ニ王舞事則申付也。大仏殿之堂童子二臈」という。かくして、私は大仏殿の主典が「片羽屋座のそれと極めて良く似た呼称を有していた」ことのみならず、「二良が即ち大仏殿の堂童子二臈に当たると読むならば、王の舞が大社寺に隷属して、芸能に携わる下級宗教者ないし神人層によって担われていたと考えて良さそうである(14)」ことをも指摘している。

王の舞にまつわる謎は尽きないが、王の舞という名称こそが最大の謎であろう。王の舞という名称は何に由来しているのだろうか。舞楽の蘭陵王に由来しているという所説は、蘭陵王の舞→陵王の舞→王の舞という図式を想定しているようである。だが、両者が関係していた消息を知らせる史料は存在しない。蘭陵王の仮面が高い鼻を持っているわけでも何でもないから、俗説の範囲を出ていないといえるだろう。舞楽に関していえば、むしろ王の舞と散手・貴徳が交渉している可能性を想定するべきであった。じじつ散手（左舞）と貴徳（右舞）という番舞は、どちらも王の舞の源流であったかと思わせるくらいよく似ている。

私は王の舞がそもそも特異な声を伴っており、王の舞という名称じたいそのような声に由来していた可能性を想定している。延慶本『平家物語』巻一の卅七「豪雲事」と『源平盛衰記』巻第四の「豪雲僉議」は、どちらも比叡山延暦寺の僧侶であった豪雲が後白河院の質問に応答した内容を記録している。豪雲は衆徒が大衆僉議において一斉に異様な声を出すことについて、たとえば王の舞を舞う時に仮面をつけたまま鼻をしかめて出す声に近いと述べており、とりわけ後者はその声が歌を詠ずる声でも経論を説く声でもなく、向かいあって対談する声とも異なるものであるという。

今日でも伝承されている王の舞は声を出さないが、声を伴う事例やその痕跡をしのばせる事例がいくつか存在している。滋賀県高島郡朽木村能家の山神神社のオノマイ（王の舞）、兵庫県多可郡八千代町天船の貴船神社の竜王の舞、兵庫県姫路市船津町宮脇の正八幡神社のジョマイ（竜王の舞）、兵庫県神崎郡福崎町西田原の熊野神社のジョマイ（竜王の舞）、兵庫県神崎郡福崎町八千種の大歳神社のジョマイ（竜王の舞）。こうした事例はいずれも「にょん」「りょうおん」「りょう」「じょう」「おう」等々の掛け声によって囃すものであり、王の舞が「おう」に起因すると思われる特異な声を伴っていたこと、そして王の舞という名称じたいその特異な声に由来していたことを暗示しているとも考えられる。じっさい、仮面をつけたまま鼻をしかめて「おう」という声を出せば、「にょう」にも「じょう」にも「りょう」にも聞こえると思われるのだが――。

いずれにしても、こうした声は王の舞という名称にもかかわるくらい、最も中心的かつ象徴的な特徴だったのだろうか。王の舞が「邪霊を払い道行く先を鎮めるために行なわれた呪術性の強い芸能であった」消息は前述したとおりであったが、そのような性格が「道張」という別称にもうかがわれる特異な所作のみならず、変身を象徴する特異な声によっても付与されていたとしたら、特異な声じたい王の舞にまつわる呪術的な性格を触発する有力な媒体であったといえるだろう。植木の所説を拡張しておけば、王の舞は行列を先導して場を清める芸能として祭礼に組みこまれたからこそ、行列を先導するさい発せられていた「おお」という警蹕の声が付加もしくは連想されて、王の舞という名称が生まれたと考えられるかもしれない。

以上、王の舞という芸能の生涯を概観しながらいくつかの謎にも言及してきたわけであるが、ようやく肥大したロマンティズムに耽溺することを回避しながら、若狭路に伝わる王の舞の実際を過不足なく理解することができそうである。留保していた謎、つまり十六件もの王の舞が若狭路に伝承されている理由についても、一定の視座を提出することができるだろう。前述した予告チラシは「あなたは王の舞を見たことがありますか？」という問いを投げかけることを忘れていなかった。また、十七枚の写真を掲載した上で、「それぞれどこの王の舞かわかりますか？」とも問うていた。

3　王の舞を見たことがありますか？

「答えはこの特別展を見に行くとわかります」というのは当然であろうが、私も念のため十六件の事例を列挙した上で、各地の王の舞をも視野に収めながら若狭路の王の舞に関する巨視的な特徴を提示してみる。また、芸能構成・演者・楽器を指標として設定することによって、若狭路における地域的な偏差とも重なる三つの類型を提出しておきたい。というのも、十六件もの王の舞が若狭路に伝承されている理由にしても、そうした試みを介してこそ十二分に解明することができるだろうと思われるのである。

①敦賀市沓見の信露貴彦神社・久豆弥神社、②美浜町佐田の織田神社、③美浜町宮代の弥美神社、④三方町気山の宇波西神社、⑤三方町田井の多由比神社、⑥三方町向笠の国津神社、⑦三方町藤井の天満社、⑧三方町相田の天神社、⑨三方町能登野の能登神社、⑩三方町成願寺の闇見神社、⑪上中町小原の石桉神社、⑫上中町麻生野の日枝神社、⑬上中町海士坂の天満宮、⑭上中町日笠の広嶺神社、⑮小浜市若狭の椎村神社、⑯高浜町小和田の伊弉諾神社。この十六件にかぎって「王の舞を見たことがありますか？」という問いを投げかけられたらどうだろうか。若狭路の王の舞だけをとりあげても、演じられる時期が重なっている事例も少なくないため、全部見ることは至難の業である。私じ

しんは幸いにも全部見ることができたが、実に長い年月を費やしてしまった。

最初に期日に注意する。各地における王の舞の大半は春季と秋季に演じられていた。ところが、若狭路の王の舞は二件を除いて春季に集中している。一方、京都府や兵庫県における王の舞はわずか一件、つまり兵庫県加西市北条町北条の日吉神社のジョマイ（竜王の舞）を除き、秋季に集中していた。したがって、春季に演じられることじたい、若狭路の王の舞に関する大きな特徴であるといわなければならない。おそらく中世の若狭路に対して最も大きな影響力を持っていた権門が山王・日吉社であり、その祭礼がいずれも春季に行なわれていたことに由来するものと思われる。例外は⑭と⑯であるが、⑭は広嶺神社の祭礼が祇園祭であったため夏季に、⑯は地理的に近い京都府で秋季に演じられることに影響されて秋季に演じられているのだろうか。

芸能構成にも注意したい。たとえば、京都府における祭礼は王の舞や獅子舞よりも、むしろ田楽を数多く残している。祭礼の中心はあくまでも田楽である。京都府に近い⑯でも、王の舞は田楽の露払いとでもいうべきものでしかなかった。祭礼の中心はやはり田楽である。ところが、若狭路における祭礼の中心は何といっても王の舞であった。その理由はよくわからない。またもや謎であるが、いずれにしても若狭路における祭礼は王の舞を重視していたわけである。といっても、こうした特徴は各地における王の舞とも比較してこそ浮かびあがってきた、いわば巨視的な特徴である。微視的に比較してみたら、若狭路に伝わる十六件の王の舞じたい存在形態を共有していない。むしろ種々の偏差を強調しているようにも思われる。当面は芸能構成・演者・楽器を指標として設定した三つの類型を提示しておきたいが、いずれも地域的な偏差をしめしていた。

第一の類型。若狭路の東部に分布する事例は芸能構成・演者・楽器とも本来的な存在形態に最も近い。すなわち、三つ以上の芸能が共演すること、大人が演じること、鉦打太鼓と笛を使用すること等であり、在地でもあまり大きく変化していないものと思われる。とりわけ③④⑤⑥は一部脱落もしくは変化している場合もあるが、ほぼ典型的な存在形態をしめしていると考えられるだろうか。だが、最東部に分布する①②③の演者が青年であること、もしくはかつて青年であったらしいことは注意しておかなければならない。古くはやはり大人が演じていたのだろうが、おそらくは近世以降、若者の通過儀礼として転用されていった可能性が大きい。

第二の類型。中央部に分布する事例の大半は子供が演じるものであり、大きく二つに分けられる。⑦⑧⑨⑩は笛の旋律・太鼓のリズム型が近似している。芸能構成こそ本来的な存在形態に近いが、いずれも演者が子供であること、楽器が締太鼓と笛であること等が異なっている。⑪⑫⑬は「縁たたきを混ぜた太鼓の4拍子のリズム型など類似点が多[15]」い。芸能構成が王の舞・獅子舞であること、演者が子供であること、楽器が太鼓のみであること等、本来的な存在形態に比べて大きく異なっている。在地で変容したものだろうか。そもそも部分的に伝播したものだろうか。入江宣子は「この地に伝えられた時点ですでに笛がなかった可能性」を想定しており、「笛ぬきの王の舞を一か所が習い、他に伝えたのかもしれない[16]」という。じじつ現地でも⑪が⑫に教えたといわれている。

第三の類型。若狭路の西部に分布する事例は、その件数じたい僅少である。⑮は芸能構成こそ王の舞・獅子舞のみであるが、演者が大人であること、楽器が鉦打太鼓であること等、本来的な存在形態を若干なりともしのばせる。一方、⑯は芸能構成が王の舞・田楽であること、楽器が見られないこと等、ユニークな存在形態をしめしている。獅子舞がないばかりか、王の舞が田楽に付随しているという存在形態は、天狗飛び（王の舞）とオドリ（田楽）が演じられる京都府船井郡和知町坂原の阿上三所神社の場合とも共通しており、むしろ隣接する京都府の事例に近似しているといえるかもしれない。使用する鼻高面はかなり大きく、どう見ても子供の体型に釣りあわない。かつては大人が演じていたとしたら、本来的な存在形態にも比較的近く感じられる。

かくして、王の舞の分布と特色をあらしめた理由を問わなければならない。地域偏差をしめす三つの類型をこそ説明しなければならないのである。山路は若狭路の祭祀と芸能を扱った論文において、「都に近く北陸道の始点として、古代・中世には相応の文化に接し発展をみた若狭も、近世に入ると、琵琶湖から敦賀に抜ける往来や、丹後宮津などの港としての面影が色濃くなる」ため、「かえって中世的様相が村々のたたずまいに感じられ、この地に伝承された民俗行事なども、近世という時代を一つ飛び越えた古さがただよう」[17]という。こうした事情は当然ながら、若狭路に伝播した十六件の王の舞にも大なり小なり影響したはずである。

つまり近世以降、若狭路は大きな街道が通らなかったため、新しい文化に接触する機会に恵まれなかった。だからこそ王の舞も若狭路に伝播した当初の存在形態を比較的よく維持することができたと考えられるのである。その典型は若狭路の東部に分布する事例、つまり王の舞の本来的な存在形態に最も近い③④⑤⑥等であろうか。ところが、中央部や西部は事情が若干異なっている。若狭街道（今津～熊川～小浜等、複数の経路が存在する）が走る中央部は、京都の文化が間断なく流入する地域であったらしい。したがって、この地域に分布する事例、とりわけ丹後街道（経路は敦賀～舞鶴であり、若狭路を東西に横断する）沿いに点在するのみならず若狭街道にも近い⑦⑧⑨⑩等は、京都の文化に接触して二次的に変容した可能性を少なからず持っている。

そうだとしたら、子供が演じる事例が中央部に集中していたのも、うなずけることであったのかもしれない。すなわち、中世以降の京都などで稚児を愛玩する風潮が広まっていたことを受けて、王の舞の稚児化を促進したようにも思われるのである。じじつ若狭路における祭礼は、王の舞・田楽・獅子舞等にもまして中世の祭礼を飾っていた一つ物という稚児の痕跡をも少なからず残している。⑦⑧⑨⑩⑪⑫⑬は王の舞と一つ物を同一視する民俗的な想像力の所産であったとも考えられるのである。小浜から大飯郡にかけて広がる西部はどうか。王の舞は件数じたい僅少であったから、そもそも伝播しなかったのかもしれない。だが、本来ならば京都府における王の舞の分布と特色をも参照した上で、理解するべきであったようにも感じられる。⑯はむしろその好例であるということができるだろう。

王の舞は前述したとおり、「荘園制を背景として伝播した芸能」であった。だが、その王の舞も若狭路に定着した以降は、隣接する諸地域における文化が複数の交通路を経て流入してきた過程に洗われて、大なり小なり変容していったはずである。こうした過程こそが王の舞の存在形態に見られる地域的な偏差を生み出していった可能性は大きい。したがって、若狭路における王の舞の分布と特色にしても、やはり隣接する諸地域の文化が流入する過程、およびそのような過程を実現する交通路の存在が描き出した結果であったといえるだろうか。だが、実際は皮肉にもこうした過程が概してあまり見られなかったからこそ、若狭路は今日でも十六件もの王の舞を擁しているものと思われるのである。

ところで、「あなたは王の舞を見たことがありますか？」という問いは、私たちが王の舞をどう見ているのか、つまり王の舞はどう見られてきたのかという問いとして変奏することができる。特別展「王の舞を見に行こう！～郷土の祭りと芸能文化の理解のために～」の展示チラシは、「若狭路の王の舞は、かけがえのない神事芸能として大切に守り続けられて」おり、「王の舞には、地域の災厄を払い、豊作や豊漁をもたらすスーパーヒーローとしての役割が託されてきたともいえる」ことを強調していた。これは大筋において動かせないところであろうが、だからといってそのような釈義だけで満足するわけにもいかないだろう。王の舞はどう解釈されてきたのだろうか。どのような釈義を引き受けてきたのだろうか。こうした過程の実際にもう少しばかり接近してみたい。

王の舞に関して最もよく知られた釈義は、王の舞を猿田彦の演劇化として解釈するというものである。これは中世においても現代においても確認することができる。『日本書紀』を注釈した一連のテクストは中世日本紀とも称されているが、その数例が天孫降臨において天津神を先導する役割をはたした猿田彦を説明するべく、『日本書紀』に見られなかった王の舞に言及している。たとえば、室町末期に当時第一級の学者であった一条兼良が完成させた『日本書紀纂疏』巻第五は、猿田彦の怪異な容貌を解釈した部分において、当時の祭礼に登場する王の舞が赤い面と長い鼻を持っており「神代遺風」を伝えていること、つまり猿田彦の演劇化であることを明言しているのである。

また、山王神道のテクストであり室町期に成立したと思われる『厳神鈔』巻四十九は、猿田彦の肖像についてくわしく説明している。『厳神鈔』において大行事権現に比定された猿田彦は、十禅師権現を守護して天孫降臨を先導する神であると考えられている。その肖像は赤い面と長い鼻を持ち、鉾によって邪鬼の者を払い退け、諸道の印を結び道路を鎮めるという具体的なものである。これは『日本書紀』に見られない以上、鉾を持ちながら四方を鎮めるように舞う王の舞の演技を想定しているとしか考えられない。じっさい、『厳神鈔』は当時演じられていた王の舞が猿田彦を表象していること、そして祭礼において王の舞と獅子舞が通らなければ神幸じたい始まらないことに言及する。したがって、『厳神鈔』が展開する言説は猿田彦を解釈したものでありながら、同時に王の舞の演技を描写したものであるということもできるだろう。

もちろんこうした言説は天孫降臨を先導した猿田彦を解釈するべく王の舞を持ち出しているだけであり、必ずしも王の舞を解釈することを意図していない。にもかかわらず、中世日本紀において猿田彦に付与された肖像の具体性が王の舞に淵源していた可能性は、もはや否定することができないはずである。中世日本紀が猿田彦の肖像を成立させる過程に王の舞を介在させているのはなぜだろうか。中世日本紀を生み出した中世の学者たちが猿田彦を解釈するさい、王の舞に言及したのはなぜだろうか。

その直接的な契機はおそらく両者に共通する高い鼻に求められる。だが、視野狭窄を回避するためにも、むしろ間接的な契機をこそ強調しておかなければならない。王の舞が祭礼において神輿もしくは行列じたいを先導するものであったことは、高次の神々である天津神を先導した猿田彦の役割に対応しているといえるだろう。また、王の舞が祭礼芸能の一環として田楽や獅子舞などに先立って演じられており、いわば露払いの性格を付与されていたことも、水先案内人（神？）として天孫降臨に貢献した猿田彦を連想させるのである。

そもそも猿田彦は天孫降臨を先導する役割をはたした、いわば鎮道神であった。その目的は葦原中国を平定することをもくろむ天津神、つまり高次の神々を支援することによって国土を鎮護することであったと考えられる。一方、王の舞も祭礼において神輿もしくは行列じたいを先導して場を清めるべく演じられた芸能であり、しかも田楽や獅子舞などに先立って筆頭に登場する。したがって猿田彦と王の舞が接合していくさいは、高い鼻という形式上の一致のみならず、いわば性格上の一致も間接的な契機として影響している可能性がきわめて大きいのである。

ところが、今日でも伝承されている王の舞にかぎっていえば、天孫降臨の神話に立脚した言説は意外にも少ない。どうやら王の舞は天孫降臨の神話を支配的な釈義として受容するよりも、在地の世界観に合致した多種多様な釈義を触発する場合が多かったらしい。前述した貴船神社の祭礼は竜王の舞（王の舞）・神楽の舞（獅子舞）・ゲーゲー（田楽）を登場させており、こうした芸能構成じたいに興味深い神話が付与されていた。すなわち、竜王の舞は猿田彦を意味しており、かつて松明を持った猿田彦が天船に降臨して、排水路と田畑の区画を測量した故事にちなむものであるといわれている。一方、神楽の舞は測量が終わった後に村人が土地を開墾した工事の様子を模しているという。また、猿田彦の道案内に続いて登場した獅子が荒れた土地を掘り返して田畑をこしらえたことを再現しているとも伝えられているのである。

この神話は猿田彦に言及しているといっても、必ずしも天孫降臨の神話を踏襲していない。むしろ天船の人々が王の舞に中世日本紀とも異なったユニークな言説を付与している消息にこそ注意したい。そもそも鎮道神であった猿田彦は、天船に農耕的な生産形態をもたらした存在として解釈されているらしい。そう考えてみれば、「竜王＝猿田彦に地域の開発を司る文化英雄の性格を読み取る」(18) ことができるだろう。したがって、猿田彦の演劇化として登場する王の舞は、農耕的な生産形態を発展させることを希求する社会的な意識を体現していたともいえるのである。とりわけ猿田彦が排水路と田畑の区画を測量したという部分は、天船の人々における関心の所在を最もよくしめしている。排水路と田畑の区画を測量することは、文字どおり農耕的な生産形態を実現するべく場を清めることであった。

一方、やはり前述した石桉神社の王の舞と獅子舞にも興味深い神話が付与されている。この王の舞は石桉様の大蛇退治の神話を同伴している。かつて鳥羽谷の一帯は沼地であり、そこに棲息する大蛇が鳥羽谷の人々を悩ましていた。だが、石桉様が長江の赤淵で大蛇を退治した以降、鳥羽谷は平和を取り戻したという。王の舞と獅子舞はこうした神話を再現していると考えられている。すなわち、石桉様を意味する王の舞が大蛇を意味する獅子を鎮めるというわけである。したがって、「王の舞と獅子舞は対立関係にあり、獅子舞が統御できない自然の領域を体現しているとすれば、地域に秩序をもたらす王の舞に文化英雄の姿を読み取る」[19]こともできるだろうが、むしろ王の舞が災厄を体現する獅子舞を取り除くという筋書きじたいにこそ注意したい。もはやいうまでもないだろうが、王の舞は象徴的な地平において地域を清める実践として解釈されていたのであった。

4　王の舞についてもっと知りたくなったら、

前述した予告チラシは「そして王の舞についてもっと知りたくなったら、お祭りの日に王の舞を見に出かけましょう」という。私は弥美神社の「お祭りの日に王の舞を見に出かけ」ることを二十年も続けてきた。それはほぼ偶然に出会った弥美神社の王の舞が演技として驚異的な水準を獲得していることに圧倒されてしまい、あの超絶技巧が生み出される理由を知りたいと思ったためである。もちろん理由といってもいくつもの可能性が考えられるだろう。たとえば、私は弥美神社の王の舞が「演技の内在律をそのまま祭礼の時空を包み込む論理へと拡張すること」[20]によって、祭礼人とも称される演者が地域の未来を左右する非日常的な存在として解釈されている消息を知ることができた。これは私が「王の舞についてもっと知りたくなった」直接の契機でもあるので、その一端を紹介してみたい。

若狭路に伝わる王の舞は一般に豊饒を保証する存在であり、地域の未来を決定すると考えられていたらしい。たとえば、宇波西神社の王の舞は演技中に王の舞を倒すことができたら豊漁・豊作であるという口碑によって彩られている。そのせいだろうか、一部の観客が隙を見つけて演者に襲いかかり、王の舞を守る警護が不意の攻撃を阻止するというような、きわめて白熱した攻防戦を見ることができる。弥美神社の王の舞はどうだろうか。弥美神社の祭礼は夕方に登場する王の舞によって、ようやく最高潮に達する。近郷近在の人々は口々に「王の舞を見に出かけよう」とか何とかいいながら、弥美神社に向かうのである。かくして神社に蝟集した観客は、弥美神社の中の馬場で演じられる王の舞に対して、見事な演技を賞賛するべく（見事な演技であると判断した場合のみ）、「大豊年！」という掛け声を浴びせかける。

「大豊年！」という掛け声は宇波西神社の王の舞にまつわる口碑とも同じく、いわば五穀豊穣を強調するものである。だが、同時に演技の到達度を評価するものでもあったことは重要である。「演技の巧拙が、そのまま地域の未来を決定すると考えられている」、つまり王の舞に付与された呪術的な性格が「王の舞の演技の内実を写すディスクールと関わっており、技芸に向けられた冷徹かつクリティカルな視線と対応していた[21]」のだから、祭礼人は演技を美しく構成することに集中せざるを得ないだろう。祭礼人はその洗練された演技によってこそ、「地域がアイデンティティを生気付けるべく創出し、押し上げていった異質な存在」として「疲弊した日常生活を更新し、地域に新たな活力と生命を吹き込む[22]」ことを期待されていたのである。

弥美神社の王の舞は福井県三方郡美浜町麻生（東山を含む）に伝わるものである。といっても、実際は麻生と東山の青年男子によって構成される清義社という若者組が管理してきた。麻生の人々は優雅な演技が特徴であるという。演技の眼目も過度に不自然な動作や姿勢を持続しながら、流れるような曲線を緩やかに描き出すところに求められている。その理由は王の舞が原則として一生に一度しか舞えない、いわば通過儀礼的な性格を付与されてきたことに由来していると考えられる。すなわち、王の舞は毎年一人ずつ選出される祭礼人に課せられた過酷な試練として解釈されているのである。したがって、祭礼人がきびしい稽古を乗り越えて一人前の村人として認められていく社会化の過程こそが、特異かつ高度に研ぎ澄まされた演技を生み出していたといえるだろう。こうした性格はきわめてユニークなものであり、若狭路に伝わる王の舞について類例を確認することができない。

ところで、王の舞に深く魅せられて若狭路を何度も訪れた民俗学者が、かつて私以外にも存在した。錦耕三という。錦も洗練された優雅な演技に惹かれたのだろうか。麻生は錦が最も足繁く通った目的地だったが、弥美神社の王の舞をも含めた計九件の王の舞について民俗探訪を実施している。あらためて前述した十六件の王の舞を確認してほしいが、②美浜町佐田の織田神社、③美浜町宮代の弥美神社、④三方町気山の宇波西神社、⑤三方町田井の多由比神社、⑥三方町向笠の国津神社、⑦三方町藤井の天満社、⑧三方町相田の天神社、⑨三方町能登野の能登神社、⑩三方町成願寺の闇見神社という九件が、錦によって対象化されている。

折口信夫の弟子であり朝日新聞の記者でもあった錦は、取材先の若狭路で出会った王の舞に魅せられて、第二次世界大戦の最中であったにもかかわらず、記者の特権を利用して現地調査を開始したようである。私が生まれた昭和三十六年（一九六一）、錦は書きためた原稿の大半を世に問う機会を得ることもなく逝去した。だが、彼の原稿は幸いにも、福井県三方郡美浜町新庄に在住する民俗学者の小林一男が長らく保管していた。散乱した原稿を一枚ずつ照合して復元した上で、ワード・プロセッサーに入力する作業は膨大な時間を要した。また、刊行する計画を進行させるさいも紆余曲折することばかりであったが、私たちは十年もの年月を費やして、ようやく錦が蓄積した膨大な成果を『若狭路の祭りと芸能』としてまとめることができたのである。(23)「王の舞についてもっと知りたくなったら」、ぜひとも錦が打ちたてた金字塔を手に取ってみてほしい。

錦の成果は王の舞を形成する内在的な諸条件に対する関心と王の舞を規定する外在的な諸条件に対する関心を統合したものであった。前者は王の舞の演技を分節する舞踊譜的な試み、後者は王の舞の環境を記述する民俗誌的な試みである。

「そのためには芸能が基盤とする村落社会の構造とその変遷と村の経済の変遷をよく理解する必要がある」というのである。

とでも要約することができるだろうか。錦は「王の舞の研究」という論文において、前者について「芸能史の理論よりも、まず民俗芸能を採録して多種の芸能や他の地方の芸能と比較し検討し得る学術資料とする、即ち芸能を標本化することが大切」であり、「その上でもつと充実した芸能史をつくることである」という。そして、後者について「芸能採集で一番大切なことは、ある芸能がどうした社会を背景にして育成され伝承されて来たかということであ」り、「そのためには芸能が基盤とする村落社会の構造とその変遷と村の経済の変遷をよく理解する必要がある」[24]というのである。

私じしんも肝に銘じなければならない真摯な所説であるが、とりわけ錦が作成した舞踊譜はビデオのような複製技術が存在しなかった当時、ほぼ不可能な試みを意味していたはずである。にもかかわらず、それが驚異的かつ奇跡的な成果として結実していることは特筆大書しておきたい。錦にかくも膨大な原稿を作成させた契機は何だろうか。錦がかくも激しく王の舞の調査研究に邁進した理由は何だろうか。明確な回答を用意することができるわけでもないが、錦が描き出した軌道は王の舞が今日どのような価値を獲得しているのかを再認識する手がかりとしても重要である。

近年、民俗芸能は無形民俗文化財という学術的な価値のみならず、地域文化や伝統文化に対する人々の関心を満足させる材料として、もしくは地域のアイデンティティを再構成する過程に貢献する媒体として、社会的な価値をも付与される場合が少なくない。また、民俗芸能を観光資源や学校教材として活用する場合も数多く見られる。すなわち、郷土や伝統を表象する現代的な文化現象として、民俗芸能は以前にもまして脚光を浴びているのである。このような動向は若狭路の王の舞についても確認することができる。そして、今日かくも多種多様に展開している王の舞の対象化を促進した最初の動力源こそ錦耕三であったということができるだろう。たとえば、昭和二十四年（一九四九）七月に折口信夫の一行が若狭路の王の舞を何件か見ているのも、錦が折口に王の舞の価値を説いたためであった。

そのせいでもあろうか、昭和二十八年（一九五三）に宇波西神社の王の舞が、そして昭和三十一年（一九五六）に弥美神社の王の舞が福井県の無形民俗文化財に指定されている。そして昭和五十一年（一九七六）、「宇波西神社の神事芸能」が記録作成等の措置を講ずべき無形の民俗文化財として文化庁によって選択された。すなわち、王の舞は保存しなければならない無形民俗文化財として対象化されたわけである。とりわけ近年は錦が愛した弥美神社の王の舞にも少子化の荒波が押し寄せており、価値観の多様化という昨今の風潮も手伝って、祭礼人を確保することに難儀する場合が多かった。かくして平成十四年（二〇〇二）、麻生の人々は危機的な状況を打開するべく、麻生王の舞保存会を新しく発足させたのであった。かつては王の舞の名手であり保存会の計画を実現するべく尽力してきた奥村善孝と佐竹茂通が、各々初代の会長・副会長として選出された。

麻生王の舞保存会が実施する事業は多岐にわたっている。だが、「麻生王の舞保存会規約」にも「本会は、毎年開催される弥美神社大祭において、麻生区に古来より伝わる福井県指定無形民俗文化財「王の舞」を奉納すること、並びにその責務を着実に遂行するための、維持継承及び無形民俗文化財保護に関する諸事業を実施する」という条文が掲載されているとおり、その目的は王の舞を無形民俗文化財として保存することである。したがって、王の舞を地域文化や伝統文化として対象化することであるということもできるだろう。もちろん長らく社会教育の機会として存在してきた王の舞の役割は、依然としてきわめて大きいはずである。だが大局的に見てしまうならば、王の舞の対象化にまつわる新しい動向は、今後も強く打ち出されていくだろうと思われる。

じっさい、王の舞が福井県を代表する無形民俗文化財であるという言説は、従来にもまして人口に膾炙してきたようにも感じられる。しかも近年は、王の舞が地域のアイデンティティを再構成する過程に貢献する媒体としてとりあげられる場合が多い。とりわけ美浜町は王の舞を地域の文化的なシンボルとして積極的に解釈しているようである。たとえば、平成十三年（二〇〇一）に美浜町中央公民館で開催された「美浜ハートフルフェア二〇〇一」の文化部門（町民文化祭）。前夜祭のメイン・イベントは弥美神社の王の舞であった。また、平成十五年（二〇〇三）に美浜町総合体育館で開催された「みはま登遊見聞録」は町民参画五十周年事業であったせいだろうか、美浜町を代表する無形民俗文化財が数多く出演した。もちろん宇波西神社の王の舞と弥美神社の王の舞はどちらも出演している。

王の舞を観光資源や学校教材として活用する動向も一般化してきた。平成十五年に開催された「若狭路博二〇〇三」の歴史館で宇波西神社の王の舞が展示されていたことは、王の舞の観光資源化をしめす好例であろう。学校教材化についていえば、美浜町立弥美小学校は総合学習の時間において、児童じしんが弥美神社の祭礼と芸能について調べるという教育実践を継続している。私も約十年間、弥美神社の祭礼の直前に現われる特別講師として、小学六年生に対して王の舞に関する授業を行なう機会に恵まれた。これは二十年前に祭礼人として見事な演技を披露して私を圧倒した友人の長谷川啓が、王の舞などの地域文化に対する児童の関心を高めたいと考えて、弥美小学校に働きかけることによって実現した企画であった。平成十五年五月一日の福井新聞朝刊は「「王の舞」楽しんで　美浜・弥美小研究者が授業」という記事を掲載している。

橋本さんは、王の舞の由来や祭りのお供え物が全国的にも独特であること、王の舞をより楽しむ方法などを冗談を交えながら分かりやすく説明し、「この地域で伝えられた文化に誇りを持ってほしい」と授業を締めくくった。児童たちも積極的に授業に参加し、郷土の文化について理解を深めていた。

自分のことが書かれているので恥ずかしいのだが、こうした試みも現代社会における王の舞の対象化の好例であるということができるだろう。類例はいくらでもあげることができる。福井県三方郡美浜町丹生の美浜原子力ＰＲセンターで弥美神社の王の舞が展示されていることも、現代社会が王の舞に付与する新しい価値について検討する上で重要である。宇波西神社の王の舞が国立劇場の第六十五回民俗芸能公演「宮座と神事芸能」に出演したのは平成四年

（一九九二）であった。そして平成八年（一九九六）、ＮＨＫ教育テレビが『ふるさとの伝承』という番組で弥美神社の王の舞を扱った「異形の「王の舞」～若狭の春祭り～」を放映したことは、王の舞の知名度を全国的に向上させるという意味において大きな事件であった。

以上、いずれも王の舞が郷土や伝統を表象する現代的な文化現象として対象化されている消息の実際を知らせているといえそうである。そう考えていけば、冒頭で紹介した『大田楽』において、王の舞を現代的なパフォーマンスとして再生させる方法が模索されていたことも十分うなずける。つまり現代社会における王の舞の存在形態は、王の舞の対象化に関するヴァージョンが相互に連結して混線しつつも、次第にネットワークを形成していくような事態として理解するべきであったのかもしれない(25)。前述してきたような多種多様な王の舞の対象化が同時進行することによって相互交渉している事態こそ、私たちが「見に出かけ」ている王の舞の現在であった。

したがって、錦によって開始された学術的な対象化（「王の舞の研究」！）だけが特権的な場所を占拠することは、今日もはや考えられないだろう。私が従事している調査研究にしても錦の軌道上に存在しており、現代社会における王の舞の対象化の一例でしかないのである。だが、そのようなヴァージョンは同時に地域社会とも深く呼応しており、私じしんが麻生王の舞保存会の冊子に「王の舞の由緒」という文章を寄稿したり、弥美小学校で特別講義を担当したりするというような、いわば別のヴァージョンとも連結している。最後に特別展「王の舞を見に行こう！～郷土の祭りと芸能文化の理解のために～」を担当した学芸員の垣東敏博が私宛の私信において、「王の舞の発見」というセクションの構想について説明した部分を公表しておきたい。

地域内の人間では気づかない、王の舞の価値や魅力の「発見」という意味で、錦さんだけでなく、外部の研究者その他の仕事を取り上げるコーナーと考えていました。／でも、その外部者の「発見」が、外部者だけの世界で流通するだけでとどまってしまい、地域の人たちが認識するまでに至らない。文化財といったって、文化財関係者のための文化財指定であって必ずしも当事者である伝承者のためにはなっていないケースだってあるわけだし。観光資源にしてもそう。／だからこそ、今回の展示では、地域の人たち自身に、王の舞やその祭りのことについて、よく理解してもらえる機会になれば、と、～郷土の祭りと芸能文化の理解のために～という副題をつけさせてもらいました。そういう文脈だからこそ弥美小学校の取り組みも紹介させてもらうわけですし。

どうやら垣東が捻り出した「王の舞を見に行こう！」という合言葉は、私たちじしんが錦のような先達に導かれながらも、王の舞の対象化に関する新しいヴァージョンを生み出すための、いわば最初の一撃を提供しているようにも感じられる。だが、あらかじめ舞台裏をばらしてしまうならば、若狭路に位置する福井県立若狭歴史民俗資料館において「王の舞を見に行こう！」という特別展を開催することじたい、現代社会における王の舞の対象化に関するヴァージョンを作成することを意味しており、つまり王の舞を見る方法の一例を提供していたわけである。

無形民俗文化財、観光資源、学校教材、そして――。現代社会における王の舞の対象化は前述したとおり、私たちじしんが生み出すヴァージョンが絡みあうことによって進行している。だからこそ王の舞は、義経が活躍した時代に淵源するものでありながら、今日でも間断なく新しい価値を獲得しているのである。そうだとしたら、私たちは今後、王の舞の過去・現在・未来について、いかなる価値や魅力を発見することができるだろうか。その手がかりが「郷土の祭りと芸能文化の理解のために」という視座であった。といっても、こうした対象化は王の舞を見ることによってしか成立しない。したがって、予告チラシは「特別展を見ると王の舞のことがよくわかります」といいながらも、「そして王の舞についてもっと知りたくなったら、お祭りの日に王の舞を見に出かけましょう」というのである。王の舞を見に行こう！

（1）橋本裕之「熱狂の坩堝から――田楽と異類異形」『演技の精神史――中世芸能の言説と身体』岩波書店、二〇〇三年、参照。
（2）同「特別インタビュー～「楽劇大田楽」十年の歩み～」『楽劇人』第八号、楽劇人協会、二〇〇〇年、四―五頁。
（3）同「王の舞の成立と展開」『王の舞の民俗学的研究』ひつじ書房、一九九七年、四七頁。
（4）高橋昌明「遊興の武・辟邪の武」『武士の成立　武士像の創出』東京大学出版会、一九九九年、参照。
（5）橋本裕之「特別インタビュー～「楽劇大田楽」十年の歩み～」、六・八頁。
（6）錦耕三『若狭路の祭りと芸能』（錦耕三遺稿集Ⅰ）、岩田書院、二〇〇五、水原渭江『日本における民間音楽の研究』Ⅰ（若狭湾沿岸における王の舞の綜合的研究）、民俗文化研究所、一九六七年、参照。
（7）橋本裕之『王の舞の民俗学的研究』、参照。以下、王の舞に関する所説の大半は同書に収められた諸論文に立脚しているが、以降の成果も適宜取り入れた。同「赤と青――「もどき」をともなう王の舞――」『国立歴史民俗博物館研究報告』第六二集、国立歴史民俗博物館、一九九五年（本書所収）、同「「民俗芸能」における言説と身体」福島真人編『身体の構造学―社会的学習過程としての身体技法―』ひつじ書房、一九九五年（本書所収）、同「評価される身体、あるいは民俗宗教の臨界」山折哲雄・川村邦光編『民俗宗教を学ぶ人のために』世界思想社、一九九九年（本書所収）、同「王の舞から四方固めへ―金砂田楽異考―」日立市郷土博物館編『特別展示　金砂山の磯出と田楽』日立市郷土博物館、二〇〇二年（本書所収）、同「肖像の起源――王の舞と猿田彦」『演技の精神史――中世芸能の言説と身体』（本書所収）、同「神々を繋ぐ者――日吉神社の七社立会神事における竜王の舞の位置――」『国立歴史民俗博物館研究報告』第九八集、国立歴史民俗博物館、二〇〇三年（本書所収）、同「演技と自然――民俗芸能が自然環境を利用する方法――」増尾伸一郎・工藤健一・北條勝貴編『環境と心性の文化史』上（環境の認識）、勉誠出版、二〇〇三年、同「祭礼と道化――王の舞を演出する方法」小森陽一・富山太佳夫・沼野充義・兵藤裕己・松浦寿輝編『岩波講座　文学』5（演劇とパフォーマンス）、岩波書店、二〇〇四年（本書所収）、Hashimoto Hiroyuki "Performance as Metaphor: The Location of Performances in *The Tale of Heike*" Social Sciences and Humanities Vol. 8, Chiba University, 2004, 参照。
（8）とりわけ水原渭江は王の舞が舞楽に由来しており、いわば民俗化した舞楽であるという可能性を強調している。水原渭江、前掲書、参照。
（9）植木行宣「上鴨川住吉神社の芸能」上鴨川住吉神社神事舞調査団編『上鴨川住吉神社の神事舞』兵庫県加東郡教育委員会、一九八一年、四二頁。
（10）國賀由美子「後白河院と祭礼」『歴史手帖』第一五巻六号、名著出版、一九八七年、参照。
（11）山路興造「芸能伝承」赤田光男・天野武・野口武徳・福田晃・福田アジオ・宮田登・山路興造編『日本民俗学』弘文堂、一九八四年、一八七―一八九頁、参照。

(12) 橋本裕之「王の舞の成立と展開」、二三三頁。
(13) 河原正彦「古代宮廷儀礼の社寺祭礼化—殊に祇園御霊会の駒形稚児をめぐって—」『芸能史研究』第七号、芸能史研究会、一九六四年、一三頁。
(14) 橋本裕之、前掲論文、三六頁。
(15) 樋口昭・入江宣子「沿岸地域における音楽の変容—丹後と若狭両地域を中心に—」九学会連合日本の沿岸文化調査委員会編『日本の沿岸文化』古今書院、一九八九年、六一頁。
(16) 同論文、六一頁。
(17) 山路興造「荘園鎮守社における祭祀と芸能—若狭三方郡を中心として—」『芸能史研究』第六〇号、芸能史研究会、一九七八年、一頁。
(18) 橋本裕之「王の舞の解釈学」『王の舞の民俗学的研究』、一七七頁。
(19) 同論文、一七七頁。
(20) 同「王の舞の修辞学」『王の舞の民俗学的研究』、一八〇頁。
(21) 同論文、一八〇頁。
(22) 同論文、一八二頁。
(23) 錦耕三、前掲書、参照。
(24) 同「王の舞の研究」『芸能』第三巻四号、芸能発行所、一九六一年、四五頁。
(25) 太田好信「オリエンタリズム批判と文化人類学」『トランスポジションの思想—文化人類学の再想像—』世界思想社、一九九八年、一三七・二六三頁、参照。

錦耕三の王の舞

民俗芸能研究がたどりつきたかった場所
——錦耕三の方法と思想

1　錦耕三という名前

錦耕三。折口信夫の弟子であり、戦中戦後に福井県の若狭地方を集中的に調査した民俗芸能研究者。だが、筆名かとも思わせるその美しい名前は、長らくまったくといっていいくらい忘れられてきた。人文科学や社会科学の諸領域で学問の認識論的前提を問いなおすべく、学史を再検討する風潮が高まっている昨今、「民俗芸能研究がたどりつきたかった場所」という表現は、少しばかり紋切型であったかもしれない。だが、錦の成果は民俗芸能研究が過去を参照することによって未来を再想像するさい、きわめて重要な手がかりを提供しているはずである。じっさい、錦はだれよりも早く「民俗芸能研究がたどりつきたかった場所」に到達することによって、民俗芸能研究の可能態を実現していたともいうことができるかもしれない。

私はこうした視座に立脚することによって、錦が書き残した膨大な原稿を整理した上で、「若狭路の祭りと芸能」という題目に含まれるものを集成した。それが錦耕三遺稿集の第一巻である。実際は福井県の若狭路に多数分布している王の舞という芸能、そして王の舞が登場する祭礼（宇波西神社の祭礼を除く）を広くとりあげた原稿を収録している。錦が書き残した王の舞の舞踊譜についても、別冊において収録することができた。なお、宇波西神社の祭礼に関する原稿は、同書の紙数が制限されていたため、続刊である『若狭路の暮らしと民俗』（錦耕三遺稿集Ⅱ）に収録した。

だが、それにしても錦耕三という名前は何を意味しているのだろうか。民俗学研究家、近畿民俗学会評議員、朝日新

聞大阪本社出版局庶務課副課長(1)——。

錦は折口の弟子として、折口の講義に関して残された各種の筆記録を整理して『日本文学啓蒙』を編集しており、「昭和二十四年七月十三日、若狭三方の宿にて」(2)折口本人に乞うて「あとがき」を書かせている。また、朝日新聞の図書編集係として、日本民俗学会が編集した『日本民俗図録』(3)や河竹繁俊が執筆した『日本演劇図録』(4)を手がけている。(5)そして、研究者としていえば、近畿民俗学会が実施した共同調査の成果である『奥播磨民俗採訪録』(6)の編者であり、『講座日本風俗史』にも村の年中行事を扱った論文である「穂掛祭」(7)や「霜月祭」(8)を寄稿しているのである。

だが、こう説明してみても、錦について紹介する内容として不十分である。錦の方法と思想に到達していないことはいうまでもないだろう。錦の方法と思想に接近する手がかりは、むしろ錦が王の舞を対象化する方法にこそ隠されているはずである。したがって、本章は錦が最も精力を傾けた王の舞に寄り添いながら、錦耕三という名前が何を意味していたのか、錦耕三は何者だったのかという問いに対して指針を提供しておきたい。福井民俗の会が発行している『えちぜん・わかさ』第三号は、錦の遺稿として「王の舞の由来」という論文を掲載しており、錦に私淑した小林一男の解説のみならず錦の略歴をも付している。

> 大阪市平野区長吉長原三丁目出身。明治四十年生れ、昭和三年国学院大学卒、折口信夫に師事し芸能史研究に志す。朝日新聞に入社、戦時中福井支局に在勤中、三方郡を中心に「王の舞」という神事芸能のあることを知り、採訪をつづけた。昭和三十六年一月卒去。(9)

折口の弟子であり朝日新聞の記者でもあった錦は、取材先の若狭路で出会った王の舞に魅せられて、第二次世界大戦の最中であったにもかかわらず、記者の特権を利用して若狭路を何度も訪れている。錦が最も足繁く通った目的地の一つは福井県三方郡美浜町麻生であった。というのも、麻生は洗練された優雅な演技によって知られる弥美神社の王の舞を伝承していたのである。錦は弥美神社の王の舞をも含めた計九件の王の舞について民俗採訪を実施している。すなわち、美浜町佐田の織田神社、美浜町宮代の弥美神社、三方町気山の宇波西神社、三方町田井の多由比神社、三方町向笠の国津神社、三方町藤井の天満社、三方町相田の天神社、三方町能登野の能登神社、三方町成願寺の闇見神社という九件が、錦によって対象化されているのである。当時を回想した小林の文章を参照しておきたい。

生前の錦耕三（小林一男氏提供）

錦耕三氏が若狭の春祭に「王の舞」という神事芸能がある――ということを知ったのは、昭和二十年（一九四五）二月であった。そのころ錦氏は朝日新聞記者として福井支局に勤務し、中部軍報道班員として活躍していた。たまたま大政翼賛会の何かの会合で、祈年祭（トシゴヒノマツリ）の話をし、それが三河の花祭に及んだとき、同席していた耳村長加藤民蔵氏が「そんな舞ならうちの村の祭でもやっている」というのを聞いて、敗戦の色も濃くなった五月一日の弥美神社の春祭を見に行き、「王の舞」を見て「これは大変な神事芸能だ」と感じて、採訪をはじめたのが始りであった。その八月敗戦。敗戦に打ちひしがれた人々は、食糧がなく気力もなかった。だからこんな銭と米の要る祭は止めてしまえと言ったり、止めなくても祭そのものが非常に簡略化されたりしてしまったが、数年を経てようやく生活にゆとりができると、祭を元の姿に戻そうという気運が高まったのも、苦しい世相と厳しい勤務の中から閑を見出しては、「王の舞」の採訪に訪れて、三河の花祭にも匹敵する貴重な芸能だと説いてまわった錦氏の情熱の賜であった。[10]

錦は絶筆として残された「王の舞の研究」という論文において、王の舞が成立した事情に関して「王ノ舞という名称はおそらく舞楽の蘭陵王の舞（左舞）か、或いは竜王の舞に由来しているものと考えられる」という。錦はこうした所説を折口とも共有しているが、同時にその所作に関して鎮めを意図する「修験の行法」の痕跡をも発見していたようである。いずれにしても、錦は「ともかく若狭の王ノ舞は名称の上からも「陵王」につながる芸能だと言えるし、その舞容も服装も完全に舞楽の型である」[11]ことを強調しており、どうやら蘭陵王の舞→竜王の舞→王の舞という図式を想定していたらしい。小林はいう。

錦耕三氏の説を借用すると、「王の舞」というのは、舞楽の蘭陵王かあるいは竜王の舞に由来しているものと考えられ、日本各地に残っている神楽の曲名にも、また祭礼における一つの行事としても竜王の舞の名は到るところに見うけられるが、若狭に於ける春祭の「王の舞」の囃子の上から想像すると、雅楽「竜王の舞」に非常によく似ており、蘭陵王は常に略して陵王と呼ぶが中国系統で、竜王の舞は印度系統だということが「日本の音楽」（田辺尚雄氏）に出ているところから、竜王の舞の〈竜〉が脱落して「王の舞」になったのではないかと推断している。[12]

そして、小林は「「王の舞」などという神事芸能は信仰によって保持され伝承されて来たので、その中には却って古風さえ見出され、中央の舞楽で忘れられたものをも伝承されていることも考えられるので、注目されてよい芸能であるというのが錦氏の持論であった」[13]とも述べている。こうした持論についていえば賛意を表したいが、私は前述したような起源論、つまり蘭陵王の舞→竜王の舞→王の舞という図式に関して必ずしも同意することができない。したがって、私じしんが蓄積してきた近年の成果に依拠しながら、しばらく王の舞という芸能の生涯を概観しておきたい。

2　王の舞という芸能

王の舞の歴史はきわめて古い。くわしくは私の『王の舞の民俗学的研究』[14]を参照してほしいが、平安末期から鎌倉期にかけて京都や奈良などの大社寺で行なわれた祭礼において、田楽や獅子舞などに先立って演じられていた。現在でも十六カ所十七件の事例を擁する若狭路をはじめ、広い地域に分布している。王の舞という文字が初出する史料は、『猪隈関白記』正治元年（一一九九）五月九日の条であり、新日吉社の小五月会に王の舞・獅子舞・田楽・神楽が出たことを知らせている。また、十二世紀の後半に後白河院の意向によって作成されたといわれる『年中行事絵巻』の巻九と巻十二においても、田楽や獅子舞などとともに王の舞が描かれている。一般に裲襠を着用して鳥甲と赤い鼻高面を被り、前段は鉾を持ち後段は素手で四方を鎮めるように舞う。そして、舞楽に見られる剣印の所作を含み、太鼓・笛などで囃すというものである。

こうした特徴を持つ王の舞は、中世前期における代表的な祭礼芸能の一つであった。「道張」という別称にもうかがわれるとおり、祭礼において神輿もしくは行列じたいを先導することによって「邪霊を払い道行く先を鎮めるために行なわれた呪術性の強い芸能であった」[15]らしいが、当時こそ田楽や獅子舞にも劣らずよく知られていたようである。その起源ははっきりしないが、おそらく舞楽・伎楽に由来する外来系の芸能として登場しつつも、さまざまな要素を吸収して今日に至ったものであろうと考えられている。そして、錦が主張していたことだが、王の舞という名称じたい舞楽の蘭陵王に由来しているという所説も存在するのである。

だが、両者が関係していた消息を知らせる史料は存在しない。蘭陵王の仮面が高い鼻を持っているわけでも何でもないから、残念ながら俗説の範囲を出ていないといえるだろう。舞楽に関していえば、むしろ王の舞と散手・貴徳が交渉している可能性を想定するべきであった。じじつ、散手（左舞）と貴徳（右舞）という番舞は、どちらも王の舞の源流であったかと思わせるくらいよく似ている。といっても、王の舞が記録に登場する時期は、管見したかぎり王の舞―田楽―獅子舞を中心的な芸能構成として配置した祭礼が成立した以降にかぎられている。したがって、王の舞が成立した事情を云々しても、憶測に憶測を重ねることに終始してしまいかねないのである。関連する史料はむしろ、王の舞が特定の祭礼において独立した芸能として自立した可能性を示唆している。

王の舞をも含む芸能構成はやがて各地に伝播していった。その経路はいくつかの可能性が考えられるが、最も重要な視点として荘園および荘園鎮守社をあげることができる。京都や奈良などの大社寺が領家として支配する荘園が成立していった平安中期以降、荘園を管理する戦略として荘園にも社寺が設置される。そして、領家である大社寺で行なわれていた祭礼やその芸能構成を模したミニチュアが導入されたものと思われる。若狭路に伝わる王の舞はそのような消息を知らせる好例であった。弥美神社の王の舞についていえば、くわしい事情を知らせる史料こそ存在していないが、そもそも比叡山の延暦寺常寿院が支配する荘園であった織田荘山西郷を統合する精神的な紐帯として位置づけられたのであろう。

王の舞は若狭路に集中的に分布しているため、従来ともすればこの一帯にのみ存在する特異な芸能であると考えられてきた。じっさい、王の舞は若狭路に最も多く分布しており、一般にオノマイともオノマイサンとも呼ばれている。代表的な事例として宇波西神社の王の舞や弥美神社の王の舞がよく知られているが、実は近接する京都府・滋賀県・兵庫県にも少なからず分布している。といっても、こうした地域に伝わる事例の大半は、王の舞という呼称を持っていない。天狗飛び・竜王の舞・ジョマイなどという場合が多いようである。

若狭路およびその周辺は大社寺が集中している京都や奈良に近いせいだろうか、やはり多数の事例を確認することができる。だが、王の舞はこうした地域にのみ分布しているわけでもなかった。件数が少ないため必ずしもよく知られていないが、日本の各地に存在しているのである。全体の総数は若狭路の十七件を含めても、五十件に満たない程度であろうか。王の舞の範疇に含めるべきか迷ってしまう事例も少なくないが、錦は早い時期に「三河の花祭りの竜王の舞は鎮めの反閇であ」り、「鎮めの舞であるヒノウ・ミズノウの面形[16]」が王の舞の面形によく似ていることを指摘していた。三信遠に数多く分布する火王・水王も、おそらく王の舞の系統であると考えられるだろう。

ところで、若狭路に伝わる王の舞は一般に豊饒を保証する存在であり、地域の未来を決定すると考えられていたらしい。たとえば、宇波西神社の王の舞は演技中に王の舞を倒すことができたら豊漁・豊作であるという口碑によって彩られている。そのせいだろうか、一部の観客が隙を見つけて演者に襲いかかり、王の舞を守る警護が不意の攻撃を阻止するというような、きわめて白熱した攻防戦を見ることができる。錦を最も強く惹きつけた弥美神社の王の舞はどうだろうか。弥美神社の春祭りは夕方に登場する王の舞によって、ようやく最高潮に達する。神社に蝟集した観客は弥美神社の中の馬場で演じられる王の舞に対して、見事な演技を賞賛するべく（見事な演技であると判断した場合のみ）「大豊年！」という掛け声を浴びせかける。

「大豊年！」という掛け声は宇波西神社の王の舞にまつわる口碑とも同じく、いわば五穀豊穣を強調するものである。だが、同時に演技の到達度を評価するものでもあったことは重要である。「演技の巧拙が、そのまま地域の未来を決定すると考えられている」、つまり王の舞に付与された呪術的な性格が「王の舞の演技の内実を写すディスクールと関わっており、技芸に向けられた冷徹かつクリティカルな視線と対応していた[17]」のだから、祭礼人とも称される演者は演技を美しく構成することに集中せざるを得ないだろう。祭礼人はその洗練された演技によってこそ、「地域がアイデンティティを生気付けるべく創出し、押し上げていった異質な存在」として、「疲弊した日常性を更新し、地域に新たな活力と生命を吹き込む(18)」ことを期待されていたのである。

王の舞は弥美神社の春祭りに導入された以降、ユニークな性格をいくつも獲得していったようである。多数の集落が参加する弥美神社の春祭りは王の舞のみならず、新庄が担当する一本幣・七本幣、興道寺などの十集落が交代で担当する大御幣、そして各々の集落が御膳という全国的にも珍しい特殊な神饌をも奉納することによって知られている。芸能としても大三ケ（佐野・野口・上野）が交代で担当する獅子舞が奉納されており、永禄五年（一五六二）の『廿八所祭礼膳之日記』はかつて田楽も演じられていたらしいことをしのばせる。

王の舞は麻生が四年、麻生の枝村である東山が一年担当するのが本来の形態である。といっても、実際は麻生と東山の青年男子によって構成される清義社という若者組が管理している。祭礼人とも称される演者は麻生と東山に在住する青年男子であり、赤い鼻高面と鳳凰を模した個性的な冠を被り、赤い襦袢に赤い前垂、白い手甲に白い足袋を着用する。腰に小刀と扇をさして、腰帯にも白い化粧紙をはさむ。前段は鉾を持ち後段は素手で、連続して約五十分舞う。前段で「拝む」「種蒔き」「地回り」「鉾返し」、後段で「肩のしょう」「腰のしょう」という所作が見られる。囃子は笛と鋲打太鼓である。

私じしんはほぼ偶然に出会った弥美神社の王の舞が演技として驚異的な水準を獲得していることに圧倒されてしまい、その超絶技巧が生み出される理由を知りたいと思って、麻生に出かけることを三十年以上も続けてきた。それは錦という先達がたどってきた道程をなぞることであったともいえそうである。おそらく錦も洗練された優雅な演技に惹かれたのであろうか。じっさい、麻生の人々は自分たちの王の舞について、抑制された優雅な演技が大きな特徴であるという。そして、演技の眼目も過度に不自然な動作や姿勢を持続しながら、流れるような曲線を緩やかに描き出すところに求められているのである。

その理由は王の舞が原則として一生に一度しか舞えない、いわば通過儀礼的な性格を付与されてきたことに由来しているると考えられる。すなわち、王の舞は毎年一人ずつ選出される祭礼人に課せられた過酷な試練として解釈されているのである。したがって、祭礼人がきびしい稽古を乗り越えて一人前の村人として認められていく社会化の過程こそが、特異かつ高度に研ぎ澄まされた演技を生み出していたといえるだろう。こうした性格はきわめてユニークなものであり、若狭路に伝わる王の舞において類例を確認することができない。

3　錦耕三という視座

以上、錦が必ずしも深く探求しなかった王の舞の歴史的な諸相を概観しながら、錦を最も強く惹きつけた弥美神社の王の舞にも言及してみた。弥美神社の王の舞についていえば、私は「演技の内在律をそのまま祭礼の時空を包み込む論理へと拡張すること」(19)によって成立していること、そして祭礼人が地域の未来を左右する非日常的な存在として解釈されていることを指摘したわけである。また、王の舞が麻生において通過儀礼的な性格を獲得している可能性も強調した。こうした所説は弥美神社の王の舞に関する身体的基礎と社会的基礎、つまり王の舞を形成する内在的な諸条件と王の舞を規定する外在的な諸条件が相互交渉する様態を主題化しているともいえるだろう。だが、こうした視座は早く錦によって提出されていたことを強調しておかなければならない。しかも、それは民俗芸能研究の可能態を実現していたのである。

たとえば、錦は「弥美神社の祭礼では参加している村々から社に献ずる御膳がいずれも餅細工で、弥美神社の前身である二十八所宮を象る日と月や餅花のほかその村が宮山へ入る時に持つて行ける道具である斧や鎌などを餅で作つて飾つてある」、つまり「弥美神社の祭礼は各村々の山入権を表示したものであつた」ことを主張している。そして、

「弥美神社の宮山は、今では社の経営となつて入会権は認められていないが、王ノ舞の村麻生の餅細工は斧であるから、宮山では相当な権利を持つていたことにな」り、「こうしてみると村制・祭事・芸能の関係は切り離せないものがある」[20]ともいうのである。

そもそも錦の成果は、王の舞を形成する内在的な諸条件に対する関心と王の舞を規定する外在的な諸条件に対する関心を統合したものであった。前者は王の舞の演技を分節する舞踊譜的な試み、後者は王の舞の環境を記述する民俗誌的な試み、とでも要約することができるだろうか。錦は前述した「王の舞の研究」という論文において、前者について「芸能史の理論よりも、まず民俗芸能を採録して他種の芸能や他の地方の芸能と比較し検討し得る学術資料とする、即ち芸能を標本化することが大切」であり、「その上でもつと充実した芸能史をつくることである」という。そして、後者について「芸能採集で一番大切なことは、ある芸能がどうした社会を背景にして育成され伝承されて来たかということであ」り、「そのためには芸能が基盤とする村落社会の構造とその変遷と村の経済の変遷をよく理解する必要がある」[21]というのである。

錦は朝日新聞の福井支局を経て大阪本社に復帰するが、以降も王の舞に対する関心を深めていったようである。小林は錦の足跡に触れて、「錦氏はその後大阪本社へ復帰したが、年に数回採訪におとずれて、各地の「王の舞」を独特の方法（若柳流の踊の譜を動的に表したもの）によって採録したばかりではなく、「王の舞」という芸能をとりあげるためには、祭そのものを見究め、更に祭を行なう村落共同体を調査することが必要であるという観点に立って、綿密な採取を行な」[22]ったことを回想している。

私じしんも肝に銘じなければならない真摯な姿勢であるが、とりわけ錦が作成した舞踊譜はビデオのような複製技術が存在しなかった当時、ほぼ不可能な試みを意味していたはずである。にもかかわらず、それが驚異的かつ奇跡的な成果として結実していることは特筆大書しておきたい。じっさい、錦が王の舞の演技を分節する方法は、本書の別冊においても確認することができるとおり、おそろしく精密なものであった。だが、錦はその水準にも満足していなかったらしく、「私は私なりの採録方法を考え出したが、舞踊の採譜は、今の日本舞踊若柳流の譜を動的にしたものに止つた」ため、「これは今後もつと改良したいと思つている」[23]と述べている。

しかも、錦は必ずしも王の舞に拘泥していなかったようである。「王ノ舞はこの方法に従つて実験したのであるが、その期間中（昭和二十五年九月）にやはり同じ手法で奥播磨に残るチャンチャコ踊り（但馬ではザンザカ踊りという）を採訪した[24]（『奥播磨民俗採訪録』近畿民俗学会刊）」という。すなわち、錦はこうした方法を王の舞のみならず、兵庫県宍粟郡波賀町原（当時は兵庫県宍粟郡奥谷村大字原）の八幡神社のチャンチャコ踊りでも実験していたのである[25]。そう考えていけば、錦はもしかしたら民俗芸能研究の新しい領域として、「民俗芸能を規定している外在的な諸条件を主題化する試みを相対化して、むしろ民俗芸能を形成している内在的な諸条件を主題化してみ[26]」る、いわば演技の民俗誌に関する比較研究を構想していたのかもしれない。

というのも、王の舞やチャンチャコ踊りに関する舞踊譜は「具体的な事例にみられる演技の個別的な位相を解明する試みでありながら」、各々の事例を比較することによって「同時に演技の一般的な位相を解明する試みにも連続しており、したがって演技という特異な身体技法にかかわる普遍的なモデルを提供する可能性を少なからず持つものと思われる[27]」のである。しかも、こうした試みは「演技を維持している共同体の性格を定位しなおす端緒をも提供していい」るだろう。すなわち、「民俗芸能を規定している（と考えられてきた）外在的な諸条件は、むしろ演技の内部的な構造に対応しており、そもそも実践的な目的を持っていたと考えられる[28]」はずであった。錦が弥美神社の王の舞をとりあげながら「村制・祭事・芸能の関係は切り離せないものがある」といっていたのも、そのような消息を指摘したものであると理解しておきたい。

したがって冒頭でも述べたが、錦はだれよりも早く「民俗芸能研究がたどりつきたかった場所」に到達することによって、民俗芸能研究の可能態を実現していたということができる。そうだとしたら、今日の民俗芸能研究は錦耕三という視座をどう発展させていけるかという課題に対峙せざるを得ないはずであった。もちろん民俗芸能研究が意味する内容は多種多様であろうが、錦の方法と思想が演技の民俗誌に関する比較研究の可能性を予言していたとしてもおかしくないだろう。それにしても、錦にかくも膨大な原稿を作成させた契機は何だろうか。錦がかくも激しく「王の舞の研究」に邁進した理由は何だろうか。やはり錦が王の舞に深く魅せられていたというしかないとしたら、明確な回答を用意することができるわけでもないが、錦が描き出した軌道じたいは王の舞が今日どのような価値を獲得しているのかを再認識する視座として重要である。

近年、民俗芸能は無形民俗文化財という学術的な価値のみならず、地域文化や伝統文化に対する人々の関心を満足させる材料として、もしくは地域のアイデンティティを再構成する過程に貢献する媒体として、社会的な価値をも付与される場合が少なくない。また、民俗芸能を観光資源や学校教材として活用する場合も数多く見られる。すなわち、郷土や伝統を表象する現代的な文化現象として、民俗芸能は以前にもまして脚光を浴びているのである。このような動向は若狭路の王の舞についても確認することができる。そして、今日かくも多種多様に展開している王の舞の対象化を促進した最初の動力源こそ錦であったということができるだろう。たとえば、昭和二十四年（一九四九）七月に折口の一行が若狭路の王の舞を何件か見ているのも、錦が折口に王の舞の価値を説いたためであった。小林はいう。

錦氏の要請で昭和二十四年（一九五九）七月には、その師である折口信夫博士が、水木直箭、池田弥三郎、伊馬春部氏らをともなって、三方郡内の「王の舞」を御覧になった。斯界の第一人者が見てくれるというので地元は沸きたち、七月の暑いさ中というのに春祭以上に熱演し、一年に二度も「王の舞」を舞うなんて、今年は大豊年だと喜びあったばかりか、「王の舞」など止めてしまえと言った人たちまでが、そんなに貴重な芸能なら文化財に

——という運動さえ起こって、「王の舞」を含む神事が四カ所福井県の無形民俗文化財に選定されている。(29)

折口の一行が若狭路を訪れて王の舞に接したという出来事は、王の舞を伝承する人々じしんが王の舞の価値を認識する機会としても重要であった。そのせいでもあろうか、昭和二十八年（一九五三）に宇波西神社の王の舞が、そして昭和三十一年（一九五六）に弥美神社の王の舞が福井県の無形民俗文化財に指定されている。そして昭和五十一年（一九七六）、「宇波西神社の神事芸能」が記録作成等の措置を講ずべき無形の民俗文化財として文化庁によって選択された。すなわち、王の舞は保存しなければならない無形民俗文化財として対象化されたわけである。とりわけ近年は錦が愛した弥美神社の王の舞にも少子化の荒波が押し寄せており、価値観の多様化という昨今の風潮も手伝って、祭礼人を確保することに難儀する場合が多かった。かくして平成十四年（二〇〇二）、麻生の人々は危機的な状況を打開するべく、麻生王の舞保存会を新しく発足させたのであった。

麻生王の舞保存会が実施する事業は多岐にわたっている。だが、「麻生王の舞保存会規約」にも「本会は、毎年開催される弥美神社大祭において、麻生区に古来より伝わる福井県指定無形民俗文化財「王の舞」を奉納すること、並びにその責務を着実に遂行するための、維持継承及び無形民俗文化財保護に関する諸事業を実施する」という条文が掲載されているとおり、その目的は王の舞を無形民俗文化財として保存することである。したがって、王の舞を地域文化や伝統文化として対象化することであるということもできるだろう。大局的に見てしまうならば、こうした動向は今後も強く打ち出されていくだろうと思われる。

といっても、長らく社会教育の機会として存在してきた王の舞の役割は、依然としてきわめて大きいはずである。錦が弥美神社の王の舞に魅せられた理由にしても、こうした性格が個性的な演技を生み出していた消息に求められるだろう。だからこそ、錦は麻生の人々に対して王の舞の価値を説いてまわることに精魂を傾けたと考えられるのである。今日でも麻生に在住する何名かは王の舞の魅力について熱っぽく語る錦の様子を記憶している。私じしんも三十数年来のファンとして錦を代弁していわせてもらうならば、この稀有な民俗芸能がいつまでも継承されていくことを切望するばかりである。そして、そのようなメッセージは錦が残した膨大な原稿にも刻みこまれている。

4　遺稿集という課題

私が生まれた昭和三十六年（一九六一）、錦は書きためた原稿の大半を世に問う機会を得ることもなく逝去した。だが、彼の原稿は幸いにも、福井県三方郡美浜町新庄に在住する民俗学者の小林一男が保管していた。私は平成四年（一九九二）七月下旬の数日間、小林宅に宿泊することを許されて、錦の原稿を整理する作業を開始した。それは本書を刊行するべく踏み出した、長い道程の第一歩であった。数個の段ボール箱に収められているといっても、少なからず散乱していた原稿を一枚ずつ照合して全体を復元した上で、ワード・プロセッサーに入力する作業は膨大な時間を要した。私は平成五・八・九年度の三度にわたって、当時勤務していた国立歴史民俗博物館の民俗研究部における研究補助業務「錦耕三未完資料の整理」を計画した。業務内容は以下のとおりである。作業が軌道に乗りはじめた平成八年度の研究補助業務実施計画書に書かれた文言を紹介しておきたい。

錦耕三は折口信夫に師事して、戦中戦後に福井県若狭地方を集中的に調査した民俗学者であり、民俗芸能をはじめ多岐にわたる対象をあつかった膨大な資料を作成している。その内容は今日もはや入手できないものを多々含み、学術的にみても第一級であり、きわめて貴重である。だが、本人が早く死去したために、その大部分は未発表であり、存在すら知られないまま今日に至っている。そこで錦耕三未刊資料を整理して公開しうる形態にしたい。具体的な内容は、資料の内容に沿って分類したものを順次ワープロに入力して、さらに印字したものを簡易製本して保存する。

また、必要理由は「民俗学、民俗芸能研究、芸能史研究等の諸分野に貢献する事業として高い公共性を持つものであり、資料が著しく劣化している現在、緊急を要している」が、「分量が膨大であり、教官だけで着手するのは困難な状況であるので、研究補助業務を実施したい」というものであった。

一方、錦の遺族を訪問する機会にも恵まれた。私は小林に連れられて大阪府大阪市平野区長吉長原の錦家を訪問した以降も何度か遺族に面会しており、幸いにも錦の人柄などについて知ることができたのである。といっても、錦の遺稿集を刊行する計画じたいは紆余曲折することばかりであった。たとえば、平成七年（一九九五）の元旦に届いた小林の年賀状にも、「「王の舞」の神霊の然らしむるところと思召してどうか成就してやって下さい」という一文を確認することができる。計画が一向に前進しなかった当時の様子がしのばれるだろうか。

だからこそ、計画が一向に前進しなかったころも、「もう私は錦さんの代わりみたいに思って接しさせてもろとるんですから」という小林の言葉に励まされながら、錦が手がけた「王の舞の研究」を一冊にまとめる仕事を投げ出さなかったことは幾重にも幸運であった。ところで、こうした来歴を持つ『若狭路の祭りと芸能』（錦耕三遺稿集Ⅰ）は、財団法人げんでんふれあい福井財団の支援を受けて組織されている若狭路文化研究会によって世に送り出される。若狭路文化研究会における事業の企画検討案として提出された『若狭路の祭りと芸能（錦耕三遺稿集）』出版に関する趣意書はこう述べている。これは福井県立若狭歴史民俗資料館の学芸員であり本書の共編者でもある垣東敏博が執筆したものである。

錦耕三は、若狭の王の舞を「発見」し世に知らしめ、また、その価値を地元の人に説き保存伝承に尽力した人物である。／錦は、王の舞とそれが演じられる祭り、また、その祭りを行う村落についての調査を精力的に進めていたが、昭和36年に急逝したため、未発表の論文や調査報告の原稿が大量に残されることになった。それらの原稿は生前親しかった若狭の民俗学者小林一男のもとに預けられた。／千葉大学助教授橋本裕之は、早稲田大学大学院在学中の昭和60年頃から、弥美神社の王の舞を中心に王の舞の調査研究を精力的に進め、国立歴史民俗博物館在職中の平成9年2月に著書『王の舞の民俗学的研究』を出版した。／錦の遺稿の存在を知った橋本は、昭和20～30年代の調査記録のため、現在の調査ではもはや知り得ることができない貴重な内容が多く含まれていることはもとより、錦がきわめて優れた民俗学者・民俗芸能研究者であったことを、ひろく世に知らしむるためにも、遺稿集の出版が是非とも必要と判断し、小林から原稿を預かり整理作業を進め、現在までにワープロ入力等の作業もほぼ9割方まで終えている。あとは費用面さえ解決できれば、錦耕三遺稿集の出版ができる状態である。／しかし、もともと商業ベースに乗らない学術出版物であり、著者が故人のため出版助成も受けられないということで、費用の目途は全く立たず、それから先へ進めないという状態で何年も経過してきた。／『若狭路の祭りと芸能（錦耕三遺稿集）』の出版は、若狭路文化研究会が取り組むのにふさわしい事業と考えられるので、橋本裕之と協力して進めていきたい。

したがって、同書を刊行する計画は若狭路文化研究会がなかったら、おそらく永遠に実現しなかったはずである。あらためて深く謝意を表したいが、福井県立若狭歴史民俗資料館も錦の原稿を貴重な資料として保管するという意味のみならず、同書の前宣伝として（！）錦耕三という名前を広めるという意味においても重要な役割をはたしたはずである。というのも、福井県立若狭歴史民俗資料館の平成十六年度特別展「王の舞を見に行こう！―郷土の祭りと芸能文化の理解のために―」はその導入部において、私が長らく預かっていた錦の原稿を大きくとりあげたのである。(30)この特別展を担当した垣東が私宛の私信において、「王の舞の発見」というセクションの構想について説明した部分を公表しておきたい。

地域内の人間では気づかない、王の舞の価値や魅力の「発見」という意味で、錦さんだけでなく、外部の研究者その他の仕事を取り上げるコーナーと考えていました。／でも、その外部者の「発見」が、外部者だけの世界で流通するだけでとどまってしまい、地域の人たちが認識するまでに至らない。文化財といったって、文化財関係者のための文化財指定であって必ずしも当事者である伝承者のためにはなっていないケースだってあるわけだし。観光資源にしてもそう。／だからこそ、今回の展示では、地域の人たち自身に、王の舞やその祭りのことについて、よく理解してもらえる機会になれば、と、「郷土の祭りと芸能文化の理解のために」という副題をつけさせてもらいました。

すなわち、錦が書き残した原稿の山は王の舞をとりあげた特別展において公開されることによって、私たちじしんが錦のような先達に導かれながら王の舞の対象化に関する新しいヴァージョンを生み出すための、いわば絶好の機会として現前するというわけであろうか。そもそも若狭路文化研究会とも同じく若狭路に位置する福井県立若狭歴史民俗資料館が「王の舞を見に行こう！」という特別展を開催することじたい、現代社会における王の舞の対象化に関するヴァージョンを作成することを意味しており、つまり王の舞を見る方法の一例を提供しているはずである。そして、本書もいうまでもなくそのような一例であり、王の舞の対象化に関する最古かつ最新のヴァージョンを意味していたのである。

もちろん錦によって開始された学術的な対象化だけが特権的な場所を占拠することは、今日もはや考えられないだろう。私が従事している調査研究にしても錦の軌道上に存在しており、現代社会における王の舞の対象化の一例でしかないのである。だが、そのようなヴァージョンは同時に地域社会とも深く呼応しており、私じしんが麻生王の舞保存会の冊子に「王の舞の由緒」という文章を寄稿するというような、いわば別のヴァージョンとも連結している。無形民俗文化財、観光資源、学校教材、そして――。現代社会における王の舞の対象化は、私たちじしんが生み出すヴァージョンが絡みあうことによって進行している。だからこそ王の舞は、中世前期に淵源するものでありながら、今日でも間断なく新しい価値を獲得しているのである。

そうだとしたら、私たちは今後、王の舞の過去・現在・未来について、いかなる価値や魅力を発見することができるだろうか。錦耕三の原稿はその手がかりを少なからず提供しているはずであった。そして、この錦耕三遺稿集じたいも冒頭に述べたとおり、民俗芸能研究が過去を参照することによって未来を再想像するさい、きわめて重要な手がかりを提供しているはずである。私が鈍重であったため十年以上の年月を費やしてしまったが、ようやく再建することができた幻の金字塔を十二分に堪能してほしい。最後に明記しておきたいのだが、同書を刊行する計画において、岩田博、宇野幸、奥尚子、垣東敏博、金田久璋、國分英依子、小林一男、小林香織、小林敬子、坂倉泉、清水洋史、錦志郎、野口彩子、福原敏男、牧ヶ野靖子、三島暁子、宮田登（五十音順）の諸氏にご助力いただいた。深く謝意を表したい。

（1） 錦耕三「王の舞の研究」『芸能』第三巻第四号、芸能発行所、一九六一年、五一頁。同論文は錦耕三『若狭路の祭りと芸能』（錦耕三著作集Ⅰ）（岩田書院、二〇〇五年）にも収録されている。
（2） 折口信夫『日本文学啓蒙』朝日新聞社、一九五〇年、五三二頁。

(3) 日本民俗学会編『日本民俗図録』朝日新聞社、一九五五年。
(4) 河竹繁俊『日本演劇図録』朝日新聞社、一九五六年。
(5) 北岸佑吉「かくれたる民俗学者——朝日での錦耕三君——」『芸能』第三巻第四号、芸能発行所、一九六一年、五二頁。
(6) 錦耕三・平山敏治郎編『奥播磨民俗採訪録』近畿民俗学会、一九五三年。
(7) 錦耕三「穂掛祭」『講座日本風俗史』第一巻、雄山閣出版、一九五八年。
(8) 同「霜月祭」『講座日本風俗史』第八巻、雄山閣出版、一九五九年。
(9) 同「王の舞の由来（遺稿）」『えちぜん・わかさ』第三号、福井民俗の会、一九七六年、一六頁。同論文は錦耕三、前掲書にも収録されている。
(10) 小林一男「若狭の春祭——『王の舞』と錦耕三氏のこと」『フオクロア』1 新しい民俗学を求めて、ジャパン・パブリッシャーズ、一九七七年、一五四—一五五頁。
(11) 錦　前掲注（1）、四七—四八頁。
(12) 小林　前掲注（10）、一五三頁。
(13) 小林　前掲注（10）、一五四頁。
(14) 橋本裕之『王の舞の民俗学的研究』（ひつじ書房、一九九七年）。
(15) 橋本　前掲注（14）、四七頁。
(16) 錦　前掲注（1）、四九頁。
(17) 橋本　前掲注（14）、一八〇頁。
(18) 橋本　前掲注（14）、一八二頁。
(19) 橋本　前掲注（14）、一八〇頁。
(20) 錦　前掲注（1）、四五—四六頁。
(21) 錦　前掲注（1）、四五頁。
(22) 小林　前掲注（10）、一五五頁。
(23) 錦　前掲注（1）、四五頁。
(24) 錦　前掲注（1）、四五頁。
(25) 錦・平山　前掲注（6）、三六—七五頁、参照。
(26) 橋本裕之「演技の民俗誌—松戸市大橋の三匹獅子舞—」松戸市立博物館編『松戸市立博物館調査報告書』1 千葉県松戸市の三匹獅

子舞、松戸市立博物館、一九九四年、二〇二頁。
(27) 橋本 前掲注(26)、二〇二頁。
(28) 橋本 前掲注(26)、二〇二頁。
(29) 小林 前掲注(10)、一五五頁。
(30) 福井県立若狭歴史民俗資料館編『王の舞を見に行こう!—郷土の祭りと芸能文化の理解のために—』福井県立若狭歴史民俗資料館、二〇〇四年、四二—四三頁、参照。(本書所収)

錦耕三と私

話し手　小林一男
聞き手・構成　橋本裕之
構成協力　國分英依子

以下に掲載するインタビュー「錦耕三と私」は、錦耕三の薫陶を受けた小林一男氏が錦について話した内容を再構成したものである。タイトルは橋本が新しく付した。錦に関するインタビューじたいは、小林氏にお願いして何度か実施している。今回は平成三年（一九九一）の五月二日に小林氏のご自宅で実施したインタビューの成果を使用しており、適宜その他のデータによって補足した。このインタビューはカセットテープに録音していたが、公表する機会を得ることもなく、長らく筐底に眠っていた。だが、『若狭路の暮らしと民俗』（錦耕三遺稿集Ⅱ）という表題を持つ書物を刊行することにあわせて、どうしても小林氏に参加していただきたいと考えた。そして、千葉大学文学部日本文化学科の学生だった國分英依子氏に手伝ってもらい、ようやくその内容をまとめることができたのである。

小林氏は大正九年（一九二〇）、福井県三方郡耳村（現在の三方郡美浜町）新庄に生まれた。耳尋常高等小学校高等科を卒業した以降、農林業に従事した。戦後は美浜町農業協同組合に勤務したが、昭和五十四年（一九七九）に定年退職した。美浜町文化財保護委員、福井県史調査執筆委員、福井県文化財保護審議会委員などを歴任する一方、日本民俗学会会員、日本民具学会会員、福井民俗の会副会長などとして活躍してきた。主要な著書として、『北中部の祝事』（共著、明玄書房、一九七七年）、『北中部の葬送・墓制』（共著、明玄書房、一九七九年）、『生きている民俗探訪 福井』（共著、第一法規出版、一九八〇年）、『北中部の生業1 農林業』（共著、明玄書房、一九八〇年）、『わかさ美浜・四季のまつり』（山東郵趣時、一九八二年）、『日本の食生活全集18 聞き書 福井の食事』（共著、農山漁村文化協会、一九八七年）、『ふるさとの暮らし』（美浜文化叢書刊行会、二〇〇六年）などがあげられる。

数多くの業績にもしめされるとおり、小林氏は福井県における民俗学界の重鎮であるのみならず、日本の民俗学界においてもよく知られた存在である。そして、長らく若狭路において王の舞の現地調査に従事してきた橋本にとってみれば、小林氏はいつも暖かく見守ってくださる偉大な先達であった。このインタビューはそうした小林氏が敬愛してやまない錦について回想したものであり、小林氏にしか語ることができない内容が多く含まれている。とりわけ小林氏が錦に出会い心を通わせていった過程は、今日もはや神話として語られてしまいかねない錦を等身大の存在として描き出すことに成功しているのである。小林氏の体調がすぐれないため、残念ながら『若狭路の暮らしと民俗』の解説は担当していただけなかったが、このインタビューを通して小林氏にも錦耕三遺稿集に参加していただけたことを本当に嬉しく思っている。

——はじめて錦さんにお会いになった時っていうのは、どういうきっかけだったんですか。

たまたま昭和二十年のはじめ、福井で大政翼賛会という会合があって、各町村長やその他偉い人たちがどっかへ集まって、その時に錦耕三はそこで講演をやったんですね。そして、年乞いの祭の話からいろいろ派生して、王の舞とか、三河の花祭り、長野県の雪祭り、いやあっちもこっちもこういう芸能がある。それは大変大切なことだというわけで、年乞いの祭りに関係して、繭を神様に差し上げて今年の豊作を祈るというような話が出たんですね。それを耳村長の加藤民蔵ちゅうのが、たまたまそこにいて聞き取って、いやそういうものなら、うちにもあるって言ったんです。うちにもあるっちゅうのは、弥美神社の麻生の王の舞。そういうものがあるなら、行ってみようかというので、

小林一男氏（右）と橋本
（2005年７月１日撮影、金田久璋氏提供）

はじめて昭和二十年五月一日に弥美神社の祭りに来たんです。

私その当時、県立三方保健所ちゅうのに勤めてました。保健講習所ちゅうところが国にありまして、そこで保健法理を教えとった小林冨美栄が、錦耕三にいろいろ話を聞いて、民俗というものに興味を持ち出したんですね。年中行事はどうじゃちゅうようなことをぼちぼち調べてたらしいんですけど、私に美浜町、その時分は耳村っていいましたが、耳村のあたりは年中行事などが非常に濃厚にあるらしいから教えてくれって言うんですね。で、私この辺の祭儀習俗を正月からずーっと細かく書いて送ってやったんですよ。それをたまたま錦耕三に小林冨美栄が見せたんです。

そういうことで、私というものが県立三方保健所にいるということを錦耕三が知って、昭和二十年の五月一日の祭りを見に来た。私がおりましたら、「朝日新聞の記者です」ってやって来て、「王の舞を見に来たんだけれども、そこへ行って案内してください」ということで、早速行ったんですけども、ちょっと時間的に遅れまして、はじめのほうの幣迎えという儀式がありますね、あれにちょっと間に合わなかったんです。で、その後は晩方日の暮れるまでおりまして、幣押し、それから王の舞、獅子舞を見て帰りました。

まあ、それが三方郡の王の舞を見るきっかけになったんですね。オノマイちゅうたら、三河の花祭りに斧を使う芸が出てくるじゃないですか。こらひょっとして、三河の花祭りに匹敵する芸能じゃないか、なんてことを考えたんだそうです。いろいろ調べてみると、三方郡には宇波西神社にも闇見神社にも多由比神社にもある。向笠にもある。山側の、あっちの織田神社にもある。まあいろいろたくさんある。それにもっと広げていったら、敦賀の沓見にもある。上中に行っても、ずっと続いてます。これは大変なこっちゃというんで、一所懸命やりだしたのがはじまりなんです。

それ以来、暇を見つけては祭りにまったく関係のない時にも出てきまして、私のとこに泊まったりですね、弥美神社の神主さんのとこに泊めていただいて村々を回って。はじめに芸能を見ると同時に村の組織を調べに回って、弥美神社が終わったら今度は宇波西神社のほうへ行って、今は美浜町内になってますけど、南西郷っていった金山とか大藪とか。それから、別所の多由比神社なんかは、宮元さんていう宮司さんがいらっしゃって、そこへ泊りこんでいろんなこと調べて。向笠へも行きました。それから藤井、相田。闇見神社には渡辺さんていう國學院大學出の神主さんがいらっしゃいまして、そこへもしょっちゅう泊まって、あの辺一帯を調べてというようなことをずっと続けてた。まあ一年の中で祭りの当日は、宇波西の時も来ますし闇見の時も来ますし、弥美神社の時も来ます。それ以外に、自分が休暇を取れるとしょっちゅうそこへやってきた。

以後、昭和二十三年ぐらいまで福井支局にいたんですよ。それから本社の出版局へ転勤になって、出版局ちゅうのは割合に暇があったらしいです。あすこの副課長か何かやってまして、お金をかけては若狭へやってくるというようになったんですけど、昭和三十年ごろ血管の病気でだいぶ長い間入院してたこともあります。それがもとで、昭和三十六年の一月九日に心筋梗塞で亡くなったわけです。かなり無理もたたったんでしょうけども、健康状態は必ずしもよくなかった。

錦さんが私の家へはじめて来たのがいつかというと、昭和二十年の秋ころですね。十月にはじめて来た。五月一日の祭りには晩方まで王の舞と獅子舞がガバガバやるのを見て、終わってから列車で帰ったんです。美浜の駅、あの時分はまだ河原市っていいましたけど、そこまで送っていきました。それから後に来たのが十二月。十一月ごろにも来たはずですが、その時は私のところには来ずに、県庁に勤めとった藤本という人が一緒に来て、どっかで採訪して帰りました。十二月に来た時、はじめて泊まったんですけど、ご飯食べてもらうのにお盆を持っていって「どうぞ先生食べてください」って、こうして出すでしょ。それがうちらのことばで大儀で大儀でどうもならん。関西のことばでいうと気づつない。

何年かたってから「あの時こうしてくれたけど、わしゃ、ああいうことしてくれるとご飯食べられん」って言うんです。「なら、もう後はほっときます」って言うて、後は勝手にお櫃からよそうて食べるようになりました。「気楽でええ、お前のところ行くと楽じゃ」と言うて、喜んで汚い家へ入ってきたものです。錦さんを横座に座らしたんですけど、「横座に座るは猫、馬鹿、坊主」って言うて、横座というのは主人の場です。まだ私の父親がおりましたから、そこは普段は誰にも譲らなんだですけど、「錦さんはお客さんで、マレビトというて神様なんだから、やっぱりそこへ行ってください」て言って、錦さんから習った民俗の理論を出して、そこへ座ってもらいました。私は縁におって四方山話を聞かしてもうて、何回かたちますと非常に気楽になりましたけど、やっぱりはじめての時は気を使うんですかね。新聞記者でもやっぱりそういう気持ちあったんでしょうか。

――錦さんがこっちに出てこられたら、大概は小林先生も一緒に調査に回っておられたんですか。

いや、私は仕事がありましたから、全部が全部っちゅうわけにはいきませんけど、祭りの時なんかはしょっちゅう尻へついて歩きました。何もわからずにですけど。錦さんがやってくるとうちに泊まって、当時はまだ萱屋根でしたが、やってくるたびに囲炉裏の縁にみんな座りまして、夜の更けるまで私に民俗学を教えてくれるんです。しゃべってしゃべって、私はその時分まだ二十五、六で若いでしょう。もう眠とうて眠とうてひっくり返るようになったけど、錦さんがいろんな見聞から今まで勉強したようなことから、みんな教えてくれますわね。それを聞いとっと、うちの女房なんか早く切り上げて寝てしまう。

すると、私と錦さんと二人だけ囲炉裏のそばで夜通し話して。鉄の茶釜の湯がぐらぐら煮えて、湯気が出てしもうて水がなくなると、また注ぎ足してですね、また火を焚いて。寒いですから、冬場なんかはね。ほかの時期はそうでもないですけど。そして、うちの女房がご飯炊きに朝起きてくると、その時分から自分が寝るんです。新聞人の生活っちゅうのはああなんですかね。あの人は特別かもわかりませんけど。まあ、とにかくしゃべってしゃべって、いろんなことを教えてくれて、それからその時分じゃったら女房が遅くても五時に起きて、ご飯を炊いたりするようになりますと、自分は八時ごろまで寝て、それからまたあすこへ行こうとかここへ行こうとかということでした。

今のようにバスもなかったし、タクシーもろくに通りませんでしたから、私が保健所へ行っとった時分は、美浜へやってくると私のとこへ必ず寄って、今日はお前のところへ行って泊まるからっちゅうようなもんでね。国道二七号線の美浜の小学校があるところから、あの道をタッタタッタ家まで歩いてくるんです。一時間半かかりますわ。速く歩けば大体一時間です。私はその時分は自転車も何もなかったですから、毎日歩いて通った。錦さんはその道々、いろいろ教えてくれたわけですよね。王の舞の話ももちろん出ますし、民俗の話も折口信夫の話も宮本常一さんの話も出ますしね。非常に断片的なことですけども。

とにかくうちに一晩泊まって、時に二晩三晩泊まることもありますけれども、いろんな車どっかで都合して、警察の自動車なんかでうちまでつけたりですね。往復は歩くよりほかに仕方なかったんですから。その間の時間と、その晩から一晩コケコッコの鳴くまでの間の時間、それが私に教えてくれる時間でした。非常に断片的なことをあっちゃらこっちゃら聞いたんで、私も全部は何もおぼえてませんけど、民俗とはこういうもんなんだということ教えてくれましたもんです。

――それは王の舞のことだけではなくて、もっと広く。

そうです。

――やはり折口学説ですかね。

そうです。折口門下ですから。特に芸能史の専攻でしたから、やっぱマレビトの話からですね。王の舞のことももちろん出ますけども、まあ広くですね。柳田国男のものもありますし。私はその後に折口信夫の本を買いましたんですけども「民俗学編だけでええんかな」と言ったら、「そんなのあかんで、折口先生を規範だと思ったら全部買わにゃあかん、短歌から小説に至るまでみんな民俗学なんじゃ」って言われまして、怖かったですけどもね。折口信夫、柳田国男についてのいろんなことを教えてくれたわけです。いろんな話教えてもらったけど、ちょうど木に竹を継いだっていうんですか、基礎的な知識も何も持たんといろいろ聞いたもんで、さっぱりわからんこともたくさんある。

——それは昭和二十年から何年間くらい続いたんですか。錦さんが亡くなるまでですか。

昭和三十六年に亡くなるまでですけど、ちょっと入院したりしていて、切れている時期もありますね。十五、六年の間にということです。

——錦さんの経歴みたいな話は聞かれたんですか。

なぜ折口信夫を頼って國學院へ入ったかというと、折口先生はもと今宮中学かどっかで教職をとっていらっしゃったでしょ。その時分に自分もそこへ行っとったらしい。そして、そこを卒業すると同時に、國學院へ入ったんですけど、どうやら國學院の本科じゃないようですね。よくわかりません。『芸能』という雑誌のどこかにちょっと書いてありましたね。あそこを見ると、別科か何かを出たけど折口信夫に師事して芸能史を学んだということになってましたね。そこんとこは、ちょっとよう私にもわかりませんけど。くわしいことは聞いておりませんし、また当時は別に恐る恐るっちゅうのじゃないですけど、そういうとこまでくわしく聞いとく気もつかなんだです。それでも、國學院大學の卒業生の名簿の中にはちゃんと入ってますから、やっぱり別科っていっても、差別されたようなものじゃないだろうというように、こっちは理解しとるんですけども。

——折口信夫自身もこっちに来たことはあるんですよね。

ええ。それはいつかっちゅうと昭和二十四年で、池田弥三郎や伊馬春部というような一党を率いてきました。錦耕三が若狭に花祭りに匹敵するような芸能があるから見にこいと引っ張ってきたんですよ。昭和二十四年の七月の中旬、十二、三日だったと思いますけども、弥美神社で王の舞を舞わしたんです。暑い最中に。

——じゃあ、麻生の人たちにやってもらったわけですね。

「今年はオノマイ二回も舞うたから、大豊作じゃ」ってみんな手叩いた。みんながみんなは見に行きませんけど、氏子総代だとか、神社の関係の人たちは見に行って、舞わしたんです。

——それは王の舞だけですか。

うん、王の舞だけ。

——幣押しとか獅子とかはやってない。

それはやってない。王の舞を舞わした。宇波西などは見なかったと思います。私は行きませんのでよく知りませんけど。その後、何日か回ってから、最後に三方の料理屋で泊まって宴会をした時、私は恐る恐る折口信夫のとこへ行ってお辞儀して、錦さんに紹介してもうて、その一回きりしか私はおぼえてません。で、昭和二十七年に大阪の朝日新聞で民俗学会があったんです。その時に折口信夫先生が何かお話をなされる予定でしたけれども、病気のために欠席なさって、明くる昭和二十八年に亡くなられた。その時は三笠宮殿下が赤い羽根をつけてご出席になりまして、いろんな研究発表をずっと熱心に聞いていらっしゃいまして、質問なさったことをおぼえてますけども。記念撮影した写真が今でも残ってます。その時はじめて柳田国男先生にお目にかかったんです。

——折口信夫が来た時っていうのは、歌を詠んだりしてたんですか、宴会の時とかに。

歌詠みはなかったと思いますけどね。

——錦さんって、いってみればお弟子さんのような感じの方っていないんですか。

いないですね。今、歴博の民俗の部長ですか、岩井宏實先生がまだ立命館の学生の時分に、錦さんが引き連れてやってきて、私らのところに泊まったこともあるんですよ。もう一人、ヒグチコウタロウ〔表記は不明〕という、学校の先生しとった若い人がおったんですけど、それがはじめ非常に真面目で、お弟子のようについて歩いとったんで、この人ものになるんかなあと思うとったら、どうなったのかさっぱりわからんようになってしまいまして。実際、後を継いでやろうかというような人はいなかったですね。

錦さんは私を弟子のように思っていらっしゃったんじゃないですかね。沢田四郎作先生って方が大阪にいらっしゃいまして、そこへ柳田国男先生がいらっしゃって、いろいろあの辺の著名な人たちが集まって何かされた時に、たまたま錦さんが柳田先生の前で「弟子を一人育てた」なんてちょっと口を滑らしたんです。そしたら、それを非常にお咎めになったってね。まあ、私は錦さんの尻について歩いていろんな話を聞いたりしていますもんで、自分の弟子になったというようなつもりだったんでしょう。そしたら、柳田先生が「そういうことはもう言うたらあかん」ちゅうて、お咎めになったそうです。まあそんな偉そうなこと言うなっていうことだったんでしょうなあ。「それはお前、育てたんじゃない、本人がついて行ったんだろう」ちゅうようなことをおっしゃったってね。「大変なこと言うたなあと思った」って言うてましたけども。

――麻生では熱心に来ていたという話をよく聞きますよね。

麻生の人たちはぞっこん惚れこんでました。たまたま祭りに見えん時に、私が宮代なんか行きますと、「今年錦さん見えんのかい」なんて声がようかかりました。そして時間がないのか出にくかったのか、王の舞がはじまる寸前に駆けつけたなんていうことがありました。そして、「おい、これからお前の所いって泊まる」なんてことでね。強引さが人様に障ったところもあるようですけど。

――それは調査の時にですか。

うん、なるたけそういうのはおさえてますけど、ひょっとするとそういうのが出てね。たとえば役場あたり行って、「民俗のこと、いろいろ教えて」なんて言うでしょ。その当時、昭和二十年ごろですけど、役場あたりいばってましたわ。で、はじめは下手に出ていろいろ言うてるんですけど、「実は私」って朝日新聞の新聞記者という肩書きを利用するんですよ。そういうところが非常に強引。新聞記者というとみんな怖いもんでね。

――ああ、何書かれるかわからないですもんね。

そういうこと。ああ、こういう手もあるんかなあと思うてね。私は感心して。

――みんな使える手じゃあないですけどね。

そうですよ。あの人は新聞記者だったから。朝日新聞記者っていう名刺バーンと出すんですけど。

――途中から出すんですか。

はじめから名刺は出さん。「民俗の調査をやってますんで、ちょっと教えてもらいたいんで」って言うと、役場あたりだと横柄な態度で接してくるでしょ。そうすっと、「実は」って名刺出してくる。すると、相手の人が怖がって、一気に「ハハー」っとなる。そういうとこは便利だなと。それから、三方から弥美のほう行くのに遠いでしょ。あれ、スタスタ歩いたこともあったんですけどもね。三方から警察の自動車なんか利用するのにも、「朝日新聞の錦です」ちゅうことで。そらまあ、朝日新聞の記者というのはよかったんでしょうねえ。

祭りの調査の時も、たまに新聞記者の癖が出るんです。「そこんところ、もういっぺんやってくれ」と言って、それを村の人たちが非常に嫌がった。そんなようなことを他の人が私に言ってきた。強引だと言う。それも新聞記者の癖が出てます。でも、錦さんの言動によって、廃止寸前のお祭りがまた盛んになったということはまちがいない。今でこそオノマイオノマイって言うんですけども、弥美神社の王の舞って非常に悠長で長いでしょう。一時間近くもかかるようなね。ですから、うちの言葉で言うとたるたる長々やってるのをしたたるいちゅうんですけど、「あんなもん何じゃ、馬鹿らしい」ってみんなけなすように言うとった。戦後でしょ。日本の村も疲弊しとったで米がかかる。それから銭がかかる。祭りやりますと、けっこうかかりますわね。「こんな銭もかかる、米もかかるような祭り、みんな止めてしまおうじゃないか」と言うてた。

ところが錦さんあたりは、「これは三河の花祭りにも匹敵するような大事な芸能じゃ」というようなことでね。「宮中で行なわれとる舞楽というても、あれは途中で絶えとったのを復活させたんで、それが何の保護も受けずに、若狭の三方郡にあっちもこっちも伝わっている、大変大事な芸能なんだから潰したらいかん」て言って。「これ一所懸命やりなさい」というようなことを、神事講やってるところへ行って、採訪のかたがた力説したんですわね。それから急に、オノマイオノマイと言うようになったように、私どもは記憶し理解しとるわけですね。それから、何で舞の最中に「大豊年」とか「ええ男じゃー」って声がかかるんかってね。あれはとりもなおさず「龍王という姿になって神様の前で舞を捧げて、今年の豊作を願うんじゃ」というように、死ぬまで言い続けとったわけですわね。そういうことについては、私はたしかに功労者だと考えてますけど。

——錦さんは麻生には何年くらい行ってたんですかねえ。毎年ですか。

しょっちゅう行きましたよ。祭りに来ない時は、別のことで採訪に行っとる。村の組織とかですね。王の舞は直に行ってますしねえ。

——じゃあ芸能だけじゃなくて、村の行事なんかに関しても。

そうです。

——芸能だけをやるんじゃなくて、それを支えてる組織をおさえるっていうのは、今の民俗芸能の研究者の中で一番欠けてるところかもしれません。今、芸能史研究なんかでいってる芸態論と環境論を両方やらなあかんみたいなことが、錦さんの仕事の中でけっこう生きてるんですよね。そういう意味でも、芸能の研究者として非常にスケールっていうか視野の広い人だなっていう風に思うんです。

私にもしょっちゅうそう言ってましたよ。三方郡内で回ってない村ちゅうと、三方町の西浦ですね、常神から海岸地方は行ってないです。他のとこは大抵行ってますよ。

――じゃあ三方町の北前川とか、あの辺なんかも行ってるんでしょうかね。

前川、行ってますよ。

――じゃあ、ほぼすべて行ってる。

ええ、大抵のとこは行ってます。非常に丹念に歩いた。

――採訪というか調査に行く時に、どういう伝手で行ったんですか。

たとえば、弥美神社の関係のところは、王の舞を一度見てからは弥美神社の宮司さん。田中伊之助さんってもう亡くなりましたけど、現在の宮司さんのお祖父さんです。あの方に連れて行っていただいて、蠟燭をつけた提灯を灯して上野や佐野、あの辺をずっと歩いたんです。そういうこと、田中宮司さんもようおっしゃいましたけど。

――じゃあ、その宮司さんに連れて行ってもらって、その村で一番よく知ってるようなお爺さんを紹介してもらって訪ねたりとかですか。

近いとこですと、私が連れて歩いたり。南西郷ちゅうて美浜町の西のほう、あすこらは國學院の同輩か後輩かいう人がおって、そこへよく泊まったことがあるんです。それから、昔は西田村っていった田井の多由比神社。あすこには宮元さんて宮司さんがいました。それから三方町のほうは十村っていいましたけど、渡辺さんていう宮司さんが闇見神社にいた。渡辺さんとは國學院の院友関係で、あすこもしょっちゅう泊まりました。あの辺から私のとこへ電話をかけて、連絡取り合ったこともありますけど。まあそういうわけで、はじめは神主さんを通じてということでした。でも自分でわかるようになりましてからは、どこそこへ行こう、あそこへ行こうっていうことではじまりましたね。

――一つの村を何度も訪ねるっていうこともしてるんですか。

やってますよ。得心が行けんと何回でも行きました。

――でも思うんですけど、芸能をとらえる時に、村の社会組織といった支えるものを知らないといけないっていうのは、折口さんの考え方ではないですよね。

ああ、そうですか。

――折口さん自身にはそういう考え方がさほどないような気がするんです。折口さんは基本的に文学的なところから出ていますからね。あるいは柳田国男からの刺激があったのかななんて思ったりもしてたんですけど。もちろんマレビトっていう言葉が出てくるあたりは、折口さんの影響なんでしょうが。折口さんの系統としては社会経済史的な視点のある人ですし、社会に対する視線が非常に強いような気がして、その辺は面白いなと思ってましてね。

ちょっと私にはその辺のことはわかりませんけれども。三十四、五までの間にそういうことを聞き取ってるかもしれないし、何かヒントがあるんかもわかりませんけど、今ちょっと誰がどうしてっちゅうなことは思い出せんですね。柳田民俗学というものを一応は受け入れて考えておったんでしょうけどもね。

――折口学派というか、そういうのには、錦さんにどういう関わり方をしておられたんですか。そんなに近くないんじゃないかなんて気がしてたんですけど。

そうです。それでも、折口先生の書きなさった野帖ちゅうのがあるんだそうですね、私は見たことないんですけど。それにいろいろ歌を書くとか、何かキーワードみたいなのを書くとかあったそうです。折口信夫、水木直箭、錦耕三あたりがそろって書いたものを、折口先生から錦さんがもらったという話を自分でしとったんですけど。近畿民俗学会の連中は私のところへ「遺稿と一緒に来てやしないか」って聞いてきた。自分たちはそれが欲しかったんでしょうかね。私のとこへはまったく来ておりません。

――ああ、ダンボールには入ってない。

入ってなかった。

――じゃあ、ご遺族が待っておられるんじゃないんですかね。

遺族の人に聞いてもさっぱりわからん。一時若い人たちを自分の家へ寄せて、図書館のようにして蔵書を並べて、そこで自由に見せたり話をしたことがあったようです。私は遠くて行きませんから、よう知りません。そういう時、誰か持って帰ってなくなったんじゃないでしょうか。推察の域を出ませんけれども、そういうこともあったということを聞きましたんで。私も一回行った時には、居間のようなところに随分たくさん本を並べていてね。村の人を教育するような意味でやっとったんでしょうか。

――ノートはどういうものを使っていたんですか。

今、白いノートが市販されとるでしょ。何にも書いてない本のようになったの。ああいうのにBとかB2とかの柔らかい鉛筆でサササッと書きなぐったようなの、どっかにあったと思います。あれが原稿でしたんでしょう。で、自分の家で机に向かって専らこれに書いて、というような感じでなさっていたんだそうです。

――調査の時のノートっていうのはどういう感じですか。

採訪のノートっちゅうのは、私は見たことがないですけど。

――採訪に行った時にはノート取ってるんですかね。

そうですそうです。横書きでグシャグシャって書いて、斜めになったりですね。

――錦さんも歌は詠まれたんですか。

ええ、そうです。

――一緒に採訪とか調査されてる時に、そての場所で詠まれるんですか。

その場所では出てきませんでしたけれども、帰ってから詠んだ歌をはがきの端に書いてよこしたことはあります。それから亡くなる何年前になりますか、「僕の歌は僕が死んだら有名になるんだから、お前にやる」と言って、紙を色紙の大きさに切って独特の字でもって短歌を書いたものを何枚かもらって、うちにおいてあります。必要ならばお見せしますし、差し上げてもいいなと思います。

――やっぱり調査で見たことなんかを詠ってるわけですか。それはおもしろいですね。

たとえば、新庄の道を往復する時の歌ですが、昭和三十年ごろまでは、この道の途中にコロビが植わっていて、十月から十一月にかけて葉っぱが黄色くなって、ものすごく綺麗なんです。それを詠んだような歌とかですね。往復する時に見とるんですね。

それから、ある時まったく来ることを知らずにいたら、急に採訪に出てきたんですね。十二月ごろだったと思います。途中で吹雪に会うて、一人やってきたんです。こちらは知らずにおりましたから、その道を一人でトボトボ歩いてきたんですね。もうどうにも行き来がでけんような気持ちになって、風と反対のほうを向いて、この新庄へ入ってきたというような、そういう歌もあるんです。冬になりますと、必ずしも北風の時に雪は降らんのです。こっちは南です。南風で雪が降る。吹雪みたいな時もあるんです。そういう時、新庄のほうを向いてこうと思ったらですね、北風ならそのまま歩いてくればいいんですけど、新庄のほうから風が吹いて吹雪になってますから、反対向いて後ずりでこちらのほうへ入ってきたというような、そういう歌でした。

これなんか、「山の神祭り行う村に来ぬ」って、こういう山の神祭りのようなこともちょっと書いてますね。どこに何があるのか、全部あたってみんと。私は全部読んでませんので。さっき言った、山の道を来たとか後ろ向きに歩いたというような話、これは本名で耕三と書いてる。私にくれた以外にたくさんあるのは、おそらく遺稿の中に入ってたんでしょうね。

――王の舞とか、そういうのに関して詠んだ歌なんかはないですか。

王の舞の歌というのはないですねえ。今はよくおぼえてませんけれども、大阪営林局で『みどり』という雑誌が出ておりまして、それに短歌なんかを請われて載せとったんです。王の舞のことは全然載せませんけども。

――営林局なんですか。

ええ、大阪営林局の雑誌に。なぜそういうとこへ短歌を出したのか。「わしは折口先生の弟子で、短歌は詠めるんだぞ」とか言って出しましたけども。

――営林局って営林署ですよね。

営林署の上ですね。営林署を統合する。各県に多いところは二つぐらい営林署がありまして、それを統合するのが営林局です。『奥播磨民俗採訪録』っていって、じゃんじゃか踊りのこと書いた報告書があるんですが、それは大阪営林局の後援で調査に行ったんです。

――錦さんの主たる関心はやっぱり芸能だったんでしょうか。

芸能史の研究が主眼でしたですね。

――それを理解するためには、社会のこともわからないといけないというわけですね。

いつかお見せしたと思いますけど、新庄の民俗採訪録というものもですね、新庄へはじめてやってきた時に書いて、誰かが丁寧に清書したものができておるということです。ただ「あれには村の組織が一切入っとらん」と言いまして。もし出すんでしたら、「錦耕三、小林一男共著で出して、お前は村の組織を書け」なんて、私に言うたことありますね。

――その新庄の採訪録というのは、もうまとまっているわけですね。

そうです。ただそういうところが抜けているから、書き足さにゃいけないということですね。

――そうすると、錦さんはやっぱり村の組織みたいなところは、そんなに得意ではなかったんですかね。

そうですね。やっぱり芸能史研究が本来の自分の主眼でしたんでしょうね。

——錦さんが若狭以外によく通った調査地っていうのは、その播磨の。

播磨だけですね。それぐらいじゃないですか。

——お話をよく聞いておられた時っていうのは、もう芸能とかにかぎらず、全般的に民俗のことだったんですか。

そうです。芸能そのものについてはむずかしいし、私自身受け入れる力もなかったし、そうくわしいことは聞いておりませんけど。でも折に触れて、いろんなことは教えてくれました。芸能というような言葉についてもですね、本来は芸態というんだというようなことから説きおこして、いろいろ教えてくれましたけども。ああ、そういうんかなあと思うて、私は聞くにとどまっておりましたけれども、あんな早く亡くなるなら、もっと聞いとけばよかったなと思うようなことが随分たくさんあります。

——こちらに錦さんの原稿をたくさんお持ちですよね。あれはどういう経緯でこちらに来たんですか。

いやね、亡くなりましたでしょ。蔵書もあったんですけど、どうなったか。民俗に関係したようなものを置いといてもどうにもならんし、当時は宮本先生や池田弥三郎さんなんかもお元気でしたから、できたらああいう人にあげて何か役立つようなことにできへんかって、遺族から送ってきたんです。

——ご遺族から。

そうです。大変大事なもんですけども、よかったら預からしてもらいますということで預かって、その後は私も力がないながらですね、あっちこっちいろいろなことを言うてみましたけれども、まったく埒があかない。三村幸一さんて方、ご存知ですか。『化粧地蔵』なんていう本を出して、池田弥三郎さんがそのはじめに文章を書いていた。あれを出した時に三村さんからの口利きで、当時まだ慶応にいらっしゃった池田弥三郎さんに何とかでけへんかというような話も持ちこんだんですけど、「そういう地元のものはやっぱり地元で何とかしてもらわにゃ、よそではできかねる」というようなつれない返事でしたんです。その後、富山へお移りになって亡くなられてしまって、もうこの話はだめでしたですね。

池田弥三郎さんは昭和二十四年に王の舞を見にいらっしゃったでしょう、折口信夫と一緒にね。それから伊馬春部。戦時中の「とんとんとんからりと隣組」という歌をこしらえた人です。あの人ね、作詞者らしいです。それからもう一人、奈良の人で水木直箭。四人がおいでになったわけです。そういう方たちを伝手に、何とかでけんかということで頼んだわけですけども、脈がなかった。もちろん私も出版というのはどういうものかまったく知りませんし、非常に心もとなかったんかと思いますけれども、そのまま立ち消えになった。何度かそういう話をしたことは、あるにはあったんです。

――その時分から錦さんのご家族ともお付き合いなさっておられたんですか。

昭和二十年からずっとです。錦さんがうちに来るようになって、それから以降は私も何度も行って泊めてもらったり。

――綿さんが大阪に帰られてからですね。

ええ。ですから、遺族の方はよく知っております。それから一番下の子供が息子さんで、その錦志郎さんちゅうのが今は遺族で当主になってる。それが娘さん二人とうちに来て、泊まってスキーを楽しんだこともあるんです。それから、錦さんの病気があんまりよく治っていなかったころに、能登か何かの題で朝日新聞の写真ブックを出すことになりまして、その編集のことやらなんかで、もう亡くなりましたけど金沢の長岡博男という目医者さんで、民俗を非常によく勉強していらっしゃる先生のとこへ行かれました。その時に奥さんも錦さんに付き添って、私のとこに泊まったりしたこともあるんです。

私のとこも錦さんが亡くなりましてから、うちの女房を連れてお墓参りかたがた、ちょうど大阪万博のあった時分に錦さんのところへ行って泊めてもろうたり、何かうちで取れたものがあったら送ったりするとかですね。家族ぐるみの付き合いをやっとった。今でもそうなんですけど。全然知らんというんじゃなしに、よく知ってますからいろんなこと口がきけるのはまちがいないですけども、もうすでに息子さんはお嫁さんをもらってますし、だいぶ年代が経ちましたからね。私は変わらないつもりですけども。付き合いはずっとさしてもらったんです。

今でも付き合いはしてますし、去年も橋本さんから錦さんの遺稿の話がありましたんで、都合がついたら行こうかと思って。四月三日はこの辺では桃の節句っていって、よそでいう雛の節句ですけど草餅作ったもんですから、それを前もって送って都合を電話で聞いたら、「どうしても暇とれんから、電話で申しわけないけど」というようなことでした。「私は経済的なことで潤うという気持ちはまったくないので、遺稿のことはあなたに任せるけど、橋本さんにご努力していただけるなら、大変ありがたい」というように、向こうもおっしゃってました。今年は亡くなってから三十年目ですから、いっぺん行きたいなあちゅう気持ちも持っとったんですけど、今のところいろんな雑用に振り回されてまだ出られません。亡くなって二十年の時は一月九日、ちょっきり命日にうかがいました。亡くなった時は葬式にも行きました。

——結局亡くなったのはおいくつだったんですか。

昭和三十六年一月九日、歳はたしか五十三だと思います。ええ、早いですよ。朝日新聞も定年前でした。五十五で定年ね。だから退職金をもらわずに、年金のような形でいくらか毎月もらうんだというようなことをちょっと聞きました。

——奥さんはまだご存命なんですか。

八十ぐらいですけども、今年の四月になってから電話かけましたら、「元気でおります」って若嫁さんが言うてましたから、大丈夫かと思うておりますけれど。そういうものもちょっとおうかがいしたいんで、いっぺん行きたいなと思っとるんですが。

――そうですね。僕自身もいろいろお話をうかがいたいですね。

「こういう話もあるんで」と言うと、喜んでくれるんじゃないかと思うんですけど。

――もし遺稿をまとめられるようなことになれば、錦さんという人が誰かってことが、いきなりぽっと出てもよくわからないんでね。小林先生に何か思い出話などを書いていただいた文を載せるとか、あるいは僕自身としては距離を置いたところで錦耕三論というような感じで書きたいなとか思ってるんですよ。

『芸能』に錦さんの遺稿を載せていただいた時に、北岸佾吉さんですか、朝日新聞の関係の人だと思うんですけども、錦さんが「金を貸してほしい」と言うて、信用金庫へしょっちゅう申し込んでおった。何かと思ったら、若狭へ採訪に行く費用じゃったって、ちょっとですけど書いてます。一ページくらいですかね。その雑誌を私がどっかへなくしてしまいまして、誰か持っていったんか、誰かに貸したんかもうわからんのですけど。で、橋本さんに頼んでコピーしていただいたわけですけどもね。

それから、もう何年経ちますか、谷川健一先生が『フオクロア』という雑誌を出されたことがあって、五号ほどでもうやめましたけども、あれに郷土の隠れた話題について紹介をしてほしいちゅうようなことを、私のとこへ言うてきまして。毎年、山にコブシの花が咲いて、春の風が顔を撫でて、しかも祭りの囃子がどこかから流れてくると、必ずお宮さんで王の舞をながめてる人があった、というような書き出しで、ちょっと紹介文を書いたことがあるんですよ。

――もし本にまとめられるんであれば、錦耕三さんが何者かっていうのは、やっぱり後書きとか前書きとかいうような形で紹介したほうがいいでしょう。そういう話は前に宮田登さんともしゃべっていたんですけどね。

今、世に出てほしいですね。宮田さんは若狭歴史民俗資料館が「若狭の四季」をやった時に講演にいらっしゃいましてね。橋本さんにもあれに寄稿していただいておりますね。あの方が東京教育大学の大学院生として若狭で民俗調査をした時、私のところへ来たことがあって知り合いでしたもんで、たまたま「あの膨大な原稿どうなったんじゃ」という話も出たんですね。「いや、どうにもこうにもなりません、手がつきません」ちゅうことを話したら、「そりゃじっとしておれんな」ということで、橋本さんに話していただいたんです。

――ええ、宮田さんからも連絡あって。このあたりのことをやってる人というか、王の舞のことやってる人、あんまりいないみたいですから。

そうですね。しかしむずかしいですから。

――どういう風にしたらいいんですかね。「またそのうちに」とか言ってたら、どんどん時間が経っていくばっかりですから。今、ダンボールの中に入れられてるものは、ある程度まで整理は可能ですかね。

私がいっぺん手をつけてみんことにはね。袋にみんな入ってる。朝日新聞の社の袋に大体一まとめになってる。ところが、その一まとめにならんようなものがあるんですね。私、書いたものとか印刷したものは非常に大事にするほうで、たとえ切れ端の紙でも捨てたりしておりませんから、送ってきた分はみんな残ってるんで大丈夫ですけども。非常に厄介ですね、あれは。

――おそらく切れ端になってるものっていうのは、なかなか扱いにくいと思うんで、最終的にかなり落とさないといけないものはあると思うんですよね。ただ途中まであって、後の部分が切れ端の中に混ざってるなんてこともあるでしょうしね。途中までもある程度話が通じてれば、「もういいか原稿だし」みたいな形で載せていくことはできると思うんです。

橋本さんならいろいろご覧になってますから、書き足しもできんことはない。

――いや、それはちょっと。

何か別の形で、こういうことだろうというような。

――あ、補注のような形でね。ええ、それだったらできるかもしれない。

それをやってもらえば、何とか補えるんじゃないですか。

――そうですね。

特に芸能の専門ですから、よく通じていらっしゃると思いますし。

――麻生ほど集中的に細かいところまで聞いたりはしてませんけれども、まあ一応はノートとか取って、いろいろ調査もしてますんで。だから、おそらく原稿で宙に浮いてるものでも、「これは藤井のやつだ」とか「能登野なんじゃないかな」とかいうことは、見ればある程度わかると思うんですよね。

だから、途中なくなっとったら、橋本さんの補注でもって、補うてもらえればということになりますよね。

――それは多分できると思います。補注という形であれば、そんなに細かく書きすぎることもできませんし。だから、錦さんのはそのまま載せて、ごそっと抜けてれば、「以下なし」とか「原稿なし」とかいうようにする。欠けてる部分では、おそらくこういうことがあったんではないかとか、補注は当然必要になってくるでしょうね。ばらけてる原稿をつなげていくっていう作業も、細かく見ていけばできるのではないかなと思います。そういう作業をやらないといけないですね。

付記

小林一男氏は平成十九年（二〇〇七）一月に逝去された。享年八十六歳。謹んでご冥福をお祈りしたい。

〈所収論文一覧〉

王の舞の芸能史

祓う・浄める・鎮める――都市における王の舞の場所
服藤早苗・小嶋菜温子・増尾伸一郎・戸川点編『ケガレの文化史――物語・ジェンダー・儀礼』叢書・文化学の越境11、森話社、二〇〇五年

肖像の起源――王の舞と猿田彦
鎌田東二編『隠された神　サルタヒコ』一九九九年、大和書房、および橋本裕之『演技の精神史――中世芸能の言説と身体』岩波書店、二〇〇三年

面模ノ下ニテ鼻ヲシカムル事――声を伴う王の舞
『國文學―解釈と教材の研究―』五〇巻、七号、學燈社二〇〇五年

神を降ろす方法――続・声を伴う王の舞
『國文學―解釈と教材の研究―』五一巻、二号、學燈社二〇〇六年

赤と青――「もどき」を伴う王の舞（「赤と青――「もどき」をともなう王の舞」を改題した）
『国立歴史民俗博物館研究報告』第六二集、国立歴史民俗博物館、一九九五年

祭礼と道化――王の舞を演出する方法
小森陽一・富山太佳夫・沼野充義・兵藤裕己・松浦寿輝編『岩波講座文学5　演劇とパフォーマンス』岩波書店、二〇〇四年

王の舞の伝播論

播磨の王の舞

兵庫県教育委員会編『播磨の王の舞』兵庫県教育委員会、二〇〇七年

若王子神社のジョンマイジョ

兵庫県教育委員会編『播磨の王の舞』兵庫県教育委員会、二〇〇七年

神々を繋ぐ者――日吉神社の七社立会神事における竜王の舞の位置

『国立歴史民俗博物館研究報告』第九八集、国立歴史民俗博物館、二〇〇三年

王の舞から四方固めへ――金砂田楽異考

日立市郷土博物館編『特別展示　金砂山の磯出と田楽』日立市郷土博物館、二〇〇二年

氷見獅子源流考――起源としての王の舞

富山民俗の会編『富山の民俗学は今―富山民俗の会50周年記念論集』桂書房、二〇〇六年

氷見獅子源流考・補遺――起源としての行道獅子

佐伯安一先生米寿記念文集編集編員会編『常民へのまなざし　佐伯安一先生米寿記念文集』桂書房、二〇一六年

王の舞の構築学

王の舞の由緒

麻生王の舞保存会『王の舞の由緒』麻生王の舞保存会、二〇〇五年

弥美神社の神事芸能

美浜町誌編纂委員会編『わかさ美浜町誌〈美浜の文化〉第四巻　舞う・踊る』美浜町、二〇〇八年

御膳石考——弥美神社の祭礼に関する集合的記憶の支点
『京都民俗』第二二号、京都民俗学会、二〇〇五年
「民俗芸能」における言説と身体
福島真人編『身体の構築学―社会的学習過程としての身体技法』ひつじ書房、一九九五年
評価される身体、あるいは民俗宗教の臨界
山折哲雄・川村邦光編『民俗宗教を学ぶ人のために』世界思想社、一九九九年
王の舞を見に行こう！
福井県立若狭歴史民俗資料館編『王の舞を見に行こう！―郷土の祭りと芸能文化の理解のために』福井県立若狭歴史民俗資料館、二〇〇四年

錦耕三の王の舞

民俗芸能研究がたどりつきたかった場所——錦耕三の方法と思想
錦耕三『若狭路の祭りと芸能』（錦耕三遺稿集Ⅰ）岩田書院、二〇〇五年
錦耕三と私
錦耕三『若狭路の暮らしと民俗』（錦耕三遺稿集Ⅱ）岩田書院、二〇〇六年

人名索引

ま行

や、ら、わ行

書名索引

あ行

か行

さ行

た行

な行

は行

項目索引

あ行

か行

さ行

た行

な、は行

ま行

や行

わ行

寺社索引

寺社の所在地は初出論文を執筆した時点の市町村名である。

あ行

飛鳥坐神社（奈良県高市郡明日香村飛鳥）　159
阿蘇神社（熊本県人吉市青井町青井）　131
生田神社（兵庫県神戸市中央区下山手通）　178, 186
伊弉諾神社（福井県大飯郡高浜町小和田）　82, 480
磯崎神社（兵庫県加西市下道山町）　178, 184, 207-211, 226-230
石部神社（兵庫県加西市和泉町上野）　82, 153, 178, 196-198, 203, 205, 207-211, 217, 223, 225-230, 234
石桉神社（福井県遠敷郡上中町小原）　267, 480, 487
宇夫階神社（香川県綾歌郡宇多津町横町）　359
宇波西神社（福井県三方上中郡若狭町気山）　28, 30, 49, 105, 109, 151, 176, 243, 260, 271, 345, 352, 353, 401, 448, 472, 476, 480, 488-492, 499, 501, 504, 505, 511, 521
大歳神社（兵庫県神崎郡福崎町余田）　56, 57, 80, 178, 192, 193, 216, 479
大歳神社（兵庫県多可郡八千代町柳山寺）　152, 177, 215
大物忌神社（山形県飽海郡遊佐町吹浦）　128, 129, 135, 177, 260, 477
押立神社（滋賀県愛知郡湖東町北菩提寺）　145
御笏神社（東京都三宅島三宅村神着）　124, 161
織田神社（福井県美浜町佐田）　480, 489, 501, 522

か行

鹿島神宮（茨城県鹿嶋市宮中）　358
苅田比売神社（福井県遠敷郡名田庄村下）　273
河内国魂神社（兵庫県神戸市灘区国玉通）　178
観音堂（静岡県磐田郡水窪町西浦）　88, 102, 103, 110, 166
観音堂（静岡県引佐郡引佐町寺野）　100, 125, 126, 161, 162
神波多神社（奈良県山辺郡山添村中峯山）　145
木野神社（福井県三方郡美浜町木野）　308, 352, 365, 371, 373, 375, 376, 380
貴船神社（兵庫県多可郡八千代町天船）　25, 54, 57, 79, 152, 215, 479, 486
久豆弥神社（福井県敦賀市沓見）　480
国狭槌神社（滋賀県高島郡安曇川町下小川）　158, 270
国津神社（福井県三方町向笠）　151, 400, 480, 489, 501
久麻加夫都良加志比古神社（石川県七尾市中島町宮前）　260, 262
熊野神社（兵庫県神崎郡福崎町田尻）　80, 89, 178, 181, 187
闇見神社（福井県三方町成願寺）　480, 489, 501, 521, 522, 530
御祭神社（東京都三宅村伊豆）　11, 123, 160, 177, 260, 477

さ行

佐太神社（島根県松江市鹿島町佐陀宮内）　112
椎村神社（福井県小浜市若狭）　480
志賀海神社（福岡県福岡市東区志賀島）　131
正八幡神社（兵庫県姫路市船津町宮脇）　80, 89, 177, 190, 191, 193, 216, 479
信露貴彦神社（福井県敦賀市沓見）　480
住吉神社（兵庫県加東郡社町上鴨川）　56, 82, 148, 177, 180, 215, 400
住吉神社（兵庫県加西市北条町北条）　52, 55-57, 81, 105, 178, 186, 208, 216
諏訪神社（長野県下伊那郡天竜村神原坂部）

135
諏訪神社（京都府相楽郡南山城村田山）　149

た、な行

多度大社（三重県桑名郡多度町多度）　359
多由比神社（福井県三方町田井）　480, 489, 501, 521, 530
天神社（福井県三方町相田）　480, 489, 501
天満神社（福井県三方郡三方町向笠）　150, 178
天満神社（兵庫県神崎郡市川町下瀬加）　82
天満宮（富山県氷見市泉）　270
天満宮（福井県上中町海士坂）　480
天満社（福井県三方町藤井）　480, 489, 501
長田神社（兵庫県神戸市長田区長田町）　178, 186
西金砂神社（茨城県久慈郡金砂郷町上宮河内）　30, 55, 177, 240-246, 260, 271, 477
新田八幡宮（鹿児島県川内市宮内町新田神社）　63-66, 86
能登神社（福井県三方町能登野）　480, 489, 501

は行

八幡神社（鹿児島県姶良郡吉松町（現在は湧水町）箱崎）　85
八幡神社（京都府舞鶴市河辺中）　83, 121, 167
八幡神社（兵庫県多紀郡篠山町沢田）　24
八幡神社（兵庫県加西市谷口町）　81, 106
八幡神社（和歌山県有田郡広川町広）　124
日枝神社（福井県三方郡美浜町興道寺）　352, 365-367
日枝神社（東京都千代田区永田町）　470
日枝神社（福井県上中町麻生野）　266, 480
東金砂神社（茨城県久慈郡水府村）　240
檜尾神社（滋賀県甲賀郡甲南町池田）　155, 156, 270
日吉神社（滋賀県東近江市百済寺）　115, 145, 148
日吉神社（兵庫県加西市和泉町池上）　82, 98, 100, 153, 178, 213, 214, 217-237, 263, 270
広嶺神社（福井県小浜市千種一丁目）　273
広嶺神社（福井県上中町日笠）　480
伏見稲荷大社（京都府京都市伏見区深草藪之内町）　358

ま、わ行

三重生神社（滋賀県高島市安曇川町常磐木）　158, 270
御上神社（滋賀県野洲市三上）　22-24, 57, 157, 270
三石神社（兵庫県神戸市兵庫区和田宮通）　178
湊川神社（兵庫県神戸市中央区多聞通）　178
弥美神社（福井県美浜町宮代）　29-32, 49, 52, 163-165, 176, 190, 260, 271, 281, 282, 289, 291, 295-347, 350-352, 354, 365, 366, 368-373, 375, 376, 379-382, 385-388, 390, 394, 400, 402, 403-405, 417, 418, 422, 427, 433-439, 448, 456-461, 476, 480, 487, 493, 501, 504-509, 511, 514, 520-522, 526, 528, 530
妙楽寺（福井県小浜市野代）　111
毛越寺（岩手県西磐井郡平泉町）　88, 103, 110
若王子神社（兵庫県加西市別所町）　99, 109, 155, 160, 178, 196-211, 226, 227, 229, 230

＊索引を作成するさいは、東資子氏の手を煩せた。記して謝意を表したい。

橋本裕之（はしもと　ひろゆき）

1961年生まれ。追手門学院大学地域創造学部教授。早稲田大学第一文学部卒業、同大学大学院博士課程中退。博士（文学）。千葉大学文学部教授、盛岡大学文学部教授等を経て現職。専門は民俗学・演劇学。
主な著書に『災害文化の継承と創造』（編著、臨川書店、2016）、『儀礼と芸能の民俗誌』（岩田書院、2015）、『芸能的思考』（森話社、2015）、『震災と芸能―地域再生の原動力』（追手門学院大学出版会、2015）、『王の舞の民俗学的研究』（ひつじ書房、1997）などがある。

王の舞の演劇学的研究

二〇一七年三月三十一日　初版発行

著者　橋本裕之
発行者　片岡敦
印刷製本　創栄図書印刷株式会社

606-8204 京都市左京区田中下柳町八番地
発行所　株式会社 臨川書店
電話（〇七五）七二一―七一一一
郵便振替　〇一〇七〇―二―八〇〇

落丁本・乱丁本はお取替えいたします
定価はカバーに表示してあります

ISBN 978-4-653-04316-4　C3039